케네디와 말할 수 없는 진실

JFK and the Unspeakable

케네디와 말할 수 없는 진실

무엇이 케네디를 죽게 했는가

제임스 더글러스 지음
송설희 · 엄자현 옮김

말·글 빛냄

서 문

　우리는 존 F. 케네디의 암살에 대해 본질적인 진실을 알아야 한다. 그 진실은 우리를 자유롭게 해줄 것이다. 케네디 대통령 암살에 대한 비밀을 파헤치려는 조사관들, 사실을 말해주는 수많은 증언자, 그리고 케네디에 대해 기록된 수많은 문서들 덕분에 점차 진실이 드러나고 있다. 대부분의 미국인들이 그 동안 음모로 여겨왔던 것들이나 댈러스에서 일어난 일들을 포함한 많은 것들이 속속 밝혀지고 있다. 단순히 사건에 대해서 아는 것보다 더 중요한 것은 '무엇이 케네디를 죽게 했는가'와 같은 역사적 맥락을 이해하는 것이다.

　우리는 진실을 알아야 한다. 케네디가 암살당한 이유가 바로 이 책의 주제이다. 케네디는 냉전이 한창일 때 그와 함께 인류 역사상 최악의 범죄를 저지르려던 적과 평화로 돌아섰다. 그의 적 그리고 우리의 적과 함께 평화로 돌아선 케네디는 우리가 쉽게 단언할 수 없는 보이지 않는 세력에 의해 피살당하고 말았다. 이 책을 쓴 목적 중의 하나는 알려지지 않은 진실을 파헤치고, 의견을 나누고, 깊이 생각해보기 위함이다. 그와 함께 케네디의 평화를 위한 방향 전환에 대해서도 설명하려고 한다. 알 수 없는 일들과 맞닥뜨린 케네디에 대해 읽으면서 우리 역시 그런 사실들을 마주할 수 있는 준비가 되어 있길 바란다.

어느 보이지 않는 세력은 케네디의 죽음에 대한 진실을 숨기기 위해 엄청난 노력을 했지만 결국은 우리의 이야기가 되었다. 이 이야기는 1963년 당시와 마찬가지로 지금의 문제이기도 하다. 구제를 명분으로 한 폭력이론은 지금도 여전히 군림하고 있다. 냉전에 이어 그와 쌍둥이나 다름없는 테러와의 전쟁이 이어지고 있다. 우리는 또 다시 절대악에 맞서는 종말론적인 투쟁에 연루되고 있다. 공산주의 대신 테러리즘이 우리의 적이 되었을 뿐, 우리는 위협에 대비해 폭력을 행사해야만 안전할 수 있다고 생각한다. 구제불능의 악의 세력을 물리치기 위해서는 선제공격, 고문, 정부 파괴공작, 암살 등 어떤 일도 허용된다.

그러나 케네디가 방향을 바꾼 인류구제의 수단은 적과의 대화였다. 적을 인간으로 보게 되면 모든 것이 변한다. 상호존중으로 두려움을 극복하고 궁극적으로 전쟁을 피하게 하는 화해의 대화는 현재의 지배적인 정치론에서는 이단으로 여겨진다. 결과적으로 케네디가 그랬듯이 전쟁 대신, 평화를 추구하는 것은 그 사람을 배신자로 만들어 고립시키거나 죽음에 이르게 만들었다.

디트리히 본회퍼Dietrich Bonhoeffe가 말했듯, 최후의 승자는 '자신을 한 단계 낮추는 희생'이다. 감정적인 사랑이 아닌 존중의 사랑처럼 좋은 것은 없다. 존중은 적이 가진 진실의 일부를 인식하고 인정하는 것이다. 물론 이는 우리의 삶을 더 힘들게 할 수도 있다. 그런 신념은 케네디의 인생을 더욱 어렵게 만들었고 결국 죽음으로 내몰았다. 그리고 그는 우리에게 자신의 죽음에 대한 고통스러운 진실을 이해할 책임을 남겨주었다.

최근의 여론조사를 보면 미국인들의 4분의 3이 케네디가 음모에 의해서 암살되었다고 생각한다는 것을 알 수 있다. 그 증거는 정부에게 있다고 생각한다. 그러나 워런 위원회의 계속되는 변명과 '모브계획Mob plots'에 대한 추측, 그리고 케네디의 인성을 공격하는 매체의 홍수 속에서 우리는 확신을 가질 수 없다. 우리는 워런 의원회 케네디 암살 진상조사단에 의한 기본적인 증거들이 보여주는 진실을 믿을 수 없다고 생각한다. 우리가 진실을 알면 안 되는 더 깊은 이유가 있을까?

케네디 암살에 대한 진실 찾기를 꺼리는 이유는 진실이 우리에게 미칠 결과에 대한 두려움 때문일까? 적과 대화를 나누겠다는 케네디 대통령의 심오한 약속은 그를 죽음으로 내몰았다. 만일 우리가 국민으로서 이 사건을 역사의 전례로서 처리하지 않는다면 과연 21세기의 어떤 대통령이 우리를 대신해 적에게 맞서 저항하고, 전쟁보다는 대화를 선택하려 하겠는가? 독자들은 신학자 토머스 머튼의 관점이 케네디 암살을 다루고 있는 이 책에서 왜 중요한지 궁금해 할 것이다. 토머스 머튼은 이런 고통스런 순례의 길에 오른 나의 베르길리우스Virgil인가?

이 책은 역사와 케네디의 일대기를 재구성하는 내용으로 가득 차 있지만, 궁극적인 목적은 알려진 역사를 더 깊은 관점에 바라보는 것이다. 예를 들어 만약 전쟁이 대체할 수 없는 역사적 현실이라면 우리 인간에게는 짧은 미래만이 남을 것이다. 아인슈타인은 "원자폭탄은 우리가 생각하던 모든 것을 변화시켰다. 그리고 유례없는 재앙을 초래했다"고 말했다. 전쟁에 대한 생각과 행동을 없애지 않는 한 인간은 머지않은 장래에 종말을 맞이할 것이다. 토머스 머튼은 이 말을 냉전이 한창일 때 마틴 루터 킹과 케네디가 그랬던 것처럼 계속했다. 토머스 머튼이 핵시대의 진실에 앞에 가져온 것은 현실에 대한 간디의 비전이었던 비폭력이었다. 이것이 우리가 알다시피 세상을 바꿀 것이다.

현실은 우리가 생각하는 것보다 어렵다. 관조론자들은 경험으로부터 변화의 진실을 알고 있다. 머튼은 깊은 대화, 암살과 부활의 이야기를 통해 나를 인도한 사람이었다. 이 설명이 어디서 시작하고 어떻게 전개되는가에 따라 이야기는 사색적인 역사로 변한다. 다른 관찰자들의 객관적인 자료에 기초한 머튼의 질문과 통찰력 덕분에 우리는 진실을 향한 여정을 통해 케네디, 냉전, 그리고 댈러스를 돌아볼 수 있다. 현실은 우리가 생각하는 것보다 정말로 어려울지 모른다. 비폭력적인 변화의 가능성을 강조하는 현실은 무엇인가? 나는 케네디와 '말할 수 없는 것들'이 그 질문에 대답을 해줄 수 있을 것이라고 믿는다.

짐 더글라스
2007년 7월 29일

C\O\N\T\E\N\T\S

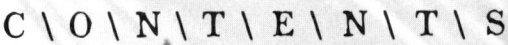

C\O\N\T\E\N\T\S

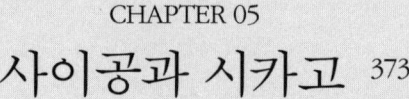

머 리 말

케네디가 대통령직을 수행할 때, 나는 그가 백악관에서 구체적으로 매달려 전전긍긍하는 문제와 같은 의문에 대해 신학적 관점에서 투쟁하고 있었다. 그 문제는 우리가 냉전적 사고방식이 담겨 있는 전쟁의 재앙으로부터 어떻게 살아남을 것인가 하는 것이었다. 당시에 나는 케네디가 위험을 무릅 쓰고 우리 모두를 위해 종말론적 전쟁에서 벗어나는 진정한 방법을 찾고 있다는 것을 모르고 그 방법에 대해서 반박기사를 썼다. 그 역사의 중요한 순간에 토머스 머튼은 그 시대 최고의 영적인 작가였다.

제2차 세계대전 이후에 쓴 작품으로 보이는 그의 자서전 〈칠층산*The Seven Storey Mountain*〉의 가치는 〈성 어거스틴의 참회론*The Confessions of Saint Augustine*〉에 버금간다.

머튼은 기도문에 대한 일련의 고전을 써왔다. 그러나 60년대 초에 그가 갖고 있는 작가적 안목을 핵전쟁, 인종차별주의와 같은 문제들로 돌리자, 그의 독자들은 당황했지만 한편으로는 환호했다. 나는 1961년에 발행된 〈가톨릭 사역자*Catholic Worker*〉지에서 발행한 머튼의 시를 읽었다. 그 후 그가 있는 켄터키의 겟세마니 수도원으로 편지를 썼다. 시의 제목은 〈용광로 주변을 돌면서 외치는 구호*Chant to Be Used in Processions* *around a Site with Furnaces*〉였다. 머튼의 구호는 화자의 일상생활인 집단학살에 대해 냉담한 어조로 이야기하다가 마지막에는 다음과 같이 마무리한다.

"네 자신이 더 나은 사람이라고 생각하지 말라. 왜냐하면 당신은 이제껏 자신이 해온 일들에 대해서는 돌아보지 않고, 장거리 미사일로 친구와 적을 분노하게 만들었기 때문이다."

나는 핵전쟁의 위협에 휩싸인 1961년에 이 글을 읽었고 그때는 막막한 심정으로 살고 있었다. 냉전의 미사여구에 담긴 현실은 형언할 수 없다. 그런데 머튼의 '구호'가 그 적막을 깼다. 형언할 수 없는 것들을 우리 시대 최고의 영적 작가가 말해 주었다. 그래서 나는 즉시 그에게 편지를 썼다. 그는 빠르게 답장을 보내주었다. 우리는 비폭력과 핵의 위협에 대해서 의견을 교환했다.

그 이듬해에 머튼은 나에게 자신이 쓴 〈머튼의 평화론*Peace in the Post-Christian Era*〉을 보내줬다. 전쟁과 평화에 대한 책은 '수도승의 교훈을 변조한다고 생각했던' 선배 수행자들이 출판하지 못하도록 했다. 이 때문에 머튼은 책을 등사해서 친구들에게 보내주었다. 〈머튼의 평화론〉은 예언적인 작품으로 미국 정부를 핵전쟁으로 몰아넣는 세력에 대응하는 것이었다. 작품에서 계속적으로 나오는 주제는 미국이 소련에 선제공격을 할지도 모른다는 머튼의 두려움이었다.

그는 "글을 쓸 때 미국 정책의 가장 심각하고 중요한 문제는 규정되지는 않았지만 커져가는 선제공격의 필요성이라는 것에 의문의 여지가 없다"고 썼다. 토머스 머튼은 케네디가 운명적 길을 가게 될 것을 잘 알고 있었다. 당시에 머튼과 편지를 주고받는 많은 사람들이 있었다. 특히 머튼의 〈그리스도교 시대 이후의 평화〉를 받아본 사람들 중에는 대통령의 제수씨 에델 케네디Ethel Kennedy도 있었다. 머튼은 전쟁에 대한 두려움과 케네디가 나라를 평화로운 방향으로 이끌어줄 비전과 용기를 갖길 바라는 마음에 대해 에델 케네디와 이야기를 나눴다.

머튼은 쿠바 미사일 위기 몇 달 전에 여러 명의 친구들에게 전쟁에 적극적으로 반대하는 글을 쓰면서 동시에 무력감을 느꼈다. 1962년 10월 16일에서 28일까지 13일 동안, 케네디 대통령은 소련의 흐루시초프 서기장을 상대로 머튼이 두려워 했던 핵전쟁의 일촉즉발의 위기 직전까지 갔었다.

그러나 케네디는 선제공격에 대한 압박을 이겨냈다. 그는 어떤 내용들은 국가안전보장담당 보좌관에게 조차 알리지 않았으며, 공산주의인 적과 서로 양보하면서 미사일 위기의 해결책을 논의했다. 그렇게 케네디는 끔찍한 악을 물리치고 세계평화를 위한 13개월 동안의 고통의 여정을 시작하게 되었다. 이 여정은 케네디의 암살을 야기 했고 머튼은 나중에 이를 두고 더 넓은 맥락에서 '말할 수 없는 것들'이라고 했다.

내가 로마에서 신학공부를 하던 당시(1962~1964년)에, 나는 확전을 비난하고 양심적 목표를 지향하는 제2차 바티칸 공국회의Second Vatican Council의 가톨릭 주교를 지지했다. 나는 케네디가 평화를 향한 여정을 멈춘다는 것에 대해 거의 알지 못했다. 나는 그와 교황 요한 23세가 서로 화합했다고 느꼈고 이는 후에 저널리스트 노먼 커즌스에 의해 확인되었다. 로마에서 커즌스를 만났을 때, 나는 그가 비밀 특사로서 대통령과 교황, 서기장 사이를 오가는 왕복외교를 한다는 것을 알게 되었다. 당시 나는 케네디를 암살하려는 세력들이 암약하고 있다는 사실을 몰랐다. 그러나 머튼의 이상한 예언에서도 알 수 있듯이 모두들 이 사실을 예견하고 있었다. 머튼은 1962년 1월에 친구 페리에게 보낸 편지에서 케네디의 인성에 대해 약간 부정적이지만 통찰력 있게 평가했다.

"나는 케네디를 별로 신뢰하지 않습니다. 나는 그가 자기 과업의 중요성을 완전히 파악하지 못하며, 필요한 창조적 상상력과 보다 깊은 감수성이 결여되어 있다고 생각합니다. 현실적으로는 링컨 같은 사람에게서나 상상할 수 있는 진지한 성찰과 많은 시간을 필요로 하는 사고력이 요구됩니다. 그에게 진정으로 필요한 것은 기민함과 교활한 속임수가 아니라 정치인에게는 없는 심오함, 인간애 그리고 개인이 아닌 인류를 위한 일종의 완전무결한 탈 자아나 연민보다 심오한 종류의 헌신이 아닐까 생각합니다. 어쩌면 케네디도 언젠가는 기적적으로 헤쳐나갈 수 있을 것입니다. 그러나 이런 사람들은 암살의 운명을 타고 태어납니다."

케네디에 대한 머튼의 회의적인 관점에는 희망도 없고 뜻밖의 예언만 담겨 있었다. 머튼은 미국이 핵전쟁에 가까이 다가갈수록 우리 모두를 위해 꼭 필요한 깊고 넓은 자애로움을 갖게 해달라고 기도했다. 그렇게 된다면 그는 암살의 운명을 맞게 되는 것이다. 세상의 평가대로라면 그 것은 희망 없는 기도였다. 그러나 믿음의 관점에서 봤을 때, 그의 결론이자 결과는 축하할만해 보인다. 그 후로 22개월 동안, 케네디는 기적적으로 깊은 자애로움을 갖게 되었는가? 그렇다면 그는 암살당할 운명이었는가? 케네디는 성인군자가 아니었다. 비폭력의 사도는 더욱 더 아니었다. 그러나 우리 모두가 그래야 하듯이 그도 변하고 있었다.

회개를 나타내는 단어로는 랍비어로 '테슈바Teshuvah'가 있다. '변하다'는 랍비어로 회개를 의미하는데, 이는 케네디의 평화를 향한 짧은 변화의 여행을 설명해 준다. 그는 인류 역사상 최악의 재앙이 될 수 있었던 전쟁에서 그와 우리 인생에 새롭고 평화의 가능성을 주는 방향으로 선회했다. 그래서 그는 '말할 수 없는 것들'과 전쟁을 시작하게 되었다.

'말할 수 없는 것들Unspeakable'은 토머스 머튼이 케네디 암살 이후의 60년대의 중심에서 만들어낸 용어이다. 60년대는 한창 베트남 전쟁이 고조되고, 핵무기 경쟁이 난무하고, 맬컴 XMalcolm X, 마틴 루터 킹Martin Luther King 그리고 로버트 케네디Robert Kennedy가 암살당한 시기였다. 이런 영혼을 뒤흔드는 사건들을 통해 머튼은 우리가 표현할 수조차 없는 능력과 속임수를 지닌 악의 세력을 감지했다. 머튼은 1965년에 "이 시대 최악의 사건은, 물론 세계가 충격을 받았다는 증거인데, '말할 수 없는 것들'의 존재가 세계의 심장부에 타격을 주었다"고 썼다. 베트남 전쟁, 세계전쟁을 위한 경쟁, 케네디, 맬컴 X, 마틴 루터 킹, 로버트 케네디의 맞물린 죽음은 '말할 수 없는 것들'의 징후들이었다. 머튼은 "어떤 대가를 치르더라도 세계와 화해를 하고 싶은 현재를 살고 있는 사람이라면, '말할 수 없는 것들'의 함정에 빠지지 않도록 주의하라"고 경고했다.

우리가 진정한 인간이 되었을 때 머튼이 그 과정을 이해했듯이, 연민의 원천이 우리를 '말할 수 없는 것들'과 대면하게 한다. 머튼은 진실을 말할 수 없게 하는 조직적 악에 대해 지적했다. 머튼에게는 말할 수 없는 것이 사실상 공허한 것이었다. "말이 입 밖으로 나오기도 전에 그 모든 것을 부정하는 것 역시 무의미한 일이다. 입 밖으로 나오는 공공의 언어와 공식적인 선언들은 공허한 것이고, 혼돈의 허무함으로 죽음을 알리게 한다. 나치의 유대인 학살범 아이히만Eichmann을 충실하게 복종하도록 만든 것 중의 하나도 바로 공허함이었다.

냉전의 역사에서 '말할 수 없는 것들'은 1948년 6월 18일에 국가안전보장회의 명령 NSC 10/2의 인가를 받은 'plausible Deniability(그럴듯하게 둘러대어 관련 사실을 부인하는 것, 이하 '관련사실 부인'으로 통일)'이라는 정부의 첩보활동 원칙에서 보면 무의미한 것이었다. CIA 국장 앨런 덜레스 Allen Dulles의 지휘 아래에서 '관련사실 부인'은 국가 지도자를 암살하고, 정부를 전복시키고 책임져야 할 것들을 은폐하기 위해 거짓말을 해도 된다는 신호로 해석했다. 이는 모두 미국의 이익을 증진시키고 핵무기를 이용해 소련과 다른 나라를 지배하기 위함이었다.

나는 케네디의 암살에서 '말할 수 없는 것들'을 너무 늦게 깨달았다. 케네디가 암살당한 후 30년 동안 내가 추구하는 평화의 신학과 그의 죽음사이에 어떤 연관성도 찾을 수 없었다. 나는 머튼의 '말할 수 없는 것들'에 대한 통찰력을 소중히 여겼지만 내가 거부했던 핵전쟁이 갖는 함축된 의미를 탐구하지 않았기 때문에 '관련사실 부인', 즉 국가안보상황에서 있을 수 없는 사악한 무책임에 대해 아무것도 알지 못했다.

CIA와 다른 정보기관들에 대한 서명의무의 무효화는 미국의 핵 우위를 유지하기 위한 비밀범죄에 꼭 필요한 것으로 여겨졌다. 하지만 동시에 케네디 암살과 은폐를 가능하게 해 주었다. 나는 수백만 명을 죽일 수 있는 핵무기에 저항하기 위해 글도 쓰고 행동도 했다. 그러나 그들이 국가안보의 핵심에 존재하고 있고, 전쟁거부로 선회하기 위한 대통령의 암살에 깊숙이 관련 되었다는 사실을 깨닫지 못하고 있었다.

나는 케네디 인생의 큰 변화들과 그가 죽은 뒤에 남은 세력들을 간과함으로써 부인으로 일관하는 국가의 풍조에 기여한 셈이다. 명백한 것에 대한 집단적 부인, 즉 오스왈드 관련 자료의 조작 및 루비Ruby에 의한 명백한 '입막음용' 살해는 댈러스 암살사건의 은폐를 가능하게 만들었다. 이러한 은폐는 이후 우리의 정부에서, 그리고 우리의 내부에서 활동하는 동일세력에 의해 맬컴 X와 마틴 루터 킹, 로버트 케네디의 암살에 촉진제가 되었다. 세상의 변화를 희망했던 이들은 모두 표적이 되어 암살에 의해서 생을 마감했다. 무엇보다도 각각의 사건은 '관련사실 부인'이라는 원칙하에 은폐되었다. 이는 정부가 아닌 우리 자신에 대한 부정이었다. '말할 수 없는 것들'이라고 멀리 있는 것은 아니었다.

마틴 루터 킹의 암살이 나를 깨닫게 했다. 킹 목사가 살해되었을 때 나는 하와이 대학의 30살 된 종교학 교수였다. 나는 학생 12명과 함께 〈평화의 신학The Theology of Peace〉이라는 제목의 세미나를 열었다. 킹 박사가 살해된 후 첫 시간에 몇몇 학생은 제시간에 나타나지 않았다. 수업에 들어오면서 그들은 성명서를 발표했다. 그들의 성명은 평화와 정의를 위해 자기 생명을 바친 킹 목사의 죽음에 대한 항의였다. 그들은 캠퍼스에서 즉석 집회를 열었다. 그들은 징병 카드를 불태웠고 이로 인해 수년 동안 투옥될 처지에 놓였었다. 그들은 자신들이 이제 하와이 저항운동단체Hawaii Resistance를 결성했다고 말했다. 그들은 내가 그들의 단체에 합류할 수 있을지를 물었다. 그것은 우정 어린 제안이었고 여러 가지 의미를 함축하고 있었다.

"비폭력 교수님, 말보다 행동을 보여주세요." 한 달 후 우리는 하와이 주 방위군 대원들을 베트남 정글로 보내는 중간과정인 오하우 정글전투 훈련소Oahu's Jungle Warfare Training Center로 이송되는 트럭 대열 맨 앞에 앉아 있었다. 나는 2주간 감옥에 들어가 있었다. 내 학문적 커리어가 끝나는 상황이었다. 하와이 저항운동 대원들은 징병거부로 인해 6개월 내지 2년간 투옥되거나 결국에는 스웨덴이나 캐나다로 추방되었다.

31년 후 나는 킹 목사의 암살로 인해 훨씬 더 많은 것을 알게 되었다. 나는 킹 목사의 암살을 다루는 재판을 참관했다. 재판은 멤피스에서 열렸는데, 그가 암살당한 로레인 모텔Lorraine Motel에서 불과 두세 블록 떨어진 곳이었다. 이 억울한 죽음에 대한 재판에서는 킹 목사의 가족을 시작으로 6주 동안 70명의 증인이 증언했다. 그들은 교묘한 정부의 음모를 설명했다. 음모는 FBI, CIA, 멤피스 경찰, 마피아 중간 단체들, 그리고 육군 특수부대 저격 팀이 연루되어 있었다. 12명의 배심원(흑인 6명, 백인 6명)들은 두 시간 반의 토의 끝에 킹 목사는 정부의 각종 기관들이 연루된 음모에 의해 살해되었다는 판결을 내렸다.

나는 킹 목사의 순교를 파고드는 과정에서 케네디, 맬컴 X, 로버트 케네디의 죽음이 갖는 유사성에 눈을 뜨게 되었다. 나는 증인들을 면담하기 위해 댈러스, 시카고, 뉴욕으로 가서 이 사건들에 관련된 결정적 자료들을 조사했다. 결국 네 가지 사건 모두를 한데 묶어 똑같은 이야기를 네 가지로 각색해서 볼 수 있었다. 케네디와 맬컴 X, 킹 목사, 로버트 케네디는 매체나 희생양들을 이용해서 '관련사실 부인' 원칙의 보호를 받는 정보기관들에 의해 살해되었으며, 그들 모두 사회의 변화를 부르짖던 사람들이었다. 이들의 암살 배후에는 머튼이 '말할 수 없는 것들'이라고 규정한 '사악한 무책임'이 자리 잡고 있었다.

'말할 수 없는 것들'이라고 멀리 있는 것은 아니다. 그것은 저 멀리 바깥에 있는 것도 아니고 이질적으로 변한 정부와 동일한 것도 아니다. 무책임의 공허함, 책임과 연민의 진공상태는 우리 내부에 있다. 우리의 시민적 책임의 부정이 정부의 '관련사실 부인'의 원칙에 근거를 제공한다. 케네디의 암살은 냉전과 핵무기 경쟁을 촉발한 제2차 세계대전에서 미국이 저지른 범죄를 우리가 부정한 것에 의해 일어났다. 미국은 도시(함부르크, 드레스덴, 도쿄, 히로시마, 나가사키)들을 파괴했다.

또 전 세계를 파괴할 만한 가공할 무기로 국가의 안보를 방어했을 때도, (비판적 관측자들에게는 명백한 방법, 즉 '관련사실 부인'으로) 다른 나라 지도자의 암살을 수행했을 때도, 미국인들은 정부를 지지했다. 국가 안보를 담보로 행해진 국가 범죄에 대해 우리는 책임을 회피함으로써 '말할 수 없는 것들'에 맞서는 데 실패했다. 그런 우리들이 케네디의 암살과 은폐로 가는 문을 열어준 것이다.

토머스 머튼의 인간으로서의 연민은 그를 '말할 수 없는 것들'과 대적하도록 이끌었다. 나는 머튼이 〈요나의 표징 *The Sign of Jonas*〉에서 연민에 관해 쓴 것을 좋아한다. "목마른 땅이 샘물로 변하고 가난한 자가 모든 것을 소유하는 것은 연민의 사막에서다." 연민은 우리의 비폭력적 사회 개혁의 원천이다. 깊숙한 인간적 연민은 그가 대량학살, 베트남전, 핵파멸 속의 '말할 수 없는 것들'에 맞서는 힘의 원천이다. 머튼의 적이 그 전쟁의 늪으로 더 깊이 빠져들자, 그는 더 심오한 상대를 만나기 위해 동쪽으로 순례를 떠났다. 그는 1968년 12월 10일에 방콕에 있는 회의장에서 감전사(死)로 그의 깊고 연민적인 인류애로의 여정에 종지부를 찍었다.

케네디의 이야기를 추적하면서 미국과 소련 그리고 세계를 잿더미로 만들어버릴 뻔 했던 핵전쟁보다는 희망적인 미래를 모색하기 위해 분투하던 모습에 대해, 그가 살아 있을 때보다 더 많은 것을 알게 되었다. 나는 이제 그가 왜 그런 강경책들을 써가면서 이익을 얻으려 했던 세력들에게 그토록 위협적인 존재였는지를 안다. 그렇다면 케네디는 자신의 미래에 대해 얼마만큼의 위험을 감수하려고 했을까? 케네디는 순진하지 않았다. 그는 자신이 맞서 싸우는 세력에 대해 알고 있었다. 머튼의 말처럼 그런 권력을 손에 쥐고 있는 사람들에 의해, 암살당할 운명이라는 것을 알고도, 그 권력을 놓고 냉전의 종식으로 입장을 바꾼다는 것을 생각이나 할 수 있겠는가?

이 답에 대해서는 독자들의 판단에 맡기겠다. 나는 진실을 말할 것이며, 그것은 폭력의 소용돌이에서 평화의 21세기를 향해 나아가는 길을 모색하는 변화의 이야기이다. 나의 방법론은 간디로부터 얻은 것이다. 이는 진실에 대한 실험이다. 그 냉엄한 진실은 어둠으로 가는 여행이다. 만일 갈 수 있는 한 멀리 어둠으로 간다면 그 결과에 관계없이 칠흑 같은 진실이 폭력의 속박으로부터 우리를 해방시켜 줄 것이고, 평화의 빛으로 우리를 데려다 줄 것이라고 믿는다.

케네디가 순교자였건 아니건 그의 이야기는 진실을 위해 기꺼이 위험을 감수했던 목격자들의 증언 없이는 전개될 수 없었을 것이다. 그들 모두의 목숨을 앗아가지는 않았지만 몇 명은 목숨을 잃었다. 진실을 말하는 목격자들이라는 말의 근본적 의미로 봤을 때 그들 역시 모두 순교자였다.

이 책에는 진실이 지구상에서 가장 강력한 힘이라는 뜻이 담겨 있는데, 간디는 이를 사티아그라하satyagraha라 불렀다. 이는 '진실의 힘truth-forth' 또는 '영혼의 힘soul-forth'을 의미한다. 간디는 진실에 대한 실험으로 신학에 관심을 갖게 되면서 '진실이 신(神)이다'라고 했다. 우리는 모두 진실의 일면을 볼 수 있고 더 깊이 찾아볼 수 있다. 그것은 바로 고통에 대한 반응인 연민이다. 이 책 〈케네디와 말할 수 없는 진실〉은 그 진실에 대해 말한 수많은 목격자들의 고통과 연민으로 그려졌다. 진실하게 살아간다면 우리는 '말할 수 없는 것들'로부터 자유로워질 수 있다.

【 연대표 】
1961~1963

1961년 1월 17일　드와이트 아이젠하워Dwight D. Eisenhower 대통령은, 고별사에서 거대한 군조직과 거대 군수업체인 '군·산 복합체'의 결합으로 인한 막강 파워의 등장은 미국인들이 일찍이 경험해보지 못한 것이라며 경고했다. "우리는 결코 이 결합체의 파워가 미국의 자유와 민주주의를 위협하도록 방치해서는 안 된다."

　콩고 수상인 파트리스 루뭄바Patrice Lumumba는, 콩고 분리 독립을 지원하기 위해 카탕카 주에 잠입해 있던 CIA와 벨기에 정부와의 공모로, 아프리카 민족주의를 지지하던 존 F. 케네디John F. Kennedy 대통령이 취임하기 3일 전에 암살당했다.

1961년 1월 19일　백악관에서의 마지막 날, 아이젠하워는 후임자인 케네디에게 업무를 인계했다. 케네디가 공산주의자들이 속해있는 라오스 연립정부를 지원할 가능성을 제기하자, 아이젠하워는 미국의 군사적 개입이 훨씬 더 나을 것이라고 말했다.

1961년 1월 20일　케네디는 냉전에 대해 견해를 밝히며, "과학이 초래한 파괴적인 어둠의 세력이 계획적이든 우연이든 인류에게 파멸을 초래하기 전에 양 진영은 다시 평화를 추구해야 한다"는 취임사를 발표했다.

1961년 3월 23일　케네디 대통령은 합동참모본부와 CIA의 반대에도 불구하고, 반공주의 통치자인 푸미 노사반 장군General Phoumi Nosavan에 대한 미국의 지원을 중단하면서 라오스 정책을 전환한다. 푸미 노사반 장군의 정부는 아이젠하워 정부 하에서 국방부와 CIA의 지원으로 수립되었다. 케네디는 기자회견에서 미국은 '강경하고 지체 없이', '라오스가 중립국이면서 독립국인 되는 목표'를 지지하고, 라오스의 문제를 다루는 국제회의에 참석하고 싶다고 말했다.

1961년 4월 15~19일 CIA가 지원하는 쿠바의 망명단체가 피그스 만 Bay of Pigs을 침공했다. 피델 카스트로가 이끄는 쿠바군이 침략군을 포위하자 케네디는 전투 병력의 투입을 거부했다. 망명단체는 항복했고 1천 명 이상이 포로로 붙잡혔다. 케네디는 미군이 쿠바에 전면적인 침공을 개시하고 전쟁을 점차 확대시키려는 CIA의 덫에 걸려들었다는 것을 깨달았다. 케네디는 "CIA를 산산 조각 내고 싶다"고 말했다.

1961년 6월 3~4일 비엔나에서 열린 정상회담에서, 케네디와 흐루시초프는 중립국이자 독립국인 라오스를 지지하기로 동의했다. 이는 두 사람의 의견이 일치했던 유일한 사안이었다. 그러나 케네디는 날로 심각해져가는 핵전쟁의 위협에 대해 무관심을 보이는 흐루시초프에게 충격을 받았다.

1961년 7월 20일 국가안전보장회의National Security Council Meeting에서 합동참모본부와 CIA국장인 앨런 덜레스Allen Dulles는 '긴장의 시기가 지나고 나면 1963년 후반에' 소련을 핵무기로 선제공격하자는 계획을 제시했다. 케네디는 회의장을 나가면서 국무장관 딘 러스크에게 "이러고도 우리가 스스로를 인류라고 부르고 있는가"라며 개탄했다.

1961년 8월 30일　소련은 시베리아 상공에서 150킬로톤의 수소폭탄 핵융합을 터뜨리는 핵융합 실험을 재개했다.

1961년 9월 5일　소련이 추가로 2개의 수소폭탄 실험을 하자, 케네디 대통령도 핵실험 재개를 명령했다.

1961년 9월 25일　케네디는 UN 연설에서 다음과 같이 말했다. "핵무기들이 우리를 파괴하기 전에 없애야 합니다. 그래서 군비경쟁을 위해서가 아니라 평화경쟁을 위해 소련에 대응하는 것입니다. 이는 전체적으로 완벽하게 무장해제를 이룰 때까지 단계적으로 시행해야 합니다.'

1961년 9월 29일　흐루시초프가 케네디에게 첫 번째 친서를 작성했다. 이 편지는 KGB 요원이 백악관 대변인 피에르 셸린저Pierre Salinger에게 건넨 신문 속에 넣어 대통령에게 전달되었다. 흐루시초프는 편지에서 핵시대의 평화를 '깨끗한 자'와 '더러운 자' 모두가 안식처로 삼았던 노아의 방주에 비교했다. 그러나 자신을 '깨끗한 자'로 생각하든 '더러운 자'로 여기든 모두가 한 가지에 관심을 갖고 있었다. 바로 방주가 성공적으로 계속 떠 있어야 한다는 것이었다.

1961년 10월 16일　케네디는 흐루시초프에게 다음과 같이 은밀한 답변을 보냈다. '깨끗한 자'와 '더러운 자'를 모두 태우기로 결정한 노아의 방주에 대한 비유가 굉장히 마음에 듭니다. 우리의 차이가 무엇이든 평화를 유지하기 위한 우리의 협력은 더도 말고 마지막 세계대전에서 승리를 위해 협력했던 만큼이나 중대하고 시급합니다."

1961년 10월 27~28일　흐루시초프가 그 해 8월 동·서베를린 사이에 장벽을 설치하라고 명령함으로써 베를린을 두고 여름 내 계속됐던 미국과 소련의 긴장상태가 막을 내렸다. 케네디 대통령의 대리인으로 서베를린에 있던 루시어스 클레이 장군은 베를린 장벽에서 미국과 소련 탱크가 16시간 동안 대치하는 도발을 감행했다. 케네디는 급히 흐루시초프에게 항의 서안을 보냈다. 그 후 양측은 서로 탱크를 철수시키는데, 이는 1년 뒤에 있을 쿠바 미사일 위기의 해답을 암시해 준다.

1961년 11월 22일　케네디는 베트남 내전을 진압하기 위해 전투부대를 파병해야 한다는 충고를 받아들이지 않았다. 그 대신 군사 고문단과 기술지원부대를 보내라고 명령한다. 이는 케네디가 대통령 임기 중에 베트남전에 개입한 시발점이었다.

1961년 11월 30일　케네디는 쿠바 공산정권 전복을 지원하는 비밀공작 계획인 '몽구스 작전Operation Mongoose'을 승인했다. 그는 게릴라전 전문가인 에드워드 랜스데일Edward Lansdale 장군을 작전사령관으로 임명했다.

1962년 4월 13일　압도적인 국민의 지지를 받고 있는 케네디는 인플레이션을 극복하기 위해 만들었던 '케네디 중개안Kenndy-brokered agreement'을 위반한 철강업계 대표들에게 가격인상을 포기하라고 강력히 요구했다. 케네디가 갖고 있던 반기업적인 정서와, 철강기업들과 체결했던 방위계약의 취소는 군 · 산 복합체의 수뇌부들 사이에서 그를 악명 높은 존재로 각인시켰다.

1962년 4월 25일 케네디는 남태평양에서 실시했던 24회의 핵 실험 중, 첫 번째 실험을 승인했다.

1962년 5월 8일 국방장관인 로버트 맥나마라Robert McNamara는 사이공 회합에서 폴 하킨스Paul Harkins 장군에게 "베트남 전쟁의 모든 책임을 베트남 정부에게 떠넘기고, 군사개입 규모를 축소할 계획을 세워 다음 회담 때 발표할 수 있도록 준비하라고 지시했다."

1962년 6월 13일 리 하비 오스왈드Lee Harvey Oswald는 소련인 아내 마리나와 어린 딸 준과 함께 1959년 10월 소련으로 망명했다. 그 후 2년 반 동안 민스크에서 국적 이탈자로 살다가 국무부의 임시 파견 직원과 함께 미국으로 다시 돌아왔다. 이는 너무나 잘 알려진 사실이다. 오스왈드가 텍사스 주의 포트워스에서 자리를 잡고 살자, CIA의 댈러스 지부의 요원이던 월튼 무어J. Walton Moore는 정보원 조지 드 모렌쉴트George de Mohrenschildt에게 그를 보호, 감시하도록 한다.

1962년 7월 23일 미국은 제네바에서 다른 13개국과 함께 '라오스 중립선언Declaration on the Neutrality of Laos'에 합의했다. 이 합의를 반대하던 CIA와 국방부는 라오스의 합의에 대해 케네디가 공산주의에 굴복한 것으로 간주한다. 그래서 이들 세력은 정전 반대를 주장하는 푸미 노사반 장군을 지지함으로써 이 합의를 약화시켰다. 맥나마라 장관은 하와이의 스미스 캠프에서 있었던 베트남 전쟁과 관련한 또 다른 회동에서, 하킨스 장군에게 5월 8일에 지시했던 명령이 무시되었다는 것을 알게 된다. 그는 베트남 전쟁에서 미군의 개입을 줄이고자 하는 케네디의 명령임을 다시 한 번 강조했다.

1962년 10월 16일   케네디는 U-2 정찰기로 촬영한 사진을 통해 쿠바에 소련의 중거리 탄도 미사일이 존재한다는 것을 알게 되었다. 케네디는 핵심 보좌관들을 불러 일급비밀회의를 소집했고, 후에 이는 국가안전보장회의 집행위원회가 되었다. 이들은 첫 회의에서 쿠바에 선제공격을 가함으로써 소련의 탄도 미사일을 파괴하는 방법에 대해 논의했다. 회의가 끝난 후 케네디는 로버트 케네디에게 "도조Tojo가 진주만 공습을 위한 계획을 세울 때 어떤 기분이었을지 알 것 같다"고 말했다.

1962년 10월 19일   케네디 대통령이 쿠바 미사일 기지를 폭격하는 대신 해상에 있는 소련의 미사일 수송선을 봉쇄하기로 결정하고 합동참모본부 간부들을 면담했다. 이들은 계속해서 미사일 기지에 대한 즉각적인 폭격을 요구했다. 커티스 르메이Curtis Lemay 장군은 대통령에게 "이번 봉쇄 결정과 정치행위는 히틀러에게 양보했던 뮌헨협약만큼이나 끔찍하다"고 말했다.

1962년 10월 22일   케네디 대통령은 TV 연설에서 미국이 쿠바에서 소련의 미사일을 찾아냈다고 발표했다. 그는 "쿠바로 가는 모든 화물에서 공격용 장비를 엄격하게 격리할 것이며, 쿠바에 있는 모든 공격용 무기의 해체와 철수가 필요하다"고 말했다.

1962년 10월 27일 쿠바 상공에 있던 U-2 정찰기가 소련의 지대공 미사일에 격추되고 공군 파일럿이 사망했다. 합참과 비상대책위원회는 신속히 보복 공격을 가하라고 재촉했지만, 케네디는 쿠바를 공격하지 않는다는 약속에 대한 보답으로 소련의 미사일을 철수하겠다는 흐루시초프의 제안을 받아들인다는 서한을 보냈다. 반면 미국은 흐루시초프가 나중에 요구했던 소련 국경 부근의 터키에 설치한 미사일을 제거 요구는 무시한다.

그 후 케네디는 로버트 케네디를 특사 자격으로 소련 대사 아나톨리 도브리닌Anatoly Dobrynin을 만나도록 한다. 로버트 케네디는 도브리닌에게 터키에 있는 미사일들도 합의의 일부로 철수하겠다는 비밀 약속을 한다. 그는 모든 군 참모들이 전쟁을 종용하기 때문에 대통령이 자제력을 잃을 수도 있다며 흐루시초프의 빠른 응답을 요청한다. 도브리닌의 메시지를 받은 흐루시초프는 케네디의 비침략 약속에 대한 답례로 쿠바에서 소련의 미사일을 철수시키겠다고 공개적으로 발표했다. 합참은 케네디가 쿠바에 대한 폭격을 거부하고 흐루시초프에게 양보했다고 격분했다.

1962년 12월 18일 상원의원 마이크 맨스필드Mike Mansfield는 케네디 대통령의 요청으로 베트남을 방문한 후, "이전에 프랑스가 지배하던 베트남에서 그에 못지않은 격동에 휘말려서는 안 된다"는 경고의 보고서를 발표했다.

1963년 3월 19일 워싱턴 기자회견에서 CIA의 후원을 받는 쿠바 망명 단체인 '알파 66'은 자신들이 소련의 '요새'와 쿠바에 있는 함선을 급습해 12명의 사상자를 냈다고 발표했다. '알파 66'의 비밀 고문인 데이비드 아틀리 필립David Atlee Phillip에 따르면, 쿠바 영해를 공격한 목적은 "공개적으로 케네디를 당황하게 만들고 카스트로와 대립하도록 하기 위한 것"이었다.

1963년 3월 31일 케네디는 CIA의 도움으로 마이애미 밖으로 빠져나가는 쿠바 망명자들의 군함을 단속하라고 명령했다. 로버트 케네디의 법무부는 반(反) 카스트로 특공대원들의 이동을 마이애미로 제한하고, 해안 경비대는 그들의 군함을 나포하고 선원들을 체포한다.

1963년 4월 11일 교황 요한 23세는 자신의 회칙인 〈지상의 평화*Pacem in Terris*〉를 발표했다. 이에 노먼 커즌스Norman Cousins가 흐루시초프에게 러시아어로 번역한 원본을 제공한다. 사상적 적대 관계자들 간의 상호 신뢰와 협력에 대한 교황 회칙의 원칙은 케네디-흐루시초프의 대화와 6월에 있을 아메리카대학의 연설의 근간이 되었다.

케네디는 흐루시초프에게 "쿠바 영해에서 있었던 소련의 함선에 대한 군사 조치가 과도한 긴장상태를 조성했다는 것을 알고 있고, 원칙에 어긋나는 공격들을 중지하기 위해 조치를 취하고 있다"고 비밀서한을 보냈다. 또한 4월 초에는 미국 협상대표인 제임스 도노반James Donovan이 카스트로 수상과 피그스 만 관련 수감자들의 석방협상을 위해 쿠바로 다시 들어갔다. CIA는 도노반이 케네디의 특사임을 이용해, 그에게 독성물질로 감염시킨 사실을 숨긴 채 잠수복을 카스트로에게 선물하도록 음모를 꾸몄다. 이는 카스트로를 암살하고 케네디에게 책임을 전가해, 쿠바와 미국 간의 대화를 고의로 차단하려는 방해 공작이었지만 실패로 돌아갔다.

1963년 4월 18일　CIA의 지원을 받는 마이애미의 쿠바 혁명위원회의 수장인 호세 미로 카도나Jose Miro Cardona 박사가 케네디의 대 쿠바 정책 변경에 항의하며 사임했다. 카도나는 미국 정부가 케네디의 조치들을 통해 미국이 "반(反) 카스트로에 대한 투쟁을 청산하는 과정에 있다"고 결론을 내린다.

1963년 5월 6일　하와이의 캠프 스미스에서 맥나마라 장관이 베트남에 대한 논의를 위해 회의를 주재했다. 이 회의에서 태평양 사령부는 마침내 케네디 대통령의 오랜 염원이었던 베트남 철수 계획을 마련했다. 맥나마라는 군의 무리한 일정을 거부할 수밖에 없었고, 1963년 말까지 미군 1천 명을 철수시키기 위한 구체적인 계획을 세우라고 명령했다. 케네디 대통령은 핵실험 금지 조약과 전면적이고 완벽한 무장해제 정책을 추진하도록 명령하는 '국가안전보장조처에 관한 비망록National Security Action Memorandum 239호'를 발표했다.

1963년 5월 8일　베트남 훼Hue 시에서의 항쟁은 불교도들이 디엠Diem 정부의 종교 탄압에 대한 저항이라고 주장했다. 이 사건의 발단은 베트남 정부의 치안부대가 두 번의 폭탄 테러를 일으켜 8명이 죽고, 12명이 부상을 당함으로써 촉발된 것이었다. 베트남 정부는 베트콩Viet Cong(북베트남)의 테러라며 즉각 비난했다. 이후에 독립적으로 조사한 결과 폭파범은 미국의 육군 장교로 CIA가 제공한 플라스틱 폭탄을 사용했던 것이었다. 훼 시에서의 촉발된 유도된 불교도의 위기는 베트남에서 미군을 철수시키려는 디엠-케네디의 합의 가능성을 차단하고, 고 딘 디엠Ngo Dinh Diem 정권의 볼락을 가져왔다.

1963년 6월 10일　케네디는 워싱턴에 있는 아메리카대학의 졸업식 연설에서 사실상 냉전의 종식을 제안하는 연설을 했다. "전 세계에 미국의 무기로 전쟁하도록 종용하는 팍스 아메리카의 지배에 의한 평화 의 목적을 거부하며, 미국인들에게 전쟁에 대한 관점을 제2차 세계대전으로 인해 큰 상실감으로 고통 받은 소련 사람들을 떠올려보자고 요청했다. "핵전쟁은 더욱 끔찍할 것이며, 우리가 구축한 모든 것, 우리가 해온 모든 일들이 24시간 안에 파괴될 것이다." 또한 케네디는 '가장 중요하고 원대한 관심사'인 '전반적 완전군축General and Complete Disarmament'을 진척시키기 위해 '대기 핵실험'을 일방적으로 중단한다고 발표했다.

1963년 6월 25일　오스왈드가 소련으로 망명했다가 돌아온 지 1년 후, 그의 여권은 뉴올리언스에서 신청한 지 하루 만에 발행된다. 여권 신청서에는 도착지가 소련으로 기재되어 있었다.

1963년 7월 25일　모스크바에서는 케네디 대통령을 대신해 미국의 협상대표 애버렐 해리만Averell Harriman이 소련의 협상대표와 부분적 핵실험 금지 조약Limited Test Ban Treaty에 합의했다. 이 조약은 '우주공간을 포함한 공중영해와 공해를 포함한 수중'에서의 핵실험을 금지하는 것으로 되어 있다.

1963년 7월 26일　케네디 대통령은 양쪽 모두 피하고 싶어 하는 핵전쟁에 대해 흐루시초프가 말한 "생존자들은 죽은 자들을 부러워 할 것이다"를 인용하며, TV를 통해 국민들에게 핵실험 금지 조약을 지지해달라고 호소했다.

1963년 8월 9~10일　오스왈드는 뉴올리언스에서 쿠바를 위한 공정위원회Fair Play for Cuba Committee(이하 '쿠바공정위원회'로 통칭)의 전단지를 배포하다가 체포되었다. 또한 오스왈드에게 맞서 그가 나눠주던 전단지를 찢어버린 세 명의 반(反) 카스트로 쿠바 망명자들도 치안 방해죄로 체포된다. 오스왈드는 구치소에서 하룻밤을 보낸 후 뉴올리언스의 FBI 요원인 존 퀴글리John Quigley와 비밀리에 접촉한다.

1963년 8월 24일　대통령 보좌관 로저 힐스먼Roger Hilsman, 애버렐 해리만 마이클 포레스탈Michael Forrestal은 미국이 조건부로 베트남 장군들이 일으킨 쿠데타를 지지하도록 하기 위해, 새로 임명한 사이공 대사 헨리 케봇 로지Henry Cabot Lodge에게 보낼 전문을 작성한다. 하이애니스 항Hyannis Port에 머물고 있던 케네디는 그 전문을 승인한다. 그는 이내 미국 정부가 쿠데타를 지원한 것으로 기록될 성급한 정책 결정에 대해 후회한다.

1963년 9월 12일 국가안전보장회의에서 합동참모본부는 다시 한 번 핵 선제공격 검토를 위한 보고서 '1964~1968년 플랜'을 제출한다. 케네디는 이 논쟁을 그의 유명한 결론인 "우리는 선제공격을 할 수 없습니다"로 이끌어냈다. 그는 1963년의 얼마 안 남은 몇 달이 미국이 선제공격할 수 있는 가장 유리한 시간이라는 것을 암시하는 보고서 내용에 아무런 언급도 하지 않았다.

1963년 9월 20일 케네디는 UN 연설에서 '부분적 핵실험 금지 조약Limited Test Ban Treaty'이 정당하고 영속적인 평화를 위한 지렛대가 되어주길 바라는 희망을 표시했다. 미 외교관 윌리엄 앳우드William Attwood는 유엔 대사인 아들라이 스티븐슨Adlai Stevenson과의 만남에서는 카스트로 수상과 비밀 회담을 열 수 있도록, 쿠바의 UN 대사인 카를로스 레추가Carlos Lechuga 박사와의 접촉을 허락한다. 미국 텍사스의 엘패소에서는 케네디 암살 음모 계획을 알고 있는 CIA의 대적(對敵) 첩보활동 요원이던 리차드 케이스 나겔Richard Case Nagell은 은행으로 걸어 들어갔다. 그런 다음 천장 바로 밑에 있는 석고벽에 권총 2발을 발사한 다음, 밖에서 일부러 체포될 때까지 기다렸다. 그는 FBI 요원에게 "나는 살인과 반역을 저지르느니 차라리 구속되겠다"고 말했다.

1963년 9월 23일 윌리엄 앳우드와 카를로스 레추가는 뉴스 프로그램

진행자인 리사 하워드Lisa Haward가 파티로 위장해서 마련한 자리에서 처음 만났다. 앳우드는 레추가에게 대통령에게 카스트로 수상과의 비밀 회동을 승인해 줄 것을 요청하러 백악관에 간다고 했다. 회동의 목적은 아바나와 워싱턴의 화해 가능성을 논의하는 것이었다. 레추가는 이에 대해 큰 관심을 보였다.

1963년 9월 24일 워싱턴에서 윌리엄 앳우드는 로버트 케네디를 만났는데, 로버트 케네디는 앳우드에게 계속해서 레추가와 함께 카스트로의 극비 회동을 추진해야 하지만 쿠바보다는 덜 위험한 장소를 찾아보라고 권유한다. 미 의회는 부분적 핵실험 금지 조약을 80대 19의 압도적인 표결로 승인한다.

1963년 9월 27일 유엔 대표자들의 휴게실에서 레추가를 만난 앳우드는 자신이 쿠바 외의 다른 장소에서 카스트로를 만날 수 있도록 승인을 받았다고 말했다. 레추가는 자신도 아바나에 알리겠다고 했다. 멕시코 시티에서는 자신을 리 하비 오스왈드라고 밝히는 남자가 쿠바와 소련 대사관을 각각 방문했다. 그는 여기서 두 국가의 비자를 즉시 발급해달라고 요구했다. 이를 의심스럽게 여긴 직원이 시간을 끌다가 그를 바깥으로 내보내자, 그는 버럭 화를 내며 기억에 남을 만한 장면을 연출했다.

1963년 9월 28일 자신을 오스왈드라고 밝힌 남자가 다시 멕시코시티의 소련 대사관에 찾아와서 소련으로 갈 수 있는 긴급 비자를 발급해달라고 다시 한 번 요구했다. 소련 공관이 그에게 작성해야 할 양식을 건네자 그는 전날보다 더 흥분한다. 그는 테이블에 연발 권총을 놓으면서 자기 자신을 보호하기 위해서는 어쩔 수 없다고 말했다. 그는 다시 문 밖으로 쫓겨났다. 그의 소련 대사관 방문은, CIA가 도청으로 필사한 오스왈드의 전화를 유죄의 증거로 제시할 때 반복적으로 언급된다. 일각에서 전화를 건 사람은 러시아어가 유창하지 못하지만 오스왈드는 유창하다는 것을 지적하자, CIA는 녹음된 것들이 정기적으로 지워지기 때문에 녹음테이프로 목소리를 대조하는 것은 불가능하다고 주장했다.

1963년 9월 30일 케네디는 대변인 피에르 샐린저Pierre Salinger를 보내 워싱턴에 근거지를 두고 있던 KGB를 통해 자신과 흐루시초프가 연결될 수 있도록 하는 비밀대화 채널을 재가동했다. 이렇게 함으로써 소련의 지도자와의 소통을 위해서 더 이상 믿을 수 없는 국무부를 우회할 수 있었다.

1963년 10월 11일 케네디 대통령은 '국가안전보장조처에 관한 비망록 263호'를 발표하면서 베트남에서 "1963년 말까지 천 명의 미군을 철수"하고 "1965년 말까지 모두 철수한다"는 정부의 정책을 공식화했다.

1963년 10월 16일 오스왈드는 루스 파인이 소개해 준 댈러스에 있는 텍사스 교과서 보관소에서 일을 시작했다.

1963년 10월 24일 프랑스의 저널리스트 장 다니엘은 쿠바의 카스트로 수상을 인터뷰하러 가기 전에 케네디 대통령을 만났다. 케네디는 카스트로가 이끄는 쿠바혁명에 대해 우호적으로 말했다. 그는 또 다니엘에게 카스트로가 '그의 잘못으로 1962년 10월에 핵전쟁 직전까지 갔다는 사실을' 알고 있는지 묻는다. 케네디는 다니엘에게 11월 말에 쿠바에서 돌아오면 이에 대해 카스트로가 어떻게 대답했는지 말해달라고 요청했다.

1963년 10월 31일 카스트로의 보좌관인 르네 발레조Rene Vallejo와 리사 하워드가 전화 통화를 했다. 카스트로는 발레조를 통해 앳우드를 멕시코에서 데려올 비행기를 보냄으로써 윌리엄 앳우드와의 만남을 신속히 진행시켰다. 앳우드는 쿠바의 사설 공항으로 날아가 카스트로와 비밀 회동을 한 후 곧장 돌아가게 되어 있었다. 하워드는 이 사실을 앳우드에게 전달하고 앳우드는 이를 백악관에 긴급히 타전했다.

1963년 11월 1일 CIA의 지지를 받는 베트남의 반란군은 사이공에 있는 디엠의 대통령 궁을 에워싸고 폭격을 가한다. 디엠과 그의 동생 누Nhu는 어둠을 틈타 궁을 빠져나가 사이공 교외의 쩔런으로 대피했다.
　시카고에서는 비밀 경호원이 4인조 저격조 중 2명을 체포하는데, 이들은 이튿날 케네디가 시카고를 방문하는 동안 암살 음모 혐의로 체포되고 나머지 두 명은 도주했다. 정신적으로 문제가 있는 해병대 출신 토머스 아서 밸리Thomas Arthur Vallee는 케네디의 차량 행렬이 지나갈 길 건너편에 있는 빌딩에서 일하고 있었고, 시카고 경찰은 그를 감시하고 있었다.

1963년 11월 2일 쩔런으로 대피한 디엠은 로지 대사와 쿠데타 장군들에게 전화를 건다. 그는 투항한 후 자신과 누가 공항으로 가서 베트남을 떠날 수 있도록 안전 통과를 요구했다. 반란군 장군인 민Minh은 두 사람을 데려오기 위해 5명으로 이뤄진 팀을 보냈다. 잠시 후 병력 수송용 장갑차는 총탄에 난사되어 사망한 디엠과 누의 시체를 장군 앞에 내려놓았다. 백악관에 있던 케네디는 로지로부터 디엠과 누가 사망했고, 사인은 자살이라는 전보를 받고 놀란 기색과 경악한 표정으로 방을 급히 나갔다. 40분 후 백악관 대변인 피에르 샐린저는 케네디 대통령의 시카고 방문이 취소됐다고 전격 발표했다.

2명의 용의자들이 시카고 비밀 경호본부에서 조사를 받고 있는 동안 희생양 토머스 아서 밸리만 체포된다. 저격수로 알려진 나머지 두 명은 시카고에서 아직 체포되지 않았다. 밸리 만이 공개적으로 알려졌다.

1963년 11월 5일 윌리엄 앳우드는 케네디 대통령의 국가안보담당 보좌관인 맥조지 번디McGeorge Bundy에게, 케네디의 대리인으로써 자신을 만나겠다는 카스트로의 구체적인 제안을 보고했다. 번디는 카스트로의 제안을 케네디에게 알렸다. 케네디는 보안을 유지하기 위해 앳우드가 자신의 과거 직업이었던 저널리스트로 위장해서 카스트로와 비공식적으로 만나길 원했다.

1963년 11월 18일 르네 발레조는 카스트로가 듣는 곳에서 윌리엄 앳우드와 통화를 했다. 앳우드는 그와 카스트로가 어떤 사안에 대해서 논의할 것인지 정하기 위해 사전 접촉이 필요하다고 말한다. 발레조는 쿠바 대사인 카를로스 레추가에게 앳우드와 함께 카스트로와의 만남을 위한 아젠다를 정할 수 있도록 하겠다고 했다.

마이애미에서의 연설에서 케네디는 카스트로에게 전하는 경고와 약속을 발표했다. 그 내용은 만일 쿠바가 "외부의 세력에 의해 다른 남아메리카 공화국들을 공산화하는 데 사용되는 무기" 역할을 포기한다면 "모든 가능성이 열린다"는 것이었다.

소련 대사는 워싱턴에서 9일 전 날짜가 찍혀 있고 댈러스의 '리 H. 오스왈드Lee H. Oswald'라고 서명된 대충 갈겨 쓴 편지를 받았다. 이 편지는 소련이 오스왈드와 공모하여 4일 후에 있을 케네디 대통령의 암살에 연루되어 있음을 보여주는 듯하다. 소련 당국은 이 편지가 위조되었거나 미국 측의 도발이라고 생각해 편지를 미국 정부에게 돌려주기로 하는데, FBI 요원은 이미 미국 대사관으로 가는 길에 편지를 열어서 복사해 두었다.

1963년 11월 19~20일   카스트로는 자신의 숙소인 아바나 호텔에서 케네디의 전언을 듣기 위해 장 다니엘과 6시간 동안 만났다. 다니엘이 쿠바의 혁명을 지지하는 케네디의 말을 전하고 카스트로가 핵전쟁을 일으킬 뻔했다고 지적했다. 그러자 카스트로는 쿠바에 소련 미사일을 도입하게 된 이유를 설명한다. 그 이유는 자신이 두려워하던 목전에 있는 미국의 침략을 막기 위해서였다. 케네디에 대해 재평가하면서 카스트로는 그가 재선에 승리하길 바라며 미국에서도 자본주의자와 사회주의자가 공존할 수 있다는 사실을 인정해 줄 수 있는 미국 최고의 대통령이 되길 바란다는 뜻을 표명했다.

1963년 11월 20일 댈러스에 있는 레드 버드 비행장에서는 젊은 남녀가 민간항공 회사를 소유하고 있던 웨인 제뉴어리Wayne January에게, 11월 22일 금요일 오후에 비행기를 빌리려고 했다. 제뉴어리는 그들의 질문들을 통해 그들이 쿠바로 가는 비행기를 납치할지 모른다는 의심을 했다. 그래서 제뉴어리는 그들의 제의를 거절한다. 이틀 뒤 언론에 나온 사진들을 통해 두 남녀를 차에서 기다리고 있던 남자가 바로 오스왈드라는 것을 알게 되었다.

루이지애나 주의 유니스에서는 헤로인 중독자인 로즈 케라미가 루이지애나 주 경찰서 부서장인 프란시스 프루지Francis Fruge에게, 마이애미에서 댈러스로 가는 길에 들른 실버슬리퍼 휴게소에 서 만난 두 남자가 케네디 대통령을 댈러스에서 암살하려 한다고 말했다.

1963년 11월 21일 텍사스를 떠나기 전, 베트남에서의 사상자 명단을 받은 케네디 대통령은 부대변인 맬컴 킬더프Malcolm Kilduff에게 이렇게 말했다. "내가 텍사스에서 워싱턴으로 돌아가면 모든게 변할 것이다. 베트남은 중요하지만 미국인들의 생명보다는 가치가 없다."

1963년 11월 22일 오후 12시 30분, 대통령의 리무진으로부터 주변 지역과 경호원들을 철수시켰다. 그런 상태로 케네디 대통령이 탑승한 리무진은 급커브를 돌아 저격수들이 대통령을 집중 사격한 댈러스의 딜리 광장Dealey Plaza 앞에 사실상 멈춰 섰다.

카스트로와 장 다니엘은 쿠바의 베라데로 해변에서 함께 점심을 먹다가 댈러스에서 케네디 대통령이 암살당했다는 소식을 듣는다. 카스트로는 "모든 것이 변했습니다. 이제 모든 것이 변할 것입니다"라고 말했다. 대통령의 시신이 댈러스의 파크랜드 병원으로 실려 오자 21명의 의사들은 두개골의 오른쪽 뒷부분에서 커다란 상처를 확인했다. 이는 정면 쪽에서 머리에 총격을 가했다는 치명적인 증거였다. 기자회견에서 맬컴 페리 박사Dr. Malcolm Perry는 여러 차례 앞 쪽에서부터 총탄이 발사되었다는 추가적인 증거로 목 앞부분에 있는 관통상을 설명했다.

경찰은 대통령이 오후 1시 15분에 오스왈드로 보이는 남자에 의해 살해당했고, 오스왈드는 오후 1시 50분에 텍사스 극장에서 체포되었다고 발표했다. 오후 1시 53분에는 오스왈드와 닮은 또 한 명의 남자가 텍사스 극장에서 체포되어 다른 문으로 끌려 나갔다. 또 오후 3시 30분에는 오스왈드와 닮은 사람이 CIA C-54 화물 수송기에 실려 댈러스를 떠났다.

대통령의 부검은 메릴랜드 주의 베데스다에 있는 베데스다 해군병원Bethesda Naval Hospital에서 이뤄졌다. 부검을 하는 동안 병원장인 캘빈 겔로웨이Calvin Galloway는 의사들에게 목의 상처는 조사하지 말라고 지시했고, 그날 밤에 찍은 엑스레이는 두개골의 뒷부분이 손상되지 않았다는 것을 보여주었다. 그러나 다음날 딜리 광장에서는 대통령의 두개골 중에서 파열된 후두골 조각이 발견되었다. 이런 사실은 엑스레이가 두개골에의 관통상을 감추기 위해 거짓으로 만들어졌다는 것을 증명한다.

밤 11시 55분, 댈러스 경찰본부 3층에서는 CIA와 연관된 나이트클럽을 소유하고 있는 잭 루비Jack Ruby가 피의자인 오스왈드가 자정쯤 기자회견장으로 갈 출입구에 다가가 있었다. 목격자에 따르면 잭 루비가 그날 아침 수풀이 우거진 언덕으로 총기를 든 사람을 보내는 것을 봤다고 했다. 루비는 주머니에 연발 권총을 갖고 있었다 그러나 그는 오스왈드를 쏘는 데 실패한다.

1963년 11월 24일   오전 11시 21분에 총기를 소지한 잭 루비가 다시 한 번 피의자 오스왈드에게 접근할 기회를 가졌다. 이번에는 오스왈드를 교도소로 이송하기 위해 댈러스 경찰본부의 지하주차장으로 가는 도중이었다. 루비는 오스왈드를 가까운 거리에서 사살한다. 그리고 이를 수백만 명의 미국인들이 텔레비전으로 지켜보았다. 오후 중반 쯤 워싱턴에서는 린든 존슨Lyndon Johnson 대통령이 베트남에서 돌아온 헨리 케봇 로지Henry Cabot Lodge 대사와 만났다. 존슨은 로지에게 "나는 베트남을 잃지 않을 겁니다. 나는 동남아시아가 중국의 손에 넘어 가도록 두고 보지는 않을 겁니다"라고 말했다.

CHAPTER 01

냉전 전사의 전향

알베르트 아인슈타인Albert Einstein이 말했듯, 원자력의 고삐가 풀리면서 인류는 새로운 시대를 맞이했다. 그리고 히로시마 원폭투하는 중대한 갈림길이 되었다. 우리가 전쟁을 끝낼 수도 있고 전쟁이 우리를 끝낼 수도 있었다. 도로시 데이Dorothy Day는 〈가톨릭 사역자Catholic Worker〉지 1945년 9월호에 히로시마에 대해 회고하며 "트루먼 대통령의 의기양양한 모습, 트루먼 대통령, 진정한 남자. 생각해보면 얼마나 특이한 이름인가. 우리는 예수 그리스도를 진정한 신, 진정한 남자라고 부른다. 트루먼이 환희에 차 있다는 점에서는 이 시대의 진정한 남자라 볼 수 있다. 그러나 정말 그를 진정한 남자라 할 수 있겠는가?"라고 기록했다.

트루먼 대통령은 포츠담 회담을 마치고 돌아오는 순양함 오거스타 호에서, 미국이 원자폭탄으로 히로시마를 잿더미로 만들었다는 소식을 들었다. 그는 환희에 차서 "역사상 가장 위대한 일이 일어났다"고 외쳤다. 그는 선상에서 장교와 수병을 가리지 않고 이 사람 저 사람에게 도시의 행상인처럼 이 엄청난 소식을 전했다.

도로시 데이는 "언론은 모두가 기쁨에 환호했다고 보도했다. 이날을 기억하자. 우리는 31만 8천 명의 일본인을 몰살했다"고 전했다.

17년 후 쿠바 미사일 위기 때, 또 다른 대통령 존 F. 케네디도 엄청난 압박을 받으며 히로시마 원폭이 가진 폭발력의 수천 배에 달하는 핵무기로 대량학살을 자행하기 직전까지 갔다. 다행히 케네디는 트루먼과 달리 핵무기의 끔찍한 결과를 인식하고 있었다. 군 참모들과 보좌관들 대부분이 쿠바에 있는 미사일 기지를 선제공격하자고 압박했지만 케네디는 반대했다.

군 참모들과 보좌관들의 권유에 반대한 케네디의 선택, 그리고 흐루시초프와의 결연한 합의로 인류는 위기를 벗어날 수 있었다. 그러나 그가 위기를 벗어난 기간은 겨우 1년 남짓에 불과했다. 우리가 알다시피, 그는 남은 13개월 동안 핵전쟁의 위협으로부터 지속적인 정책 전환을 해 나갔고, 결국은 냉전 세력들에게 암살되었다. 케네디 암살에 대해서는 두 가지 중대한 의문이 관심의 대상이 되었다.

첫 번째는 왜 암살범들이 국민의 사랑을 받는 대통령을 은밀히 제거함으로써 몰락의 위험을 자초했을까 하는 점이다. 두 번째는 왜 케네디 대통령은 다가오는 죽음을 직감하면서도 평화를 위해 자신의 목숨까지 기꺼이 내던지려고 했느냐는 것이다. 두 번째 의문이 첫 번째 의문을 푸는 열쇠가 될지 모른다. 왜냐하면 조직적인 악의 세력에게 있어 결과와 상관없이 자신에게 맞서는 사람들처럼 위협적인 것은 없기 때문이다. 따라서 우리는 케네디가 왜 역사상 가장 강력했던 군·산 복합체의 세력들에게 —자신들의 모든 것을 걸고서라도— 그를 암살해야만 할 정도로 위협적인 존재였는지를 이해하기 위해, 케네디의 생애를 통해 살펴보려고 한다.

평화주의자로의 전향

존 케네디의 성격 형성을 분석할 때, 전기 작가들은 부부 관계에 문제가 있는 부유한 가정에서 청년으로 자란 그의 성장 배경에 초점을 맞춘다. 그런 렌즈를 통해 본다면 케네디는 지배적이고 카리스마적인 아버지와 차갑고 엄격한 어머니의 지속적인 영향으로 모범적인 학창 시절을 보낸 듯했지만 어린 시절부터 죽을 때까지 개념 없는 난봉꾼이었다. 이 절반의 사실은 중요한 진실을 간과한다. 그러한 환경은 케네디 대통령이 임기 후반에 전쟁을 하기 위해 혈안이 된 군 엘리트 집단의 압력에 꿋꿋이 저항하게 했다는 엄연한 사실을 설명하지 못한다. 케네디의 일생은 무엇보다도 죽음에 의해 형성되었다.

죽음의 천사는 목숨을 노리고 마수를 뻗치려고 그의 주변을 맴돌았다. 그는 장기간 질병으로 고통 받으며 수시로 죽음의 문턱을 오르락내리락해야 했다. 두 살과 세 살 때는 성홍열, 유년기에서 10대로 넘어가면서 각종 질병, 기숙사 시절에 앓은 만성혈액성 질환, 하버드 재학시절의 장질환, 특히 골다공증과 척추손상은 전쟁 중 부상으로 더 악화되었으며, 그의 생애 내내 그를 괴롭혔다. 이처럼 가족과 친구들에게 케네디는 항상 병약하고 죽어가는 듯 보였다. 그러나 그의 인생에는 아이러니한 즐거움이 묻어난다. 그의 단점과 장점은 모두, 죽음이 곧 닥칠 것이라는 깊이 간직한 믿음으로 귀결된다.

"중요한 것은 매일 매일을 마치 지상에서 마지막 날인 것처럼 살아야 한다는 것이다. 그것이 바로 나의 삶"이라며 죽음에 관해 긴 시간 동안 토론하면서 친구에게 말했다. 이런 관점에서 본다면 그는 정말 무분별한 사람일지 모른다. 왜냐하면 사후에 언론 매체들이 그의 인생을 재조명할 때 초점을 맞춘 바와 같이 문란한 성생활을 탐닉했기 때문이다. 그에게는 영웅주의를 지향하는 용기도 있었다. 그러나 죽음은 두려움의 대상이 아니었다. 그는 대통령으로서 자신의 죽음이 임박한 것에 관해 농담을 하곤 했는데 죽음의 천사는 그의 동반자였다. 자기 자신의 죽음에 미소를 지음으로써 그는 거침없이 다른 사람의 죽음에 저항할 수 있었다.

　존 F. 케네디가 경험한 제2차 세계대전은 친구들을 위해 목숨을 기꺼이 희생하는 것으로 특징지을 수 있다. 그는 히로시마 원폭 투하 2년 전 남태평양에서 PT정을 지휘했다. 1943년 8월 1일과 2일 밤사이에 그는 솔로몬 제도에 있는 블랙킷 해협을 순시하는 PT109호의 방향타를 잡고 있었는데, 그 해협은 일본 구축함들이 지나다니는 항로였다. 그 날은 달이 없는 캄캄한 밤이었다. 배 한 척이 어둠을 뚫고 109호로 향했다. 앞에 있던 한 수병이 '두 시 방향에 함선 발견!'하고 소리치자 케네디는 방향타를 돌렸다. 일본 구축함은 109호를 향해 돌진했고 109호의 우현을 들이받았다. 케네디는 조종실 밖으로 내동댕이쳐지면서 "죽는다는 것이 이런 느낌이구나"하고 생각했다. 갑판에 실린 휘발유가 불기둥이 되어 솟아오르며 엄청난 굉음을 냈다.

　케네디가 타고 있던 배는 조각나서 표류했다. 그는 열 두 명의 수병 중 네 명이 아직 뱃조각에 남아 있는 것을 발견했다. 두 명은 다시는 보이지도 않았고 소리를 듣지도 못했다. 나머지 여섯 명은 물속에 이리저리 흩어져 있었지만 아직은 생존해 있었다. 하버드대 수영팀원이었던 케네디는 소리치는 방향으로 어둠을 뚫고 헤엄쳐가서, 심한 화상을 입은 엔지니어 맥마흔McMahon을 발견했다. 그는 다른 대원들에게 포기하지 않도록 힘을 북돋아 준 후, 떠다니는 배 갑판까지 백여 미터 가량 맥마흔을 끌고 갔다. 물속에 있던 모든 생존자들이 그 기울어진 갑판에 도착하자 그 위에 쓰러졌다.

　그들은 40마일 떨어진 랜도바 섬Rendova Island에 있는 해군 기지의 다른

PT정들이 자신들을 구조하러 올 때까지 기다렸다. 날이 밝고 정오가 될 때까지도 구조가 되지 않자, 그들은 가라앉고 있는 배 갑판을 포기했다. 그들은 일본군이 주둔하고 있는 섬들 가운데 있는 작은 외딴 섬으로 헤엄쳐 갔다. 아홉 명의 대원들은 2m×6m의 원목에 매달려 발차기로 물을 저어가며 섬에 도달했다. 케네디는 또 다시 맥마흔의 구명구 가죽 끈을 입에 물고 그를 끌고 갔다. 케네디는 10분간 온 힘을 다해 헤엄치고, 멈춰 쉬면서 맥마흔의 상태를 확인하곤 했다.

한 전기 작가는 이 에피소드를 맥마흔의 관점에서 다음과 같이 묘사했다.

"자존심이 셌던 맥마흔은 척추가 좋지 않은 케네디가 3마일 정도 되는 물길을 부상당한 자신을 끌고 갔다는 것을 알았더라면 아마도 견디지 못했을 것이다. 물론 그런 사실을 알지 못했어도 그는 이미 충분히 비참한 상황이었다. 화상을 입은 팔을 옆으로 늘어뜨리고 거꾸로 누운 자세로 떠있는 맥마흔은 화산섬의 꼭대기 밖에 보이지 않았다. 다른 사람들도 모두 함께 있었지만 맥마흔은 그들을 볼 수 없었고, 그들의 거친 호흡소리와 첨벙거리는 물소리만 들을 수 있었다.

그는 케네디를 볼 수는 없었지만 케네디의 어깨 근육이 뻗을 때마다 앞으로 끌어당기는 것을 느낄 수 있었고, 그의 가쁜 숨소리를 들을 수 있었다. 그는 때때로 발차기를 해 보았지만 너무 지쳐 있었다. 목적지는 끝이 없어 보였고, 구조될 수 있을 것인지도 의심스러웠다. 그는 배도 고프고 갈증이 났으며, 상어의 공격을 받을까 봐 더 두려웠다. 조류와 상어라는 적으로부터 자신을 지키기 위해 스스로 할 수

있는 것이 아무것도 없다는 생각이 그를 짓눌렀다. 그는 자신의 운명
이 입에 물고 있는 가죽 끈자락에 달려 있다는 것을 잘 알고 있었다."

케네디와 맥마흔이 앞장서고 열한 명이 그 작은 섬에 도착하기까지 네
시간이 걸렸다. 그들은 비틀거리며 해변을 걸어서 나무 밑에 몸을 숨겼
고, 지나가는 일본 바지선의 눈길을 간신히 피할 수 있었다. 초저녁이
되어서도 아무런 구조의 기미가 보이지 않자 케네디는 대원들에게 자기
가 퍼거슨 수로까지 헤엄쳐 가겠다고 말했다. 그곳은 어두워진 후 PT정
들이 통상적으로 순찰을 도는 곳이었다. 그는 PT정들에게 신호를 보낼
수 있도록 구명조끼에 묶여 있던 랜턴을 챙겼다. 케네디는 삼십 분을 헤
엄쳐 암초를 건너고, 다시 한 시간을 헤엄쳐서 자기가 의도한 길목에 도
착해 어둠 속에서 물길을 헤치며 기다렸다. 잠시 후 그는 10마일 떨어진
기조Gizo 섬 너머에서 움직이는 불꽃을 보았다. PT정들이 다른 항로를
택한 것이었다. 케네디는 자기 부하들이 있는 곳으로 헤엄쳐 돌아가려
했다. 그러나 그는 너무 지쳐 있었다. 빠른 조류는 그를 그 섬을 지나쳐
망망대해로 밀어냈다. 〈뉴요커New Yorker〉지의 기자인 존 허시는 PT109
호 대원들을 면담한 후 그들의 생환기를 집필했다. 그는 거의 확실하게
죽음에 이를 뻔한 케네디의 표류를 다음과 같이 묘사했다.

"그는 이런 끔찍한 고난을 결코 겪어본 적이 없었지만, 그가 취한
행동은 무의식적으로 희망을 포기하지 않았다는 것을 보여준다. 신
발이 벗겨져도 자신과 부하들 사이의 연결의 상징인 무거운 랜턴은
붙들고 있었다. 그는 헤엄치기를 멈추었다. 그는 체념한 듯이 보였

다. 육체는 몇 시간을 물속에서 표류했고 대단히 추웠다. 정신 상태는 혼란스러웠다.

그는 몇 시간 전까지만 해도 랜도바 섬에 있는 기지에 간절히 가고 싶었는데, 이제는 그날 밤 떠나왔던 그 작은 섬으로 돌아가고 싶을 뿐이었다. 그러나 돌아가려는 노력을 할 수가 없었다. 그저 원할 뿐이었다. 그의 정신은 육체를 떠나 표류하는 듯했다. 그의 머릿속 정신의 자리는 어둠과 시간이 점령해 버렸다. 오랜 시간을 실신상태로 기절하거나 미쳐 있거나 표류했다.

솔로몬 제도의 조류는 특이하다. 썰물은 섬들을 밀었다 빨아들였다 하면서 불규칙하게 물결치도록 만든다. 케네디는 그 치명적인 조류 속에서 밤새도록 표류했다. 그의 정신은 텅 비었지만 손에는 랜턴을 둘러싼 케이폭을 꽉 붙들고 있었다. 조류는 서쪽으로 기조 섬을 지나 북쪽으로 갔다가, 동쪽으로 콜롬방가라 섬을 지나 다시 남쪽으로 퍼거는 수로 속으로 큰 원을 그리며 움직였다. 이른 아침이 되자 하늘은 검은 색에서 회색으로 변했고 케네디의 정신도 그렇게 바뀌었다, 여섯시쯤 양쪽 모두에 빛이 찾아왔다. 주위를 둘러보던 케네디는 그가 기조 섬 너머로 불꽃을 보았던 정확히 바로 그 장소에 있다는 것을 알게 되었다."

케네디는 헤엄쳐서 그 섬으로 들어가, 비틀거리면서 해변으로 올라간 다음 부하 대원의 팔에 털썩 안겼다. 그는 나중에 이 경험에 대해 "내 일생에 그처럼 많은 기도를 해 본 적이 없다"라고 말했다. PT109호에 관한 이야기는 잘 알려져 있듯, 결국 멜라네시아Melanesian 원주민들이 와서 열한 명 모두를 구해 주었다. 원주민들은 코코넛 껍질에 새긴 케네디의 구조요청 메시지를 호주 해군소속 해안경비대원인 렉 에반스Reg Evans에게 전달했는데 그는 적진 후방에서 근무하고 있었다. 에반스는 미 해군에 지원을 요청하는 긴급 무전을 쳤다.

다른 한편 케네디와 동료 장교 바니 로스는 자신들이 곧 구조될 것이라는 사실을 모르고 퍼거슨 수로에서 다시 한 번 PT정들에게 구조신호를 보내려다가 실패하고 하마터면 죽을 뻔했다. 그들은 통나무 카누를 발견하고 어둠속에서 노를 저어 높은 파도 속에 빠져 들었다. 카누는 침몰했다. 파도는 두 사람을 암초에 내동댕이쳤지만 그들은 다시 한 번 살아남았다. 케네디의 부하들은 그들의 목숨을 지키려는 그의 굳은 의지를 결코 잊을 수 없었다. 전후 그들은 케네디와 정기적으로 재회했다. 케네디가 전쟁의 경험으로 얻은 첫 번째는 고귀한 동료들의 생명에 대한 고양된 자각이었다. PT정 사망자 외에도 그가 슬퍼한 사망자들 중에는 그의 형 조 케네디 주니어Joe Kennedy, Jr.와 매부 빌리 해링튼Billy Harrrington이 있다. 그 역시 자기 자신에게 끊임없이 다가오는 죽음의 그림자를 감지했다. 서두에서 언급했다시피 그는 유년시절부터 만성적 허약체질로 죽음의 문턱까지 간 적이 여러 번 있었다. 그에게 있어 질병과 고통, 죽음 가까이에 있는 삶은 당연히 받아들여야 하는 운명이었다.

케네디가 암살당한 후 로버트 케네디는 자신의 형에 대해 다음과 같이 썼다.

"그가 이 지구상에서 보낸 날들의 적어도 절반은 극심한 육체적 고통의 날들이었다. 그는 아주 어린 시절에 성홍열을 앓았고, 더 나이가 들어서는 심각한 척추장애를 겪었다. 그러는 와중에도 생각할 수 있는 거의 모든 병을 앓고 있었다. 우리가 함께 성장했을 때 모기가 형 케네디를 물면 그 모기에게 병이 옮겨갈 것이라며 웃곤 했다. 정말 그 모기는 형의 피로 인해 죽을지도 몰랐다. 그는 전후 장기간 첼시 해군병원에 입원해 있었고, 1955년에 중요하고도 고통스러운 척추수술을 받았으며, 1958년에는 목발에 의지해 선거운동을 했다. 1951년 우리가 가진 세계일주 여행 중에도 병을 얻게 되었다. 우리는 오키나와에 있는 육군병원으로 날아갔는데, 그의 체온은 섭씨41도 이상이었다. 사람들은 그가 살아남지 못할 것이라고 생각했다.

그러나 나는 그가 이 모든 시간 동안 신(神)이 자신을 불공평하게 취급한다고 느끼는 것을 드러내는 어떤 원망도 들어본 적이 없다. 그를 잘 아는 사람들은 그의 얼굴이 좀 더 창백하고, 눈가의 주름이 좀 더 깊고, 말투에 날카로움이 더해진 것으로만 그가 고통스러워한다는 것을 알았다. 그를 잘 모르는 사람들은 아무것도 눈치 채지 못했다."

케네디는 PT109호 대원들이 구조되자 이번에는 깊이 흐르는 조류의 순환 형태와 멜라네시아 원주민들의 동정심을 통해 다시 한 번 주어진 인생의 목표에 대해 깊이 생각하게 되었다. 제2차 세계대전 후 케네디가 정계에 입문하게 된 주요 동기는 또 다른 전쟁을 막아야 한다는 생각이었다. 1946년 4월 22일 케네디가 보스턴에서 하원의원 후보로 출마를 선언을 했을 때, 그의 말투는 마치 민주당 초선 후보라기보다는 평화라는 피켓을 들고 대통령 후보로 나서는 것처럼 보였다.

"우리가 지금 무엇을 하느냐가 앞으로 다가올 수년간 문명의 역사를 만들게 될 것입니다. 우리 앞에 놓여진 격렬한 투쟁의 상처를 봉합하기 위해 노력하는 데 지친 세계가 있습니다. 그것은 충분히 비참한 일입니다. 그 보다 훨씬 더 나쁜 것은 이 세계가 끔찍한 원자력의 고삐를 풀어 놓았다는 것입니다. 이 세계는 자기 자신을 파괴할 능력을 갖고 있습니다. 앞으로 닥쳐올 날들은 가장 힘들 날 들입니다. 무엇보다도 먼저 밤낮을 가리지 않고 우리가 소유한 모든 창의력과 기술을 이용해서 평화를 이루기 위해 노력해야 합니다. 결코 또 다른 전쟁이 일어나서는 안 됩니다."

이 스물여덟 살의 하원의원 후보가 어디서 이런 핵시대의 평화에 대한 비전을 갖게 되었을까?

부실한 척추와 대장염으로 해군에서 강제 퇴역한 후 케네디는 〈허스트*Hearst Press*〉지의 기자로서, 국제연합이 설립된 1945년 4~5월의 샌프란시스코 회의에 참석했었다. 나중에 그는 친구들에게 "내가 정말로 좋아하든 말든 간에, 또 다른 전쟁을 막기 위해 개인적으로 최선을 다할 수 있는 장소는 정치무대라는 것을 깨달았어. 그리고 이를 깨닫게 해 준 것은 유엔회의와 7월에 열린 포츠담 회담에서의 경험이었다"고 말했다. 그러나 그가 샌프란시스코에서 목격한 것은, 전쟁이 아직 끝나지 않았는데도 전시 연합국간에 존재하는 극심한 갈등이었다.

4월 30일 그는 독자들에게 "이번 주 샌프란시스코는 소련인들과 미국인들이 더불어 잘 지낼 수 있는지에 대한 진정한 시험무대가 될 것이다"라고 경고했다.

유엔에서의 국가간 권력 투쟁은 그에게 많은 영향을 주어, PT정에서 같이 복역한 동료에게 다음과 같은 편지를 썼다.

"나는 전쟁의 대가가 얼마나 큰 것인지를 생각했어. 특히 사이, 피터, 오브, 질, 데미, 조, 빌리의 죽음, 그들과 함께 떠나간 수만 내지 수백만 명의 사람들에 대해서 말이야. 나와 더불어 전쟁터에 보내진 누구나가 목격하는 모든 비참한 참상들을 생각할 때 실망감과 배신감을 느끼게 돼…. 자네도 보았다시피 전쟁터는 매일 희생을 강요하는 장소가 아닌가. 그 희생과 샌프란시스코에 모인 국가들의 비열함과 이기심을 비교하면 환멸을 느끼지 않을 수 없어."

한 비망록에서 케네디는 전쟁의 문제점과 그것을 인지하는 데 따르는 어려움에 대한 궁극적 해결책을 확인시켜 줬다. "널리 인정하는 바와 같이 공통적으로 법에 복종하는 국제기구가 해결책이다. 그리 쉽지는 않다. 전쟁이 궁극적 죄악이라는 느낌, 즉 그들을 모두 함께 움직일 만큼 강력한 공감대가 없으면 이 국제주의적 계획은 성취될 수 없다."

미래의 대통령은 PT정 친구들에게 "이런 일들은 위에서 강요한다고 이루어질 수 있는 것은 아니다"라고 썼다. 그러고 나서 그는 장기적 견해를 다음과 같이 표현했다.

"국제적인 주권의 포기는 국민들로부터 강력한 저항을 받을 것이다. 그것은 국민들에게 선출된 대표자들이 그것을 성취하는 데 실패할 경우 그 직에서 물러나야만 할 만큼 강력한 것이어야 한다. 전쟁은 먼 훗날 양심적 목표의식을 가진 사람이 오늘날 전쟁의 영웅들과 같은 인기와 특권을 향유할 수 있을 때까지 존재할 것이다."

케네디가 1945년 여름 전후에 유럽 전역을 여행하면서 양심적 목표의식을 가진 자들의 먼 훗날을 다시 언급하는 데는 이유가 있었다. 7월 1일 런던에서 윌리엄 더글라스 홈William Douglas Home과 함께 저녁식사를 했는데, 그는 전직 영국 육군 대위로서 민간인에 대한 발포 명령을 거부한 죄로 1년의 징역형을 선고받았었다. 더글라스 홈은 케네디의 평생 친구가 되었다. 케네디의 일기장에는 "전장에서의 영웅적 행동은 아직도 깊은 존경을 받고 있다. 양심적 목표의식을 가진 자들의 시대는 아직 도래하지 않았다"고 쓰여 있었다. 그는 같은 일기장에서 세계를 파괴할 가공할 무기들이 가져올 충격을 예견하고 있다. 1945년 7월 10일자 뉴멕시코 주 아라모고르도에서 최초의 원자폭탄 실험이 있기 6일전, 끔찍한 핵무기를 상상하면서 핵무기가 소련과의 관계에서 갖는 의미를 이렇게 추측했다. "너무나 끔찍한 무기가 결국 개발되었고, 이를 사용하는 것이 정말로 모든 나라의 멸망을 의미한다면 소련과의 충돌은 무기한 중단되어야 한다."

하원과 상원에서 입법가로서의 경력을 쌓는 동안, 제2차 세계대전 후의 평화 중재자가 되려고 했던 그의 포부는 냉전의 바다 밑으로 잠복했다. 1950년대에 그는 좀 더 호전적인 견해들을 보여 주었다. 그는 하버드 졸업 논문을 보완해서 1940년에 집필한 저서 〈영국은 왜 잠자고 있었는가?*Why England Slept?*〉를 정책에 반영하곤 했다. 케네디의 저서는 영국이 나치 독일의 침공에 대비하기 위한 재무장에 너무 늑장을 부렸다는 점을 지적했다.

그는 이 교훈을 대(對) 소련 정책에 무비판적으로 적용했다. 1954년 6월 새내기 상원의원으로서 그는 아이젠하워 대통령이 없애버린 2개 육군사단의 복원에 필요한 국방예산에 3억 5천만 달러를 추가하여 '적에게 승리할 수 있는 확실한 우위'를 확보하려는 민주당의 노력을 주도했다. 케네디는 대량의 핵무기에 의존하려고 하는 국무부장관 존 덜레스John Dulles에게 도전하고 있었다. 케네디의 수정안은 실패했으나 재래식 무기와 소규모 핵무기 보유를 강조하는 그의 의지는 대통령으로 재임했을 때 정책으로 이어졌다. 또한 이것은 전 세계를 위협할 수 있다는 동일한 결과를 초래할 수 있는 것이었다.

1958년 상원의원 존 F. 케네디는 아이젠하워 정부가 잠재적 초강대국인 소련과 미국의 '미사일 격차'가 벌어지도록 방치하고 있다고 맹렬히 비난했다. 케네디는 1960년에 이어진 대통령 선거에서 미사일 격차의 해소를 반복적으로 강조하면서 이를 군비증강 논쟁으로 확대했다. 그가 대통령이 되었을 때 과학기술 보좌관 제롬 위즈너Jerome Wiesner는 1961년 2월 "미사일 격차는 허구였다"고 보고했다. 이에 대해 케네디는 "다 지나간 일이잖아"라고 내뱉었는데, 이 말투는 "안도라기보다 분노를 나타내는 것 같았다"고 회고했다.

사실 미국은 소련의 미사일 군사력에 비해 압도적인 전략적 우위를 확보하고 있었다. 케네디가 이미 진실에 의문을 가졌든 아니든 간에 그는 냉전을 택했고 이에 편승해 대통령 선거를 치렀다. 그리고 그런 관점에 따라 대통령으로서 군비증강에 힘쓰고 있었다. 케네디 정부를 비판하기 위해 권력에 대한 접근을 포기한 초기 케네디 행정부의 국가안보 보좌관이었던 마르쿠스 래스킨Marcus Raskin은 새 대통령이 지향하는 불길한 정책방향을 이렇게 요약했다. "케네디 정권에서 미국은 핵전쟁에서 폭동 진압에 이르기까지 모든 수준의 폭력에 대응할 전투능력을 개발하려고 한다."

그러나 우리가 알게 되듯이, 래스킨 또한 쿠바 미사일 위기 이후 케네디 내면에서 의미심장한 변화를 관찰하게 되었는데, 이는 이미 대통령의 내면에 존재하고 있던 보다 긍정적인 본능의 발현이었다. 그가 냉전적 사고에 입각한 안보원칙을 채택하고 있던 시절에도 케네디 상원의원은 때때로 서방의 식민지 정책에 대해 공조체제를 깨뜨리곤 했었다. 특히 인도차이나와 알제리에서 그랬다. 1954년 상원 연설에서는 미국이 지원하는 프랑스가 베트남에서 호치민Ho Chi Minh의 혁명군에게 승리할 것이라는 예측을 비판했다. 케네디는 "인도차이나에서 미국이 아무리 많은 지원을 해도 어디에나 있는 듯 하면서 아무데도 없는 적, 인민의 적인 듯하면서도 인민의 비밀스러운 지지를 받는 적을 이길 수는 없다"고 말했다.

상원의원 에버릿 덕슨Everett Dirksen과의 논쟁 중에 케네디는 베트남을 위한 두 가지 평화조약을 제시했는데, 한 가지는 "베트남 국민들에게 완전한 독립을 허용하는 것"이고, 다른 하나는 "완전한 평등의 기반 위에 베트남을 프랑스 연방에 묶어두는 것"이었다.

1957년에 케네디는 알제리 독립을 전면적으로 지지하고 나섰다. 그 해 봄 그는 국민해방운동을 위해 국제연합에서의 청문회를 주창하는 알제리 인들과 대화를 나눴다. 1957년 7월 그는 그들을 지원하기 위한 상원 연설에서 이렇게 말했다. "제 아무리 서로 예의를 갖추고, 희망적 생각을 하고, 향수를 느끼며 유감을 표시하더라도 프랑스 또한 미국이 만약 프랑스와 서방이 전체적으로 북아프리카에 지속적으로 영향력을 가지려면 반드시 취해야 할 첫 번째 조치가 알제리의 독립이라는 것을 외면해서는 안 됩니다." 이 연설은 큰 반향을 일으켰다. 케네디는 나토NATO의 단결을 해친다는 이유로 광범위한 세력으로부터 공격을 받았다.

케네디의 전기 작가인 아서 슐레진저 주니어Arthur M. Schlesinger, Jr.는 이 선언에 대해 이렇게 썼다. "민주당 의원들조차 뒤로 물러섰다. 딘 애치슨은 비웃으며 그를 공격했다. 아들라이 스티븐슨은 그가 너무 멀리 갔다고 생각했다. 이후 1~2년간 그 고상한 사람들은 케네디의 알제리에 관한 연설을 외교문제에 대한 무책임의 증거로 인용했다."

그러나 유럽에서는 케네디의 연설이 긍정적인 관심을 불러 일으켰고 아프리카는 열광했다. 그 후 케네디가 아프리카 소위원회 의장이 되자 1959년 상원에서 이러한 발언을 했다. "그것을 민주주의라 불러도 좋고 반(反) 식민주의라 불러도 좋습니다. 그것을 무엇으로 부르든 간에 아프리카는 혁명의 과정을 거치고 있습니다. 아프리카가 더 이상 영원한 가난과 속박 속에 머물러 있을 필요가 없다는 것이 증명되었고, 천여 개의 언어와 방언들로 들불처럼 퍼져가고 있습니다."

그는 "독립운동에 대한 동조와 경제적·교육적 원조 계획, 그리고 미국의 정책적 목표로서 '강력한 아프리카'를 옹호했다. 역사가들은 리처드 마호니Richard D. Mahoney가 〈포괄적 케네디 연구: 아프리카에서의 호된 시련〉에서 언급한 바와 같이 케네디의 1960년 선거운동 기간과 대통령 재임 시 자유 아프리카를 지속적으로 지원한 증거는 거의 찾아볼 수 없다.

그리고 선거운동 중 미사일 격차 해소를 주장하는 긴장 속에서 케네디가 정계에 입문한 목적, 즉 핵시대의 평화 달성이라는 목표가 다시 부활했다는 사실도 간과되었다. 1960년의 예비선거에서 당선 전망이 밝아지자 자신의 상원의원 사무실을 방문한 한 기자에게, 자신이 대통령으로서 개인적인 경험에 근거하여 사용할 수 있는 가장 값진 자원은 전쟁의 공포라고 말했다.

케네디는 "나는 위대한 군사 전략가들이 쓴 책을 섭렵했지만 칼 본 클라우제비츠Carl Von Clausewitz, 알프레드 테이어 만Alfred Thayer Mahan, 바질 헨리 리델 하트Basil Henry Liddell Hart 등과 같이 그들의 전면전 이론이 핵시대에 맞는지 많은 의문을 갖고 있다"고 말했다. 그는 미국의 세 거물인 조지 마샬George Marshall, 더글라스 맥아더Douglas MacArthur, 드와이트 아이젠하워Dwight Eisenhower를 제외한 낡은 군대식 사고방식을 가진 사람들에 대한 경멸을 나타냈다. 케네디는 자기가 백악관에 들어가게 되면 이 모든 현대적 전쟁의 공포가 자신의 가장 큰 관심사가 될 것이라고 말했다. 1960년 전쟁에 대한 케네디의 감상을 들은 기자 휴 사이디Hugh Sidey는 35년이 지난 후 회고록에 다음과 같이 썼다.

"내가 만약 케네디의 인생에서 그의 향후 지도력에 가장 많은 영향을 미친 한 가지 요소를 집어내야 한다면 그것은 전쟁의 공포인데, 현대전이 개인과 국가와 사회에 미치는 끔찍한 재앙에 대한 격렬한 증오, 그리고 앞에서 언급했듯이 한층 더 악화된 핵시대에 대한 불길한 전망이 바로 그것이었다. 실제로 그것은 이 문제에 대한 케네디의 선동적 수사보다도 훨씬 더 심각했다."

1961년 1월 20일 자신의 취임 연설에는 냉전에 관한 신념과 미국 대통령의 연설을 자신의 관심사로 받아들이는 데 익숙하지 않은 전 세계인들을 위한 희망적인 언급이 섞여 있었다. 그는 그들에게 격려와 함께 경고도 했다. 예를 들면, 상원에서 케네디의 지원을 받았던 신흥 비동맹국 지도자들은 다음과 같은 약속을 들었다.

"자유진영의 일원이 된 신생국가들에게 우리는 식민통치의 한 형태가 훨씬 더 포악한 압제로 대치되도록 내버려 두지는 않을 것임을 분명히 약속합니다. 우리는 그들이 언제나 우리의 견해를 지지해 줄 것을 기대하지는 않습니다. 그러나 우리는 그들이 자국의 자유를 강력히 지지할 것을 희망하며 과거에 어리석게도 호랑이 등에 올라타서 권력을 추구하던 자들이 결국 호랑이에게 잡아먹혔다는 사실을 기억하기를 희망합니다."

새 대통령이 인용한 호랑이 비유는 반대 방향으로 진행될 수도 있었다. 미국인들에게는 간교한 공산주의 호랑이로 들리겠지만, 적어도 비동맹국 국민들에게는 공산주의의 호랑이만큼이나 자본주의 호랑이로도 들렸다. 그것은 케네디 대통령 재임 시 베트남에서 미국의 반(反) 게릴라전을 지지함으로써 사실을 증명한 것인데, 그 당시 베트남 정부는 자기가 타고 있던 호랑이에게 잡아먹히게 되었다.

케네디가 대통령으로서 내린 최악의 결정 중 하나는 미 육군특수부대 US Army's Special Forces를 확대시켜 그린베레로 이름을 바꾸고 게릴라 소탕작전을 맡긴 것이다. 케네디는 그린베레를 공산 게릴라들에 대한 대응수단으로 발전시켰으나, 게릴라 소탕전이 일종의 폭력행위로 변질되리라는 것을 인식하지 못했다. 미국이 피보호국에서 "그곳 국민들의 진정한 지지를 얻는데" 그린베레를 활용할 수 있을 것이라는 생각은 자기모순으로 훗날 케네디가 남겨놓은 부정적 유산의 일부가 되었다. 취임연설에서 신임대통령은 그런 모순을 전혀 인식하지 못했다.

> "집단적 궁핍의 굴레를 깨고자 노력하는 전 세계 절반의 빈국의 국민들을 위해 우리는 시간이 얼마가 걸리든 간에 그들의 자립을 돕기 위해 최선을 다할 것입니다. 이것은 공산주의자들이 그리하기 때문도 아니고, 그들의 지지를 얻기 위한 것도 아니며, 단지 그것이 옳기 때문입니다."

그의 취임사 핵심부분에서 케네디는 그는 적과 자기 자신의 최대 관심사인 평화에 관해 언급했다.

> "끝으로, 우리의 적이 되고자 하는 국가들에게 우리는 다음과 같이 약속이 아닌 요청을 하는 바입니다. 양 진영은 과학에 의해 고삐가 풀린 파괴의 어두운 힘이 계획적이거나 혹은 자기 파괴로 인해 모든 인류를 집어 삼키기 전에 평화를 위한 탐구를 새롭게 시작해야 합니다. 우리가 약하기 때문에 그들을 끌어들이고자 하지 않습니다. 왜냐하면 우리의 무력이 의심의 여지없이 충분할 때에만 그 무력을 결코 사용하지 않을 것이라는 것을 확실하게 할 수 있기 때문입니다."

존 F. 케네디의 취임사에서 주목할 만한 것은 그의 정치철학의 뿌리 깊은 긴장감을 정확히 반영한다는 것이다. 핵시대에 그의 참혹했던 전쟁의 경험과 평화에 대한 굳은 약속을 전체주의의 적과 어떻게 합리적으로 조화시켜 나가느냐는 것이었다.

제2차 세계대전에서 목격한 생명의 손실로부터 케네디는 1945년 국제적인 기득권의 포기와 대중적 요구에 의한 전쟁의 폐지와 함께 양심적 목표를 가진 사람들의 시대를 주장했었다. 그러나 그가 대통령 취임선서를 할 당시에는 그런 시대는 결코 가까이 와 있지 않았다. 더욱이 케네디는 전체주의의 대항에 필요한 수단이 모든 파괴 수단을 능가하는 무력이라는 생각 속에서 냉전의 투사로 남아 있었다. 그러므로 그는 세계 역사상 가장 위험한 정치적 대립의 맥락 내에서 평화와 자유 양쪽을 다 지키기 위해서는 적과 정의로운 협상을 벌이는 것 외에 다른 방도가 없었다. 그러나 그는 그런 협상을 밀고 나가는 것이 얼마나 위험한 일인지를 모르고 있었다.

토머스 머튼과 케네디

이 책의 서문에서 독자들이 알다시피 내가 케네디 대통령의 암살을 보는 관점은 ―아마도 엉뚱한 원천인지도 모르겠지만― 트래피스트의 수도사이자 영성가인 토머스 머튼Thomas Merton의 저작들로부터 얻어온 것이다. 그 두 사람의 개인적 역사는 완전히 동떨어져 있었다. 케네디가 1943년에 태평양 조류에 실려 떠다닐 때 머튼은 켄터키 주의 구릉지대에 있는 겟세마니 수도원의 신참 수도사였다. 그러나 우리는 그들 각각의 목숨을 보다 큰 목적을 위해 구원해 주시는 신의 섭리를 인지할 수 있다.

1960년대 초에 머튼은 상상조차 힘든 핵 전면전에 대응하기 시작했다. 핵 위기에 관한 그의 저서들은 입에 담기조차 무서운 상황 속으로 사람들을 이끌었다. 그것은 대통령의 투쟁과 케네디를 암살한 냉전 세력의 정황을 명백히 밝히는 글이었다. 머튼은 핵무기 증강에 반대하는 열정적인 글들을 써서 논란의 대상이 되었다. 그가 다니던 수도원 원장은 깜짝 놀라 평화에 관한 글들을 그만 쓰라고 명령했다. 머튼은 명령에 복종했으나, 이 절대적인 진실을 알리기로 굳게 결심했다. 이미 그는 그의 양심을 따르기 위한 또 다른 방법을 갖고 있었다. 그것은 편지로서 평화에 관한 메시지를 전달하는 방법이었다.

케네디의 대통령 재임기간의 핵심에 해당하는 1961년 10월 베를린 위기 직후부터 1962년 10월 쿠바 미사일 위기 직후까지의 1년 동안 머튼은 광범위한 분야의 사람들에게 전쟁과 평화에 관한 자신의 편지를 보냈다. 그들 중에는 심리학자인 에리히 프롬Erich Fromm과 칼 스턴Karl Stern, 시인 로렌스 퍼링헤티Lawrence Ferlinghetti, 토머스 로버츠 대주교Archbishop Thomas Roberts, 에델 케네디, 도로시 데이, 클레어 부스 루스Clare Boothe Luce, 핵 물리학자 레오 질라드, 소설가 헨리 밀러, 히로시마 시장인 신조 하마이, CIA의 지원으로 피그스 만을 습격했던 쿠바인 망명자들의 지도자 부인인 에보라 아르카 드 사르디니아 등이 포함되어 있었다. 머튼은 백 가지 이상의 편지를 취합하여 등사한 다음 묶어서 1963년 1월에 친구들에게 발송했다. 그는 이 비공식적 의견의 집합체를 〈냉전에 관한 서한Cold War Letters〉이라고 불렀다. 이 서한집 서문에서 머튼은 핵을 이용해 대재앙을 부추기는 세력이 미국 내에 존재함을 확인했다.

"제2차 세계대전 중이 아니더라도 냉전기간 중 이 나라는 사실상 풍요 위에 세워진 무력국가, 즉 거대 기업의 이해관계, 군부의 망상, 그리고 정치적 극단주의자들의 공포가 국가 정책을 지배하고 독점하는 권력 구조가 되어버린 듯해 보일 것입니다. 또한 이 나라 국민들은 대부분 수동성, 혼란, 노여움, 좌절, 어리석음, 그리고 무관심으로 무장되어 대중매체가 선동하는 노선을 맹목적으로 추종하는 듯합니다."

머튼은 편지에서 자신이 반대하는 것은 전쟁의 위협이나 공포만이 아니라고 썼다. "단지 물리적 파괴뿐만 아니라 물리적 위험은 더 더욱 아니고 자멸적인 도덕적 악과 이에 따라 국제정치가 행해지는 경향을 띠는 총체적 윤리 및 합리성의 결여에 관한 것입니다."

그리고 덧붙여 "케네디 대통령은 기민하고 때로는 모험적인 지도자입니다. 그는 호의적이며 최상의 목적의식을 갖고 있습니다. 하지만 지금 그는 분명 어처구니없을 정도로 난감한 처지에 놓여 있습니다. 태평양에서 이제껏 한 번도 경험하지 못한 더 짙은 어둠속으로 발을 내딛는 '기민하고 때로는 모험적이기까지 한 지도자'를 따라야 합니다. 그러면 켄터키 수도원에 있는 한 관찰자의 편지가 케네디를 '때때로 어처구니없을 정도로 난감하게' 만드는 이 시대에 대한 비평가의 역할을 할 것입니다"라고 썼다.

머튼은 자신의 탁월한 통찰력으로 이렇게 추측했다. "케네디는 언젠가 기적적으로 그런 문제들을 극복할지도 모른다. 그러나 그런 사람들은 오래 가지 않아 암살의 표적이 된다."

케네디가 문제들을 극복하기 위해 필요한 것과 극복한 후의 결과에 대한 머튼의 예견은 케네디 대통령 재임 초기의 한 장면을 연상시킨다. 당시 케네디는 우방국인 오스트리아의 비엔나에서 소련 서기장 흐루시초프를 만나고 돌아오는 길이었다. 1961년 6월 5일 늦은 밤 워싱턴으로 돌아오는 비행기 안에서 걱정에 잠긴 대통령은 비서 에블린 링컨에게 작업하던 서류들을 정리해 달라고 부탁했다. 탁자 위를 정리하던 링컨은 바닥에 떨어진 작은 종잇조각을 발견했다. 그 위에는 케네디의 필체로 그가 좋아하는 에이브러햄 링컨의 말이 쓰여 있었다. "나는 하느님이 계심을 압니다. 그리고 폭풍이 다가오고 있음을 압니다. 그가 나를 위한 자리를 마련해 놓으셨다면 나는 준비가 되어 있다고 믿습니다."

흐루시초프와의 정상회담은 케네디를 대단히 걱정스럽게 했다. 폭풍이 오고 있음이 감지된 것은 회담의 끝 무렵 두 사람이 탁자를 가로질러 대면하고 있을 때였다.

케네디가 흐루시초프에게 선물한 미군함 컨스티튜션 호USS Constitution의 모형이 두 사람 사이에 놓여 있었다. 케네디는 군함의 대포알은 반마일을 날아가 몇 사람을 죽일 수 있지만, 자신과 흐루시초프가 평화협상에 실패한다면 핵전쟁의 개전 초 교전에서만 7백만 명 이상이 죽을 수도 있음을 지적했다.

케네디는 흐루시초프를 바라보았다. 흐루시초프는 그를 무표정하게 응시했는데 마치 '어쩌라고?'라는 듯한 표정이었다. 케네디는 상대방의 냉담한 반응에 충격을 받았다. 후에 케네디는 "그와는 타협의 여지가 없었다"고 말했다. 흐루시초프도 케네디에 대해 마찬가지로 느꼈을지도 모른다. 이들의 정상회담 실패는 한층 더 위협적인 갈등이 될 것이었다.

에블린 링컨이 "폭풍이 다가오고 있다"고 대통령이 쓴 것을 보고 생각했듯이 "그것은 결코 한가로운 문구가 아니었다." 케네디가 링컨이 자신에게 쓴 첫 번째 글 "나는 하느님이 계심을 압니다"를 되풀이하던 그 격동의 밤을 생각하면서, 토머스 머튼의 케네디에 대한 최초의 평가는 링컨의 인격에 못 미치는 그가 폭풍을 견뎌낼 수 있는지에 대한 의문이었다.

머튼은 그러나 불행하게도 케네디가 이러한 문제들을 극복한다면 '암살의 표적'이 될 것이라고 예견했다. 케네디는 자신이 원했던 대로 다가오는 폭풍에 맞서게 되면 자신이 얼마나 큰 위험에 처하게 될지 알고 있을까?

대통령의 친구인 폴 페이 주니어Paul Fay Jr.는 케네디가 미 군부의 도발 위험을 예민하게 감지하고 있었음을 보여주는 한 예를 설명했다. 그는 1962년의 어느 주말 친구들과 케네디와 함께 배를 타고 나갔을 때였다.

미국에서 군부의 정권 장악을 묘사한 베스트셀러 소설 〈5월의 7일간 Seven days in May〉를 어떻게 생각하느냐고 물었더니 케네디는 그 책을 읽어보겠다고 말했다. 그리고 그날 밤 그는 그 책을 읽었다. 다음 날 케네디는 친구들과 미국에서의 쿠데타 가능성에 대해 토론했다. 피그스 만 습격에 실패한 후 쿠바 미사일 위기 전에 케네디가 했던 말을 생각해 보자.

"가능한 일이다. 조건이 잘 들어맞기만 한다면 이 나라에서도 일어날 수 있는 일이다. 예를 들어 대통령이 젊고, 피그스 만 사건으로 어느 정도의 불안감이 조성되었을 것이다. 아마도 군부는 그의 등 뒤에서 약간의 비난을 하겠지만, 이는 민간인에 의한 군부통치에 대한 통상적인 불만으로 치부될 것이다.

그러나 만일 또 다른 피그스 만 사건과 같은 일이 일어난다면, 그 나라에서는 '대통령이 너무 젊고 경험이 없는 것이 아닌가?'하는 반응이 일어날 것이다. 군부는 거의 틀림없이 국가의 정체성을 보존하기 위한 준비태세를 갖추는 것이 자기들의 애국적 의무라고 느낄 것이다. 그리하여 그들이 선택한 정부체제를 전복시킨다면 그들이 방어하려는 것이 민주주의의 어떤 부문인지는 하느님만이 알 것이다. 그리고 언제나 있을 수 있는 일이지만, 세 번째 피그스 만 사건과 같은 일이 다시 일어난다면…"

그는 듣는 사람이 자신의 말뜻을 알아들을 때까지 기다렸다. 그리고 해군식 표현을 써서 다음과 같이 말했다.

"그러나 그런 일은 내 재임 중에는 일어나지는 않을 것이다."

또 다른 시기에 케네디는 몇 명의 군 수뇌부들이 나라를 접수하는 그 소설의 구성에 대해 이렇게 언급했다. "나는 그런 일을 할 수 있었으면 하고 바랄지도 모르는 두세 명을 알고 있다." 이 말은 전기 작가인 시어도어 소렌슨에 의해 하나의 농담으로 인용되었다. 그러나 케네디는 뚜렷한 목적을 갖고 유머를 사용했으며, 소렌슨이 인용한 앞의 문장은 농담도 아니었다. "각 군 참모총장과 3군 총사령관 간의 통신을 보면 케네디의 재임기간 동안 대부분 불만스러운 상태였다는 것을 보여준다." 영화감독 존 프랑켄하이머John Frankenheimer는 케네디의 권유로, 그리고 군부에 대한 경고의 뜻으로 〈5월의 7일간〉을 영화로 만들었다. 프랑켄하이머가 케네디에게 "국방부는 그런 시나리오를 원하지 않았습니다"라고 말하자 케네디는 누구든지 백악관을 점거하기를 원한다면, 나는 마음 편하게 주말을 이용하여 하이애니스 항으로 갈 것이라고 말했다"고 전했다.

피그스 만 침공과 CIA의 음모

우리가 알고 있듯이 젊은 케네디 대통령은 피그스 만 작전을 진행하고 있었다. 이는 이미 전임 대통령 아이젠하워가 계획한 은밀한 프로젝트였다. 1960년 늦여름, 케네디는 민주당 대통령 후보로 지명되었다. 이때 CIA는 이미 쿠바 침공을 위해 과테말라에 있는 비밀기지에서 천 5백 명의 쿠바 망명자부대를 훈련시키고 있었다.

1961년 3월, 대통령에 당선된 케네디는 쿠바에 대한 CIA가 진행하려는 육해공 합동공격을 위한 '트리니다드 계획Trinidad Plan'을 거부했다. 대신 '미국의 군사적 개입이 필요하지 않은' 망명자들로 구성된 부대의 은밀한 야간 상륙작전을 제안했다. 케네디는 CIA의 계획에 회의적이었다. 그러나 4월, CIA가 계획을 수정하면서 케네디는 마침내 CIA의 피그스 만 침공 계획을 승인했다. 하지만 케네디는 망명자부대가 해안상륙 거점에서 패배 직전까지 가더라도 미군부대를 파병하지는 않을 것임을 재차 강조했다.

CIA의 비밀작전 지휘자인 리처드 비셀Richard Bissell은 최소한의 공중

폭격만이 필요할 뿐이며, 섬의 쿠바 주민들이 망명자부대에 합류하여 쿠데타는 성공할 것이라고 케네디를 안심시켰다. 1961년 4월 15일 새벽, 8대의 B-26 폭격기가 쿠바 공군을 폭격하기 위해 공습을 개시했지만 완벽히 성공하지는 못했다. 카스트로 수상은 조종사들에게 '비행기 날개 밑에서 대기하면서' 즉각적으로 이륙할 수 있도록 준비하라고 명령했다.

다음 날, 망명자부대가 피그스 만 야간 상륙을 준비하고 있었다. 이때 케네디의 수석안보 보좌관인 맥조지 번디 장군은 CIA의 부국장인 찰스 캐벌Charles P. Cabell에게 전화를 걸어 이렇게 말했다. "내일 아침 비행기들이 해안 거점의 활주로를 이용할 수 있을 때까지 절대로 공습을 해서는 안 됩니다." 사실 이는 두 번 다시 오지 않을 기회였다. 때문에 이 명령은 사실상 공습을 취소시킨 것이나 마찬가지였다.

카스트로 군대는 며칠 동안 망명자부대를 포위하고 있었다. 마침내 1961년 4월 19일, 망명자부대는 항복을 했고, 1천 명 이상의 대원들이 포로로 붙잡혔다. 케네디는 피그스 만에서 확전을 하기보다는 차라리 패배를 받아들이는 결정을 함으로써 CIA와 군부를 처참하게 실망시켰다. 이후 케네디는 자신이 CIA가 꾸민 시나리오 속의 함정으로 빠져 들어갔었다는 것을 깨달았다. 시나리오를 꾸민 자들은 전투부대 투입을 위해 미리 취해둔 조치로 케네디가 어쩔 수 없이 포기할 것이라는 것을 예상하고 있었다.

케네디는 친구인 데이브 파워스와 켄 오도넬에게 그런 이유가 아니라면 어떻게 합참(합동참모본부)이 그런 계획을 승인할 수 있었겠느냐고 물었다. 또 그는 "내가 그들에게 굴복해 에섹스 항공모함을 출동시킬 것으로 확신하고 있었다"고 말했다. "그들은 나 같은 신출내기 대통령이 흥분하거나 체면을 망각한 행동을 할 수 있을 것이라고는 생각하지 못했겠지. 그랬다면 나를 완전히 잘못 본 거야!"

대통령을 기만한 주역들은 CIA 수뇌부로 특히 앨런 덜레스Allen Dulles 국장이 핵심인물이었다. 아서 슐레진저의 기록처럼 "합참은 단지 피그스 만 작전을 승인했을 뿐이다. CIA가 작전을 입안했다."

앨런 덜레스는 죽기 전에 발간되지 않은 논문 초고를 남겼는데, 학자인 루시엔 반덴브루커Lucien S. Vandenbroucke가 〈앨런 덜레스의 고백〉이라는 제목을 달았다. 덜레스는 커피로 얼룩진 육필 원고에서 "CIA는 대통령에 대해 어느 누구보다도 더 잘 알고 있었다. 그들이 미군의 어떤 전투행위도 배제하려는 대통령의 원칙과 상반되는 방식을 성공의 선결조건으로 내세우면서 대통령을 압박했다"고 설명하고 있다.

덜레스와 공모자들은 "계획이 모순적이라는 것을 알고 있었지만, '현실적인 문제로' 대통령은 자신들이 예상하는 종착점으로 어쩔 수 없이 끌려갈 것이라고 믿었다"고 썼다.

"우리는 테이블에서 이런 문제들을 제기하고 싶지 않았다. 이는 우리가 요구하는 행동에 반대되는 결정을 확고하게 만들 뿐이었다. 우리는 일단 상황이 불리해지면 계획이 실패하게 놔두는 것이 아니라, 성공하기 위해 필요하다면 어떤 조치라도 승인할 것이라고 생각했다." 그러나 다시 한 번 케네디가 한 말을 빌자면, "그들은 케네디를 완전히 잘못 보았다."

피그스 만 사건 40년 후, 우리는 케네디를 함정에 빠뜨리기 위한 CIA의 음모가 덜레스가 육필 원고에서 인정한 것보다 훨씬 더 구체적이었음을 알게 되었다. 2001년 3월 23일부터 25일까지 쿠바에서 피그스 만 사건에 관한 회의가 열렸다. 참석자들은 전직 CIA 비밀요원들, 퇴역 장성들, 학자들, 기자들이 포함되어 있었다. 뉴스 분석가인 대니얼 쇼어 Daniel Schorr는 몇 시간 동안의 대화와 해제된 비밀 문서더미를 통해 피그스 만 사건에 대한 새로운 관점을 갖게 되었다고 보고했다.

그것은 CIA의 거물들인 앨런 덜레스 국장과 부국장 리처드 비셀이 미국을 분쟁 속으로 끌고 가기 위한 모종의 계획을 갖고 있었다는 점이다. 이들은 백악관에 보낸 메모에 표현된 것과는 달리 망명자부대가 상륙했을 때, 반(反) 카스트로 봉기가 일어날 것이라고 정말로 기대하지는 않은 것으로 보인다. 그들이 기대한 것은 망명자부대가 교두보를 확보한 다음에 반(反) 혁명정부 창설을 선포하고 미국과 국제기구에 지원을 호소하는 것이었다. 이들은 케네디 대통령이 미국의 직접적인 개입을 원하지 않는다는 것을 강조했지만, 여론에 의해 어쩔 수 없이 지원에 나설 것이라고 예상했다. 그들은 미군, 특히 해병대가 교두보 확대를 위해 개입할 것이라고 보았다.

사실상 케네디 대통령은 CIA 비밀작전의 표적이었으며, 침공이 실패하면서 그 작전도 실패했다. 비록 케네디 대통령이 ─심사숙고하다가─ 마지막 순간에 전면적인 피그스 만 침공 작전을 거부했지만, 밝혀진 바와 같이 CIA는 대통령의 결정을 번복시킬 계획을 갖고 있었다. 네 명의 반(反) 카스트로 부대 지도자들이 작가인 헤인스 존슨Heynes Johnson에게 이야기를 들려줄 때, 그들은 CIA가 어떻게 대통령의 반대를 교묘하게 피해가려 했는지를 폭로했다. CIA 군사고문단 단장('프랭크'라고만 알려져 있다)은 쿠바인들에게 침공계획이 정부에 의해 봉쇄되었다고 은밀히 알려주면서 무엇을 해야 할지를 말해 주었다.

"만약 일이 발생하면 여러분은 여기에 와서 마치 우리 고문단들을 감옥에 집어넣는 것처럼 행동해서 일종의 쇼를 하면 됩니다. 우리가 알려준대로만 계획을 추진하면 우리가 감옥에 갇혀 있더라도 당신들에게는 전반적인 계획을 알려줄 겁니다."

망명자부대 지도자들의 말에 따르면, 프랭크는 정부가 작전을 중지하려 할 때 CIA 고문관들을 '체포'하기 위한 구체적인 지시를 내렸다고 한다. "그들은 미국인이 있는 각각의 문 앞에 무장한 부대원을 배치하여 외부와의 연락을 차단하고, 트램폴린 기지Trampoline 니카라과에 있는 그들의 집결지로 언제 어떻게 떠날 것인지에 대해 지시를 내릴 때까지 훈련을 계속하도록 되어 있었다."

로버트 케네디는 대통령의 결정을 번복시키려는 이 위험한 계획을 알고 이를 '사실상의 반역'이라고 했다. 케네디는 CIA의 음모에 격렬하게 대응했으나 이는 그의 사후에도 거의 보도되지 않고 지나쳤으며 그 후로도 주목을 끌지 못했다.

1966년 〈뉴욕 타임스〉지의 CIA 관련 특집기사에서는 케네디의 진술이 아무런 논평도 없이 보도되었다. 케네디 대통령은 피그스 만의 엄청난 재앙이 자신에게 현실이 되어 돌아오자 정부 각료 중의 한 사람에게 이렇게 말했다. "CIA를 박살내서 날려버리고 싶다."

대통령 보좌관인 아서 슐레진저는 피그스 만 전투가 진행 중일 당시 대통령이 자신에게 "아주 끔찍한 방법으로 교훈을 주는구먼. 하지만 이 사건에서 하나는 배웠지. 반드시 CIA를 손을 봐야 한다는 거지. 이제껏 아무도 그렇게 하지 못했어"라고 했다고 한다. 짧은 기간의 대통령 재임

기간 중에도 케네디는 CIA를 개혁하기 위한 조치들을 취하기 시작했다. 그는 CIA의 권한을 재정립하기 위해 노력하고, 국가안정보장조처에 관한 비망록National Security Action Memoranda(NSAM) 55호와 57호를 통해, CIA에게서 군사 작전권을 박탈함으로써 권한을 축소하려고 했다. 케네디의 NSAM 55호는 전시뿐 아니라 평시에도 자신의 주된 군사담당 보좌관은 CIA가 아니라 합참이라고 알렸다. CIA의 비밀작전에 대해 군사적 지원을 책임지던 공군 대령 플래처 프로티L. Fletcher Prouty는 합참의장인 리먼 렘니처Lyman Lemnitzer 대장에게 전해진 NSAM 55호에 대한 충격을 다음과 같이 설명했다.

> "그 조치가 워싱턴에서 국무부장관, 국방부장관, 특히 CIA 국장에게 준 충격은 아무리 강조해도 지나치지 않는다. 단순히 말로 표현할 수 없을 정도다. 왜냐하면 CIA 국장 앨런 덜레스는 이제 막 피그스 만 사건이라는 진흙탕 속을 헤치고나와 겨우 정신을 차리고 있었기 때문이다. 사실상 이 모든 조치는 '당신은 더 이상 나의 파트너가 아니다'라고 말하는 것과 다르지 않았다. 다시 말해, 나는 앨런 덜레스와 CIA를 신뢰하지 않을 것이라는 의미였다."

그 후 케네디는 피그스 만 사건을 기획한 세 명의 주역 앨런 덜레스 국장, 리처드 비셀 부국장, 찰스 캐벨 장군에게 사임을 요구했다. 또한 슐레진저의 표현을 빌리자면 "대통령은 1962년 CIA의 예산 삭감을 시행했고, 1963년에도 또 다시 삭감을 진행시켰는데, 그의 목표는 1966년까지 20%를 삭감하는 것이었다." 케네디는 결코 CIA를 천 개의 조각으로 갈기갈기 찢어 바람에 뿌려버릴 수는 없었다. 그러나 그는 덜레스, 미셸, 캐벨을 해고했고, CIA의 예산을 삭감하여 개혁을 시도했다. 이러한 케네디의 확고한 의지는 아무런 책임을 지지 않던 냉전세력과 직접적으로 대립하는 관계에 놓이게 했다.

케네디가 암살당한 후, 앨런 덜레스는 흥미로운 방법으로 주목을 끌고 있었다. 각종의 암살 음모와 정부 전복에 관여했던 덜레스의 이력은 미국인들보다 외국의 관측통들이 훨씬 더 잘 알고 있었다. 그리고 외국 관측통들은 덜레스가 전직 CIA 국장인 자신을 파면하고 CIA를 통제하려고 했던 대통령을 암살한 사건에 연루되었을 가능성을 제기했다. 그러나 덜레스는 암살 1주일 후, 용의자로 지목되기는커녕 사려 깊은 새로운 대통령 린든 존슨에 의해 워런 위원회Warren Commission에서 일하도록 임명되었다. 즉, 그는 자신을 겨냥한 수사를 지휘하게 된 것이었다. 앨런 덜레스는 케네디를 향한 자신의 감정을 철저히 감춰왔다. 그러나 이 감정은 수년이 지난 후, 한 유명한 대필 작가에게 했던 진술에서 드러나게 되었다.

하퍼 출판사의 젊은 편집자인 윌리 모리스는 워싱턴에 있는 덜레스의 저택을 방문했다. 그가 기사를 작성하는 목적은 피그스 만 사건에 대한 CIA의 역할을 변호하는 것이었기에, 그와 함께 작업을 했다. 기사는 영원히 발표되지 못했지만 그 중 가장 폭로성이 짙은 육필 기록은 〈앨런 덜레스의 고백The Confessions of Allen Dulles〉이라는 책에 인용되었다.

케네디 대통령에 대해 토론하던 중 덜레스는 돌발적인 언급으로 모리스를 깜짝 놀라게 했다. 그는 "애송이 케네디는… 자신이 하느님쯤 된다고 착각하고 있었지"라고 말했다. 25년여 년이 흐른 후 모리스는 "지금도 덜레스에게 들었던 귀에 거슬리는 이 한 마디가 뇌리에 생생하게 남아 있다"고 썼다.

피그스 만 사건은 케네디가 통제하기 쉽지 않았던 내부 세력에 대해 다시금 인식하게 만든 계기가 되었다. 연방 대법원판사 윌리엄 더글라스William O. Douglas는 피그스 만 사건에서 케네디가 CIA와 국방부를 통해 얻은 교훈을 이렇게 회상했다. "이 사건은 케네디에게 큰 상처를 남겼다. 케네디는 그들이 가진 극단적인 권력욕구, 즉 CIA와 국방부가 민간 정부의 정책에 영향을 준 사악한 음모와 거대한 권력을 경험했다. 그래서 나는 그런 것들이 케네디의 마음속에 두려움의 씨앗을 잉태시켰다고 생각한다. 미국 대통령인 케네디가 이 두 권력 기관을 실질적으로 통제할 수 있을 만큼 충분히 강해질 수 있을까?"

토머스 머튼의 평화의 메시지

케네디가 CIA와 국방부에 의해 피그스 만에 대한 전면전을 종용받고 있을 때, 토머스 머튼은 자신이 다니던 수도원장의 반대로 핵전쟁에 관한 자신의 견해를 출판할 수 없었다. 머튼도 케네디도 마찬가지로 다른 길을 찾기로 했다. 머튼의 타자기에서 쏟아져 나오는 글들은 그의 〈냉전에 관한 서한Cold War Letters〉으로 흘러 들어갔다. 그 편지들 중의 하나가 반(反) 핵주창자인 대주교 토머스 로버츠Thomas Roberts에게 보낸 편지였다.

"현재 제가 느끼기에 가장 시급한 것은 해야 할 말은 어떤 방법을 쓰던 간에 해야 한다는 것입니다. 출판이 불가능하다면 등사해야 하며, 등사가 불가능하면 편지 봉투에라도 적어야 한다고 생각합니다."

토머스 머튼은 특히 마이애미에 있는 자신의 통신원 중 한 명인 이보라 아커 드 사디니아Evora Arca de Sardinia의 눈을 통해 피그스 만 사건을 바라보았다. 그녀는 머튼에게 피그스 만 침공 작전에서 반(反) 카스트로 세력의 지도자인 자신의 남편이 쿠바에서 투옥되었다는 편지를 보냈다. 1961년 5월 15일, 머튼은 그녀의 편지를 받자마자 바로 답장을 보내어 "이 고통의 순간에 대한 자신의 깊은 동정과 우려"를 표현했다.

이후 연이은 편지에서 그녀가 쿠바망명자 단체에서 분열과 이로 인한 갈등의 분위기가 감지된다고 걱정하자 토머스 머튼은 그녀에게 영적인 지침을 주었다. 1962년 1월 그는 그녀에게 이러한 내용의 글을 보냈다. "어떤 대가를 치르더라도 자신의 권력과 사회적 지위에 혈안이 된 공격적인 사람들의 잘못은 자신들의 힘으로 권력을 유지할 수 있다고 믿는 것입니다. 그러나 그들은 그렇게 함으로써 자신들이 지키려고 했던 모든 것을 잃는 길을 가고 있습니다."

케네디 대통령의 동생이자 법무부장관이던 로버트 케네디가 피그스 만 포로들을 석방하기 위해 배상금을 마련하는 작업을 하고 있을 때였다. 머튼은 사디니아에게 그녀가 처해있는 환경이 얼마나 위험한 상황인지, 그리고 그 상황이 배상 문제에 걸림돌이 될 수 있다고 경고했다. 마이애미의 쿠바 이민사회에서는 그녀가 머튼에게 쓴 편지와 같이 악의 세력인 공산주의자 카스트로에 배상금을 지급하는 것은 —그들이 사랑하는 사람들을 석방시키기 위한 것일지라도— 윤리와 충성심에 위배되는 것으로 여겨졌다.

머튼은 답장을 썼다. "나는 항상 한 가지 사실이 당신을 괴롭히는 고난과 슬픔을 배가시킨다고 느끼고 있습니다. 그것은 마이애미 쿠바 이민 사회에서 증오와 선동의 소용돌이에 둘러싸여 지내면서 당신은 엄청난 스트레스 속에 살고 있겠죠. 어떤 의미에서는 자신의 의지에 반하여, 마음 깊숙한 곳에서 옳지 않은 것임에도 불구하고 공격적이고 호전적인 태도를 취하도록 '강요받고' 있다는 사실입니다."

머튼은 그녀가 놓인 환경적 스트레스에 대해 잘 알고 있었다. 그의 우려는 쿠바 이민사회 속에 살고 있는 자신의 친구에게만 적용할 수 있는 것이 아니었다. 냉전체제 속에서 살고 있는 모든 미국인들에게 적용할 수 있었다. 예를 들어 반공주의와 핵 우위에 대한 미국의 정책은 새로 선출된 대통령을 때때로 '어처구니없도록 어쩔 수 없는 곤경'에 몰아넣곤 했다.

1961년 12월 31일 머튼은 쿠바 미사일 위기를 예견한 다음과 같은 편지를 썼다. 이 편지는 냉전체제의 언론 재벌이자, 그의 편집 방침이 공산주의 적을 악마로 규정지었던 〈타임〉, 〈라이프〉, 〈포춘〉지의 소유자인 헨리 러시Henry Lucy의 아내인 클레어 부스 루스에게 전달되었다. 저명한 연설가이자 작가, 외교관이었던 클레어 부스 루스는 헨리 러시의 냉전체제 이론에 의견을 같이 하고 있었다. 1975년 클레어 부스 루스는 하원 암살조사위원회House Select Committee on Assassinations(HSCA)에서 케네디 암살 사건의 수사팀을 지휘하게 되었는데, 이는 허위정보에 근거한 부질없는 시간낭비에 불과했다. 조사관 개튼 폰지Gaeton Fonzi는 당시 루스는 CIA가 후원하는 전직 정보관료협회Association of Former Intelligence Officers 의 이사진에 올라 있음을 발견했다. 머튼은 1960년대 초에 이미 루스가 CIA와 연루되어 있다는 것을 의심하고 있었는지도 모른다. 하여간 그는 그녀를 세상에서 가장 부유하고 가장 영향력 있는 여성들 중의 한 사람이며, 단호한 반공주의적 사고를 가진 여성으로 알고 있었다. 그럼에도 불구하고 그는 그녀를 자신의 통신 모임에 받아들였다.

그녀에게 보낸 새해 편지에서 그는 내년은 중요한 한 해가 될 것으로 생각한다고 말했다. 그는 모든 일들이 잘 되겠지만 1962년의 문턱에서 우리는 우리의 능력을 뛰어넘는 엄청난 책임과 과제가 다가올 것임을 깨달아야 한다고 했다. 머튼은 갑작스럽고 불균형적이며, 불안정하게 기술의 지배로 성급하게 진입하는 것은 인간을 전쟁 무기의 노예로 만들어 버린다고 언급했다. "우리의 무기는 우리가 무엇을 해야 할지를 명령합니다. 전쟁 무기들은 우리를 무시무시한 막다른 구석으로 몰아가고 있습니다. 또한 우리의 삶을 통제하고 경제를 지탱하며, 정치가들을 지원하고 대중매체를 이용하며, 쉽게 말해 그들로 인해 우리가 살아가고 있습니다. 그러나 만약 그들이 우리를 계속 지배한다면 우리는 분명히 그들로 인해 모두 사라지게 될 것입니다."

머튼은 텔레비전도 보지 않고 가끔 신문이나 읽을 정도로 은둔해 있는 수행자였다. 그러나 광범위한 통신원들과 경계 태세를 늦추지 않는 다양한 정보의 수신 장치를 갖고 있었다. 그리하여 그는 클레어 부스 루스에게 보낸 편지에서 1962년 10월, 인류를 위험으로 몰고 갈 전략적 핵무기의 위험성을 그녀에게 알려줄 수 있었다.

"우리는 이제 무기가 선제공격의 수단이 된다는 것을 평범한 사실로 받아들이고 있기 때문입니다. 핵무기는 먼저 사용하는 자들에게 유리하도록 되어 있습니다. 또한 어느 누구도 무기를 나중에 사용함으로써 후회하는 것을 원치 않습니다. 그래서 핵무기는 우리를 분노와 절망의 상태에 가둬둔 채, 발사 장치에 손을 얹고 레이더 화면을 주시하도록 만들고 있습니다. 당신은 어떤 물체에 시선을 고정하면 어떤 일이 일어날지 알고 있을 겁니다. 헛것을 보기 시작하는 거죠. 1962년에 이런 일이 일어날 수 있습니다. 핵무기들은 누군가에게 이제 충분히 오랫동안 기다렸다고 말할 것이고, 누군가는 그 말을 따를 것이며, 그때는 이미 때가 늦을 겁니다. 우리는 분명한 태도와 분별력이 있어야 하며, 기회가 주어진다면 어느 곳에서나 사람들에게 현명하게 말할 수 있어야 합니다. 우리는 이 나라에 이성이 되살아날 수 있도록 노력해야 하고, 이 나라가 광기에 휩싸여 자신을 파멸시키고 또 나라를 파멸시키지 않도록 노력해야 합니다."

머튼은 클레어 부스 루스의 냉전노선에 맞서는 또 다른 막강한 위치에 있던 여성 에델 케네디Ethel Kennedy에게도 비슷한 양심의 문제를 제기했다. 이때는 머튼이 케네디에 대해 그다지 신뢰를 하지 않던 시기였다. 그럼에도 불구하고 머튼은 자신처럼 냉전 분위기에 깊이 고뇌하는 한 대통령을 지켜보고 있었다. 그는 1962년 12월 에델 케네디에게 보낸 편지에서, 케네디와 자신의 관점에 유사한 점이 있다는 것을 지적하면서 편지를 시작했다.

"나는 시애틀에서 있었던 대통령 연설에 대단히 감동을 받았습니다. 저도 방금 그 내용과 맥을 같이 하는 편지를 썼기 때문이죠." 머튼은 1961년 11월 시애틀의 워싱턴 대학에서 있었던 연설에서 케네디가 '공산주의가 아니면 죽음을 달라'라는 거짓된 선택을 거부했다는 내용을 지적했다. 케네디는 이 기만적인 문제와 그 중 어느 한쪽을 선택한 사람들에 대해 이야기했다. "이 양극단에 있는 각각의 사람들이 다른 사람을 닮았다는 것이 흥미롭습니다. 각자는 우리가 두 가지의 선택권만 갖고 있다고 믿습니다. 양보냐 전쟁이냐, 자멸이냐 항복이냐, 치욕이냐 대량학살이냐, 공산주의냐 죽음이냐…" 머튼은 냉전시대의 상투어인 '공산주의냐 죽음이냐'에 대해 수도원장이 출판을 반대한 자신의 저서 〈머튼의 평화론 Peace in the Post-Christian Eva〉을 통해 보다 광범위하게 분석했다. "우리는 점점 더 많은 공허하고 진부한 단어들을 단조롭게 내뱉음으로써 우리의 광기를 완화시키려고 합니다. 악의의 부재와는 거리가 먼 이런 불합리한 시대에는 공허한 구호가 무서운 권력을 쥐게 됩니다."

그와 케네디가 예로 들고 있는 그 공허함은, 독일에서 '죽는 것보다 공산주의가 낫다'는 형식에서 시작되었다. "이는 미국인들에 의해 교묘하게 위장되어 미국으로 되돌아왔고, 그리하여 도전과 저항의 분위기가 조성되고 있다"고 머튼은 지적했다. '죽는 것보다는 공산주의가 낫지'라는 것은 무기력하고 퇴폐적인 냉소주의에 대한 응답이었다. 이는 또 '양보'에 대한 저주였다. (소련에 대한 핵 공격을 반대하는 것은 모두 '양보'로 치부되었다.)

"공산주의보다는 차라리 죽음을 원한다"는 주장이 간과하는 것은, 한 걸음 한 걸음 정직한 협상을 통해 궁극적으로 긴장을 해소하고 진정한 군비감축의 기초가 될 모종의 합의를 이끌어 낼 수 있는 점진적인 이해를 성취하기 위한 참을성과 겸손, 부단히 노력하는 용맹성이 결여되어 있었다. 즉, 그가 케네디에게 바라는 바였다. 그녀에게 보낸 편지에서 머튼은 에델 케네디의 아주버님 케네디 대통령이 냉전의 선동에 휩쓸리지 않고 진실을 말하도록 격려하고 있다.

"나는 대통령이 시간을 들여가며, 국민들이 있는 그대로의 상황에 대처할 수 있도록 노력하는 것이 대통령이 하고 있는 가장 위대한 일일지 모릅니다. 분명 우리에게 필요한 것은 공학도들이나 동의하는 '상징'이나 '구호'가 아닌 진심입니다.

우리는 환상의 세계에 살고 있습니다. 우리는 우리 자신과 우리의 적을 잘 알지 못합니다. 우리는 우리 자신에게 있어서 가공의 인물이며, 적들도 우리에게 있어서 가공의 인물입니다. 우리는 TV속의 보안관처럼 정당하게 총을 쏠 수 있다고 꾀어지고 있습니다. 이것은 현실이 아니며, 대통령은 사람들이 사실을 직시하게 만드는 데 있어 특정한 개인보다 엄청나게 더 크고 많은 일을 할 수 있습니다.

우리는 무한정 공포 속의 균형이라는 환경의 임시 구조에 의지하며 살아갈 수는 없습니다. 기독교인들로서 우리가 우리의 의무를 보다 확신한다면 우리는 정치적으로 대단히 곤란한 지경에 놓이게 될 테지만, 하느님께서 주신 특별한 고결함은 우리에게 큰 힘이 될 수 있으며, 우리가 간절히 필요한 것은 바로 그 고결함입니다."

머튼은 특히 기독교인들, 그리고 특별한 기독교인인 케네디가 핵전쟁의 공포에 대항하기 위한 자신의 의무에 더 확신을 가질 수 있기를 기도하고 있었다. 이는 특히 케네디를 '정치적으로 매우 위험한 상황'에 놓이게 할 것이다. 그는 에델 케네디를 통해 대통령이 양심을 갖고 용기 있는 입장을 취할 것을 호소했다.

피그스 만의 망령

케네디는 군부 쿠데타에 관한 그 자신의 생각을 밝히는 과정에서, 제2의 '피그스 만 사태'를 언급했다. 대통령은 쿠바 미사일 위기에서 두 번째 CIA와 군부를 의사결정에서 소외시켰다. 쿠바 미사일 위기는 인류 역사상 가장 위험한 순간이었다.

소련이 쿠바에 핵탄두 미사일을 설치하자 케네디는 1962년 10월 16일부터 28일까지 13일간 공개적으로 소련 서기장 흐루시초프에게 즉시 미사일을 철수할 것을 요구했다. 케네디는 또한 소련 선박이 쿠바로 진입하는 것을 봉쇄하기 위해 '항해금지구역'을 설정했다. 케네디는 소련 국경선을 따라 터키에 배치해 둔 미국 미사일은 무시한 채, 쿠바에 대한 소련의 미사일 배치는 '미국이 수용할 수 없는 의도적 도발이며, 정당화될 수 없는 현상유지에 대한 도발'이라고 선언했다.

케네디가 이렇게 강경한 입장을 취해 결국 흐루시초프와 상호 양보를 통해 위기를 넘길 수 있었다. 하지만 냉전 강경론자들은 이를 우호적으로 바라보지 않았다. 미사일 위기는 흐루시초프가 자신의 회고록에 쓴 바와 같이 다음과 같은 이유로 발생했다.

"우리는 피그스 만 사건은 시작에 불과하며 미국인들이 쿠바를 가만히 내버려두지 않을 것이라고 확신했다. 쿠바는 미국의 또 다른 침략으로부터 방어하기 위해 미국이 어떤 조치를 취하기 전에 은밀히 핵탄두 미사일을 설치하는 방법을 모색했다. 주 목적은 쿠바에 우리의 미사일을 설치함으로써, 미국이 카스트로 정부에 대해 경솔한 군사행동을 하지 못하도록 억제할 것으로 생각했다. 쿠바를 보호하는 것에 더해 우리의 미사일은 서방에서도 원하는 '세력의 균형'을 맞출 수 있었다. 미국은 우리의 군사기지들을 포위하고, 핵무기로 우리를 위협했는데, 바로 코앞에 있는 쿠바에서 그들을 향해 미사일을 겨누고 있다면 과연 어떤 기분이 들지 이제 그들도 알게 될 것이다."

흐루시초프의 논리는 냉전체제 하에서 미국이 광란적인 심리상태에 있었다는 것을 간과했다. 머튼이 1962년 3월의 편지에 적었듯이 "모든 계율 중에서 첫 번째이고 가장 중요한 것은 냉전에서 미국이 패배하지 않을 것이며, 패배해서도 안 된다는 것이다. 두 번째 계율은, 만약 냉전에서 패배를 막기 위해 본격적인 전쟁이 필요하다면 문명이 파괴되는 한이 있더라도 반드시 그 전쟁을 수행해야 한다는 것이다.

이런 맥락에서 쿠바에서 소련 미사일이 발견된 것은 머튼이 묘사한 것처럼 케네디 대통령을 '어처구니없을 만큼 어쩔 수 없는 입장'에 놓이게 만들었다. 세계를 파괴할 수 있는 무기가 개입된 선과 악의 투쟁 속에서 플로리다로부터 90마일 떨어진 곳에 소련의 미사일이 발견된 것은 워싱턴 정부에 강력한 선제공격 본능을 자극했다. 그 해 선제공격에 대해 머튼이 클레어 부스 루스에게 보낸 경고가 현실화되고 있었던 것이다.

쿠바에 소련의 미사일 기지 건설이 가속화되자 케네디 대통령에 대한 미국의 선제공격 압력은 불가항력적으로 커지고 있었다. 그러나 케네디는 '최후의 재앙'이 될 것이 명백하다며 보좌관들의 핵전쟁 요구를 거부했다. 그는 이 위기 중 비밀리에 백악관 회의내용을 녹음해 두었다. 그 녹음테이프들은 1990년대 후반에 해제되어 출판물로 출간되었다.

전사본은 대통령이 쿠바를 폭격하고 공격하기보다는 소련 미사일 수송을 봉쇄하기로 선택하는데 있어 대통령이 얼마나 정치적으로 고립되어 있었는지를 잘 보여준다. 그가 1962년 10월 19일 합참과의 회의에서 쿠바에 대규모 공중폭격을 가하자는 압력에 홀로 반대한다는 입장을 견지했을 때, 이보다 더 외로운 처지에 놓인 적은 없었다. 이 회의에서 군 참모들은 젊은 미국 최고사령관을 경멸했고, 이는 공군 참모총장 커티스 르메이 장군의 대통령에 대한 도발로 구체화되었다.

르메이는 "이것(봉쇄와 정치적 조치)은 뮌헨에서의 양보(1938년 뮌헨협약을 말하며, 영국과 프랑스는 나치 독일과의 전쟁을 피하기 위해 체코슬로바키아의 영토인 수데텐 지방을 히틀러에게 양도하기로 결정했다)만큼이나 나쁩니다…. 지금 당장 직접적인 군사개입 말고는 다른 어떤 해결책도 보이지 않습니다"라고 말했다.

미사일 위기 때의 녹음테이프를 20년 이상 연구한 역사가 쉘던 스턴 Sheldon Stern은 이 지점에서 대화가 중단된 것에 주목했다. 이때 참모진들은 집단적으로 숨을 죽이고 대통령의 반응을 기다리고 있었음에 틀림없다. 르메이 장군은 단순히 조언을 하거나 심지어 최고 사령관의 의견에 동의하지 않는 정도를 훨씬 벗어나 버렸다. 그는 지금 세대의 근시안적이고 비겁한 모습에 대한 궁극적인 비유(뮌헨협약)를 대통령 면전에 내던져 버렸다. 스턴은 그러나 "케네디 대통령은 눈에 띄게 침착한 모습을 보이면서 미끼를 무는 것을 거부했다. 대통령은 절대적으로 침묵을 지켰다"고 전했다. 어색한 침묵이 끝나자 육군, 해군, 공군, 그리고 해병대 참모총장들이 폭격과 쿠바 공습이라는 신속한 군사행동을 주장했다. 그리고 다시 르메이 장군이 끼어들어 쿠바를 향한 추가 공습을 강력하게 반대했던 케네디의 입장을 다시 한 번 상기시킨다. 거의 대통령을 조롱하는 수준이었다.

르메이 장군 : 나는 봉쇄조치와 정치회담이 수많은 우방과 중립국들에게 이 사태에 대해 미미한 반응만을 불러일으킬 것이라고 생각합니다. 그리고 미 국민들 역시 마찬가지로 그렇게 생각할 것이라고 확신합니다. 다시 말해 현재 각하의 판단은 적절치 않다고 생각합니다."

케네디 대통령 : 지금 뭐라고 하셨죠?

르메이 장군 : 각하의 판단은 적절치 않다고 말씀 드렸습니다.

케네디 대통령 : (웃으면서) 당신은 나와 개인적으로 허물 없는 사이인가 보군요.

토론은 계속되었고 케네디는 더 많은 정보를 얻기 위해 참모진들을 탐색하고 있었다. 르메이는 소련 미사일, 방공시설, 그리고 모든 통신 시스템에 대해 대규모 공격을 가하도록 승인해 달라고 대통령을 보챘다. 회의가 끝날 무렵 케네디는 신속한 대규모 공격을 거부하면서 군 사령관들에게 감사하다고 인사를 한다.

케네디 대통령 : 여러분의 의견에 감사합니다. 내가 말했듯이 나는 우리의 선택이 상당히 불만족스럽다는 것을 잘 압니다. 그러나 우리 모두 이해할 것이라고 확신합니다.

몇 분 후, 케네디가 방에서 나갔지만 녹음은 계속되었다. 르메이 장군,

육군 참모장인 얼 휠러Earle Wheeler 대장, 그리고 해병대 사령관 데이비드 슈프David Shoup 장군이 남아 있었다. 참모진들 중에서 평소에 가장 케네디를 지지해 주던 슈프도 르메이의 대통령에 대한 공격을 칭찬했다.

슈프 : 당신… 당신이 대통령의 계획을 망쳐버렸군.

르메이 : 하느님 맙소사. 도대체 무슨 뜻이오?

슈프 : … 그가 결국 '단계적 확대'란 말을 고려하기 시작했잖소. 그가 '단계적 확대'라고 말하면 다 된 것이오. 만일 누군가 그 빌어먹을 일을 찔끔찔끔하지 못하도록 막을 수 있다면, 그건 우리 문제지….

르메이 : 맞는 말이오.

슈프 : 당신 아주 곤란해졌어. 그가 아마도 '그 일을 하려면 제대로 하시오, 빙글빙글 돌지 말고'라고 말해 주면 좋았을 텐데.

르메이 : 맞소. 그게 바로 내가 주장하는 바요.

백악관 테이프는 케네디가 합참과 국가안보회의 양쪽으로부터 쿠바 공습에 대한 점증적인 압력을 받으면서 이에 저항하고 있음을 보여준다. 선제공격에 반대하는 대통령의 결심을 확신시켰을 로버트 케네디의 진술은 테이프에서 들을 수 없다.

로버트 케네디는 미사일 위기에 대한 회고록 〈13일간Thirteen Days〉에서 대통령이 공격 압력을 받는 동안에 쪽지를 건넸다고 썼다. "지금 나는 도조Tojo가 진주만 기습을 계획했을 때 어떤 느낌이었는지 알 것 같다." 로버트 케네디와 대통령이 어떤 느낌이었을지 위기의 가장 끔찍한 순간에 로버트 케네디가 형에 대해 묘사한 것에서 잘 드러난다.

"10월 24일 수요일에 한 보고서가 올라왔다. 두 척의 소련 호위함이 항해금지구역에 넘어와, 수중 폭뢰를 탑재한 미군 헬리콥터가 소련 잠수함을 차단하려고 한다는 것이었다. 대통령도 자신이 이 상황을 통제하지 못하고 핵전쟁을 승인해야 할까 봐 두려워했다. 로버트는 형을 바라보았다. '그의 손이 얼굴로 올라가더니 입을 막아버렸다. 그는 주먹을 쥐었다 폈다 했다. 그의 얼굴이 팽팽하게 긴장한 듯했고, 눈은 거의 회색이 되어 괴로워했다. 우리는 테이블 너머로 서로를 응시했다. 그 찰나의 몇 초 동안 거기에는 아무도 없는 듯했고, 그는 더 이상 대통령처럼 보이지도 않았다. 불가사이하게도, 나는 그가 아파서 거의 죽을 뻔했던 때를 떠올렸다. 아이들을 잃었을 때, 큰형이 죽었을 때… 긴장과 상처의 세월, 윙윙거리는 소리가 들려왔다.'"

그러나 기적은 일어났다. 적장인 흐루시초프를 통해서…. 흐루시초프는 소련 함정에 항해금지구역을 넘지 말고 정지하라고 명령했다. 그 순간 흐루시초프는 케네디와 다른 모든 사람들을 구원할 수 있었다. 무엇이 흐루시초프에게 그런 결정을 내리도록 움직였을까? 흐루시초프의 회고록에는 이 사건을 설명하는 데 도움이 될 수 있는 언급이 전혀 없었지만, 흐루시초프와 케네디의 비밀 통신망은 물밑에서 맡은 바 임무를 다하고 있었다.

케네디와 흐루시초프의 신뢰

1993년 7월 미 국무부는 흐루시초프와 캐나다 기자의 요청에 의해, 정보공개법에 따라 케네디와 흐루시초프 사이에 오간 스물 한 장의 비밀 서한을 공개했다. 냉전시대에 지도자들 사이에 오고간 이 사적인 비밀 서한은 1961년 9월에 시작되어 2년간 계속되었으며, 전 세계의 평화를 위한 두 사람 사이에 오갔던 내용이었다.

흐루시초프는 베를린이 위기에 빠져 있던 1961년 9월 29일 케네디에게 첫 번째 편지를 보냈다. 신문에 싸여진 편지는 흐루시초프가 신뢰했던 소련의 잡지편집자 겸 KGB 요원이었던 게오르기 볼샤코프Georgi Bolshakov가 뉴욕의 한 호텔방에서 케네디의 대변인이었던 피에르 샐린저에게 전달했다. 비밀 엄수는 최소한 미국만큼이나 소련에서의 주목을 피하기 위한 것이었다.

이에 대해서는 30년 후에 대통령 보좌관 시어도어 소렌슨이 이렇게 말했다. 흐루시초프는 "이 편지는 소련 군부, 외무부, 크렘린의 고위층들로부터 비밀이 지켜질 것이라고 가정하고 위험을 담보한 것이었다. 만약 발각된다면 분명 그들의 엄청난 불만을 초래하는 최악의 상황도 감안한 것이었다."

흐루시초프는 첫 번째 편지를 흑해 연안에서 썼다. 베를린 위기가 아직 종식되지 않은 시점에서. 소련서기장은 바다의 아름다움과 전쟁의 위협을 생각하면서 적과의 통신을 시작했다.

그는 "친애하는 대통령 각하, 지금 나는 흑해 연안에 머물고 있습니다…. 이곳은 정말 멋진 곳이군요. 과거 해군 장교로서 바다의 아름다움과 코카서스 산맥의 웅장함이 어우러진 이 주변의 정경을 당신도 알고 있을 것입니다. 이처럼 밝고 맑은 남국의 태양 아래서 해결책이 없어, 평화로운 생활과 수백만 인민의 장래에 불길한 그림자를 드리운다는 게 믿기 어렵습니다"라고 썼다.

케네디는 비엔나에서 흐루시초프의 핵전쟁에 대한 경직된 생각과 양보를 꺼리는 태도를 보고 깜짝 놀랐었다. 이어 다시 베를린 문제로 전쟁의 위협이 계속되자, 흐루시초프는 비엔나 회담에 대해 유감을 표시했다.

그는 "비엔나 회담이후 국제문제의 전개 과정에 대해 최근 많은 생각을 했으며, 그래서 이 편지로 각하와 접촉하고자 결심했습니다. 전 세계는 우리의 회담과 솔직한 의견 교환이 긴장을 완화시키는 효과를 가져오고, 양국 간의 관계를 올바른 방향으로 돌려놓을 것이며, 마침내 세계 평화가 확보될 것이라는 신뢰를 국민들에게 줄 수 있을 것이라고 희망적으로 기대하고 있습니다. 마찬가지로 각하께서도 그렇게 생각하시리라고 믿습니다"라고 썼다. 이렇게 흐루시초프와 비공개적으로 주고받은 공방 아래서 케네디가 기대하던 평화의 희망은 어떻게든 전달되었다. 흐루시초프의 편지는 더 깊숙한 존경과 함께 이어진다.

"본인은 깊은 관심을 갖고 우리 측 신문기자인 아쥬베이Adjubei와 카를라모프Kharlamov가 워싱턴에서 각하와 함께 가졌던 인터뷰에 대해 보고를 받았습니다. 그들은 저에게 많은 흥미로운 이야기를 자세히 들려주었고, 저 또한 그들에게 질문을 던졌습니다. 그들은 각하와 같이 높은 지위에 있는 사람에게서는 쉽게 찾아볼 수 없는 소탈함과 겸손함, 정직성에 매료되었음을 압니다. 저는 제 생각을 여러 번 비엔나로 돌렸습니다.

저는 각하가 전쟁을 원치 않으며, 평화로운 상태에서 경쟁하는 한편, 두 국가가 평화롭게 살기를 원한다고 강조했던 것을 기억합니다. 비록 이후의 사건들이 바람직한 방향으로 전개되지는 않았지만, 순수하게 비공식적이고 개인적인 방법으로 각하와 접촉하고 생각을 함께 공유하는 것이 유용할 것이라고 생각했습니다. 각하가 저에게 동의하지 않는다면 이 편지가 존재하지 않는 것으로 생각하면 될 것이고, 자연히 저희 쪽에서도 공개적인 장에서 이 편지에 대한 언급을 하지 않을 것입니다. 물론 각하께서도 비밀통신을 통해서나 기자들의 눈치를 보지 않고 자신의 생각을 말할 수 있겠지요.

각하가 알다시피 나는 북해 해안의 즐거움을 설명하는 것으로 시작했지만 역시 정치문제로 돌아왔군요. 그러나 어쩔 수 없는 일입니다. 때로는 정치문제는 문 밖으로 내던져버려도 다시 창문을 통해 되돌아오지요. 특히 창문이 열려 있을 때에는 더 하니까요.”

흐루시초프가 케네디에게 쓴 첫 번째 편지는 26페이지 분량이었다. 이 편지에는 정치 문제, 특히 베를린에서 두 지도자는 전쟁으로부터는 한 발 물러섰지만 결코 합의에는 도달하지 못했던 사실과, 라오스 내전을 중단시키고 중립 정부를 승인하기로 합의하였던 일에 대해서 언급했다. 이 과정에서 흐루시초프는 흑해의 평화로움을 잊고 자신의 주장을 내세웠지만, 비엔나에서는 케네디만큼이나 평화의 필요성을 끈질기게 주장했다.

흐루시초프는 성경의 비유를 통해 유사한 상황에 있다는 점을 강조했다. 흐루시초프는 자신이 성경의 상황을 "'깨끗한 자'나 '더러운 자'나 모두가 피난처로 삼은 노아의 방주"와 비교하는 걸 좋아한다고 말했다. 그러나 누구를 '깨끗한 자'로 분류하고 누구를 '더러운 자'로 분류하던 간에, 그들은 모두 단 하나, 즉 방주가 성공적으로 항해를 계속해야 한다는 것에 초점을 맞췄다는 것이다. 그리고 다른 선택의 여지가 없었다. 평화롭게 협조하면서 살아가는 것처럼 방주가 계속 부력을 유지하거나, 아니면 전쟁으로 가라앉거나 둘 중의 하나였다.

　　케네디는 1961년 10월 16일 하이애니스 항 연안에 있는 별장에서 흐루시초프에게 답장을 썼다. 그는 유사한 문맥으로 시작했다.

　　"나는 오랫동안 대서양을 바라보는 이곳에 집을 갖고 있습니다. 나의 아버지와 형제들도 내 집 가까이에 집을 갖고 있어서, 내 아이들은 함께 어울릴 수 있는 여러 명의 사촌들이 있습니다. 그래서 이곳은 끊임없이 약속하고 전화와 자질구레한 것들을 하는 대신, 내가 편히 쉬고, 생각하며, 중요한 문제에 대해 나의 시간을 갖기 위해 여름과 가을 동안의 주말을 보내기에는 이상적인 장소입니다. 나 또한 워싱턴의 소음으로부터 벗어나 보다 깨끗하고 조용한 전망을 즐길 기회를 소중하게 생각하고 있기 때문에, 각하가 편지를 쓴 흑해의 그곳에 대해 어떤 생각일지 잘 알 것 같습니다."

　　그는 흐루시초프가 먼저 편지를 보내온 것에 대해 감사를 전하고 비밀에 붙이는 것에 동의했다.

　　"이 편지는 완전히 사적인 관계로 유지되어야 하며, 공적인 장소에서는 어떤 흔적도 남기지 말아야 하며, 언론에 전혀 노출이 되지 않도록 할 것을 강조하신 것은 옳은 결정입니다.

우리의 서신들은 공적인 내용만으로 이루어질 것이며, 우리 각자에게 정직하고, 현실적이며, 기본적인 조건으로 상대방을 파악할 기회를 줄 것입니다. 우리 중 어느 누구도 상대방을 새로운 관점으로 변화시키려고 하지 않을 것입니다. 우리들 중 어느 누구도 편지 하나로 자신의 대의를 버리거나 무너뜨리지 않을 것입니다. 그래서 이 편지들은 냉전 논쟁으로부터 자유로울 수 있습니다.

나는 '깨끗한 자'나 '더러운 자' 모두 함께 떠 있어야 한다는 노아의 방주에 대한 비유를 대단히 흥미롭게 생각합니다. 우리의 차이가 무엇이건 간에 우리의 평화를 유지하려는 공동의 노력은 마지막 세계 대전에서 승리하는 것보다 더는 아니더라도 그만큼 절박합니다."

약간의 논쟁 이상의 것이 포함된 서신이 1년 동안 오고 간 뒤에도 1962년 10월까지 두 정상은 가장 위험한 차이점을 해결하지는 못했다. 미사일 위기는 그것을 증명했다. 이들의 상호존중은 불신과 도전에 대한 재도전, 그리고 양쪽 모두 혐오했던 전쟁을 향해 쏠린 발걸음에 무너지고 말았다.

위기로 치닫던 몇 주 동안 흐루시초프는 케네디의 또 다른 쿠바 침공을 위한 비상계획에 배신감을 느꼈고, 케네디는 흐루시초프가 쿠바에 은밀하게 미사일을 들여옴으로써 자신을 배신했다고 생각했다. 양쪽은 다시 한 번 세상 모든 사람들을 위협했던 냉전으로의 수순을 다시 밟고 있었다. 그럼에도 이들은 상호 대치하면서도 서로가 상대방을 존중하고 있었다. 이는 어디까지나 비엔나 회담과 비밀서한 덕분이었다. 또한 이들은 한때 이 세계는 '깨끗한 자'나 '더러운 자'가 함께 타고 떠 있어야 하는 노아의 방주라는 데 동의했었다는 사실을 기억하고 있었다.

흐루시초프가 소련의 함정을 정지시킨 것은 깨끗한 자와 더러운 자가 핵전쟁의 위협 하에서 함께 있는 세계에서 일어난 일이며, 그래서 결국 방주는 가라앉지 않을 수 있었다. 그러나 위기가 완전히 끝난 것은 아니었다. 미사일 기지화 작업은 사실상 속도를 더해가고 있었다. 국방부와 국가안보회의 참모들은 방어를 위한 선제공격을 위해 대통령에 대한 압력을 한층 더 가하고 있었다.

10월 26일 금요일 밤, 케네디는 흐루시초프가 자국의 미사일을 철수하는 데 동의했다는 내용의 희망적인 서한을 받았다. 그에 상응하여 케네디는 쿠바를 침공하지 않을 것이라는 약속을 하게 될 참이었다. 그러나 토요일 아침 케네디는 흐루시초프가 터키에서 미국이 미사일을 철수해야 한다는 조건보다 더 큰 문제가 되는 두 번째 서한을 받았다. 이에 상응하여 흐루시초프는 터키를 침공하지 않을 것을 약속했다. 장군 멍군이었다.

케네디는 당황스러웠다. 흐루시초프의 두 번째 제안은 대칭성에 있어서 합리적이었다. 그러나 케네디는 위협을 받고 있는 나토 동맹국의 방어를 갑자기 포기할 수 없다고 느꼈다. 그는 잠시 흐루시초프가 자신의 동맹국인 카스트로에 대해서도 동등한 조치를 요구하고 있다는 사실을 인지하지 못했다. 합참의 수뇌부들이 대통령에게 월요일에 공습을 요구하며 압박하고 있을 때 이 압박을 한층 고조시키는 급보가 도착했다.

토요일 이른 아침에 소련의 지대공 미사일SAM이 쿠바 상공에서 정찰

활동을 하던 U-2 정찰기를 격추시켰고, 조종사인 루돌프 앤더슨 주니어가 사망했다는 비보였다. 합참과 국가안보회의는 이런 경우 즉각적인 보복조치를 추진했었다. 이번 역시 그들은 다음 날 이른 아침에 소련의 지대공 미사일 기지를 즉각 폭격하자고 촉구했다.

로버트 케네디는 "우리는 물론 전 국민, 전 인류의 목에 걸린 올가미가 점점 조여오고, 도망갈 다리가 산산 조각난 느낌이었다"라고 회고했다. 그는 "그러나, 다시 한 번 대통령이 모든 사람들을 물리쳤다"고 덧붙였다. 케네디는 U-2 정찰기 피격에 대한 공군의 보복을 거부했다. 그리고 평화적인 해결 방안을 계속 모색했다. 합참의 수뇌부들은 인정하려 하지 않았다. 로버트 케네디와 시어도어 소렌슨은 흐루시초프의 첫 번째 제안을 받아들인 반면, 터키에서 미국의 미사일을 철수하라는 그 후의 요구는 무시하는 서한의 초안을 작성했다.

백악관 주변에 전쟁의 조류가 소용돌이칠 때 케네디와 동생 로버트 케네디는 대통령 집무실에서 만났다. 후에 로버트는 자신의 형과 함께 나눈 생각들을 설명했다. 그가 정치인들과 함께 중차대한 문제를 다루고 있는 동안, 그는 처음으로 그 용감한 앤더슨 소령이 어떻게 죽었는지에 대해 이야기했다.

케네디는 자신의 오판이 미국인들만큼이나 소련 사람들도 원하지 않는 전쟁을 일으킬 수 있음에 대해 지적했다. 그는 끔찍한 결과를 방지하기 위해 고려할 수 있는 모든 것을 다 고려해 보기를 원했다. 특히 소련에게 자신들의 안보를 해치거나 자존심을 해치지 않으면서 평화적으로 문제를 해결할 수 있도록 모든 기회를 주고자 했다.

그러나 "대통령을 가장 괴롭히고 두렵게 만든 것은 이 나라와 전 세계 아이들의 죽음에 대한 우려였다. 아이들 문제만 아니었더라면 그의 걱정은 덜했을 것이다. 아이들은 아무 잘못도 없고, 하고 싶은 말도 하지 못하고, 냉전에 대해 아무것도 모르지만, 그들의 생명도 다른 사람들과 마찬가지로 빼앗길 게 뻔했다. 그들은 결정할 기회도, 선거에서 투표할 기회도, 혁명을 이끌 기회도, 자신의 운명을 정할 기회도 결코 갖지 못할 것이다"라고 로버트는 말했다.

　로버트는 대통령이 암살된 후 출간한 저서에서 "이것은 그를 괴롭히고 큰 고통을 주었다. 그래서 대통령과 러스크 장관은 나에게 도브리닌 대사를 만나게 하여, 개인적으로 대통령의 심각한 우려를 전달하도록 결정한 것이다." 로버트 케네디와 소련 대사 아나톨리 도브리닌의 최종 담판은 흐루시초프가 미사일을 철수하고 있다는 극적인 발표를 하도록 만든 원동력이 되었다. 흐루시초프는 자신의 회고록에서 로버트 케네디가 도브리닌에게 말하고 도브리닌이 자신에게 전달했다고 기록했다. 로버트 케네디는 도브리닌에게 이렇게 말했다.

　"대통령께서는 엄중한 상황에 놓여 있습니다. 그리고 어떻게 이 상황을 헤쳐나가야 할지 모르고 있습니다. 우리는 대단히 어려운 상황에 있습니다. 사실 우리는 군부로 부터 쿠바에 대해 무력을 사용할 것을 요구받고 있습니다.

　도브리닌 대사님, 우리는 당신이 대통령의 메시지를 비공식 경로를 통해 흐루시초프 서기장에게 전해 줄 것을 부탁합니다. 비록 대통령은 쿠바에 대한 전쟁에 매우 부정적이지만, 자신의 의지와는 다르게 어떤 불가항력적인 사건이 일어날 수도 있습니다. 이것이 대통령이 흐루시초프 서기장에게 협조를 직접 부탁드리는 이유입니다. 만약 상황이 훨씬 더 길게 지속된다면 군부가 대통령을 몰아내고 권력을 장악하지 않으리라고 장담할 수도 없습니다."

소련 붕괴 후, 러시아 외무부는 로버트 케네디와의 1대1 회담을 묘사하는 1962년 10월 27일자 도브리닌의 전문을 비밀문서에서 해제했다. 도브리닌의 보고서는 케네디에 대한 군부의 압력에 대해, 로버트 케네디의 발언에 대한 흐루시초프의 회고록보다는 덜 극적인 표현을 쓰고 있다.

"그 상황을 빠져 나오는 방법을 찾는 데 시간을 끄는 것은 대단히 위험합니다. 여기서 로버트 케네디는 지나가는 말처럼, 장군들 중에는, 아니 장군들뿐만이 아니라 전쟁하고 싶어 안달하는 비합리적인 과격파들이 많이 있다고 언급했다. 이 상황은 통제를 벗어나 돌이킬 수 없는 결과를 초래할 수 있습니다."

로버트 케네디는 그의 저서 〈13일간*Thirteen Days*〉에서, 그 회담에 대한 설명으로 대통령에 대한 군부의 압력을 언급하지 않았다. 그러나 그의 친구이자 전기 작가인 아서 슐레진저는 "법무부장관이 도브리닌에게 뭐라고 말했건 간에 대통령은 전쟁을 열망하는 장군들에게 둘러싸여 있었다는 것"이라고 말했다. 로버트는 상황이 통제를 완전히 벗어날 수도 있다고 우려했다.

어찌 되었든 흐루시초프는 케네디에게 가해지고 있는 압박의 긴박함을 감지하고 있었다. 그래서 그는 자국의 미사일을 철수하기로 결정했다. 미국 군부가 미사일 위기상황을 이용해 케네디 대통령을 축출하려는 것은 아니었지만, 그를 소외시키려 했다는 어떤 증거라도 있는 것일까? 승리할 수 있다고 생각하는 전쟁을 진짜 시작하려고 했던 것일까?

정치학자인 스캇 세이건Scott Sagan이 쓴 〈안보의 한계*The Limits of Safety*〉에 따르면, 미 공군은 U-2 정찰기가 격추당하기 하루 전인 1962년 10월 26일에 바덴버그 공군 기지에서 대륙간 탄도미사일ICBM을 발사했다. 마샬 군도의 크웨저레인Kwajalein을 목표로 발사한 탄두가 없는 시험용 미사일이었다. 그러나 소련은 다르게 생각할 수도 있었다.

이미 3일 전에 바덴버그에 있는 시험용 미사일에 핵탄두가 보급되었고 미사일 시스템은 위기에 대처하는 완전 경계태세로 변경되었다. 10월 30일까지는 9개의 시험용 미사일에 대(對) 소련용 핵탄두를 장착했다. 미사일 위기가 고조된 10월 26일의 시점에서 미사일을 시험 발사하는 것은 소련이 공격 개시로 간주할 수도 있는 위험한 도발이었다. 소련이 의도를 잘못 파악해 미사일을 발사하려는 기미를 보였다면, 배치된 전체 미사일과 폭격기들도 선제공격할 태세를 갖췄을 것이다.

미국은 이미 전시상태에 준하는 최고단계인 데프콘-2로 전면적인 대규모 공격 준비를 마친 상태였다. 작가인 리처드 로즈Richard Rhodes가 퇴역 공군 사령관에게서 들은 바에 의하면, 위기가 고조되었을 때 '미 전략공군사령부Strategic Air Comman(SAC)의 비상대기 전폭기들이 의도적으로 통상적인 반환점을 지나 소련 쪽으로 비행했다고 한다. 이는 소련 레이더 감시원들이 분명히 탐지해서 보고했을 명백한 위협이었다. 훨씬 우월한 숫자의 미사일과 폭격기를 보유한 미군은 소련이 자신들에 대한 도발에 조금만 대응하려는 기미를 보여도 선제공격을 가할 준비가 되어 있었다. 다행히도 소련은 그 미끼를 물지 않았다.

케네디가 핵 경쟁에서 승리하려는 군부의 책략에 빠져들고 있다고 느끼는 데는 그럴만한 이유가 있었다. 또한 케네디는 1961년 11월 9일의 베를린에 관해 받은 두 번째 비밀 서한에서, 흐루시초프가 전쟁 옹호론자들의 압력 때문에 먼저 타협을 제안하지 못하고 있음을 시사했던 내용을 떠올렸을지도 모른다.

흐루시초프는 케네디에게 "나는 더 이상 물러날 곳이 없습니다. 뒤에는 절벽입니다"라고 하소연했다. 그리고 케네디는 그를 밀어내지 않았다. 이제는 케네디 뒤에 절벽이 있었고 흐루시초프는 그것을 이해하고 있었다.

흐루시초프는 도브리린 보고서의 결론을 로버트 케네디의 말을 빌려 회상했다. "내가 우리 장군들을 설득하면서 얼마나 더 버틸 수 있을지 모르겠습니다." 흐루시초프 또한 카스트로에게 미국의 쿠바 공격이 임박했다는 긴급 메시지를 받았기 때문에 서둘러 답신을 보냈다. "우리는 우리의 입장을 신속히 재정립해야 한다는 것을 알고 있습니다. 우리는 보복 공격을 하지 않는다는 것을 보장받는 조건하에서, 미사일과 폭격기들을 철수하기로 합의하는 내용의 전문을 보냈습니다."

이에 케네디가 동의했고 흐루시초프는 소련 미사일을 철거하기 시작했다. 위기는 종료되었다. 어느 쪽도, 합의의 일부이자 동일한 문제였던 터키에 배치한 미국의 미사일을 당장은 아니더라도 곧 철수하겠다고 한 로버트 케네디의 약속을 누설하지 않았다. 이는 한 순간의 일방적인 통보로 이뤄질 수 있는 것이 아니었다. 약속은 이행되었다. 6개월 후 미국은 터키에서 미사일을 철수했다.

미사일 위기가 있은 지 25년 후 국무부장관 딘 러스크는 케네디 대통령이 전쟁을 피하기 위해 흐루시초프에게 더 많은 양보도 할 준비가 되어 있었다고 밝혔다.

러스크는 10월 27일 로버트 케네디가 도브리닌을 만나러 떠난 후, 대통령이 "나에게 당시 콜롬비아 대학 총장이던 앤드류 콜디어Andrew Cordier에게 전화를 걸어, UN 사무총장 우탄트(콜디어의 친구) 명의로 작성될, 터키에 배치된 미사일과 쿠바에 있는 미사일을 철수할 것을 제안하는 성명서를 구술하도록 지시했다. 콜디어는 우리에게 추가적인 신호를 받아야만 성명서를 우탄트에게 구술하도록 되어 있었다." 러스크는 콜디어에게 전화로 그 성명서를 전달했다. 그러나 흐루시초프가 로버트 케네디와 도브리닌의 약속을 받아들이면서 우탄트가 중재하는 공적인 협상에 대한 케네디의 추가적인 조치는 필요하지 않게 되었다.

1987년 3월 7일 호크스 케이Hawk's Cay 회의에서 러스크는 이런 사실을 처음으로 밝혔다. 그는 전직 안보회의위원들에게 당시 대통령은 자신에 대한 무거운 정치적 대가가 따를 것임에도 불구하고, 흐루시초프와 함께 기꺼이 한발 더 나아갈 준비가 되어 있었다고 밝히자 그들은 충격을 받았다.

흐루시초프와 케네디의 미사일에 관한 협상은 당시의 정치적 정통성에서 벗어난 것이었다. 케네디 대통령은 위기의 한 가운데서 큰 정치적 대가를 치르더라도 비밀리에 흐루시초프와 함께 약속을 추진하기로 했다. 미국과 소련은 핵전쟁으로 인한 대량학살에 얼마나 근접했었을까? 합참과 대통령 참모진들의 관점에서는 충분히 근접하지 않았을 것이다. 그들이 생각하는 단 하나의 진정한 위험은 쿠바에 있는 소련군을 공격하지 않는 대통령 의지의 결여였다.

10월 19일의 회의에서 르메이 장군은 가능한 한 빨리 소련의 미사일들을 기습 폭격하자고 주장했다. 이에 대해 케네디 대통령은 의심스러운 눈으로 "그렇다면 그들은 우리에게 무엇으로 보복할 것 같소?" 하고 되물었다. 르메이는 케네디가 흐루시초프에게 베를린에서도 싸울 준비가 되어 있다고 경고하는 한 보복은 하지 못할 것이라고 말했다. 조지 앤더슨George Anderson 제독도 비슷한 요지의 발언했다.

그러자 케네디는 "그들의 모든 발언을 무시하더라도 우리가 그들의 미사일을 없애기 위해 수많은 소련군을 살상하는데, 그래도 그들이 아무 짓도 하지 않을 수 있겠소!"라고 날카롭게 쏘아붙였다. 회의가 끝난 후 대통령은 보좌관 데이브 파워스에게 대화 내용을 상세히 이야기 하면서 "르메이가 그런 말을 하리라고 상상이나 했겠소? 우리가 그들의 말에 귀를 기울이고 그들이 원하는 대로 된다면, 우리들 중 그 누구도 살아남지 못할 것이며, 따라서 그들이 틀렸다고 말해 줄 수도 없을 것이오."

그 해 가을 케네디는 친구 존 케네스 갤브레이스John Kenneth Galbraith와 대화를 나누던 중 다시 한 번 분을 삼키며 군부와 민간 양쪽이 쿠바 미사일 기지를 폭격하도록 자신에게 가한 무모한 압력에 대해 언급했다. 케네디는 "나는 털끝만큼도 그렇게 할 생각이 없었어"라고 말했다.

위기가 있은 지 30년이 지난 후 케네디 정부의 국방부장관이었던 로버트 맥나마라는 1992년 11월 러시아 잡지에 실린 한 기사의 내용을 보고 깜짝 놀랐다. 그 기사는 위기가 고조되었을 때 쿠바에 있던 소련군은 162개의 핵탄두를 보유하고 있었다는 것이었다. 그 당시 미국이 알지 못했던 더 위험한 사실 중의 하나는 이들 무기는 이미 발사 준비가 갖춰져 있었다는 것이다. 맥나마라는 깨달은 바가 있어 그의 회고록에 다음과 같이 썼다.

"분명, 미국의 공격에 직면해 있던 쿠바의 소련군은 핵무기를 잃느니 차라리 사용하기로 결정했을 것이다. 내가 말했듯이 미국 정부 인사들은, 군과 민간인 모두 케네디 대통령에게 공격을 권고할 준비가 되어 있었다. 그랬을 경우에 어떤 일이 벌어졌을지는 추측할 필요도 없다. 지금은 분명하게 그 결과를 예측할 수 있다. 어디까지 가서 끝이 날까? 완전한 재앙으로 끝이 날 것이다."

냉전이 최고조에 달한 순간에, 선제공격의 압력에 대한 케네디의 저항이 흐루시초프의 신속한 이해 및 퇴각과 결합해 수백만 명, 아니 인류를 위기에 구해냈다. 그러나 양보가 반역으로 치부되던 당시에, 군 수뇌부들은 케네디와 흐루시초프의 위기 해결방식을 달가워하지 않았다.

합참은 케네디가 쿠바 공격을 거부한 것과 심지어는 흐루시초프에 대한 양보에도 분개했다. 맥나마라는 군 참모들이 케네디에게 얼마나 강력히 유감을 표시했는지를 기억하고 있다.

"흐루시초프가 미사일을 철수하기로 동의한 후, 케네디는 위기 중의 지원에 감사하기 위해 참모진들을 백악관으로 초청했다. 그런데 여기서 기가 막힌 장면이 연출되었다. 르메이가 나서서 '우리가 졌소! 오늘 당장 그들을 때려 눕혀야 했어야 하는데!'라고 말한 것이다." 로버트 케네디 또한 참모진들의 케네디에 대한 분개에 깜짝 놀랐다. 그들은 대통령이 자신들의 선제공격권 위임을 거부했을 뿐 아니라 결정적으로 적과의 평화를 선택했다고 분노했다.

케네디 대통령은 아서 슐레진저에게 "그런 걸 원하다니! 군부가 미쳤군"이라고 말했다. 참모진들이 케네디의 미사일 위기 대처 방식에 분개하는 만큼 케네디의 분노 또한 깊었다. 케네디와 흐루시초프가 가장 위협적인 미사일을 서로 철거하기로 합의하고 난 10월 28일 일요일 아침이었다. 케네디는 추수감사절 기도를 위해 워싱턴에서 미사에 참석했다. 그와 데이브 파워스가 백안관 전용차에 막 탑승하려 할 때 케네디는 파워스에게 "데이브, 오늘 아침 우리는 기도해야 할 이유가 한 가지 더 생겼군"이라고 말했다.

겟세마니 수도원Abbey of Gethsemani에 있던 쿠바 마사일 위기에 대한 토머스 머튼의 반응도 다르지 않았다. 그는 대니얼 베리건에게 이런 편지를 썼다.

"쿠바에 관해서는 하느님의 보살핌으로 우리 자신들의 어리석음을 피할 수 있었습니다. 우리는 스스로를 먼저 단추를 누를 것인지 두 번째로 누를 것인지를 정해야 하는 난처한 입장으로 몰아넣었습니다. 나는 이 모든 문제는 열에 아홉은 우리 자신이 만들어 낸 환상이라는 것을 깨닫게 됩니다. 대통령은 최악의 상황을 피하기에 충분히 지적이고 헌신적인 행동을 했습니다. 그는 실상을 정확히 알고 있는 것처럼 행동합니다. 그러나 다른 사람들은 그렇지 않은 듯합니다."

대통령의 위기관리에 대해 머튼은 영국에 있는 에타 걸릭Etta Gullick에게 또 이렇게 썼다. "물론 상황은 전과 달라진 게 없으므로 대통령에게는 거의 선택권이 없습니다. 내가 반대하는 것은 정책이 없는 정치인들의 어리석음과 단결로 인해 상황이 진척이 안 되고 있다는 사실입니다." 에델 케네디에게 그는 한층 더 나아가 다음과 같이 말했다. "쿠바 사태는 일촉즉발의 위기 상황이었지만, 그런 상황에서 나는 대통령이 일을 잘 처리했다고 생각합니다. 내가 '그 상황에서'라고 말하는 이유는 강경론이 단기적인 관점에서는 우리를 행복하게 만들기 때문입니다. 그러나 그것은 위기였고, 무언가를 해야 했으며, 다양한 악 중에서 하나를 선택할 수 있었을 뿐입니다. 그는 가장 좋은 악을 선택했고 효과가 있었습니다. 그러나 전체적인 문제는 여전히 역겹게 계속되고 있습니다."

10월 28일 일요일 오후에 일촉즉발의 위기가 끝나자 로버트 케네디는 백악관으로 돌아와서 대통령과 장시간 대화를 나눴다. 로버트가 떠날 준비를 할 때 케네디는 링컨 대통령의 죽음과 관련해 "오늘 밤엔 극장에 가야 하겠군"이라고 말했다. 로버트는 "형이 가면 나도 함께 가겠어"라고 대답했다. 그들은 둘 다 머지않아 떠나게 될 운명이었다.

CIA의 덫

피그스 만에 관한 케네디의 세 번째 언급은 워싱턴에 있는 아메리카대학의 졸업식 때였다. 〈새터데이 리뷰Saturday Review〉지의 편집자인 노먼 커즌스Norman Cousins는 이 주목할 만한 연설에 다음과 같은 의미를 부여했다. "1963년 6월 10일 아메리카대학에서 케네디 대통령은 냉전을 끝내자고 제안했다."

냉전 투사였던 케네디는 후회하고 있었다. 쿠바 미사일 위기에서 케네디는 최악의 제국주의(미국이 공산주의로부터 세계를 '구하기' 위해 기꺼이 세계를 파괴하려고 했던 것)에 연루된 것을 미국의 대통령으로서 후회하기 시작했다.

그럼에도 불구하고 벼랑 끝에서 돌아서는 과정에서 케네디는 새로운 방향으로 발걸음을 돌리기가 불가능한 듯 보였다. 그에게는 미사일 위기의 과정 속에서 희망과 좌절이 교차했다. 그리고 대재앙의 순간의 임박이 자신과 흐루시초프를 협상이라는 새로운 책임으로 내몰았다. 그들은 핵실험 금지는 절벽에서 탈출하기 위한 중요한 다음 단계라는 점에 동의했다. 그러나 두 나라 모두 대기를 오염시키고 긴장을 고조시키는 핵실험을 감행한 역사를 갖고 있었다. 1961년 여름에 실시한 소련의 핵실험에 대응해, 케네디는 1962년 4월 25일 대기 핵실험을 재개하여 4월부터 11월까지 남태평양에서 24회 연속 핵실험을 했다.

미사일 위기의 위태로운 해결과 보복성 핵실험에 관하여 케네디와 흐루시초프는 핵실험 금지 조약에 합의하려고 무진 애를 썼다. 흐루시초프는 평화의 이행을 위해 연 3회 현장조사라는 미국의 입장에 동의해 주었지만, 미국은 갑자기 더 이상을 요구했다. 흐루시초프는 3회 이상의 조사주장에 대해 소련을 정탐하기 위한 전략이라고 말했다 이에 대해 케네디는 흐루시초프가 미국의 원래 입장을 잘못 알고 있었다고 말했다. 그러나 흐루시초프는 한 중재자를 통해 명확히 답변했다.

"대통령에게 순수한 오해라는 대통령의 설명을 내가 수용하며, 서둘러 일을 진전시킬 것을 제안한다고 말해도 좋다. 그러나 다음 단계의 진전여부는 대통령에게 달려 있다." 케네디는 흐루시초프의 요구를 수용했다. 그는 아메리카대학의 연설을 통해 교착상태를 해소했다. 소련의 관점에 공감을 표시함으로서 흐루시초프를 향한 다리를 개설한 것이다. 케네디가 암살당하기 전 5개월 반 동안은 평화를 이루기 위해 주어진 시간이었다. 하지만 케네디의 연설이 흐루시초프에게는 호의적인 결과를 낳았지만, 그러나 대통령 및 군부와 자신의 참모들 간의 사이를 훨씬 더 벌려 놓았다. 국방부와 CIA에게 있어서 아메리카대학의 평화의 메시지는 케네디를 적으로 간주하도록 만들었다.

케네디의 입장에 대한 이들의 저항은 냉전시기에 그들이 발전시킨 독립적인 권력기반을 살펴봄으로써 이해할 수 있다. 우리는 히로시마 원폭투하 후에 트루먼 대통령이 얼마나 환호했는지 알고 있다. 히로시마와 나가사키의 버섯구름 밑에 있던 고통을 내면화하는 데 실패하면서 트루먼 정부는 오만에 기반을 둔 핵 외교 시대를 열었다. 원자폭탄을 소유하고 있었기 때문에 극도로 자신감에 찬 트루먼은 전후 동유럽에서의 미국의 조건을 소련에 강요하는데 급급했다.

히로시마 원폭투하 한 달 후, 소련은 런던 외무부장관 회의에서 원자폭탄을 등에 업은 미국의 요구를 거절했다. 런던회의에 참석했던 존 포스터 덜레스John Foster Dulles는 이를 냉전의 시작으로 간주했다. 1945년 9월, 트루먼 대통령은 자신은 핵무기에 대한 국제적 통제에 합의하는 데 관심이 없다고 발표했다. 그는 다른 국가들이 미국을 따라잡기를 원한다면 바로 우리가 그랬듯이 "스스로의 힘으로 해야 할 것"이라고 말했다.

트루먼은 이 정책의 의미에 대한 한 잡지사의 논평에 동의했다. "대통령 각하 그러면 그것이 의미하는 바는 이렇습니다. 군비경쟁이 시작되는 것이지요." 트루먼은 소련의 양보를 강요하기 위해 나가사키 폭격 후 정확히 7개월 후에 이란에서 성공적으로 그 일을 해냈다고 생각했다. 소런 육군은 남 이란에서 영국이 했던 것과 같이 석유 임차권을 북 이란에서 차지하려고 점령기간을 연장하고 있었다. 후에 트루먼은 헨리 잭슨Henry Jackson 상원위원에게 자신이 소련 대사 안드레이 그로미코Andrei Gromyko를 백악관으로 소환했었다고 했다. 대통령은 48시간 이내에 소련군이 이란에서 철수할 것을 요구하고, 그렇지 않으면 미국만 보유하고 있는 원자탄을 사용할 것이라고 위협했다. 그는 그로미코에게 "우리가 그것을 당신들 머리 위에 떨어뜨릴 것이다"라고 말했다. 소련군은 24시간 후에 철수했다.

미국은 광범위한 전선에서 소련을 견제하는 냉전정책을 시행했다. 견제정책은 국무부 외교관 조지 케넌George Kennan이 필명 'X'로 〈외교문제 Foreign Affairs〉지의 1947년 7월호에 게재함으로써 체계화되었다. 케넌은 견제의 목적은 군사적이라기보다는 외교적 정치형태라고 말했지만, 국방부는 각국에 미군 기지를 만들어 소련을 포위함으로써 그 일을 완수했다. 전체주의 적에 대항하기 위해, 미 군부는 나라를 상시 전쟁 준비 태세로 결집시키기 위한 입법을 촉구했다. 그리하여 1947년에 국가안전보장법National Security Act이 마련되었고, 다음 기관들의 토대를 놓기 시작했다. 국가안전보장회의National Security Coucil(NSC), 국가안보자원위원회 National Security Resources Board(NSRB), 군수국Munitions Board, 연구개발위원회 Research and Development Board, 국방부Office of the Secretary of Defense, 합동참모본부Joint chiefs of staff, 그리고 CIA. 국무부장관 조지 마셜George Marshall은 이 법안이 통과되기 전에, 트루먼 대통령에게 이 법이 특히 CIA에 '무한대'의 권력을 부여할 수 있다고 경고했다. 그런데 이 CIA에 대한 견제는 케네디가 암살된 후에야 반영되었다.

1948년 6월 18일, 트루먼의 국가안보회의는 CIA의 덫에 한걸음 더 들어가 최고 기밀 명령 NSC 10/2를 승인했다. 이는 미국 정보기관이 해외에서 광범위한 비밀작전을 수행해도 된다는 승인이었다. 비밀작전은 선전, 경제전쟁, 그리고 사보타주(적이 사용하는 것을 막기 위해 또는 무엇에 대한 항의의 표시로 장비, 운송 시설, 기계 등을 고의로 파괴하는 것)와 반(反) 사보타주, 파괴, 철수 조치, 그리고 저항운동 세력, 게릴라, 난민해방단체에 대한 지원을 포함한 적대적 정부의 전복을 의미했다.

CIA는 이제 준 군사 조직이 될 수 있는 권한을 부여 받은 것이나 다름없었다. 후에 조지 케넌은 역사의 관점에서 NSC 10/2를 지지했던 것은 "내가 저지른 잘못 중에서도 가장 큰 잘못이었다"라고 회고했다. NSC 10/2는 국제법 위반도 허용했다. 때문에 어쩔 수 없이 위반했다는 사실을 숨기기 위해 공식적인 거짓말 또한 없어서는 안 될 요소가 되었다.

이런 모든 작전 활동들은 "은밀하고 계획적으로 실행됐기 때문에 권한이 주어지지 않는 사람들에게 있어서 미국 정부는 그 활동에 책임이 없다는 것을 최우선 원칙으로 했다. 그리고 만일 정부가 노출이 된다 하더라도 그 활동에 대한 책임을 타당한 설명과 함께 부인할 수 있었다." '관련사실 부인'이라는 국가안보원칙은 위장과 결합했고, 이는 결국 스스로 만들어 낸 저주의 씨앗이 되었다. '관련사실 부인'은 CIA와 다른 정보기관들이 이를 만들어 낸 정부로부터 스스로 권력을 휘두르는 것을 조장했다.

정부 당국의 반대와 감시라는 권한을 차단하기 위해, CIA는 국제법 위반은 물론 협의가 없이도 그런 일을 할 수 있는 권한을 부여 받았다. CIA의 자치권은 '관련사실 부인'과 밀접한 관련이 있었다. 대통령의 불명확한 지시는 그럴듯한 부인의 구실로 더욱 적합했다. 그리고 혐의가 적을수록 대통령의 의중, 특히 CIA를 천 조각으로 만들어 갈가리 찢어 바람에 날려버리고 싶어할 만큼 비협조적인 대통령의 의중을 해석하는 데 있어 더 창조적일 수 있었다.

1975년 미국의 첩보작전에 관한 상원청문회가 열렸으며, 프랭크 처치 상원의원이 의장이었다. CIA 수뇌부들은 자신들의 카스트로 암살 음모에 대해 마지못해 증언을 했다. 1960년 후반, CIA는 아이젠하워 대통령도 모르게 암흑가 인물들인 존 로셀리, 샘 지앙카나, 산토스 트라피칸트를 접촉해 카스트로 암살에 15만 달러를 걸었다. 그들은 자신들이 쿠바 카지노를 폐쇄시킨 인물을 살해할 수 있도록 미국 정부에게 고용된 것을 행복해 했다.

1961년 봄, CIA의 기술지원부는 신임 대통령 케네디도 모르게 카스트로에게 먹일 1회분의 독약을 마련했다. 이 독약은 존 로셀리를 통해 쿠바로 보내졌다. 결국 이들의 암살 음모는 CIA의 쿠바 내에 있던 첩보원이 카스트로를 독살할 수 있을 만큼 가까이 접근하지 못해 실패하고 말았다.

CIA의 목적은 피그스 만 침공 직전에 카스트로를 살해하는 것이었다. 나중에 피그스 만 침공 계획을 입안한 리처드 비셀이 말한 바와 같이 "암살은 침투계획을 원활하게 하기 위해 의도된 것이었다. 카스트로는 침공 전에 사라질 것으로 생각했다. 그러나 이 작전의 진실을 아는 사람은 거의 없었다."

케네디는 피그스 만에서의 역할 때문에 비셀을 CIA에서 해고했다. 비셀의 뒤를 이어 기획담당국장보Deputy Director of Plans가 된 리처드 헬름스

Richard Helms는 비셀이 계획하다 중단한 카스트로 암살 음모를 떠맡았다. 그러나 헬름스는 처치 위원회에서 대통령과 새로 임명된 CIA 국장 존 맥콘 뿐 아니라, 어느 누구에게도 암살 음모를 알리지 않았다고 증언했다.

또한 그는 케네디 행정부의 다른 어떤 각료에게도 알리지 않았다. 헬름스는 암살이 고위층과 함께 토론해야 할 주제가 아니기 때문에 암살시도에 대해 승인을 받을 생각을 하지도 않았다고 진술했다. 케네디 대통령에게도 알리지 않았느냐고 질문하자, "어느 누구도 면전에서 외국 지도자의 암살을 의논함으로서 대통령을 당황하게 만들고 싶어 하지 않는다"고 말했다. 그는 카스트로 제거 계획을 지휘하던 '스페셜 그룹'의 승인도 받지 않았다.

그 이유는 '살해, 살인 또는 암살 같은 일에 대해 정부 각료들이 테이블에 둘러앉아 결코 의견일치를 이룰 수 없기 때문이다. 새로 부임한 존 맥콘과 케네디 정부의 기존 참모들은 "암살은 정부의 반(反) 카스트로 계획의 범위 밖에 있는 일이었다"고 증언했다. 그럼에도 불구하고 리처드 헬름스와 그 밖의 CIA 요원들은 대통령과 갈등을 일으키면서까지 암살을 감행하려 했다.

1961년 11월 피그스 만 공습 7개월 후, 케네디는 집무실에서 언론인 태드 줄Tad Szule에게 "내가 만약 카스트로의 암살을 명령한다면 어떻겠소?"라고 물었다. 깜짝 놀란 줄은 자신은 원칙적으로 정치적 암살에 반대하며, 그것이 쿠바 문제를 해결하는 데 있어 아무런 도움도 되지 않을 것이라고 말했다.

대통령은 흔들의자에 깊숙이 몸을 기대며 미소를 지었다. 그리고 줄에게 한번 시험해 본 거라며 대답에 동의했다. 또 태드 줄은 "대통령은 정확히 이름을 밝히지 않았으나 정보기관에 있는 참모들로부터 카스트로를 암살해야 한다는 강한 압박을 받고 있었다. 그러나 그는 도덕적으로 미국이 결코 정치적 암살에 관여해서는 안 된다며 이를 격렬히 반대했다"고 말했다.

"당신이 나와 같은 생각을 갖고 있어서 기쁩니다"라고 케네디는 줄에게 말했다. 그러나 리처드 헬름스는 이와 견해를 달리했다. 헬름스는 자서전의 제목처럼 '비밀을 지킨 사람'으로 알려져 있다. 그는 그럴 듯한 명분이 있는 가능성을 실현하는 자질이 뛰어났다. 한 예로 그가 지휘 통제하던 CIA의 카스트로 암살 음모를 들 수 있다. 헬름스가 처치 위원회의 증언에서 밝힌 바와 같이, 자신과 그 밖의 CIA 냉전 세력들은 대통령의 의중을 누구보다 더 잘 알고 있다고 생각했다. 대통령의 의중을 알고 있다는 것은, 케네디 대통령이 자신의 의도대로 냉전을 종식시키기로 결정했을 때, CIA나 헬름스의 국방부 동료들에게는 커다란 문제가 되었다.

케네디는 아메리카대학 연설에서 발언할 자신이 주장하는 평화의 메시지를 몇 주간 다듬고 마무리 했다. 그리고 가장 먼저 영국 수상 해럴드 맥밀란Harold MacMilan이 흐루시초프에게 핵실험 금지 조약에 관한 새로운 고위급 회담을 제안하는 데 찬성했다. 그들은 모스크바를 회담장소로 제의했는데 그 자체가 신뢰를 주는 행위였고 흐루시초프도 이를 흔쾌히 수용했다.

협상의 중요성을 더욱 강화하기 위해 케네디는 일방적으로 미국의 대기 핵실험을 보류시켰다. 골수 보수의 참모들이 많았음에도 불구하고 그는 독립적으로 —그들의 권고나 상의 없이— 결론을 내렸다. 그는 자신을 지지해줄 이가 별로 없고 대부분의 사람들이 자기의 결정을 중단시키려고 애를 쓸 것을 당연히 알았다.

케네디는 핵실험 금지 조약을 공식화하는 한 방편으로 아메리카대학의 연설에서 선언하게 된다. 말과 행동 모두에서 케네디는 18년이나 계속된 미-소 간 대립을 반전시키기 위해 노력했다. 그는 미국의 소련을 향한 호전성이 쿠바 미사일 기지에 대한 국방부의 선제공격 압박으로 이어졌다는 것을 깨달았다.

1963년 봄 그가 냉전체제를 비판하기로 결정하는 데 있어 자신의 통치집단 내에 우군이 별로 없다는 것을 알고 있었다. 그는 스스로 명명한 '평화연설'을 위해 자신의 생각을 정리해서 보좌관 및 연설문 작성자인 소렌슨에게 알려주고 작업에 착수하라고 했다. 극소수의 보좌관들만이 이 발표 내용에 관해 조금이나마 알고 있었다. 그들 중 한 명인 아서 슐레진저는 "우리는 최선이라고 여겨지는 생각들을 소렌슨에게 보냈고 이에 관해 누구에게도 발설하지 않도록 요청했다"고 말했다. 연설 시작 전에 소련 관리들과 백악관 출입기자들은 보고를 받았고 이 연설은 대단히 중요한 의미를 갖는 것이었다.

1963년 6월 10일 케네디 대통령은 아메리카대학 졸업반 학생들에게 연설 주제가 '지상에서 가장 중요한 문제, 즉 세계의 평화'라고 소개했다. 그는 "내가 원하는 종류의 평화는 무엇인가?" "우리가 추구하는 종류의 평화는 어떤 것인가?"라는 질문을 던졌다.

"그것은 미국의 전쟁무기에 의해 전 세계에 강요되고 있는 미국에 의한 평화가 아닙니다. 무덤의 평화나 노예의 안전보장도 아닙니다. 나는 진정한 평화에 대해 이야기하고 있으며 그것은 이 세상의 삶을 살아갈 가치가 있는 것으로 만드는 평화, 사람들과 국가들이 그들의 아이들을 위해 보다 나은 삶을 가꾸고 희망하며 이룩하는 평화(미국인 만을 위한 평화가 아닌 세계의 모든 남녀를 위한 평화), 우리 시대만이 아닌 모든 시대를 위한 평화입니다."

케네디는 "미국이 가공할 무력으로 세계에 평화를 강요하는 팍스아메리카나Pax Americana"를 거부했다. 이는 아이젠하워 대통령이 고별사에서 '군과 산업 복합체'로서 규정한 것에 저항하는 행위였다. 아이젠하워는 케네디의 대통령 취임 3일 전에 이렇게 경고했다.

"거대 군사기구와 거대 무기산업의 결합은 생소하지만 우리에게는 매우 위협적입니다. 이 전체적인 영향력이 —경제적, 정치적, 정신까지도— 모든 도시, 주 의회와 연방정부 청사에서 감지되고 있습니다. 정부 관리들은 우리가 추구했든 추구하지 않았든 군·산 복합체의 불필요한 영향력을 경계해야 합니다. 부적절한 힘이 위험한 군비증강을 초래할 가능성은 존재하며, 이는 앞으로도 지속될 것입니다."

아이젠하워가 임기 말에 민주주의에 대한 가장 큰 위협이라고 염려한 것에 대해 케네디는 재임 중에 저항하기로 결정했다. 군·산 복합체는 전적으로 '미국의 전쟁무기에 의해 전 세계에 강요되고 있는 미국에 의한 평화'에 달려 있었다. 국방부에 의해 이행되는 '무력에 의한 평화'는 공산주의를 억제하고 패배시키는 데 필수적이며, 막대한 이익을 가져다주는 수단으로 간주되었다. 커다란 위험을 감수하면서 케네디는 냉전체제의 근본을 거부하고 있었다.

아메리카대학 연설의 도입부에서 케네디 대통령은 자신의 새로운 견해에 대한 반대 의견에 대해서도 언급했다. "어떤 이들은 소련과 국제 평화와 국제법, 국제 정세를 논하는 것이 쓸데 없는 짓이며, 앞으로도 그들이 계몽적인 자세를 갖게 될 때까지는 모두 다 부질 없는 짓이라고 말합니다. 그러나 나는 그들이 곧 계몽적인 자세를 갖게 되리라고 희망합니다. 저는 우리가 그것을 도울 수 있다고 생각합니다." 그런 다음 슐레진저가 말한 전 미국인의 냉전에 대한 관점을 혁명적으로 바꾸어 놓을만한 한 문장으로 우리 자신의 편견을 논박했다.

"그러나 나는 또한 우리가 스스로의 자세(개인 또는 국가로서든)도 다시 살펴봐야 한다고 믿습니다. 왜냐하면 우리들의 자세도 그들의 자세만큼 중요하기 때문입니다." 아메리카대학 연설에서의 비폭력 주제는 자신에 대한 성찰이 평화의 시작이라는 것이었다. 케네디는 아메리카대학 졸업생들은 물론 미국인들에게 내면적 평화의 여정을 냉전의 지형을 변화시킬 수 있는 외면의 여정과 결합시킬 것을 제안하고 있었다. "이 학교의 모든 졸업생, 전쟁에 절망하고, 평화의 실현을 갈망하는 모든 지각 있는 국민들은 내면적 성찰(평화의 가능성, 소련, 냉전의 진로, 자국에서의 자유와 평화 등)에 대한 스스로의 자세를 점검하기 시작해야 합니다."

케네디의 서론은 냉전으로 인한 분열을 극복하고 "우리 시대만이 아닌 모든 시대의 평화"를 이룩하기 위한 정신적 해방의 길로서 개인적, 국가적 자기진단을 간곡히 권유하면서 끝을 맺었다. 아메리카대학 연설에서 케네디는 냉전에서 벗어나 새로운 인간적 가능성으로의 길을 선언하고 있었다.

오스왈드는 누구인가?

해병대 출신의 젊은 리 하비 오스왈드는 너무 늦기 전에 빠져나올 길을 찾아야 하는 냉전 속의 희생양이었다.

첨예한 갈등을 헤쳐 나가는 케네디의 여정을 따라가다 보면 우리는 점점 더 깊은 의문 속으로 빠져든다. "왜 케네디는 암살되었을까? 이제 우리는 오스왈드의 발자취를 따라가기 시작할 것이고, 이는 결국 케네디의 발자취로 이어지게 된다. 그런데 우리는 여기서 상호 보완적인 의문이 떠오르는 것을 피할 수 없게 된다. 오스왈드는 왜 자신이 배신한 정부로부터 그토록 관용과 지원을 받았을까?

1959년 10월 31일, 2개월 전 캘리포니아의 미국 해병대에서 제대한 리 하비 오스왈드는 모스크바 주재 미국 대사관 리처드 스나이더Richard E. Snyder 영사 앞에 나타났다. 오스왈드는 자신이 온 목적은 미국 국적을 포기하기 위한 것이라고 말했다. 그는 스나이더에게 각서를 제출했는데, 여기서 그는 국적 말소를 요청하며 "나는 소련 사회주의공화국에 충성할 것"이라고 말했다.

워런 보고서에 따르면 "오스왈드는 스나이더에게 자발적으로 소련 관리들에게 해병대와 자신의 전문분야인 레이더 조작에 관해 자신이 소유한 모든 정보를 제공하겠다고 말했었다고 진술했다."

오스왈드는 그런 제의를 하면서, 소련 관리들에게 "특별히 흥미를 가질만한 무언가를 알고 있는 듯한 암시를 했다"고 말했다. 소련 사람들에게는 오스왈드가 특별히 흥미로운 무언가를 알고 있다고 생각할 만한 이유가 있었다.

오스왈드는 1957년 9월부터 1958년 11월까지 일본에 있는 아쓰기 공군 기지의 해병대 레이더 요원으로 복무했었다. 아쓰기 기지는 도쿄 남서쪽 약 35마일 지점에 위치한 CIA의 극동 주요 운영기지였다. 이곳은 CIA의 최고기밀에 속하는 U-2 정찰기가 소련과 중국 상공으로 비행하기 위해 이륙하는 두 기지 중의 하나였다.

U-2 정찰기는 CIA의 리처드 비셀이 제안한 것이었고, 그는 피그스 만 기습 시나리오의 주요 입안자이기도 했다. 비셀은 U-2 정찰기의 소련 상공 비행에 관해 CIA 국장인 앨런 덜레스의 승인을 받았다. 레이더 요원인 오스왈드는 기계의 하찮은 톱니바퀴쯤에 불과했지만, 그는 그 기계가 어떻게 작동하는지를 배우고 있었다. 아쓰기에 있는 레이더 통제실에서 오스왈드는 최고기밀보다 더 중요한 '비밀인가증'을 이용해 U-2정찰기의 무선통신을 주기적으로 청취했다.

오스왈드는 아쓰기에서 캘리포니아 주 산타 애너Santa Ana에 있는 해병대 제9비행중대로 재배치되었다. 이곳은 엘 토로El Toro에 있는 더 큰 규모의 해병대 항공기 이착륙장에 붙어 있었다. 그는 냉전의 적이 흥미를 가질만한 비밀정보에 접근할 수 있었다. 산타 애너 레이더 부대에서 그의 상관이었던 존 도노반John E. Donovan 해병대 중위는 워런 위원회에서, "오스왈드는 서해안 지역의 모든 기지에 접근할 수 있었고, 모든 비행중대의 전체 무선주파수, 전술 호출 부호, 비행 중대의 상대 전력, 비행중대 내의 항공기 숫자 및 기종, 지휘 장교의 이름, 방공식별구역ADIZ 출입 인증암호를 알고 있었다. 그리고 주변 부대의 무선 및 레이더 범위를 꿰차고 있었다"고 증언했다.

그러나 오스왈드가 최고 기밀인 U-2 정찰기에 연루되어 있다는 도노반의 정보는 명백히 워런 위원회 질문자들에게는 금지된 사항이었다. 이들이 U-2 정찰기에 관한 쟁점에 침묵을 지키자 도노반은 당황했다. 최고기밀인 U-2 정찰기 관련 정보에 오스왈드가 접근할 수 있었다면, 이것이 그의 망명과 관련하여 조사해야 할 결정적 문제가 아니란 말인가? 몇 년 후 도노반은 작가 존 뉴먼John ewman에게 한 인터뷰 말미에 자신이 워런 위원회의 변호사에게 "당신은 U-2 정찰기에 대해 아무것도 알고 싶지 않습니까?"라고 물었더니, 변호사가 "우리는 당신에게서 알고 싶은 것을 정확히 질문했고 현재로서 당신에게서 원하는 모든 것을 알았으니 그것으로 됐소. 그리고 그 외의 질문사항이 있으면 우리가 알아서 질문할 것이오"라고 말했다고 전했다.

도노반은 오스왈드가 U-2 정찰기와 관련이 있다는 사실을 알고 있는 동료 증인들에게 "위원회에서 U-2 정찰기에 대해 묻던가요?"라고 물었더니, "아니오, 아무것도요"라고 대답했다고 전한다.

1960년 5월 1일, 오스왈드가 소련으로 망명한 지 6개월 후 처음으로 U-2 정찰기 한 대가 소련에 의해 격추되었다. 프랜시스 개리 파워스 Francis Gary Powers가 조종하던 U-2 정찰기의 피격은 아이젠하워 대통령과 흐루시초프 서기장 간의 파리 정상회담을 결렬시켰다. 이후 개리 파워스는 자신의 비행기가 오스왈드가 소련에 넘겨준 정보의 결과로 격추된 것이라며 의문을 제기했다. 파워스의 의심은 적어도 이성적이었다. 이는 오스왈드가 해병대 레이더 기술자로서 갖고 있던 정보를 자발적으로 소련에 넘겨준 것은 명백한 범죄 행위였음을 강조한 것이었다.

그러나 오스왈드가 민스크에 있는 소련 공장에서 1년 이상 일하다가 모스크바에 있는 미국 대사관으로 돌아왔을 때, 미국 정부는 두 팔 벌려 그의 귀환을 환영했다. 미국은 그를 기소하기 위해 어떤 조치도 취하지 않았을 뿐 아니라 대사관은 그가 배신했던 나라로 돌아갈 수 있도록 대출까지 해 주었다. 오스왈드의 명백한 반역행위에 대한 관용은 그 후 하룻밤 사이에 새 여권을 얻는 것으로까지 이어졌다.

1963년 6월 25일 오스왈드는 뉴올리언스에서 여권을 신청한 지 24시간 만에 발급받을 수 있었다. 그는 목적지를 소련으로 정했다. 실비아 미거Sylvia Meagher는 이 이상한 역사적 사실을 분석한 후 워런 위원회에 관한 그녀의 저서 〈사후 종범Accessories after the Fact〉에서 이렇게 결론지었다.

"모든 결정에 있어 국무부는 조국을 배신했다. 향후 망명할 것이 명백해 보이며, 스스로 조국의 적임을 선포했고, 군사기밀을 누설했고, 피델 카스트로의 열렬한 추종자인 오스왈드가 민스크에서 댈러스에 이르는 여정에 놓여 있던 모든 장애물을 제거해 주었다."

그러나 댈러스의 결과는 해피엔딩으로 끝나지 못했다. 오스왈드는 곧 체포되어 대통령 암살에 관해 입을 열기도 전에 살해되었다. 따라서 오스왈드가 댈러스에서 암살에 관해 폭로하려던 진실은 모두 묻혀졌다.

워런 위원회는 오스왈드의 이력에 관해 선별적으로만 읽어보고, 명백한 반역자인 오스왈드에 대한 미국 정부의 과잉적인 관용의 문제만을 최우선으로 다뤘다.

워런 보고서의 작성자들이 오스왈드가 해병대에서 레이더 요원이었다고 언급했을 때, 그들은 이 장래의 망명자가 최고급 기밀보다도 더 고

급의 기밀을 알고 있었고, CIA의 최고급 비밀인 U-2 정찰기 비행에 관한 정보에도 접근할 수 있었다는 점을 지적하지 않았다. 그런 사실을 누락함으로써 정부는 오스왈드가 소련에 U-2 정찰기와 관련된 정보를 제안하고, 냉전의 적국으로 망명하고, 자비로운 미국 정부로 경이로운 귀환을 함으로써 발생했던 모든 의문에서 비켜갈 수 있었다.

워런 보고서에 따르면 오스왈드는 몇 년 동안 스스로 준비한 단독 암살범이었다. 그는 주어진 환경에 커다란 적개심을 품고 있었다. 정부의 말에 따르면, 오스왈드는 소련으로 망명했다가 뉴올리언스에서는 '쿠바를 위한 공정위원회A Fair Play For Cuba Committee(이하 '쿠바공정위원회'로 통칭)'에 대한 반대시위자였고, 심리적 이유로 대통령을 살해한 암살범이었다. "그는 사람들과 의미 있는 관계를 맺지 못했던 것으로 보인다. 그는 영구히 주변 세계와 단절되었다. 암살을 감행하기 오래 전부터 미국 사회에 대한 증오를 표출했고 사회에 반항하는 행동을 했다."

워런 보고서는 오스왈드를 사회로부터 소외된 젊은이가 분노한 마르크스주의자가 되어 조국을 버렸으며, 대통령을 살해한 것으로 묘사했다. 위원회는 오스왈드의 암살 동기에 관한 보고서의 결론에서 그의 암살 충동을 마르크스주의에 물든 과대망상증의 탓으로 돌렸다. "그는 역사 속에서 자신의 역할을 원했다. 시대를 앞서간 것으로 인정받을 수 있는 '위대한 사람'으로서의 역할을. 마르크스주의와 공산주의에 대한 그의 충성은 암살 동기에서 또 하나의 중요한 요소다."

워런 보고서에 따른 냉전의 역사를 심리학적으로 재조명 해보자. 그러면 도대체 왜 퇴역 해병인 오스왈드가 모스크바 주재 미국 대사관에서 자신이 U-2 정찰기 비행에 관한 군사기밀을 소련에 넘기겠다고 공언하고, 망명지 소련에서 미국으로 돌아왔을 때(암살 1년 반 전) 체포되고도 기소되지 않았을까?

반면 댈러스에서 오스왈드는 우리가 미처 알기도 전에 체포되어 살해되었다. 그리고 바로 전에는 반역자로서 소련에 망명했고 또 미국으로 귀환할 때 어떻게 두 국가 간의 장벽을 초자연적으로 극복할 수 있었을까?

냉전이 최고조에 이르렀을 때 범죄자로서 미국을 배신한 것에 대한 기소가 면책된 오스왈드의 비밀은 무엇일까? 어떻게 이 회개할 줄 모르는 배신자가 계속해서 소련과 쿠바에 충성을 선언했음에도, 돌아온 탕아처럼 대접받으며 미국 정부로부터 재정적 도움과 특혜성 여권 발급과 함께 입국이 허용되었을까?

수수께끼에 대한 해답은 CIA 부국장 보좌관이 된 후 환멸을 느껴 사임한 전직 CIA 요원 빅터 마르체티Victor Marchetti에 의해 제시되었다. CIA는 마르체티의 저서 〈CIA와 정보기관의 숭배*CIA and the Cult of Intelligence*〉를 출판 금지시키기 위해 법적 투쟁을 벌였다. 마르체티는 앤서니 서머스Anthony Summers에게, 오스왈드가 소련으로 망명한 것과 같은 해인 1959년 CIA가 관련된 해군 정보기관의 계획에 대해 언급했다.

"1959년 당시 미국은 소련으로부터 정보를 얻는 데 어려움을 겪고 있었다. 과학 기술적인 시스템이 오늘날의 수준까지 발전하지 못했기 때문에 개인의 정보수집 활동에 의존하고 있었다. 이런 활동들 중 하나가 해군정보국Office of Naval Intelligence(ONI)에 의한 첩보활동인데, 이는 삶에 싫증이 나거나, 가난에 환멸을 느껴 공산주의를 알고 싶어

하는 36명(40명인지도 모르겠다)의 젊은이들로 구성되었다. 이들 중 몇 명은 겨우 몇 주간만 활동했다. 남은 사람들은 소련이나 동구로 보내졌다.

그런데 소련이 특정한 목적으로 이들을 다시 뽑아서 미국 정보원으로 의심되면 이중간첩으로 이용하고, 그렇지 않으면 KGB 요원으로 투입했다. 이들은 국내 및 해외의 각종 해군시설에서 훈련을 받았지만 작전은 노스캐롤라이나의 넥스헤드Nag's Head에서 실시했다."

마르체티가 묘사한 첩보활동은 오스왈드 이야기와 딱 들어맞는다. 이는 오스왈드의 행동에 관한 미국 정부의 관여를 설명해 준다. 산타애너에서 오스왈드의 룸메이트였던 제임스 보텔로James Botelho는 오스왈드가 사실상 ONI의 요원인 것으로 알고 있었다. 나중에 캘리포니아 주 판사가 된 보텔로는 마크 레인과의 인터뷰에서 오스왈드의 공산주의는 위장이었다고 진술했다. 보텔로는 이렇게 언급했다. "나는 1978년 당시 대단히 보수적이었으며 아마 최소한 지금만큼 보수적이었을 것이다. 오스왈드는 공산주의자나 마르크스주의자가 아니었다. 만약 그가 공산주의자였다면 내가 그를 그냥 두지 않았을 것이며 우리 부대의 동료들도 마찬가지였을 것이다."

보텔로 판사는 오스왈드의 '망명'은 미국 정보기관의 책략에 불과했다고 말했다. "나는 오스왈드가 공산주의자가 아니고 사실은 반(反) 소련주의자라는 것을 잘 알고 있었다. 그래서 기지에서 실질적인 조사가 이뤄지지 않았을 때 오스왈드가 소련에 있다는 것이 공개된 후, 나는 오스왈드가 소련에서 첩보 임무를 수행하고 있다는 것을 확신했다.

두 사람의 민간인이 산타애너를 방문해 몇 가지 질문을 했으나, 진술서도 작성하지 않고, 증인과의 인터뷰도 녹음하지 않았다. 그것은 가장 무성의한 수사였고, 그저 수사를 했다는 것을 보여주기 위한 위장수사였다. 사람들은 오스왈드가 평소에 조국을 버리고 다른 나라, 특히 공산주의 국가로 망명한 전무후무한 해병 대원이라고 말했다. 이는 중대한 사건이다. CIA는 망명 원인을 밝히지 않았지만 내가 지금 알고 있는 사실을 당시에도 충분히 알 수 있었다. 오스왈드는 소련에서 CIA를 위한 임무를 수행하고 있었던 것이다.

평화의 길을 추구했던 '아메리카대학'에서의 케네디의 비전을 반추해 보면, 우리는 그런 비전의 추락과 함께 떨어지는 유성들을 예견할 수 있다. 그들 중의 하나가 소련에서 CIA를 위한 임무를 수행하고 있는 청년 오스왈드였다. 오스왈드의 행동(결국 댈러스에서 케네디의 행적과 마주치게 되는)은 운명이나 심지어 워런 보고서가 작성한 불안 심리로 인한 것이 아니었다. 그것은 정보기관의 조종에 의해 정해진 결말이었다. 오스왈드는 체스판의 폰이었다. 그는 케네디가 끝내고 싶어 하는 치명적인 경기에서 별로 중요하지 않은 존재였다. 오스왈드는 아쓰기에서 모스크바, 민스크, 댈러스까지 뻗어 있는 거대한 체스판을 가로질러 한칸 한칸 움직여졌다. 오스왈드를 조종하는 거대한 손들은 냉전에서 승리하기 위해, 그와 체스판의 모든 말들을 희생시켜 버린 것이었다.

불멸의 연설

아메리카대학에서 케네디는 자기반성이 평화의 기본이라고 말했다.

이 연설에서 그는 평화에 장애가 되는 우리 내면의 네 가지 자세를 검토해 볼 것을 요청했다.

　"첫 번째, 평화 자체에 대한 우리의 자세를 검토해 봅시다. 우리들 중 너무 많은 사람들이 평화는 불가능하다고 생각합니다. 너무나 많은 사람들이 그것이 비현실적이라고 생각합니다. 그러나 그것은 위험하면서도 패배주의적인 믿음입니다. 그것은 우리를 전쟁불가피론으로 이끌게 됩니다. '인류는 어차피 멸망할 운명이다'라는 우리가 통제할 수 없는 힘이 우리를 꽉 붙들고 있다고 말입니다."

　나는 케네디가 이런 말들을 했을 때의 미국 내의 전의를 기억하고 있다. 수십 년간의 선전과 세뇌로 무장된 뿌리 깊은 편견은 공산주의자와의 평화는 불가능하다는 것이었다. 우리의 냉전교리의 문답에 있는 독단적 신조는 적과의 평화공존을 배제해 버렸다. 즉 소련은 믿을 수 없고, 공산주의는 자유의 본질까지 훼손시킬 수 있다. 그러므로 그런 적을 맞아서는 눈에는 눈, 이에는 이로 대응해야 한다.
　핵시대에 이런 발상은 공산주의로부터 세계를 구하기 위해서는 세계 자체를 파괴할 힘을 가지고 준비를 해야 함을 의미했다. 지적인 분석가들은 이를 '핵 딜레마'라고 불렀다. 이런 자세를 수용한다면 평화에 대한 절망은 기정사실이었다. 토머스 머튼은 이런 냉전심리에 대해 다음과 같이 썼다.

　"커다란 위험은 조급함과 두려움의 압박, 위기와 안도의 교차, 그리고 새로운 위기 속에서, 전 세계인들이 냉전적 관념이나 전체주의 권력에 대해 굴복하고, 이성과 양심의 포기를 수용하게 될 것이라는 점이다. 냉전의 가장 큰 위험은 양심의 점진적 둔화이다."

케네디가 관찰한 바와 같이 그런 상황에서는 사실이 그렇듯이 근본적으로 변하지 않는 한 평화는 불가능한 것처럼 보인다. 그러나 어떻게 그것들을 변화시킬 수 있을까?

케네디는 절망에서 빠져나오는 점진적인 방법을 제안했다. 그것은 외교계에서는 간디가 말하는 '진실에 대한 실험Experiments in Truth'에 해당한다. 케네디는 "일련의 구체적인 행동과 모든 관계자가 이해관계가 있는 효과적인 합의에 초점을 맞춤으로써 절망을 극복할 수 있다"고 했다. 이데올로기에 대한 우려에도 불구하고 평화로 가는 길목에 서 있는 특정한 구체적인 문제들에 반응하고 행동해야만 가시적인 평화를 이룰 수 있는 것이다.

케네디가 흐루시초프와의 심도 있는 대화로부터 습득한 것과 같은 구체적인 목표를 통해 평화의 추구를 실험하는 것은 사람들을 저항할 수 없이 깊게 끌어들인다. 이렇게 되면 평화의 실현 과정에서 과격한 이데올로기는 떨어져 나간다. 그는 자신의 경험과 관련해서 "평화는 이뤄야 하며 전쟁은 꼭 필요한 것이 아니다"라고 말했다. "우리의 목표를 가능성이 있는 것으로 보이게 하고 그것을 더 명확히 규정한다면, 모든 사람들이 목표를 알고, 희망을 얻고, 그 목표를 향해 저항 없이 나아갈 것이다."

케네디 연설의 두 번째 논지는 반대자에 대한 자아 성찰의 필요성이다. "소련을 대하는 우리의 자세를 재점검합시다. 우리는 우리가 느끼던 절망의 근원을 살펴볼 필요가 있습니다." 즉, 우리의 적에 대한 태도를 다시 생각해 보자는 것이었다. 케네디는 소련군 문서에서 참고한 반미 선전에 관한 내용을 인용하며 다음과 같이 말했다. "소련의 문서들을 읽으면서 우리와 그들 사이에 넘을 수 없는 장벽이 있다는 사실에 마음이 아프다."

그런 다음 청중들의 경계가 무너지자, 그는 다시 한 번 반성에 대한 쟁점을 각인시킨다. "이는 또한 경고다. 미국인들은 소련과 같은 덫에 걸려서는 안 되며, 상대방의 왜곡되고 절망적인 관점만 봐서도 안 되고, 갈등은 피할 수 없으며, 타협이 불가능한 것으로 봐서도 안 되며, 대화를 협박의 교환에 지나지 않는다고 생각하지 말라는 경고이다." 이는 우리가 가진 냉전에 대한 시각을 요약해 준다. 그러나 이것이 핵심 문제는 아니다. "소련인들은 어떤가?" 또는 그런 질문을 넘어서지 못하는 우리의 태도는 어떤가? 그 핵심은 다시 한 번 우리 이웃들의 눈에 있는 작은 티끌이 아니라 우리 눈에 박힌 통나무에 관한 것이다.

케네디는 체제와 국민들의 비폭력적인 가치에 대해 말했다. "정부나 사회체제가 너무 악랄해서 국민들이 그것에 희망이 없다는 생각을 하게 해서는 안 된다." 그는 2달 전인 1963년 4월 11일에 출판된 교황 요한 23세의 회칙 〈지상의 평화 *Pacem in Terris*〉에 기록된 말을 언급했다.

교황 요한 23세는 세상에 작별을 고하기 전에 핵전쟁의 위협에 대응하여 희망적인 메시지를 발표했다. 그는 케네디가 연설하기 일주일 전에 암으로 죽었다. 교황은 회칙 〈지상의 평화〉에서 "우주와 인류의 본질, 기원, 운명에 대한 잘못된 철학적 가르침"과 "경제적, 사회적, 문화적,

정치적 목표를 갖고 있는 역사적 활동들…, 심지어 이런 역사적 활동들이 잘못된 가르침에서 비롯되고, 그것들로부터 영감을 얻는 것"을 구별하라고 했다. 교황은 그런 가르침들이 여전히 남아 있다 해도 거기서 파생되는 활동들은 '깊은 본질적' 변화를 겪을 것이라고 말했다.

또한 교황은 전통적인 무신론자인 적군과의 대화와 협력을 가로 막는 장벽을 무너뜨렸다. "그런 활동들이 올바른 이성의 명령에 순응하고, 인간의 합리적 열망을 해석하는 한, 긍정적이고 찬양할 만한 요인들을 담고 있다는 것을 어느 누가 부인할 수 있을까? … 그렇다면 현실적인 목표를 달성하기 위한 회담이 이뤄질 수 있을 것이다. 이전에는 시기가 좋지 않거나 비생산적이라고 여겨졌던 것들이 지금이나 앞으로는 시기적절하고 생산적이라고 여겨질 것이다." 교황은 말보다 행동을 했다. 그는 이미 흐루시초프에게 평화와 종교의 자유를 호소하는 서한을 보내 우호적인 관계를 맺고 있었다.

교황이 소련 서기장에게 보낸 비공식 밀사인 노먼 커즌스Norman Cousins는 흐루시초프에게 전 세계에 발표되기 전 러시아어로 번역된 〈지상의 평화〉를 전달했다.

그리고 흐루시초프는 교황이 자신에게 보낸 선물을 참모들에게 자랑스럽게 보여줬다. 케네디는 평화는 적에 대한 믿음과 소통을 통해서만 가능하다는 교황의 오래된 믿음에서 용기를 얻었다. 케네디는 커즌스가 교황을 대신해 흐루시초프와 만난 이야기를 상세히 들었다. 커즌스가 자신의 저서 〈불가능해 보이는 3두 정치: 존 F. 케네디, 교황 요한, 니키타 흐루시초프The Improbable Triumvirate: John F. Kennedy, Pope John, Nickita Khurshchev〉에서 언급했듯이, 케네디도 커즌스를 통해 흐루시초프에게 비밀 서한을 보냈다. 당시를 지배하던 아마겟돈 이론의 맥락에서 보면, 기독교도와 공산주의자의 배후에서 특별한 일들이 숨 가쁘게 펼쳐지고 있었던 것이다.

따라서 케네디가 아메리카대학에서 소련의 고통에 공감하며 연설을 했던 것은 자연스러운 일이었다. "전쟁 역사에서 제2차 세계대전 기간 중 소련만큼 고통 받은 나라는 없었습니다. 최소 2천만 명이 목숨을 잃었습니다. 무수한 주택과 농장들이 불타거나 약탈당했습니다. 영토의 3분의 1이 폐허로 변했고, 이 중 3분의 2가 산업적 요지였습니다. 이는 미국의 시카고 동부지역이 완전히 파괴된 것과 같은 손실이었습니다."

소련이 이미 경험했던 고통은 미국, 소련, 그리고 다른 세계에게 동시에 영향을 막대하게 미칠 핵전쟁의 해악에 대해 발표하게 된 배경이 되었다. 그는 핵전쟁이 "우리가 이룬 모든 것, 우리가 해 온 모든 것들을 하루 만에 날려버릴 것"이라고 강조했다. "쉽게 말해, 미국 및 미국의 연합국들과 소련 및 소련의 연합국들은 모두 진실하고 참된 평화를 위해 군비경쟁을 중단하는 데 깊은 관심을 갖고 있습니다." 그는 대통령 우드로 윌슨Woodrow Wilson이 제1차 세계대전에 참전하면서 내건 표어에 비꼬는 농담을 더했다. "지금 여기서 우리의 분쟁을 끝낼 수 없더라도, 적어도 이 세계가 급격한 변화에 안전할 수 있도록 할 수는 있습니다."

케네디는 냉철한 작가에 의해 감정이 거의 없는 사람으로 묘사되기도 했지만, 그는 흐루시초프 뿐만 아니라 제2차 세계대전에서 떼죽음을 당한 냉전의 적군에 대해서조차 감정을 드러내고 있었다. 그렇다면 소련은 어떤가?

케네디는 우리가 적군의 고통을 이해한다면 평화는 가능하다고 보았다. "평화는 반드시 필요하다. 이는 가족의 목숨만큼이나 진정으로 중요하다." 이처럼 케네디가 갖고 있던 비전은 매우 간단했다. 우리와 그들은 더 이상 적이 아니기 때문이다.

케네디는 상호의존에 대한 자신의 비전을 요약해서 이렇게 말했다. "우리가 갖고 있는 가장 기본적인 공통점은, 우리는 모두 이 작은 행성에서 함께 살아가고 있다는 것입니다. 우리는 똑같은 공기를 마시며, 아이들의 미래를 소중히 여깁니다. 그리고 우리는 모두 언젠가는 죽을 운명입니다." 만약 우리가 적에 대한 연민을 받아들일 수 있다면 케네디의 가장 중요한 세 번째 성찰에 대한 호소는 미국 청중들에게 더욱 실현 가능했을 것이다. "셋째, 토론의 논점을 과장하려는 논쟁에 연연하지 말아야 하며, 냉전에 대한 우리의 태도를 재점검해 봅시다."

미사일 위기가 해결되었을 때, 대통령은 흐루시초프와 관련해 승리나 패배에 대해 그 어떤 얘기도 하지 않았고, 참모들에게도 하지 못하도록 지시했다. 전쟁을 피하는 것만이 승리였다. 그러나 자본주의 적군으로부터의 후퇴를 받아들일 수 없었던 공산주의자 흐루시초프의 비평가들이 봤을 때, 소련의 서기장은 굴욕적인 패배로 고통을 받는 것이었다. 그 이유 하나만으로도 케네디는 결단코 또 다른 미사일 위기가 있어서는 안 된다고 생각했다. 또 다른 미사일 위기는 잘못했으면 일어날 뻔했던 끔찍한 선택을 재차 반복할 뿐이기 때문이다.

"무엇보다도, 핵무기 보유국들은 매우 중요한 이익을 지키면서도 적국에게 굴욕적인 패배나 핵전쟁을 선택하도록 하는 대립은 피해야 합니다. 핵무기 시대에서 이런 과정을 선택하는 것은 우리 정치의 파멸을 보여주거나, 세계를 향한 집단적 자살충동을 야기할 뿐입니다."

케네디는 세계 평화에 대한 비전을 실현하기 위한 구체적인 단계를 이미 진행하고 있었다. 그는 우선 흐루시초프와 자신이 모스크바에서 핵실험 금지 조약에 대해 논의하고 결정한 것들을 발표했다. 이는 적과의 신뢰를 쌓아줄 것이라는 뚜렷한 희망과 함께 대기 핵실험 중지에 대해 일방적으로 선언했다. "대기 핵실험 금지 조약Atmospheric Test Ban Treaty에 대한 선의와 엄숙한 신념을 명백히 하기 위해 다른 국가가 시도하지 않는 한 핵실험을 하지 않을 것을 선언합니다. 우리는 먼저 핵실험을 재개하지 않을 것입니다."

케네디의 강인한 의지를 알고 있는 사람들에게, 케네디가 말한 '중요한 장기적인 관심'에 관한 연설은 고무적이기도 하고 또 위협적이었다. "단계적으로 무기를 대체할 새로운 평화 체제를 건설하기 위해 정치적 발전을 허용하는 전반적이고 완전한 군비감축이 필요합니다." 우리가 앞으로 알게 되겠지만, 케네디는 자신의 말을 실천했고 CIA도 미리 그것을 알고 있었다. 철강 위기가 있기 1년 전에 케네디와 충돌했던 기업의 경영진들도 이를 알고 있었다. 그런데 이것은 앞으로 이 책에서 언급하게 될 '지금까지 간과된 케네디의 업적'에 관한 것이다. 군·산 복합체는 무기를 평화의 도구로 만들겠다는 케네디의 비전을 달가운 소식으로 받아들이지 않았다.

케네디의 4번째 반성과 마지막 간청에서, 그는 청중들에게 미국에서의 삶의 질을 고찰해 보라고 호소한다. "이곳, 우리나라에서의 평화와 자유에 대한 우리의 자세를 생각해 봅시다. 오늘날 너무나 많은 도시들은 평화가 보장되어 있지 않습니다. 이는 자유가 완전하지 않기 때문입니다."

그는 다음 날 밤에 있던 혁신적인 시민권 연설에서 이 주제에 대해 더 언급했다. 대통령이 아메리카대학에서 연설한 다음 날, 앨라배마 주지사인 조지 월러스George Wallace는 대통령의 견해에 호응하여 두 명의 흑인학생을 앨라배마 대학에 입학시키고 흑인들에게 대학의 문을 열었다. 그는 그날 밤 케네디 대통령이 텔레비전에서 한 연설에서 언급한 인종차별주의로 고통 받는 흑인들과 전날 제2차 세계대전으로 고통 받은 소련인에 대해 강한 동정심을 느꼈다.

"오늘날 미국에서 태어난 흑인 아이는 같은 날, 같은 장소, 태어난 백인 아이에 비해 고교를 마칠 확률이 반밖에 되지 않습니다. 그리고 3분의 1만이 대학을 가고, 그 중 3분의 1만이 직장을 가질 수 있으며 실업자가 될 확률은 2배나 높습니다. 7분의 1일이 1년에 1만 달러를 벌고, 평균 수명은 7년이나 짧기 때문에 소득은 백인에 비해 절반 밖에 되지 않습니다. … 우리는 도덕적인 문제에 직면해 있습니다. 이 문제는 성경만큼이나 오래되고 미국 헌법만큼이나 명백한 것입니다."

그는 아메리카대학 연설에서 "국내에서의 평화와 자유" 역시 세계평화를 이루는 데 있어서 매우 중요한 부분으로 여기며, 계속해서 평화 자체를 기본적인 권리로 만들려고 노력했다. "마지막으로 평화는 기본적으로 인권 문제가 아닐까요? 계속적인 파괴에 대한 두려움 없이 살 수 있는 권리 말입니다. 그리고 미래 세대가 건강하게 살 수 있는 권리의 문제가 아닐까요?"

케네디는 '평화 연설'을 다음과 같은 약속으로 마무리했다. "자신 있고 두려움 없이 전멸의 전략이 아닌 평화의 전략을 향해 나아갈 것입니다." 그러나 5달 만에 이행된 약속은 케네디의 사형선고를 확정한 것이나 다름없었다.

평화로의 방향 전환에 관한 케네디의 최고의 연설은 이 아메리카대학의 연설이었다. 연설은 기묘하게 전환되어 소련이 이 연설의 주체가 되었다. 케네디가 소련인의 고통에 공감을 갖는 것은 그 어떤 미사일보다 더 효과적으로 소련 정부의 방어망을 뚫고 지나갔다. 소렌슨은 이 연설이 냉전의 다른 측면에 어떤 영향을 주었는지 설명했다.

"연설 전문은 소련에서도 발표되었습니다. 더 인상적이었던 것은 케네디 대통령의 연설이 소련 전역에 전해졌다는 사실입니다. 서방 측 방송에 대해 끊임없이 전파방해를 위해 3천 개 이상의 송신기와 7억 달러 이상의 비용을 들인 방송망을 통해 소련은 미국의 소리를 러시아어로 중계했습니다.

딱 한 단락, 케네디 대통령이 미국의 목적에 대해 소련이 '근거 없는' 주장을 한다는 이야기를 할 때만 전파방해를 했을 뿐입니다. 그리고 갑자기 외국의 사건을 러시아어로 진행하는 뉴스 방송까지 포함해, 모든 서방측 방송에 대해 전파방해를 중단했습니다. 동시에 그들은 비엔나에서 국제원자력기구에 의한 검열의 원칙에 동의했으며, 원자로를 평화적인 목적으로 사용함을 확실히 동의했습니다. 그리고 핵실험 금지 조약에 관한 전망도 절망에서 희망으로 바뀌었습니다."

흐루시초프도 깊은 감동을 받았다. 그는 핵실험 금지 조약 협상가인 애버렐 해리먼Averell Harriman에게 케네디는 "루스벨트 이래로 가장 훌륭한 연설을 한 미국 대통령"이라고 말했다.

흐루시초프는 케네디에게 이제는 대기, 우주공간, 바다를 모두 포함한 부분 핵실험 금지에 대해 논의된 의제가 더 이상 논쟁거리가 되지 말아야 한다고 응답했다. 그는 '새로운 국제환경'을 조성하기 위해 NATO와 바르샤바 조약기구 간의 불가침 조약도 제안했다. 그러나 케네디의 연설은 정작 조국에서는 덜 호의적으로 받아들여졌다.

〈뉴욕 타임스〉지는 케네디 정부에 대한 회의론들에 대해 보도했다. "대체로 미국 정부에서는 대통령이 아메리카대학에서 주장한 선언이 핵실험 금지 조약이나, 그 외에 다른 동의를 이끌어낼 것이라는 낙관론이 많지 않았다." 케네디의 연설로 충격을 받은 소련 언론과는 대조적으로 미국 언론은 그 연설을 무시하거나 경시했다. 처음으로 미국인들이 소련인들보다 대통령의 말을 귀 담아 듣지 않는 사태가 발생한 것이다.

핵군축이 갑작스럽게 실현될 수도 있다는 점은 정부 안에서 케네디의 입지를 위태롭게 했다. 케네디의 입지는 냉전 지도자로서의 안정보다 훨씬 더 빠르게 불안정으로 변해갔다.

아메리카대학 연설 이후, 케네디와 흐루시초프는 평화롭게 경쟁자처럼 행동하기 시작했다. 둘은 모두 변하고 있었다. 그러나 케네디가 냉전 정책을 거부한 것은 미국 정부에 반역하는 행위로 간주되었다. 그런 점에서 케네디도 잘 알고 있듯이 아메리카대학의 연설은 치명적인 결과를 가져올 수도 있는 용감한 행동이었다. 케네디가 암살되기 다섯 달 반 전에 냉전종식을 요구한 연설은 1963년 7월 10일은 킹 박사가 암살되기 딱 1년 전인 리버사이드 교회에서 베트남전의 종식을 요구하던 연설과 일치했다.

각각의 연설들은 닥쳐올 그들의 운명을 결정짓게 하는 예언적 언급이었다. 케네디의 아메리카대학 연설로 인해 그가 댈러스에서의 죽음을 맞았듯, 마틴 루터 킹 역시 리버사이드 교회에서 했던 연설이 멤피스의 죽음으로 이끌었다.

오스왈드의 후원자 드 모렌쉴트

1962년 6월 13일, 소련으로 망명했던 리 하비 오스왈드가 미국으로 되돌아왔다. 그는 체포되거나 기소되지 않았고 그가 배반한 정부와 어떤 식으로도 대면하지 않았다. 대신 오스왈드는 소련인 아내 마리나와 어린 딸 준과, 뉴저지의 호보큰에서부터 타고 온 원양 정기선인 마스담 호에서 내리자 미 정부의 환영을 받았다. 워런 보고서에 따르면 여행자지원학회Traveler's aid society의 대표인 스파스 라이킨Spas T. Raikin이 국무부의 권고로 오스왈드 가족을 맞아주었다. 그러나 워런 보고서는 라이킨이 당시에 반(反) 볼셰비키 국가의 광범위한 정보망을 가진 반(反) 공산주의 조직인 미국 친우협회 사무총장이었다는 사실을 언급하지 않았다.

반(反) 볼셰비키 국가의 친우협회는 미국 정부처럼 반역자들에게는 광범위한 정보를 제공하지 않았다. 워런 보고서는 스파스 라이킨의 도움으로 오스왈드 가족이 출입국 관리소와 세관을 무사히 통과할 수 있었다고 말한다.

1962년 여름, 오스왈드 가족은 텍사스 주의 포트워스에 정착했다. 그들은 이 지역의 백인 러시아 사회의 환영을 받았다. 백인 러시아 공동체의 특징은 확연한 반(反) 공산주의 세계관을 갖고 있다는 점이었다. 오스왈드는 제정러시아 시대의 귀족의 아들인 조지 드 모렌쉴트George de Mohrenschildt와 친구가 되었다. 그는 '더 배론 남작'으로 불리고 싶어 했으며 텍사스 석유회사에 컨설팅을 해 주는 지질학자로서의 지적자산을 갖고 전 세계를 여행했다.

1957년, CIA의 리처드 헬름스는 드 모렌쉴트가 컨설팅 일로 유고슬라비아에 간 후, CIA에 '10개의 개별 보고서'라는 정보를 제공했다는 메모를 남겼다. 드 모렌쉴트는 1977년의 인터뷰에서, 자신은 댈러스의 CIA 요원이었던 월튼 무어J. Walton Moore에게 오스왈드를 만나도 된다는 허락을 받았다고 인정했다.

1977년 3월 29일, 드 모렌쉴트는 마지막 인터뷰에서, 저술가인 에드워드 제이 엡스타인Edward Jay Epstein에게, 자신은 1950년대 초부터 CIA와 관련된 공직자들의 '부탁을 들어준 적이 있다'고 말했다. 그리고 이런 관계는 서로에게 이익이 되었다. CIA와의 관계는 드 모렌쉴트가 대외적인 비즈니스를 할 수 있게 해줬다. 그는 1961년 말, 댈러스에서 CIA 요원인 월튼 무어와 만났다.

그는 여기서 "지난 몇 년 동안 민스크의 전자공장에서 일하면서, 그곳에서 상당한 '영향력'을 발휘하는 전직 미 해병대원"에 대해 언급했다고 한다. '더 배론', 즉 드 모렌쉴트는 민스크에서 성장했는데 이는 무어도 잘 알고 있는 사실이었다. 그리고 드 모렌쉴트는 전직 해병대가 댈러스로 돌아갈 것이라고 말했다.

드 모렌쉴트는 1961년 여름에 포트워스에 있는 오스왈드의 주소를

'무어의 동료 중 한 명에게' 받았다고 했다. 무어의 동료는 그에게 오스왈드를 만나보라고 제안했다. 그는 무어에게 아이티에 있는 미 대사관의 도움으로 석유탐사에 필요한 아이티의 독재자 뒤발리에Duvalier의 승인을 받을 수 있도록 해줘 감사하다고 말했다. 무어는 드 모렌쉴트에게 오스왈드를 도와주라고 했고 그는 즉시 이를 수행했다. 그는 자신이 CIA의 명령을 수행하고 있다고 확신했다. 드 모렌쉴트는 마지막 인터뷰에서 "나는 무어가 허락하지 않았다면, 오스왈드를 절대로 만나지 않았을 겁니다"라고 밝혔다.

쿠바 미사일 위기가 시작되기 9일 전인 1962년 10월 7일, 드 모렌쉴트는 새 친구 오스왈드에게 소련의 이민자들이 많이 사는 댈러스로 이사를 오라고 재촉했다. 오스왈드는 그 말을 진지하게 받아들이며, 바로 다음 날 다니고 있던 포트워스의 용접회사를 그만두고 이사를 했다.

드 모렌쉴트는 댈러스에서 오스왈드의 후원자가 되었다. 그의 아내와 딸은 남편이 오스왈드가 이사온 지 4일 후 댈러스의 그래픽 아트 회사인 자갈스 차일스 스토발Jaggars-Chiles-Stovall에 새 직장을 마련해 주었다고 말했다. 공식적인 기록에는 텍사스 고용위원회의 루이스 레담Louise Latham이 오스왈드를 그 회사로 보냈다고 되어 있다. 저술가 헨리 허트 Henry Hurt가 레담 여사와 나눈 인터뷰에서, 그녀는 드 모렌쉴트가 오스왈드에게 직장을 구해줬다는 것을 부인했다.

오스왈드에게 바로 직장을 구해준 것이 누구든지 간에 이는 놀랄만한 일이었다. 워런 위원회는 '자갈스 차일스 스토발이 상업광고 사진 회사라고 했는데, 이 회사는 미 육군지도국U.S. Army Map Service과 계약을 맺고 있었다. 이 기밀문서는 반역자 오스왈드의 과거와 관련이 있었다. 스토발의 직원들과 나눈 인터뷰에서 허트는 다음과 같은 결론을 내렸다.

"일련의 일들 중 일부는 쿠바 상공에서 비행을 하는 일급비밀인 U-2 정찰기의 작전과 관련이 있어 보인다." 케네디 대통령이 쿠바에 소련 미사일이 있다는 확신을 갖게 된 U-2 정찰기의 촬영사진을 보기 4일 전, 리 하비 오스왈드는 U-2 비행작전을 위한 병참 지원부대와 명백히 관련이 있는 방위산업 청부업체에서 일하기 위해 이 사안을 보고했다. 오스왈드의 직장 동료들에 따르면, 그들 중 몇 명은 지도에 지명을 넣기 위해 쿠바지역 명들을 활자로 조판하고 있었다고 한다. 이는 어쩌면 전직 해병대원이 이미 소련에 제공한 전파 탐지기의 비밀을 가진 똑같은 정찰기를 위한 것이었을 수도 있다. 오스왈드는 다시 한 번 비밀조력자의 개입을 통해 미국보안법을 어기고 있었다.

1963년 3월 중순에 드 모렌쉴트는 아이티 정부와 28만 5천 달러의 계약을 맺었다. 그는 4월에 댈러스를 떠나서 워싱턴에서 CIA 요원을 만난 후 미 육군정보기관과 아이티와의 관계 개선을 위한 접촉에 나섰다. 그 후 드 모렌쉴트는 아이티로 떠났고 다시는 오스왈드를 만나지 않았다.

드 모렌쉴트의 미 정보기관과의 광범위한 연결망은 워런 보고서에서 언급되지 않는다. 대신 드 모렌쉴트를 오스왈드와 친구가 된 '다양한 관심거리를 갖고 있는 매우 개인주의적인 사람'으로 애매하게 묘사했다. 그에 대한 미 정보기관의 질의 답변에 따라 보고서는 그와 그의 아내 쟝 드 모렌쉴트Jean de Mohrenschildt에 대해 다음과 같은 결론을 내렸다. "위원회와 접촉한 FBI, CIA나 어떤 증인도 드 모렌쉴트와 관련된 어떤 정보를 체제 전복적이거나 과격한 단체에 제공하지 않았다." 뉴올리언스의 지방검사인 짐 게리슨은 케네디 암살에 대해 조사하다가 드 모렌쉴트에 대한 다른 종류의 질문을 했다. 게리슨은 그를 '특정 개인에게 국가의 보호를 받을 수 있도록 이끌어주도록 국가에서 임명한' 오스왈드의 CIA '유모'라고 여겼다.

게리슨은 드 모렌쉴트 부부와의 대화를 통해 '더 배런'(드 모렌쉴트)이 어떤 의미에서는 자신의 보호 하에 있는 '아기'에게 어떤 일이 닥칠지 생각도 못하는 부주의한 보모라고 결론지었다. 게리슨은 드 모렌쉴트가 오스왈드 암살의 중추적 역할을 했다고 강력히 주장했다.

1977년 3월 29일, 드 모렌쉴트는 CIA가 오스왈드와의 접촉을 허락했다고 폭로한 지 3시간 만에 플로리다 자신의 집에서 살해된 채 발견되었다. 그의 죽음은 하원 암살조사위원회House Select Committee on Assassinations 의 조사관인 개튼 폰지가 드 모렌쉴트의 딸에게 명함을 남기며, 아버지에게 물어볼 것이 있으니 저녁 때 전화를 하겠다고 했던 바로 그날 일어났다. 드 모렌쉴트가 딸에게 명함을 받아 주머니에 넣고 위층으로 올라가자마자, 산탄총의 총열이 그의 입 속에 겨냥되었고 방아쇠가 당겨졌다. 케네디와 오스왈드가 총에 맞아 죽고 1년이 지난 뒤 드 모렌쉴트는 두 사람의 불행에 대해 점점 더 슬퍼하게 되었다. 짐 게리슨에 의하면 드 모렌쉴트는 "나는 케네디 대통령뿐만 아니라 오스왈드에게 닥친 불행에도 매우 충격을 받았다"라고 말했다. 드 모렌쉴트도 댈러스의 또 다른 피해자였다. 그 역시 오스왈드처럼 이 게임의 희생양이었던 것이다.

핵실험 금지 조약 체결

케네디는 아메리카대학에서 연설하기 한 달 전에는 핵실험 금지 조약

합의에 대해 점점 비관적으로 변했다. 국내의 반대가 점점 심해졌기 때문이었다. 공화당 의원인 넬슨 록펠러는 핵실험 금지 조약에 대해 맹렬히 비난했다. 또 다른 공화당 의원인 에버릿 덕슨은 핵실험 금지 조약을 이뤄내려는 케네디의 노력에 대해 "그것은 협상뿐만 아니라 실제로도 말장난에 불과하다"고 했다. 합참은 "어떤 일이 있어도 전면적인 금지에 반대한다"고 선언했다.

제네바에서 열린 미소 간의 협상에서 현장조사에 관한 문제가 교착상태에 빠졌다. 그 동안 원자력위원회는 케네디에게 다른 대기 핵실험을 실시하라고 압력을 넣고 있었다. 미 의회도 이와 비슷한 생각을 갖고 있었다. 케네디의 보좌관인 로드 아일랜드 주의 존 패스토어John O. Pastore 상원의원은 원자력에너지 합동위원회의 위원장을 맡고 있었다. 그는 대통령에게 현재 미국이 제안한 핵실험 금지 조약이 소련에서 받아 들여졌을지라도 "다른 상원 위원들과의 비공식적인 회의 결과, 조약의 비준은 최악의 어려움을 겪게 될 것 같습니다"라고 했다. 패스토어는 또 "나는 개인적으로 그런 조약이 현재 미국에 이익을 가져다 줄 수 있을 것인가에 대해서 의구심이 듭니다"라고 덧붙였다.

1963년 3월 21일 기자회견에서 대통령은 아직도 핵실험 금지 조약에 대한 동의를 이끌어낼 수 있다고 생각하는지에 대해 질문을 받았다. 그는 완강하게 "물론 나의 희망이 이루어지기 쉽지 않겠지만 그래도 여전히 희망합니다"라고 대답했다.

아메리카대학에서 연설하기 3주 전, 핵실험 금지 조약에 대한 또 다른 질문에는 "아니오, 희망이 없습니다. 희망을 갖고 있지 않습니다. 우리는 소련과 나머지 다른 사항들을 모두 포함해서 합의에 이르려고 노력했지만 합의에 도달하지 못했습니다"라고 비관적인 대답을 했다. 그럼에도 불구하고 그는 그때가 조약을 맺어야 할 적절한 시점이라고 생각했다. "지금 합의에 이르지 않으면 합의에 이를 수 있는 기회는 더욱 줄어들 것이라고 생각합니다. 그러므로 우리는 5월과 6월에 있을 모든 회담에서 합의에 이를 수 있도록 최선의 노력을 기울일 것입니다."

케네디는 희망이 없을 때에도 그 어느 때보다도 핵실험 금지 조약을 이뤄내겠다는 굳은 결의를 다지고 있었다. 그때가 바로 6월 10일의 아메리카대학 연설이었다. 그는 연설에서 평화를 위한 자신의 계획을 발표했는데, 이 연설로 소련의 의구심을 극복할 수 있었다. 이 평화의 비전에 부응해 흐루시초프는 미국의 핵실험 금지 조약에 관한 협상가들을 모스크바로 맞이할 준비를 했다.

케네디는 협상가들이 현장조사에 관한 문제로 교착상태에 빠졌지만, 지금이 적어도 부분적 핵실험 금지 조약을 맺을 수 있는 적기라고 봤다. 케네디는 개인적인 희생을 감수해가면서 조약을 체결하려고 노력했다. 우리도 알다시피 아메리카대학의 연설은 미국인들보다 소련 측에서 더 호의적으로 받아들였다.

합참 참모진들과 CIA는 평화에 대한 케네디의 태도 변화에 완강히 반대했다. 대통령은 보좌관들에게 임무를 설명하면서 미 의회에 냉전세력의 영향력이 너무 커, 상원에서 핵실험 금지 조약의 동의안을 비준 받는 것은 "거의 기적에 가깝다"고 생각했다. 기적이건 아니건 동의안을 받아내겠다는 대통령의 헌신이 인정을 받아 동의안은 처리되었다.

케네디는 전 소련주재 대사 애버렐 해리먼Averell Harriman을 모스크바 회담의 수석대표로 임명했다. 유능한 협상가인 해리먼은 소련도 좋아하고 존경했다. 그들은 그의 임명에 대해 대통령이 핵실험 금지 조약의 동의를 간절히 원한다는 것으로 보았다.

케네디는 개별적으로 협상가들을 준비시킨 다음 그들에게 핵실험과 방사성 낙진의 확산을 막을 수 있는 마지막 기회라며 중요성을 강조했다. 만약 이들이 성공한다면 소련과 서로 신뢰할 수 있는 구체적인 단계로 돌입하는 것을 의미할 것이다. 문자 그대로의 의미와 상대적인 의미 모두에서 볼 수 있듯이, 그들은 세계를 더 평화로운 분위기로 만들기 위해서 노력했다.

이들의 수석대표는 사실상 해리먼이 아니라 대통령 자신이었다. 해리먼은 워싱턴과 정기적으로 연락을 취했고 대통령은 보안유지를 강조했다. 대통령이 개별적으로 엄격하게 임명한 관리들 외에는 어느 누구도 자세한 내용을 알아서는 안 되었기 때문이다. 협상이 이루어지는 동안, 케네디는 비좁은 백악관 상황보고실에서 수 시간을 보내며 마치 모스크바 협상 테이블에 있는 것처럼 미국의 입장을 정리했다. 소련대사 아나톨리 도브리닌은 모든 협상 단계마다 대통령이 명령을 내리는 것에 놀랐다. 그는 "해리먼은 케네디와의 전화 한 통으로 결론을 내렸습니다. 놀랍습니다"라고 했다.

1963년 6월 25일에 마지막 전문이 준비되자 해리먼은 케네디에게 전화를 걸어 그것을 2번이나 읽었다. 대통령은 "좋아. 훌륭해!"라고 외쳤다. 해리먼은 회의실로 돌아와 부분적 핵실험 금지 조약Limited Test Ban Treaty에 서명했다. '대기와 우주 공간을 포함해 공중과 영해, 공해를 포함한 수중'에서의 핵실험 금지에 관한 조약체결이었다.

다음 날 밤 케네디 대통령은 국민들에게 핵실험 금지 조약에 대한 지지를 호소하는 TV 연설을 했다. 딘 러스크 국무부장관의 조언을 따르지 않고 국민들에게 직접 호소하기로 했다. 하지만 반대파들은 무슨 일을 하든 가능한 한 빨리 여론을 돌리려고 했다.

케네디는 러스크에게 "나라의 열기가 뜨거울 때 터뜨려야 한다"고 했다. 이어서 "그래야만 이 망할 상원의원들에게 어떤 인상이라도 심어줄 수 있습니다. 국민이 움직여야 그들이 움직일 것입니다."

케네디는 연설에서 "이 조약은 황금시대를 열어주지는 않을 것입니다. 그러나 평화를 향한 중요한 첫 걸음이며 전쟁에서 벗어나는 과정입니다"라고 호소했다.

그는 아메리카대학 연설에서처럼, 냉전의 이면에 있는 상호호혜의 비전을 보여주었다.

"핵실험 금지 조약을 위한 협상은 동 서간 논쟁의 상징이 되어 왔습니다." 어쩌면 "이 조약이 한 시대의 끝과 또 다른 시대의 시작을 의미하는 상징이 될지 모릅니다. 동서가 이 조약으로 평화롭게 협력할 수 있다는 확신을 얻을 수 있다면 핵실험 금지 조약은 평화의 상징이 될 수 있습니다."

그는 핵전쟁의 결과를 다시 한 번 말했다.

"현재 보유하고 있는 핵무기가 각국에 도달하는 데는 채 60분이 걸리지 않습니다. 그리고 3억 명의 미국인과 유럽인, 소련인과 다른 많은 사람을 죽일 수 있습니다." 그는 "그리고 어쩌면 생존자들은 죽은 사람들을 부러워하게 될지도 모릅니다"라는 흐루시초프의 말을 인용했다.

케네디는 핵실험 금지 조약이 전쟁을 금지하는 것 외에도 "방사성 낙진의 두려움과 위험으로부터 세상을 구할 것"이라고 했다. 그는 "많은 아이들과 후손들의 뼈에 암이 생기고, 백혈병이 걸리고 폐에 독에 생길 수 있습니다. 이는 자연적인 위험도 아니며 통계상의 문제도 아닙니다. 우리가 죽고 나서 한참 뒤에 태어날지도 모르는 아이들의 기형을 우리 모두 걱정해야 합니다. 아이들과 후손들은 우리가 무관심해도 될 통계적인 문제가 결코 아닙니다"라고 상기시켰다. 케네디의 위험에 노출된 아이들에 관한 관심은 다시 한 번 감동적인 연설의 원동력이 되었다.

> "이번 조약은 특히 우리 아이들과 후손들을 위한 것입니다, 아이들은 자신들을 방어할 능력이 없습니다. 그리고 의사를 표시할 아무런 단체를 갖고 있지도 않습니다. 그러나 이제 처음으로 희망의 길이 열릴 수 있게 되었습니다. 어느 누구도 핵전쟁 후의 미래를 예측할 수 없습니다. 어느 누구도 시간이 지나면 사태가 진정될 수 있다고 말할 수 없습니다. 그러나 역사와 우리의 의식은 우리의 희망을 이루기 위해 행동으로 옮기지 않으면 더 가혹하게 평가될 것이기 때문에 지금 시작해야 합니다.
>
> 아시아의 속담에 따르면 '천리 길도 한 걸음부터'라고 했습니다. 나의 동포 미국인들이여, 우리가 먼저 첫 걸음을 내디딥시다. 할 수 있다면 전쟁의 검은 그림자로부터 벗어나서 평화를 찾아봅시다. 만약 그 길이 천 마일이 넘는 거리라면 우리가 지금 이 땅에서 첫 걸음을 내딛었다고 역사가 기록하게 합시다."

케네디는 강력히 밀어붙였지만 핵실험 금지 조약을 강경파 상원의원들이 비준해 줄 것이라는 데는 비관적이었다. 그는 1963년 8월 7일에 보좌관에게 기적과 같은 일이 필요하다고 언급했다.

그는 상원에서 표결이 이뤄진다면 필요한 득표의 3분의 2도 얻지 못할 것이라고 했다. 의회 연락 담당자인 래리 오브라이언Larry O'Brien은 대통령의 예상이 맞았다는 것을 확인시켜줬다. 핵실험 금지 조약에 반대하는 표가 15대 1로 압도적으로 많았다.

케네디는 급히 노먼 커즌스가 작성한 조약에 대한 공교육 캠페인을 시작했다. 커즌스가 이끄는 시민위원회는 상원의 비준을 받기 위해 전국 캠페인을 시작했다. 1958년에 조직된 '건전한 핵 정책을 위한 전국 위원회National Committee for a Sane Nuclear Policy'는 이 캠페인의 핵심 역할을 했다. 케네디와 커즌스는 전국 교회협회Natoinal Council of Churches, 미국유대인집회연합Union of American Hebrew Congregation, 피츠버그의 가톨릭 주교 요한 라이트, 그리고 보스턴의 추기경 리처드 커싱, 노조 대표들, 회사의 경영진들, 과학자와 학자들, 노벨상 수상자들, 여성잡지 편집장들에게도 도움을 요청했다. 캠페인이 확대되면서 여론도 움직이기 시작했다. 8월 말에는 조약에 대한 의회의 동향이 15대 1에서 3대 2로 바뀌었다. 대통령과 시민위원회는 한 달 안에 여론이 자신들 쪽으로 움직이길 희망했다.

한편 대통령이 핵실험 금지 조약의 지지를 얻기 위해 캠페인을 벌이고 평화 활동가들과 동맹을 맺은 것에 놀란 군·산 복합체는 언론을 통해 정부를 비판했다.

1963년 8월 5일, 〈미국 뉴스 앤 월드 리포트U.S News and World Reports〉지는 '미국은 군비경쟁을 포기하려는가?'라는 기사를 실었다. 기사는 케네디 행정부의 '새로운 전략은 일방적인 무장해제'라고 지적하면서

'입을 닫은 군사 전문가들'이라고 인용했다. 경보음은 8월 12일 〈US 뉴스*US News*〉지에서 '평화가 온다면 산업은 어떻게 되는가?'라는 기사로 더 확대되었다. "이런 의문이 또 다시 제기되고 있다. '만약 평화가 온다면 산업은 어떻게 될 것인가? 국방비가 삭감되면 방위산업이 존재할 수 있을까?' 냉전 상태는 일시적으로 고요하다. 미 의회가 공중과 수중에서 핵무기 실험을 중단하는 조약을 맺기 전까지 고요하다. 소련의 흐루시초프가 불가침 조약을 제안했다. 평화 협상은 이해하겠다. 그러나 평화를 외치기 전에 다른 것들도 가슴에 새겨 두어야 한다."

〈US 뉴스〉지는 계속해서 독자들에게 '소련군이 점령하고 있는 소련 군사기지'가 쿠바에 있고 '베트남에서는 게릴라전이 일어나고 있고', '위험한 공산주의 중국이 언제라도 아시아에서 전쟁을 일으킬 수 있는' 냉전의 요소들이 여전히 남아 있기 때문에 국방비는 삭감되지 않을 것이라고 안심시켰다.

그러나 케네디가 화해의 범위를 쿠바와 베트남까지 확대한다면, 그것이 방위산업체에 어떤 영향을 미칠 것인지 물어볼 수도 있었을 것이다. 대통령의 화해는 그 어떤 효과적인 군사작전이나 감시보다 나았다. 핵 실험 금지에 관한 회담에서 군부는 관여하지 못했는데, 조약을 체결하기 위해 그들을 교묘하게 따돌렸던 것이다. 케네디 전기 작가인 리처드 리브스Richard Reeves가 언급했듯이 "모스크바의 협상을 빠르게 진전시킴으로써, 케네디는 정치적으로 가장 막강했던 군부의 허를 찔렀다." 케네디는 커즌스에게 자신과 흐루시초프는 군대와 갖고 있는 공통점보다, 둘이 더 많은 공통점을 가져야 한다고 지적했다. "지금 이 상황의 아이러니한 것 중 하나는 흐루시초프와 나의 정부 내 입장이 거의 같다는 것이다. 흐루시초프는 핵전쟁을 막고 싶어 하지만, 그의 모든 행동은 강경파들로부터 강한 압력을 받고 있다. 나도 같은 문제를 갖고 있다."

약 40년이 지난 후, 흐루시초프의 아들 세르게이는 아버지와 케네디의 정치적 공감대에 대해 동경하는 글을 남겼다. 2001년 2월 4일, 당시에 브라운 대학교 국제학부 4학년이던 세르게이 흐루시초프는 쿠바 미사일 위기를 극화한 영화 'D-13'에 대해 언급하며 〈뉴욕 타임스〉지에 기고했다.

"미사일 위기 이후 많은 변화가 있었다. 모스크바와 워싱턴 사이에 직통전화가 생겼고, 핵실험(지하 핵실험은 제외)이 금지되었고 베를린의 대립도 끝났다. 그러나 케네디 대통령과 아버지가 끝까지 보지 못한 것들도 많다. 나는 두 사람에게 6년의 시간이 더 주어졌다면, 1960년대가 끝나기 전에 냉전은 끝났을 것이라고 확신한다. 이렇게 말하는 데에는 이유가 있다. 1963년에 아버지는 소련 국방회의 회기 중에 소련군을 250만 명에서 50만 명으로 감축하고, 탱크와 다른 공격용 무기의 생산을 중단하겠다고 공식 발표했기 때문이다. 또한 아버지는 200~300개의 대륙간 탄도미사일을 해체했고, 군의 축소로 인해 남는 예산은 농업과 주택건설에 쓰려고 했다. 그러나 운명은 기회의 창을 닫아버렸다. 케네디 대통령은 1963년에 세상을 떠났고, 1년 뒤인 1964년 10월에 아버지는 권좌에서 물러났다. 그리고 냉전은 4반세기 동안 더 지속됐다…."

케네디는 결국 핵실험 금지 조약에 대한 합참 참모진의 지지를 받아낼 수 있었다. 공군참모총장 르메이는 조약이 체결되지 않았더라면 반대했겠지만 말이다. 그러나 공군 전략 사령관이던 토머스 파워Thomas Power는 이 조약을 맹렬히 비난했다. 다른 군 지휘자들도 핵실험 금지 조약에 대한 반대의 언급을 했다.

해군 대장 루이스 스트라우스Lewis Strauss는 "나는 긴장의 완화가 반드시 좋은 것인지는 모르겠다"고 말하기도 했다. 전 합참의장이었던 해군 대장 아서 래드포드Arthur Radford는 "예전의 동료들을 만나면 미래의 안보에 대해 심각하게 걱정한다. 이 조약에 대한 미 상원의 결정은 세계 역사를 바꿀 것이다"라고 했다. 시민위원회는 계속해서 핵실험 금지 조약을 지지해달라는 캠페인을 벌였다. 9월에는 여론 조사결과 80퍼센트가 지지한다는 결과가 나왔다. 비준을 위한 상원표결은 1963년 9월 24일에 있었고 상원은 핵실험 금지 조약을 80대 19로 승인해 줬다. 이는 필요한 득표의 3분의 2보다 14표나 많은 숫자였다.

소렌슨은 백악관에서 얻은 그 어떤 성과도 이처럼 대통령을 만족시키지는 못했다고 말했다. 케네디는 핵실험 금지 조약의 승인을 위한 전면적인 캠페인을 시작하기 전, 참모들에게 이 조약은 자신이 직면한 의회와의 논쟁 중에서 가장 심각한 것이라고 말했다. 그리고 그는 1964년의 선거에서 이에 대해 책임을 묻게 된다면 자신이 반드시 승리할 것이라고 말했다. 그는 이겼다. 그러나 목숨을 대가로 치른 승리였다.

CHAPTER 02

케네디, 카스트로 그리고 CIA

 쿠바 미사일 위기로 전 세계가 긴장하고 있던 1962년 10월, 토머스 머튼은 랍비 에버렛 젠들러Rabbie Everett Gendler에게 마지막 〈냉전에 관한 서한〉을 보냈다. 머튼은 편지에서 냉전을 종식하기 위해서는 핵전쟁이 아닌 다른 효과적인 방법을 찾아야 한다고 주장했다. 머튼의 편지에는 쿠바 미사일 위기 사태에 대한 그의 우려의 목소리가 담겨 있었지만, 희망적인 메시지도 포함되어 있었다. 그는 핵전쟁을 반대하는 평화 운동을 지지한다고 말하면서 그런 모든 활동들이 현 상태의 진전에 큰 역할을 하는 것은 아니지만 매우 중요한 상징성을 띤다고 말했다. 그렇다면 평화를 위한 이런 작은 행동들이 단지 상징적 의미를 갖는데서 끝나지 않고, 진정한 정치적 변화를 이끌어 낼 수 있는 단초로 활용되기 위해서는 어떻게 해야 할까?

이것이 의미하는 바는 매우 중요하다. 그 이유는 '정치'적 논리는 누구에게나 끔찍한 만행을 저지를 수밖에 없도록 만들 수도 있고, 아무도 모르게 진실을 은폐하려는 음모에 가담하게 만드는 엄청난 힘을 갖고 있기 때문이다. 정치적 논리에 대해 우려를 표명하면서도 머튼은 진실의 힘을 강조하는 간디의 신념을 바탕으로 현 상황을 희망적으로 바라보려고 했다. "새로운 생각을 해 볼 수 있게 하는 최소한의 노력과 새로운 진실을 받아들이려는 모든 시도는 우리가 지금까지는 볼 수 없었던 한 줄기 희망의 빛을 볼 수 있게 하는 매우 소중한 기회이다."

머튼이 이런 글을 썼을 당시에는 카스트로와 대화를 시도하는 것보다 냉전에 대한 미국 정책의 거대한 흐름에 따르자는 의견이 압도적으로 많았다. 미국전역에 확산되어 있던 반공주의는 쿠바와의 '대화'라는 단어를 입에 담는 것조차 어렵게 하는 독단적인 이념이었다. 그래서 미국 강경파들은 핵전쟁까지도 염두에 두고 있었다. 그들은 플로리다에서 144km 떨어진 섬나라를 지배하던 악의 화신과 대화를 시도한다는 것 자체가 상상도 할 수 없는 발상이라고 생각했다. 심지어 카스트로가 핵전쟁으로 인한 대량살상을 막을 수 있는 유일한 인물이라고 해도 말이다.

우리는 머튼의 언급에서 마이애미 특파원인 에보라 아카 드 사디니아 Evora Arca de Sardinia와 쿠바의 망명단체가, 피그스 만에서 쿠바에 포로로 잡혀 있던 사람들을 구하기 위해 카스트로에게 몸값을 지불하는 것을 망설였다는 사실을 기억한다. 그들이 주저했던 이유는 마이애미에 있는 반(反) 카스트로 망명자들에게 있어 카스트로에게 돈을 준다는 것은, 자신들이 따르는 이념과 윤리에 반하는 공산주의와의 타협을 의미하는 것이었기 때문이다. 미국 전역에 걸쳐 극단주의의 냉전 이념이 어느 때보다 확고했기 때문에, 공산주의의 화신인 카스트로와 대화를 시도하면서 동시에 미국의 민주주의를 수호한다는 것은 당시 미국에서는 양립할 수 없는 생각이었다.

케네디는 미국의 이런 정치적 상황을 가장 잘 아는 사람이었다. 그렇기에 그가 카스트로와 대화를 시도한다는 것은 자신의 정치 생명을 담보로 하고 있다는 것으로 볼 수도 있었다. 케네디도 그 점에 대해 잘 알고 있었다. 그러나 이런 열린 사고야말로 머튼이 〈냉전에 관한 서한〉에서 언급한 '우리가 이제까지는 볼 수 없었던 한 줄기 희망의 빛'이 될 수 있는 것이며, 그것이 바로 케네디가 피격당하기 전까지 끝임 없이 갈구했던 평화를 위한 한 줄기 희망의 빛이었다. 케네디의 피그스 만에 대한 5번째 대응은 사실상 상황을 더욱 최악으로 몰아가는 것을 뜻했다. 흐루시초프보다 더 화합하기 어려운 위험천만한 카스트로와의 대화를 시도했기 때문이다. 이는 케네디가 CIA 및 군 참모들과 5번째로 멀어진 계기가 되었다. 국가안보기록보존소National Security Archive의 분석가인 피터 콘블루Peter Kornbluh는 최근 기밀 해제된 케네디 정부의 문서들을 기초로 이제까지 거의 알려지지 않았던 사실을 밝혀냈다. "1963년, 케네디는 쿠바와의 관계를 개선하기 위한 조치를 취하기 시작했으며, 그 시작은 바로 카스트로와 실질적인 친선 도모를 위한 비밀 회담을 개최하는 것이었다." 콘블루가 발견한 문서들을 통해 쿠바와 미국 외교관들이 오랜 기간 동안 진행해 온 활동들을 확인할 수 있다.

카스트로와의 물밑 협상

1962년 가을, 뉴욕의 변호사 제임스 도노반James Donovan은 케네디와 로버트 케네디를 대신해 카스트로를 만났다. 이 비밀 접촉의 목적은 피그스 만에 수감되어 있던 포로들을 석방시켜 마이애미에 있는 가족의 품으로 돌아갈 수 있게 하기 위한 것이었다. 이 과정에서 도노반과 카스트로는 친분을 쌓게 되고 1963년, 도노반은 쿠바를 방문한다. 이 때 카스트로의 보좌관이자 의사인 르네 발레조Rene Vallejo는 도노반이 이미 CIA와 정보를 공유하고 있다는 사실을 짐작하고 있었다. 쿠바 방문을 마치고 도노반이 미국으로 돌아가는 비행기를 탑승하려 할 때였다. 발레조는 '양국 외교 관계 재확립 방안'에 대해 언급하면서 쿠바는 '쿠바의 미래와 전반적인 국제관계에 관해' 대화할 준비가 되어 있다고 말했다. 그러면서 도노반에게 다시 한 번 쿠바를 방문해 줄 것을 요청한다.

1963년 3월, 케네디는 쿠바와 이뤄지는 대화 전개에 주목하면서 앞으로 성사 가능성이 있는 카스트로와의 회담에 대비했다. 그러면서 도노반이 아바나로 떠나기 전 날, 대통령은 도노반과 카스트로 회담 성사를 위한 공식적인 국무부의 승인 요청을 거부했는데, 이는 비밀 회담이 알려지면 쿠바와 미국의 새로운 관계 구축에 심각한 문제가 야기될 수 있다고 판단했기 때문이다. 1963년 3월 4일 작성된 최고기밀문서에서 국가안보담당 보좌관이던 고든 체이스Gordon Chase는 케네디가 카스트로와의 대화를 준비하고 있었다는 점에 대해 이렇게 언급했다. "대통령은 중국이나, 소련과의 외교관계가 협상 불가한 사항이라는 점에 동의하지 않으셨습니다. 대통령께서는 카스트로가 받아들이기 힘든 상황을 만들고 싶지 않다고 하셨고, 현 상황에 대해 좀 더 유연한 사고를 가질 필요가 있다고 하셨습니다."

이 문서는 카스트로와의 비밀 회담에 대한 내용은 기밀로 다뤄야 한다는 점을 분명히 하고 있고, 케네디가 카스트로와 함께 논의하고자 하는 사안 선택에 많은 관심을 갖고 있었다는 점을 중점적으로 다루고 있다. "위 사항에 대한 철저한 보안이 이루어져야 합니다. 대통령께서 이 사안에 굉장히 관심을 갖고 있기 때문입니다."

로버트 케네디는 쿠바 문제에 있어 케네디보다 좀 더 적극적인 개입을 주장하는 입장을 취하고 있었다. 3월 14일의 문서를 보면 로버트 케네디가 대통령에게 카스트로에 대한 대응책을 언급한 부분이 나온다. "1년 내에 쿠바에서 내부 분열이 일어날 가능성이 포착되고 있는데, 이에 대

한 적절한 대응책이 필요합니다." 그러나 로버트는 대통령을 설득하는
데는 실패한 것으로 보인다. 아마도 대통령에게 아무런 회신도 받지 못
한 것 같다.

좌절감을 느낀 로버트는 3월 26일, 편지를 다시 보냈다. "내 마지막 메
모가 가치가 없었습니까? 어떤 경우에라도 대응책은 생각해 봐야 되는
것 아닙니까?" 케네디는 로버트가 요청한 쿠바에 대한 대응책에 침묵으
로 일관하면서 카스트로에게 접근할 나름의 새로운 방법을 모색했다.
쿠바를 전복시키려는 미국의 정책을 완전히 저버리지는 않았으면서도
그는 이미 한 달 전부터 사실상 카스트로와 대화를 결심하고 있었다. 그
러나 이 결정은 CIA의 큰 반발을 불러일으켰고, 케네디와 CIA는 이 문
제로 다시 한 번 격돌하게 된다.

3월 19일, CIA의 지원을 받던 쿠바 망명단체 '알파 66'은 워싱턴에서
기자회견을 가졌다. 이들은 자신들이 소련 군함과 쿠바 선박을 습격해
12명의 사상자를 냈으며 함체에도 큰 타격을 입혔다고 밝혔다. 알파 66
은 쿠바 기습을 위해 조직되었으며, CIA의 마이애미 지국인 'JM/
WAVE'가 지휘하는 특공대 성격을 가지고 있었다. 망명단체 알파 66의
지도자 안토니오 베치아나Antonio Veciana는 1년 후 하원 암살조사위원회
House Select Committee on Assassinations(HSCA)의 조사관 개튼 폰지Gaeton Fonzi
에게 이렇게 자백했다. "CIA의 사주를 받아 진행된 소련 함선 공격은 케
네디를 당황하게 만들어 그로 하여금 친(親) 카스트로 정책을 철회하려
는 의도였습니다." 모리스 비숍Maurice Bishop이라는 가명을 쓰는 CIA 요
원이 베치아나를 지원하고 있었는데, 베치아나는 이렇게 말했다. 비숍
의 말에 따르면, "CIA는 자신들이 원하는 정책을 대통령이 결정하도록

하려 했는데, 대통령이 이를 잘 따르지 않자, 자신들의 정책 수행을 위한 유일한 방법으로 대통령을 궁지에 몰아넣기로 했던 것이다."

비숍은 미·소 관계의 위기를 조성하기 위해 소련 함선 공격을 진두지휘했다. 폰지는 조사를 통해 모리스 비숍이 후에 케네디 암살에 핵심 역할을 한 데이비드 애틀리 필립스David Atlee Phillips였다는 것과 그 후 CIA 서반구 책임자로 승진된 사실을 밝혀냈다.

모리스 비숍으로 불린 데이비드 필립스는 알파 66의 기습공격을 공개한 워싱턴 기자회견에 직접 관여하는 모습을 보이지는 않았으나, 복지부 및 농무부 고위 관리들이 기자회견에 참석할 수 있도록 영향력을 발휘했고, 이들 정부 고위 관료의 참석으로 기자회견은 매우 중요한 이슈로 다뤄지게 되었다. 결국 그는 알파 66의 기습 공격 사건이 기자회견 다음 날 〈뉴욕 타임스〉지의 주요기사로 다뤄지는 데 핵심 역할을 했다. 알파 66의 기습공격은 시작에 불과했다. 8일 후, 또 다른 쿠바 망명자 단체가 쿠바 항구에 정박해 있던 소련 화물선을 공격, 큰 피해를 입혔다.

CIA의 데이비드 산체스 모랠리스David Sanchez Morales는 케네디가 카스트로에게 내민 손을 거둘 수 있도록 공작하던 JM/WAVE의 작전부장이었다. 그리고 그는 데이비드 필립스와 오랫동안 함께 일을 한 동료이기도 했다. 1970년대, 모랠리스는 자신도 케네디 암살에 관련되었다는 사실을 친구들에게 밝히기도 했다. 쿠바 망명자 단체의 공격에 대해 소련은 워싱턴에 강하게 항의를 했다. 흐루시초프는 CIA가 사주한 이번 공격에 대한 책임을 당연히 케네디에게로 돌렸다. 소련 대사 아나톨리 도브리닌을 만난 로버트 케네디는 대통령에게 도브리닌이 제기한 불만을 보고했다. "도브리닌이 이번 쿠바 망명단체의 공격에 대해, 미국이 그런 공격을 막을 생각이 있기는 한 것인지를 저에게 물었습니다. 마치 우리가 공격을 조종한 것처럼 들렸습니다."

사실 CIA는 이번 사건을 뒤에서 조종함으로써 케네디로 하여금 이번 사건을 통해 강력한 냉전주의적 정치 실현 혹은 그가 흐루시초프와 함께 추구하고 있던 평화주의적 정치 실현 중 하나를 선택할 수밖에 없는 입장으로 몰아넣었다. 양단간의 결정을 해야 하는 상황에서 케네디는 결국 후자를 선택했다. 케네디를 함정에 빠뜨리기 위한 CIA의 피그스만 계획의 하나인 알파 66 기습공격은 결국 실효를 거두지 못한 채 실패로 끝났다. 케네디는 알파 66에 대한 지원을 선택하지 않았고, 대신 쿠바 기습공격을 호시탐탐 노리는 쿠바 망명자 단체를 엄중히 단속하라는 명령을 내렸다. 케네디는 이 과정에서 동생 로버트 케네디에게 도움을 요청했다.

3월 31일, 로버트 케네디가 이끄는 법무부는 쿠바 망명자들이 미국 영토에서 쿠바에 대한 기습공격을 계획하거나 감행하는 것을 금지하는 정책을 이행했다. 법무부는 이 사건과 연루된 것으로 추정되는 18명의 쿠바인들을 구속하거나 국외로 추방하겠다고 발표했다. 그리고 18명의 쿠바인들이 다른 지역으로 이동하는 것도 제한했다. 알파 66의 지도자인 안토니오 베치아나도 18명 중 한 명이었다. 당시 쿠바 망명자들은 또 한 번 쿠바 영해에 있는 소련 함선을 공격하려는 준비를 하고 있었는데, 바하마에서 영국 정부와 협력하고 있던 플로리다 주 해안경비대는 이를 사전에 포착, 공격 개시 전 이들을 체포했다. 이 모든 일들은 법무부 발표가 나고 불과 1주일 내에 일어났다. 연루된 사람들을 체포하고 함선을 억류하는 등의 사건이 언론에 알려지면서 케네디와 CIA 간의 갈등이 처음으로 보도되었다.

함선의 소유자 중 한 명인 알렉산더 롤케 주니어Alexender I. Rorke, Jr.는 〈뉴욕 타임스〉지와의 인터뷰에서, "미국 정부는 CIA를 통해 바이올린 3호의 이동 정보를 사전에 이미 알고 있었습니다. CIA는 바이올린 3호가 이동할 수 있도록 그에 대한 자금을 지원했습니다. 그리고 제가 배를 돌려받으면, 제 배는 후에 쿠바 작전에서 다시 투입될 예정이었습니다"라고 말했다. 망명단체는 공격을 멈추지 않기로 결정했고, 이에 케네디는 그들의 공격을 막는 데 만전을 기했다. 4월 6일 〈뉴욕 타임스〉지에는 "미국, 침입자들에 대한 경계 강화"라는 제목의 다음과 같은 기사가 실렸다.

"미국은 자국 영토 내에서 반(反) 카스트로 활동이 자행되는 것을 막기 위해 플로리다로 항공기, 함선 및 지원 병력을 투입했다. 해안경비본부는 오늘 이미 플로리다-푸에르토 리코 지역에 배정된 순찰 병력을 증강하기 위해 비행기 6대 및 함선 12척을 추가로 7번 밀집 구역으로 급파하라는 명령을 내렸다. …작전은 미국 영토에서 쿠바로 향하는 소련 및 쿠바 함선에 대한 기습공격을 막기 위해 '모든 단계에서 적절한 조치를 취하겠다'는 미국 정부의 발표에 따라 이행된 것이다."

법무부와 해안경비대는 케네디의 새로운 정책을 시행하고 있었다. 그들은 미국이 쿠바와의 전쟁을 선택하도록 조직된 CIA의 비밀부대인 망명단체들을 막기 위해 노력했다. 카스트로는 "미국령에서 도발하는 대

(對) 쿠바 기습공격을 막기 위한 케네디의 조치를 전쟁의 위험을 줄이는 의미 있는 노력"이라고 표현했다. 그러나 〈뉴욕 타임스〉지의 4월 10일 보도에서처럼, CIA의 지원을 받는 플로리다 망명자 단체는 케네디 정부가 카스트로 정권과 '타협'하기 시작했다며 강하게 비난했다. 미군과 영국군의 반(反) 카스트로 세력 검거 및 함선 이동금지 조치는 계속되고 있었다. 이에 쿠바혁명위원회Cuban Revolutionary Council(CRC)의 수장인 호세 미로 카르도나 박사Dr. Jose Miro Cardona는 미국의 정책 변화에 항의하는 뜻으로 사임했다.

쿠바혁명위원회는 카스트로 정권이 붕괴되었을 때, 쿠바 임시정부를 이끌도록 피그스 만 사건 이전에 미국 정부가 조직한 단체다. 또 마이애미에 있는 여러 망명 단체들을 통솔하는 역할을 하기도 했다. 쿠바혁명위원회의 예산과 운영자금은 모두 CIA에서 지원하고 있었다. 카르도나가 사임한 후, 쿠바혁명위원회의 대변인은 다음과 같이 진술했다. "우리가 1년 동안 지원 받은 금액은 이전에 보고된 2백만 달러가 아니라, '단지' 97만 2천 달러에 불과합니다. 이것도 역시 위원회가 아닌 CIA가 공인 회계사를 통해 지원한 것일 뿐입니다." 4월 18일, 〈뉴욕 타임스〉지는 '케네디에 대한 공격'이라는 제목으로 카르도나의 사임 성명서를 실었다.

"미국 정부가 갑자기 예상하지 못한 방향으로 정책을 바꾸었습니다. 이것은 피그스 만 사건 때와 마찬가지로 아무런 경고도 없이 갑자기 진행되었습니다. 또 소련이 미사일 제거를 단행하면 미국이 쿠바를 침략하지 않겠다고 합의해 놓고 미국이 그 약속을 파기했을 때처럼 미 정부는 이런 입장 변화에 대해 아무런 설명도 해 주지 않고 있습니다. 미국이 반(反) 카스트로 쿠바 망명자들을 감금하고 함선의 이동을 금지 시킨 것은 이제 미 정부가 카스트로 정권 전복을 위한 투쟁을 그만두려 한다는 느낌을 갖게 합니다. 쿠바 망명자들에 대한 생활 보조금 지급을 이번 달로 종료한다는 발표 역시 그들을 이주시 키려는 의도가 역력히 드러나는 처사라고밖에는 볼 수 없습니다."

미 정부는 반(反) 카스트로 망명자 단체와 기습공격에 가담한 다른 망명자부대를 해산시키기 위해 이들에 대한 자금 지원을 중단했다. 이제 케네디 대통령을 카스트로와 같은 편이라고 생각하게 된 플로리다의 쿠바 망명자 단체들은 카르도나를 지지하기 시작했다. 그들은 케네디의 급작스런 입장 변화로 인해 카스트로 정권을 무너뜨리려던 자신들의 정치적 목표를 이행하기 힘들어졌다는 사실에 매우 안타까워했다. 4월 18일, AP 통신은 "쿠바 망명 단체 지도자들과 케네디 행정부의 대립은 망명자들 집에 매달려 있는 검은 리본만 봐도 알 수 있었다"고 기록하고 있다.

1963년 4월 11일, 케네디는 흐루시초프에게 비밀리에 서한을 보냈다. 케네디는 흐루시초프가 지지하는 정책을 부분적으로 채택했다고 설명하면서 이로 인해 자신이 큰 대가를 치렀다고 말했다.

"저는 최근에 카리브 해에서 반(反) 카스트로 단체에 의한 소련 함선 공격으로 지나치게 긴장감이 고조된 것을 잘 알고 있으며, 미 국내법을 위반하는 그 어떤 공격도 막아 내기 위한 다양한 조치들을 취하고 있습니다.

　카리브 해에 있는 섬을 카스트로체제 전복을 목적에 이용하는 것을
금지시키기 위해 현재 영국 정부의 지원도 받고 있습니다. 긴장감을
완화시키려는 정부의 노력은 일부 미국인들의 비판의 대상이 되어
왔지만, 그런 비난이나 그 어떤 반대 입장도 정부 정책의 결정 과정
에 영향을 주지 못했습니다. 특히 미국은 쿠바를 공격할 의도나 계획
따위는 전혀 없다는 것을 거듭 말씀 드립니다…."

　4월 초, 제임스 도노반은 쿠바로 돌아가 더 많은 포로들을 석방하기
위해 협상했다. 그 동안, CIA는 협상 담당자인 도노반를 이용해 카스트
로 암살 계획을 진행 중이었다. 일급비밀문서로 분류된 '1967 카스트로
암살 계획에 대한 감사보고서 1967 Inspector General's Report on Plots to
Assassinate Fidel Castro'에는 이 암살 계획이 잘 구술 되어 있다.

　"도노반과 카스트로가 피그스 만 포로들의 석방을 협상을 하는 자리
에서, 도노반이 카스트로에게 선물의 일종으로 독극물 처리가 된 잠수
복을 선물하도록 하는 계획을 구상했다. CIA의 기술 사업부장인 시드니
고틀리브 Sidney Gottlieb는 이 계획이 실제로 잠수복을 구입해 전달하려는
과정까지 진행되었다고 했다. 잠수복 안쪽에 독성 화학 물질 처리를 해
이 물질로 카스트로에게 치료 불가능한 만성 피부질환(마두라족[足])을 옮
겨줄 계획이었으며, 호흡 보조기는 결핵균으로 오염시키려고 했다.

　암살 계획에 참여했던 CIA 국장 샘 핼펀 Sam Halpern은 훗날 이렇게 회
상했다. "다른 여러 사건들로 인해 계획이 뒤집히면서 암살 계획을 결국
포기할 수밖에 없었습니다. 문제는 암살 계획이 불발로 끝났음에도 도

노반이 우연하게도 이미 카스트로에게 잠수복을 전달했다는 사실입니다." CIA는 케네디의 권한을 대행하던 도노반을 이용했던 것이고, 도노반은 자신도 모르는 사이에 카스트로 암살 도구를 전달한 꼴이 되어 버릴 수도 있었다. 만약 카스트로가 죽게 되면, 모든 이들은 잠수복을 암살 도구로 지목할 것이 뻔했고, 이를 전달한 도노반 그리고 더 나아가서는 도노반을 파견한 케네디가 암살의 배후로 지목될 것은 너무나 자명한 일이었다. 이 계획을 통해 CIA가 공격하고자 했던 것은 세 가지였다. 카스트로의 목숨, 케네디의 신뢰성, 그리고 쿠바와 미국 간의 대화에 대한 희망이 바로 그것이었다.

카스트로 암살 시나리오가 실패로 돌아감에 따라 그에 대한 희생양이 필요하게 되었고, 이는 결국 케네디 암살로 이어지게 되는 결과를 낳았다. CIA가 만들어낸 케네디 암살 계획은 오스왈드라는 희생양을 통해 카스트로 암살 계획에 이르기까지, 사실상 댈러스에서 이뤄질 수 있는 쿠바와 미국 간 화해 가능성 역시 희박하게 만들었다. 도노반을 이용한 카스트로 암살 계획에 고위 당국자가 연루되지 않았던 것은 아니다. 이에 대해서는 감찰관의 보고서에 다음과 같이 설명되어 있다. "이 계획에 연루된 것으로 알려진 사람들 중에는 후에 CIA 국장이 된 리처드 헬름스Richard Helms도 있었다." 그는 1967년, 카스트로 암살을 위한 CIA 계획이 보고서로 작성되었던 그 해에 CIA 국장으로 임명되었다.

도노반이 카스트로에게 ―우연히― 선물한 잠수복에는 독극물 처리가 되어 있지 않기 때문에, 그는 카스트로와 4월 회담에서 다시 만날 수 있었다. 카스트로는 그와 함께 미국 정책의 미래에 대해 문제를 제기했다. 도노반은 최근에 케네디가 망명자 단체의 활동을 금지한 것에 대해 언급했다. 그러자 카스트로는 자신이 생각하는 "이상적 정부는 소련 위주의 정부가 아니었다"고 단호하게 말했다. 그러면서 미국과의 외교적 관계를 어떻게 다시 재개해야 할 것인지 물었다. 도노반은 카스트로에게 "호저(몸에 길고 뻣뻣한 가시털이 덮여 있는 동물)들이 어떻게 사랑을 나누는지 아십니까?"라고 물었다. 카스트로가 모르겠다고 대답하자 도노반은 '매우 조심스럽게'가 정답입니다"라고 했다.

4월 말, 카스트로는 도노반의 권유로 ABC 방송국 리포터 리사 하워드 Lisa Howard의 인터뷰 요청에 응했다. 인터뷰를 마치고 쿠바에서 돌아온 리사는 케네디에 대해 놀라울 정도로 관대한 입장을 취하고 있는 카스트로와의 인터뷰를 CIA에 자세히 보고했다. 리사는 카스트로에게 미국과 쿠바의 화해가 어떻게 이루어질 수 있는지 질문했다. 이에 카스트로는 '이미 진행 중'이라고 대답했다. 또한 카스트로는 케네디의 정책에 찬성하고 있으며, 미국이 망명자들의 활동을 제한하는 것은 합의에 이를 수 있는 적절한 방법이었다고 생각한다고 강조하여 말했다. 그녀는 이 모든 내용을 CIA에 보고했다. 10시간의 인터뷰를 통해서 리사는 카스트로가 "미국 정부와 화해할 수 있는 방법을 찾고 있다"는 결론을 내렸다. 그러나 그녀는 카스트로가 "미국이 쿠바와 화해하기를 원한다면 케네디가 먼저 행동을 취해야 한다"는 것을 암시했다고 덧붙였다.

1963년 5월 1일, 정책 부국장(훗날 CIA 국장) 리처드 헬름스가 작성한 CIA 비망록에는 미국과 쿠바의 새로운 관계를 위한 카스트로의 제안이 그대로 적혀 있다. 그러나 이 비망록은 1996년까지 기밀 정보 문서로 분류되어 있었다. 이 비망록은 CIA 국장 존 맥콘에게 전달되었다. 이 문서의 우측 상단에는 "P가 보았다"라고 휘갈겨 쓴 글씨가 있었는데, 이는 대통령이 이미 봤다는 것을 의미하는 것이다. 케네디는 CIA의 반(反) 카스트로 비밀공작을 엄중히 단속하고, CIA는 이런 케네디에게 접근하는 카스트로를 감시하고, 우리는 이런 CIA를 감시하고 있는 셈이다. 서로에 대한 관심이 커지면서 조심스럽게 서로에게 다가가는 호저들처럼, CIA의 비밀공작은 그야말로 —대통령도 알고 있듯— 가시투성이인 미국과 쿠바 간의 연애를 조심스럽게 감시하는 것이었다. CIA는 리사의 인터뷰를 통해서 드러난 미국과 쿠바 관계 개선의 모든 가능성을 차단하려고 노력했다. CIA 국장 존 맥콘은 쿠바와 접촉하고 있는 리사로 인해 "카스트로에 맞서는 CIA의 작전들이 누설되고, 실패할 수 있다"고 주장했다. 1963년 5월 2일, 맥콘은 국가안보담당 보좌관 맥조지 번디에게 문서를 보냈다. 맥콘은 "리사 하워드의 보고서는 가장 특별하고 민감하게 다뤄져야 하고", 지금은 쿠바와의 화해를 위한 어떤 행동도 취해서는 안 된다"고 말했다. 몇 년 후, 리 하비 오스왈드의 배후를 조사하면서 확실해졌듯 CIA는 뉴올리언스에서 비밀공작 활동을 시작했다. 비밀활동의 목적은 케네디와 카스트로가 관계 개선이 결코 이루어지지 못하게 하는 것, 바로 케네디 암살이었다.

CIA와 FBI 그리고 오스왈드

1963년 4월, 케네디는 자신의 적인 카스트로에게로 돌아섰다. 그 동안 오스왈드는 댈러스에서 뉴올리언스로 이사를 하면서 자신의 임무를 수행하고 있었다. 케네디와 달리 오스왈드는 독자적으로 움직이지 않았고 뉴올리언스로 이사를 하는 과정에서 케네디 암살을 계획하고 있는 이들의 계속적인 지시를 받고 있었다. 오스왈드는 곧 뉴올리언스에 있는 레일리 커피 회사Reily Coffee Company에 취직할 수 있었다. 이 회사의 사장인 윌리엄 레일리William B. Reily는 CIA가 후원하는 쿠바혁명위원회를 지원하는 인물이었다. 조사관 윌리엄 데이비William Davy가 최근 공개된 기밀문서에서 찾아낸 것처럼, 레일리의 커피 회사는 오랫동안 CIA 뉴올리언스 지국의 지휘를 받고 있었던 것으로 보인다.

1964년 1월 31일에 작성된 CIA의 문서에 따르면, "레일리의 회사는 1949년 4월과 마찬가지로 여전히 주목을 받고 있었다"고 한다. 1968년, CIA의 계약직 요원 게리 패트릭 헤밍은 뉴올리언스 지방검사와 인터뷰를 했는데, 그는 "윌리엄 레일리가 수 년간 CIA를 위해 일했다는 것을 확인시켜 줬다"고 말했다. 오스왈드는 뉴올리언스에 머무르는 동안 계속해서 이 레일리 커피 회사에서 근무했다. 레일리 커피 회사는 CIA, FBI, 재무성, 미 해군정보국ONI 건물 근처에 자리 잡고 있었다. 그야말로 뉴올리언스 첩보계의 중심에 위치해 있었던 것이다. 미 해군정보국과 재무성 바로 건너편에는 전 FBI 요원 가이 배니스터Guy Banister의 사립탐정 사무소가 있었다.

그러나 사실 '가이 배니스터 사무소'는 사립탐정 사무소라기보다는 CIA 첩보 활동지원 역할을 하고 있었다. 사무소는 사실 케네디를 함정을 빠뜨리기 위한 CIA의 활동 즉, 피그스 만 사건부터 쿠바 망명자 단체의 기습 공격에 이르는 다양한 활동에 필요한 군수품 지원을 담당하고 있었고 사무소에는 총기와 탄약이 가득 숨겨져 있었다.

또 CIA 준군사 조직은 반(反) 카스트로 군사 훈련장 근처를 오가는 과정에서 사무소에 들러 잠시 머물기도 했다고 한다. 대니얼 캠벨Daniel

Campbell은 배니스터가 고용한 전 해병 대원이었는데, 그는 쿠바의 망명자들의 사격훈련을 도와주거나 뉴올리언스 대학에 재학 중인 반공파 성향을 지닌 학생들에게 정보를 전달해 주는 역할을 했다. 그는 나중에 조사관 짐 다이유제니오Jim DiEugenio에게 말했다. "배니스터는 CIA의 자금 수금원이며 마이애미에 있는 '알파 66'에게 무기를 제공해 주었습니다."

배니스터의 비서이자 친구인 델핀 로버츠Delphine Roberts에 따르면, 1963년 어느 날 오스왈드는 배니스터의 사무실을 찾았다. 오스왈드가 배니스터를 찾아온 표면상의 목적은 배니스터의 비밀요원이 되기 위한 지원서를 작성하기 위해서였다. 로버츠는 작가 앤서니 서머스Anthony Summers에게 "나는 그들이 대화를 하는 동안 오스왈드와 가이 배니스터가 이미 알고 있는 사이라는 생각이 들었다"고 말했다. 오스왈드와 배니스터는 비밀리에 오랜 시간 동안 대화를 나눴다. 로버츠는 "당시에는 오스왈드가 비밀요원이 되기 위해 왔다고 짐작만 했는데, 지금은 확신합니다. 오스왈드는 우리가 일을 하는 2층 사무실을 사용했습니다. 그가 감정 기복이 심한 사람이라는 것을 그때 알았습니다." 로버츠는 오스왈드가 위층에 있는 사무실에 카스트로를 찬양하는 전단지를 보관하고 있었으며, 이를 길거리에서 나눠주는 것을 목격했다. 로버츠는 배니스터에게 오스왈드의 친(親) 카스트로 운동에 관여하는 것에 대해 불평했다. 그러자 배니스터는 오스왈드는 그는 '우리 편이고, 우리 사무실의 일원'이니 걱정하지 말라고 말했다.

배니스터의 사무실은 오스왈드가 1963년 여름, 거리에서 작전을 실행에 옮기는데 필요한 기지가 되었다. 오스왈드의 최종 목적은 11월 22일까지 분명히 드러나지는 않았다. 5월, 오스왈드는 쿠바공정위원회Fair Play for Cuba Committee(FPCC)의 뉴욕 본부에 편지를 보냈다. 편지에는 오스왈드 자신이 친(親) 카스트로 조직을 뉴올리언스에 설립할 계획이라는 내용이 담겨 있었다. 쿠바공정위원회의 국장인 리V.T. Lee는 '향후 쿠바공정위원회에 대한 지원이 중단될 수도 있는 불필요한 사건'을 일으키지 말라고 경고하는 서한을 오스왈드에게 보냈다. 그럼에도 6월 16일, 오스왈드는 작전을 수행하기 시작했다. 뉴올리언스 항 부두에 도착한 미 해군 상륙함UCC 와스프에서 선원들이 내리기 시작했을 때, 오스왈드는 선원들에게 카스트로를 찬양하는 전단지를 나눠주었다. 이는 목숨을 건 모험이었다. 그러나 오스왈드가 쿠바공정위원회 국장이 경고한 '불필요한 사건'을 일으키기도 전에 경찰이 그를 저지했고, 오스왈드는 경찰의 지시를 그대로 따랐다. 8월, 오스왈드는 사람들에게 더 주목을 받을 수 있는 작업에 몰두했고, 그의 활동을 지원하는 이들에 의해 성공을 거둘 수 있었다. 오스왈드는 자신을 소련으로 망명했다가 최근에야 다시 전향한 전직 해병대원이라고 소개했다. 뉴올리언스 거주자들에게 왜 자신이 카스트로를 열렬히 지지하게 되었는지를 좀 더 극적으로 보이기 위해서였다.

8월 5일, 오스왈드는 뉴올리언스의 반(反) 카스트로 망명단체인 학생혁명위원회Directorio Revolucionario Estudiantii(DRE) 지도자 카를로스 브링귀어Carlos Bringuier를 방문했다. 1967년의 CIA 문서에 따르면, 이 위원회는 CIA가 '착안하고, 설립하고, 자금을 제공한' 위원회라고 적혀 있었다. 하원 암살조사위원회House Select Committee on Assassinations의 보고서에는 "반(反) 카스트로 단체들 중 학생혁명위원회는 케네디 대통령이(쿠바 미사일 위기에) 소련과 거래한 것에 대해 가장 분통해 하는 단체 중 한 곳이다"라고 기록되어 있다. 전 CIA 요원 에드워드 하워드 헌트E. Howard Hunt는 위원회에서 학생혁명위원회는 CIA를 위해 설립되어 데이비드 필립스David Phillips가 운영을 담당했고, 케네디가 쿠바와의 전쟁을 선택할 수밖에 없는 상황을 제공하기 위해 구성된 알파 66의 기습 사건을 진두지휘했던 모리스 비숍Maurice Bishop과 동일 인물이라고 주장했다. 그가 워런 위원회에서 밝혔듯이, CIA 소속 하에 있는 학생혁명위원회에서 브링귀어가 맡은 구체적인 임무는 전쟁 촉발을 위한 '선전과 정보 전달'이었다. 1963년 여름, 오스왈드는 브링귀어가 임무를 수행하는 데 확실히 함께한 협력자였다.

브링귀어는 워런 위원회에서 자신과 오스왈드 간의 관계를 진술했다. 그러나 그 진술에서 두 사람의 배후에 분명히 존재하는 CIA에 대한 정확한 정보를 얻을 수 없었다. 사실 CIA는 브링귀어가 말하는 한 편의 드라마와도 같은 진술을 이해하는 데 핵심 요소이기도 하다. 8월 5일, 브링귀어는 오스왈드가 자신이 운영하는 옷가게에 느닷없이 나타난 수상쩍어 보이는 사람이었다고 설명했다. 브링귀어는 오스왈드가 자신은 반(反) 공산주의자이고 해병대 출신이며, "카스트로에 맞서 싸울 수 있도록 쿠바인들을 훈련시키고 싶다"고 말했다고 전했다. 브링귀어는 오스왈드가 비밀 요원일지도 모른다고 생각했기에, 그의 제안을 거절했다. 그럼에도 불구하고, 오스왈드는 다음 날, 브링귀어가 가게를 비운 사이에 카스트로에 맞서 싸우는 동지에 대한 개인적 선물이라며 해병대 훈련 교본을 가게에 두고 갔다고 한다.

3일 후, 오스왈드와 브링귀어의 한편의 드라마와 같은 재회가 시작된다. 카넬 가에 한 사람이 피켓을 들고 '카스트로 만세'를 외쳐댄다. 당시 브링귀어는 가게 안에서 그 소리를 들었고, 소리를 듣자마자 쿠바인 친구 2명과 함께 밖으로 달려 나간다. 그리고서는 카스트로 만세를 외치는 시위자를 저지한다. 그런데 브링귀어를 정말 화나게 한 것은 카스트로 만세를 외쳐댔던 거리 시위자가 바로 며칠 전 자신을 찾아와 반(反)카스트로를 주창했던 오스왈드 바로 그였다는 사실이었다. 브링귀어는 당시의 상황을 워런 위원회 특검보 웨슬리 리에베러Wesley J. Liebeler에게 다음과 같이 말했다.

"소란스러워지자 많은 사람들이 우리 주위로 몰려들기 시작했습니다. 저는 사람들에게 오스왈드가 저에게 했던 행동을 설명했습니다. 왜냐하면 저는 미국인들이 직접 그와 맞서길 바랐기 때문이죠. 쿠바인으로서 저 자신을 위해 그와 싸우는 것이 아니라 미국인들이 직접 그에게 맞서길 원했고, 비난하기를 바랐습니다. 그래서 저는 주위에 몰려든 사람들에게 말했습니다. '이 사람은 카스트로의 정보원이자 친(親)공산당원이며 쿠바에서 쿠바인들에게 자행했던 것과 똑같은 만행을 이제 미국에서 저지르려고 파견된 사람이다'라고 말했습니다. 거리에 있는 사람들은 화가 났고 그에게 소리를 지르기 시작했습니다. '반역자! 공산주의자! 쿠바로 돌아가라! 그를 죽여라!' 그들의 말 중에는 제가 알아듣지 못하는 심한 욕설도 있었습니다."

브링귀어의 친구 한 명은 오스왈드가 갖고 있던 전단지를 빼앗아 갈기갈기 찢어 버렸다. 브링귀어는 "저는 너무나도 화가 난 나머지 그를 마구 두들겨 패주고 싶은 심정이었습니다. 결국 분을 참지 못하고 그에게로 가까이 다가갔습니다. 그러나 그는 내 의도를 먼저 알아챘고, 팔을 아래로 내려 X자 모양으로 만들면서 방어하는 자세를 취했습니다"라고 설명했다. 브링귀어는 리에베러에게 오스왈드가 취한 방어 자세를 직접 보여주기 위해 잠시 설명을 멈췄다. "오스왈드는 이런 자세를 취하면서, 제 얼굴에 자신의 얼굴을 가까이 대고 '좋아요, 나를 치고 싶다면 쳐요'라고 말했습니다."

사실 얼굴까지 들이대며 때리면 맞겠다는 오스왈드의 태도에 브링귀어는 순간 당황했으나, 순간적으로 사람들에게 친(親) 카스트로파의 순교자적 면모를 보이게 하려는 오스왈드의 의중을 파악하고 분을 삭이면서 폭행을 가하지는 않았다고 한다.

잠시 후, 경찰차 두 대가 멈춰 섰다. 차분하게 자신을 절제하는 한 명의 '친(親) 카스트로 시위자'와 그를 저지했던 세 명의 '반(反) 카스트로' 쿠바인. 세부적으로 짜인 시나리오대로 진행된 듯해 보이는 거리의 소동은 이렇게 끝났다. 경찰은 오스왈드와 브링귀어, 그의 쿠바인 친구 2명을 치안방해 혐의로 경찰서로 연행했다. 브링귀어와 그의 친구들은 보석으로 풀려났고, 오스왈드는 감옥에서 하룻밤을 보냈다. 3명의 쿠바인들에 대한 기소는 결국 기각됐고, 오스왈드만 유죄 선고를 받아 10달러의 벌금을 냈다.

오스왈드는 감옥에서 경찰을 통해 FBI 요원과 이야기하고 싶다고 말했다. 반정부 시위자로서는 이례적인 요청이었다. 그는 뉴올리언스 FBI 특별수사관 존 퀴글리를 한 시간 반 동안 면담했다. 왜 그랬을까? 이듬해 봄, 퀴글리는 워런 위원회에서 애매하게 진술했다. "오스왈드는 '인쇄물을 배포한 것은 자신의 신념을 보여주기 위해서였다'는 말만 했고, 그 외에 다른 이야기는 하지 않더군요."

워런 위원회는 퀴글리가 증언을 했을 때, 오스왈드가 FBI 요원을 만나고 싶어 했던 또 다른 이유를 잘 알고 있었다. 1964년 1월 27일, 위원회의 법률고문인 리 랜킨J. Lee Rankin이 비공개 회의에서 진술했듯이, 오스왈드는 "1962년 9월부터 암살 사건이 발생하던 그 순간까지, 한 달에 200달러를 받고 FBI에 고용되어 있었다." 이 놀랄만한 회의 기록은 10년 동안 '일급기밀'로 분류되어 있었다. 그러나 조사관 해롤드 와인스버그의 법정 투쟁 덕분에 이 문서는 1974년, 그의 저서 〈화이트워시Whitewash IV〉를 통해 완전히 공개되었다. 1월 27일, 워런 위원회는 '오스왈드는 FBI의 위장 요원'이라는 텍사스 법무부장관 와그너 카Waggoner Carr의 충격적인 정보를 다루기 위해 전체 회의를 열었다. 랜킨은 구체적인 급여 정보까지 담고 있는 카의 보고서에 대해 위원회는 할 수 있는 한 모든 조치를 동원해 그 주장에 대한 진실을 밝혀야 한다"고 말했다. 이를 위해 위원회는 FBI의 간부들과 CIA(오스왈드가 CIA요원이었다는 사실이 폭로되었으므로)에게 오스왈드가 그들을 위해 일한 적이 있는지에 대해 증언하도록 했다. FBI와 CIA 측은 오스왈드가 자신들을 위해 일 한 적이 없다고 증언했다.

1월 27일 회의에서, 전 CIA 국장 앨런 덜레스는 "오스왈드의 존재 부인은 국가안보 차원에서 행해진 일이다. CIA 요원들은 국가안보를 해하는 발언을 해서는 안 된다"고 말했으며, 이런 '관련사실 부인'의 원칙(혹은 위증, 물론 이 단어를 덜레스 국장이 사용하지는 않았다)은 FBI에도 똑같이 적용된다고 덧붙였다. 1월 27일 회의 기록은 냉전의 주요 수뇌부이자 케네디 암살의 배후자 중 한 명인 앨런 덜레스가 원로 정치인들 앞에서 아주 교묘하게 진실을 은폐하면서도 매우 침착한 태도를 보였다는 것을 보여준다.

오스왈드는 CIA와 FBI 둘 다를 위해 일한 것 같다. CIA에서 오스왈드는 쿠바공정위원회FPPC의 대중적 이미지를 실추시키는 선동자 역할을 했다. 앞으로도 살펴보겠지만, 오스왈드는 대통령을 암살하는 계획에도 연루되어 있었다. 그가 친(親) 카스트로 시위자로서 활동한 것은 대통령 암살을 위한 명분을 만들기 위함이었다. 사실 오스왈드에 대해 알면 알수록, 우리는 그가 FBI에게 제공한 정보들이 실제로는 대통령 암살을 막는 데 쓰일 수도 있었을 것 같다는 생각을 하게 된다.

감옥에서 풀려난 지 6일 후, 오스왈드는 다시 거리에서 친(親) 카스트로 전단지를 나눠준다. 이번에는 더 많은 언론의 관심을 받아 쿠바공정위원회의 이미지는 큰 타격을 입게 된다. 그가 나눠주던 전단지는 TV 뉴스를 통해 공개되었다. 그러자 지방 라디오의 시사 해설자 윌리엄 스터키William Stuckey는 그에게 인터뷰를 제의했다. 윌리엄 스터키는 오스왈드의 배경을 면밀히 조사했다. 그는 조사 과정에서 오스왈드가 과거에 해병대에서 명예롭게 복무했지만, 해병대 복무 이후에 소련으로 전향했던 이야기와 탐탁지 않은 기소 내용은 삭제했다. 그는 스터키의 요청을 받아들여서 그의 적이라고 여겨지는 카를로스 브링귀어와 그의 동료이자 미국정보위원회INCA의 위원장인 에드 버틀러Ed Butler에 맞서는 라디오 토론에 참석하게 되었다.

지금은 국립공문서관에 보관되어 있는 CIA의 문서에 따르면, INCA 위원장인 버틀러는 '뉴올리언스 CIA 지국의 연락책이자 수많은 보고서들을 작성한 인물'이었다. 8월 21일에 진행된 라디오 토론은 소련 공산 체제에 있었던 오스왈드의 과거를 들춰낼 수 있는 무대가 되었다.

윌리엄 스터키는 워런 위원회에서 출처불문의 '정보'와 에드 버틀러가 미리 알려준 덕분에 오스왈드가 과거에 소련에 있었다는 사실을 미리 알 수 있었다고 했다. 스터키는 버틀러와 상의해서 이 내용을 그날 밤 라디오 프로그램에서 언급하기로 결정했다고 덧붙였다. 토론이 시작되자 스터키는 신문에서 발췌한 내용을 인용하여 오스왈드를 소개했다. 스터키에 따르면, 오스왈드는 미국 시민권을 포기하고 1959년에 소련의 시민이 되었고 그 후 3년 동안 소련에서 체류한 인물이었다. 브링귀어와 버틀러는 오스왈드에게 공산주의 앞잡이로서 쿠바공정위원회에 대해, 소련의 위성국으로서 쿠바의 현안에 대해 질문을 퍼부었다. 오스왈드는 거리에서 브링귀어와의 소동에서 보였던 침착한 모습으로 브링귀어와 버틀러의 잇따른 질문 공세에 차분하게 대답했다. 그는 자신이 과거에 소련에서 국외 추방자로 살았던 것을 인정했고, 연방정부가 쿠바공정위원회에 대한 잇따른 조사를 단행했음에도 잘못한 내용이 단 한 건도 발견되지 않았다는 것은 뭔가 이상하다면서 쿠바공정위원회에 대한 불신을 내비치기도 했다.

'토론'은 변절자였던 오스왈드의 과거 뿐 아니라 그와 쿠바공정위원회와의 관계를 알리는 데 성공적인 역할을 했다. 이번 라디오 토론을 통해 한편의 드라마와도 같았던 오스왈드의 친(親) 카스트로 캠페인 역시 막을 내렸다. 그의 발언들로 인해 뉴올리언스에서 쿠바공정위원회의 신뢰가 추락한 것만이 끝이 아니었다. 그나마 간신히 명맥을 유지하고 있던 쿠바공정위원회는 케네디 암살 후, 그 존재 자체가 유명무실해졌다고 해도 무방할 것이다.

더욱 중요한 사실은 오스왈드가 뉴올리언스에서 친(親) 카스트로파인 척하며 연기한 것은 후에 케네디의 암살의 배후로 카스트로를 지목하는 데 용이하게 작용할 것이라는 점이었다. 오스왈드와 쿠바와의 관계가 앞으로 더 과장되어 알려지게 되고, 카스트로는 케네디 암살의 배후로 지목 될 것이 너무도 자명했다. 쿠바를 침공하지 않겠다고 선언한 케네디를 카스트로가 암살했다는 것으로 알려지면, 이것은 미국이 대통령 암살에 대한 보복으로 쿠바를 침공하는 것을 정당화시켜 줄 수 있는 명분으로 사용할 수 있었기 때문이다.

흐루시초프와 카스트로의 화해

케네디의 평화로의 전향이 좌절과 타협 없이 이루어진 것은 아니다. 1963년 6월, 케네디 대통령은 냉전수호 세력의 압력에 굴복하여 한 걸음 뒤로 물러났다. 그는 사보타주와 전력, 수송기관, 석유, 제조 설비들을 포함한 쿠바의 목표물들을 쉴 새 없이 공격해서 괴롭히겠다는 CIA의 계획을 승인했다. 케네디의 승인은 카스트로에 대한 압박을 가중시키자는 행정부의 강력한 요구에 대한 대응인 동시에, 다른 라틴아메리카 국가들에게 혁명 사상을 전파하는 쿠바 정부의 더욱 공격적인 정책의 도발에 대한 대응이었다. 케네디는 그럼에도 흐루시초프와 쿠바를 먼저 침공하지 않겠다는 약속을 지키고 있었다. 그러는 동시에 케네디는 1961년 11월, 몽구스 작전Operation Mongoose에 배서함으로써 수정된 대(對) 쿠바 첩보작전에 동의했다. 아메리카대학 연설 후 겨우 9일이 지난 후였는데, 사실 몽구스 작전 승인은 그가 대학 연설에서 했던 내용과는 정 반대의 행동이었다.

그러나 사실 당시의 정치적 맥락에서 케네디의 몽구스 작전 승인은 충분히 이해할 수 있는 것이었다. 그도 결국 미국 정치인 중 한 명이고, 당시 냉전 상태가 완전히 끝난 것도 아니었기 때문이다. 케네디는 피살당하기 5개월 전까지 쿠바에 대한 사보타주 정책을 계속 승인해왔는데, 이것은 쿠바에 대한 공격을 끊임없이 요구하는 CIA와 군사 참모들을 달래기 위한 일종의 회유책이었다. 그러나 어떤 면에서 이런 케네디의 정책은 국제법을 위반하는 범죄이기도 했고, 흐루시초프와 함께 구상하고, 미사일 위기 이후 점차적으로 개선되어왔던 국제적 신뢰를 깨는 일이기도 했다.

케네디는 한편으로 냉전의 영웅인 것처럼 보이기도 했고, 또 한편으로는 그의 아메리카대학 연설에서 알 수 있듯이, 평화를 위한 원대한 비전을 가진 지도자로 비춰지기도 했다. 이는 사실 대단히 모순적인 행동이었으나, 중요한 것은 케네디가 평화를 위한 자신의 비전을 현실과 타협하고 1963년 쿠바 정부 전복을 지지했다는 사실이 아니다. 우리가 분명히 기억해야 하는 것은 케네디가 어쩔 수 없는 정치적 현실 속에서도 카스트로와 회담을 성사시킬 수 있는 방안을 끊임없이 모색했다는 사실이다. 케네디는 사실 또 다른 적이라 할 수 있는 흐루시초프의 중재를 통해 카스트로와의 회담을 성사시키기 위한 수차례 물밑 작업을 진행해왔다.

흐루시초프는 미국이 쿠바를 침략하지 않는 조건으로 소련의 미사일을 철수시키겠다는 조건에 동의한 바 있었다. 그리고 이를 알게 된 카스트로는 케네디에게 뿐만 아니라 흐루시초프에게도 단단히 화가 났다. 화가 난 데에는 그만한 이유가 있었다. 쿠바의 전 UN 대사 카를로스 레추가Carlos Lechuga는 자신의 저서에서 미사일 위기에 대해 다음과 같이 언급했다.

> "카스트로는 크렘린에서 결정된 사안과 관련해 대화를 한 적도, 들은 적도 없었다. 미사일 철수와 그 결정 과정은 쿠바 정부와 국민들에게는 충격 그 자체였다. 물론 어찌 보면 전쟁 발발의 위험이 줄어든 것이라 할 수 있겠지만, 쿠바에 대한 위협이 완전히 사라졌다고 말할 수는 없기 때문이었다."

쿠바가 초강대국들의 합의로 얻어낸 것은 미국이 쿠바를 침공하지 않겠다는 약속뿐이었다. 게다가 케네디나 그의 후임자가 그 약속을 지킬 것이라는 보장은 없었을 뿐더러, 계속되는 사건들에서도 보여줬다시피 침공을 하지 않겠다는 선언이 곧 미국이 쿠바 정부 전복 계획을 완전히 철회한다는 의미는 아니었기 때문이다.

카스트로는 자신의 혈맹이라고 생각한 소련이 자신과는 어떠한 협상도 없이 미국을 견제하기 위한 핵무기를 갑자기 철수시킨 것에 대해 격노했다. 미사일 위기 이후, 카스트로는 화가 나서 며칠 동안 아바나에 있는 소련 대사를 만나지 않았다. 그의 입장에서 흐루시초프는 배신자였다. 흐루시초프는 자신을 만나지 않으려는 카스트로에 편지를 썼다. 30년 후, 쿠바의 의장은 이 편지가 '매우 훌륭하고… 우아하며, 매우 친근했다'고 묘사했다.

1963년 1월 31일, 흐루시초프는 사이가 벌어진 동지에게 편지를 보냈다. 그는 케네디에게 처음 비밀 서한을 보냈을 때와 마찬가지로 아름다운 풍경을 먼저 언급했다. 흐루시초프는 베를린에서의 회의를 마치고 모스크바로 돌아가는 기차 안에서 편지를 썼다.

"제가 탄 기차는 소련 벨로러시아의 들판과 숲을 가로지르고 있습니다. 햇볕은 따사롭고, 땅은 하얀 눈으로 덮여 있습니다. 숲은 은빛 서리로 반짝이고 있는데, 당신과 함께 이 광경을 본다면 얼마나 좋을까요?

남쪽에 살고 있는 당신은 아마도 이런 광경을 그림으로만 봤을 겁니다. 당신에게 세상이 새하얀 눈으로 덮여 있는 모습을 상상하기란 꽤 어려운 일일 겁니다. 당신이 우리나라에 계절마다 방문해 주면 좋겠습니다. 봄, 여름, 가을, 겨울 모두 각각의 매력을 갖고 있답니다."

흐루시초프는 이 편지의 주제를 "나의 동지와 만나서 마음을 터놓고 이야기하고픈 강한 욕망"이라고 했다. 그는 "현재 쿠바와 소련, 두 나라와 두 사람의 개인적인 관계에 긴장감이 흐른다는 것을 인정합니다. 솔직히 말하면, 이런 관계들은 미사일 위기가 있기 전에는 존재하지도 않았습니다. 저는 이런 긴장감이 두 나라 관계에 걱정거리가 된다는 것 또한 인정합니다. 그러나 저는 두 나라의 관계는 우리의 만남을 통해서 개선될 수 있을 것이라고 믿습니다"라고 했다.

그는 카리브의 위기에 대해 이렇게 호소했다. "우리의 관점이 언제나 일치했던 것은 아니었습니다. 그렇지만 우리가 반드시 기억해야 하는 것은 미국이 우리에게 분명히 약조한 바가 있고, 미 대통령이 약조한 바를 이행하는 데 적극적이며 매우 결의에 차 있다는 것입니다. 물론 미국을 완전히 믿을 수는 없겠죠. 그의 말을 절대적으로 신뢰할 수 있다는 것은 아니지만, 그렇다고 해도 그의 말을 완전히 무시하는 것 역시 전혀 합리적이고 현명한 방법은 아닌 것 같습니다."

흐루시초프는 매우 예의 있게 카스트로를 설득했다. "이제 저도 케네디 대통령을 신뢰하고, 대통령 역시 저를 신뢰하는 분위기가 조성되고 있습니다. 물론 언젠가 어느 한 쪽 혹은 둘 다 서로를 신뢰했다는 것을 후회할 날이 올지도 모르겠습니다. 그렇지만 우리가 함께 약속한 것은 평화 정착이었기에, 신뢰가 잠시 흔들려도 목표가 같다면 재빨리 신뢰를 회복할 수 있지 않을까요? 평화 정착의 목표를 위해 케네디 대통령을 믿어 보는 것도 나쁘지 않으리라 생각합니다."

그 해 봄, 흐루시초프는 카스트로를 초대했다. 카스트로는 1963년 5월부터 6월 초까지 소련의 거의 전 지역을 돌아다니며, 자신이 11월에는 만남을 피했던 지도자와 반나절 이상을 함께 보냈다. 흐루시초프의 아들 세르게이는 두 사람에 대해 "아버지와 카스트로는 스승과 제자의 관계로 발전되었다"고 했다. 흐루시초프와 함께 보낸 시간을 카스트로는 개별 지도 시간으로 정하고 미사일 위기에 대해 집중적으로 이야기했다. "흐루시초프는 몇 시간 동안 케네디로부터 온 메시지, 로버트 케네디를 통해서 전달된 메시지 등 많은 메시지를 읽어주었다… 통역관이 배석해, 흐루시초프는 편지를 읽고 카스트로는 통역관의 말을 통해 케네디의 메시지를 알 수 있었다."

흐루시초프는 카스트로에게 자신과 케네디가 전면전 위기 직전에서 함께 깨달은 평화에 대한 염원을 전달하고자 했다. 자본주의에 대해 지나치게 긍정적으로 평가하지 않으려고 노력했지만, 흐루시초프는 어떤 수단을 써서라도 전면전을 막고자 했던 자신과 케네디의 공조 속에서 참으로 아이러니한 희망을 느꼈다는 사실을 숨기지 않을 수 없었다. 세르게이는 이에 대해 다음과 같이 말했다. "아버지는 케네디 대통령은 그의 말을 지킬 것이고, 그가 대통령으로 있을 6년의 임기 동안 쿠바는 평화를 보장받을 수 있을 것이라고 말하며 카스트로를 설득했다. 아버지는 아마 케네디가 향후 6년 동안은 대통령직을 이어갈 수 있을 거라고 생각한 모양이었다. 실제로 6년 동안의 평화란 쿠바에게는 영원과도 같은 것이다."

흐루시초프는 케네디와 주고받은 편지를 크게 읽어주면서 의도하지 않게 카스트로에게 자신과 케네디가 터키와 이탈리아에서도 미사일을 철수하는 조건으로 쿠바에서 미사일을 철수했다는 것을 알려줬다. 이는 흐루시초프에게 쿠바를 지키는 것 외에도 다른 전략을 갖고 있다는 것을 보여줬다. 카스트로는 이 일에 대해 이렇게 회상했다. "그 내용을 읽었을 때 흐루시초프를 쳐다보고 말했습니다. '터키와 이탈리아의 미사일에 대한 부분을 다시 읽어주시겠어요?' 그는 그만의 장난기 어린 미소를 지었습니다. 사실 우리 모두는 터키와 이탈리아의 미사일 문제가 다시 일어나지는 않을 것이라는 점을 잘 알고 있었습니다. 왜냐하면 그들이 다시 미사일 문제를 제기한다는 것은 자승자박하는 꼴이었기 때문이죠."

우리가 알고 있듯, 카스트로는 소련을 방문하기 전부터 이미 케네디에게로 돌아서기 시작했었다. 그는 피그스 만에 있는 포로들을 위해 협상에 나선 제임스 도노반과의 우호적인 교류 그리고 4월, 케네디가 쿠바의 망명자들에 대한 공격을 엄중히 단속하기로 마음이 돌아선 것이다. 카스트로는 흐루시초프의 개인지도 시간에 더욱 고무되어서 자신의 적인 케네디와 협상을 하기로 마음먹고 아바나로 돌아왔다.

　CIA는 이 모든 과정을 계속해서 주시하고 있었다. 1963년 6월 5일, 리처드 헬름스가 작성한 비밀 보고서에 따르면, CIA가 "카스트로는 흐루시초프의 회유로 '당분간' 케네디 행정부의 유화 정책을 긍정적으로 검토하기로 하고 돌아왔다"는 보고를 받았다.

　그러나 CIA는 이런 관계의 발전을 사보타주 계획(케네디가 6월 19일에 승인)과 다시 한 번 카스트로를 암살하기 위한 시도로 중단시켰다. 1963년 늦여름, CIA 요원은 쿠바에 사는 암호명이 AM/LASH인 비밀 요원을 만났다. AM/LASH는 카스트로의 가까이에 있었다. 그는 CIA 요원과 카스트로 암살 시나리오에 대해 논의했다. 그는 "미국의 행동을 기다리고 있다"고 했으며, 이는 9월 7일에 CIA 본부에 보고되었다. 우리는 케네디의 암살 계획을 추적하기 위해 먼저 CIA가 계획한 카스트로의 암살 계획을 살펴볼 필요가 있다. 다음 날 이른 아침, 카스트로는 아바나에 있는 브라질 대사관에서 환영을 받은 후 인터뷰를 가졌다. 9월 9일, 미국 신문 기사에서 AP 통신 기자 대니얼 하커Daniel Harker는 카스트로가 두서없는 비공식 문서를 통해, "미 정부가 쿠바 정권을 전복시키기 위한 테러 공격을 감행한다면, 우리는 과감히 맞서 싸울 것이고, 미국 역시 안전하지 못할 것을 반드시 기억하라"고 경고했다고 전한다.

　1978년, 카스트로는 하원 암살조사위원회HSCA로부터 이 진술에 대한 질문을 받았다. "나는 정확히 무엇이라고 말했는지는 기억나지 않습니다. 그러나 내가 무슨 의도로 그런 말을 했는지는 기억하고 있습니다. 그것은 우리를 공격하려는 시도와 음모에 대해 모두 다 알고 있다고 경고하려는 것이었습니다. 그래서 저는 그런 음모는 끔찍한 결과를 낳게 될 것이라고 미리 말한 겁니다. 그런 음모를 꾸민 사람들에게도 그 피해가 고스란히 전가될 것입니다. 그렇지만 쿠바가 미국을 위협하고 있다는 것을 말하려 한 것은 아닙니다. 또 쿠바가 보복 조치들을 미리 준비하고 있다는 것을 말하려던 것도 아닙니다"라고 말했다.

여름 내내 케네디와 카스트로는 서로에게 적대감을 표현하며 모든 대화의 가능성을 피했으나, 9월이 되어서야, 두 호저들은 그들의 불편한 관계를 회복하기 시작했다. 회담을 통해서 다시 시작된 관심은 ABC의 취재 기자 리사 하워드Lisa Howard와 UN 사절단에 배속된 미국 외교관 윌리엄 앳우드를 통해서 재개되었다. 쿠바에서 돌아온 리사 하워드는 〈전쟁 및 평화보고서War/Peace Report〉에 "카스트로의 서곡Castro's Overture"이라는 기사를 내보냈다. 이 기사는 카스트로와 가진 인터뷰를 기초로 작성했다.

그녀는 카스트로와 가진 사적인 대화에서 "나는 미국과의 협상을 강력히 원한다. 나는 이미 쿠바 땅에 있는 소련군과 무기, 몰수된 미국인들의 땅과 투자금에 대한 보상 문제, 라틴아메리카 전 지역의 공산주의의 와해를 위해 쿠바 정부를 전복시키기 위한 미국의 정책 등에 대하여 논의할 준비가 되어 있다"고 했다. 다음 단계를 구상한 것은 바로 리사 하워드였다. 그녀의 기사는 케네디 행정부에 "미 정부 각료를 아바나에 보내서 카스트로가 하는 말을 들어보라"고 촉구했다. 이는 1963년 9월, 윌리엄 앳우드가 실제로 케네디 대통령을 대신해서 수행하기 시작한 비밀 협상의 단초가 되었다.

케네디와 카스트로의 밀약

케네디 암살 후 10년이 넘은 1975년 1월 10일, 윌리엄 앳우드는 상원의원 프랭크 처치 위원회Senator Frank Church's Committee의 일급비밀 회의에서 증언했다. 앳우드에게는 다음과 같은 질문이 던져졌다. "케네디 대통령이 카스트로와 쿠바와의 화해의 가능성을 조사해보라고 했습니까?"

앳우드는 "네, 물론입니다. 접근이 이루어졌고 접촉에 성공했습니다. 이는 백악관의 승인과 격려를 통해 이루어진 것입니다"라고 답했다.

윌리엄 앳우드는 그런 역할을 하는 데 충분한 자격을 갖추고 있었다. 뛰어난 저널리스트 앳우드는 쿠바 혁명 직후인 1959년에 〈룩Look〉지의 특집기사로 카스트로를 인터뷰했다. 1963년 9월 18일, 백악관에 남긴 문서에서 앳우드는 자신과 카스트로와의 저널리스트적 관계를 다음과 같이 적었다. "카스트로는 제가 1959년에 쓴 기사를 좋아하지 않았습니다. 그럼에도 우리는 문제없이 잘 어울릴 수 있었고, 카스트로가 저를 편히 대화할 수 있는 상대로 기억하고 있는 것 같았습니다."

앳우드는 UN 대사 아들라이 스티븐슨과 케네디의 연설문 작성자이기도 했다. 케네디는 그를 기니의 대사로 임명했다. 그와 케네디는 학창시절부터 알고 지낸 사이였다. 1963년 가을, 앳우드는 케네디의 외교관으로 임무를 수행하다가 몇 달 동안 UN 대사 아들라이 스티븐슨의 아프리카 담당 보좌관으로 UN에서 일했다. 앳우드는 카스트로와의 비밀 회담에서 케네디의 대표 교섭자로서 최적의 위치에 있었다. 그는 9월 18일 비망록에 이렇게 적었다. "고위관료로서의 저의 위치는 카스트로 하여금 회담이 얼마만큼의 중요성을 띠는지를 분명히 느끼게 해 준 것 같습니다. 그렇지만 저의 쿠바에로의 출발, 도착 등 저의 일정을 다 알려야 할 만큼 제가 그렇게 유명한 사람은 아니었죠."

9월 20일, 케네디는 UN 총회 발표를 위해 뉴욕으로 향했다. 그는 스티븐슨 대사와 만남을 가졌고, 윌리엄 앳우드가 쿠바의 UN 대사 카를로스 레추가 박사와 '신중한 관계를 맺도록' 허락했다. 이는 향후 케네디와 카스트로 대화가능성을 열기 위한 것이었다. 당시 아들라이 스티븐슨은 케네디와 카스트로와의 대화가 절대로 성사되지 않을 것이라고 생각했다. 그는 예언을 하는 듯한 어조로 말했다. "왜냐하면 엄밀히 말해 쿠바는 불행히도 CIA의 소관이기 때문이죠."

케네디는 자신이 CIA와 또 다시 마찰을 일으키는 것이 위험하다는 것을 알고 있었다. 그러나 케네디는 당시가 카스트로와 대화를 시작하기에 적기라고 생각했다. 9월 23일, 리사 하워드는 뉴욕에 있는 자신의 아파트에서 앳우드와 레추가 박사가 만날 수 있게 하기 위한 파티를 열었다. 파티의 목적은 처음 만남인 두 사람이 주위의 이목을 피해 자연스럽게 대화를 나눌 수 있는 자리를 만들기 위함이었다. 레추가는 몇 년 후 그 파티에 대해 회상했다. "리사는 저를 파티에 초대하면서 미 대표단 중 윌리엄 앳우드 대사가 나를 꼭 만나기를 원한다고 말했다고 했어요. 내일이면 바로 워싱턴으로 돌아가야 하기 때문에 꼭 만나야 한다고 말이죠"라고 말했다.

〈폭풍의 눈 안에서In the Eye of the Storm〉와 〈여명의 투쟁The Twilight Struggle〉은 각각 레추가와 앳우드의 회고록이다. 그들은 회고록에서 리사의 파티에서 이뤄진 대화에 대해 기록했다. 두 권의 책에 기록된 대화 내용을 조금씩 보완하여 이야기를 맞출 수 있었다.

레추가의 회고록에는 당시의 상황이 좀 더 자세히 설명되어 있다. "파티에는 많은 외교관들과 기자들이 참석했고, 이들은 칵테일을 마시거나 샌드위치를 먹곤 했다. 그러다가 나는 앳우드 대사를 소개받았다. 왜 나를 만나고자 했는지에 대한 설명을 할 새도 없이, 그는 스티븐슨이 나를 만나는 것을 승인했다고 말했다. 몇 시간 후 자신은 대통령으로부터 카스트로와의 회담 허락을 받기 위해 워싱턴으로 갈 것이라고 말했다. 그리고 그 자리에서 미국과 쿠바의 화해 가능성에 대해 논의할 것이라고 말했다."

레추가는 스티븐슨뿐만 아니라 대통령도 이미 우리 두 사람의 첫 만남을 승인했다는 것을 감지하고, 두 나라 간의 갈등을 고려했을 때, 앳우드가 자신에게 한 말은 놀라웠고, 끝까지 관심 있게 그의 말을 들었다고 회고록에 적고 있다. 앳우드는 레추가에게 자신이 목적을 갖고 아바나로 가는 것을 쿠바 정부가 허가할 가능성이 50%는 되는지 물었다. 레추가는 아마 그 정도는 될 거라고 말했다. 두 사람은 현재 미국의 정책을 두 가지 측면으로 나누어 볼 수 있다고 생각했다. 한 측면은 아메리카대학에서 행한 케네디의 연설내용 중 핵실험 금지 조약에 대한 것이고, 다른 한 면은 쿠바 안에서 이루어진 CIA의 사보타주와 쿠바 상공에서의 첩보 비행이었다. 이 두 측면이 '미묘한 상황'을 만들어 낸 것에 두 사람은 동의했다. 회고록에서 앳우드는 레추가에게 말했다. "케네디 대통령께서는 사적인 대화에서 쿠바에 대한 미국의 정책을 어떻게 바꿔야 할지 잘 모르겠다고 종종 말했습니다. 그러면서도 미국이나 쿠바, 각국의 명분 때문에 정책을 하루아침에 바꿀 수는 없다고 말했습니다. 그렇지만 변화를 위해 무슨 일이든 시작해야 한다고 말했습니다."

윌리엄 앳우드는 레추가가 회고록에서 언급한 대화에 추가해서 "카스트로는 케네디가 대통령에 당선된 1961년부터 그와의 회담을 갖고 싶어했지만, 피그스 만 사건으로 당시에는 어떤 기회도 만들 수 없었습니다. 그러던 중 수상은 6월, 케네디 대통령이 아메리카대학에서 발표한 연설문의 내용에 고무되어 그를 다시 만나고 싶은 마음이 들었습니다. 이에 저는 대화가 아바나에서 이루어지면 좋겠고, 그런 자리는 꼭 마련되어야 한다고 했습니다. 6월에 계속되는 망명자들의 공격과 미 은행에 있는 묶여 있는 3백 30만 달러라는 쿠바 자산에 대해 그는 이제 염증이 난다고 표현했습니다. 우리는 대화에서 현재의 상황은 비정상적이라는 데 동의했고(레추가에 따르면, 그들은 그 상황이 '미묘하다'는 데 동의했다), 앞으로도 계속 신속하고 긴밀한 연락을 취할 것을 원했습니다"라고 전했다.

9월 24일, 앳우드는 워싱턴에서 로버트 케네디를 만났다. 그는 로버트 케네디에게 전날 밤 레추가와 만났던 일을 보고했다. 로버트 케네디는 앳우드의 쿠바행이 모두에게 노출될 수 있다고 우려했다. 왜냐하면 '비밀이 누설되면 쿠바 정책에 대한 비난과 방해 공작을 감수해야 할 것'이라고 생각했기 때문이다. 또 그는 쿠바가 아닌 다른 곳(아마도 UN)에서 만나는 게 좋지 않을까 제안하며 앳우드에게 레추가와 이 문제에 대해 지속적으로 논의할 것을 권유했다. 3일 후, 앳우드와 레추가는 '자연스럽고 조심스러운 만남에 제격'인 UN 대표단 휴게실에서 만남을 가졌다. 앳우드는 휴게실이 좋은 이유는 '소음과 복잡함 때문'이라고 말했다. 그는 이어서 자신이 정부 각료로서 쿠바에 가기는 힘들 것 같다고 말했다. 그러나 "만일 카스트로나 개인 특사가 우리에게 말할 것이 있으면 그들이 편한 곳에서 만나 이야기를 들을 준비가 되어 있다"고 덧붙였다. 그리고 레추가는 이 이야기를 아바나에 전하겠다고 했다. 그러고 나서 레추가는 앳우드에게 자신이 "10월 7일에 반미 연설을 할 것인데, 이를 너무 심각하게 받아들이지 말라"고 말했다.

10월 7일, UN 대사 스티븐슨은 레추가의 연설에 대응하는 반(反) 쿠바 연설을 했다. 이 연설문은 앳우드가 작성한 것이었는데, 레추가 역시 이 연설을 심각하게 받아들이지는 않았다. 왜냐하면 이미 케네디가 카스트로와 대화하기로 마음을 굳혔다는 것을 알고 있었기 때문이다. 사실 어찌 보면 UN에서 이뤄진 미국과 쿠바의 논쟁은 케네디와 카스트로가 대화를 추진하는 데에 보호막 역할을 한 것이다.

그로부터 3주가 지났다. 쿠바에서는 어떤 대응도 없었지만, 앳우드의 허락을 받은 리사 하워드가 르네 발레조Rene Vallejo에게 전화를 걸기 시작했다. 르네 발레조는 카스트로의 보좌관이자 그의 친구로, 미국과 쿠바의 대화에 호의적인 입장을 가진 인물이었다. 리사는 레추가가 보낸 메시지가 쿠바 외무부를 통과한 적이 있었는지 의문이 생겼다. 그녀는 발레조를 통해서 카스트로와 대화를 할 준비가 되어 있는 미국의 고위 각료가 있다는 것을 확실히 알리고 싶었다. 그리고 몇 주 동안 그녀와 발레조는 서로에게 전화 메시지를 남기며 연락을 유지했다.

10월 28일, UN 대표단 휴게실에서 레추카는 앳우드에게 "아바나는 지금 대화를 위해 UN에 누군가를 꼭 보낼 필요는 없을 것 같다"고 말했다. 하워드와 마찬가지로 앳우드도 레추가의 메시지가 쿠바의 외무부를 통해 카스트로에게 전달된 적이 없다는 생각이 들었다. 케네디는 기다리는 데 지쳐 있었다. 그래서 그는 카스트로와 소통할 수 있는 자신만의 채널을 만들기로 결심했다. 노먼 커즌스와 다른 중재인들을 통해 흐루시초프도 자신만의 대화 채널을 만들었듯이 말이다.

10월 24일 목요일, 대통령은 백악관에서 프랑스의 사회주의 시사 주간지 〈옵세르바퇴르L'Observateur〉의 편집장이자 저널리스트인 장 다니엘과 인터뷰를 가졌다. 앳우드와 다니엘은 오랜 친구사이였다. 앳우드는 당시 다니엘이 카스트로와의 인터뷰 때문에 쿠바에 가는 길이라는 것을 알고 있었다. 그러나 앳우드는 자신의 친구에게 케네디 대통령을 먼저 만나고 가라고 설득했다. 케네디는 다니엘을 통해 카스트로와 비공식적으로 소통할 수 있는 방법을 찾을 수 있을 거라고 생각했다. 또한 카스트로를 만난 후 다니엘을 다시 한 번 만나고 싶다고 요청했다. 이에 다니엘은 케네디가 카스트로의 대답을 듣길 원한다는 것을 깨달았다. 대통령은 다니엘을 쿠바 수상에 대한 자신의 비공식적 특사로 만들고 있었다.

다니엘은 〈뉴 리퍼블릭New Republic〉지에 케네디와 카스트로와 진행했던 역사적인 인터뷰에 관해 썼다. 그는 케네디 대통령이 강한 어조로 쿠바 혁명에 대해 말했다는 것을 강조했다. "케네디 대통령은 자신이 가진 설득의 능력을 모두 한데 모았다. 그는 간단하고 기계적인 제스처로 한 문장 한 문장을 강조하여 말했다. 그리고 그가 사용한 제스처들은 유명해졌다."

케네디는 "나는 개인적으로 처음부터 쿠바에서 일어나는 일련의 사건들의 전개 과정에 관심이 많았다. 내가 온 힘을 다해 관심을 쏟은 대상이 몇 가지 있어, 오늘 나는 내가 믿고 있는 것에 대해 말하고자 한다"고 말했다. 케네디가 한 말들은 미국과 쿠바의 평화 증진에 단초가 될 만한 사안들이었다. 케네디는 아메리카대학 연설에서 소련인들의 고통에 대해 언급한 적이 있었는데, 흐루시초프는 그의 연설에 큰 감동을 받았다고 한다. 이와 마찬가지로 오늘 인터뷰에서 다니엘과 나눈 케네디와의 대화는 카스트로에게도 전해질 것이고, 결국 이는 적국인 쿠바와의 이데올로기적 갈등을 극복하는 데 도움을 줄 수 있을 것이다.

"저는 모든 아프리카 국가, 그리고 경제적 식민지화, 굴욕과 착취를 당하며 식민 지배를 받고 있는 모든 국가들을 포함한 세계 어느 나라보다도 바티스타 정권Batista regime 하에 있는 쿠바가 가장 심각한 위기를 겪고 있는 나라라고 생각합니다. 사실 여기에는 미국의 정책도 한 몫 했다는 점을 인정합니다. 저는 카스트로가 정당하게 정의를 요구하고, 특히 쿠바의 부패를 척결하기를 갈망한다는 내용의 시에라 마에스트라Sierra Maestra 선언에 찬성했습니다. 사실 바티스타는 미국이 저지른 수많은 원죄의 결과물 중 하나라고 할 수 있습니다. 따라서 미국은 그에 대한 빚을 갚아야 한다고 생각합니다. 바티스타 정권과 관련해서, 본인은 첫 번째 쿠바 혁명에 동의하며, 이는 확고한 저의 입장입니다."

케네디는 다니엘을 조용히 바라봤다. 그는 다니엘이 굉장히 놀라고 있으며, 점점 더 큰 관심을 갖고 있다는 것을 눈치 챘다. 이에 그는 계속 말을 이어가면서, 자신과 카스트로가 겪는 갈등의 본질이라고 생각하는 냉전과 관련된 사항들에 대해 이야기하기 시작했다.

"그러나 냉전이라는 문제가 더 이상 쿠바만의 문제가 아니라 국제적인 문제가 되었음은 부정할 수 없는 사실입니다. 즉, 미국과 소련의 문제가 된 것입니다. 우리는 그것이 카스트로의 '독립에 대한 의지'에 의해서든, 아니면 그의 '광기' 혹은 '맹목적인 공산주의의 신념에 의해서든 간에, 그로 인해 1962년 10월, 핵전쟁이 일어날 뻔했다는 것을 잘 알고 있습니다. 소련은 적어도 당시 미국의 대응이 있은 후 당시 상황을 매우 심각하게 받아 들였습니다. 그러나 과연 카스트로는 그 심각성에 대해 알고는 있었을까요? 지금 상황에서 저는 대체 카스트로가 그 심각성을 인식은 하고 있었는지, 아니면 그게 문제라고 생각을 하기는 한 건지 저로서는 확인할 방법이 도저히 없습니다."

쿠바 혁명에 대한 호소력 짙은 지지를 보낸 후, 케네디와 카스트로의 논쟁은 케네디 자신도 의심하기 시작했지만 아직 버리지는 못한 냉전에 대한 편견은 여전이 남아 있었다. 그는 아메리카대학에서의 연설 이후에도 여전히 쿠바의 미사일 위기를 일으킨 원인이 카스트로의 '독립에 대한 의지'나 그의 '광기' 혹은 '공산주의 신념'이 아니라 바로 미국의 쿠바 침공위협이었다는 사실을 제대로 인식하지 못했다.

사실 미국이 쿠바를 침공할 것이라는 위협 때문에 소련이 이를 막기 위해 쿠바에 미사일을 배치한 것이고 그것이 바로 쿠바 미사일 위기를 촉발시킨 것이기 때문에 실제 원인은 미국이 제공했다고 보는 것이 옳다. 그럼에도 케네디는 이를 인식하지 못하는 듯 했다. 그러나 케네디는 냉전에 대한 자신의 생각이 쿠바 혁명의 단초를 제공했다는 점, 그래서 지금의 위기 사태가 발생했다는 데에 상당히 불편해 하는 것 같았다고 다니엘은 회고한다. 케네디가 다니엘에게 한 마지막 말은 "(쿠바에 대한) 계속적인 봉쇄정책의 유지 여부는 쿠바가 파괴적 행동을 지속하느냐의 여부에 달려 있다"였다. 이 말이 의미하는 것은 카스트로의 파괴적 행동을 의미하는 것이지, 케네디 자신의 파괴적 행동을 의미하는 것은 아니었다. 그러나 다니엘은 "나는 케네디 대통령이 상황에 대한 의문을 갖고 있었고, 빠져나올 길을 찾고 있음을 분명히 느낄 수 있었다"고 말했다. 그러나 그가 빠져나올 수 있는 출구를 찾아내기 위해 그에게 주어진 시간이 한 달도 채 남지 않았다는 것은 어느 누구도 알지 못했다.

CIA의 후원자

1963년 가을, 케네디와 카스트로는 비밀리에 화해의 길을 모색하고 있었다. 그러나 CIA는 오스왈드를 신원이 확실한, 그러나 소련과 쿠바가 배후인 대통령 암살범으로 만들기 위한 비밀 작전을 추진하고 있었다.

'세양액처리Sheepdipping'에 대해 들어 본 적 있는가? 이것은 양의 몸에 붙어 있는 기생충을 죽이기 위해 양을 세양액에 담그는 것을 말한다. CIA는 이런 방식으로 오스왈드를 조종하게 된다. 포트워스Fort Worth와 댈러스에서의 조지 드 모렌쉴트George de Mohremschildt 및 백계 러시아인 White Russian 공동체와 오스왈드의 관계는 오스왈드에게 잠재적 유죄의 가능성을 만들어 줄 수 있었다. 이런 관계는 오스왈드가 쿠바공정위원회 시나리오의 수렁 속에 빠지게 만들었고, 오스왈드는 이제 댈러스로 돌아오게 되었다. 그러나 CIA와 연루된 후원자 드 모렌쉴트가 아이티 Haiti로 이동한 다음의 일이었다. 드 모렌쉴트 역할에는 보이지 않는 인물이 대신했다. 그러나 하원 암살조사위원회의 한 조사관의 헌신적인 노력 덕분에, 우리는 그림자 속 인물의 희미한 모습을 파악할 수 있다.

9월 초, 오스왈드는 댈러스에 있는 시내 중심가 한 건물 로비에서 CIA 요원 데이비드 애틀리 필립스와 만났다. 수년간 그의 밑에서 일했고 그의 가명이 '모리스 비숍Maurice Bishop'이라고 알고 있는 '알파 66'의 지도자 안토니오 베치아나는 댈러스에서 이뤄진 당시의 장면을 증언했다.

그는 1975년 하원 암살조사위원회 조사관 개튼 폰지Gaeton Fonzi에게 그 상황을 설명했으며, 그 내용은 폰지의 저서 〈마지막 수사Last Investigation〉에 자세히 기술되어 있다.

"베치아나는 건물의 로비로 들어오자마자, 비숍을 보았는데, 그는 로비 한구석에서 창백하고, 호리호리하며, 부드러운 인상의 젊은 남자와 함께 대화를 하고 있었다. 베치아나는 비숍이 자신을 그 남자에게 소개해 주었는지는 기억이 나지 않지만, 자신이 도착하자마자 그와 대화를 끝냈다는 것은 기억했다. 그들은 모두 로비에서 나와 복잡한 거리로 들어섰는데, 비숍은 그 남자와 베치아나 뒤에 잠시 멈춰서서 몇 마디를 더 나누는가 싶더니, 곧 작별인사를 했고, 그 남자와 헤어졌다. 비숍은 곧바로 베치아나 쪽으로 왔고, 그들은 가까운 커피숍으로 걸어가면서, '알파 66'의 현재 활동에 대해 이야기하기 시작했다. 그는 그 젊은 남자에 대해 한마디도 하지 않았고 베치아나도 묻지 않았다."

11월 22일, 베치아나는 신문과 TV에 나온 오스왈드의 사진을 보았다.

그는 TV 속의 그 남자가 바로 댈러스에서 자신의 CIA 지휘관 모리스 비숍과 함께 있던 그 젊은이임을 알아보았다. 베치아나와 비숍의 만남은 그 후에도 계속 이어졌으나 베치아나는 비숍에게 오스왈드를 만났던 당시의 상황에 대해 어떤 질문도 하지 않았다. 비숍 또한 베치아나가 자신과 그 젊은이를 보고 있었다는 것을 알고 있었지만 그 또한 어떤 언급도 하지 않았다. 이 사실이 알려진다면, CIA와 피의자 오스왈드와의 관계에 대한 결정적 증거로 작용할 수도 있었기 때문으로 보인다.

16년 후, 마침내 베치아나는 하원위원회에서 '오스왈드와의 만남'을 증언했다. 데이비드 애틀리 필립스가 바로 모리스 비숍이라는 것을 확인하는 단계까지 왔을 때, 베치아나는 마이애미에서 신원불명의 저격수에 의해 총을 맞게 되지만, 가까스로 회복한다. 그는 공식적으로는 필립스가 비숍이라는 것을 인정하지는 않았지만, 사적인 자리에서 폰지에게 그 사실을 인정했다. 내가 베치아나와 인터뷰를 가졌을 때, 그는 자신을 살해하려 했던 상황에 대해 자세하게 설명했다. 그는 FBI로부터 누군가가 자신을 죽이려 한다는 경고를 세 번이나 받았다고 말했다. 그러나 그가 총을 맞은 후, 그 사건에 대해서 어떤 수사도 이루어지지 않았다. FBI 측은 그 사건은 마이애미 경찰 소관이라고 말했지만, 마이애미 경찰은 어떤 수사도 진행하지 않았다. FBI와 경찰은 사건을 다른 곳으로 미루는 듯했다.

우리는 베치아나의 CIA 후원자인 데이비드 필립스가 어떻게 '알파 66'을 조종했는지, 그리고 어떻게 케네디 대통령을 카스트로와의 전면전으로 끌어 들이려 했는지 앞에서 살펴보았다. 필립스는 CIA 멕시코시티 지국 비밀작전 총 책임자였다가 케네디 암살 2달 전, 멕시코시티 쿠바작전 총책임자로 임명되었다. CIA에서의 필립스의 전체적 경력을 보면, 그가 조직에서의 명예를 중요하게 생각했다는 것을 알 수 있다. 케네디 피살 후, 필립스는 CIA의 서반구담당 책임자로 승진했으며 1975년 은퇴직전, CIA 최고의 영예라고 할 수 있는 정보공로훈장Distinguished Intelligence Medal을 받았다. 1963년 가을, 필립스는 CIA의 기획담당 부국장이자 비밀작전의 주모자였던 리처드 헬름스 휘하에서 일하고 있었다.

멕시코시티의 시나리오

워런 보고서Warren Report에 따르면, 오스왈드는 1963년 9월 27일부터 10월 2일까지 멕시코시티에 있었다. 그리고 그 동안 쿠바 대사관과 소련 대사관을 각각 방문했다. 바로 이 시점부터 오스왈드라는 인물에 대한 수수께끼가 시작된다. 특수임무를 부여받은 오스왈드의 행적을 정확히 파악하기란 매우 힘든 일이다. 실제 멕시코시티에서 오스왈드로 보이는 자의 행적은 어느 정도 알려져 있지만, 우리는 그가 진짜 오스왈드라고 확신할 수는 없다.

CIA 멕시코시티 지국은 쿠바 및 소련 대사관의 활동을 치밀하게 감시했다. 요원들은 길 건너편에 감시 초소를 설치하여 각 대사관을 방문하는 사람들을 촬영했다. 또한 쿠바와 소련 양쪽 대사관 내에 있는 전화들을 도청했기 때문에 CIA는 대사관에서 일어나는 일을 가장 먼저 알 수 있었다. 지국의 주요 목적은 원래 오스왈드가 대사관을 방문한 것과 통화 내역을 보고하는 것이었다. 그러나 이 과정에서 오스왈드에 대한 정보보다 오히려 CIA의 정보가 더 많이 누설되었다. 여러 기록들을 살펴보면 오스왈드에 대한 사건이 하나 제시되어 있는데, 그 시작은 바로 멕시코시티였다. 오스왈드의 멕시코시티 사건은 치밀하게 짜여진 시나리오처럼 보이지만, 어떤 면에서는 엉성해 보인다. 그렇기 때문에 멕시코시티 사건은 그 사건의 핵심보다 누가 이 사건을 꾸며냈는가에 더 많은 초점이 맞춰지게 된다.

CIA가 오스왈드의 이름으로 행동한 일은 진짜 오스왈드가 멕시코시티에서 행동한 일보다는 더 알려진 바가 없다. 관련 문서들은 마침내 기밀 리스트에서 해제되어 일반 미국인들도 열람 할 수 있게 되었다. 이는 1992년 의회에서 통과된 '케네디 기록법안Kennedy Records Act'의 결과였다. 그러나 극소수의 케네디 암살 조사관들만이 이 자료들을 헌신적으로 연구하면서 문서에 함축되어 있는 내용을 이해할 수 있었다.

1963년 10월 9일, CIA 본부는 멕시코시티 지국으로부터 10월 1일자 소련 대사관에 걸려온 전화에 관한 전문을 보고받았다. 이는 도청, 녹취를 필사하여 영어로 번역한 것이었다. 그 전화는 조잡한 러시아어를 구사하면서, 자신을 리 하비 오스왈드라고 밝힌 한 미국 남자로부터 걸려온 것이었다.

오스왈드라고 밝힌 그 남자는 자신이 9월 28일에 소련 대사관에 있었으며, 그때 코스티코프와 이야기했다고 진술했다. 그는 워싱턴으로 보내는 새로운 전보 내용이 있느냐고 물었고, 그 전화를 받은 경비원은 아직 아무것도 접수된 것은 없지만, 그 요청은 전달되었다고만 말했다. 그러고 나서 그는 전화를 끊었다. 멕시코시티 지국이 보고한 CIA의 10월 9일자 전화 내용 전문은 두 가지 측면에서 주목할 만하다. 첫 번째는 오스왈드와 발레리 블라디미로비치 코스티코프 간의 관련성이다. 코스티코프는 테러, 사보타주, 암살 등을 담당하는 KGB의 13부를 지휘하는 멕시코시티 내 KGB 요원으로 CIA 및 FBI에도 잘 알려진 인물이었다. 전 FBI 국장 클래런스 켈리Clarence M. Kelley는 자신의 자서전에서 이렇게 기록했다. "KGB에서의 코스티코프가 차지하는 비중과 그의 중요성은 아무리 강조해도 지나치지 않을 것이다." 댈러스 FBI 요원 짐 호스티Jim Hosty도 이렇게 기록했다. '코스티코프는 서반구 테러리스트 활동(특히 암살을 포함하는) 간부였다. 군대의 계급으로 말하자면 그는 별 하나를 단 장군쯤 되었을 것이다. 즉, 서반구에 파견된 가장 위험한 KGB 테러리스트였다." 10월 9일 전문에서 또 하나 주목할 만한 것은 10월 1일 전화를 건 "오스왈드"는 실제 오스왈드가 아니라 오스왈드의 이름을 사칭한 자라는 점이다. 그 전문에 의하면, 전화를 건 사람은 "조잡한 러시아어로 말했다"고 했다. 그러나 오스왈드는 러시아어에 유창했다. 그 전문은 이어서 멕시코시티 지국은 미국인으로 보이는 한 남자(감시카메라에 찍힌)가 10월 1일에 소련 대사관을 방문했던 사진을 갖고 있다고 말했다.

사진 속의 남자는 "외관상으로 나이는 35세, 체격은 운동선수 정도, 신장은 약 182cm, 앞이마에 머리숱이 적음, 정수리 부분에 머리숱이 거의 없음"으로 묘사되어 있었다. 그러나 10월 10일자 멕시코시티로 돌아간 CIA 전문을 보면, 1959년 10월에 소련으로 망명한 리 오스왈드의 나이는 겨우 24세였으며, "키 175센티미터, 몸무게 75kg, 엷은 갈색의 곱슬머리, 푸른색 눈"으로 묘사되어 있었다.

우리는 10월 9일자 전문에서 오스왈드와 코스티코프의 관계를 알 수 있었다. 그러나 사실 그 관계는 오스왈드를 사칭하는 한 남자에 의해 꾸며진 관계였다. 즉, 이로써 우리는 멕시코시티 사건과 관련해서 두 가지를 확인할 수 있다. 하나는 CIA가 오스왈드를 소련 및 쿠바와 공모하여 케네디를 암살하려 했던 인물로 만들기 위한 증거 자료를 만들려는 것과 다른 한 가지는 가짜 오스왈드가 활동했다는 자료가 도처에서 발견되고 있다는 점이다.

코스티코프는 미국 정보 계통에서도 유명한 인물이었다. 그럼에도 CIA는 10월 10일, 오스왈드에 관해 입수한 도청 정보를 국무부와 FBI, 그리고 해군에 보내면서도 오스왈드와 코스티코프 간의 특수한 연관 관계에 대해 아무런 언급도 하지 않았다. 코스티코프의 인지도를 고려할 때, 이 또한 주목할 만한 점이다. 이는 테러리스트 용의자에 관한 2001년 정보기관 보고서에 자신이 오사마 빈 라덴Osama Bin Laden을 방금 만났었다는 사실을 언급하지 않은 것과 마찬가지로 매우 의문이 가는 부분이다.

CIA는 오스왈드-코스티코프 관계를 숨기고 있었다. CIA는 11월 22일, 오스왈드를 딜리 광장이 내려다보이는 저격 장소로 배치하는 그 순간까지 오스왈드와 코스티코프의 관계에 대해 침묵한다. 그런 후 CIA는 자신들의 고이 모셔둔 멕시코시티 자료들을 기소된 암살범 오스왈드와 KGB의 코스티코프를 연계시키는 데 사용한다.

1963년 11월 25일, 리처드 헬름스는 CIA의 도청 증거를 정리하던 에드거 후버J, Edgar, Hoover에게 오스왈드가 소련뿐만 아니라 쿠바 정부로부터도 케네디 대통령 암살에 지원을 받았다는 전언을 보냈다.

헬름스의 전언에 첨부된 것은 멕시코시티 주재 소련 대사관으로 걸려온 일곱 번의 전화를 녹취하여 필사한 것으로, 이는 모두 오스왈드의 것으로 간주되었다. 그 중 두 개가 주목할 만하다. 하나는 10월 1일의 통화로, 통화 상에서 "오스왈드"는 코스티코프를 자신이 9월 28일에 만났던 소련 영사라고 말한다. 9월 28일, 쿠바 대사관으로부터 걸려온 전화라고 보고된 또 하나의 주목할 만한 통화에서, 그 동일인물은 자신이 방금 소련 대사관에 있었다는 사실을 언급한다. 이 두 개의 통화 내용을 이해하기 위해서는 9월 28일, 멕시코시티에서 처음 이틀 동안 쿠바 대사관과 소련 대사관 사이를 왕래한 사람이 진짜 오스왈드인지 아닌지를 분명히 확인해 볼 필요가 있다는 것을 말해준다. 오스왈드가 기꺼이 정보기관의 요원 역할을 맡았다고 본다면, 쿠바 및 소련 대사관에 방문한 사람이 '정말 오스왈드였는가'하는 것은 중요한 사항이 아니다. 그 인물이 오스왈드든, 그를 사칭하는 다른 사람이든 그는 여전히 시나리오대로 움직이는 배우라는 점이 중요하다. 그가 만약 진짜 오스왈드였다면, 그의 목적은 뉴올리언스에서와 마찬가지로 쿠바공정위원회의 이미지를 손상시키는 것뿐이고, 이는 사실 작은 전쟁에 불과한 것이었다.

처치 위원회가 발견한 1963년 9월 18일자 FBI 메모에 의하면, 이틀 전에 CIA는 FBI에 외국에서의 쿠바공정위원회 활동을 저지시키는 것에 대해 검토하고 있다고 통지했다. 9일 후 오스왈드는 멕시코시티에서 쿠바 및 소련 대사관을 방문하여 그의 쿠바공정위원회 경력을 나열하면서 양쪽 국가 비자를 발급받으려고 했다. 그것이 오스왈드 본인이었든지 아니면 그의 이름을 사칭하여 쿠바공정위원회의 평판을 깎아내리기 위한 연기를 한 다른 인물이었든지 간에 더 근본적인 의문은 '대통령 암살을 위한 시나리오에서 멕시코시티 시나리오는 왜 만들어졌는가?'하는 것이다. 이것은 바로 우리 모두가 답을 알고자 하는 궁극적 의문점이며, 우리는 오스왈드를 사칭하면서 9월 27일에서 28일 이틀간 쿠바와 소련의 대사관을 방문한 인물에 대한 CIA 멕시코시티 감시 테이프 분석을 통해 그 답을 찾을 수 있을 것이다.

오스왈드와 대화를 나눈 쿠바 대사관의 멕시코인 직원 실비아 듀란에 의하면, 그(또는 그를 가장한 인물)는 9월 27일 금요일에 대사관을 세 번 방문했다. 오전 11시, 그는 대사관에 방문하여 소련을 가기 위한 쿠바 비자를 신청했다. 듀란은 그가 지나치게 자신의 좌익 성향을 드러내려 한다고 느꼈다. 그는 쿠바공정위원회 회원카드, 미국 공산당, 오래된 소련 문서들, 신문에서 오려낸 뉴올리언스에서의 체포기사 뿐만 아니라 자신이 경찰에 의해 연행되는 사진까지 보여줬는데, 당시 듀란은 그 사진이 위조된 것으로 보였다고 설명했다.

1963년, 듀란도 멕시코에서 공산당 가입이 불법이라는 것을 알고 있었다. 그런 이유로 공산주의자는 여권만 소지하고 멕시코를 여행하는 것이 보통이다. 따라서 오스왈드의 비자 요청이 향후 그를 체포할 근거가 될 수도 있는데도 신기하게도 오스왈드는 비자를 신청하러 온 것이다.

듀란은 오스왈드에게 비자용 사진이 빠졌으며 쿠바 비자를 발급받기 전에 먼저 소련 방문 허가증이 필요하다고 말했다. 당황한 기색이 역력했던 오스왈드는 대사관을 떠났고, 한 시간 후 사진을 갖고 대사관을 다시 찾았다.

늦은 오후, 오스왈드는 쿠바 대사관을 다시 찾았다. 그는 실비아 듀란에게 당장 비자를 교부받아야 한다고 고집을 부렸다. 그는 소련 대사관이 바로 그에게 소련 비자를 허가해 줄 것이라 주장했다. 듀란은 전화로 소련 대사관에 확인했고, 그의 말이 사실이 아니라는 것을 알았다. 그녀는 이를 오스왈드에게 말했고, 그는 갑자기 화를 내면서 듀란에게 소리를 지르기 시작했다. 곧 쿠바 영사 에우제비오 아즈쿠Eusebio Azcue가 사무실에서 나왔다. 그러자 그는 영사에게도 고함을 쳤다. 아즈쿠가 오스왈드에게 비자발급 과정을 다시 설명했음에도 오스왈드는 노발대발했고, 이에 아즈쿠도 그에게 소리를 질렀다. 오스왈드는 아즈쿠와 듀란을 '관료주의자들'이라고 불렀고, 1978년, 실비아 듀란이 하원 암살조사위원회HSCA에서도 회고했듯, 아즈쿠는 문 쪽으로 걸어가서 문을 열고 오스왈드에게 나가달라고 요청했다. 이 이상한 에피소드는 (아마도 의도했던 대로) 듀란과 아즈쿠에게 지울 수 없는 기억으로 남게 되었다.

1993년, 부영사로 일했던 KGB의 올레그 막시모비치 네치포렌코Oleg Maximovich Nechiporenko 대령은 자신의 회고록 〈살인면허증Passport to Assassination〉에서 오스왈드가 소련 대사관을 두 번 방문한 내용을 언급했다. 9월 27일 금요일 오후, 그의 첫 번째 방문에서 오스왈드는 코스티코프와 아주 잠깐 이야기했다. 네치포렌코는 그날 오전 11시부터 오후 11시까지 방문객들을 안내하던 대사관 직원들 중 한 명으로 코스티코프에 대해 언급하고 있었다. 오스왈드는 소련으로 가는 비자를 받으려 한다고 말했다. 코스티코프는 그를 네치포렌코에게 안내했고 오스왈드는 그에게 당장 비자를 발급해 달라고 요청을 했다. 네치포렌코는 소련 여행과 관련된 모든 문제는 워싱턴에 있는 대사관에서 처리한다고 설명했다. 그는 오스왈드의 경우는 예외로 인정해서 모스크바로 서류를 보낼 수도 있지만 "회신은 여전히 그의 영주권 주소지로 배달될 것이며 최소한 4개월은 걸릴 것"이라고 말했다.

오스왈드는 이야기를 들으면서 화를 냈으며, 네치포렌코는 당시의 상황을 이렇게 기억했다. "내가 이야기를 마치자, 그는 간신히 감정을 추스르면서 천천히 몸을 앞으로 숙이더니 갑자기 내 얼굴에 대고 소리를 질렀다. '나한테 이런 식으로 하면 곤란하지! 나한테 이러면 안 되는 거 아니야? 모든 게 비극으로 끝장 날거야!'" 네치포렌코는 이 통제 불능의 미국인을 건물 밖으로 내쫓았다.

오스왈드는 다음 날 아침 소련 대사관을 또 찾았다. 이번에는 코스티코프(9월 28일)와 소련영사 파벨 야츠코프Pavel Yatskov에게 소련으로 가는 특별 비자를 요청했다. 오스왈드는 전날보다 훨씬 더 흥분해서 FBI의 감시와 박해에 대해 언급하기 시작했다. 그는 양복 주머니에서 연발 권총을 꺼내서 테이블 위에 놓은 다음 "내 목숨을 부지하기 위해서는 어쩔 수 없다"고 말했다.

그들은 그 총을 조심스럽게 집어 탄환을 제거했다. 그들은 오스왈드에게 특별 비자를 바로 내어 줄 수는 없다고 잘라 말했다. 올레그 네치포렌코는 그들의 대화가 끝나갈 때쯤, 대화에 합류했다. 그는 오스왈드가 꺼낸 권총과 분리된 탄환을 자신의 양복 주머니 깊숙이 찔러 넣은 채 이틀 연속 오스왈드를 대사관 문 밖으로 데리고 나갔다. 그와 코스티코프, 야츠코프는 즉시 오스왈드의 대사관 방문에 대한 보고서를 준비해서 모스크바 본부에 전문을 보냈다.

9월 27일, 오스왈드의 세 번의 쿠바 대사관 방문과 9월 27~28일 두 번의 소련 대사관 방문은, 헬름스가 에드거 후버에게 보낸 9월 28일 필사본에 쿠바 대사관으로부터 걸려온 것이라고 나와 있다.

첫 번째로 전화를 받은 사람은 실비아 듀란으로 확인됐다. 그러나 실비아 듀란은 쿠바 대사관은 수 년 동안 토요일에는 일반인들의 출입이 금지되어 왔고, 자신은 그런 전화를 받은 적이 없다고 주장해왔다. 그럼에도 듀란은 소련 대사로부터 전화를 받은 것으로 되어 있다. 올레그 네치포렌코도 이런 통화가 있었다는 것을 부인했다. 그는 그 날, 소련의 교환대가 폐쇄되어 있었기 때문에 전화 통화 자체가 불가능하다고 주장하고 있다.

그 필사본에 나오는 듀란이라는 화자는 쿠바 대사관에 있는 북미인이 소련 대사관에 있는 사람들과 이야기하고 싶다고 말한다. 그녀는 북미인에게 전화기를 건네준다. 그 북미인은 그와 소련 대표가 러시아어로 통화할 것을 고집한다. 그들은 대화에 개입하게 되고, 북미인은 통역사가 "도대체 전혀 알아들을 수 없는 러시아어"라고 설명했던 러시아어를 한다. 실제 오스왈드의 유창한 러시아어를 감안하면, 다시 한 번 그 남자가 오스왈드가 아닐 수 있다는 주장을 제기할 수 있다. 신빙성이 낮아 보이는 CIA 녹취본은 다음과 같다.

북미인 : 저는 '방금' 당신네 대사관에 있었고 그들은 내 주소를 적어 갔
　　　　습니다.
소련인 : 네, 알고 있습니다.
북미인 : 아까는 잘 몰라 쿠바 대사관 측에서 제 주소를 알고 있어서 그
　　　　것을 물어보러 쿠바 대사관에 왔습니다.
소련인 : 다시 와서 저희에게 주소를 남겨 주시지요. 이곳은 쿠바 대사관
　　　　에서 멀지 않습니다.
북미인 : 네, 그러면 바로 그리로 가지요.

이 이상한 대화의 숨겨진 목적은 무엇이었을까? 리처드 헬름스는 에

드거 후버에게 편지를 보냈다. 동봉한 편지에서, 그는 9월 28일 토요일 전화 속의 북미인은 10월 1일 전화(오스왈드의 코스티코프와의 토요일 만남을 확인하고 자료화한)에서 스스로 오스왈드라고 밝힌 남자와 동일한 인물일 것이라고 말한다. 또한 토요일 전화에서 '가짜 오스왈드'가 '방금' 소련 대사관(KGB의 암살 전문가인 코스티코프와 함께)에 있었으며, 주소를 남기러 소련 대사관 쪽으로 가져가겠다는 내용이 나온다. 이는 쿠바 당국과 KGB 요원 코스티코프가, 케네디가 암살되기 두 달 전부터 오스왈드의 위치와 이동을 통제하고 있었다는 것을 암시한다.

조사관 존 뉴먼John Newman은 이 자료들에 대한 발표회에서 "쿠바와 소련 측이 협력 관계를 구축했던 것으로 보입니다. 오스왈드는 쿠바인들이 지정한 장소에서 코스티코프와 만나려고 한 것 같습니다. 오스왈드는 대사관이 지정한 어떤 특정한 위치에 있도록 되어 있으며, 소련 역시 그 곳에서 오스왈드를 만나기를 원했던 것으로 보입니다."

게다가 오스왈드(또는 그를 가장한 인물)가 쿠바와 소련 비자를 신청한 것은 그가 공산주의 국가들에 망명 장소를 두려고 했다는 증거로 사용될 수 있었다. 멕시코시티 시나리오는 대통령의 암살이 임박해 오면서, 이에 대한 책임을 쿠바와 소련에 전가시키는 기반을 마련했다. 그리고 대통령 암살은 그 후 쿠바 침공 또는 있을지도 모를 소련에 대한 핵공격의 당위성을 제공했다.

FBI, CIA를 의심하다

케네디 대통령 피살 다음 날 아침, 후임 대통령 린든 베인스 존슨Lyndon

Baines Johnson은 오스왈드와 관련된 CIA의 놀랄만한 사건에 대처해야 했다. 케네디 기록법안으로 당시 존슨 대통령의 대화 녹취록은 일반인에게 공개되었고, 그 결과 우리는 이제 존슨이 어떻게 CIA의 계획을 알게 되었는지를 알 수 있게 되었다.

마이클 베쉬로스Michael Beschloss(존슨 녹취록의 편집자)는 1963년 11월 23일 오전 9시 20분, 존슨은 CIA 국장 존 맥콘으로부터 "케네디 대통령이 국제적 음모에 의해 살해되었을 수도 있음을 시사해 주는 암살 용의자 리 하비 오스왈드의 외국 연루에 관한 정보"에 관한 보고를 받았다고 말했다. 그리고 오전 10시 2분, 존슨은 FBI 국장 에드거 후버로부터 오스왈드에 관한 전화 보고를 받았다. 내용은 다음과 같다.

존슨 : 9월 멕시코에 있는 소련 대사관 방문에 대해 추가로 입증된 것이 있습니까?

후버 : 없습니다. 아직까지는 대단히 혼란스러운 상황입니다. 우리는 오스왈드라는 이름을 사용하여 소련 대사관에 나타났던 남자의 통화 녹취 내용과 사진을 갖고 있습니다. 그러나 그 사진과 녹취 내용은 음성뿐만 아니라 외모와도 일치하지 않습니다. 다시 말하면 제2의 인물이 소련 대사관에 있었던 것 같습니다. 우리는 오스왈드가 워싱턴에 있는 소련 대사관 앞으로 보낸 편지(이것은 1963년 11월 9일자 편지로 오스왈드는 멕시코시티 소련 대사관에서 있었던 코스틴과의 만남을 언급하며 시작한다. 코스틴은 코스티코프를 뜻하는 것으로 해석된다)를 갖고 있습니다. 이제 멕시코시티 소련 대사관에 있었던 이 남자가 누군지 확인할 수만 있다면….

전날 CIA 국장 맥콘에게서 오스왈드에 관한 보고를 받은 존슨은 '9월 멕시코에 있는 소련 대사관 방문'의 진실을 규명하고 싶어 조바심이 났다. 때마침 후버의 보고는 존슨의 조바심을 더욱 키웠다. 후버는 소련 대사관에 가짜 오스왈드가 있었다는 명확한 증거를 갖고 존슨을 만났다.

"소련 대사관에 있었던 남자의 통화 녹취 내용과 사진은 이 남자(오스왈드)의 음성뿐 아니라 겉모습도 일치하지 않습니다." 후버는 증거를 갖고 있다고 말했다. "우리는 여기 오스왈드의 이름을 사용하여 소련 대사관에 있던 두 남자의 녹취물과 사진을 갖고 있습니다." 후버는 쿠바와 소련이 케네디 살해 음모에 개입이 되어 있다는 조작된 증거의 출처가 CIA라는 것을 알고 있었다. 후버는 존슨에게 멕시코시티에 있는 가짜 오스왈드와 관련된 기본적인 정보만 알려주었다. 7주 후, CIA의 멕시코시티 사건의 은폐에 대한 후버의 반응은 FBI의 문서 제일 아래 부분에 휘갈겨 쓴 글에 나타난다.

"좋다. 나는 당신들이 그 일에 걸려들지 않기를 희망한다. 그러나 나는 CIA가 미국 내에서의 프랑스 첩보활동을 숨겨온 것과 오스왈드의 멕시코시티 사건을 결코 잊지는 않겠다. 그리고 이를 CIA의 이중 첩보 활동의 예로 기억하겠다."

CIA와 FBI의 보고서들은 존슨에게 멕시코시티에 대한 두 가지 불쾌한 해석의 여지를 남겨 놓았다. CIA가 제출한 시청각 자료에 따르면, 쿠바와 소련은 오스왈드를 시켜 암살 음모를 지시한 배후자였다. 그런데 후버가 밝혀낸 바에 따르면, 멕시코시티에서의 오스왈드는, 그를 사칭한 다른 인물이었다는 사실이다. 후버의 자료는 CIA 자료보다 더 많은 진실을 담고 있었고, 과연 멕시코시티 사건의 배후에는 누가 있는 것인지에 관해서는 존슨이 스스로 결론을 내도록 남겨 놓았다. CIA는 오스왈드를 쿠바와 소련의 하수인으로 만들고, 이에 대한 보복으로 미국이 쿠바를 침공하고 소련에 핵공격을 감행하는 방향으로 상황을 몰고 가려고 했다. 그러나 존슨은 대통령직 임기를 세계대전으로 시작해서, 세계대전으로 끝내고 싶지는 않았다.

후버의 관점은 CIA가 암살에 관련되었다는 것을 암시하고 있었다. 존슨이 어떤 사건이나 음모에 대해 결백하다고 할지라도, 후임 대통령으로서 케네디 암살에 관해 정부 내에서 CIA와 마찰을 빚는다는 것은 국제적 위기만큼이나 두려운 일이었다.

CIA, 그리고 어둠속에 더 깊이 숨어 있는 암살 배후자들은 역모에 버금가는 계획을 실행한 것에 대한 응분의 대가를 받아야 한다. 그들은 댈러스에서 암살된 케네디의 죽음을 미리 짜진 시나리오를 바탕으로 연출했으며, 정부 당국자들에게 세 가지 주요 선택권 중 한 가지를 선택하도록 압력을 행사했다. 첫째, 한 공산주의자(오스왈드)의 대통령 암살 계획에 관한 조작된 멕시코시티 사건 관련 문서를 바탕으로 쿠바와 소련에 보복전을 펼칠 것인가. 둘째, 멕시코시티 사건 관련 문서를 바탕으로 진실 파악을 위한 국내 정쟁을 벌일 것인가, 아니면 셋째, 모든 음모의 증거들을 은폐하고 평화를 주창했던 케네디의 모든 노력을 헛되게 만들어버리는 일촉즉발의 냉전 상태로 회기할 것인가. 그러나 존슨은 선택하는데 별로 시간을 끌지 않았다. 그는 세 번째인 모든 것을 은폐하고 냉전의 특권에 의지하는 것을 선택했지만, 쿠바와 소련을 공격하려고 하지는 않았다. 그에게 있어서 개인적으로 가장 시급했던 것은 대중 앞에 계속 모습을 드러내는 것이었다. 존슨은 카스트로와 흐루시초프에 맞서 모든 것을 신속하게 영웅적인 모습으로 끝내기보다는 1964년 대통령 선거를 준비하는 것이 급선무였다. 그러나 존슨은 서서히 베트남전의 유혹 속으로 빠져들게 된다.

멕시코시티 시나리오가 의심을 받고, 공산주의자가 아닌 CIA가 암살에 연루되었다는 가능성이 제기되자, CIA의 멕시코시티 지국은 증거를 은폐하기 위해 분주했다. 그들은 오스왈드와 소련 대사관의 통화 내용이 담긴 녹취테이프는 통상적 절차에 따라 파기 되었으며, 따라서 대화자가 정말 오스왈드인지 아닌지 결정하기 위한 음성 비교가 불가능하다고 말했다. (CIA의 이런 거짓 주장은 후버와 FBI가 그들 자신의 녹취록 사본을 청취하고, 음성비교를 한 다음, 존슨 대통령에게 자신들의 충격적 결론을 보고했던 시기와 같은 시간에 진행되고 있었다.) 그래서 11월 23일, CIA 멕시코시티 지국 요원인 앤 굿패스처Ann Goodpasture(데이비드 필립스의 보좌관)는 CIA 본부에 전문을 보내 9월 28일 토요일 전화에 대해 "두 번째 전화가 수신되기 전에 첫 번째 녹취록이 지워져 음성비교 불가능함"이라고 보고했다. 다음날 멕시코시티 지국은 이제는 오스왈드의 음성을 비교할 수 있는 어떤 테이프도 찾을 수 없다는 전문을 본부에 보냈다. "다시 한 번 완벽하게 재점검했으나 유감스럽게도 이 기간 중 테이프는 이미 삭제되었음."

하원 암살조사위원회의 로페즈 보고서Lopez Report는 광범위한 조사를 진행한 후, 관련자 및 음성비교 전 삭제된 테이프들에 관한 기타 진술들과 증언 서약과 다르게, 그리고 조사 과정이 비정상적으로 진행되었을 수 있다는 결론을 내렸다. FBI 국장 후버는 오스왈드의 "멕시코시티 사건"에 CIA때문에 처음부터 개입할 수 없었던 것에 화가 났다. 그러나 후버도 이 시점에서부터 계속 CIA의 궤적을 감추기 위해 자신의 주장을 바꾼다. 케네디 대통령의 장례식을 TV로 보던 일반국민들은 몰랐겠지만, 국가안보 관련 정부기관들은 공식적인 애도 장면 뒤에서 케네디 암살의 모든 국면을 은폐하기 위한 연합전선을 재빠르게 진행하기 시작했다. 모든 국가안보의 정책 설정은 대통령 암살 음모가 국내에서는 도저히 계획될 수 없도록 보여주는 방향으로 진행되어 갔다.

1963년 11월 25일, 법무차관 니콜라스 카첸베치Nicholas de b Katzenbach는 존슨 대통령의 대변인 빌 모이어스Bill Moyers에게 메모를 보냈다. 메모는 공산주의나 우파 음모설이 더 이상 제기되지 않도록 서둘러서 오스왈드를 단독 암살범으로 규정할 것을 촉구하는 내용이었다.

1. 일반 대중이 오스왈드가 단독 암살범이라고 믿도록 해야 합니다. 공범은 여전히 잡히지 않고 있으며, 존재하지도 않습니다. 또한 지금의 증거들은 그가 법정에서 유죄선고를 받기에 충분한 것들입니다.

2. 오스왈드의 암살 동기에 관해 떠도는 억측을 차단해야 하며, 우리는 암살 사건이 쿠바 공산주의자의 음모라든가(소련 언론이 주장하는 것처럼) 우파가 공산주의자들에게 범행을 전가시키기 위한 음모였다는 주장에 대해 반박할 수 있는 근거를 갖고 있어야 합니다. 불행히도 오스왈드에 관한 증거(마르크스주의자, 쿠바, 러시아인 아내들 등)들은 너무나 명백하게 잘 들어맞는 듯합니다.

두 가지 음모설을 반박하기 위한 카젠베치의 메모에는 "대통령이 신뢰할 만한 인사들에 의해 구성된 위원회가 증거를 검토, 조사하여 그 결과를 발표하도록" 권고하고 있었다.

존슨은 CIA의 멕시코시티 사건에 관한 시나리오를 폐기하기 전, 냉전 수뇌부들로 구성된 대통령 위원회를 구성하는 데에 그 시나리오를 활용하기로 한다(물론 제2의 오스왈드가 있었다는 사실은 제외하고). 그는 연방 대법원장 얼 워런Earl Warren에게 위원장을 맡도록 설득하면, 모두들 위원회를 수용할 것이라고 확신했다. 처음에 워런은 존슨의 제안을 거절했다. 11월 29일 금요일에 녹음된 전화 통화에서 존슨은 리처드 러셀Richard Russell 상원의원에게 그가 어떠한 논쟁을 통해서 CIA의 멕시코시티 증거를 액면 그대로 받아들인 워런의 양심을 설득했는지를 설명했다. 그 다음 존슨은 그가 워런을 설득하는 것과 똑같은 방법으로 멕시코시티 논쟁을 통해 러셀을 설득하여 위원회에 그를 합류시켰다.

"워런은 나에게 어떤 상황에서도 그 일을 하지 않겠다고 했지. 대법원 판사가 계속 고집을 부리리라고는 생각하지는 말게…. 그는 여기 와서 두 번이나 안 하겠다고 하더군. 그래서 나는 후버가 나에게 이야기 해준 멕시코시티에서 있었던 사건에 대해 이야기하면서, '나는 그 사건 한 가지를 보면서 누가 누구를 죽였다는 주장 따위를 듣고 싶어 하는 것이 아니오. 내가 당신에게 바라는 것은 진실을 바라보고 당신이 원하는 모든 증거들을 가져와서 누가 대통령을 죽였는지 말해 달라는 것이오.'" 러셀은 대통령에게 자신은 워런과 일할 수 없다고 말했으나, 사실 별 소용이 없었다.

러셀 : 대통령 각하. 제가 말씀드리지 않아도 각하께 제가 얼마나 헌신적인지는 잘 아실 것입니다. 그러나 저는 그 위원회에서 일할 수 없습니다. 그 자리와 관련해 나를 생각해 주신 것은 대단한 영광입니다. 그러나 워런 대법원장과 함께 그 일을 할 수는 없습니다. 저는 그 사람이 편치 않습니다.

존슨 : 이봐, 그것은 이미 발표된 일이 아닌가. 자네는 미국을 위해서는 누구와라도 함께 일할 수 있지 않은가. 이것은 멀리서 바라봤을 때보다 훨씬 더 중요한 사항이 포함된 문제라네. 우리는 사람들이 흐루시초프와 카스트로가 이것도 했고 저것도 했다고 증언하면서 한 시간 내에 4천만 미국인을 죽일 수 있는 전쟁 속으로 몰아넣으려고 하는 상황에서 벗어나야만 한다네…. 오늘 오후에 국무부장관이 이리로 왔었네. 그는 전 공산국가에 퍼져 가고 있는 흐루시초프가 케네디를 죽였다는 생각에 대해 대단히 걱정하고 있네. 그건 사실이 아니네. 흐루시초프는 이 빌어먹을 일과는 아무 상관이 없단 말이야.

러셀 : 저는 그가 직접 그런 일을 했다고 생각하지 않습니다. 저도 그가 케네디 대통령과 더 잘 지낼 수 있었다고 생각합니다.

러셀의 마지막 발언은 그가 케네디와 존슨의 차이에 대해 잘 알고 있으며, 케네디 암살 후 시작된 대외정책 변화에 대해 정확히 인지하고 있음을 보여준다. 테이프 편집자 베쉬로스Beschloss가 지적했듯, 러셀은 '흐루시초프가 존슨보다는 케네디와 더 잘 통할 수 있겠다고 생각했다는 것'을 의미했다.

카스트로, 평화를 염원하다

1963년 11월, 카스트로 역시 케네디와 더 잘 소통할 수 있다고 생각했을 것이다. 카스트로의 케네디에 대한 솔직함은 프랑스 특파원 장 다니엘과의 대화를 통해 확인할 수 있다. 케네디 대통령과의 면담 후 장 다니엘은 11월의 처음 3주 동안 쿠바를 여행하고, 사회 각계각층 사람들과 인터뷰를 하면서 시간을 보냈다. 그러나 카스트로에게 접근할 수 있는 기회를 얻지는 못했다. 그는 카스트로가 일에 파묻혀 있으며 더 이상 서방 기자들을 접견할 의사가 없다는 말을 들었다. 그래서 다니엘은 카스트로를 만날 수 있다는 희망을 거의 포기하고 있었다.

11월 19일, 다니엘이 아바나를 떠나기로 한 전 날이었다. 갑자기 카스트로가 다니엘의 호텔에 나타났다. 카스트로는 다니엘이 케네디와 만났다는 사실을 알고 있었다. 카스트로는 앳우드와 레추가의 비밀 회동에서 케네디가 자신에게 손을 내밀고 있음을 알고 있었으며, 따라서 그가 케네디와 함께 무슨 대화를 나눴는지 알고 싶어 했다. 사실 다니엘이 카스트로를 만나려고 애쓰는 만큼 카스트로도 리사 하워드, 윌리엄 앳우드를 통해 케네디와의 협상을 진행시키기 위해 노력하고 있었다. 케네디가 암살되던 그 순간까지 카스트로와 다니엘의 특별한 대화는 계속되었다. 나는 그 대화 전의 이야기를 먼저 들려주고자 한다.

* * *

10월 29일, 카스트로의 보좌관 르네 발레조Rene Vallejo는 일주일간 리사 하워드에게 끈질기게 전화 메시지를 남겼다. 그리고 결국 리사의 집에 초대받을 수 있었다. 그는 4월에 리사가 미국과의 관계 개선을 위해 방문했을 때만큼 카스트로 역시 여전히 열성적이라고 그녀에게 확인시켜 줬다. 그러나 당시는 카스트로가 케네디의 특사와 회담하기 위해 쿠바를 떠나 UN 또는 다른 곳으로 떠나는 것은 불가능한 상황이었다. 리사는 발레조에게 이제는 카스트로의 말을 들어줄 책임 있는 미국 각료가 있다고 말했다. 발레조는 자신이 그 메시지를 카스트로에게 전할 것이며, 곧 다시 전화하겠다고 말했다.

10월 31일, 발레조는 리사에게 다시 전화해서 이렇게 말했다. "카스트로는 미국 각료와 언제든지 기꺼이 이야기하고 싶어 하며 모든 당사자에게 재량권이 주어지는 것이 중요하다고 인식하고 있습니다." 여기서 "모든 당사자"라는 부분이 중요하다. 이 시점에 카스트로는 케네디와 흐루시초프처럼 적과의 원활한 대화를 위해 호전적인 정부의 모습을 숨기고 있었다.

카스트로 역시 평화를 위해 냉전적 이념을 초월하기 위해 노력하고 있었고, 케네디나 흐루시초프처럼 조심스럽게 일을 진행시켜야 했다. 그러나 카스트로는 비밀스럽게 평화를 이루고자 하는 미국 대통령과 드러내놓고 협상할 준비를 하고 있었다. 그래서 발레조는 "수상께서 기꺼이 멕시코로 비행기를 보내서 그 각료를 태우고 바라데로Varadero에 가까운 민간공항으로 데리고 올 것이며, 그곳에서 수상과 단독으로 회담하게 될 것"이라고 말했다. 이런 방법이라면 아바나 공항에서 신분확인을 받아야 할 위험은 없을 것이다. 리사는 발레조에게 미국 각료가 쿠바로 갈 수 있을지 의문이 생긴다고 말했다. 발레조가 카스트로의 대변인 자격으로 미국 각료를 만나기 위해 UN 또는 멕시코에 올 수 있을까? 발레조는 "의장께서는 케네디 대통령과 직접 대화를 하고 싶어 한다"고 대답했지만 케네디와 대화할 수 있는 뾰족한 방법이 아직 없다면 그 가능성을 배제하지는 않겠다고 말했다.

리사 하워드는 발레조와의 전화 내용을 앳우드에게 보고했고, 앳우드는 그 정보를 백악관에 보고했다. 11월 5일, 앳우드는 케네디의 안보담당 보좌관 맥조지 번디와 국가안보위원회의 고든 체이스를 만났다. 그는 그들에게 카스트로가 케네디와의 대화에 매우 적극적이라고 말했다.

11월 8일   체이스의 요청으로 앳우드는 이 모든 것을 문서에 기록했다. 이제 케네디가 댈러스에 가기까지 2주가 남아 있다.

11월 11일   르네 발레조는 카스트로를 대신하여 다시 한 번 리사 하워드에게 전화했고, 그녀에게 '보안유지의 필요성을' 재차 강조했다. 발레조는 카스트로는 케네디의 특사가 제안하는 그 어떤 사안도 긍정적으로 검토할 것이라고 전했다. 그는 다시 한 번, 도움이 된다면 비행기를 제공할 수 있다는 의사도 전했다. 앳우드가 백악관에 보고한 바와 같이 카스트로는 발레조를 통해 구체적으로 쿠바 비행기가 키웨스트Key West로 가서 특사를 태울 의향이 있다고 제안한 것이다. 대안적 방법으로 그들은 특사가 미국 비행기를 타고 아바나Havana에서 가까운 몇 개의 비밀 비행장 중 하나에 착륙하는 방법도 제안했다. 발레조는 "카스트로와 자신만 회동에 참석할 것이며, 다른 어떤 사람도(그는 체 게바라를 구체적으로 언급했음) 참석하지 않을 것"이라고 말했다. 카스트로의 참모들과 마찬가지로 체 게바라Che Guevara 또한 케네디와의 화해를 반대하고 있었다.

카스트로가 케네디의 특사를 만날 의사가 있다는 것을 보여준 것은 쿠바 내 미국과의 화해를 반대하는 이들과 자신은 의견을 달리한다는 것을 확인해 주는 계기가 되었다.

11월 12일   맥조지 번디는 앳우드의 보고를 받았다. 맥조지 번디는 카스트로와 회동이 있기 전, 그가 무엇에 대해 대화하길 원하는지 구체적으로 파악해야 했다. 그리고 이를 위해서는 발레조와 UN에서 예비 회동을 가져야 한다고 말했다.

11월 14일   리사 하워드는 이 요청을 르네 발레조에게 전달했고, 발레조는 카스트로와 이와 관한 의논을 할 것이라고 했다.

11월 18일   리사 하워드는 다시 발레조에게 전화했다. 이번에는 앳우드에게 전화를 넘겨주었다. 몇 년 후, 카스트로는 앳우드에게 다른 전화선으로 발레조와 앳우드의 통화를 엿듣고 있었다고 말했다. 앳우드는 발레조에게 예비회동을 위해 뉴욕으로 올 수 있는지를 물었다. 발레조는 그 시간에 갈 수는 없지만 '우리'가 레추가에게 추후에 있을 카스트로와의 회동을 위한 '협의사항'을 제안하고, 앳우드와 논의할 수 있는 지침을 보내겠다고 말했다. 케네디 암살 사건 4일 전, 미국-쿠바 관계를 위한 케네디와 카스트로의 대화가 시작되기 위한 무대가 마련되고 있었다. 케네디와 카스트로 두 사람 모두 흐루시초프의 격려와 지원 하에 아직 어느 누구도 들어보지 못한 평화의 노래를 함께 열창할 준비가 되어 있었다. 그들은 ―사랑을 나누는 호저처럼 조심스럽게― 미국과 쿠바가 실제로 평화 속에 함께 살 수도 있다는 너무나도 허황된, 그러나 감격적인 순간에 조금씩 다가가고 있었다.

　이런 상황을 모르고 있던 장 다니엘은 11월 19일 밤, 카스트로가 아바나에 있는 그의 호텔에 갑자기 나타나자 충격을 받았다. 카스트로는 케네디에 대해 듣고 싶었다. 그는 다니엘의 방에서 밤 10시부터 다음 날 새벽 4시까지 6시간 동안 다니엘과 대화를 나누었다. 인터뷰를 하는 사람이 인터뷰를 받는 상황이 된 것이다. 카스트로는 다니엘이 케네디와 인터뷰한 내용을 전해 듣고 그가 말한 내용의 모든 의미와 뉘앙스를 이해할 수 있었다. 훗날 다니엘은 케네디가 피살되기 이틀 전, 비공식 특사로서 대통령으로부터 자신이 받았던 명백하면서도 암시적인 메시지에 대해 카스트로가 보인 반응을 다음과 같이 묘사했다.

　"카스트로는 엄청난 열정을 갖고 제 말에 귀를 기울였습니다. 그는 턱수염을 잡아당기며, 베레모를 눈 바로 위까지 끌어내린 상태였습니다. 그의 이미지는 매우 강렬했고, 움푹 들어갔으면서도 생기 넘치는 눈으로 나를 뚫어지게 쳐다보았어요. 너무 강렬한 그의 눈빛 때문에 이 사람이 싸우러 왔나 하는 생각이 들 지경이었다니까요. 흐루시초프가 백악관에서 카스트로를 '이야기가 통하는 사람'이라고 묘사했던 것처럼, 카스트로에게 마치 제가 그 '이야기가 통하는 사람'이 된 것처럼 느껴졌습니다. 그가 저에게 세 번이나 같은 이야기를 하게 한 부분이 있었는데, 그것은 바로 케네디가 바티스타 체제에 대한 비판을 한 부분, 드골의 발언에 케네디의 조급한 성미를 드러낸 부분, 케네디가 카스트로가 전 인류에게 참혹한 재앙을 불러올 뻔했다고 비난한 부분이었습니다."

다니엘은 이야기를 끝내고, 카스트로가 어떤 반응을 보일지 기대하며 기다렸다. 그러나 카스트로는 오랫동안 침묵을 지켰다. 카스트로는 다니엘이 워싱턴으로 돌아갈 것이고, 그렇게 되면 케네디가 다니엘과 자신의 대화에 대해 당연히 듣게 되리라는 것을 알고 있었다. 카스트로는 마침내 신중하게 입을 열었다. "나는 케네디 대통령이 진지한 사람이라고 생각합니다. 그리고 그의 신중함이 향후 정치적으로 큰 의미를 가질 것이라고 믿습니다. 내 말이 무슨 의미인지 설명하도록 하죠." 카스트로는 케네디 대통령이 처한 상황에 대한 자신만의 독특한 시각으로 설명했다.

"나는 케네디 대통령이 닉슨에 맞서 선거운동을 할 때 쿠바에 대해 단호한 입장을 취했던 것을 기억하고 있습니다. 나는 권모술수와 얼버무림, 침공 시도, 협박, 공갈, 반(反) 정부세력의 지원 등 무엇보다도 공산주의라는 분명한 공격대상을 지정받기 훨씬 오래 전부터 쿠바가 감당한 모든 보복적 조치들을 한 순간도 잊지 않고 있습니다. 그러나 나는 그가 어려운 상황을 맞고 있다는 사실 또한 이해합니다. 나는 미국의 대통령이 자유롭다고는 생각하지 않습니다. 나는 현재 대통령이 큰 충격을 느끼고 있을 것이라고 생각합니다. 특히 피그스만 침공도 당시 쿠바의 대응에 있어 그가 당시에는 오해했던 부분을 지금은 이해하고 있으리라 믿습니다."

카스트로는 미사일 위기로 인류를 핵전쟁의 벼랑 끝까지 몰고 갈 것에 대한 일차적 책임은 카스트로에 있다는 케네디의 말에 뜨끔했다. 그는 다니엘에게 이에 대한 자신의 철학을 설명했는데, 만약 케네디가 살아서 다니엘의 말을 전해 들었다면, 아마 케네디도 대단히 놀랐을 것이다.

"쿠바에 미사일이 설치되기 6개월 전, 우리는 CIA 후원 하에 쿠바에 대한 새로운 침공 계획이 진행 중이라는 정보를 입수했습니다. CIA 수뇌부들은 피그스 만 사태로 인해 전 세계 모든 국가로부터 참혹하게 망신당했고, 미 정부로부터 호된 비판을 받았습니다. (카스트로는 미국 역사상 결정적이었던 시기를 분명하게 지적했다. 이 시기에 피그스 만과 관련된 CIA 수뇌부들은 케네디를 증오하고 있었고 카스트로-증오의 또 다른 표적-는 이를 직관적으로 알 수 있었다.) 또 미 군부가 사건을 덮어주면서 CIA를 돕고 있다는 것도 압니다. 그러나 우리는 케네디 대통령의 태도에 대해서 의문을 품었습니다. 그러던 어느 날 흐루시초프의 사위 아드주바이Adzhubei가 케네디 측근들의 초청으로 워싱턴으로 가는 도중 잠시 들른 적이 있었습니다. 그는 워싱턴에 케네디 대통령의 영접을 받았으며, 그들의 대화는 쿠바에 집중되었습니다. 그들의 대화가 있은 지 일주일 후 우리는 아바나에서 아드주바이가 흐루시초프에게 보낸 보고서 사본을 접수했습니다. 전반적인 상황을 촉발시킨 원인은 바로 이 보고서였습니다. 카스트로가 다니엘에게 말했다. 케네디 대통령이 아드주바이에게 무엇이라고 했냐고요? 자, 잘 들어보시오. 저는 대단히 중요한 말을 할 것입니다.

케네디 대통령은 쿠바에서 벌어진 새로운 상황은 미국으로서는 참을 수 없는 것으로, 미국 정부는 더 이상 좌시하지 않겠다고 말했습니다. 그는 평화로운 공존은 쿠바에 대한 '소련의 영향력'이 힘의 균형을 바꾸었다는 사실로 이루어지고, '소련의 영향력'은 합의 하에 힘의 평형이 깨어져야 한다고 말했습니다. (이 시점에서 카스트로는 다니엘에게 한 설명을 강조하기 위해 각 음절을 분리해서 발음했다.)

그리고 케네디는 소련에게 미국은 헝가리 사태 때 개입하지 않았다는 것을 상기시켰는데, 이는 명백히 소련에게 미국의 침략이 있을 경우에 소련의 불간섭을 요구하는 하나의 방책이었습니다. 확실한 것은 '침공'이라는 단어도 언급되지 않았고, 당시 어떤 정보도 갖고 있지 않았던 아드주바이는 우리와 같은 결론을 도출해낼 수는 없었습니다. 그러나 우리가 흐르시초프 서기장에게 예상되는 현안을 전달하자 소련 역시 케네디와 아드주바이의 대화를 해석하기 시작했고, 그들은 케네디 대통령 발언의 출처를 찾기 시작했습니다. 한 달이 거의 다 되었을 때, 소련과 쿠바 정부는 한두 달 후면 침공이 있을 것이라는 분명한 확신을 가지게 되었습니다. 이것이 진실입니다."

이 시점에서 카스트로는 마치 그가 자신이 케네디인 것처럼 다니엘에게 이야기하고 있었다.

"무엇을 해야 할까요? 어떻게 침공을 막을 수 있을까요? 우리는 흐루시초프 서기장도 같은 문제로 전전긍긍하고 있다는 사실을 알게 됐습니다. 그는 우리에게 원하는 것이 무엇인지 물었습니다. 나는 이렇게 대답했습니다. '미국에게 쿠바에 대한 공격은 곧 소련에 대한

공격과 마찬가지라는 것을 확인시키기 위해 필요한 것은 무엇이든지 하십시오.'

어떻게 미국에게 확신을 줄 수 있을까요? 우리가 하는 생각과 모든 토의는 이 문제를 중심으로 진행되었습니다. 우리는 성명서 발표, 동맹 강화, 전통적인 군사원조를 생각해 보았습니다. 소련은 우리에게 그들의 우려는 양면성을 가진다고 말했습니다. 먼저, 그들은 쿠바의 혁명을 지원하고 싶었습니다. (다시 말하면, 그들이 가진 사회주의의 명예를 세계인들의 눈앞에서 지키겠다는 것이다.) 그리고 그와 동시에 세계적 갈등을 피하고 싶었습니다.

만약 재래식 무기지원이 그들 지원의 한계라면 미국은 주저 없이 침공할 것이고, 이 경우 소련은 보복할 것이며, 이는 필연적으로 세계대전을 점화시킬 것이라고 생각했습니다. 소련은 두 가지 상황에 직면했습니다. 하나는 만약 쿠바혁명 정부가 공격을 받는다면, 절대적으로 전쟁을 피할 수 없다는 것이고, 또 미사일 앞에서 퇴각을 거부하는 미국이 쿠바를 파괴하려는 시도를 포기하지 않는다면 언제나 발생할 수 있는 세계대전의 위험이었습니다. 그들은 사회주의자들을 결속시켰고, 또 전쟁의 위험을 선택했습니다. 한마디로 그 때 우리는 미사일의 배치에 합의한 것입니다.

여기서 나는 쿠바인들에게 재래식 폭탄에 죽든, 핵폭탄에 죽든 별 차이가 없다는 말을 덧붙여야 했습니다. 그렇지만 우리는 세계평화를 걸고 도박을 하고 있는 것은 아닙니다. 미국이야말로 혁명을 분쇄시키기 위해 무력을 이용해서 인류의 평화를 위태롭게 만드는 장본인입니다."

쿠바 미사일 위기의 한가운데 있던 케네디는 흐루시초프의 입장을 이해하고 있었고, 자신의 적을 벼랑으로 몰지 않기 위해 그에 대한 편견을 갖지 않았다. 케네디는 자신이 이해한 위기의 원인에 대해 카스트로가 역으로 제기한 도전을 이해하게 될까? 카스트로는 계속해서 놀라울만한 동정심으로 케네디의 라틴아메리카 진보동맹Alliance for Progress in Latin America에 관한 토의를 이어갔다.

  "어느 면에서는 그것은 좋은 생각이었습니다. 그것은 어느 정도 진전을 이루었기 때문입니다. 그가 압박 받는 상태에서 뒤늦게 생각해낸 그나마 괜찮은 방책이었다고 말할 수 있을지도 모르겠습니다. 그러나 상대적 비판 가능성에도 불구하고 저는 기꺼이 그 생각 자체가 라틴아메리카에서 비정상적으로 빠르게 진행되는 사건들에 적응하기 위한 노력으로 구상되었다는 데에는 동의합니다."

그러나 카스트로는 케네디의 좋은 아이디어가 결실을 맺지는 못할 것이라고 자신의 정치적 평가를 덧붙였다.

  "그것은 당연한 것이고, 아마 지금쯤 케네디 또한 분명히 이것을 알고 있을 것입니다. 왜냐하면 내가 당신에게 말했듯이 그는 현실주의자니까. 몇 년간이나 미국의 정책(군 · 산 복합체와 국방부)은 라틴아메리카의 과두정치를 지지해왔는데, 모든 기득권, 달러, 권력을 케네디 자신이 연설할 때 묘사했던 것처럼 바티스타Batista가 쥐고 있지 않습니까."

케네디의 "바티스타는 미국이 지은 수많은 죄의 결과물 중 하나라고 할 수 있다"는 말이 케네디의 삶을 얼마나 위태롭게 만들었는지, 카스트로는 이해하고 있었다. 그는 이어 말했다.

"그는 다른 계급(어떤 권력의 지렛대에도 접근수단이 없는)의 이해관계를 지지하기 위해 노력하면서 라틴아메리카 국가들에게 미국이 더 이상 독재자들의 뒤에 서있지 않을 것이며, 따라서 더 이상 카스트로 식의 혁명은 필요하지 않다는 인상을 주려고 합니다. 무슨 일이 일어나겠습니까? 다들 어느 정도의 위험과 손실을 감수해야 한다는 것을 잘 알고 있을 겁니다. 아무리 규모가 작더라도 손실은 손실인 것이죠. 이에 라틴아메리카 모든 나라에 있는 막강한 독재자들은 미국에 있는 동지들에게 경고할 것이고, 그들은 미 정부의 새로운 정책을 방해하게 될 겁니다. 간단히 말해, 모든 사람이 케네디 대통령에게 반대하게 되는 것입니다."

카스트로는 케네디의 노력이 진보를 위한 온건한 개혁이었지만, 이 때문에 케네디가 고립되었다고 보았다. 그리고 케네디와 흐루시초프의 긴장 관계가 완화되기 시작하고, 이제는 카스트로와 대화를 시도하자, 카스트로는 케네디의 깊은 심중을 헤아릴 수 있게 되었다. 케네디의 용기가 그에게 희망을 준 것이다. 다니엘의 호텔방에 있는 시계바늘이 11월 20일 새벽 4시를 가리킬 때, 카스트로는 케네디에게 바라는 것을 설명했다.

"나는 북아메리카의 전면에 한 지도자가 나타나서, 기꺼이 비(非)인기에 아랑곳 않고, 의회와 싸우고, 진실을 말하며, 그 중에서 가장 중요한 것은 다양한 나라들이 옳다고 생각하는 대로 활동하게 해줬으면 좋겠습니다. 여전히 케네디는 바로 그 지도자일 수 있습니다. 그는 여전히 미국에서 가장 위대한 대통령이며, 미국 땅에서도 자본주의자와 사회주의자가 공존할 수 있다는 것을 마침내 이해할 수 있는 리더가 될 가능성이 있습니다. 그렇게 되면 그는 링컨보다도 더 위대한 대통령이 될 것이라고 저는 믿습니다."

케네디에 대한 카스트로의 시각은 변하고 있었다. 특히 그는 케네디를 만나기 전, 소련에서 흐루시초프와의 개인적인 대화를 통해 많은 영향을 받았다. 카스트로는 다니엘에게 말했다. "흐루시초프에게 있어서 케네디는 함께 대화를 해볼 만한 사람입니다. 물론 저도 이 사실을 알고 있습니다. 저는 흐루시초프와 나눈 모든 대화를 통해서 그런 인상을 받을 수 있었습니다."

카스트로는 흐루시초프처럼 자신의 두 번째 4년의 임기 동안 미국 대통령과의 공존이라는 이상을 실현하기를 희망했다. 그는 다니엘에게 자기가 케네디의 재선운동에서 그를 도울 수도 있다고 농담을 하기도 했다. 그는 소년 같은 해맑은 표정으로 그를 다시 만난다면, 케네디의 재선만 보장된다면 내가 기꺼이 골드워터Goldwater(상원의원, 차기 공화당 대통령 후보)가 되어주겠다고 전해달라고 말했다.

11월 22일 오후, 장 다니엘은 바라데로 해변에 있는 카스트로의 여름별장 거실에서 그와 점심을 같이 하고 있었다. 오후 1시 30분(아바나는 워싱턴과 시간대가 동일하다)이었다. 다니엘이 카스트로에게 다시 한 번 미사일 위기에 대해 질문을 하는데 그 때 전화벨이 울렸다. 게릴라군복을 입은 비서는 쿠바 대통령 도르티코스Dorticos가 카스트로에게 보내는 긴급 메시지라고 보고했다. 그는 전화를 받았다. 다니엘은 그가 말하는 것을 들었다. "뭐라고 했소? 암살 시도?" 그는 다니엘과 비서에게 케네디가 댈러스에서 총에 맞아 쓰러졌다고 말했다. 카스트로는 다시 전화를 들고 물었다. "다쳤습니까? 심각한 상황입니까?"

카스트로는 전화를 끊고 나서 세 번이나 반복해서 말했다. "나쁜 소식입니다." 그는 아무 말도 하지 않은 채 다음 소식을 기다렸다. 누가 케네디를 쏘았는지 추측하고 있을 때, 두 번째 전화가 걸려왔다. 대통령은 아직 살아 있으며, 목숨을 구하고 있다는 희망적인 소식이었다. 카스트로는 안심하며 말했다. "살 수만 있다면 그는 이미 재선에 성공한 것이나 같습니다."

오후 2시 직전, 카스트로와 다니엘은 라디오를 들으면서 다른 소식을 기다렸다. 르네 발레조가 대기하고 있었다. 그는 마이애미에서 나오는 NBC의 보도 내용을 번역했다. 마침내 최악의 상황이 발생됐다. 케네디 대통령이 사망한 것이다. 카스트로는 일어났다. 그는 다니엘을 쳐다보며 말했다. "모든 것이 바뀌었습니다. 모든 것이 바뀔 것입니다."

케네디가 사망한 후, 존슨 대통령은 백악관과 카스트로(그는 계속 대화를 추진했다) 사이에 있었던 모든 대화를 영원히 비밀에 붙였다. 12월 4일, 카를로스 레추가는 UN에서 윌리엄 앳우드에게 말했다. 카스트로가 직접 쓴 편지를 갖고 있으며, 구체적 안건에 대해 자신과 대화를 하라는 내용이었다. 앳우드는 백악관에 카스트로에 대한 답변을 요청했다. 고든 체이스는 모든 정책이 새 행정부에 의해 검토되고 있으니 기다려달라고 통지했다. 앳우드는 갑작스러운 대통령 유고로 케네디 지지자였던 체이스가 정치 판도의 흐름을 읽고 이제는 케네디의 정책을 거꾸로 돌리는 사람들과 한 배를 타고 있다는 사실을 알아채지 못했다. 11월 25일, 체이스는 국가안보 보좌관 맥조지 번디에게 다음과 같은 내용의 메모를 보냈다.

> "기본적으로 11월 22일의 사건은 카스트로와의 화해에 있어서 전보다 모호한 문제들이 많이 드러날 것으로 보입니다. 케네디 대통령이라면 카스트로와 화해하고 최소한의 내부적 마찰로 밀고 나갈 수 있겠지만 존슨 대통령이라면 잘 모르겠습니다. 더욱이 오스왈드가 친(親) 카스트로의 전형이라는 소문이 나서 쿠바와의 화해를 더욱 어렵게 만들지도 모릅니다."

이에 대해 케네디의 전직 변호사는 말했다. "누군가 카스트로와의 화해의 전망이 케네디 암살 전보다 훨씬 더 희미해졌다고 결론짓는다면, 앳우드의 노력은 무위로 돌아갈 것입니다."

체이스에 의해 존슨과의 약속이 2주간 연기된 후인 12월 17일, 존슨은 뉴욕 UN 본부주재 미 대표부를 방문했고, 이때 앳우드는 마침내 존슨 대통령에게서 직접 의견을 들을 수 있었다. 존슨은 앳우드와 점심을 함께 하며 쿠바와 관련된 앳우드의 연대기를 매우 재미있게 읽었다고 말했다.

앳우드는 20년 후 "그것으로 끝이었다"는 말로 '쿠바 관계'의 마지막을 묘사했다. 미국과 쿠바와의 관계는 사실상 1963년 11월 22일, 케네디와 함께 죽은 것이었다. 그리고 20세기의 다른 어떤 대통령에 의해서도 부활되지 않았다. 양국 간에는 끊임없이 문제가 발생했으나, 쿠바는 양국 관계 개선의 끈을 놓지 않고 있었다.

케네디와의 진전에 고무된 카스트로는 자신의 제안에 대해 존슨 대통령이 침묵하고 있음에도 불구하고, 미국과의 대화를 추진하려고 계속 노력했다. 1964년 2월, 리사 하워드는 또 한 차례 쿠바로부터의 메시지를 전달하고자 했다. 그것은 카스트로가 존슨 대통령에게 보내는 음성 메시지였다. 카스트로는 적이었던 자기와의 대화를 시도했던 케네디의 용기를 존슨이 승계하도록 장문의 메시지를 통해 격려하고 있었다. 메시지에 따르면, 카스트로는 자신은 적과 대화하는 법을 알게 되었다며, 이의 첫 번째 이유는 케네디의 또 다른 적인 흐루시초프의 충고였고, 다른 이유는 케네디의 용기였다. 카스트로는 케네디를 예로 들면서 존슨이 적과의 대화에 나설 수 있도록 독려했다. 또한 적이 아닌 잠재적으로 도움이 될 친구처럼 말을 하고 있었다. 그것은 마치 케네디가 카스트로를 경계선 너머로 데리고 가려고 노력했던 과거의 모습을 보는 듯했다. 카스트로는 리사 하워드에게 말했다.

"대통령께 전해 주시오. 저는 고(故) 케네디 대통령이 당신(리사 하워드)과 앳우드 대사에게 대화의 시작을 위해 아바나에 있는 저의 보좌관에게 전화하도록 지시하는 것에 얼마나 엄청난 정치적 결단이 필요했을지 잘 알고 있습니다. 저는 앳우드 대사가 아바나로 걸었던 전화에서 대화가 끊겼던 곳에서부터 다시 대화가 계속되기를 희망합니다. 그러나 저는 예비선거라는 정치적 사안으로 인해 이 접촉이 11월 이후로 늦춰질 수도 있다는 것 또한 알고 있습니다. 대통령께 전해 주시오. (이는 아무리 강조해도 지나치지 않습니다.) 저는 쿠바와 미국이 선의와 상호존중의 분위기에서 마주 앉아 협상할 수 있게 되길 진심으로 희망합니다. 우리가 서로를 이해하는 분위기에서 토의한다면 해결하지 못할 분야는 없을 것이라 믿습니다. 그러나 물론 그 전에 우리의 차이점을 논의하는 것이 필수적일 것입니다. 저는 쿠바와 미국 간의 적대감은 이제 부자연스럽고 불필요한 것으로 자연스럽게 사라질 것이라고 믿습니다.

대통령께 전해 주시오. 만일 대통령께서 케네디식대로 계속하기로 결정한다면, 이는 반드시 보안유지를 해야 한다는 것을 잘 알고 있다고 말입니다. 당시에도 저는 아무것도, 누구에게도 노출시키지 않았으며, 차후로도 변함이 없을 겁니다."

카스트로는 케네디의 계승자와 대화를 추진하기 위해 그가 존슨의 대통령 선거 운동을 기꺼이 돕겠다고(심지어 미국의 적대적 행위에 대한 쿠바의 보복을 차단하면서까지) 말했다. 대화를 재개하기 위해서라면 기꺼이 무엇이든 할 수 있는 카스트로의 마음을 보여주는 부분이다.

"대통령께서는 선거 운동을 하면서 쿠바에 대한 호전적 성명을 내거나 약간의 적대적 행동을 취할 필요성을 느낄 수도 있을 것입니다. 만일 그렇다면 저에게 정치적 상황을 고려하여 특정한 행동을 취할 수 있다는 내용을 비공식적으로 알려주십시오. 그렇다면 저는 이 부분에 대해 충분히 이해할 수 있으며, 어떤 심각한 보복 조치 또한 취하지 않을 것입니다."

　존슨은 전과 같이 이 메시지에도 아무런 답변을 하지 않았다. 그러나 카스트로는 리사 하워드와 UN 대사 아들라이 스티븐슨을 통해 계속해서 그와 소통 하려고 노력했다. (윌리엄 앳우드는 1964년 1월 케냐 주재 미국대사로 임명되어 더 이상 연결 고리에 존재하지 않았다.) 1964년 6월 26일, 스티븐슨은 존슨 대통령에게 '개인적 비밀'에 대한 메모를 보냈다. "카스트로는 우리에게 소통의 길이 있다면 모든 위기는 피할 수 있다고 생각합니다. 보다 나은 것이 필요하다면 그는 자신이 리사 하워드에게 전화를 하겠다고 했습니다. 리사에게 전해 들으면 제가 각하께 보고하겠습니다." 존슨은 이번에도 아무 반응을 보이지 않았다.

　카스트로는 쿠바 산업부장관이던 체 게바라에게까지 도움을 청했다. 체 게바라는 이전에 미국과의 협상에서 외교적 결례를 범한 일이 있어 기피 인물로 인식되어 있었다. 1964년 12월, 체 게바라는 UN을 방문하던 중 백악관이나 국무부의 대표와 회담을 마련하려고 노력했으나 실패했다. 그러나 마침내 그는 리사 하워드의 집에서 유진 맥카시 상원의원을 만날 수 있었다. 다음 날 맥카시는 국무부 차관이던 조지 볼에게 '체 게바라의 목적은 쿠바가 미국과의 교역에 관심을 갖고 있으며, 미국이 카스트로 체제를 승인해줄 것을 요청하기 위한 것'이었다고 보고했다. 그러나 볼은 체 게바라를 만난 것에 대해 주의를 주었다. 왜냐하면 라틴 아메리카 국가들은 미국이 다른 국가들 모르게 쿠바와 거래할지도 모른다는 의심을 하고 있었기 때문이다. 볼은 맥카시에게 공식적으로는 그 회동에 함구하라고 지시했다. 존슨이 쿠바가 먼저 내민 손길을 무시해 버리자 카스트로는 결국 미국과의 대화 시도를 포기했다. 그는 케네디의 계승자인 존슨은 자신이 무슨 말을 하던 쿠바와 대화하는 데에는 관심이 없다고 판단했다.

1970년대에 카스트로는 냉전의 역사 중 특별한 사건 하나를 회상했다. 케네디와 밀접하게 관련된 사건이었다.

"흐루시초프와 케네디가 내린 결정 덕분에 두 나라가 균형을 이뤘고 쿠바는 침공당하지 않았으며 세계 대전도 일어나지 않을 수 있었다. 때문에 우리는 베트남 전쟁과 같은 고통을 겪을 필요가 없었다. 많은 미국인들이 스스로에게 다음과 같은 질문을 할 수 있었을 것이다. 도대체 왜 미국은 베트남 전쟁을 도발했어야 했을까? 천 마일이나 떨어져 있는데 왜 베트남에는 수백만 톤의 폭탄을 떨어뜨리면서 쿠바에는 폭탄을 떨어뜨리지 않았을까? 만 킬로미터나 떨어진 베트남보다는 쿠바에 폭탄을 투하하는 것이 더 논리적인 것이 아닌가?"

카스트로가 쿠바와 베트남을 비교하는 것은 케네디에 대한 또 다른 의문을 제기하게 만든다. 케네디에게 CIA와 군부에 저항할 만한 엄청난 용기가 있었다면, 왜 그는 베트남 전쟁을 거부하지 못했던 것일까? 그가 살아 있었다면 결국 소련과 쿠바에 대한 정책변화와 마찬가지로 베트남에 대해서도 입장을 수정했을까? 케네디는 과연 베트남에서도 평화를 위한 중대한 결정을 내릴 수 있었을까?

CHAPTER 03

케네디와 베트남

 케네디는 대통령이 되기 10년 전, 이미 베트남 전쟁에서 승리할 수 없다는 것을 알았다. 1951년 젊은 국회의원이던 케네디는 스물 두 살의 동생 로버트 케네디와 베트남을 방문했다. 당시 프랑스는 제2차 세계대전 전에 자국의 식민지였던 인도차이나의 통치권을 다시 주장하고 있었다. 사이공에 있던 프랑스군 사령관은 케네디 형제에게 25만 명의 프랑스 군대가 호치민이 이끄는 베트콩 게릴라들을 소탕할 거라고 호언했지만 케네디는 믿지 않았다.

케네디는 회의적인 관점을 갖고 있던 미 영사관의 에드먼드 걸리온 Edmund Gullion의 견해를 더 확신하고 있었다. 걸리온은 외교정책 문서 작성가로 일찍부터 케네디를 도왔고 케네디는 그를 신임했다. 사이공 호텔 라운지에서 저녁회의를 하던 중 멀리서 들려온 베트콩의 대포 소리에 대화가 중단됐다. 이때 걸리온이 케네디에게 "20년 안에 모든 식민지가 사라질 것입니다. 우리가 여기서 얻을 수 있는 성과는 아무 것도 없습니다. 프랑스는 밀리고 있고 우리가 여기로 들어온다면 똑같은 이유로 패배할 겁니다. 지금 파리에서는 전쟁을 위한 의지도 지원도 없습니다. 프랑스의 경제 상황도 심각하며, 그런 일은 우리에게도 똑같이 일어날 수 있습니다"라고 말했다.

그 후 대통령이 된 케네디는 전투병력 투입을 강력하게 요구하던 군사고문단에게 걸리온의 날카로운 분석을 인용하며 거부했다. 암살당하기 6주 전인 1963년 10월 11일 케네디 대통령은 비밀리에 베트남 철군 명령(NSAM 263)을 지시했지만, 이 명령은 케네디 암살로 결국 시행되지 못했다.

케네디는 1963년 말까지 1천 명을 1965년까지 모든 부대를 철수하기로 결심했다. 암살 한 달 반 전에 이 결정은 군과 민간 언론의 첫 페이지를 장식했다. 군(軍) 신문인 〈성조*Pacific Stars and Stripes*〉지는 "백악관, 65년까지 베트남에서 철군 발표", 〈뉴욕 타임스〉지는 "미군 1천 명 베트남을 떠난다"로 각각 보도했다. 그러나 대통령이 암살되자 철군계획은 1단계조차 실행되지 못했다. 전 국방부 분석관인 다니엘 엘스버그Daniel Ellsberg는 국방부의 베트남 전쟁 비밀문서 '펜타곤 문서Pentagon Papers'를 폭로하면서 이렇게 지적했다. "1963년 말까지 1천 명의 군 병력을 철수하려던 계획은 12월 논의만 해오다 2개월 후에는 강한 반발을 불러일으키며 급기야는 무용지물이 되어 버렸다."

케네디는 평화를 위한 큰 전략 중 한 부분으로 베트남 철군을 결정했다. 케네디는 흐루시초프와 함께 이를 도모했으나 결국 죽음으로 끝났다. 토머스 머튼은 이 모든 것을 예견하고 있었다. 그는 자신의 저서 〈냉전에 관한 서한*Cold War letters*〉에서 만약 케네디 대통령이 더 깊이, 더 세계적인 인류애로 파고들면 파고들수록 머지않아 '암살의 표적이 될 것'이라고 예언했고, 이는 케네디도 느끼고 있는 사실이었다.

서문에 언급한 것과 같이 케네디는 소설 〈5월의 7일간*Seven Days in May*〉를 평하며 쿠데타가 일어날 수 있는 타당성을 묘사하기도 했다. 케네디는 계속해서 군부에 맞서면 죽음을 재촉하게 될 것을 자각하고 있었음에도 불구하고 자신의 신념을 밀어붙였다. 즉 피그스 만 기습에 대한 미군 파병 결정에 거부권을 행사한 것이다. 이후 합참은 1962년 10월의 쿠바 미사일 위기에서 폭격과 침공을 더욱 강력히 주장하며 케네디를 압박했지만 그는 여기에도 굴하지 않았다. 아메리카대학에서의 연설과 흐루시초프와의 부분적 핵실험 금지 조약, 피델 카스트로와의 대화 추진 등, 평화 지향적인 방향으로 분명하게 전환하면서, 군 참모들과 CIA 참모들의 의견을 무시했다. 1963년 10월 케네디가 내린 베트남 철군 결정 역시 냉전시의 국가안보에 관한 규칙을 깨뜨린 것이었다. 케네디는 인류애를 지키는 쪽으로 나아갔고, 그 결과 그는 치명적인 결말을 맞게 된다.

그러나 동서 갈등이라는 관점에서 한 발 더 나아가 생각한다면, 평화를 향해 나아가려던 케네디의 위태로운 발걸음은 정치적으로 정당해 보였다. 이런 일련의 사건들이 일어나고 약 40여 년이 지났지만 우리는 이 사건의 역사적인 의미를 잊어가고 있다. 당시는 희망의 시대였고 많은 사람들이 그렇듯 케네디 역시 평화를 동경하고 있었다.

쿠바 미사일 위기의 폭풍을 간신히 피해간 후 무지개가 피어오르듯 전 세계에 평화가 깃들었다. 그 봄기운이 돌던 몇 달 동안 케네디와 흐루시초프, 심지어 그의 카리브 해의 파트너인 카스트로까지 모두 자국의 군대가 추구하던 이념조차 초월하려 했다. 1963년, 정치 평론가들은 냉전의 긴 어둠을 뚫고 새로운 날이 밝아오는 것을 느끼기 시작했다.

드류 피어슨Drew Pearson은 1963년 1월 23일자 칼럼 〈워싱턴의 회전목마Washington Merry-Go-Round〉에 '올해 대통령의 도전 과제'에 "케네디 대통령이 냉전을 종식시킬 기회를 잡았다"는 표제로 칼럼을 실었다. 피어슨은 이 칼럼에서 대통령이 평화의 시대를 꽉 움켜잡아야 한다고 강조했다.

"오늘날 케네디 대통령은 영원한 평화를 이룩할 큰 전환기를 맞이했다. 그러나 행정부 내부의 분열 때문에 호기를 놓치지 않길 바란다. 이는 국제 정세를 주시하고 있는 노련한 외교관들의 공통적인 견해다. 이들은 또 유럽이 재빠르게 움직여 케네디 대통령으로부터 주도권을 빼앗아, 소련의 흐루시초프와 누더기 평화를 만들어 낼 수도 있다고 덧붙였다."

피어슨이 언급한 외교관들은 케네디와 흐루시초프가 미사일 위기를 합의로 마무리하자, 저변에서 일어나고 있는 거대한 변화를 감지했던 것이다. 동시에 냉전 종결의 가장 큰 걸림돌이 바로 미국의 강력한 군부라는 사실도 알고 있었다. 군은 이런 변화를 받아들이려 하지 않았고 강력하게 반대하고 있었다.

피어슨은 이 점을 언급하며 정부 내부의 강력한 반대에도 불구하고 대통령이 냉전 문제를 해결할 '외교 세계의 정점에 있다'고 적었다. 그러면서 팡파르도 울리지 않고 터키와 이탈리아에서 미사일을 철수한 케네디의 결정을 언급했다. "이 결정으로 미국과 소련 사이의 긴장은 완화되었다. 그러나 흐루시초프가 쿠바에서 미사일을 철수하며, 이를 활용했던 것과는 달리 미국은 미사일 철수를 국제 정치에 활용하지 않았다." 하지만 피어슨은 케네디가 이미 흐루시초프와 협력하고 있다는 사실은 깨닫지 못하고 있었다. 대통령의 미사일 철수는 10월에 소련과 했던 약속을 조용히 지킨 것이었다. 피어슨은 1년 전에 흑해 연안의 별장에서 흐루시초프와 인터뷰를 했었다. 이 때 그는 소련의 지도자가 진심으로 평화를 원하고 있다는 것을 믿을 수 있었다. 그는 흐루시초프의 쿠바에서의 미사일 철수와 그 후에 이어진 발언을 통해 자신의 믿음을 굳혔다.

칼럼에서 피어슨은 이렇게 지적했다. "가장 최근의 발언으로는 지난 주 동베를린에서 했던 연설을 들 수 있는데, 흐루시초프는 이 연설에서 공산주의라는 수단을 전쟁에 이용하지 않겠다고 공언했다."

소용돌이치는 변화 속에서 미국과 소련은 특히 베를린 문제와 핵실험 문제에서 '평화 직전'까지 도달했다. 그러나 피어슨은 만약 치명적으로 분열된 케네디 정부가 "급격한 변화의 장면을 소극적으로 지켜보기만 한다면" 드골 대통령 등, 유럽의 다른 지도자들이 케네디를 뛰어넘어 흐루시초프와 함께 그들만의 평화를 이뤄낼 것이라고 강조했다.

변화의 시기는 무르익었다. 우리의 대통령이 이 시기를 살려낼 것인 가? 1963년 희망의 여름, 이 질문에 대한 케네디의 대답은 아메리카대 학의 연설, 부분적 핵실험 금지 조약, 흐루시초프와의 긴장관계 완화로 나타났다. 케네디는 가장 큰 천적이던 카스트로와 대화를 성사시켰고 무엇이든 가능하다는 것을 증명했다. 흐루시초프와의 희망적인 관계 진 전에 비춰보면, 케네디가 내린 10월의 베트남 철군 결정은 당연한 수순 이었다. 지금은 잊혀진 이런 변화의 바람을 타고 케네디는 1963년 평화 중재자로 나아가는 항해를 시작했다. 또 한편으로는 세계를 파괴할 수 있는 막강한 화력을 가진 군부를 장악해야 했다.

케네디는 아메리카대학 연설에서 언급했던 평화를 위한 임무와 안보 국가로서의 계속되는 냉전적 대립 사이에서 발목이 잡혀 있었다. 그리 고 그는 냉전의 수사학에 휘말려 스스로 이 갈등을 더 키워버렸다. 1963 년 1월 26일 서베를린 시청 앞에 운집한 군중 앞에서 극적인 연설이 있 었다. 베를린 장벽의 야만성을 목격한 대통령은 유감스럽게도 "유럽이나 다른 나라에서 우리가 공산주의자와 함께 할 수 있다고 말하는 사람(바로 케네디 자신처럼)이 있다. 그들은 모두 베를린에 와 봐야 한다"고 말했던 것이다.

그러나 내면의 갈등과 군부와의 팽팽한 긴장 관계에도 불구하고, 그는 공산주의에 대항해 승리하는 것이 최선이라는 당시의 지배적인 편견에 반대했다. 케네디는 승리 대신에 냉전의 종식을 선택해 냉전시대의 대통령에게 주어진 모순에서 벗어나려고 했다. 합참 등의 군 수뇌부들이 볼 때 전쟁을 통해 문제를 해결하지 않으려는 변화는 패배를 의미했다. 대통령이 무슨 일을 하고 어떤 말을 하든, 군대에는 그들만의 철칙이 있었다. 바로 전쟁에서의 승리였다.

당시에는 잘 알려지지는 않았지만, 케네디는 대통령 임기 중에 국가안보라는 족쇄에 발목이 잡혀 있었다. 이로 인해 케네디 암살 사건은 미궁으로 빠져버렸다. 국가안보는 평화를 원하는 대통령의 명령에 복종하는 것보다 더 중요했고 공산주의의 척결을 첫 번째 목표로 삼고 있었다. 케네디는 전쟁 대신 다른 방법을 찾으려 노력했으며, 엄청난 양의 핵무기를 폐기하고자 했다. 그는 점점 더 고립되어 갔다.

적장인 흐루시초프와 돈독해진 관계에 신뢰를 쌓음으로써, 적군을 악마로 묘사하던 냉전시대의 대립에서 벗어나려 했다. 하지만 그럴수록 군부의 압박은 거세졌고 상황은 꼬여 가기만 했다. 냉전을 승리로 이끌기 위해 군부에서 기발한 파괴공작을 제안해도 이를 거부함으로써 고립은 더 심화되었다. 1962년 3월 13일, 아이젠하워 대통령 시절부터 합참의장직을 맡아온 라이먼 렘니처Lyman L. Lemnitzer 장군은 로버트 맥나마라 국방부장관에게 비밀작전을 제안했다. 일명 '노스우드 작전Operation

Northwoods'인데, 렘니처 장군의 단계별 쿠바 침공 작전이었다.

1. 미국에 대한 쿠바의 공격이 임박했다고 국민들을 믿게 하려면, 공격과 기만전술을 병행해야 한다. 쿠바가 이에 대응하여 우리가 명분을 얻게 되면, 본 계획을 실행하면서 미군은 훈련에서 개입으로 신속히 변경할 수 있다.

2. 관타나모(미 해군기지) 부근에서 시나리오대로 일련의 사건들을 일으켜서, 완전히 적대적인 쿠바 군에 의해 일어난 사건처럼 보이도록 한다.

   a. 공격의 명분을 만들기 위한 사건을 일으킨다.

      (1) 루머 유포, 라디오를 이용.

      (2) 군복을 입은 우호적인 쿠바인들이 '담을 넘어' 기지 공격.

      (3) 기지 안에서 우호적인 쿠바인을 파괴 공작원으로 생포.

      (4) 기지 정문 근처에서 폭동(우호적인 쿠바인 이용).

      (5) 기지 안에서 탄약 폭발. 발포.

      (6) 공군 기지 안 기체 방화(사보타주).

      (7) 기지 외부에서 내부로 박격포탄 투하. 설치물 일부 손상.

      (8) 바다 쪽에서 또는 관타나모 기지 인근에서 접근하는 공격조 생포.

      (9) 기지를 급습하는 민병대 생포.

      (10) 항구에 파괴 공작을 위한 선박 정박. 선박 화재.

      (11) 항구 근처에서 선박 침몰. 가짜 희생자를 위한 장례식 거행. (10항 대체 가능)

b. 미국은 물과 전력 공급을 확보하기 위해서 공격적인 작전으로 대비하며, 기지를 위협하는 포병대와 박격포 포대를 파괴한다.

c. 대규모 미국 군사 작전이 포문을 연다.

3. '메인 호를 기억하라' 사건은 여러 가지 형태로 구성할 수 있다.

관타나모 만에서 미국 함선을 폭발시킨 다음 쿠바를 지목한다. 쿠바 해역에서 무인 선박을 폭발시킨다. 아바나 또는 산티아고 인근에서도 이와 같은 사건을 일으키되 공중이나 바다, 또는 양 쪽에서 진행된 쿠바 공격이 장관을 이뤄야 한다. 단순히 함선의 의도를 조사하기 위해 쿠바의 항공기나 함선이 나타난다면, 우리 함선이 공격을 받았다는 설득력 있는 증거가 된다. 아바나 또는 산티아고 인근이라면 특히 그곳 사람들이 폭발음이나 불을 목격할 수 있기 때문에 신빙성이 높아질 것이다. 미국은 후속 조치로 미 전투기를 보내 공해상의 구조작전을 실행하며, 존재하지 않는 선원을 살아남은 것처럼 '구조'한다.

사상자 명단을 신문에 싣는다면 범국가적으로 국민들의 분노를 일으킬 수 있을 것이다." '노스우드 작전'에서 렘니처 장군은 점점 더해가는 기만행위와 내란까지 계획하고 있다. 또한 국방부장관에게 테러작전을 지원해 달라고 촉구하면서, 쿠바의 공산주의자를 점멸시키기 위한 필요악이라고 주장했다.

4. 우리는 쿠바 공산주의자들의 테러작전을 마이애미와 플로리다 주의 다른 도시, 워싱턴까지 확대해야 한다. 테러작전은 피난처를 찾아 미국으로 도피한 쿠바 난민을 대상으로 한다. 쿠바인들이 가득 탄 배 한

척이 플로리다로 오는 중에 침몰되도록 한다(실제 혹은 연출). 미국 내 쿠바난민의 살해기도를 조장하고, 이 경우에 생기는 부상자의 규모도 널리 보도한다. 장소를 신중히 선정해 플라스틱 폭탄 몇 개를 터트린 후, 쿠바 요원을 체포하고 쿠바의 개입을 증명하는 준비된 자료를 배포하면, 정부에 성토가 빗발칠 것이다."

렘니처 장군은 쿠바에게 뒤집어 씌울 테러리스트 캠페인을 자신과 합참이 직접 지휘하길 원한다고 말했다. 렘니처는 맥나마라 장관에게 이렇게 적었다. "하나의 기관만 있으면 기본계획의 군사적, 준군사적 측면을 모두 책임지고 수행할 수 있다." 렘니처는 "공개 또는 비공개 군사작전의 책임은 합참이 맡도록" 청했다.

렘니처는 '노스우드 작전'을 1962년 3월 13일 맥나마라 장관과의 회의에서 제안했다. 맥나마라가 어떤 대답을 했는지는 기록에 남아 있지 않지만, 케네디 대통령이 렘니처 장군과 다른 군 참모진에게 한 이야기는 3월 16일자 백악관의 회의록에 남아 있다. 케네디는 쿠바에서 "공개적인 군사행동을 벌일 정당성도 없고 군대를 움직일 가치도 없다"고 내다봤다. 비록 '노스우드 작전'은 대통령의 재가를 받지 못해 중단됐지만 렘니처 장군은 합참의 참모들을 대표해 쿠바에 대한 선제공격 안을 밀어붙였다.

1962년 4월 10일 맥나마라는 자신의 비망록에 이렇게 적었다. "합참은 쿠바 문제를 가까운 시일 내에 해결해야 한다며, 현 공산주의 정권을 전복하기 위해서는 미국의 군사개입이 필요하다고 믿었다. 이들은 또한 군 개입을 순식간에 수행함으로써 공산주의 국가들이 UN에 도움을 요청할 기회를 최소화해야 한다고 생각했다."

케네디는 도저히 합참의장 렘니처를 두고 볼 수 없어 1962년 9월에 전격 교체했다. 그러나 렘니처는 혼자가 아니었다. 렘니처는 합참 전체가 '노스우드 작전'을 지지한다고 주장했다.

케네디의 난제는 렘니처 자체가 아니라 정부 내에 만연해 있는 냉전적 사고방식이었다. 케네디가 상대해야 할 군부와 CIA 수뇌부는 공산주의가 절대악이며, 이를 박멸하기 위해서는 무슨 수단을 써도 정당하다고 생각했다. 반면 이들은 케네디 대통령의 쿠바 불침공 협정, 터키와 이탈리아에서의 미사일 철수, 아메리카대학에서의 연설, 부분적 핵실험 금지 조약, 카스트로와의 대화 개시 등은 또 다른 공산주의의 승리의 시발점으로 받아들였다. 이들은 공산주의의 척결을 위해서는 군사력 외에 다른 방법은 없다는 독단적인 신념을 갖고 있었고 케네디가 신념을 버렸다고 생각했다. 이들이 볼 때 정신을 차리지 못하는 쪽은 자신들이 아니라 케네디였다. 나라의 미래가 그들 손에 달려 있었다. CIA와 합참의 참모진들에게 문제는 "어떻게 하면 케네디를 공산주의와 타협하지 못하게 하고 적시에 미국을 구할 수 있을까"였다. 승리가 아니면 패배인 세계에서 케네디가 내린 베트남 철군 결정은 결정타였다.

라오스와 베트남 정책

취임식 전날 저녁, 케네디는 동남아시아 전쟁 개입에 의문을 표했다. 1961년 1월 19일 아이젠하워 대통령으로부터 업무 인수 브리핑을 받으며, 신임 당선자는 예상치 못한 질문을 했다. 베트남 서쪽에 이웃한 라오스에서 공산주의 세력과의 충돌이 일어나고 있다. 아이젠하워 대통령이라면 어느 쪽을 택할 것인가?

"라오스에 공산당과의 연립정부를 수립하겠는가 아니면, 미국도 가입되어 있는 '동남아시아 조약기구SEATO'를 통해 군사적 개입을 하겠는가?" 아이젠하워는 후임자가 뻔뻔스럽게도 공산당과의 연립정부 수립 가능성을 제기하자 깜짝 놀랐다. 그리고 군사 개입이 "훨씬 낫다고 본다"고 대답했다.

크리스천 허터Christian Herter 국무부장관은 연립정부 수립은 공산당을 통제할 수 없는 상황으로 몰고 갈 것이라고 대답했다. 차라리 일방적으로 미군을 투입하는 것이 라오스를 구할 수 있는 최선의 방법인 것처럼 말했다. 그러나 케네디는 이 주장을 회의적으로 생각했다. 몇 시간 후면 아무 책임도 지지 않을 사람들이 재앙을 부르는 처방을 내리고 있다고 생각했다. 훗날 케네디는 친구들에게 이렇게 술회했다.

"아이젠하워는 여기 앉아서 지상 병력을 아시아에 투입할 준비가 됐다고 말했지. 자기 자신은 지난 8년간 그 일을 회피해 왔으면서 말일세." 한편 케네디도 공산당과의 연정 문제를 추진할 경우 행정부 내에서 분란이 일어날 것을 잘 알고 있었다. CIA와 합참은 아이젠하워의 지원으로 라오스와 베트남을 구해야 한다는 막중한 책임이 있었고, 이들의 숙제는 후임자인 케네디에게 그대로 넘겨졌다. 케네디 역시 냉전주의자였지만 여전히 군사개입에는 비판적이었다. 아시아에서 희망 없는 전쟁에 개입하기보다는 차라리 적과의 위험한 동침이 낫다고 생각했다.

'펜타곤 문서'를 읽어보면 1961년 베트남은 라오스에 비해 상대적으로 중요성이 낮았다. "1961년 베트남은 지엽적인 문제이며, 동남아시아를 놓고 볼 때 미 행정부나 서방세계는 라오스를 훨씬 더 주목하고 있다." 일례로 '1961년 〈뉴욕 타임스〉지 인덱스'를 살펴보면 라오스에 관한 칼럼은 26개가 실렸지만 베트남에 관한 것은 8개에 불과했다. 케네디는 라오스는 단지 시작일 뿐이고 라오스 문제가 해결되면 베트남 문제가 다시 부상할 것이라고 예상했다.

대통령에 취임하고 2주가 지난 1961년 2월 3일, 케네디는 라오스 주재 대사 윈드롭 브라운Winthrop Brown과 단독으로 만났다. 브라운은 신임 대통령이 라오스에 관해 솔직한 정세 보고를 듣고 싶어 하는 것으로 보지 않았다. 그가 공식적으로 정책에 대해 설명하려고 하자 케네디가 말을 막았다. "나는 대사가 이 사안을 어떻게 보는지 듣고 싶습니다만?" 브라운은 다시 입을 열었다.

대통령이 주의 깊게 듣는 동안 브라운은 반공 지도자인 푸미 노사반 Phoumi Nosavan장군을 지지하는 CIA와 펜타곤을 비판했다. 독재자인 노사반은 아이젠하워 정권 아래서 CIA가 결성한 라오스 '애국 조직CDNI(국익 수호위원회)'으로 세력을 넓혀왔는데, 브라운은 라오스가 오직 수바나 푸마Souvanna Phouma 왕자 아래 통일돼야 한다고 솔직히 지적했다. 푸마는 아이젠하워 정권에서 CIA와 펜타곤에 의해 실각했던 인물이다. 케네디는 더 나아가 만약 미국이 라오스정책을 변경한다면 푸마가 영국, 프랑스, 소련이 지원하는 중립 정부를 수립할 수 있겠냐고 물었다. 몇 년 후 브라운은 라오스 중립을 논했던 대통령과의 긴 대화를 "매우 감동적인 경험"이었다고 회상했다.

케네디가 정책을 라오스의 중립으로 선회하던 그때, 합참은 군사를 보내 노사반 장군을 지원해야 한다고 점점 더 압박했다. 합참은 만약 미국이 서둘러 개입하지 않으면 소련과 중국, 북베트남이 지원하는 파테트 라오Pathet Lao 군대가 라오스를 완전히 지배하게 될 것이라고 주장했다. 냉전의 움직임과 파테트 라오의 진군 압박이 케네디를 부추겼지만 그는 여전히 회의적이었다.

3월 9일 백악관 회의에서 케네디는 국가안전보장회의의 정책 모순을 비판하고, 라오스의 중립 방향을 제시했다. 케네디의 문제 제기로 불편한 진실이 드러났다. 미국이 지난 3개월간 노사반 장군에 지원한 군수물자는 소련의 파테트 라오 지원보다 훨씬 많았다. 대통령은 "기본적으로 우리 동맹국으로 볼 수 있는 나라들뿐 아니라 공산당도 동일한 사람(노사반)에게 호의를 보이고 있다"고 지적했다.

케네디는 공산당과 협력하기로 마음먹었다. 다음 날 소련 주재 미국 대사인 르웰린 톰슨Llewellyn Thompson은 모스크바에 있는 흐루시초프를 찾아가 미국은 현재 '인근의 중립적인 국가들과 위원회를 구성해 라오스의 중립을 성취하는 방안'을 모색 중이라고 전했다. 흐루시초프는 케네디의 변화에 놀라며, 옛날과 달라진 새로운 미국의 자세가 환영할만하다고 말했다. 케네디는 3월 23일 열린 기자 회견에서 라오스 정책의 변화를 표명했다. 케네디는 미국이 '강력하고 전폭적'으로 '라오스의 독립과 중립을 옹호하고, 외부 세력이나 군대의 개입도 없이, 모든 지배에서 자유로워지는 목표'를 지지할 것이라고 선언했다.

영국은 노사반 장군과 그에게 저항하는 중도파 간의 휴전을 호소하고 있었고, 케네디는 영국 지지를 선언했다. 그리고 영국과 손을 잡고 라오스사태에 관한 국제회의 개최를 요구했으며, 소련도 이에 동의했다. 케네디가 제시한 새로운 방향으로 5월 11일 제네바에 모인 영국과 미국,

그 외 11개국과 소련은 라오스 문제를 해결하기 위해 힘을 합친다.

그러나 그 사이에 케네디는 전쟁의 문턱에 서게 된다. 공산군은 라오스로 계속 진격했다. 제네바 회담이 열리기도 전에 승리를 거둘 기세였다. 대통령은 이를 제지하기로 결심했다. 테드 소렌슨Ted Sorensen이 지적했듯이 "케네디는 서방국가가 지지하는 노사반 장군이 득세할 수 있도록 한 군사적 지원이 내키지 않았다. 이것은 사실상 케네디가 이어 받은 정책이었고, 이 정책을 구성한 사람들 대부분이 여전히 군과 정보 요직에서 활동하고 있었다."

이들은 케네디가 추진하는 중립적인 연립정부 수립을 철회하도록 계속 압박했다. 이들에게 연립정부 수립은 공산당에게 굴욕적인 양보를 하는 셈이었다. 3월 23일 기자회견에서 대통령이 중립화 정책을 밝혔음에도, 렘니처 장군은 3월 30일 기자들에게 중립파의 지도자인 수바나 푸마를 신뢰할 수 없다며, '푸마'가 공산당이더라도 지금보다 더 나빠질 건 없다"고 말했다.

렘니처와 합참 수뇌부는 대통령의 새로운 지시를 거부했다. 오히려 늦기 전에 노사반 장군을 지원하도록 미 전투부대를 보내 공산당의 공격을 중단시켜야 한다고 촉구했다. 그렇지 않으면 제네바 회담에서 협상할 여지조차 없으며, 중립화 정책도 마찬가지라고 주장했다. 3월과 4월에 위기가 고조되어가자 케네디도 파병에 동의했다. 그러나 케네디는 모두에게 더 이상은 라오스 내전에 개입하는 사태는 없다고 강조했다. 이후 일련의 사건들로 케네디는 자신이 덫에 걸려들고 있었다.

첫 번째는 피그스 만 사건이었다. 언급했다시피 CIA와 합참은 케네디가 중압감 속에 파병에 동의할 수밖에 없도록 시나리오를 짜서 케네디가 전력을 다해 쿠바를 침공하도록 조장했다. 그러나 케네디는 공격을 거부하고 패배를 인정했다. 그리고 라오스 문제는 더욱 비판적으로 초점을 다시 맞췄다. 쿠바 사건에서 케네디를 기만한 CIA와 참모들이 이번에는 라오스 개입을 촉구했다. 게다가 합참은 배치에 필요한 병력 숫자를 점점 늘려갔다. 처음에는 4만 명을 요청하고, 3월 말에 6만여 명으로 늘리더니 4월 말에는 14만 명으로 대폭 올렸다.

케네디는 멈칫하기 시작했다. 렘니처 장군은 라오스로 가는 중 대통령에게 전보를 쳐서, 그곳에 '제한적인 개입'을 제안했다. 이상함을 느낀 케네디는 라오스 파병계획을 전면 중단했다. 당시 슐레진저에게 케네디는 "이들이 쿠바가 아니면 라오스에 개입하고 있을지도 모른다"고 말했다. 렘니처의 전보를 흔들면서 케네디는 "이 충고를 심각하게 받아들여야 하겠군."이라고 말했다. 대신 케네디는 군사 참모들에게 날카로운 질문을 던져 이들 생각에 뚫린 빈틈을 파고들었다.

4월 28일 회의에서 버크Burke 제독은 대통령에게 "한 발 물러설 때마다 (케네디가 라오스에서 물러났다고 생각) 다음 기회에 일어서기는 더 힘들어진다"고 말했다. 버크는 미국이 동남아시아 지역에 "승리를 위한 모든 것을 투입"하도록 준비해야 한다고 말했다. 두 번째 차례인 조지 데커 George H. Decker는 "우리가 개입한다면, 승리해야만 하고, 이 말은 즉 하노이와 중국에 폭탄을 터뜨리고 필요하다면 핵무기까지 사용해야 한다는 의미이다"라고 했다.

그 다음 날 커티스 르메이 공군 장군은 늘 그렇듯 거만한 태도로 방안 가득한 군 참모들 앞에서 자신은 도대체 미국의 라오스 정책이 무엇인지 모르겠다고 말했다. 그러고는 무시하듯이 "군은 대통령의 발언을 지지할 수 없다"고 덧붙였다. 다른 회의에서는 렘니처 장군이 동남아시아의 무제한적 전쟁 확산 전략을 주장하면서 이렇게 결론지었다. "핵무기를 사용할 수만 있다면, 승리는 확실합니다." 대통령은 아무 말도 없이 장군을 바라보더니, 회의를 해산했다.

케네디는 칼럼니스트인 아서 크로크Arthur Krock에게 피그스 만 사태와 참모진의 라오스 전쟁 주장을 되새기면 점점 "자신감을 잃게 된다"고 말했다. 케네디가 합참에 저항할 수 있도록 힘을 북돋아 준 군 전문가는 바로 늦은 4월 그를 방문한 더글러스 맥아더Douglas MacArthur 퇴역 장군이었다. 맥아더 장군은 대통령에게 말했다. "누구라도 아시아 본토에 미국 지상군을 투입해야 한다고 말한다면 정신 상태부터 검증해봐야 할 겁니다."

케네디는 대통령 임기동안 현직 장군들에게 맥아더의 말을 되풀이했다. 라오스나 베트남에 미국 전투 병력을 보내는 일은 케네디의 남은 생애 동안 결단코 일어나서는 안 될 일이었다. 맥스웰 테일러Maxwell Taylor 장군은 맥아더의 발언이 "대통령에게 강렬한 인상을 남겼다. … 합참의 참모진이나 나나 혹은 누구든지 군사 조언을 할 때면 대통령은 항상 '뭐, 그렇다면 자네들이 맥아더 장군을 설득하고 오시게. 그러면 나도 따르겠네'라고 했다."

맥아더는 또 이전 행정부에서 계속된 인도차이나 정세에 대해서도 한마디 했다. 대통령은 그 말에 충격을 받아서 대화를 메모로 옮겨 적을 정도였다. "맥아더 장군은 아이젠하워 시절의 '닭들이 닭장으로 돌아가 듯이 저지른 일이 자신에게 되돌아오고 있는 것'이라고 말했다. 나는 닭 장 안에 살고 있었다."

맬컴 X는 케네디가 암살당한 후 똑같은 농장 격언을 언급해 화제가 됐 다. 케네디는 동남아시아 파병에 반대하기로 결심했다. 이는 아마도 그 가 죽음을 재촉한 또 하나의 이유가 되었을 것이다.

케네디의 베트남 해법

동남아시아에 미군을 보내지 않기로 결심했을 때 즈음, 케네디는 자신 만큼이나 신념이 강건한 청년을 만나게 된다. 비밀경호원(재무성 검찰국 소속) 에이브러햄 볼든Abraham Bolden이었다. 냉전 시대, 케네디가 상원의 원을 지낼 때 볼든은 일리노이주 동부 세인트루이스에서 사는 흑인 꼬 마였다. 볼든은 동부 세인트루이스의 도심 교전지역에서 투지와 훈련으 로 살아남았다. 이후 미주리 주 제퍼슨 시에서 아르바이트를 하며 링컨 대학교를 다녔다. 대학시절 그는 처음부터 끝까지 자기 색깔이 확실했 다. 다른 신입생들이 상급생들의 짓궂은 지시에 복종할 때 볼든은 교칙 이 아니라면 아무 일도 하지 않겠다고 거부했다. 공부도 하지 않는 유명 운동선수에게 학위 수여는 부당하다며 학교 신문에 글을 써서 학교를 발칵 뒤집어 놓기도 했다.

볼든은 우수한 성적으로 링컨 대학교를 졸업했다. 에이브러햄 볼든의 학우는 "볼든은 보는 시각에 따라 바보일수도 용감한 남자일 수도 있 다"고 묘사했다. 이런 성품은 존 F. 케네디의 삶과 죽음에 따른 볼든의 여정에서도 잘 나타난다. 4년 간 우수한 실적으로 일리노이 주 경찰관을 지낸 볼든은 1960년 미국 재무성 검찰국에 들어갔고, 이후 시카고 지부 비밀경호원이 됐다. 1961년 4월 28일 밤, 케네디 대통령이 시카고에 있는 맥코믹 센터McCormick Exposition Center에 연설을 하러 왔을 때 볼든은 경호책임을 맡고 남자 화장실 밖에 서 있었다. 케네디를 만나리라고 생각지도 못하고 있었는데, 갑자기 대통령이 리처드 데일리Richard Daley 시장 등 고위 관리들과 함께 계단을 내려와 볼든에게 다가왔다.

볼든 앞에 멈춰선 케네디가 물었다.

"자네 이름이 뭐지?"

"에이브러햄 볼든입니다. 각하."

"재무성 소속인가?"

"그렇습니다."

"볼든 요원, 백악관 경호팀에 흑인 요원이 들어온 역사가 있는가?"

"없습니다."

"자네가 첫 번째가 되면 어떤가?"

"감사합니다."

"워싱턴에서 보지."

1961년 6월 볼든은 백악관 소속 경호팀에 합류한다. 볼든은 케네디가 사람에게 기울이는 배려를 직접 경험했다. 케네디는 볼든을 볼 때마다 그냥 지나치는 법이 없었다. 항상 그와 가족에 대해서 물었고, 그 말에는 진심이 느껴졌다. 케네디는 볼든과 시카고와 시카고 야구팀에 대해 담소를 나누기도 했다. 대통령은 백악관을 찾는 방문객들에게 종종 볼든을 소개했다.

그러나 볼든은 대통령의 눈에 어린 근심을 볼 수 있었고, 그의 주변에서 뭔가 잘못되어가고 있음을 감지했다. 볼든은 고립된 대통령과 취약한 경호 위험성의 징후를 점점 더 많이 발견하게 된다. 경호원 대부분이 케네디를 증오하는 듯 했다. 누군가 케네디를 저격한다면 비켜줄 것이라고 자기들끼리 농담하기도 했다. 근무시간 이후 요원들은 술에 취해 대통령 경호에 소홀해졌다. 볼든은 술도 카드놀이도 거절했다. 다른 요원들이 면전에서 "검둥이"라고 내뱉기도 했다. 자신이 지금까지 살아왔던 대로, 볼든은 목소리를 높여 주장했다. 허술한 대통령 경호를 항의했지만 아무런 조치도 취해지지 않았다. 백악관 경호팀 요원으로 40일을 보낸 후 볼든은 더는 이 거짓된 곳에 있기를 거부했다.

그는 자진해서 시카고 지부로 돌아간다. 비밀경호팀 내에서 미국 흑인으로서는 영광스럽게도 처음 백악관 대통령 경호를 담당했지만, 신념에 따라 스스로 물러났다. 그러나 더 큰 그림에서 본다면 백악관 경호팀은 볼든에게 하나의 견습 과정일 뿐이었다. 그곳에서 그는 대통령에 대한 사랑과 존경을 키웠고, 그의 삶 동안 대통령을 옹호하는 목소리를 높였다. 동부 세인트루이스에서 백악관까지 에이브러햄 볼든은 말할 수 없는 비밀에 가장 중요한 목격자가 된다.

1961년 6월 3~4일, 빈에서 열린 정상회담에서 케네디와 흐루시초프는 라오스의 독립과 중립을 상호 지원하기로 합의하는 데 성공한다. 양측이 합의한 유일한 사항이었다. 그러나 흐루시초프는 냉전 심화나 핵전쟁 위험에는 무관심한 듯 보였고, 이런 태도가 케네디에게는 큰 충격이었다. 그는 워싱턴으로 돌아오는 비행기 안에서 깊은 밤 격정에 잠겨,

에이브러햄 링컨의 말을 빌려 이런 메모를 쓴다.

"신이 계심을 나는 안다. 멀리서 밀려오는 폭풍이 보인다.
신께서 내 자리를 마련해 두셨다면, 기꺼이 갈 준비가 되어 있으니."

케네디는 빈에서 흐루시초프를 압박해 라오스 합의에 서명하게 했다.
처음에 흐루시초프는 냉전의 한 축인 미국을 조롱하며 케네디에게 "잘
아시겠지만 수바나 푸마 실각은 (아이젠하워 대통령 재임 시) 미국 정부가
한 일이오"라고 말했다. 케네디는 그 말을 인정하며 말했다. "사실, 이
지역에 대해 미국이 항상 현명한 정책만 펼치지는 않았지요." 케네디는
그렇지만 이제 미국은 라오스가 캄보디아나 미얀마와 같은 중립적이고
독립적인 나라가 되기를 바란다고 덧붙였다.

흐루시초프는 자신도 그렇게 생각한다고 대답했다. 흐루시초프가 미
국의 라오스 정책의 변화를 반긴 만큼, 미 군부와 CIA 수뇌부들은 분노
했다. 케네디는 제네바 회담 대표인 애버렐 해리먼Averell Harriman에게 즉
시 라오스 위기를 슬기롭게 해결하라고 지시했다. "이해하겠나? 나는
라오스 합의가 성사되기를 바라네. 파병은 절대 안 돼." 그럼에도 불구
하고 합참은 계속해서 파병을 요구했다. 라오스뿐 아니라 전 프랑스 식
민지의 동쪽 경계였던 베트남 파병까지 주장했다.

대통령이 라오스에 취한 입장 때문에 케네디 정부에게 베트남이 중요
해졌다. 케네디 대통령은 취임 1년도 되지 않아서 냉전 시대의 산물인
"라오스 포기"를 생각하고 있었다. 소련과 공조하여 공산당을 포함한
연립 정부를 지원하겠다는 생각이었다. 그러나 "남베트남(월남)을 구원"

해야 한다는 군부의 압력은 더욱 거세졌다. 이들은 베트남에는 라오스와 달리 전투 병력을 보내야 한다고 주장했다. 그렇지만 케네디에게 구원을 요청하는 남베트남 정부는 그 내부 자체에 문제의 소지가 많았다.

케네디가 미국 대통령에 당선되고 3일 후, 1960년 11월 11일, 남베트남 대통령인 고 딘 디엠Ngo Dinh Diem은 인민들의 지지를 확보한 구테타로 실각할 위기까지에 이른다. 1960년 11월의 쿠데타 시도는 1963년 성공한 쿠데타의 전조로 보인다. 1963년 쿠데타로 고 딘 디엠과 그의 동생 고 딘 누Ngo Dinh Nhu가 사살되었다.

1960년 11월 쿠데타 당시, 이 교활하고 흉폭한 지도자는 몇몇의 대통령 경호원들과 숨어 있었다. 왕궁 주위를 둘러싼 반란군들과 협상을 하며 시간을 벌고 있는 사이, 장갑차 부대가 아슬아슬하게 도착해 그를 구해낼 수 있었다. 탱크 지휘관은 총구를 반란군에게 돌려, 이들을 궤멸시켰다.

1960년 당시 디엠은 살아남았고 남베트남 정권을 다시 장악했다. 초기에는 개혁을 부르짖었으나, 다시 독재정치를 계속했다. 공산당이 이끄는 게릴라 활동이건 민주적인 반대 세력이건 미국의 힘을 빌려 모두 제압했다. 1963년 쿠데타 때도 비슷한 전략을 썼으나 더 노련해진 쿠데타 수뇌부는 3년 전의 실수를 되풀이 하지 않았다.

'펜타곤 문서'는 케네디가 대통령이 됐을 당시 미국이 베트남에게 베풀고 있던 특별한 대우를 기록하고 있다. 동남아시아의 다른 나라와는 달리 베트남과 고 딘 디엠의 리더십은 "미국의 핵심적인 창작물"이었다. "미국의 지원이 없었다면 디엠은 1955년과 1956년 남베트남 정권을 견고히 하지 못했을 것이 확실하다. (당시 상원이었던 존 F. 케네디는 냉전 원칙과 디엠의 애국주의에 감명 받아 디엠 정부를 지지했다.) 미국이 개입하겠다는 위협이 없었다면 남베트남은 제네바 협정에서 정했던 1956년 총선거 논의조차 거부하지 못했을 것이다. 미국 없이 총선거 논의를 거부한다면 베트콩 군대가 그 즉시 행동을 취했으리라. 또 그 이후 몇 년에 걸쳐 미국의 지원이 없었다면 디엠 정권은, 독립된 남베트남 정권은 절대로 존재하지 못했을 것이다."

미국은 남베트남을 공산당의 방어벽 역할로 구축하고 있었기 때문에 (케네디 참여) 1961년 봄에 케네디 대통령이 이웃 라오스를 중립화한 결정은 디엠에게는 충격이었다. 케네디의 새로운 라오스 정책이 정부의 존립을 위협한다고 여겼다. 케네디는 1961년 5월 린든 존슨Lyndon Johnson 부통령을 파견해 디엠을 안심시켰다. 부통령은 케네디의 중립화 정책에 심한 충격을 받은 다른 반공주의 아시아 동맹국들도 방문했다. 존슨은 대통령의 새로운 전략을 비난하는 서면 보고서를 대통령에게 제출했다. 보고서에서 존슨은 라오스의 중립화 결정이 미칠 파장을 생각대로 서술했다.

"나라마다 그 정도는 달랐지만 동남아시아 전역이 미국의 의도를 걱정하고 의심하고 있었다. 제네바 협정으로 많은 성공을 거둔다고 해도 의심과 걱정을 없앨 수는 없다. 독립을 원하는 아시아 국가들은 자국의 위치가 제네바 같은 방식으로 해결되기를 원치 않았다.
디엠, 장제스(대만), 아유부 칸(파키스탄) 등의 지도자들은 우리가 제네바의 '불리한 상황에서도 최대의 이익을 창출'할 것을 어찌 됐든 받아들였다. 이들에게 그 이상의 관용을 기대할 수는 없을 것이다….

우리(존슨)의 임무는 미국의 신뢰를 회복하는 것이었다. 개인적으로 판단할 때 이미 잃은 신뢰는 회복할 수 없다. 모든 지도자들이 분명하게, 예의바르고 정중하게, '그렇게 말 한다면 빠른 시간 내에 행동으로 보여야 한다'는 점을 분명히 했다. 우리는 시간을 벌지 못했다. 얻었을 뿐이다. 만약 이 사람들이 은행가라면, 물어볼 필요도 없이, 어음 기한 연장을 더는 수락하지 않았을 것이다."

그리고 존슨은 새로운 정책이 냉전의 도전에 직면했다고 요약했다. 이는 린든 존슨이 방문한 반공주의 동맹국 뿐 아니라 펜타곤과 부통령인 자신의 생각이기도 했다. "가장 중요한 요인은 시간이지만 미국의 본질적인 도전과제인 동남아시아에 공산주의 확산이라는 재앙을 해결하기 위해서 군대 파병을 하던지, 아니면 패배를 인정하든지 둘 중 하나다."

부통령의 이런 접근 방법에 케네디는 패배를 인정하지 않지만, 합참이 주장하는 베트남 전투 병력 파병도 승인하지 않겠다고 대답했다. 케네디는 라오스와 쿠바에 적용한 기준을 남베트남에도 적용했다. 미군 전투 병력 파병은 인가하지 않았다.

5월 10일과 5월 18일에도 합참은 베트남에 전투 병력을 보내야 한다고 충고했다. 6월 9일 디엠은 케네디에게 편지를 보내 조금 완화된 요구를 했다. "베트남군의 훈련을 담당할 수 있도록 미국의 선별된 부대를 보내주십시오." '펜타곤 문서'는 이와 관련해서 "핵심적인 쟁점은 미국이 베트남에 조직된 전투 병력을 보내는가, 아니면 전투 훈련을 수행할 분명한 목적으로 미군을 보내는 가"였다고 지적한다.

케네디는 디엠에게 군사고문단과 헬리콥터 등을 지원하기로 했다. 그러나 어떤 압박을 받더라도 "게릴라에 대항할 독립된 전투부대" 파병은 거부했다. '펜타곤 문서'에서 이 부분을 쓴 다니엘 엘스버그는 케네디가 그토록 확고하게 버티는 이유가 궁금했다. 케네디는 왜 베트남에 전투병을 파병하지 않을까?

'펜타곤 문서'의 분석에서 엘스버그는 이런 의구심으로 1961년 가을에 초점을 맞추었다. 당시 케네디의 군 참모들은 한결같이 너무 늦기 전에 베트콩의 공격을 막아야 한다며 미군 파병을 촉구했다.

늦은 여름부터 대통령은 압박을 받기 시작했다. 저널리스트인 시어도어 와이트Theodore White는 8월 "남베트남의 상황은 한 주가 멀다하고 악화되고 있다"고 알렸다. "남쪽 삼각주는 게릴라들이 점령하다시피 했다. 사이공 밖으로 나가기 위해서는 한 낮에도 군 호송대가 필요하다." 9월에는 남베트남을 공격한 게릴라 숫자가 지난달보다 세 배 가까이 늘었다. 사이공에 이웃한 주도Provincial capital인 프옥 탄Phuoc Thanh 시가 포위되고, 반란군이 지도부를 참수한 후 퇴각했다는 사실은 사이공을 충격에 빠뜨렸다. 파병에 대한 압박은 날로 늘어갔다.

케네디는 10월 사이공에 진상 조사 사절단을 보내는 등 시간을 끌었다. 맥스웰 테일러 장군이 사절단장을 맡았지만 별 도움은 되지 못했다. 테일러는 사이공에서 전보를 보내 6천~8천 명가량의 미군 파병을 요청했다. 남베트남의 심각한 홍수에 따른 "식량 지원"으로 위장해서 파병할 수 있으며, 전투 병력을 포함한다면 "베트남 군 사기를 진작시킬 수 있다"고 제안했다. 필리핀에서 보낸 다음 전보에서는 8천 명 파병은 시작에 불과하다고 알려왔다. "국경을 봉쇄하고 남베트남 내부 반란군을 제압하기위해 무제한적 투입이 필요하다(하노이 근거지를 습격하지 않는다는 전제)." 한 편으로 테일러는 필요한 병력과 상관없이 "파병으로 미국의 의지가 진정임을 확신시키고 남베트남 사람들과 정부, 동남아시아의 동맹국과 친구들을 안심시켜야 한다. 파병만큼 확실한 방법은 없다"고 생각했다.

테일러의 강경한 파병 주장에 프레드릭 놀팅Frederick Nolting 대사도 동의하는 전보를 보냈다. 놀팅 대사는 "지난 10일간 각 계층에 있는 베트남 사람과 대화를 나눴고, 한결같이 미군이 베트남을 도와주기를 열망하고 있었다"고 말했다. 파병 논의는 점입가경이었다. 11월 8일 국방부 장관인 로버트 맥나마라와 차관인 로스웰 길패트릭Roswell Gilpatric, 합참 수뇌부도 건의안을 제시했다. "미국은 남베트남의 가을을 지켜주기로 약속했으며, 그 약속을 실행하기 위해 군사행동이 필요하다." 테일러의 제안에 더해서 "홍수 피해 관리 맥락으로 최초 8천 명을 파병하고" 장차 6개 사단, 20만 5천 명으로 확대해야 한다고 주장했다. 케네디는 1961년 가을에 전투 병력을 파병해야 한다는 측근들의 충언을 거부했다. 테일러는 후에 케네디의 독특한 태도를 술회했다. "나는 지상군 파병에 그토록 격렬한 반대를 보인 사람을 대통령 외에는 본 적이 없다. 대통령은 단지 파병이 꼭 필요하다는 사실을 믿고 싶지 않았을 뿐이다. … 파병 반대는 대통령의 개인적인 신념이었다."

케네디가 파병을 거절하면서, 군부와는 사이가 더욱 벌어졌다. 케네디는 거꾸로 군 수뇌부가 전투병력 파병에 반대한다는 이야기를 흘려 군 수뇌부의 건의안을 뒤엎으려 했다.

10월 중순 〈뉴욕 타임스〉지는 오보를 내보낸다. "테일러 장군을 포함한 펜타곤의 수뇌부들은 동남아시아에 전투부대의 파병거부안을 납득했다." 사실은 그 반대였다. 펜타곤 수뇌부와 테일러 장군이 부추기는 전쟁의 북소리가 대통령의 귀에까지 울려 퍼졌다. 전투병 파병이 목표였다. 케네디는 공개적인 거짓말로 반격에 나섰다. '펜타곤 문서'는 "대통령이 지시하거나 직접 나서지 않고서는 이런 이야기가 퍼질 수 없다"고 기록한다. 대통령은 군 수뇌부가 실제 가장 하고 싶어 하는 일을 반대한다고 거짓 정보를 흘려서 군을 혼란에 빠뜨렸다. 계책은 먹혔다. '펜타곤 문서'가 서술하기로 "〈뉴욕 타임스〉지의 기사는 원하던 효과를 분명하게 나타냈다. 전투 병력에 대한 추측성 기사들이 신문 지면에서 모습을 감췄다……."

그러나 여론을 호도하는 일 외에도 케네디는 펜타곤 수뇌부와 위험한 게임을 하고 있었다. 군 수뇌부의 불만이 쌓여가던 시기에 이번 케네디 거짓정보 유포 사건이 한 조각 더해졌다. 그러나 케네디는 베트남 전투부대 파병을 막기 위해 할 수 있는 일은 뭐든 했다. 케네디는 아서 슐레진저에게 이런 말을 했다. "그들은 미군을 파병하라고 말하지. 사기를 진작하고 신뢰를 회복하기 위해서 꼭 필요하다고. 그러나 결국 베를린처럼 될 거야. 군대가 행진하고, 군악이 울려 퍼지고, 군중이 환호하고… 그리고 4일이 지나면 모두 잊어버리겠지. 그리고 군대를 더 보내달라고 하는 거야. 술 마시는 것과 똑같아. 술기운이 가시고 나면 한 잔 더 달라고 하잖아."

케네디는 전투병 파병에는 반대했지만, 1961년 11월 남베트남에 미군을 증강했다. 그는 전투병 대신 군사고문단과 병참부대를 보내는 길을 선택했다. 케네디는 남베트남 군사지원 프로그램이 베트콩을 막는 방법과 완전히 동떨어져 있다는 충고도 들어야했다. 여기서 다니엘 엘스버그는 케네디의 결정을 '펜타곤 문서'를 통해 분석하면서 깊은 혼란을 느꼈다. 최근에 쓴 회고록 〈시크릿secrets〉에서 그는 이렇게 적었다.

> "케네디 대통령은 베트남에서 미국의 개입을 늘리면서 미국의 약속을 재차 확인했다. 참모들이 요청한 만큼은 아니었지만 말이다. 그러나 거의 모든 참모들이 성공의 핵심이라고 주장하는 지상군 투입은 거부했다. 사실 대통령은 국무부장관 딘 러스크Dean Rusk를 포함해서 모든 측근들이 주장한 핵심 사안은 모두 거부했다. 남베트남에서 공산당을 쓸어버릴 수 있는 분명하고 완벽한 약속을 말이다. 왜 그랬을까?"

엘스버그는 케네디의 독특한 태도를 이해하려고 애쓰는 도중 로버트 케네디에게 질문을 던질 기회를 얻게 됐다.

1967년 미국 상원의원이던 로버트 케네디는 펜타곤의 분석가인 엘스버그를 초청해 서로의 관심사인 베트남에서 확산되는 전쟁에 대해 이야기했다. 엘스버그는 기회를 잡아 로버트 케네디에게 대통령의 1961년 결정에 대해 질문했다. "도대체 왜 대통령은 지상군 투입을 함으로써 남베트남의 승리를 가져올 수 있다는 군 참모나 행정부 각료들 모두의 절실한 충고를 거부한 것입니까?"

로버트 케네디는 자신의 형이 결단코 지상 전투 병력을 베트남에 보내지 않겠노라 결심했다고 대답했다. 만약 그렇게 하면 미국은 프랑스와 똑같이 아시아와 충돌하는 서구의 백인의 위치에 서고, 전쟁은 국수주의와 민족 자결주의의 싸움으로 변하기 때문이라고 했다.

엘스버그는 계속해서 질문했다. "대통령께서 파병 대신 패배를 기꺼이 받아들일 수 있나요?" 로버트 케네디는 만약 대통령이 패하지 않기 위해서 지상군 파병이나 철군 중 하나를 선택해야 했다면 분명 철군을 택했으리라고 말했다. "라오스처럼 해결할 수도 있으니까요."

엘스버그는 더욱 흥미가 생겼다. 케네디 대통령의 측근은 그 누구도 인도차이나에 관한 이런 신념을 갖고 있지 않았다. 엘스버그는 케네디의 태도에 대해 더 많은 설명을 요청했다. "어떻게 거기까지 생각했지요?"

대화를 나눈 지 30년이 지났건만, 글을 쓰는 지금도 엘스버그는 당시 로버트 케네디의 반응으로 받은 충격이 생생하다. "쾅! 그가 책상을 내려쳤다. 나는 깜짝 놀라 앉은 채로 뛰어올랐다. '왜냐하면 우리가 거기 있었으니까!' 그는 다시 책상이 부서져라 내리쳤다. 얼굴에 분노와 고통이 범벅돼 있었다. '우리는 거기 있었단 말이오, 1951년에. 프랑스에 어떤 일이 생겼는지 우리는 똑똑히 봤소. 형은 결심했지, 미국에는 결코 이런 일이 생기지 않게 하겠다고.'"

케네디는 그곳에 있었다. 로버트와 함께 프랑스 군대가 한 짓을 보았다. 그의 벗, 에드먼드 걸리온은 프랑스 군대가 미국 군인으로 바뀔 뿐이라면 무슨 소용이냐고 일갈했다. 엘스버그는 로버트 케네디가 한 말을 믿는다고 썼다. "형은 인도차이나에 지상군의 파병은 있을 수 없는 일이라고 강하게 확신했소. 그리고 파병을 피하기 위해 필요하다면 '라오스 해결책'을 받아들여야 한다고 결심했던 것이오."

베를린 장벽과 흐루시초프

1961년 중반까지만 해도 베트남이나 라오스마저 케네디의 주된 관심사가 아니었다. 대통령의 이목은 독일에 쏠려 있었다. 피그스 만 침공 이후의 여름과 가을, 케네디는 니키타 흐루시초프와 분단된 베를린을 두고 충돌했다. 베를린을 두고 겪은 충돌에서 케네디는 앞으로 라오스에서, 그리고 라오스와 베트남과의 관계에서 무엇을 해야 할지 깨달았다.

케네디의 군사 참모들은 계속해서 파멸을 위해 치닫고 있는 것처럼 보였다. 케네디는 렘니처 장군과 르메이 장군의 주장에 완전 질려버렸다. 여름에 있던 두 번의 회의에서 그들은 동남아시아와 베를린에 핵무기 사용을 승인해달라고 요청했다. 케네디는 대답 없이 회의장을 걸어 나왔다. 한 번은 이렇게 나온 뒤에 손을 내저으며, 장군들과 제독들이 남아 있는 회의실을 힐끗 돌아보며 말했다. "저 사람들은 미쳤어."

합참 수뇌부도 자신들이 생각할 때 가장 핵심적인 승리 수단을 승인하려 하지 않는 총사령관을 이해할 수가 없었다. 대통령이 미친 거 아닐까?

1961년 10월, 대통령은 서베를린 감독관으로 루시어스 클레이Lucious Clay 퇴역 장군을 지명했다. 장군은 베를린의 위기를 고조시켜 대통령이 승리를 선택할 수밖에 없는 지점까지 밀어붙였다. 8월 흐루시초프는 베를린 장벽 건설을 명했고, 이로 인해 서독으로 넘어 가던 동독 주민들의 대량 탈주 현상은 막을 내렸다. 9월, 클레이 장군은 비밀리에 베를린 장벽의 파괴를 계획했다.

서베를린 군사령관으로 와 있던 앨버트 왓슨Albert Watson 소령에게 지시해서 숲 속에 베를린 장벽의 복제품을 만들고 탱크와 불도저를 보내 장벽을 공격하는 훈련을 했다. 유럽 주재 미군 사령관인 브루스 클라크Bruce Clarke 장군은 클레이의 행동을 알고는 훈련을 중단하도록 했다. 클레이에게 장벽 파괴 훈련을 멈추라고 말하며, 클라크는 백악관으로 연결된 클레이의 빨간색 전화기를 바라봤다. "만약 싫다면 대통령께 전화해서 무슨 말씀을 하는지 들어볼까요." 클레이는 그만 두기로 했다. 그리고 아무도 대통령에게 숲 속의 비밀 장벽 사건을 보고하지 않았다. 클레이의 도발 계획을 케네디는 눈치 채지 못했지만, 흐루시초프는 케네디보다 많은 정보를 얻고 있었다. 소련 스파이가 숲 속의 장치를 발견했고, 사진을 찍은 다음 보고서와 사진을 모스크바로 전송했다. 흐루시초프는 측근들을 소집해서 미국의 베를린 장벽 공격 대비 시나리오를 차근차근 계획하기 시작했다. 하지만 흐루시초프는 케네디 대통령이 이런 공격을 승인했는지 의심스러웠다.

흐루시초프와 케네디는 이미 비밀 회담을 시작했으며 지난달에는 베를린 문제를 두고 은밀하게 내용을 진행시키기까지 했다. 흐루시초프는 케네디의 기반이 약화되고 있다는 강한 확신이 들었다. 흐루시초프의 아들 세르게이는 〈흐루시초프와 초강대국의 탄생Nikita khrushchev and the Creation of a superpower〉이라는 회고록에서 냉전의 두 지도자가 어떻게 공존을 모색했는지를 소련의 관점에서 설명한다. 그의 설명의 핵심적인 부분은 케네디 대변인인 피에르 샐린저Pierre Salinger가 제공했다.

6월 빈 회담 이후 케네디는 흐루시초프에게 "모든 형식을 우회하는 비공식적이고 은밀한 대화 통로"의 구축을 제안했다. 이에 흐루시초프도 동의했다. 9월 소련 최고 지도자는 비공식 루트를 처음으로 사용하게 된다. 베를린의 긴장이 고조되던 여름 이후, 케네디는 UN에서 첫 번째 연설을 준비하고 있었다. UN에 참석하기 전 주말, 베를린 위기가 지속되던 때, 대통령과 피에르 샐린저는 맨해튼 호텔에 머무르고 있었다.

소련 대사관의 대변인인 조르지 볼샤코프Georgi Bolshakov가 샐린저에게 긴급 전화를 걸었고, 샐린저는 대변인 미카일 칼라모프Mikhail Kharlamov를 은밀히 만나는 데 동의했다. 샐린저가 호텔 방문을 열자 러시아에서 온 방문자, 칼라모프가 미소 짓고 있었다. "베를린 폭풍은 끝났습니다." 그가 말했다. 어리둥절한 샐린저는 반대로 상황이 더는 나빠질 수 없다고 응답했다. 칼라모프는 계속 미소 지었다. "잠시만요."

칼라모프는 방 안으로 들어와서, 말을 시작했다. 흐루시초프는 긴급 메시지로 "지금, 처음으로 미국이 제안한 베를린 화해를 긍정적으로 고려하고 있다"고 전해왔다. 소련 국가 원수는 케네디와 하루 빨리 정상회담을 희망한다고 말했다. 칼라모프는 공산주의 연합이 케네디를 독일 문제에서 끌어내리리라며 흐루시초프를 강하게 압박하고 있다고 설명했다. 그러나 소련 지도자는 이제 베를린이 안정을 찾을 때라고 생각했다. 그는 베를린의 군사적 충돌이 초래하게 될 끔찍한 결과를 걱정하고 있었다. 칼라모프는 흐루시초프가 케네디에게 전달하는 메시지를 끝낸 후 호소했다.

"우리 서기장께서는 케네디 대통령의 UN 연설이 7월 25일(케네디는 당시 미국은 독일에서 소련의 도발을 막기 위해서 전쟁도 불사하리라고 연설했다)처럼 호전적인 전쟁 통첩이 되지 않기를 바랍니다. 별로 반기지 않으실 겁니다." 흐루시초프는 케네디가 UN 연설을 하기 전에 독일에 대해 좀 더 완화된 입장을 전달하고 싶었음이 분명하다.

샐린저는 흐루시초프의 메시지를 새벽 1시에 케네디에게 직접 전달했다. 케네디는 호텔 침대에 앉아서 책을 읽고 있었다. 그는 대변인에게 핵심 내용을 주의 깊게 되풀이하기를 요청했다. 그리고 일어나서 창가로 가더니 흰 파자마 차림으로 오래도록 서서 맨해튼 스카이라인의 야경을 응시했다.

그는 마침내 입을 열었다. "진의를 알 수 있는 단 한 가지 방법이 있지. 만약 흐루시초프가 독일을 두고 우리의 제안을 수용할 준비가 됐다면, 최소한 올해는 발터 울브리히트Walter Ulbricht의 동독 정권을 승인하지 않을 거야. 좋은 소식이군." 그는 흐루시초프에게 전할 메시지를 적은 후 샐린저를 시켜 칼라모프에게 구두로 전달하도록 했다. "흐루시초프의 베를린 정상회담 제안을 신중하게 받아들인다. 그러나 먼저 라오스 문제를 빈에서 협의한 조약에 따라 해결함으로써 소련의 선의를 증명해야 한다." 베를린과 라오스는 연계된 문제였다. 파테트 라오 공산군은 물러나고 중립적인 수바나 푸마 연립정부 수립을 수용한다. 이것이 케네디와 흐루시초프가 빈에서 합의한 내용이었다. 그는 이 내용을 메시지에 담아 흐루시초프에게 되풀이했다. 흐루시초프가 비밀리에 전달한 "좋은 소식"에 대한 케네디 대통령의 실질적인 응답은 9월 25일 UN 연설에서 들을 수 있었다. 연설문은 흐루시초프로부터 답장을 받기 전에 작성됐지만, 케네디는 그날 밤 호텔에서 다시 연설문을 점검했다. 케네디 역시 상대방과 마찬가지로 이미 베를린 장벽에서 물러날 필요성을 느끼고 있었다. 연설문을 수정할 필요는 없었다. 7월의 연설과는 반대로, 이번 연설 주제의 중심은 군비 축소였다. 케네디는 UN에서 군비 축소는 선택이 아니고 필수라고 강조했다.

"오늘날 지구상에 살고 있는 모든 사람들은, 지구에 사람이 살 수 없게 되는 그 날을 염려해야 합니다. 남자도 여자도, 우리의 아이들까지 가느다란 실에 매달린 채 핵무기라는 다모클레스의 칼날 아래 살고 있습니다. 실은 언제든지 끊어질 수 있습니다. 사고 때문에, 오류 때문에, 아니면 광기 때문에… 이 무기는 전쟁을 종식하기 전에 우리의 삶을 종식시킬 것입니다."

어떤 의미인가? 흐루시초프는 2년 뒤 케네디가 아메리카대학 연설을 할 때까지 확신할 수 없었다. 그러나 흐루시초프는 이미 케네디를 잘 파악하고 있었다. 그래서 1961년 10월 베를린 장벽 파괴를 뒤에서 획책한 사람이 정말 케네디인가 하는 의심을 품게 된다. 이 계략은 분명 다른 사람의 생각과 전략이다.

세르게이는 이렇게 덧붙인다. "아버지는 케네디 대통령을 따돌리는 다른 세력이 개입하고 있다고 생각했다." 케네디가 추천한 루시어스 클레이 퇴역 장군이 이제는 갑자기 그늘에 숨어 군대를 지휘하고 있다니 역설이 아닐 수 없다. 그러나 다른 장군들처럼 루시어스 클레이 또한 순진한 젊은 대통령이 전쟁 없이 승리할 수 있다고 믿다니 세상물정을 모른다고 생각했다. 2차 세계대전을 경험한 클레이 장군이 더 잘 알고 있었다. 10월 베를린 장벽 논란이 일어나자, 동맹국들의 신임을 과시하며, 클레이 장군은 서둘러 기회를 잡았다.

10월 27일, 미국의 M-48 탱크 10대가 불도저를 앞세우고 베를린 장벽의 중앙인 체크포인트 찰리Checkpoint Charlie까지 밀고 올라왔다. 그 곳에는 소련 탱크 열 대가 동독경계선 한쪽에서 조용히 이들을 기다리고 있었다. 상황을 잘 알고 있던 흐루시초프와 그의 참모들은 대비책을 바로 행동으로 옮겼다. 20대가 넘는 소련 탱크가 추가로 속속 도착했고, 미 동맹국에서도 20대가 넘는 탱크를 움직였다. 미국과 러시아의 탱크가 얼굴을 맞대고, 기다란 코처럼 생긴 총구를 서로에게 겨누며 사격 준비를 했다. 밤새, 16시간동안 대치가 계속됐다.

소련 외교 고문인 밸런틴 팔린Valentin Falin은 대치 상황 동안 흐루시초프 옆에 있었다. 훗날 팔린은 "미국 탱크와 불도저가 조금만 더 전진했었다면 소련 탱크가 사격을 개시 했을 것이고, 미국과 소련은 그 어느 때보다 제3차 세계대전 발발 위기에 가까이 있었다. … 베를린에서 탱크 전투가 벌어지고, 양국의 군 병력이 이곳으로 집결하면, 사태는 걷잡을 수 없이 커졌을 것이다"라고 전했다.

놀란 케네디 대통령은 루시어스 클레이에게 전화를 걸었다. 케네디가 한 말은 기록에 남아 있지 않지만, 클레이 장군은 대통령이 "자네들은 언제고 용기를 잃는 법이 없군"이라고 말했다고 주장한다. 그리고 클레이는 자신 있게 대답했다. "우리는 용기를 잃을까 봐 걱정하는 게 아닙니다, 각하. 우리는 워싱턴에 있는 사람들을 걱정하고 있습니다." 당시 대통령은 비공식 채널을 통해 흐루시초프에게 긴급 메시지를 보냈다. 로버트 케네디는 소련 공보수석인 조르지 볼샤코프와 접촉했다. 로버트 케네디는 만약 흐루시초프가 24시간 안에 탱크를 철수 한다면 케네디 역시 그 후 30분 이내로 탱크를 철수하겠다고 말했다. 그리고 대통령은 루시어스 클레이에게 미국으로 돌아올 준비를 하라고 명령했다.

다음 날 아침 소련 탱크는 물러났고, 미국 측 탱크도 30분 사이에 철수했다. 체크포인트 찰리 위기는 끝났다. 그러나 이 사건은 1년 후 쿠바 미사일 위기의 전주곡이었다. 두 번 다 케네디는 흐루시초프에게 먼저 물러나달라고 부탁한다. 그리고 소련 지도자는 부탁을 받아들인다. 케네디 대통령이 자신보다 더 심한 압박에 시달리고 있음을 배려한 행동이었다. 두 사건에서 로버트 케네디를 통한 비공식 채널이 핵심적인 역할을 했다. 그리고 흐루시초프는 두 사건에서 처음에는 탱크를, 두 번째는 미사일을 철수하면서 그 대가로 자신의 목적을 달성한다. 미국의 베를린 장벽 철거나 쿠바의 침공 위협은 사라졌고, 터키와 이탈리아에서 미국은 미사일을 철수한다.

그러나 베를린 사건이나 쿠바 미사일 같은 일련의 위태로운 사건을 통해 케네디는 군에서의 불안정한 지위가 드러났다. 베를린 장벽 대치에서는 케네디보다 흐루시초프가 미국의 계획을 더 잘 알고 있었고, 케네디 저항세력의 움직임을 지켜보고 있었다.

루시어스 클레이 장군의 베를린 장벽 사건은 그 시작에 불과했다. 클레이 장군은 엄밀히 따지면 민간인이었고 이론적으로 보면 대통령의 대리인이었다. 그럼에도 그는 마치 자유분방한 냉전시대의 장군처럼 행동했다. 당시 탱크를 철수하라는 명령을 받은 장군의 반항적인 태도는 1년 후 합참이 쿠바·불침을 선언한 미국 총사령관에게 터뜨린 분노보다도 더 했다. 핵무기의 참상을 불러올 뻔했던 탱크 대치 사건 이후 2주반이 지났을 때였다. 사건의 장본인인 루시어스 클레이는 국무부장관인 딘 러스크에게 전보를 보냈다.

"오늘날 우리는 끔찍한 대가를 치루더라도 승리를 보장해 줄 핵무기를 갖고 있습니다. 더는 이 힘을 억제책이나 보복책으로만 여겨서는 안 된다고 생각합니다. 만약 우리가 저들보다 앞서 즉각 핵공격을 준비하지 않는다면, 한창 진행 중인 원자력 무인 탐사 로봇 사업은 착수해서도 안 되고 할 수도 없습니다. 2년 안에 혹은 그 이후의 힘은 분명 아무 소용없습니다. 어느 쪽이든 첫 공격이 마지막 공격이 될 것입니다."

루시어스 클레이는 자신이 베를린 장벽을 무너뜨리려고 할 때 대통령이 핵무기를 사용했었더라면 하고 아쉬워했다. 펜타곤의 많은 지지자들처럼 미사일 위기가 절정에 달했을 때, 클레이는 기회를 잡아서 핵 공격을 하면 냉전에서 미국이 "승리"할 수 있다고 말했다. 다른 사람들처럼 그의 검토안은 채택되지 못했다. 그러는 동안 군부에서 볼 때 대통령은 국가의 존립을 위협하는 존재로 보이기 시작했다. 더욱이 흐루시초프와 점점 깊어지는 결탁은 반역으로까지 생각됐다.

당시 케네디는 헌신적인 냉전주의자로서 대통령 취임 첫 날부터 이렇게 외쳤다. "모든 국가에게 알립시다. 그들이 우리의 성공을 또는 실패를 바란다 해도 우리는 자유를 얻고 지키기 위해서 어떤 대가라도 치를 것이며, 어떤 고통도 견디고, 수많은 난관을 이겨내며, 우방을 지지하고 모든 적에게 맞서리라는 사실을…."

케네디는 자신의 취임 연설의 모델로 삼은 패트릭 헨리의 "자유가 아니면 죽음을 달라"는 말을 진정으로 신봉했다. 취임 초기부터 케네디는 아무리 편파적이라도 정치적 자유를 보장하리라고 분명히 밝히면서 당시 미국인 대부분과 수천만 명의 동맹으로부터 열렬한 지지를 얻었다. 반대되는 두 신념 사이에서 천 일 동안 일련의 위기들이 발생했다. 케네디와 흐루시초프는 의도하지 않게 새롭고 더 평화적인 비전을 만들기 위해 손을 잡았다. 서서히 해소되던 위기감과 대신 그 위에 채워지던 새로운 비전은 케네디의 죽음으로 끝이 났다.

독단적인 이념 대결에서 케네디 측은 핵시대에서 이룩한 평화를 구원 요소라고 생각했다. 비록 케네디의 취임연설에서 그 부분을 기억하는 비평가는 거의 없지만, 자유만큼이나 깊은 신념은 바로 적과의 화해에서 비롯한 평화였다.

"마지막으로, 스스로 우리의 적으로 돌아섰던 저들에게, 부탁이 아닌 요구가 하나 있습니다. 과학에서 촉발된 파괴와 어둠의 힘이 온 인류를 둘러싸고, 종국에는 계획적이든 우발적이든 스스로를 파괴하기 전에 양 쪽이 평화를 위한 새로운 과제를 만들어갑시다."

라오스 중립 선언

원을 네모나게 만드는 방법, 또는 갈등의 순환 고리에서 벗어나는 법은 취임 초기 케네디에게 분명하게 나타나지 않았다. 케네디는 자신이 언급한 모순되는 약속으로 갈등했다. 자유의 약속(핵무기를 바탕으로)과 평화의 약속(열린 대화를 바탕으로)이 조화를 이루는 일은 쉽지 않았다. 케네디가 자신의 모순되는 신념과 벌인 투쟁을 알고 있다면, 우리는 보다

가시적으로 나타난 흐루시초프와의 갈등, 특히 라오스와 베트남을 두고 벌인 충돌을 이해할 수 있다. 케네디는 빈 회담에서 흐루시초프와 사실상 라오스 문제를 합의했다고 생각했다. 그는 두 사람의 비밀 회담에서도 여러 차례 그 합의를 언급했다. 1961년 10월 16일 케네디는 흐루시초프에게 편지를 보냈다. 3주 전 샐린저와 칼라모프를 통해 구두로 주고받은 대로 라오스 문제가 평화적으로 해결되지 않으면 두 번째 정상회담은 진전되지 않을 것이라고 썼다.

"우리가 어떻게 베를린처럼 격렬하고 복잡한 문제 협의를 눈앞에 두게 됐는지 정말이지 알 수 없습니다. 만약 우리가 미얀마와 캄보디아의 예처럼 중립적이고 독립적인 라오스라는 최종 협약에 도달하지 못했다면, 베를린은 양측 모두에게 필수적인 이해관계의 성패가 달린 곳이었는데도 불구하고 상호간의 양보가 어려웠을지도 모릅니다."

1961년 9월 29일 흐루시초프가 보낸 첫 번째 친서에서 소련 서기장은 이렇게 썼다. "우리가 라오스 주둔 외국 군대 철수의 필요성에 동의하고 있어서 아주 만족하고 있습니다." 10월 16일 답장에서 케네디는 합의했던 대로 외국군 철수를 진행하고, 동시에 철군은 국제통제위원회ICC를 통할 것을 강조했다. "대통령께서 지적하셨다시피 라오스 지역의 외국군 철병은 국가의 독립과 중립성을 지키는 데 필수적인 조건입니다. 아울러 존재하는 다른 비슷한 조항들이 우리 모두가 원하는 방향으로 충족됐는지 입증해야만 합니다. 그러므로 중재력과 유연성이 있는 ICC를 통해 철군하고 조항을 이행했음을 입증해야 합니다."

그 당시 케네디는 독특한 라오스-베트남 관계가 오히려 베트남 전쟁을 확대시킬 수 있는 중요한 사안임을 깨달았다. "제네바에 참여할 대변인에게도 ICC가 철군을 진행하도록 지지를 당부하고, 아울러 당신 편의 '관련된 사람들(특히 북베트남, 월맹을 의미)'이 우리와 같은 방향으로 나아갈 수 있도록 영향력을 행사해 주시기 바랍니다. 라오스 지역에서 남베트남 공격을 가속화하고 있어서 그 지역의 평화를 위협하고, 우리가 필요하다고 인지하고 있는 모든 협약에 심각한 위협이 될 것입니다."

베트남 서쪽에 위치하고 있는 라오스의 전략적인 위치 때문에 동부 산악지대는 북베트남 군대가 남베트남을 공격하기 위해 비밀리에 이동하는 통로가 되어버렸다. 그리고 이런 일은 케네디의 남은 2년의 임기동안 빈번히 일어났다. 라오스에 있는 '호치민 루트HoChi Minh Trail'를 따라 군비의 증강은 계속 됐다. 흐루시초프와 케네디가 합의한 "중립적이고 독립적인 라오스"의 정책이 이들을 어느 정도 억제하고는 있었지만 베트남에서 공산당의 승리는 자명했다. 그러나 흐루시초프는 이를 막고 싶어도 막을 수가 없었다. 케네디가 남베트남의 고 딘 디엠을 통제할 능력이 없는 것처럼, 흐루시초프 역시 북베트남의 호치민을 설득할 수 없었다. 디엠과 호치민은 자신들만의 생각과 정책이 있었다. 1961년 11월 10일 흐루시초프가 케네디에게 보낸 편지에서 라오스를 통해 침입하는 북베트남 군대를 해산시켰다며 동남아시아와 미국 정책의 아킬레스건은 바로 고 딘 디엠이라고 일축했다.

"실상을 명료하게 바라본다면 각하께서도 현재 남베트남에서 고 딘 디엠에 반대하며 봉기하는 투쟁세력이 외부 개입이나 선동으로 인한 것이라고 설명할 수 없음을 인정할 것입니다. 지금 일어나는 사건들은 내면의 본질 때문이며, 고 딘 디엠과 측근들의 폭정에 주민들이 느끼는 일반적인 분노와 연관이 있습니다. 이것이, 그리고 이것만이 문제의 핵심입니다."

11월 16일 케네디는 답장에서 북베트남의 '외부 개입'을 재강조하면서 디엠에 대한 비판을 재빠르게 피해갔다. "고 딘 디엠 대통령의 정책이나 정부구조를 놓고 논쟁하고 싶지 않습니다. 대신 외부 개입이나 선동이 없다고 단언하는 증거와 이유를 듣고자 합니다." ICC에 보내는 편지에서 남베트남 정부에 관해 쓴 후 케네디는 이렇게 결론 내린다.

"남베트남은 지금 외부에서 강한 도전을 받고 있습니다. 현 정부를 타도하려는 세력은 이를 위해 침략, 무장 지원, 선전, 탄압 등 이런 상황에서 관습적으로 사용되는 공산주의 활동 수단을 모두 사용하고 있습니다. 이 모든 일이 북베트남에서 계획되고 진행되고 있습니다."

케네디와 흐루시초프는 각자 진실의 한 조각씩은 갖고 있었다. 북베트남은 사실 "중립적이고 독립적인" 라오스를 통해 남베트남을 도발했다. 그러나 게릴라전은 민족주의 공산당의 주된 활동이었다. 만약 디엠이 아이젠하워 정부를 등에 업고 제네바 협약에서 정한 투표를 무산시키지 않았다면, 민족주의 공산당이 지금 베트남 전체를 통치하고 있을 것이다. 케네디가 주장하는 대로 북베트남은 중립의 라오스 영토를 유린했다. 그러나 흐루시초프가 주장하는 대로 불법으로 설립된 고 딘 디엠 정부는 민중을 억압하고 있었다. 얽힌 진실은 케네디와 흐루시초프의 중립적이고 독립적인 라오스 협약을 괴롭혔다. 그리고 한 가지 중요한 진실은 라오스와 베트남의 평화는 상호의존적이라는 것이다.

그러나 케네디는 라오스 위기를 평화적으로 해결하겠다는 약속을 뒤집었다. CIA와 미군을 배치하기로 결정했고, 몽족(미국인들에게는 '미아오족'으로 알려져 있다)을 비밀리에 무장시켰다. 1961년 8월 29일 케네디는 CIA, 군사 참모, 국무부의 제의를 따라, 라오스에 총 500명의 군 고문단을 증파하고, 추가로 몽족 2천 명을 무장시키는 데 동의했다. 이로 인해 라오스 산에 살던 1만 1천 명의 사람들이 CIA의 비밀 군대가 됐다. 케네디의 주장에 따라 파테트 라오 군대에 토지를 점령당하고 반발하던 토착민들을 지원했다. 그리고 파테트 라오군의 진격에 효과적으로 저항함으로써 충분한 토지를 고수하고, 제네바에서 중립 정부를 협상중인 애버렐 해리먼에게 협상의 여지를 남겨주려 했다. 그러나 케네디는 냉전의 역설 안에 서 있었고 자신의 최악의 적, CIA의 손아귀에 붙잡혀 있었다. CIA는 라오스의 독재자, 푸미 노사반 장군에게 유리하도록 케네디의 정책을 조정하려고 혈안이 돼 있었다. 케네디는 CIA의 의중을 간파하고 CIA-몽족 군대를 강화하며, 공산당의 라오스 점령을 저지하는 동시에 CIA에게는 고삐를 채우려고 시도했다.

피그스 만 사건 이후, 케네디는 CIA의 통제를 다시 강화하려 했다. 피그스 만 침공의 주요 입안자였던 앨런 덜레스Allen Dulles, 리처드 비셀Richard Bissel, 찰스 카벨Charles Cabell을 해임하고, 로버트 케네디의 지휘 아래 피그스 만 사건을 비판적으로 조사하기 시작했으며 예산을 삭감했다. CIA를 외교정책 현장에서 분리하기 위해 케네디는 1961년 5월 29일 전 세계에 있는 미 대사관에 편지를 보냈다. 편지에는 이렇게 적혀 있었다.

"여러분은 미국의 전 외교사절단을 책임지고 있습니다. 나는 여러분이 그곳에서 일어나는 모든 상황을 통제하길 바랍니다. 외교사절단이란 외무부 내무 또는 외무 직원뿐만이 아니라 다른 모든 미국 기관의 대표자들도 포함합니다."

물론 기관에는 CIA도 포함된다. 슐레진저는 케네디가 CIA를 표적으로 편지를 썼다고 기록했다. CIA는 이 결정이 달갑지 않았지만, 케네디가 라오스에서 파테트 라오 군에 대응하기 위해서처럼 비공식 안건의 권한을 줄 때면 기뻐했다. 특히 이 권한은 CIA가 노사반 장군의 세력을 강화시키고, 대통령의 중립화 정책에 대한 결심이 서서히 약화될 수 있다고 노사반을 격려하는 좋은 기회였다. 노사반은 기쁘게 복종했다.

1962년 노사반은 중국 국경에서 겨우 15마일 떨어진 남타Nam Tha에 요새를 건설했다. 노사반은 자신의 강화된 입지를 이용해서 파테트 라오 영토 근방을 탐사하며 도발하기 시작했다. 결국 파테트 라오군은 노사반의 부대와 총격전에 말려들었지만 노사반이 내정을 국제적인 이슈로 만들려 한다는 사실을 깨닫고 남타 공격은 삼가 했다. 그러나 노사반 군대는 툭하면 남타를 버려두고 공격을 당했다고 주장하며 메콩강을 건너 태국으로 도망쳤다. 그리고는 미국이 자신들이 연출한 무대에 등장하기를 기다렸다.

〈런던 타임스〉는 다음과 같이 보도했다. "CIA 요원들은 중립 정부를 설립하려는 미국의 공식적인 목적을 의도적으로 반대하고 있다. 이들은 남타의 병력 증강을 부추기고, 케네디 행정부가 자체 예산에서 노사반에게 지급하는 보조금 때문에 발생하는 무거운 재정 압박도 애써 부인하고 있다."

CIA를 등에 업고 대담해진 노사반은 뻔뻔스럽게도 케네디 대통령의 정책에 노골적으로 반항했다. 이에 대해 〈런던 타임스〉는 "익명의 제보에 의하면 노사반 장군은 자신은 미 대사관이나 군사 고문단이 아닌 타 기관과 소통하고 있기 때문에 공식적인 미국의 제안일지라도 받아들일 수 없다고 노골적으로 비판하고 나섰다"고 보도했다.

그러나 위기를 만들어서 케네디가 개입하게 한 후 라오스 연립 정부의 싹을 제거하려던 CIA의 노사반 계획은 실패로 돌아갔다. 대신 대통령은 그들과의 작은 투쟁에서 승리할 수 있었다. 우선은 공산당에게 태국 근처에 배치한 병력을 과시하고, 다음으로는 고문단에게 라오스의 개입에 대비한 비상 계획을 짜도록 했다. 케네디는 또 애버렐 해리먼에게 노사반과 가장 가까운 CIA 요원, 잭 해지Jack Hazey를 교체하도록 지시했다. 해지는 라오스에 있는 기관에 근무했으며 카리브 해에 있는 데이비드 아틀리 필립스David Atlee Phillips와 함께 일했다.

필립스는 반(反) 카스트로 쿠바인들을 이용하여 케네디로 하여금 쿠바를 침공 하도록 계획한 요원이다. 두 번 다 대통령은 걸려들지 않았다. 제네바 회담에서 애버렐 해리먼은 대통령이 지시한 라오스 중립 협약을 성사시키기 위해 애쓰고 있었다. 케네디는 그에게 다른 대안은 받아들일 수 없다고 못 박았다. "파병은 절대 안 돼."

해리먼은 소련과 서로 우호적이라는 이점을 회담에 활용했다. 그는 소련에서 일을 했었고, 소련 사람들은 해리먼을 친근한 자본주의자라고 여겼다. 그와 흐루시초프는 케네디가 대통령이 되기 전 해에 비공식적인 접촉이 있었다. 처음에는 크렘린, 두 번째는 맨해튼에 있는 해리먼의 집이었다. 케네디는 흐루시초프가 해리먼을 신뢰한다는 사실을 깨닫고 그 관계를 아주 효과적으로 이용한다. 흐루시초프와 핵실험 금지 조약을 협상할 때 해리먼은 케네디를 대신해서 모스크바에 갔다. 제네바에서 해리먼과 그의 상대인 소련 협상가 조르지 M. 푸슈킨Georgi M. Pushkin은 라오스라는 큰 논쟁거리와 냉전의 현실을 함께 헤쳐 나갈 길을 모색하면서 조심스럽게 우정을 쌓아갔다. 논쟁거리가 많은 냉전에서 자국의 입장을 대변하는 동안 해리먼과 푸슈킨은 서로를 존중하고 함께 평화를 공모하는 쪽으로 기울어졌다.

1961년 10월 제네바 게임은 전환점을 맞이한다. 라오스관련 이해 당사자인 소련, 북베트남, 파테트 라오는 중립주의자인 수바나 푸마가 임시 연립정부의 총리가 되는 데 동의했다. 그리고 해리먼의 전기 작가인 루디 애브람슨Rudy Abramson는 이렇게 언급했다. 소련은 "모든 공산국가가 라오스의 중립화 선언에 동의하도록 책임 질 것이며, 라오스의 영토는 주변 국가들의 이해에 따라 이용될 수 없다. 즉 북베트남은 남베트남의 반란을 돕기 위해 라오스를 통과하는 길을 이용할 수 없다." 그리고 대부분이 기록되지 않은 이 선언은 미국에서 "푸슈킨 협정"으로 알려졌다.

소련과 북베트남, 파테트 라오가 세 개 파벌의 국제통제위원회 활동을 승인할 권리를 요구하고 나서면서, 중대한 장애물이 발생했다. 파테트 라오는 이 때 협정위반 감시사찰 거부권을 얻게 된다. 공산당은 그 안건을 조금도 바꿀 수 없었다. 파테트 라오가 논쟁을 주도하는 가운데, 해리먼은 만약 미국이 타협하지 않으면 제네바 회담이 붕괴되리라는 생각이 들었다. 국무부장관은 강하게 반대했지만 케네디는 마지못해 공산당과의 주요한 절충이 필요하다고 결정했다. 협의가 시작됐다. 그러나 이 때부터 "중립 라오스"는 연립정부의 탈을 쓴 분단국의 형태가 된다. 조르지 푸슈킨은 곧 사망한다. 푸슈킨의 이름을 딴 이 협정은 결코 흐루시초프의 업적으로 돌아가지 않았다.

소련의 흐루시초프는 파테트 라오와 북베트남에게 무엇을 하라고 지시할 명분이 부족했다. 라오스 동쪽 국경을 따라 내려오는 통로는 북베트남 군인들이 남베트남 침입에 사용한다고 해서 "호치민 루트"로 알려진다. 그러나 미 국무부의 비평가들은 이 길을 "애버렐 해리먼 고속도로"라고 부른다. 쿠바, 베를린, 콩고 지역의 더 큰 동–서 갈등 속에서 라오스의 전쟁과 공산당의 점령 등 모두를 피하기 위해 분투하던 케네디는 해리먼이 푸슈킨과 합작해 만든 절충안을 얻고 행복해 했다.

라오스 협약에서 케네디의 가장 골치 아픈 상대는 국방부와 CIA 였고, 이들은 협정을 깨뜨리려 했으며, 노사반 장군은 도발과 정전 협정 위반을 계속해서 해오고 있었다. 1962년 5월 해리먼은 아서 슐레진저에게 군부와 CIA가 케네디의 라오스 정책을 대상으로 '체계적인 방해공작'을 펼칠 거라고 말했다. "중립화 해결책은 불가능하니, 유일한 방법은 라오스를 미국의 요새로 탈바꿈시키는 거라고 증명하고 싶겠지."

1962년 4월 4일, 존 케네스 겔브레이스John Kenneth Galbraith 인도 대사가 대통령에게 제출한 비망록이 케네디의 참모들을 발칵 뒤집어 놓았다.

겔브레이스는 전쟁이 확산되는 남베트남에서 미국과 북베트남은 상호 철군과 함께 독립 방안을 모색해야 한다고 제안했다.

겔브레이스는 "미군의 단계적 철수와 두 나라 사이의 자유교역, 일정 휴전 기간 이후 통일을 논의하는 일반적이고 불특정한 약속을 할 경우 그 대가로 하노이가 게릴라 활동을 중단하거나 그럴 가능성이 있는지 인도 또는 소련 외교관에게 확인해달라고 요청해야 한다"고 주장했다. 만약 미국이 대신에 디엠 대통령의 지원 병력을 증강한다면 "우리는 식민군인 프랑스를 대체할 뿐이며 프랑스처럼 피의 참상만이 뒤따를 것"이라고 말했다. 겔브레이스의 경고는 케네디에게 1951년 하원의원일 때 사이공에서 들었던 에드먼드 걸리온의 말을 떠올리게 했다.

예상대로 합참은 겔브레이스 제안에 분개했다. 그들은 맥나마라 장관에게 "미국의 어떤 정책이든지 뒤바뀐다면 끔찍한 영향을 미칠 거요. 남베트남과의 관계 뿐 아니라 다른 아시아의 동맹국 모두와의 관계에 말이오." 국방부가 제출한 보고서는 겔브레이스의 의견을 일축했다.

"겔브레이스의 제안은 오히려 공산당이 남베트남을 접수하기위해 필요한 핵심 요소들을 포함하고 있습니다……." 그런데 국무부도 겔브레이스에게 반대를 표시했다. 라오스의 중립화 정책의 지지자인 애버럴 해리먼조차 베트남의 중립화 정책에는 반대한다고 말했다.

그러나 케네디는 겔브레이스의 제안이 실현가능하다고 여겼다. 4월 6일 해리먼과 대화에서 케네디는 새로운 국무차관에게 겔브레이스의 보고서내용을 적극 검토하라고 지시했다. 겔브레이스에게 인도 측 외교관을 만나 북베트남과 미국 간의 상호 철수를 합의할 수 있도록 지시를 내리라고 해리먼에게 말했다. 해리먼은 이를 거부하며, 그들은 ICC의 베트남 관련 지시가 내려올 때까지 며칠은 기다려야 할 거라고 말했다. 케네디는 이를 인정하면서도 주장을 굽히지 않았다.

"그래도 겔브레이스에게 지시를 내려 보내게. 지시를 기다리고 있을 걸세." 해리먼은 다음 주에 보내겠노라고 대답했다. 사실 애버렐 해리먼은 북베트남과의 상호 축소 제안을 방해했다. 역사학자인 개리스 포터 Gareth Porter는 해리먼의 자료를 조사하던 중 해리먼이 겔브레이스에게 지시를 보내면서 "메시지에 있는 '축소'라는 단어를 굵은 연필로 그어버렸다"는 사실을 발견했다. 해리먼은 동료인 에드먼드 라이스Edmund Rice 에게 대통령의 명령을 받아 적게 했다. 그리고 이를 겔브레이스에게 전보로 보내면서 "상호 축소 접근방법을 고쳐서, 만약 북베트남이 미국의 제안을 거절한다면 전쟁을 확대하겠다고 위협하라고 적었다." 그는 이렇게 케네디의 제안을 뒤집었다.

라이스가 최초의 평화 메시지를 다시 보내려고 할 때 해리먼이 다시 축소 제안에 줄을 그어 지우고는 "전보문을 완전히 제거해버렸다." 해리먼의 방해로 결국 겔브레이스는 케네디의 지시를 받지 못했다.

대통령은 참모들에게 계속해서 겔브레이스의 권고대로 나아가야 할 필요성을 상기시켰다. 훗날 마이클 포레스탈은 이렇게 말했다. "대통령은 우리가 베트남 개입을 철회할 호기를 놓치지 않도록 준비하기를 바랐다. 대통령은 그 순간이 언젠간 오리라고 생각하고 있었다." 케네디 자신도 베트남 전략을 바꿀 수 있는 기회를 잡기 위해 국방부장관을 통해 이미 준비를 하고 있었다.

베트남에서의 미군 철수 계획

1962년 봄, 케네디가 라오스 협약으로 꾸준히 나아가던 중, 그는 로버트 맥나마라에게 베트남 미군 철수 계획을 세우라고 지시했다. 맥나마라는 1962년 5월 8일 사이공에서 열린 베트남 전쟁에 관한 국방부장관 회동에서 첫 번째 행동을 개시했다. 회의가 거의 끝나갈 무렵, 맥나마라는 몇몇 고위 의사결정자에게만 특별히 보고할 사안이 있다고 말했다. 방에 남아달라고 부탁한 사람은 합참 의장인 리먼 렘니처 장군과 해리 펠트Harry Felt 제독, 폴 하킨스Paul Harkins 장군, 프레드릭 놀팅 대사, 국방 정보국의 베트남 최고 전문가이자 비평가인 조지 앨런George Allen이었다. 몇 십 년 후 이 비공개 회의를 인터뷰에서, 그리고 미 출판원고에서 서술한 사람은 조지 앨런이었다.

문이 닫히자 맥나마라는 공산당의 승리가 임박한 라오스에 미국이 어떻게 대응하면 좋을지 의견을 물으면서 이들의 생각을 떠봤다. 이 질문은 회의 안건이 아니었기 때문에 사람들은 깜짝 놀랐다. 펠트 장군의 대답은 케네디가 너무도 잘 알고 있는 전형적인 폭파 방식이었다.

펠트는 "즉시 공중 폭격에 착수하면 48시간 안에, 예를 들면 체폰 Tchepone과 같은 마을을 지도에서 즉각 지워버릴 수 있다"고 주장했다. 맥나마라는 그와 같은 폭격은 북베트남이나 중국에 자극을 줘 도발의 명분을 줄 수 있다고 지적했다. 그리고 나면? 미군은 북베트남과 중국 기지도 폭격해야 하는가? 그 다음엔 어딘가? 모두가 침묵을 지켰다. 짧은 질문으로 국방부장관은 라오스 어디에도 미군 파병은 없다는 대통령의 입장을 확실하게 보여줬다. 선택은 둘 중 하나였다.

대통령이 추구하는 대로 절충안을 협상하느냐(군부 입장에서는 공산당에 라오스를 팔아버리는 행위였다), 아니면 라오스, 베트남, 중국으로 계속 확산되는 전쟁에 어리석고도 위험한 개입을 해야 하는가. 중립 라오스 협상의 필요성으로 운을 뗀 맥나마라 장관은 군 수뇌부가 더 이상의 상상도 못할 정책을 내놓는다. "베트남 철수, 미국이 할 일은 전쟁을 떠맡는 것이 아니라 남베트남이 전쟁을 감당할 수 있게끔 성장시키는 것이다." 라고 맥나마라가 말했다. 그리고 방 안에 남은 사람들에게 남베트남에서 언제쯤 군대를 완전히 철수하면 좋겠느냐고 물었다.

조지 앨런은 당시 이 질문에 베트남 파병부대 책임자인 "하킨스의 턱이 테이블에 부딪히는 줄 알았다"고 묘사한다. 하킨스 장군은 맥나마라에게 "생각도 해 본 적 없다"고 응수했다. 그는 이어 "남베트남의 군 조직을 어떻게 증강시킬까 계획을 세웠지, 군대를 해산하는 가능성은 생각해 본 적도 없었다"고 말했다.

그러나 맥나마라 장관은 검토해보라고 말했다. "어떻게 군대 해산이 가능한가"뿐 아니라 구체적인 계획까지 준비하라고 말했다. MACV(베트남 군사지원 사령부) 사령관인 하킨스에게 "모든 책임을 남베트남에게 넘겨주고 우리 군 사령부를 축소할 방안을 검토해서 다음 회담 때까지 제출하라"고 명령했다. 주사위는 던져졌다. 이렇게 케네디 대통령의 베트남 철군 정책이 시작됐다.

1962년 5월 케네디는 장군들에게 단지 철병 계획안만 요구했다. 그는 아직은 철병을 지시할 시점이 아니라고 생각했으나 회의 때 자신 앞에 실질적인 결정 안이 놓이기를 바랐다. 군 수뇌부는 충격에 빠졌다. 그들은 케네디가 이미 라오스 공산당에게 굴복했다고 생각했다. 베트남에서 철군하는 미국이라니, 상상도 할 수 없는 일이었다. 케네디는 이들이 강력히 반발할 것을 알고 있었다. 케네디는 맥나마라를 통해 하킨스 장군의 군대에 '베트남 철수'라는 펀치를 먹이려 했고, 이는 곧 군 수뇌부들로 하여금 케네디에게 선제공격을 날리도록 원인을 제공했다. 케네디는 베트남 철군을 국방부장관을 통한 공식적인 명령으로 내리고 사이공 회의에 참석한 사령부 집단에 전달하면서 예상 가능한 펜타곤의 반발을 무시하려고 했다.

대통령을 향한 분노가 치밀어 올라 어쩔 줄 몰라 하는 군 수뇌부들 앞에서 맥나마라는 완충제 역할을 했다. 1963년 8월 선거 이후 국방부장관을 맥나마라로 교체하면서 케네디는 겔브레이스에게 드러내놓고 말했다. "맥나마라가 국방부에서 장군들을 제어하지 못한다면, 나는 더 이상 외교 정책을 진행하지 못할 걸세."

그러나 맥나마라도 처음에는 베트남에 전투 병력을 보내는 중요한 논쟁에서 대통령이 아닌 장군들 편에 있었다. 그리고 대통령의 뜻을 펜타곤에 밀어붙일 때 항상 효과적이지는 않았다. 베트남 철군 계획을 세우라고 장군들에게 명령했지만, 대통령이 승인할 만한 형태를 갖추기까지는 1년 이상이 걸렸다.

1962년 7월 23일, 제네바에서 미국이 13개국과 함께 "라오스 중립 선언문"에 서명하던 날, 로버트 맥나마라는 하와이에 있는 스미스 캠프 Camp Smith에서 국방부 회의를 열고 있었다. 맥나마라가 지난 5월 8일 제안한 베트남 철병 계획안 제출 명령은 거부당했다.

같은 날 7월 23일, 국방부장관은 재차 하킨스에게 남베트남 군대를 훈련해서 미 고문단을 철수할 수 있게끔 장기 계획을 세우라고 지시했다.

맥나마라는 구체적으로 미국 지원을 중단할 때까지 "적어도" 3년의 기간을 잡았다. 또한 미군이 철수하지 않는다면, 반전운동이 무엇을 요구할 지 대통령이 일찌감치 깨달았음을 시사했다.

맥나마라는 "우리는 반드시 장기 철군계획을 세워야 합니다. 베트남 개입은 계속적인 국민의 지지를 받기 어렵습니다. 미국이 손실을 입을수록 정치적 압박은 거세질 것이므로 우리는 최악을 상정하고 그에 따라 계획을 세워야 합니다"고 말했다. 그리고 이렇게 결론 내렸다. "그러므로 지금부터 계획 수립에 착수해서 미군 병력을 단계적으로 줄일 수 있는 방안을 검토해야 합니다."

〈펜타곤 문서〉에 따르면 그로부터 3일 뒤인 1962년 7월 26일, 합참은 직접 태평양본부 사령관에게 '남베트남 종합 계획'을 지시했다. 공식적으로 밝힌 목표는 마치 코끼리가 "철군"이라는 단어 폭발을 피하려고 발끝으로 지뢰밭을 지나는 모양새였다.

합참이 명시한 계획의 취지는 다음과 같다. "GVN(베트남 정부)의 군대와 준 군사부대의 역량 강화를 1965년 말까지 완수한다. 이에 따라 GVN은 미국의 지원 없이도 베트남 경계선의 남쪽 부분(1954년 제네바 협정 전에는 '남베트남'으로 분리되지 않았다)을 계속 통치할 수 있도록 한다." 합참 참모진은 자신들의 계획이 케네디의 철군 계획과 똑같다는 사실을 인정하지는 않았지만, 최소한 이 계획은 마치 당밀처럼 끈적하게 움직이기 시작했다. 그 사이 케네디는 베트남 관련 현안을 군부에 조금씩 양보하고 있었다.

그 해 가을은 최악이었다. 1962년 10월 2일 케네디는 남베트남 푸옌 지방에 "제한적 농작물 파괴 작전"을 승인한다. 미국 헬리콥터가 고엽제를 살포했다. 딘 러스크는 군대의 농작물 파괴 작전에 반대하며 아무리 "식량 기근이 베트콩을 몰아내는 가장 효과적인 방법"이라도, 그런 짓을 한다면 "자신이 기른 농작물을 잃은 농부의 원한을 살 것이고, 이들의 아내와 아이들은 집에서 굶주리던가 아니면 집 없는 난민이 되어서 '그다지 능률적이지 못한 정부'의 불확실한 지원 속에서 살게 될 것"이라고 주장했다. 케네디는 러스크의 합당한 주장에도 맥나마라, 테일러, 합참의 압력에 굴복해서 범죄 행위를 승인했다.

케네디는 자신의 양심과 국제법을 위반하면서, 군대의 곡물파괴 작전을 실행했다. 케네디는 이미 8월에 또 다른 제초제 작전을 승인한 적이 있었다. 맥나마라가 제안한 고엽제 살포 작전의 목적은 "전방의 은폐물을 제거하고 진지를 공격하여 베트콩 지역을 급습하는 것"이었다. 그러나 8월 계획을 인가하면서 케네디는 "고엽제를 살포할 때 곡물이 피해를 입는 사고가 없도록 각별히 주의하라"고 당부했다.

10월에 승인한 작전은 농작물 파괴가 실제 목적이다. 왜 그랬을까? 마이클 포레스탈은 "군사 참모진들에게 항상 '아니'라고만 대답할 수 없다는 게 케네디의 주된 생각이었다고 보인다"고 말한다.

케네디는 사실 1961년 남베트남에 군사 지원을 확대하는 정책을 '승인'했었다. 그리고 그 결과로 인한 병력은 점점 불어났다. 1963년 11월에 베트남 파병 군사는 16,500명이었다. '군사 고문단'으로 규정되어 있었지만 대다수가 남베트남 군대 옆에서 함께 싸웠다.

케네디가 비록 전투부대 파병은 배제했지만, 군부에 의해서 조금씩 개입 직전까지 끌려가고 있었다. 케네디가 맥나마라에게 지시하고 맥나마라가 장군들에게 전달한 철군이라는 선택권을 제시한 명령은 진전이 없었다. 하킨스 장군은 철군계획 수립을 계속 질질 끌었다. 1962년 10월 8일 호놀룰루에서 열린 SECDEF 회의의 맥나마라 보고서에는 이렇게 적혀 있다. "하킨스 장군은 베트남 3개년 단계별 미국 철수 계획을 제출할 시간이 없었다." 이번 회의에서 맥나마라는 하킨스 장군을 몰아붙이지 않았고, 아마 케네디도 맥나마라를 압박하지 않았을 것이다. 당시 케네디는 쿠바에서 비밀리에 보낸 소련 미사일 관련 보고서에 정신을 쏟고 있었다. 1주일 후 사실을 확인했을 때, 1962년 10월 28일, 쿠바 미사일 위기가 시작됐다. 그러나 위기 상황 속에서 케네디는 친구인 마이크 맨스필드Mike Mansfield 상원의원에게 편지를 썼다.

마이크 맨스필드는 케네디의 베트남 정책에 점점 더 비판적이 되 가고 있었다. 케네디는 맨스필드에게 베트남을 방문해서 알게 된 사실을 보고해달라고 요청했다. 제출된 보고서는 대통령이 듣고자 한 것 이상이었다. 마이크 맨스필드는 베트남에 대해 케네디에게 조언할 수 있는 특별한 위치에 있었다.

린든 존슨이 부통령이 됐을 때, 맨스필드는 상원 다수당 대표를 맡으면서 워싱턴 정가에서 가장 영향력 있는 인물이 되었다. 케네디처럼 맨스필드도 몇 년 동안 동남아시아에 특별한 관심을 기울였다. 1950년대에 베트남을 세 번이나 방문했으며, 상원의 인도차이나반도 전문가로 알려져 있었다. 더욱이 그는 아이젠하워 행정부에서 고 딘 디엠 정권 강화 지원 책임을 단독으로 맡았었다. 맨스필드는 디엠이 프랑스와 베트콩으로부터 독립된 민족주의자임을 보증했다. 상원의원의 지지는 1950년대 후반 디엠 정권이 생존하는 데 핵심적인 역할을 했고, 맨스필드는 "디엠의 대부"로 유명해지게 된다. 그럼에도 1962년 가을, 그때와 같은 정부에 대한 지원을 미국이 확대하려고 할 때 맨스필드는 반대 의견을 내세웠다. 그의 변화는 케네디를 움직여서 직접 상황을 조사하고 오라는 명령을 받게 된다.

1962년 12월 18일 맨스필드 보고서는 대통령의 심기를 불편하게 했다. 맨스필드는 이렇게 적었다.

> "도시 외곽은 적어도 밤 동안은 베트콩이 득세하고, 사이공 정부는 여전히 넓은 시골 지역의 평민들에게 인정받지 못하고 있습니다. 공포심인지. 무관심인지. 적개심인지 농민들은 정부를 승인하기는커녕 묵인조차 하지 않고 있습니다. 우리는 다시 처음으로 돌아가야 하는 진실과 직면하게 됩니다."

맨스필드는 고 딘 디엠을 여전히 두둔하고 있었지만, 그럼에도 불구하고 디엠의 동생 고 딘 누의 권력이 점점 커져가는 가운데, 사이공 정부가 인민의 지지를 얻을 역량이 있는지는 의문을 나타냈다. 맨스필드는 케네디에게 민심을 잃은 정부를 지원하면서 전쟁에 이기려고 하지 말라고 경고했다. "미군 병력과 그 외의 자원을 엄청나게 지원함으로써 전쟁을 온전히 우리와 게릴라간의 전쟁으로 만들고, 남베트남에 신(新)식민주의 정책을 수립하는 식으로 승리해서는 안 됩니다." 맨스필드는 대통령의 정책을 계속 이어가면 "베트남에서 우리는 원치 않는 격변 속으로 저항할 수 없이 끌려들어가게 될 것이고, 예전에 프랑스가 베트남을 점령했던 것처럼" 되리라고 경고했다.

케네디는 친구의 비판에 아찔해졌다. 그리고 다시 베트남에 대한 자신의 생각들을 떠올렸다. 에드먼드 걸리온과 처음 공유하고, 겔브레이스가 재차 강조했으며, 지금 마이크 맨스필드가 날린 펀치로 의식 속에서 깨어난 그 생각…. 맨스필드는 프랑스 통치와 케네디 정책을 비교하면서 대통령을 쿡쿡 찔러댔다. 맨스필드의 도전적인 말을 생각하면 할수록, 그의 보고가 진실이라는 생각이 머리를 때렸다. 받아들이고 싶진 않지만 그래야만 하는 진실. 케네디는 맨스필드 보고서에 대한 느낌을 스스로를 깨닫게 하는 아주 날카로운 논평으로 정리했다.

대통령은 케니 오도넬Kenny O'Donnell 보좌관에게 "마이크가 우리 정책과 전적으로 다른 의견이라서 매우 화가 났소. 그리고 마이크의 의견에 공감하는 나 자신에게도 매우 화가 나더군" 이라고 말했다.

케네디는 맨스필드의 비판을 받아들이면서, 베트남 정책 방향을 돌렸다. 윈스롭 브라운의 정직한 분석이 새로운 라오스 중립화 정책으로 케네디를 이끌었듯이, 마이크 맨스필드의 비판적인 보고서는 케네디를 베트남의 숨겨진 진실로 돌아오게 했다. 귀 기울이고 배우는 능력은 미국 대통령 중에서도 두드러지는 케네디의 성품이다.

영국의 철학자인 아이자이어 벌린Isaiah Berlin은 케네디에 대한 논평을 남긴 적이 있다. "나는 누군가 소리를 지를 때, 케네디 대통령처럼 한마디도 놓치지 않고 더욱 주의 깊게 듣는 사람을 알지 못한다. 그는 항상 아주 적절한 대답을 한다. 장황하게 설명하려는 마음도 없다. 그가 말을 할 때는 행사가 있거나 대화를 시작하기 위한 발판을 마련할 때였다. 그는 진정 다른 사람의 말을 잘 듣고 적절히 대답했다."

겔브레이스도 이렇게 말한다. "대통령은 회청색의 큰 눈으로 항상 말하는 사람을 지켜보며 온 정신을 집중했다. 보고서나 기사를 볼 때도 그랬다. 그래서 누군가 말을 하면, 한 번 들은 말은 영원히 그의 것이었다. 마이크 맨스필드는 자신의 비판에 대한 케네디의 반응에 "대통령은 단어를 낭비하는 법이 없다. 그는 말수가 적은 편이다. 그러나 견해를 바꾸는 것은 드문 일이 아니다. 케네디는 분명 베트남에 대한 입장을 바꿨을 테지만, 그 계획을 실행에 옮길 기회는 쉽게 오지 않을 것이다"라고 말했다.

케네디는 당시 베트남 철수라는 미래를 위해, 길목을 막는 장애물을 없애고자 잔뜩 경계하고 있었다. 1963년 1월 25일 케네디가 전화했을 때 로저 힐스먼Roger Hilsman 국무부 정보국장은 집에서 미국 장성들의 베트남 방문에 관한 〈뉴욕 타임스〉지의 1면 박스 기사를 보며 불평하고 있었다. 힐스먼이 "확고한 미사여구"라고 기억하는 말로, 케네디는 그를 꾸짖었다. 그리고 군이 베트남에 방문하면서 미국의 베트남 개입이 확대되는 듯이 보인다며 이를 중단하라고 명령했다. "그거야말로 내가 원치 않는 일이야. 라오스를 기억하시오." 케네디가 강조했다. "미국이 베트남에 조심스러운 자세를 취해야만 베트남 중립을 협상할 수 있소." 화가 난 대통령의 말을 듣고 난 후 힐스먼은 자신이 국무부 관리여서 펜타곤 장성들의 베트남 방문을 막을 권리가 없다는 점을 지적했다.

"이런!" 케네디는 전화기를 쾅하고 끊었다. 그날 오후 대통령은 국가안전보장조처에 관한 비망록 217호를 발표했다. "고위급 군사・행정 관리들"은 국무부 승인 없이 남베트남을 방문할 수 없다는 내용이었다. 국무부는 힐스먼이 근무하던 곳이다. 케네디가 베트남 중립화 정책을 위해서 군의 베트남 여행에 고삐를 채웠으니 펜타곤으로서는 달갑지 않은 일이었다. 케네디는 베트남 철수 쪽으로 돌아섰음에도, 공개적으로는 정책 변화에 반대한다고 계속 말했다. 1963년 3월 6일 기자회견에서 한 기자가 극동지역 지원을 삭감하자는 맨스필드의 권고안에 대한 생각을 물었다. 대통령의 대답은 다음과 같았다. "그런 일이 가능할지 모르겠습니다. 동남아시아를 포기하고 공산당에게 맡기려는 게 아니라면, 어떻게 우리가 경제 프로그램과 군사 프로그램을 남베트남에서, 캄보디아에서, 태국에서 거둬들일 수 있다는 말입니까……"

맨스필드는 사실은 케네디가 베트남에서 미군의 완전 철수를 승인 하는 쪽으로 마음을 바꿨다는 것을 알고 있었다. 그러나 케네디는 1964년 선거에 출마할 경쟁자들이 이 정책을 시행하지 않으리라 생각했고, 지금 정책 발표를 한다면 재선에 방해가 될 수 있다고 생각했다. 공화당 대선 후보가 될 가능성이 있는 넬슨 록펠러Nelson Rockefeller 뉴욕 주지사나 배리 골드워터Barry Goldwater 애리조나 상원의원 둘 다 베트남 철수를 용인하려 하지 않았다. 1963년 대통령의 냉전 전략 맥락을 살펴보면 베트남 철군은 생각도 할 수 없는 일이다. 케네디는 생각도 할 수 없는 일을 생각만 하는 사람이 아니었다. 그는 실행의 문턱에 서 있었다. 재선에 성공해서 그 일을 할 수 있게 되기를 바랐다. 그래서 케네디는 국민에게 자신의 생각을 속였다.

케네디는 마이크 맨스필드와의 대화에서 이 모든 사실을 분명히 했다. 때는 1963년 봄, 맨스필드가 다시 베트남 문제로 대통령을 비판할 때였다. 당시 의원 지도부는 백악관 조찬에 참여하고 있었다. 케네디는 다른 동료들 앞에서는 짜증스러워 하는 듯 했지만, 맨스필드를 따로 집무실로 불러 베트남에 관해 대화를 나눴다. 자리에 같이 있던 케니 오도넬은 "대통령은 맨스필드에게 그의 주장을 심각하게 재고했으며, 지금은 베

트남에서 미군을 완전히 철수할 필요성에 공감하고 있다고 말했다"고
서술했다.

"그러나 1965년까지는 안 돼. 재선에 성공한 이후여야지"라고 케네디
는 맨스필드에게 말했다. 케네디 대통령은 1964년 선거 전에 미군 철수
를 발표하면 격렬한 보수주의자들의 엄청난 저항을 받으며 재선에 실패
할 수도 있다고 설명했고, 맨스필드도 동의했다. 맨스필드가 집무실을
나간 후 케네디는 긴 한숨을 쉬며 말했다. "1965년이면 나는 역사상 가
장 인기 없는 대통령이 될 거야. 어딜 가나 그 죽일 놈의 공산주의 유화
론자가 돼있겠지. 상관없어. 베트남에서 완전히 발을 빼려면 또 다른 조
맥카시Joe Mccarthy 적색 테러가 일어나겠지만 재선된 뒤라면 할 수 있어.
그러니 우리는 재선에 성공할 수 있도록 최선을 다해야지."

시간이 흐르면서 케네디는 서서히 속셈을 드러내기 시작했다. 케네디
는 1965년 베트남 철수 계획을 준비하기 위해 1963년부터 미리 시나리
오를 만들고 싶어 했다. 그러나 그는 아직도 1년 전에 맥나마라를 통해
군 지도부에 요청한 철수 계획서를 받지 못했다.

마침내 1963년 5월 6일, 호놀룰루에서 열린 SECDEF 회의에서 태평양
사령관은 대통령이 오래도록 추구하던 계획을 내놓는다. 그러나 맥나마
라는 즉시 철수 기한이 연장된 계획안을 거부했다. 철군 진행이 너무 느
려 과세연도인 1966년까지도 미군 숫자는 최소 수준에 도달하지 못했
다. 맥나마라는 페이스를 변경해서 "가능한 빨리 미국 부대를 GVN 부
대로 교체하라"고 요청했다. 1963년 5월 호놀룰루 회의가 있은 지 한 달
여 정도가 지난 후 케네디는 아메리카대학에서 연설을 했다.

1963년 봄에 바야흐로 평화의 새벽이 밝아오고 있었다. 케네디와 흐루

시초프의 관계가 회복되기 시작했고, 맥나마라는 그 해 가을부터 실질적인 미군 철수를 착수하라고 명령해서 군 고위층을 충격에 빠뜨렸다. 〈펜타곤 문서〉는 이 같은 변화의 물결을 서술하며, 맥나마라가 "1963년 말까지 남베트남에서 군 병력 천 명을 철수하기로 결정했으며 구체적인 계획 수립을 직접 지휘했다"고 전한다.

맥나마라의 놀라운 명령은 합참의 더 큰 반발을 불렀다. 냉전시대의 장군들은 케네디가 어디로 향하는지 지켜보고 있었다. 그들은 결코 그곳에 케네디와 함께 가지 않을 것이다.

남베트남 디엠 정부는 맨스필드 보고서로 긴장하고 있었다. 미국 정부도 이 사실을 알고 있었다. 맨스필드가 비판의 대상으로 지목한 디엠의 동생, 고 딘 누는 보고서의 의미를 정확히 이해하고 있었다. 국무부 비망록에 따르면 "맨스필드 보고서의 GVN(베트남 정부) 내부 반응은 특히 고위층에서 날카로웠다. 사이공은 GVN, 특히 고 딘 누 고문이 보고서를 보고 미군 철수의 징조로 판단했다고 알려왔다." 1963년 3월, 고 딘 누는 사이공 주재 미 대사관 직원인 존 메클린John Mecklin에게 맨스필드 보고서는 '배신'이라고 말했다. 누는 "이 보고서가 모든 것을 바꿨다"고 덧붙였다. 메클린이 그 보고서는 미 정부의 공식적인 정책이 아니라고 이의를 제기하자 누는, "대통령의 승인 없이 보고서가 알려지지 않았을 것"이라며 그의 설명을 믿지 않았다.

고 딘 디엠 대통령과 그의 동생 고 딘 누는 마이크 맨스필드가 몇 년 동안 미국 상원에서 디엠의 가장 강력한 후원자였다는 사실을 잘 알고 있었다. 맨스필드가 상원의 다수당 대표로서, 이런 통렬한 보고서를 가장 친한 친구인 케네디 대통령에게 제출했다. 이것은 고 딘 형제가 볼 때 미국 정책이 변화할 것이라는 신호 이상이었다. 그들은 대통령이 베트남 철수를 결심했다고 정확하게 추측했다. 디엠과 누는 미군 철수에 대비한 자신들만의 조정안을 만들기 시작했다.

디엠 대통령의 반격

1963년 4월 4일 디엠 대통령은 프레드릭 놀팅 미 대사를 만나 미국 정부가 남베트남에 너무 많은 미군을 주둔시키고 있다고 말했다. 놀팅은 다음 날 국무부로 전보를 보내 이렇게 보고했다. 디엠은 미국이 그 숫자나 열의 면에서 너무 많은 사안을 시시콜콜 자신의 정부에 충고하고, 간섭하고 있다고 비난했다. 그래서 베트남 사람들은 남베트남이 '미국의 보호국'이라는 인상을 받고 있다. 디엠은 이를 해결하기 위해 파병된 미국 고문단 수를 점차 줄이고, 자신의 정부를 스스로 통제할 수 있도록 되돌려 놓아야 한다고 말했다.

놀팅의 경악 속에서 디엠은 또한 더는 미국 정부가 남베트남에서 출연하는 대(對) 쿠데타 자금을 통제하도록 허락하지 않겠다고 말했다. 놀팅은 국무부 전보에서 디엠의 돌연한 독립 선언으로 자신은 "염려스럽고 당혹스럽다"고 적었다. 남베트남 대통령은 심지어 자기 자신을 위협하는 방침을 정하면서 평화라고 느끼는 것처럼 보였다. 디엠은 "대통령 이라기보다는, 자신의 견해에 따라 옳은 일을 하는 사람이라는 인상을 줬다."

디엠의 동생인 누는 4월 12일 CIA 지국장인 존 리처드슨John Richardson을 만났을 때 똑같은 취지의 독립 발언을 했다. 누는 대통령 디엠이 "프랑스의 지배에 맞서 싸우고 저항하느라 인생의 대부분을 보냈음"을 상기시켰다. 또 10년 전에 상원의원이었던 케네디 대통령과 마이크 맨스필드를 감동시킨 형의 성품과 신념을 미국이 기억해야 한다고 말했다. 디엠은 고집스러운 민족주의로 프랑스와 베트콩으로부터 독립을 지켜왔다. 그러므로 디엠이 남베트남을 보호국처럼 여기는 미국의 통제에 저항하기로 결심했다고 한들 놀랄 일이 아니라고 누는 지적했다. 디엠처럼 누도 베트남에 있는 미군의 수가 줄어들기를 바랐다. 누는 CIA 사이공 지국장에게 "미국인 숫자를 5천 명에서 3천 명~ 4천 명 정도로 삭감한다면 충분할 것"이라고 전했다.

누는 이 달갑지 않은 메시지를 남베트남을 통제하며 남베트남에 가장 많이 관여하는 기관의 핵심 대표자인 CIA 국장에게 직접 전달했다. CIA는 배후기관인 국제개발처AID의 지휘 아래 활동했고, 이미 21개 정부기관에 최소한 40명의 요원을 투입해 관리하고 있었다. 리처드슨의 전임자인 윌리엄 콜비William Colby는 1962년 초에 CIA의 지침을 이미 이렇게 정했다. "본 지국은 베트남 전역을 연결하고 전국 각지를 대상으로 한다. 궁전의 정문에서 뒷문까지, 시골 지역사회를 비롯한 반정부 단체와 모든 핵심 군부대의 사령관들까지도."

1963년 4월, 고 딘 형제가 정부의 통제권을 되찾겠다는 의지를 표명했을 때, CIA는 남베트남 전역에 지방 단체장들을 관리하는 요원을 파견하기 위해 애를 쓰고 있었다. 미 군부는 남베트남군의 전체 통치권을 원했고, CIA는 모든 민간 계층의 통제권을 원하는 듯 했다. 디엠과 누가 모두를 포괄하는 "미국인"이라는 단어를 사용한 이유도 그 때문이다. 고 딘 형제는 모든 부류의 미국 고문단이 줄어들기를 바랐다. CIA, 군대, 무엇이든, 베트남인들은 미국인이 그들에게 북베트남의 지배에서 자유롭기 위해 이런 저런 결정을 내려야 한다는 말을 듣는 데 지쳐 있었다.

1963년 4월 중순, 디엠과 누는 갑자기 남베트남 정부의 정책을 더욱 독립적인 방향으로 틀었다. 그리고 미국인은 모두 베트남에서 철수해달라고 요청했다. 펜타곤은 이미 베트남의 미군 파병 확대를 둘러싼 디엠의 반발을 인지하고 있었다. 디엠은 미국이 자신의 나라에 짓고 있는 공군과 해군 기지에 절대 동의한 적이 없다고 했다.

1962년 7월 디엠이 깜 라인 만Cam ranh bay 시찰 도중 산 하나를 가리키며 보좌관에게 말했다. "미국인들은 저기에도 기지를 세우고 싶어 하지만 나는 결코 받아들이지 않을 걸세." 디엠은 또 미군기지 건설 여부를 프랑스 대사와도 논의했다. 1963년 4월 디엠은 미국의 더 많은 기지 건설보다 더 나아가, 이제는 남베트남에 살고 있는 수천 명의 미국인이 떠나주기를 원했다. 군과 CIA는 고 딘 형제의 변화에 깜짝 놀랐다. 다른 한 편으로 고 딘 형제의 자치권 선언이 케네디에게는 베트남 철군 결정을 쉽게 할 수 있으리라는 희망을 심어줬다.

마이크 맨스필드와 논의한 대로, 고 딘 형제가 맨스필드 보고서를 읽고 이해한 그대로였다. 디엠의 "베트남은 더 이상 미국의 보호국이 되길 원치 않는다"라는 욕구와 결합할 수 있다면 케네디 철수 정책은 더욱 실현 가능해질 것이다. 디엠과 누는 정부와 군을 돌려받기로 결정했고, 케네디의 희망은 갑작스럽게 응답을 받았다.

바야흐로 위험한 시간이 도래했다. 1963년 5월 6일 케네디는 철수 정책을 실행에 옮기기 시작했다. 호놀룰루 회의에서 맥나마라가 장군들에게 내린 명령으로 그 해 말까지 남베트남에서 1천 명의 군사를 철수하는 계획이었다. 며칠 동안, 미군 철수라는 점에 케네디와 디엠의 이해가 교차하면서 상황은 희망적으로 보였다. 그런데 1963년 5월 8일 의문의 폭발사건이 남베트남 훼Hue 시에서 일어났다. 이 사건에 이어진 연쇄적인 반응은 이후 6개월 간 케네디-디엠 평화 동맹의 희망을 짓밟았고, 디엠 정권이 전복되면서 11월 2일 디엠과 누 암살 사건이라는 결과로 이어졌다.

1963년 5월 8일 남베트남에 일어난 치명적인 불교계 탄압 사건이 훼 시를 들끓게 했다. 당시 수천 명의 불교 신도는 석가 탄생 2507주년을 기념하기 위해 모여들었다. 남베트남 정부는 대대적으로 나부끼는 특정 종교 깃발을 금지하는 해묵은 법률을 되살렸다. 대중의 경의는 오로지 국가의 기치 아래 디엠 정부만이 누릴 수 있었다.

〈뉴욕 헤럴드 트리뷴〉지의 마거릿 히긴스Marguerite Higgins의 표현에 따르면 이것은 디엠의 "베트남인에게 종교에 상관없는 국민 의식을 심어 주기 위한 고군분투"의 일환이었다. 이후의 논평은 디엠의 국가주의 명령 집행이 역설적이게도 동료인 가톨릭 신도를 격분케 했다고 주장한다. 가톨릭 신도들은 그보다 며칠 앞서 다낭에서 바티칸의 기치를 올렸었다. 어쨌든 가톨릭 신자인 대통령이 내린 포고령은 석가 탄신일 전 날 훼 시에 선포됐다. 훼 시에는 이미 불교 깃발이 나부끼고 있었다. 다음 날 아침 치 트리 광Thich Tri Quang 승려가 훼 시의 투담 사원Tu Dam Pagoda에 모인 무리 앞에서 포고령에 반대하는 기백 넘치는 연설을 했다. 트리 광 승려는 정부의 종교 탄압을 성토했고, 대중은 열광적으로 반응했다. 여기에 묘사하는 이후의 사태는 엘렌 해머Ellen J. Hammer의 〈11월의 죽음

A Death in November〉, 마거릿 히긴스의 〈베트남의 악몽*Our Vietnam Nightmare*〉, 그리고 1963년 10월 미국의 남베트남 진상조사위원회의 증언을 토대로 기술한다.

5월 8일 저녁, 치 트리 광 승려와 불교계 지도자들의 참여로 인해 고무된 시민은 훼 시에 있는 정부 라디오 방송국 밖에 모여든다. 저녁 8시경, 치 트리 광 승려가 아침에 한 연설의 녹음테이프를 들고 도착했다. 시민들은 테이프를 전달하며 그날 밤 방송해 주기를 요구했다. 국장이 이를 거절하자 사람들은 방송을 고집하며 방송국 정문으로 밀어닥쳤다. 소방관들이 소방호스를 사용해 사람들을 밀어냈다. 방송 국장은 지역 안보를 총괄하는 당 사이Dang Sy 소령에게 도움을 요청했다.

보안 당국은 장갑차를 끌고 50미터쯤 떨어진 곳에 도착했고, 이 때 갑자기 방송국 베란다에 있는 사람들을 향해 두 번의 강력한 폭발이 일어났다. 7명이 죽고 어린 아이 한 명이 치명상을 입었다. 그 외에도 최소한 15명이 다쳤다. 당 사이 소령은 나중에 자신은 그 폭발이 베트콩 공격이었다고 생각했다고 주장했다. 자신은 부하들에게 섬광 수류탄(미군 야전 교범은 섬광 수류탄을 대중 통제용 비군사적 무기로 설명하고 있다)으로 군중을 해산시키라고 명령했다. 그러나 장갑차가 몰려가고 섬광 수류탄이 던져진 그 순간부터, 당 사이 소령과 남베트남 정부에 사상자에 대한 비난이 쏟아졌다. 사태에 대한 불교계의 성명은 곧바로 미국 언론과 정부에 전달됐다. 당시 훼 시에 있는 병원 책임자인 레 콱 쿠엔Le Khac Quyen 의사는 사망자의 시체를 조사한 후에 이런 상처는 전에도 본 적이 없다고 말했다. 사체는 머리가 없었다. 몸에는 구멍만 남고, 금속 파편은 없었다. 가슴 아래쪽 역시 상처가 없었다. 공식적인 발표에서 쿠엔 의사는 사망 원인은 공중에서 일어난 폭발이 머리를 날려버리고 신체를 훼손했다고 규명했다.

불교계도 정부도 그의 의견이 마음에 들지 않았다. 쿠엔은 치 트리 광의 신봉자로 반정부 지도자였음에도, 그가 내린 결론이 경찰의 무죄를 입증했기 때문에 불교계 지도자들을 분노케 했다. 쿠엔의 설명대로라면 경찰이 한 짓이 아니었다. 반대로 정부는 쿠엔에게 피해자의 상처가 베트콩이 만든 폭탄으로 생겼음을 주장하는 의료 증명서에 서명하게 했다. 쿠엔이 알 수도 없고 증명할 수도 없는 내용이었다. 쿠엔이 이를 거부하자 감옥에 가두었다.

사체와 라디오 방송국 베란다에 금속이 남아 있지 않다는 것은 폭발 원인이 강력한 플라스틱 폭탄임을 시사하고 있었다. 그러나 사이공 정부가 플라스틱 폭탄을 적군인 베트콩의 것으로 규정하려는 시도는 어딘가 의심쩍어 보였다. 엘렌 해머는 이 사건을 조사하면서 "몇 년 후, 당시 베트콩에 있던 사람들은 자신들에게 그런 파괴를 일으킬만한 어떤 플라스틱 폭탄도 없었다고 부인했다"고 지적한다.

누가 그런 강력한 플라스틱 폭탄을 소유하고 있었을까? 힌트는 그레이엄 그린Graham Greene의 선지자적 소설 〈조용한 미국인The Quiet American〉에서 찾아볼 수 있다. 이 소설은 훼 시 폭발 사건 11년 전에 사이공에서 있었던 역사적 사건을 토대로 한다. 그린은 1952년 1월 9일 사이공 도시 한 복판에서 폭탄 두 개가 폭발해 열 명이 죽고 열 명 이상이 다쳤을 때 사이공에 있었다. 당시 이 장면을 찍은 사진 중 다리가 날아간 한 남자의 모습은 '이 주의 포토'로 〈라이프〉지에 실렸다. 〈라이프〉지는 사진 설명으로 '베트콩이 설치한' 폭탄이 사이공에서 폭발했다고 했다. 이는 '극화된 베트콩의 폭력성에 대한 신호탄'이었다. 같은 맥락으로 〈뉴욕 타임스〉지도 '공산당 시한폭탄, 사이공 한 복판 유린'이라는 제목을 달았다.

사이공에서 폭탄을 설치하고 자랑스럽게 내세운 쪽은 베트콩이 아니고, 자신도 아는 모 장군이라는 사실을 그레이엄 그린은 알고 있었다. 모 장군이 폭탄에 쓴 재료는 플라스틱 제품으로 장군의 후원자인 CIA가 지원했다. 그린은 자신의 비망록 〈탈출 방법 *Ways of escape*〉에서 "〈라이프〉지의 사진 기자가 폭발 순간에 아주 좋은 위치에서, 한 삼륜 자전거 운전사의 다리가 날아가고도 몸이 꼿꼿이 서 있던 순간을 담은 정말 놀랍고 소름끼치는 사진을 찍은 것"은 우연이 아니라고 말했다. CIA가 상황을 만들고 〈라이프〉지의 사진기자와 〈뉴욕 타임스〉지 기자에게 알려, 테러리스트 폭발 사고를 '베트콩 공산당'이 한 짓이라고 대중에게 알리도록 했다. 그레이엄 그린은 이 사실에 경악하고 자극을 받아, 자신의 소설에 진실을 쓰면서 사이공 폭발사고의 주요 정보원으로 조용한 미국인 CIA 요원을 등장시킨다. 〈조용한 미국인〉에서 그린은 CIA의 플라스틱 폭탄을 의심스러운 모티브로 열 줄에 걸쳐 상세히 언급하며, 마침내 사이공 사건의 누명을 공산당에게 씌우려는 폭파 사건의 치명적인 의도를 드러낸다.

10년 후 미국은 그럴 듯한 표적을 희생양으로 삼아 음모를 꾸미면서, 여전히 플라스틱 폭탄을 유용하게 사용한다. 이미 알다시피 1962년 3월 렘니처 합참의장은 "플라스틱 폭탄 몇 개를 미국 내 선별한 장소에서 터뜨리자"고 제의했다. 그러고는 테러 행위를 이유로 쿠바인에게 누명을 씌워 체포한다.

1963년 5월, 디엠의 동생으로 훼 시를 통치하던 고 딘 칸Ngo Dinh Can은 처음부터 베트콩은 방송국 폭파사건과 관련이 없다고 생각했다. 가톨릭 신문 〈호아 빈〉지가 진행한 조사에 따르면 고 딘 칸과 그의 고문들은 "폭파 사건은 디엠 정부를 곤경에 빠뜨리려는 CIA 요원의 짓"이라고 확신했다. 1970년 〈호아 빈〉지는 어떤 인물을 지목했다. 몇 년 후 메콩 삼각주 미국 군사 고문이 된 스캇 대위Captain Scott는 1963년 5월 7일 다낭에서 훼 시로 왔다. 그 다음 날 스캇은 자신이 라디오 방송국 폭파 사건의 책임 요원이라고 시인했다. 그는 사용한 "폭발 물질은 아직도 비밀이며 CIA 내에서도 특정 몇 명만 알고 있는 물질로, 폭약 분량은 성냥갑 하나 정도로 시간 장치를 달았다"고 말했다.

훼 시의 불교 신도들은 학살의 책임을 디엠 정부에게 돌릴 수 있게 됐다. 사이공 주재 미국 대사관은 재빨리 불교계를 지지했다. 프레드릭 놀팅은 디엠에게 불교도들이 원하는 대로 5월 8일 사건의 책임을 인정하라고 촉구했다. 디엠은 희생자 가족의 보상은 동의했지만, 자신의 정부가 저지르지 않은 범죄에 대해서는 결코 책임을 인정하지 않으리라고 말했다. 불교계 탄압 사건의 전모가 밝혀지기 시작할 때, 고 딘 형제는 워싱턴에서 베트남 거주 미국인 수를 줄여 주기를 원한다고 공표해 미국 정부를 충격에 빠뜨렸다.

5월 12일 일요일 〈워싱턴 포스트〉지의 1면에는 고 딘 누의 인터뷰 내용을 토대로 "베트남, 미군 50% 축소 원해"라는 제목의 기사가 실렸다. 기사는 이렇게 시작한다. "남베트남은 주둔하고 있는 1만 2천에서 1만 3천 명의 병사 중 절반이 베트남에서 떠나주기를 요청했다." 고 딘 누는 〈워싱턴 포스트〉지의 워런 우나Warren Unna 기자에게 "베트남에 있는 미군의 최소 50%는 절대적으로 무용하다"고 말했다.

또 공산당은 "우리와 싸우는 나라는 베트남인이 아니고 오직 신(新)식 민주의 세력의 명령을 받는 사람들이라고 주장하면서 미국을 비난했다. 더욱이 누와 디엠은 베트남 지방에서 미국인의 역할을 불신했다. 그들 중 많은 수가 CIA 요원 일거라고 날카롭게 쏘아붙였다. "5개월 전 나는 미국 대통령에게 미국인 절반 정도를 철수해도 상관없다고 전했다." 누는 그때가 1962년 12월로, 당시 마이크 맨스필드가 비슷한 정책을 촉구하는 보고서를 대통령에게 제출했다고 말했다.

고 딘 형제는 케네디에게 선제공격을 날렸다. 당시 고 딘 형제는 미군을 철수해달라는 요구사항을 전달했고, 이는 케네디도 이미 상당 부분 예상하고 있던 사실이었다. 〈워싱턴 포스트〉지는 기사에서 이를 연관 지으며 남베트남 정부는 "군대 철수를 위한 어떤 공식적인 요청도 하지 않았지만" 이번 주 초 호놀룰루에서 맥나마라 장관 주재로 열린 미국 고위급 관리 회담에서 이 문제를 집중 논의했다고 알려졌다.

전하는 바에 따르면 타협안을 도출했으며, 베트남은 올해 안으로 1천명의 미군이 철수할 것으로 추정하고 있다"라고 전했다. 갑자기 워싱턴에서 미군 철수 논의가 진행되고 있음이 분명하게 드러났고, 이제 철수 논의는 남베트남 정부의 요청에 대한 분명한 대응이었다. 그러나 고 딘 누의 발언은 날카로운 반발을 촉발시켰다. 〈워싱턴 포스트〉지는 고 딘 누의 미군 철수 요청에 분개했다. 〈워싱턴 포스트〉지의 사설은 남베트남 정부가 공산당에게서 승리하는 데 필요한 개혁에 실패한 사실을 언급하며, 누의 미군 50% 축소 주장을 묵살하려 했다. 〈워싱턴 포스트〉지의 사설은 경악하면서 이렇게 물었다. "미국은 언제까지 디엠 정권이 전쟁에서 패배하고, 돈을 낭비하고, 개혁을 지연하도록 두고 볼 것인가? 디엠 정권은 승리하기 위해서 대중의 지지를 얻어야 하고, 개혁은 그 유일한 방법이 아닌가?"

케네디의 참모들도 비상에 들어갔다. 국무부장관인 딘 러스크는 사이공 주재 미국 대사관에 전보를 보내 누의 공개적인 미군 축소 요청이 "남베트남에서 미군의 전원철수 압력을 강화하는 새로운 이슈를 만들지 않을까" 걱정했다. 로저 힐스먼은 놀팅 대사에게 고 딘 누의 공격적인 발언을 저지하도록 호소했다. "그렇지 않으면 곧바로 미국의 베트남 정책에 대한 국내의 엄청난 비판과 반발에 직면할걸세." 행정부처에서 누의 인터뷰를 환영한 사람은 케네디 대통령뿐이었다.

5월 22일 기자회견에서 누의 발언에 대해 한 마디 해달라는 요청을 받자 케네디는 고 딘 형제가 공식적으로 요청하면 철수 작업을 시작하겠다고 대답했다. "우리는 남베트남 정부가 원한다면 언제든, 몇 명이든, 군대를 철수할 것입니다. 제안한 다음 날이면 우리는 병력 일부를 집으로 돌려보내겠습니다. 이것이 최선입니다." 케네디는 조심스럽게 자신의 파병 계획을 공표할 수 있는 기회를 잡았다. "두 번째는 이렇습니다. 우리는 어쨌든 올해 말까지 일부 병력을 철수할 수 있는 상황이 되기를 바랍니다. 그러나 지금은 당장 결정할 수 없습니다. … 현재 상황은 당장 병력을 철수하거나 올해 말이라도 철병을 시작할 수 있을 정도로 희망적이지 않기 때문입니다. 그러나 그들의 요청이 있다면 우리는 곧 실행에 옮길 수 있습니다."

케네디와 디엠은 미군 철수에 관한 서로의 희망을 감지했다. 그러나 디엠의 합류가 너무 늦었다. 케네디와 함께 진행하려던 철수 정책은 남베트남 국내의 현안으로 물거품이 되어버렸다. 불교계의 시위로 반대 세력이 퍼져나갔고, 5월 8일 훼 시 폭발 사건은 디엠 정부를 가로 막았다. 불교계의 시위는 점점 달아올랐다.

5월 15일 불교계 지도부가 디엠을 만나서, 불교계 탄압을 중단하고 훼 시 사상자들에 대한 정부의 책임을 인정하라고 촉구했다. 디엠은 탄압에 관한 문제는 곧 조치해나가겠다고 약속했다. 그러나 디엠은 불교도들을 헌법이 보장하는 종교의 자유나 부르짖는 "멍청이들"이라고 말했다. "내가 바로 헌법이오." 디엠은 덧붙였다. 5월 8일 사건에 대해서는 피해자 가족들의 지원을 재차 약속했지만, 다른 사람이 저지른 범죄에 대한 잘못을 정부가 인정할 수는 없다고 거절했다. 그러나 놀팅 대사는 워싱턴에 전보를 보내 "훼 시 폭동에서 일어난 사건에 대해 남베트남 정부가 책임"을 받아들일 필요가 있다고 전했다.

디엠과의 회담 이후 불교계는 분개했다. 그들은 가두행진을 하고, 단식 투쟁을 하며, 훼 시 사망자를 위한 추모 행사를 열었다. 디엠은 이들의 집회에 강경한 입장을 택했다. 군대는 최루탄을 쏘며 시위를 해산시켰다. 케네디가 철수를 "요청하면 언제든지 실행하겠다"고 적극적인 의사를 밝혔음에도, 정식 요청을 해야 할 베트남 정부는 실현 가능성이 보이지 않았다. 시위에 대한 디엠의 진압은 점점 잔혹해졌고, 결국 이미 민심을 잃은 정부는 국제사회에서도 고립됐다.

불교계 시위가 격화되는 동안, 케네디는 디엠의 탄압을 지켜보며 맨스필드의 판단을 확신했다. 디엠은 베트남인의 민심을 수습할 능력이 없었다. 케네디는 베트남에도 라오스와 똑같은 중립화정책을 시행하기로 결심을 굳혔다. 따라서 그 전에 점점 악명이 높아지는 베트남 정부라는 장애물을 극복해야 했다.

5월 9일, 훼 시 폭발이 있던 다음 날, 로저 힐스먼은 국무부의 베트남 총책임자 지위를 상원으로부터 승인 받았다. 케네디는 힐스먼에게 베트남 중립화 준비를 지시했다. 후에 힐스먼은 인터뷰에서 이렇게 말했다.

"(케네디는) 극동문제 차관보였던 저에게 베트남에서도 라오스와 같은 정책을 시도하라고 지시했습니다. 베트남 중립화 협상 말입니다. 대통령은 결정을 내렸습니다. 물론 일반 대중에게 공표하지는 않았지만 저와 대화를 나눌 때는 저속한 앵글로색슨 욕설을 능숙하게 섞어가며 확실하게 의사를 전달했습니다."

1963년의 봄은 여름으로 접어들었다. 케네디는 라오스와 마찬가지로 베트남에서의 미군 철수와 중립화를 결정했다. 언젠가 보좌관인 데이브 파워스Dave powers와 케니 오도넬에게 이런 뜻을 비쳤을 때 이들은 직설적으로 물었다. 어떻게 하시렵니까? 동남아시아에서 미국의 체면을 잃지 않고 군대를 철수할 수 있겠습니까?

"쉽지." 대통령은 대답했다. "자연스럽게 도태될 수 있는 허울뿐인 정부를 세우는 거야." 평화를 위한 모순되는 공식이었다. 말은 행동보다 쉬웠다. 1963년 6월까지 케네디는 대통령직보다 강력한 세력에 밀려, 자신이 천명한 의사와 정반대되는 절차의 시작 단계에 서 있었다. 케네디는 베트남 정부를 전복시켜야 한다는 압력에 굴복했다. 베트남 정부는 막 미국에게 철수요청을 하기 직전이었다. 케네디가 정확하게 알고 있던 대로, 이는 철군을 위해 그에게 가장 필요한 일이었다.

역설적인 생각임을 알면서도, 케네디는 디엠이 자신이 택한 자멸의 길을 스스로 뒤집을 역량이 없음을 걱정했다. 동생인 누의 지배적인 영향력 아래 디엠은 불교계를 탄압했고 이는 혁명으로 되돌아왔다. 케네디는 결론을 내렸다. 디엠에게는 희망이 없다. 케네디는 디엠 정부의 필연적인 실각 이후에 "미국에게 떠나라고 요구하는 정부를 세운다"는 가능성에 희망을 걸었다. 보호국에 평화를 부여하는 일이 내포하는 모순 외에도, 케네디에게는 시간의 문제가 있었다.

그의 생존 시간은 오직 6개월 밖에 남지 않았다. 1963년 6월 10일, 아메리카대학에서 케네디는 진취적인 평화의 꿈을 염원하면서 남은 6개월을 시작하게 된다. 그러나 그가 저격을 당하기 전까지 그 꿈을, 베트남이나 그 외 지역에서 얼마나 이룰 수 있을까?

CHAPTER 04

암살 계획을 세우다

케네디는 죽음을 두려워하지 않았다. 그렇다고 삶을 소홀히 하지도 않았다. 그는 백악관에 입성하기까지, 반복된 질병으로 죽음에 직면하기도 했고, 어린 시절부터 죽음에 이르기까지 극심한 육체적 고통을 겪곤 하였다. 로버트 케네디는 "그가 이 지구상에서 보낸 날들 중 최소한 절반은 극심한 육체적 고통에 시달렸다"고 말했다. 쾌활한 성격과 특유의 초연함으로 고통을 드러내지 않았던 것이다. 그는 여러 가지 질병으로 정기적으로 고통을 느꼈지만 그것에 대해 거의 말하지 않았다. 한번은 부인과 몇몇 친구들에게 다음과 같이 이야기했다. "이 고통이 언젠가는 끝날 것이라면, 어떤 종류의 고통이든, 얼마만큼의 고통이든 견딜 수 있다."

그는 죽음의 위협을 고통의 동반자로 생각했다. 어릴 때는 성홍열로, 10대 때는 혈액질환으로, 솔로몬 제도에서는 그가 승선했던 PT109호가 일본군에 의해 격침되었을 때, 함께 승선한 부하들을 구하기 위해 죽음의 위험도 무릅썼다. 그리고 전쟁 중에 재발한 말라리아로 인해 전쟁이 끝난 후까지 죽음의 문턱을 넘나들어야 했다. 한 번은 퍼거슨 수로 한 가운데서 의식을 잃고 바다로 떠내려가기도 했는데, 그 때 해류가 큰 원을 그리며 그를 새로운 삶과 그 긴 여정의 시작점으로 되돌려 놓았다. 케네디는 이미 죽음의 공포가 무엇인지 잘 알고 있었기에, 지휘관으로서 다시 죽음에 직면했을 때에는 두려움을 느끼지 않았다.

로버트 케네디는 형의 죽음 직후에 출간했던 케네디의 저서 〈용기 있는 사람들*Profiles in Courage*〉의 서문에 이렇게 썼다. "용기는 형이 가장 찬양했던 미덕이었다. 전쟁터에서든 야구 경기장에서든 그는 항상 용기 있게 말하고 행동하는 사람들을 주목했다." 로버트 케네디는 어떻게든 핵전쟁을 피하고 "미국과 전 세계 아이들이 죽음의 공포"에서 벗어나도록 노력했던 형의 결정은 가치 있고 용기 있는 행동이라고 말했다. 케네디는 또 다른 죽음과의 사투에서 자신의 저서 〈용기 있는 사람들〉의 영감을 얻기도 했다.

1954년, 케네디가 척추 수술을 하고 난 뒤 오랫동안 입원해서 요양할 때였다. 〈용기 있는 사람들〉의 주제는 유권자들의 압력에 직면했을 때의 정치적 결단에 관한 것이었다. 케네디가 책에서 언급하고자 한 정치적 결단에 관한 이야기들은 주로 상원과 관련된 것이었다. 그러나 케네디는 유독 '유권자의 압력과 특별한 이익집단'에 대항해 양심에 따른 결정을 내린 한 대통령에 대해서만 언급했다. 조지 워싱턴 대통령은 신생 국가인 미국을 전쟁에서 구하기 위해, 국민의 엄청난 저항을 받을 줄 알면서도 영국과 '제이조약Jay Treaty'을 체결했다. 그런 워싱턴 대통령에게 토머스 페인Thomas Paine은 이렇게 말했다. "당신은 사적인 친분관계에서 보면 배신자이고, 국민들 앞에서는 위선자입니다. 세상은 당신이 변절자인지 사기꾼인지, 혹은 당신이 좋은 원칙을 저버린 것인지, 아니면 애초에 그런 원칙을 갖고 있기는 했는지 판단하기 어려울 것입니다."

이에 분노를 느낀 워싱턴은 이렇게 소리쳤다. "차라리 대통령직에 있는 것보다 무덤 안에 있는 게 낫겠소." 그리고 제퍼슨에게 다음과 같이 썼다. "내가 미국의 적이 되어 영국에 속박 당하는 것에 대해 비난을 받고 있습니다. 심지어 행정부를 통해 내리는 나의 모든 결정에 대해서도 제지를 받습니다. 결코 인정할 수 없는 악명 높은 독재자 네로나, 심지어 소매치기로 비유되기도 하며, 적절치 못한 용어로 매도당하고 있습니다.”

그러나 케네디는 워싱턴 대통령에 대해 “소신을 굽히지 않았다”고 평가했다. 워싱턴은 신생 국가인 미국이 초토화될 것이 분명한 전쟁을 벌이도록 압박하는 세력들에게 강력히 저항했다. 케네디 역시 자신의 임기 내내 미국 뿐 아니라 전 세계가 살아남을 수 없는 전쟁으로 몰아가는 압박감에 견뎌야 했다. 케네디는 유권자들보다 냉전기간에 번창하는 군수업체들과 전쟁의 ‘승리에만 몰두’하는 펜타곤, CIA로부터 엄청난 압박을 받고 있었다. 케네디는 이들 냉전 세력에 대항하여 백악관 집무실에서 홀로 견뎌야 했다. 이런 갈등은 그의 저서 〈용기 있는 사람들〉에서 묘사하고 있는 다른 어떤 것보다도 깊었다.

철강업계와의 전쟁

케네디 암살의 정치적 맥락은 전임 대통령에 의해 가장 잘 묘사되었다. 케네디가 대통령으로 취임하기 3일 전인 1961년 1월 17일, 드와이트 아이젠하워는 고별사에서 미국 내부에서 일어나고 있는 자유에 대한 새로운 위협에 대해 경고했다. 외부의 위협에 대해 그는 이렇게 대답했다.

“우리는 거대하고 영구적인 군수산업을 만들어 내도록 강요받고 있습니다. 그리고 350만 명의 사람들이 군수업체와 직간접적으로 연관되어 있고, 매년 미국의 모든 기업들이 내는 순이익보다 많은 비용을 국방비로 지출하고 있습니다. 거대한 군사 시설과 대규모 군수산업의 결합은 위협적이기까지 합니다. 모든 도시와 모든 주 의회 의사당, 모든 연방정부의 사무실에서 경제적, 정치적, 심지어 정신적인 영향력을 느낄 수 있습니다. 우리는 이런 발전이 반드시 필요하다는 것은 인정합니다. 하지만 그것의 심각한 폐해를 간과해서는 안 됩니다. 우리의 노역과 자원, 생계가 모두 관련되어 있고, 우리의 사회 구조에 미치는 영향도 고려해야 합니다.

의회에서는 군·산 복합체의 부적절한 영향력이 생기지 않도록 주의해야 합니다. 이것으로 인해 우리, 나아가 세계 인류에 치명적인 결과를 가져올 가능성도 배제할 수 없습니다. 이 결합으로 인해 우리는 우리의 자유 또는 민주주의를 위험에 빠뜨려서는 안 됩니다. 이제는 그 어떤 것도 당연시해서는 안 됩니다."

아이젠하워는 민주주의에 대한 이 새로운 위협에 대응하기 위해 대통령으로서의 권력을 사용하지는 않았다. 다만 백악관을 떠날 때, 기억에 남을 만한 방식으로 간단히 언급했을 뿐이다. 그렇게 함으로써 그의 후임자에게 저항할 기회를 넘겨준 것이다.

군·산 복합체는 케네디의 짧은 대통령 임기 중에 실질적으로 이익과 권력을 확대시켰다. 처음에는 케네디도 소련에 대해 군사적으로 강경하게 대응하려고 했다. 또한 아이젠하워가 추구했던 상호간의 파괴 전략보다 훨씬 더 유연한 제휴를 모색했다. 이는 국방부가 미국 기업들과 더 많은 계약을 성사시키도록 만들었다. 그러나 1963년 여름, 군·산 복합체의 수뇌부들은 불길한 징조를 예감했다.

케네디가 아메리카대학에서 연설을 하고, 흐루시초프와 부분적 핵실험 금지 조약에 신속히 합의했을 때, 거대 기업들은 냉전에 대한 미국과 소련의 합의가 머지않아 이뤄질 것이라고 전망할 수 있었다. 케네디와 흐루시초프는 둘 다 이데올로기 갈등에서 평화적인 국면으로 전환할 준비가 되어 있었다. 케네디는 핵실험을 완전히 금지하고 핵군축을 위한 상호보완적인 조치를 원했다. 그는 소련 경제에서 국방비로 인한 막대한 지출의 부담을 완화하고자 하는 흐루시초프가 자발적으로 파트너가 되려고 한다는 것을 알고 있었다. 이런 미국과 소련의 관계에서 군비 감축은 오랫동안 미국을 지배했던 군·산 복합체의 권력을 약화시키고 있었다. 케네디는 평화를 지향함으로써, 아이젠하워가 백악관을 떠나면서 경고했던 지배적인 권력 조직을 약화시키려고 하고 있었다.

1962년, 케네디는 철강 위기의 주원인이었던 군·산 복합체에 대해 강경 조치를 취했다. 철강 가격의 인상이 곧 물가 상승으로 이어질 게 뻔했기 때문에, 철강 가격을 안정시키려고 하는 과정에서 갈등이 빚어질 수밖에 없었다. 하지만 대통령이 이 갈등에 개입함으로써 1962년 4월 6일에 계약서에 서명할 수 있었다. 철강 산업 노조도 철강 가격의 동결로 인플레이션을 막을 수 있다고 생각했기 때문에 거국적으로 'US스틸 United States Steel Company과 합의에 이를 수 있었다.

케네디는 '확실히 인플레이션을 막을 수 있다'는 결론에 도달한 것을 축하하면서 조합본부와 기업 경영자들에게 전화를 걸어 감사를 전했다. 전화를 끊은 후, 고문인 테드 소렌슨Ted Sorensen에게 "조합원들은 자신들의 희생에 기뻐하고 박수갈채를 보내는 반면 회사 대표들은 냉담한 반응을 보였다"고 말했다. 그것은 미래에 대한 좋지 않은 전조임에 틀림없었다.

1962년 4월 10일에 US스틸의 회장인 로저 블러Roger Blough가 케네디에게 면담을 요청했다. 오후 5시 45분, 블러는 "제 방문의 목적을 가장 쉽게 설명할 수 있는 방법은 아마도…"라고 말하면서 케네디에게 인쇄물(보도 자료)을 건넸다. 대통령 수중에 전달된 보도 자료는 이미 다른 철강회사 대표에 의해 언론 매체로 전달되었던 것이다. 거기에는 내일 오전 12시 1분을 기점으로 US스틸이 자사의 철강 제품 가격을 평균 약 3.5퍼센트 인상할 것이라고 적혀 있었다. 케네디는 문서를 읽자마자, 그와 철강 노동자들이 US스틸에게 속았다는 것을 알았고, 블러를 쳐다보며 "당신은 중대한 실수를 저질렀군요"라고 말했다. 블러가 떠난 후, 케네디는 고문들에게 이 나쁜 소식을 전했다. 그가 그렇게 화를 내는 것은 처음이었다. 그는 "아버지는 항상 모든 사업가들은 개자식들이라고 말했지만 난 지금까지 그 말을 믿지 않았었다"라고 말했다. 이 저돌적인 발언은 1962년 4월 23일자의 〈뉴욕 타임스〉지에도 실렸다. 그리고 재계는 이 말을 결코 잊지 않았다. 그는 철강 노동자 조합의 의장인 데이비드 맥도널드David McDonald에게 전화해 "데이브, 매우 당혹스러울 걸로 압니다. 그리고 나 또한 매우 혼란 스럽습니다"라고 말했다.

다음 날 아침, US스틸의 가격 인상에 이어 철강업계에서 두 번째로 큰 회사인 베들레헴 스틸Bethlehem Steel이 동참했고, 이어 네 개의 다른 회사들도 가격 인상 대열에 합류했다. 이에 대한 대응으로 케네디는 철강업계가 가격을 낮추도록 자신이 할 수 있는 모든 지략을 모았다. 그리고 곧 국방부에서부터 시작되었다.

대형 철강기업들에게 있어서 국방부와의 계약은 매우 중요했다. 이는 아이젠하워가 충고했던 것처럼 철강업계는 국방부와 밀접한 관계에 있었다. 맥나마라 국방부장관은 철강 가격의 상승으로 국방비가 10억 달러 정도 영향을 받았다고 보고하기도 했다. 케네디는 즉시 가격 인상에 동참하지 않은 중소규모의 회사들에게 철강을 구매하도록 지시했다.

맥나마라는 그 동안 US스틸과 '루켄스 스틸Lukens Steel에서 나뉘어 철강을 주문했는데, 이제는 가격 인상에 동참하지 않은 소규모 회사인 루켄스 스틸에서 철강을 모두 주문할 것이라고 발표했다. 대통령의 경제 자문기관의 의장을 역임한 월터 헬러Walter Heller는 "철강 총 매입물량 중 인상하지 않은 6개의 중소기업이 커버할 수 있는 물량은 총 매입의 9% 정도라고 추정했다." 심지어 대통령은 필요할 경우 해외에서 철강 구입을 검토해 보라고 지시했다. 케네디의 이런 지시는 대형 철강기업들이 냉전으로부터 얻을 수 있는 막대한 이익이 줄어든다는 것을 의미했다.

법무부장관인 로버트 케네디는 대형 철강기업들의 가격 담합을 조사하기 위해 신속히 연방배심원단을 소집했다. 그는 철강기업들이 독과점금지법을 위반했을 가능성을 살펴보기 위해 독과점 규제 담당 부서가 철강 위기 이전에 실시했던 조사를 검토했다. 또 FBI에게 철강기업의 경영자들에 대한 수사를 신속하고 철저하게 하도록 명령했다. 언론과의 인터뷰에서 로버트 케네디는 "우리는 그들의 경비지출 내역과 행적을 조사하는 데 전력을 다했습니다. 모든 정보를 수집했고, FBI에게 철저하게 수사하도록 했으며, 그들의 사무실을 압수 수색하도록 했습니다. 모든 것이 전국에 걸쳐 신속히 처리되도록 지시했고, 다음 날 아침 모든 것이 FBI 요원들에 의해 이뤄졌습니다. 지금 그들은 비리혐의로 소환된 상태입니다"라고 말했다. 철강업계의 경영자들은 마치 자신들이 공공의 적이라도 된 듯 취급되는 것을 느꼈고, 대통령 역시 그들을 공공의 적이라고 칭했다. 4월 11일 기자회견에서 대통령은 다음과 같이 말했다.

"US스틸 및 다른 주도적인 철강기업들이 동시에 철강 가격을 톤 당 6달러나 인상한 행위는 엄연히 공익에 어긋나는 불공정하고 무책임한 행동이었습니다…. 나를 포함한 우리 국민은 공공의 책임보다 사적인 이익과 권력을 추구하는 소수의 철강기업 경영자들이 1억 8천 5백만 명의 미국인들의 이익에 반하는 모욕적인 행동을 취한 것을 받아들일 수 없습니다."

기자들은 거대 철강기업들에 대한 케네디의 격렬한 공격에 숨이 막혔다. 케네디는 철강업계의 경영자들이 어떻게 국민의 이익을 무시했는지를 묘사한 후, 그의 취임사를 인용해 반어적으로 언급하며 마쳤다.

"언젠가 저는 각자의 미국인에게 국가를 위해 무엇을 할 수 있을지 생각해 달라고 요청했습니다. 또한 저는 철강업계에도 그런 질문을 했습니다. 그리고 지난 24시간 동안 우리는 그들의 대답을 들었습니다."

4월 12일, 백악관에 대해 심기가 불편했던 철강업계 경영자들은 타협을 제안했고, 케네디는 US스틸과의 협상에서 중재인 역할로 변호사 클라크 클리포드Clark Clifford를 파견했다. 클리포드는 대통령에게 전화를 걸어 이를 알렸다. "US스틸 측이 인상된 가격을 부분적으로, 즉 인상된 부분의 50퍼센트를 인하하는 것에 대해 어떻게 생각하는지 알고 싶어 합니다."

케네디는 "저는 할 말이 없습니다"라고 대답했다. 클리포드는 US스틸 측에게 "만약 당신들이 주장을 굽히지 않는다면, 대통령께서는 할 수 있는 모든 수단을 강구할 것입니다"라고 전했다. 그리고 이 수단에는 국방부가 좀 더 가격이 적정한 기업들로 계약을 바꾸는 것도 포함되어 있었지만 타협은 좀처럼 이뤄지지 않았다.

클리포드는 철강기업 경영자들에게 "대통령은 US스틸에서 다른 회사들로 계약을 전환하기 위해 이미 모든 권한을 가동하고 있습니다. 세무감사, 독과점 금지위반 조사, 그리고 시장의 관행에 대한 철저한 조사를 포함한 비상한 조치들을 염두에 두고 계십니다"라고 말했다. 대통령은 거대 철강기업들과 전쟁을 벌일 준비가 되어 있었다.

1962년 4월 13일, 마침내 거대 철강기업들의 경영자들은 굴복했다. 국방부와 대규모 거래를 하고 있던 또 다른 계약자인 베들레헴 스틸이 처음으로 백기를 들었다. 백악관에 보고된 바에 따르면 "베들레헴 스틸은 다음 주에 있을 세 개의 해군함선 건조 입찰에서 제외되자 재빠르게 조치를 취했다." 베들레헴 스틸은 거대 철강기업인 US스틸 다음으로 큰 회사였다. 여섯 개의 철강 기업들도 3일 전 케네디에게 기정사실처럼 통보했던 가격 인상을 전면 철회했다.

쿠바 미사일 위기 이후의 태도처럼, 소렌슨은 "행정부 대변인들을 포함한 어느 누구도 이를 고소해하거나, 응징에 대한 어떤 절차에 대한 것도 일체언급하지 말라"라는 케네디의 말을 전했다. 케네디는 특히 US스틸의 로저 블러에게 자비로웠는데, 협의를 위해 그를 백악관에 자주 초대하곤 했다. 기자회견에서 한 기자가 '사업가는 개자식들이라고 부정적으로 말했던 것'에 대해 묻자, 케네디는 사업가인 자신의 아버지가 1937년 루스벨트 정부의 일원으로 있을 때 겪었던 파업과 연관이 있었던 기업인들에 대해서만 이야기한 것이라고 말을 바꿨다.

그러나 이런 해명에도 불구하고 케네디는 기업가들의 마음을 얻지는 못했다. 케네디의 아버지인 조지프 케네디 시니어Joseph P. Kennedy, Sr.는 사업가였지만 프랭클린 루스벨트 대통령 시절에 증권거래위원회 Securities and Exchange Commission의 초대 의장이기도 했다. 월가의 사람으로서 월가를 잘 알고 있었기 때문에, 폭리를 취하는 사람들을 엄격히 단속했다. 30년대의 몇몇 경제 거물들은 루스벨트를 대신해 일했던 케네디의 아버지를 계급의 반역자, 즉 '월가의 유다Judas of Wall Street'로 여겼다. 조지프 케네디는 정부가 월가와 반대 세력을 통제할 수 있도록 자신이 고군분투했던 것을 떠올리며 케네디에게 모든 사업가들은 개자식들이라고 언급했던 것이다. 케네디 대통령은 언론에서 아버지의 언급에 대해 다음과 같이 이야기했다. "제가 그날 밤 솔직하지 못했다는 표현이 적절한 것 같습니다. 하지만 그것은 이미 과거입니다. 이제 우리가 함께 일할 수 있기를 바랍니다."

그러나 그것은 헛된 희망이었다. 케네디와 로버트 케네디는 거대 기업들에게 이미 악명 높은 존재가 되어가고 있었다. 산업계에서는 국방부와의 거래를 철회하려고 했던 케네디의 만용과 경영자들을 무차별적으로 조사했던 로버트 케네디의 행위를 용서할 수 없었다. 철강업계, 또는 암묵적으로 대통령의 권력에 저항하는 기업들에 대한 케네디의 단호한 자세는 그와 거대 기업들 사이에 큰 틈이 생겨나게 했다. 그런데, 거대 기업들 중 대부분의 영향력 있는 기업들은 군·산 복합체와 연관되어 있었다.

〈포춘〉지에 실린 익명의 사설은 철강 위기 이후 케네디에 대한 기업인들의 적대감이 얼마나 깊어졌는지 잘 보여준다. 이 잡지는 대기업과 부유층 독자들을 위한 미디어 황제 헨리 루스Henry Luce의 잡지였다. 〈포춘〉지의 편집자는 철강 가격의 인상안이 US스틸의 이사회에서 결정되었다는 것을 알고 있었다.

그런데 거기에는 모건투자신탁Morgan Guaranty Trust Company, 뉴욕시티은행First National City Bank of New York, 푸르덴셜 생명보험사Prudential Insurance Company, 포드재단Ford Foundation, 미국 전신전화회사AT&T와 같은 다른 거대 금융 기관으로부터 온 고위 간부들도 참여하고 있었다. 로저 블러가 이런 도발적인 언론 기사를 대통령에게 전달했을 즈음, US스틸 뿐 아니라 미국의 경제거물들도 이미 동참하고 있었다. 따라서 〈포춘〉지의 사설은 흥미로운 질문을 던졌다. "왜 US스틸을 통제하는 배후의 경제 거물들(모건과 록펠러 등)은 대통령이 독설을 퍼붓고 선동적인 공격을 하도록 유도하면서 가격 인상을 했던 것일까?"

〈포춘〉지는 스스로 답했다. "비록 직접적인 근거를 제시하기는 힘들지만, 블러가 시장을 판단하는 기업가가 아니라 '사업 정치가'처럼 행동했다는 가설을 세울 수가 있다." 이 가설에 따르면, 기업과 조합의 계약 체결을 이끌면서 케네디는 철강 가격 동결을 경영자들에게 부탁했다. 그런데 이 부탁을 기업들은 가격 인상에 가해진 '통제'의 위협으로 받아들였다. 블러는 기업, 산업 그리고 국가를 위해, 정부와 기업 사이에 만연하고 있던 '불신'을 깨뜨릴 방법을 찾은 것이다.

좀 더 분명히 말하면 케네디는, 많은 경제적 이익을 챙기며 강력한 힘을 갖고 있었던 US스틸에 의존하던 일반 공직자들과는 달랐다. 그는 '대통령'처럼 행동했다. 이런 행동들이 케네디가 갖고 있던 딜레마였다. 즉, 가격 인상을 받아들이고 신뢰를 잃느냐, 아니면 권력으로 가격 인상을 저지하고 경제계와 등을 질 것이냐 하는 것이었다. 그의 이런 열정적인 행동가적 대응은 미국 경제계에 두려움을 확산시켰다.

"케네디 대통령이 보여준 어조와 '모욕감'을 느끼게 하는 정부의 전반적인 경제 탄압을 볼 때, '통제'의 위협이 단순한 두려움이 아니라는 것이 분명해 졌습니다." 〈포춘〉지의 관점에서 볼 때, 철강 위기는 반기업적 행동가인 대통령을 율리우스 카이사르와 같은 운명에 처하도록 몰아갔다. 한 예언가가 카이사르에게 다가올 암살에 대해 "3월 15일을 조심하십시오"라고 경고했던 것처럼, 〈포춘〉지는 사설 제목을 "철강, 4월 15일"이라고 함으로써 나름대로 케네디에게 경고를 했다.

법무부장관 로버트 케네디는 계속해서 철강기업들을 대상으로 독과점 금지 위반 조사를 실시했다. US스틸과 여섯 개의 다른 회사들은 결국 1955년부터 1961년까지 행한 담합 행위에 대해 1965년 최고치의 벌금을 물어야 했다. 철강 위기로 인해 케네디와 로버트 케네디는 월가의 적이 되었고, 대통령은 독재자로 여겨졌다. 대형 철강기업들이 케네디에 백기를 든 후, 〈월 스트리트 저널〉지는 그 주의 기사에 "정부가 가격을 조정했다. 그런데 이것은 공갈, 협박 등 국가보안경찰과 같이 공포를 주는 위협을 통해 이뤄졌다"라고 썼다. 또한 1962년 4월 30일자 〈미국 뉴스 앤 월드 리포트US News and World Reports〉지에는 대통령이 마치 소련의 비밀경찰처럼 행동한다는 내용의 비판적인 기사가 실렸다.

법무부장관 로버트 케네디는 법을 어긴 기업의 경영인들을 찾아내 인정사정없이 다뤘다는 점에서 "무자비한 권력"의 상징이 되었다. 같은 이익 집단인 언론에서조차 로버트 케네디가 살해당하는 6년 후까지 그를 아주 무자비한 성격의 소유자로 묘사했다. 이렇듯 케네디는 미국의 경제 엘리트들에게는 환영받지 못했지만 그 외의 곳에서는 여전히 인기가 높았다.

루스벨트 행정부 시절, 부유층의 아들로 월가와 맞서 싸운 케네디는 마치 계급의 이단아처럼 행동했다. 케네디는 미국자동차노동조합에서 다음과 같이 말했다. "해리 트루먼Harry Truman이 1천 4백에서 1천 5백만 명에 이르는 미국인들의 이익을 위해 워싱턴에 대표자를 보낼 권리를 갖듯이, 1억 5천에서 1억 6천만 명에 이르는 미국인 전체의 이익이 미국 대통령의 책임 하에 있습니다. 그리고 대통령은 그 의무를 이행해야 합니다."

철강 위기 이후, 대기업으로부터 많은 적대감을 느낀 케네디 대통령은 마침내 그들의 지지를 얻으려고 노력하는 것도 포기했다. 그는 참모인 소렌슨, 오도넬, 슐레진저에게 "과거에는 대기업들과 돈독한 친분을 맺으며 지냈던 온화한 성품의 루스벨트 대통령이 왜 그렇게 격렬한 적대심을 가진 사람이 되었는지 날이 갈수록 더 이해가 됩니다. 다리를 잘라내려고 혈안이 된 사람들과 우호적인 관계를 맺는 것은 매우 어렵습니다"라고 말했다. 만약 〈포춘〉지의 편집자가 케네디의 의도적인 도발을 올바르게 보았다면, 선동자들은 기업경영자들을 대통령으로부터, 또는 대통령을 기업경영자들로부터 떼어놓는 데 성공한 것이다. 철강 위기가 지나고 1년, 케네디는 뉴욕의 어느 호텔에서 연설을 하기 직전 '철강업계에서 드와이트 아이젠하워에게 공익공로상Annual Public Service Award을 수여한다"는 사실을 알게 되었다.

대통령은 청중들에게 말했다. "저는 지난 해 그들이 선정한 올해의 인물이었습니다. 그들은 그 상을 수여하기 위해 백악관으로 오기를 원했지만 경호담당 보좌관이 이를 허락하지 않았습니다." 청중들은 백악관 경호실에서 대통령을 보호하기 위해 그렇게 한 것으로 생각했다. 그러나 비밀경호원 에이브러햄 볼든Abraham Bolden은 이 농담에 암시된 위험을 알고 있었을 것이다. 그가 백악관을 떠나기 전, 백악관 경호실이 대통령 암살 계획이 진행되고 있다는 사실을 알면서도 이를 묵인하고 있을지도 모른다는 사실을 감지했다.

암살 음모의 서곡

CIA와 펜타곤 그리고 대기업으로부터 깊은 소외를 느낀 케네디는 의도적으로 돌이킬 수 없는 곳까지 나아갔다. 케네디는 냉전을 지지하는 기업 엘리트들, 펜타곤의 기획자들, 그리고 '정보기관'의 수뇌부 사이에 존재하는 복잡함을 잘 알고 있었다. 국가안보관련 기관과 그 배후에서 보이지 않는 세력이 조직적으로 움직이고 있다는 것을 잘 알고 있었다. 그러나 여전히 '다수의 이익'을 위해, 또한 로버트가 말한 것처럼 "이 나라와 세계 아이들이 죽음의 공포"에서 벗어날 수 있도록 하기 위해 노력했다. 그러나 그와 냉전 세력 간의 골은 더욱 깊어져 갔다.

군·산 복합체의 어느 누가 케네디 대통령을 암살하도록 지시했는지에 대해서는 어떠한 증거도 없다. 다만 그 지시가 CIA에 의해 수행된 것은 분명하다. CIA 요원들의 지문이 범죄 현장 도처에서 발견되었기 때문이다.

워런 보고서에 따르면 1959년 10월 31일, 오스왈드는 모스크바 주재 미국 대사관에서 이제는 소련에 충성할 것이라고 말했다. 그는 이미 소련 당국자에게 "이미 자신이 보유한 해병대 정보와 자신이 전문적으로 다뤘던 레이더 작동에 대한 모든 정보를 제공할 것"이라고 약속했다. 그러나 워런 보고서는 오스왈드가 해병대에서 CIA의 일급비밀인 U-2 정찰기의 레이더를 작동하는 사람이었다는 것은 밝히지 않았다. 워런 위원회는 오스왈드가 U-2나 CIA와 관련되었다고 언급하지 않음으로써, 그가 소련에게 특별히 이익이 될 만한 정보를 제공했다는 사실을 밝히지 않고 피해 갔다. 오스왈드는 뻔뻔한 반역자이거나 훗날 역사에서 알 수 있듯이, 퇴역 해병으로 소련에 매달린 미국 스파이였다.

'시인 스파이Poet-Spy'로 잘 알려진 제임스 앵글턴James Jesus Angleton은 1954년부터 1974년까지 CIA의 대적(對敵)방첩담당 지역책임자였다. 그는 40년대 초에 예일대를 졸업한 후 문학잡지인 〈퓨리오우소오Furioso〉를 창간했다. 이 잡지를 통해 에즈라 파운드Ezra Pound, 커밍스E. E. Cummings, 아치볼드 매클리시Archibald MacLeish의 시를 출판했다. 앵글턴은 하버드 법대에 입학한 후에 미군에 지원했고, 제2차 세계대전 당시 CIA의 전신이었던 미국전략사무국Office of Strategic Services(OSS) 소속 방첩활동 전담요원으로 발탁되었다. 전략사무국과 CIA에서의 업무는 앵글턴에게 적격이었고, 그에게 방첩활동은 일생동안 추구해야 할 사명처럼 여겨졌다.

CIA 소식통에 따르면, 기자인 조셉 트렌토Joseph Trento는 1984년에 법정에서 앵글턴이 1950년대까지 CIA 암살단의 책임자였다고 증언했다.

그리고 육군 대령 보리스 패시Boris Pash가 그 '소규모의 암살단'을 이끌었던 것으로 알려졌다. 워터게이트 사건으로 수감 중이던 CIA의 하워드 헌트Haword Hunt는 패시의 CIA 암살단이 이중간첩들을 처리하기 위해 조직되었다고 〈뉴욕 타임스〉지에 말했다. 또한 조셉 트렌토는 자신의 소식통이 "앵글턴이 패시의 암살부대를 관리했다"는 사실을 확인해 주었다고 증언했다.

앵글턴은 1960년대에 CIA의 암살활동 총책임자로 일했다. 상원 처치 위원회에 따르면, 1961년 11월에 CIA 작전 담당 부국장이었던 리처드 비셀Richard Bissell은 자신의 오랜 동료인 윌리엄 하비William Harvey에게 'ZR/ RIFLE'로 알려진 암살 계획을 쿠바에서 실행하도록 지시했다. 하비가 쓴 ZR/RIFLE에 대한 메모에는 다음과 같은 내용이 기재되어 있다.

"암살 계획이 실패할 경우 소련인이나 체코인을 혐의자로 만드는 것에 대해서도 계획을 세워둬야 한다. 이를 위해 모든 CIA 문서가 등록되어 있는 RG(중앙 레지스트리)에 허위로 작성된 '201파일'(작전에 관여한 인물 상세 신상 정보가 기재된 문서)을 등록해야 하며, 혐의 위조 사실이 밝혀질 수 없도록 문서를 철저히 조작해야 한다." 다시 말해, 공산주의자들에게 암살 혐의를 전가시키기 위해서는 혐의를 뒤집어씌울 희생양이 소련이나 체코인과 계속 연락을 취하도록 미리 조치를 취해야 했다. (오스왈드의 경우에 소련인과 쿠바인이 등장했다.)

하비는 희생양으로 삼은 인물이 결코 혐의를 부인하지 못하도록 완벽하게 CIA 201파일을 위조했고, 일반 방첩관련 파일처럼 보이도록 철저한 보완을 취했다고 회고했다. 또 이에 관련해서는 '짐 A'와 상의해야 한다고 메모에 써 놓았는데, 짐 A는 앵글턴James Jesus Angleton을 지칭했다.

윌리엄 하비는 스태프 D Staff D로 향했는데, 이곳은 국가안보국으로부터 통신 차단 책임을 부여받은 CIA 일급비밀 부서였다. 하비에 의해 계획된 암살은 앵글턴의 특급비밀 작전이었으며, CIA 요원 조셉 스미스 Joseph B. Smith에 따르면, 오직 '앵글턴 측근'만이 스태프 D에 출입할 수 있었다고 한다. 앵글턴의 지휘 아래 이루어진 오스왈드 프로젝트에서 볼 수 있듯이, 그는 CIA 방첩활동 책임자로서 암살명령 및 정보조작의 권한을 갖고 있었다. 역설적이긴 하지만, 앵글턴은 정보를 조작함으로써 냉전 구도에서 승리를 이뤄낼 수 있다고 믿었다. 그렇기에 앵글턴은 적군뿐 아니라 아군에게도 조작된 정보를 제공했다.

1970년대 중반 상원 처치위원회 SCC와 하원 암살조사위원회 HSCA는 오스왈드와 관련된 조사를 진행하던 중, 앵글턴의 계획을 발견하게 된다. 위원회는 앵글턴의 지휘 하에 있던 방첩특별수사대 CI/SIG가 케네디 암살 3년 전 오스왈드에 관한 201파일을 확보했다는 것을 알게 되었다. 위의 사실과 ZR/RIFLE 암살 작전의 희생양을 찾아야 한다고 하비가 썼던 메모 내용을 함께 고려해 보면, 우리는 이 시점에서 왜 CI/SIG(방첩특별수사대)가 오스왈드의 201파일을 보관하고 있었는가 하는 의문을 갖게 된다. 또한 오스왈드의 201파일이 과연 진짜일까 하는 의문을 떨치기 어렵다. 사실 사무실에 그 문서가 보관되어 있었다는 사실만으로도 충분히 문서의 위조 가능성을 짐작해 볼 수 있다. 1960년 12월 9일에 오스왈드의 201파일을 확인한 것은 앵글턴의 소속이었던 앤 에거터 Ann Egerter였으며, 하원 암살조사위원회는 에거터에 대한 심문을 진행했다. 위원회는 사실 에거터가 법 앞에서 진실만을 말하겠다는 선서를 했음에도, 그녀가 진실만을 말할 것으로 기대하지는 않았다.

전직 CIA 국장 앨런 덜레스는 1964년 1월 27일 개최된 비공개 워런 위원회에서 CIA 요원은 어느 누구라도 국가보안 차원에서 오스왈드가 됐든, 다른 누가 됐든 CIA 요원이었는지에 대해 말해서는 안 된다고 말한 바 있다. 그는 심지어 법 앞에 진실만을 말할 것을 맹세했다고 하더라도 CIA에 대한 증언을 해서는 안 된다고 말했다. 그의 발언을 고려하면서, 위원회는 은퇴한 앵글턴의 동료였던 앤 에거터에게 최대한 간접적 심문을 진행하여 답을 얻을 수밖에 없었다. CI/SIG 임무 목적을 묻는 질문에, 그녀는 "CI/SIG의 주요 업무는 의심스러운 행동을 하는 요원을 조사하는 일이었다"고 답했다.

　이 발언은 사실 결정적 단서를 제공하고 있는데, 확실한 답을 얻기 위한 단계적 질문들이 에거터에게 쏟아졌다. 하원 암살조사위원회는 에거터에게 CI/SIG 임무 목적에 대해 다시 질문했다.

위원회 : 당신의 진술로 미루어 볼 때, CI/SIG의 업무는 매우 제한적이었던 것 같네요. 말씀하신대로 의심스러운 행동으로 하는 요원이 있을 경우, 어떤 식으로든지 그 요원에 대한 조사를 수행하는 것이 CI/SIG 주요 업무가 맞습니까? 제가 잘못 판단한 거라면 말씀해 주시지요.

에거터 : 아니오. 말씀하신 내용이 맞습니다.

위원회 : 진술하신 바에 따르면, 당신이 누군가의 201파일을 열어보았다는 것은 당신이 그 사람의 신상 정보에 관심이 있었거나 혹은 그 사람이 위험인물이라고 판단했다는 것을 의미하는데, 제 말이 맞습니까?

에거터 : 글쎄요. 대체적으로 틀린 부분은 없는 것 같습니다.

위원회 : 파일을 열어 본 다른 이유가 있었습니까?

에거터 : 아니오. 잘 생각나지 않습니다.

조사관 리사 피즈Lisa Pease는 에거터의 증언으로 CI/SIG에 있던 오스왈드의 201파일이 "오스왈드가 실제로 CIA 요원이었거나 CIA 활동에 참여했다"는 것을 함축적으로 보여 준다고 결론지었다. 어떤 경우가 되었든, 오스왈드는 CIA의 업무에 관련되어 있었다. 또한 에거터의 증언은 오스왈드가 위험인물로 분류되는 CIA 요원일 수도 있었다는 것을 암시하기도 한다. 에거터의 증언에 따르면, CIA 내에서 CI/SIG는 '위험인물을 감시하는 부서'로 알려져 있었고, 위험인물로 분류된 CIA 요원에 대한 계속적인 감시 업무를 수행한다고 했다. 위원회에서는 그녀를 통해 CI/SIG 업무의 목적을 재차 확인함으로써 결국 그녀의 증언이 오스왈드가 감시를 받던 CIA 요원이었다는 것을 분명하게 함축하고 있다는 것을 확인할 수 있었다.

위원회 : "저의 질문은 CI/SIG의 업무 목적이 무엇이고, 어떤 환경에서 오스왈드의 201파일을 열어 보았는지를 알아보기 위한 것입니다. 저는 CI/SIG의 업무 목적이 매우 제한적이고, 주로 하는 일은 미국의 국가안보에 위협이 되는 활동을 의심받는 CIA 요원을 조사하는 것이었다고 이해했습니다. 이것이 CI/SIG의 업무 목적을 정확하게 말한 것이 맞습니까?"

에거터 : "글쎄요. CIA 소속 요원들도 있었고요, CIA에 잠입한 이중간첩도

있었습니다. 뭐 결국 같은 말이긴 하지만요."

에거터의 증언은 오스왈드가 1960년 12월까지 CIA에 의해 의심을 받았던 CIA 요원이었다는 것을 말하고 있다. 그렇기에 CIA는 위험인물이었던 그를 3년 뒤 케네디 암살을 위한 희생양으로 삼기에 아주 이상적인 인물로 여겨졌던 것이다. 전직 CIA의 재무 담당자 월코트Jim Wilcott는 에거터의 증언 녹취록에 담긴 함축적 내용을 인정했다. 월코트는 하원 암살조사위원회 증언에서 오스왈드가 소련에서 이중간첩으로 일한 CIA 요원이었으나, 후에 CIA는 오스왈드를 의심하게 되었다고 말했다.

오스왈드에 대한 월코트의 진실한 증언은 그와 그의 부인의 용기 있는 결정으로 가능한 것이었다. 월코트와 그의 부인 엘시는 부부 요원으로 CIA에서 9년 동안 일한 후, 1966년 사임했다.

월코트는 하원 암살조사위원회에서 "저와 부인은 CIA가 하고 있는 일들이 민주주의의 기본 원칙이나 인본주의의 기본 원칙에 부합하지 않는다고 확신했기 때문에 CIA를 떠났습니다"라고 말했다. 이들은 1968년 베트남 전쟁 반대 및 시민운동에 참여했고, 자신들이 위험에 처할 수 있다는 것을 알았음에도 불구하고 자신들이 알고 있는 CIA 관련 사실을 공개한 첫 번째 전직 CIA 부부이다. 이들은 양심의 고통 속에서 벗어나기 위해 증언하기로 결정했다고 한다. 월코트는 1960년에서 1964년까지 도쿄 CIA 지국 재정부서에서 일했고, 같은 시기에 엘시는 도쿄 지국에서 비서로 일했다. 케네디 대통령이 암살되었을 때 경계경보가 발령되었고, 월코트는 24시간 동안 보안업무를 담당하게 되었다. 어느 날 동료들과 술을 마시던 중 CIA가 대통령 암살과 연관이 있다는 이야기를 들었다.

"처음에는 '다들 술에 취해 헛소리를 하나보다'라고 생각했습니다. 예전에 함께 일한 적이 있었던 동료도 그 자리에 있었는데, 그는 오스왈드가 CIA 요원이었다고 말했습니다. 오스왈드가 소련에서 미국으로 돌아왔을 때, 작전 암호명을 이용해서 자금까지 지원했다는 것을 들을 때까지도 저는 믿을 수가 없었습니다."

윌코트는 그날 오스왈드와 관련된 일을 폭로한 전직 동료가 예전에 요원 지원 업무를 담당한 적이 있다고 말했다. 그러면서 재무 담당이었던 자신이 특정 암호로 진행된 한 프로젝트에 선불로 자금 지원을 승인한 적이 있으며, 사실 그 프로젝트는 오스왈드와 관련된 프로젝트였다고 말했다. 하원 암살조사위원회에서 윌코트는 "그 암호명을 금방 기억해 낼 수 있었어요. 왜냐하면 그 암호명으로 진행된 프로젝트에 제가 자금 승인을 한 것이 두세 번 됐었거든요. 쉽게 기억해 낼 수 있어요." 암호명을 기억해 낸 후, 윌코트는 대통령 암살의 배후로 지목받는 CIA의 오스왈드 프로젝트에 자신도 모르는 사이에 공모하게 되었다는 사실을 깨달았고, 엄청난 고통에 시달렸다고 한다.

윌코트는 1978년 〈샌프란시스코 크로니클San Francisco Chronicle〉과의 인터뷰에서, CIA 도쿄 지국에서는 오스왈드가 CIA 요원으로 일했다는 사실이 거의 기정사실로 알려져 있다고 말했다. "사실이에요. 케네디 대통령 암살 직후, 도쿄 지국 요원들은 오스왈드가 CIA를 위해 소련으로 갔다는 사실을 공공연하게 말하곤 했어요. 그래서 모든 사람들은 CIA가 오스왈드에 대한 사항을 언제까지 기밀로 유지할 수 있을지에 대해 궁금해 했죠. 그렇지만 이제 와서야 진실이 논의되고 있으니, CIA도 이 일을 숨기기 위해 부단히 애를 쓴 것 같네요"라고 부인 엘시는 말했다.

도쿄 지국에서 알게 된 것을 바탕으로 쓴 한 기사에서, 월코트는 이렇게 말한다. "오스왈드는 일본 지역 특급 비밀작전 훈련 기지였던 아쓰기 해군 비행기지에서 (CIA로부터) 혹독한 훈련을 받았다. 그는 소련에 대한 이중간첩 임무라는 분명한 목적을 위해 군에서 선발되었다. 이제 와서 생각해보면 그 당시, 아무개가 오스왈드 프로젝트와 관련된 업무를 하고 있다는 이야기를 수도 없이 들었던 것 같다. 오스왈드를 제거해야 하는 이유 중 하나는 그가 돌아왔을 때 CIA가 겪게 될 난처한 상황 때문이었다. 분명 소련 측에서는 처음부터 오스왈드의 존재에 대해 알고 있었고, 이것이 오스왈드를 매우 분노하게 만들었다."

1960년 말 귀국 당시, 오스왈드가 CIA의 처사에 불만을 가지고 있다는 사실이 앵글턴에게 알려졌고, 앵글턴은 CI/SIG에 오스왈드 감시를 명하고, 이에 따라 에거트가 1960년 12월 9일 오스왈드의 201파일을 확인하게 된 것이다. 한편 월코트 부부는 CIA의 비밀을 공개한 것에 대한 대가를 치렀다. 1970년대 초 월코트가 뉴욕 주 유티카Utica 시의 사회개선프로그램에서 재무 분석가로 일할 때, FBI는 유티카 시장에게 월코트는 연방법원으로부터 기소된 상태이며 FBI는 그의 활동을 감시하고 있다고 전했다.

시장은 그를 해고하지는 않았지만 기소가 확정되는 날 이전의 날짜가 적힌 사직서에 서명하도록 했다. 월코트는 협박 전화도 수차례 받았고, 협박 편지가 차 유리 와이퍼에 끼워져 있는가 하면, 타이어가 찢겨 있기도 하는 불편을 겪어야 했다. 한편 그의 아내 엘시 월코트는 1986년 10월 5일 암으로 사망했다.

월코트는 하원 암살조사위원회에서 증언한 후 10년 동안, 베트남 전문가인 브라이언 윌슨과 함께 콩코드 해군군수기지Concord Naval Weapons Station 근처에 있는 뉘른베르크 행동 공동체에서 활동했다. 그들은 니카라과의 내전에 개입한 CIA의 무기 지원을 반대했다. 윌슨과 월코트는 무기수송 열차 선로 옆에서 시위를 벌이는 등 비폭력 방법을 사용했다. 그러던 어느 날, 윌슨은 철도 선로에 앉아 있다가 열차에 치여 두 다리가 절단되는 사고를 당했고, 동료의 사고에도 불구하고 끝까지 시위를 벌이던 월코트는 열차 진행을 방해했다는 이유로 결국 체포된다.

1980년대 말, 지역 신문사 기자는 무기수송열차 선로 옆에서 시위를 벌이는 월코트에 대해 이렇게 묘사하고 있다. "정확한 나이는 알 수 없으나, 50대 정도인 것으로 보인다. 온화한 인상으로 외모적으로 큰 특징은 없지만 사실 그는 9년 동안 CIA에서 재무담당자로 근무했다. 그는 신경 장애를 겪고 있으며 뉘른베르크 행동 공동체의 활동을 지원하며 시간을 보내고 있다. 그는 현재 비폭력적 방법을 이용하고 있는데, 이것은 남미 지역에서 그와 비슷한 활동을 하고 있는 이들의 오랜 결속력을 보여준다." 기자는 선로 옆 시위 현장에는 남미 평화정착 운동 과정에서 목숨을 잃은 이들의 이름이 새겨진 나무 십자가와 케네디와 로버트 케네디의 이름이 새겨진 큰 석재가 있었다고 말했다. 월코트는 그 후 1994년 2월 10일 암으로 사망했다.

월코트 부부가 케네디 암살의 배후와 관련된 진실을 왜곡하지 않고 증언했기 때문에, 우리는 그들을 통해 그 누구도 말하지 않으려 했던 진실을 알 수 있게 되었다. 자신도 모르는 사이에 오스왈드 이중간첩 계획에 자금을 제공한 월코트는 냉전 음모에 CIA 요원들이 어떻게 교묘하게 이용당했는지를 보여주는 좋은 예가 된다. 사실 오스왈드와 마찬가지로 그들은 주어진 임무의 배후에 대해서는 '알 필요'가 없었다. '국가안보' 라는 미명하에 대부분의 CIA 요원들은 자신들에게 주어진 임무에만 집중할 뿐, 그 뒤에 숨겨진 음모와 더 큰 배후에 대해서는 관심이 없었다. 그렇기에 심지어 국민의 사랑을 받았던 대통령의 암살이라는 전대미문의 사건에 국가공무원들이 자기도 모르는 사이에 동원되고, 국민의 세금이 대통령 암살의 자금으로 동원되는 충격적인 상황이 연출된 것이다. 오직 CIA 작전담당 부국장인 리처드 헬름스와 방첩활동 담당자였던 앵글턴과 같은 몇몇 사람만이 그 결과를 미리 알았을 뿐이었다.

케네디의 정적 '헨리 로지'의 등장

1963년 6월 3일, CIA는 '5월 8일 베트남 훼Hue 시에서 베트남 정부의 폭탄 테러로 수많은 사상자가 발생했는데, 그 증거물들이 속속 발견되고 있다고 발표했다. 훼 시에서 발생한 사건으로 베트남에서 불교 위기가 촉발되었으나, 고 딘 디엠 당시 베트남 대통령은 이 사태는 정부가 아니라 공산 게릴라 베트콩(북베트남)이 저질렀다고 주장했다. 그러나 사실 사이공 정부나 베트콩은 이 정도로 강력한 플라스틱 폭탄을 보유하지 못했다.

이 정도의 위력을 지닌 폭탄을 보유한 것은 오직 CIA뿐이었고, 이는 당시 폭발물 담당자였던 캡틴 스캇의 폭로를 통해서도 입증되었다. 일찍이 그레이엄 그린Graham Greene은 CIA가 플라스틱 폭탄 제조에 몰두하고 있다는 것을 폭로했었다.

그린은 그의 저서 〈조용한 미국인*The Quiet American*〉에서 1952년, CIA가 사이공에서 플라스틱 폭탄을 이용한 테러를 자행한 적이 있으며, 베트남 독립동맹단체인 베트민Viet Minh을 테러 배후로 지목하면서 그들에게 혐의를 전가 시키려고 했다고 증언했다. 그 때의 방식이 이번에는 훼시에서 디엠을 목표로 또 다시 자행되었다는 것이다. 6월 3일자 CIA의 보고서는 훼 시 사태와 관련해 디엠을 비난했다. 이 보고서로 인해 사실상 베트남 불교계는 디엠에게서 등을 돌렸고, 정부에 대한 신뢰는 바닥으로 추락했으며, 교섭을 통해 베트남에서 미군을 철수시키려고 진행 중이던 케네디-디엠 동맹 노력은 무위로 돌아갔다. CIA가 케네디와 디엠 두 사람의 허를 찌른 것이다.

1963년 6월 11일에, 수도승인 틱광둑Thich Quang Duc이 디엠의 불교 탄압에 항거하여 사이공에서 분신자살을 결행한다. 이를 촬영한 맬컴 브라운Malcome Browne 기자의 사진은 전 세계를 충격에 휩싸이게 했다.

케네디가 6월 12일자 신문에서 분신한 수도승의 사진을 보았을 때, 로버트에게 전화해 "세상에! 이럴 수는 없어!"라고 외쳤다. 국무부장관인 딘 러스크는 사이공 주재 미국 대사관에 전보를 보냈다.

"판단컨대, 불교계의 분노는 이미 위험 수위에 도달한 것처럼 보입니다. 미국의 관점에서 볼 때, 베트남 정부가 신속히 불교 신도들의 신뢰를 다시 얻고, 그들의 요구를 충족시켜줘야 한다고 디엠에게 권고해야 합니다…. 만약 디엠이 불교계의 신뢰를 다시 구축할 신속하고 효과적인 방법을 강구하지 않는다면, 미국은 베트남 정부와의 전반적 관계를 재검토할 수밖에 없습니다."

케네디 보좌관들은 대통령의 지시도 받지 않은 채 일을 진행시켜 갔다. 러스크가 사이공 대사관에 내린 지시에 따라, 대사 대행인 윌리엄 트루허트William Trueheart는 대통령이 인가하지도 않은 최후통첩을 6월 12일에 디엠에게 전달했다. 케네디는 6월 14일 CIA 정보목록을 살펴보다가 이를 발견했고 그 날의 백악관 보고서에는 다음 내용이 기재되어 있다.

> "디엠 대통령에게 미국-베트남 양국 간 외교 단절 위협이 가해졌다는 것을 대통령께서 아셨습니다. 대통령께서는 앞으로 그 어떤 위협이나 문서 전달도 대통령의 인가 없이 이루어져서는 안 된다는 것을 명확히 하셨습니다."

베트남은 케네디의 통제력에서 벗어나 미궁 속으로 빠져 들고 있었다. 사실 앨라배마에서의 위기 역시 이와 비슷했다. 6월 11일, 앨라배마 주지사 조지 월러스는 흑인학생 등록을 저지하기 위해 앨라배마대학University of Alabama 방문을 시도했다. 같은 시각 대통령은 법무부장관 로버트 케네디와 긴밀히 협력하여, 앨라배마 주 방위군Alabama National Guard으로 하여금 월러스의 대학 방문을 저지하도록 했다. 주지사의 독단적 결정으로 위기 사태에 처할 수도 있었던 앨라배마대학 사태를 보면서, 그 날 밤 케네디는 미국이 직면한 도덕 및 인권 위기와 관련된 대 국민 연설을 감행하기로 결정했다. 동시에 케네디는 흐루시초프와의 관계에서도 변화를 꾀하고자 했다. 케네디는 냉전 종결을 요구하기 전날 아메리카대학에서 연설을 했는데, 흐루시초프는 이를 '루스벨트' 이래로 가장 훌륭한 미국 대통령의 연설'이었다고 칭송했다. 그 후 흐루시초프는 케네디와 부분적 핵실험 금지 조약 체결에 동의했고, 이는 양국의 군수업계를 경악하게 만들었다.

〈US 뉴스 앤 월드리포트US News and World Report〉지는 "미국은 군비 경쟁을 포기하는가?"라는 제목으로 이에 관련된 내용을 다루었는데, 케네디의 새로운 전략은 "의도적이고 편파적으로 군비 축소를 이행하는 형태"라는 군 당국의 우려를 인용했다.

6월 11일 밤, 케네디는 베트남과 분신자살을 한 틱광둑 스님의 모습을 생각하면서, 대국민 연설을 감행했고, 이는 텔레비전을 통해 생중계되었다. 케네디는 "도덕적 문제는 성서가 기록될 때부터 등장할 정도로 오래된 문제이고, 미국 헌법에 명시되어 있을 만큼 명확한 문제"라고 말했다. 몇 시간 후, 미시시피 잭슨 지역에서 집으로 귀가하던 전미유색인종지위향상협회NAACP 지도자인 메드거 에버스가 그의 가족들이 보는 앞에서 암살범에 의해 처참하게 살해된다.

케네디의 연설은 지구 반대편에 있는 수백만의 사람들을 고무시켰다. 그의 연설은 도덕적 진리를 이행하려는 그의 의지를 보여줌으로써 희망의 실마리를 제공하기도 했지만, 한편으로는 더 큰 증오를 키운 촉매제로 작용하기도 했다. 주(駐) 인도 대사이자 케네디의 친구인 존 케네스 갤브레이스John Kenneth Galbraith가 케네디의 장례식 날 쓴 기고문에서 그는 어떤 참모들도 케네디보다 명석한 이는 없었다고 회상했다.

"케네디는 미 행정부의 예술과 실체에 대해 매우 박식했다…. 나의 하버드 동료인 칼 케이센 교수는 지난 몇 년 동안 백악관에서 일했었는데, 대통령 참모들 중 누가 제일 박식한가라는 질문을 받을 때면, 항상 어느 누구도 대통령의 반만큼도 박식하지 못하다"라고 말했다.

"대통령에게 무언가를 보고할 때, 사람들은 항상 가장 중요한 문제만을 강조해서 보고한다. 그렇지만 대통령은 그들의 보고에서 어떤 부분이 누락되었는지 정확하게 파악하고 있었다. 그는 모든 문제의 변수를 파악하는 데 타고난 감각을 갖고 있었고, 어느 누구의 의견에도 좌우되지 않았다." 갤브레이스는 "어느 누구도 대통령을 제대로 알지 못했다"라고 말했다.

그것은 특히 케네디의 참모들에게 적절한 표현이었다. 아메리카대학에서의 연설에서 볼 수 있듯이, 베트남에 대한 그들의 생각은 평화를 위한 케네디의 전략과는 상반된 것이었다. 베트남에서의 미군 철수를 설득시킨 것도 비교적 아웃사이더였던 상원의원 마이크 맨스필드Senator Mike Mansfield였다. 그러나 케네디는 냉전 정부의 방향에 반대되는 미군 철수를 어떻게 진행해야 할지 몰라 당혹스러웠다고 한다. 왜냐하면 미국의 철수는 베트남 불교계의 위기를 가중시킬 수 있었기 때문이다.

케네디 암살을 계획했던 이들이 암살 결정을 내리게 된 결정적 사건이 있다. 당시 사이공 정부로 파견된 프레드릭 놀팅Frederick Nolting 대사는 근무 지역 변경을 요청했고, 케네디는 후임으로 에드먼드 걸리온Edmund Gullion을 추천했다. 걸리온은 1951년 사이공에서 영사로 일할 때 미국이 베트남에서 프랑스가 했던 그대로 답습한다면 그것은 또 다른 재앙이 될 것이라고 말했던 인물이다. 또한 그는 냉전 중 뜨거운 분쟁 지대였던 콩고 대사로 일한 적이 있었다.

리처드 마호니Richard Mahoney는 그의 저서 〈존 F. 케네디: 아프리카에서의 시련John F. Kennedy: Ordeal in Africa〉에서 케네디는 걸리온을 그의 인생에서 세 번째로 믿을만한 사람으로 여겼다고 서술했다. 케네디는 걸리온을 1961년 콩고로 보냈는데, 이는 제3세계에서의 미국의 영향력을 확산시키기 위한 시험의 땅이 바로 아프리카라고 생각했기 때문이다.

케네디는 "만약 다른 국가들이 미국이 그들만의 평화 구축 방식을 찾는 것을 지지해 준다면, 이는 냉전 확산 저지는 물론 미국 국가안보에도 크게 기여할 수 있을 것"이라고 말했다.

콩고 문제에 관해, 걸리온은 UN사무총장 다그 함마르셸드Dag Hammarskjold가 안건을 제시하고 케네디가 지지한 UN의 정책을 대변하기도 했다. 케네디와 걸리온은 콩고를 독립시켜야 한다는 함마르셸드의 생각에 동조했다. 하지만 이는 국가를 분할해서 풍부한 자원을 갈취하려는 다국적 기업들에게는 방해가 되었다. 결국 케네디가 암살되자 기업들은 주변국과 공모하여 콩고를 통제할 수 있었다. 함마르셸드를 비롯해, 생전의 케네디는 UN과 함께 콩고가 독립국가로 발전될 수 있도록 힘썼다.

케네디가 암살된 지 17년 후, 걸리온은 "대통령은 콩고에서 UN의 역할을 지지하면서 엄청난 위험을 감수했다"고 말했다. 그리고 그 위험은 곧 정부 내부로부터 시작되었다. 케네디는 1961년 9월과 1962년 12월, 콩고에서 미군이 직접 개입할 것을 요구하는 국무부와 군 참모진의 제안을 거절했다. 케네디는 피그스 만과 라오스, 베트남에서 그러했듯이, 미군의 개입으로 함정에 빠질까 봐 두려워했다. 하지만 케네디의 콩고 정책은 CIA에 의해 뒤집어졌다. CIA는 벨지안의 채광 수익을 높이기 위해 카탕가에서 콩고의 독립을 지지하는 정권을 무장시켰다. 리처드 마호니는 "CIA의 이러한 행동은 지극히 미국 정책에 어긋난 것으로, UN

안전보장이사회의 결의를 위반한 것이었다"라고 썼다. 걸리온에 의해 시행된 케네디의 정책은 UN 평화유지 활동을 지지하는 것이었다. 대통령은 종종 UN 대사 아들라이 스티븐슨Adlai Stevenson의 말을 인용했는데, 그는 콩고에서 냉전을 몰아내는 유일한 방법은 콩고에 UN군을 유지하는 것이라고 말했다. 그러나 CIA는 콩고에 냉전의 그림자가 걷혀지기를 원치 않았다.

1963년 여름, 이미 콩고에서 그러했듯이 에드먼드 걸리온은 반식민지주의 외교를 베트남에서도 시행할 것이라 약속했다. 하지만 이는 특정 계층에게 위협이 되었고, 국무부장관인 딘 러스크는 걸리온의 베트남 후임대사 임명을 반대했다. 이에 따라 케네디는 걸리온 대신 매사추세츠부터 그의 정적이었던 헨리 로지Henry Cabot Lodge를 대사로 임명했다.

러스크는 저명한 공화당원을 대사로 임명할 경우, 전쟁을 지지하는 공화당원의 요구를 어느 정도 통제할 수 있을 것이라고 말했고, 이런 의견에 케네디도 동의했다. 그러나 걸리온을 포기하고 공화당원인 로지를 선택한 것은 신뢰할 만한 친구와 약속을 깬 것인 동시에 정치권력에 굴복한 것이었다.

1952년 케네디는 헨리 로지를 제치고 상원에 선출되었는데, 그 당시 헨리 로지는 매우 인기가 높은 재임 상원의원이었다. 로지는 1953년에서 1960년까지 아이젠하워 정부 시절 UN 대사로 있었는데, UN의 반대에도 불구하고 앨런 덜레스Allen Dulles가 이끄는 CIA를 지지하여, 이란과 과테말라의 쿠데타를 종용하기도 했다.

1960년 케네디가 대통령 선거에서 닉슨을 이겼을 때, 닉슨의 부통령 후보였던 로지 역시 또 다시 케네디에게 패하게 되었다. 그 때 로지는 언론계의 반(反) 케네디 거물인 헨리 루스Henry Luce를 국제외교 자문위원으로 고용했다. 그 이후에도 매사추세츠의 양대 명문가인 피츠제럴드(케네디 가) 가와 캐벗 로지 가 사이의 권력 다툼은 계속되었다. 1962년 테드 케네디Ted Kennedy 역시 캐벗 로지를 이기고 상원 활동을 시작했다. 케네디 임기 중에 치러진 중간 선거에서는, 케네디의 막내 동생이 캐벗 로지의 35살 난 아들인 조지 로지를 패배시켰다.

10년 동안, 헨리 로지와 그의 아들은 선거에서 케네디와 케네디 동생을 패배시키려고 노력했으나 실패했다. 로지는 케네디 사람이 될 수 없었다. 그런데 흥미롭게도 1963년 로지는 베트남 대사가 되고 싶다는 뜻을 워싱턴에 전했다. 왜 로지는 자신이 그렇게 적으로 간주하던 나라의 대사가 되려고 했을까?

헨리 로지는 미 육군 소장으로, 1963년 1월 한 달간 베트남 작전에 관한 브리핑을 했다. 〈베트남에서의 로지Lodge in Vietnam〉를 집필하기 위해 로지의 사적인 부분들까지 조사했던 작가 앤 블레어Ann Blair는 로지가 펜타곤에서 근무할 때, 베트남 대사가 되려고 공공연하게 떠벌리고 다녔다고 말했다. 또한 블레어는 로지의 비밀문서를 통해 1964년 말 대선에 출마하기 위한 과정으로서 베트남 대사가 되기를 원하고 있었다는 것을 알아냈다. 로지의 특별 보좌관인 존 마이클 던과 베트남에서 같이 지냈던 몇몇의 동료들도 블레어에게 이렇게 말했다. "그는 공화당의 지지를 얻어내기 위해 베트남 대사직을 수락했던 것이다." 헨리 로지는 이런 방식으로 자신의 오랜 숙적인 케네디에게 자신이 백악관을 대신할 수 있음을 보여주려고 했다.

로버트는 형에게 로지를 임명한 것은 큰 실수였고, 로지에게 대통령이 될 가능성을 심어준 것이며, 6개월 후에는 많은 어려움에 직면하게 될 것이라고 경고했다. 로버트 케네디가 로지에 대해 지나치게 우려하는 경향이 있기는 했지만, 로지가 베트남에 도착함과 동시에 케네디와 로지 사이에서는 갈등이 시작되었다.

케네디는 보좌관 케니 오도넬과 데이비드 파워에게 이미 자기 주위를 맴돌고 있는 상어 떼에 한 마리를 더 추가한 것뿐이라고 농담을 했다. 그러면서 희망이 없는 베트남에 로지를 대사로 임명함으로써 그를 혼돈 속에 빠뜨리고 싶어 했다. 사실 케네디는 위험을 기꺼이 감수하면서 영향력이 커질 수 있는 자리에 로지를 임명했다. 예상대로 로지는 케네디의 의도대로 움직이지 않았다. 케네디가 로지를 베트남으로 보낸 것은 명백한 실수였다. 케네디는 에드먼드 걸리온을 거부하는 러스크의 반대로 헨리 로지를 대사로 임명했고, 이로써 베트남에 대한 결정적인 권한을 잃게 되었다. 로지가 8월에 사이공에 도착하자, 이곳의 통제력은 케네디가 아닌 오랜 정적인 로지에게로 넘어가게 되었다.

"너무 많이 알았던 사람"의 죽음

우리는 이미 어떻게 오스왈드가 1963년 9월 멕시코시티에서 끊임없이 위장하고 다녔는지를 알고 있다. 그리고 결국 오스왈드는 블랙홀 아래로 사라졌다. 그를 통제하던 CIA의 관계자는 쿠바와 소련, 두 대사관의 방문과 통화하는 과정에서 CIA가 기존에 오스왈드에 대해 알아낸 것보다 더 많은 것을 밝혀낼 수 있었다. 댈러스에서는 오스왈드를 희생양으로 만들 계획으로, 오스왈드로 위장한 익명의 남자가 그를 공산주의 지지자로 포장하기 위해, 위조된 멕시코시티의 위장 신분증을 건네기도 했다.

CIA는 오스왈드가 소련 대사관과의 전화통화 내용을 기록하기도 했는데, 이는 오스왈드가 소련 암살전문가와 소통한 것이 예상된다는 것을 문서로 입증하는 데 사용되었다. 윌리엄 하비가 사용한 코드명 ZR/RIFLE 암살 계획에 다음과 같은 문구가 발견이 되었다. "암살 계획이 소련의 소행이라고 덮어씌울 준비를 해야 한다." 멕시코시티 시나리오 역시 대통령 암살의 책임을 소련과 쿠바에게 뒤집어씌울 계획을 하고 있었다.

그러나 소련은 대통령 암살 음모를 알아차렸고, CIA가 연루되었다는 것도 알고 있었다. 베를린 장벽에서 미국과 소련의 탱크가 대치한 것에서 보았듯이, 흐루시초프와 그의 참모들은 때때로 미군의 정책에 대해 백악관에 있는 미국 총사령관인 케네디보다 더 많은 것을 알고 있었다.

케네디를 암살하려는 음모도 마찬가지였다. 미국 대통령은 전혀 알지 못했지만, 소련은 이미 음모를 감지하고 있었다. 소련은 케네디를 죽이려는 CIA의 음모를 비밀리에 감시만 한 것이 아니었다. 그들은 암살을 방해하려 했고, 함께 공존할 수 있다고 생각했던 대통령의 생명을 구하려고 했다. 동시에 희생양이 될 오스왈드가 살해범으로 몰리는 것도 막으려 했다.

케네디 대통령 암살에 대해 가장 자세히 조사한 책들 중 하나인 딕 러셀Dick Russell의 〈너무 많이 알았던 사람The Man Who Knew Too Much〉은 오스왈드를 살해해 케네디 암살의 전모를 은폐하려 했던 소련에 고용된 미국 스파이에 관한 이야기이다. 이 이중간첩은 KGB를 위해 오스왈드를 암살하는 것과, CIA를 위해 케네디 암살에 가담하는 일 사이에서 갈등을 느끼고, 결국 자포자기의 상황에 빠져든다.

'너무 많이 알았던 사람' 중의 하나인 리처드 나겔Richard Case Nagell은 1963년 9월 20일에 앨패소에 있는 은행으로 들어가 조용히 은행 천장 바로 아래 석고 벽을 향해 콜트 45구경 권총으로 두 발을 발사했다. 그런 다음 밖으로 나가 경찰이 체포하러 올 때까지 차에서 기다렸다. FBI에게 심문당할 때 나겔은 오직 하나의 진술만 했다. "살인이나 반역을 저지르느니 차라리 체포되고 싶습니다."

리처드 나겔은 1955년에서 1959년까지 미 육군정보장교였다. 그는 첩보작전 부대Field Operations Intelligence(FOI)에 배치되었는데, 후에 이를 'CIA의 진정한 목적을 숨기기 위해 만들어진 CIA 정책과 활동의 은밀한 연장선'이라고 묘사했다. 나겔은 일본에 있는 극동본부Far East Headquarters에서 FOI 교육을 받을 때, "암살에 사용되는 단순한 무기부터 복잡한 무기를 다루는 데 익숙해졌다"라고 말했다. 또한 "FOI 임무를 수행할 때 만약 체포되거나, 살해되거나, 타협할 일이 벌어지더라도 육군본부는 그럴듯하게 둘러대며 이런 일에 대해서 전혀 알지 못하고 관련이 없다고 은폐할 것"이라는 충고를 받았다.

나겔은 일본에 머물 때인 50년대 말에 KGB들과 연락을 담당하는 이중간첩으로 활동을 시작했다. 도쿄에서 나겔은 첩보원 오스왈드의 루트와 연결되어 있었다. 둘 다 암호명 '히델Hidell'로 첩보활동을 했는데, 이후 오스왈드는 이 암호명을 '알렉 히델Alek James Hidell'이라는 가명으로 사용했다. 나겔의 전기 작가인 딕 러셀은 사실상 오스왈드에게 '히델'이라는 가명을 준 사람이 나겔이었다고 믿는다.

1963년 나겔은 이중간첩 임무를 계속하면서 멕시코시티에 있는 KGB와 접촉했고, 이를 다시 CIA에 보고했다. 이는 CIA의 쿠바 테스크포스팀의 책임자인 데즈먼드 피츠제럴드Desmond FitzGerald의 지휘 하에 이루어진 것이었다. 오스왈드가 소련에서 미국으로 돌아왔을 때, 나겔은 오스왈드를 감시하라는 KGB의 명령을 받았다. 이로 인해 뉴올리언스와 텍사스에서 오스왈드와 두 명의 쿠바 망명자가 접촉을 가지기 시작했다. 그리고 그 곳에서 케네디의 암살 음모 계획을 알게 되었다. 쿠바 망명자단체는 '에인절Angel'이나 '레오폴도Leopoldo'라는 암호명으로 불리게 되었고, 나겔은 딕 러셀에게 에인절과 레오폴도는 멕시코시티와 다른 곳에서 활동하는 CIA의 자금 지원을 받는 집단인 것 같다고"라고 말했다. 그는 그 집단이 알파 66인 것을 확인했다.

알파 66은 CIA 멕시코시티 지국 책임자인 데이비드 필립스David Phillips가 지휘하는 쿠바 망명자들의 불법 무장 단체였다. 1963년 초 필립스는 쿠바 항구에 있는 소련의 선박들을 공격하기 위해 알파 66을 파견했다. 이 도발적인 습격의 목적은 케네디가 쿠바를 침공할 수 있도록 분쟁을 일으키는 것이었다. 그러나 케네디는 CIA가 지원하는 이 기습 공격을 강력히 제지하도록 명령했는데, 이는 CIA와 쿠바 망명자 사회 모두에게 적대감을 불러 일으켰다. 알파 66은 미국이 쿠바를 침공토록 하지는 못했지만 쿠바인들의 미국 대통령에 대한 증오감에 불을 지폈다. 리처드 나겔이 오스왈드와 미팅을 할 때 언급을 한 내용을 보면, 에인절과 레오폴도의 정체를 알 수 있었다.

1963년 가을, KGB는 나겔을 시켜 오스왈드에게 암살 음모의 희생양으로 지명되었다는 것을 알려주도록 지시했다. 그리고 만약 그가 원한다면 멕시코시티에서 그를 살해된 것처럼 꾸민 후에 거주지를 정해놓았으니 해외로 떠나도록 종용하도록 했다. 그래도 말을 듣지 않으면 죽이라고 지시했다. 소련은 시나리오 상 희생양이 될 암살범을 제거함으로써 케네디를 구하고, 그들 자신 역시 음모론의 희생양이 되는 것을 막고자 했다.

나겔이 딕 러셀에게 말했다. "만약 누군가가 암살을 막기를 원한다면, 그것은 KGB여야 했습니다. 그러나 그들은 어떻게 된 일인지 그것을 전혀 이행하지 않았습니다." 나겔은 뉴올리언스에서 오스왈드를 만났다. 그는 오스왈드에게 레오폴도와 에인절이 그를 속이고 있다고 경고했다. 오스왈드는 얼버무리며 암살 음모를 중지해야 한다는 나겔의 호소에 묵묵부답이었다.

그 때 나겔은 데즈먼드 피츠제럴드 지휘 하에 있는 CIA 동료들과 연락이 끊겼다. 그는 KGB의 명령에 따라 오스왈드를 죽이는 대신, 임박한 대통령의 암살에 대한 경고의 내용을 적어 9월 17일 FBI 국장 에드거 후버에게 등기로 발송했다. 몇 년 뒤 나겔이 그 편지에 대해 말하기를, "나는 1963년 9월 17일에 FBI 국장과 다른 사람들(CIA로 추정)에게 오스왈드와 그의 쿠바인 동료들이 미국의 대통령 암살을 계획하고 있음을 알렸습니다"라고 했다. 또한 그 편지에 "1963년 9월에 오스왈드를 '돌보라'는, 다시 말해 그를 죽이라는 지시를 받았다"고 분명히 명시했다고 말했다.

나겔이 후버에게 보낸 편지에 케네디의 암살 시기가 9월 후반부, "아마 9월 26일, 27일, 28일, 또는 29일"에 일어날 것이고, 장소는 워싱턴이라고 명시된 것은 주목할 만하다. 암살 음모에 대해 9월 중순으로 알고 있었던 것으로 볼 때, 나겔은 케네디가 실제 댈러스에서 살해된 두 달 전 즈음에 워싱턴에서 살해될 것이라고 생각했던 것이다.

나겔이 후버에게 편지를 보내기 2주 전, 오스왈드는 이미 비슷한 시간과 일정에 맞춰 준비하고 있었다. 1963년 9월 1일, 오스왈드는 뉴욕에 있는 공산당에게 다음과 같이 썼다. "제가 10월에 이전할 볼티모어 워싱턴 지역에 있는 당과 어떻게 연락할 수 있는지 알려주십시오."

또한 9월 1일에 오스왈드는 뉴욕에 있는 사회주의 노동당에게도 다음과 같이 썼다. "워싱턴 D.C. 볼티모어 지역에 있는 사회주의 노동당 대변인과 어떻게 직접적으로 연락을 할 수 있는지 알려주십시오."

나겔과 오스왈드가 암살이 일어나기 전에 보낸 편지들을 보면 동시에 워싱턴 D.C.를 주목했고, 시간대도 거의 같다. 나겔은 '아마도' 9월 26~29일에, 그리고 오스왈드는 '10월'에 '워싱턴 볼티모어' 지역으로 예측했다. 그러나 그들의 편지는 어긋났다. 공산당과 사회주의 노동당에 보낸 편지는 오스왈드가 나중에 그를 워싱턴 D.C.에서 공산주의 세력의 암살범으로 보이도록 증거를 제공한 셈이 되었고, 나겔 역시 후버에게 보낸 편지를 통해 같은 상황에 처해질 수도 있는 증거를 만들어준 셈이었다.

나겔은 암살 음모와 관련된 어떠한 역할도 하지 않기로 결심했다. 그래서 1963년 9월 20일에 앨패소에 있는 은행에서 사건을 일으키고, '살인이나 반역을 하느니 차라리 연방 구치소에 수감되는 쪽을 택했다. 그는 무장 강도로 유죄 선고를 받아 4년 6개월 간 교도소에서 복역했다.

앨패소의 은행에서 벌어진 총기 난사 사건은 FBI가 나겔을 주목하게끔 하기에 충분했다. CIA의 대통령 암살 계획에 대해 알고 있었던 나겔이 앨패소의 한 은행에서 '총기난사'라는 극적이지만 완곡한 방법으로 음모의 노리개가 되는 것을 거부하겠다는 의사를 CIA와 FBI에 공식적으로 밝힌 것이다. 나겔이 후버에게 분 휘슬이 케네디를 죽음에서 구하지는 못했지만 적어도 두 달의 삶을 벌어 줄 수 있었다.

반면 오스왈드는 케네디를 암살하기 위해 10월에 워싱턴 D.C. 볼티모어 지역'으로 이동하도록 되어 있었다. 나겔이 앨패소에서 체포된 후, 오스왈드는 다시 댈러스로 향했다. 10월 말, 댈러스에 있던 오스왈드는 뉴욕에 있는 공산당의 정보책임자인 아놀드 존슨Arnold Johnson에게 다음과 같이 편지를 보냈다. "9월에 제가 뉴올리언스에서 워싱턴 D.C. 볼티모어 지역으로 옮길 것이라고 말했었습니다만 개인적인 계획이 변경되어 당분간 댈러스에 머무르게 되었습니다."

오스왈드는 계속해서 존슨에게 편지를 썼다. 존슨에게 그가 댈러스에서 미국시민자유연맹ACLU에 참가했다고 보고했고, 공산당과 ACLU 모두에 연관될 수 있도록 어떻게 '진보적인 기질을 고취시킬 수 있는지'에 대해 공산주의자의 충고를 구하기도 했다.

1967년 미주리 주 스프링필드의 연방교도소에 복역 중인 리처드 나겔은 뉴올리언스 지방검사인 짐 개리슨Jim Garrison에게 연락했다. 나겔은 개리슨에게 케네디 암살 음모의 증거가 되는 녹음된 테이프를 넘기겠다고 제안했다. 그는 "1963년 8월 말에 케네디 암살 음모에 관련되었던 세 명과의 미팅을 비밀스럽게 녹음했다"고 말했다.

테이프에 녹음된 세 명의 목소리의 주인공은 오스왈드, 에인절, 그리고 '아카차'였다. 여기서 '아카차'는 1962년 뉴올리언스에서 텍사스로 이동하기 전에 가이 배니스터Guy Banister와 친밀하게 일했던 쿠바망명자 지도자인 세르지오 아카차 스미스Sergio Arcacha Smith인 것 같았다.

그러나 개리슨의 직원들과 중개인인 윌리엄 마틴William R. Martin이 CIA 요원이었다는 말을 듣고 그 제안을 철회했다. 훗날 개리슨이 결론지었듯, 나겔은 마틴이 아직 CIA와 제휴하고 있을 것이라고 의심했다.

1968년 감옥에서 석방된 후 수십 년 동안, 나겔은 딕 러셀과 버나드 펜스터월드Bernard Fensterwald와 같은 몇몇의 조사관들과 인터뷰를 했다. 그러나 그가 가지고 있는 가장 치명적인 증거는 폭로하지 않았다. 그가 이미 폭로한 것 이상의 비밀을 폭로했을 때, 그의 두 아이들에게 미칠 결과가 두려웠기 때문이었다. 나겔과 이야기를 나누고 그의 이야기를 조사한 후, 짐 개리슨은 다음과 같이 결론지었다. "리처드 나겔은 가장 중요한 목격자임이 분명하다."

1990년, 리처드 나겔은 60년대 말 세 번의 살해 위협에서 살아남은 후, 침묵을 지키는 대신 군과 타협했다는 사실을 인정했다. 그러나 그 타협은 사실상 부질없는 것이었다. 타협 중개인은 나겔의 자아가 너무 강해서 침묵을 지키지 못할 것이라는 것을 알아차렸다.

1963년 미국의 이중간첩이었던, 나겔은 심각한 냉전세계의 딜레마에 빠졌다. 그는 CIA 방첩요원으로 미국과 멕시코에서 KGB와 함께 일했다. 그러나 KGB로부터 오스왈드를 감시하라는 임무를 부여받은 후 케네디를 죽이려는 CIA 음모에 연루되었다. 또한 희생양이 될 오스왈드와 함께 그 일을 수행할 사람이 되어가고 있었다. 그 중요한 시점에 CIA는 그를 암살 음모에 동참하여 "살인과 반역을 저지르는" 냉혹한 현실로 내몰고는, 그와 연락을 끊어버린 것이다. 만약 나겔이 소련의 명령에 따라 CIA의 하수인인 오스왈드를 살해하고 케네디의 죽음을 막았다면, 이는 CIA의 내부 관점에서 볼 때 미국 정보원들이 소련의 명령에 따라 "살인과 반역을 저지르는" 것이었을 것이다. 나겔은 이 딜레마에서 벗어날 가장 안전한 곳은 감옥이라고 생각했다. 그러나 감옥에 갇히기 전, 에드거 후버에게 등기 편지를 보내 암살 음모를 막고자 노력했다. 그러나 FBI는 암살에 대해 전혀 알지 못했고, 나겔의 편지에 대해서도 전혀 알지 못한다고 주장했다.

1995년 10월 31일에 암살기록검토위원회Assassinations Records Review Board(ARRB)는 나겔에게 케네디 대통령 암살 음모와 관련된 문서를 보고 싶다고 편지를 보냈다. 또한 ARRB는 나겔에게 증언 선서를 요청했다. 그리하여 진실의 순간이 오기를 바랐다. 딕 러셀은 나겔이 "만약 국가기관이 그를 진심으로 대한다면, 아마도 협조했을 텐데…"라고 언급한 것처럼 이러한 상황이 오리라는 것을 짐작했다. 30년 후, 마침내 나겔의 선서 아래 모든 진실이 밝혀질 무대가 마련되었다.

1995년 11월 1일, ARRB가 워싱턴에서 편지를 보낸 이틀 후, 리처드 나겔은 LA에 있는 자택의 욕실에서 죽은 채 발견되었는데, 부검 결과는 그가 심장 마비로 인한 사망으로 밝혀졌다. 그러나 지난 해 마지막 전화 통화에서 나겔은 러셀에게 아주 건강한 상태라고 말했었다. 그의 최측근인 조카딸 또한 그의 건강이 상당히 좋았다고 말했다. 그는 어떠한 심장질환도 가지고 있지 않았다. 그러나 죽기 바로 열흘 전에 사건이 발생했다. 그는 심하게 넘어졌고 이틀 동안 입원을 해야 했는데, 그답지 않게, 조카딸에게 전화를 걸어 이를 알리고, 이웃들에게도 매일 자신을 확인해 달라고 부탁을 했다. 조카딸은 "그가 건강과 안정에 대한 확신을 잃었거나 아니면 무언가를 수상쩍게 생각하게 된 조짐이 있었던 게 분명합니다. 둘 중 하나는 틀림없는 사실일거에요"라고 말했다.

러셀은 LA의 검시관인 게리 켈러먼에게 어떻게 심장 마비가 유도될수 있는지 물었다. 켈러먼은 아무런 증거를 남기지 않으면서 실제로 그런 방법으로 죽이는 것이 가능하다고 말했다. "어떤 화학물질을 사용하는지는 확실하지 않지만, 들은 적이 있습니다. 제가 이해하기로는 그 화학물질이 한번 몸으로 들어가게 되면 사라져 부검을 해도 찾을 수 없게됩니다."

나겔은 조카딸에게 보라색 트렁크를 맡겼는데, 그 안에는 오스왈드와 에인절, 아카차와의 미팅을 비밀스럽게 녹음한 테이프를 포함하여 그가 결정적인 진실이라고 말하는 것들, 즉 '모든 사람들이 입수하려고 노력하고 있는 것들'이 들어 있었다. 나겔의 아들, 로버트 나겔은 아버지가 죽은 후 아버지의 집에서 애리조나 주 투산에 있는 보관장소의 주소를 발견했다. 로버트는 즉시 그곳으로 향했고, 아버지가 보관하고 있었다는 트렁크를 찾았다. 하지만 거기에는 오직 가족과 관련된 것들만 있을 뿐이었고, 보라색 트렁크는 사라진 뒤였다.

로버트 나겔이 투산으로 향했던 바로 그 시각에, 캘리포니아의 그의 집은 누군가의 침입으로 인해 엉망진창이 되고 말았다. 죽은 뒤에도 나겔이 밝히고자 했던 진실이 한때 동고동락했던 비밀첩보원들의 안위를 위협하는 것으로 보였던 것 같다. 한번은 나겔이 친구와 전기 작가 딕 러셀에게 무뚝뚝하고 실의에 찬 어조로 케네디의 암살을 막지 못한 것에 대해 반성하듯 다음과 같이 말했었다.

"사실은 이것에 대해 많이 생각하지는 않습니다. 그러나 때때로 생각이 나면 잠을 잘 수가 없습니다. 내가 생각한 것을 실행할 수만 있었다면, 일이 다르게 진행되었을 수도 있었을 텐데…. 나는 9월에 진퇴양난에 빠져 무엇을 해야 할지 몰랐습니다. 내가 무엇을 할 수 있었겠습니까? 빌어먹을, 아무것도 할 수 없었습니다."

나겔은 CIA 이중간첩으로 오스왈드와 일하는 동안, 케네디 암살 음모에 적극적으로 동참했었다. 비록 그 없이도 암살은 진행되었지만, 그는 그 사악한 음모에 거세게 저항했다. 나겔은 살인과 속임수가 난무하는 지옥 속에서도 여전히 진실을 추구할 수 있다는 것을 보여준 것이다.

세 명의 낯선 남자

1963년 9월 마지막 주 이른 저녁, 세 명의 낯선 남자가 댈러스에 사는 26살의 쿠바 이민자를 찾아왔다. 동생들을 돌보고 있었던 실비아의 17살 난 여동생 애니가 문을 열었다. 그들은 오디오가족의 맏딸을 찾았다. 애니는 저녁 먹으러 나갈 참이었던 실비아를 부르러 갔다. 애니는 그들과 고작 1~2분, 실비아는 약 20분 정도 대화를 나누었을 뿐인데도 불구하고 그녀들은 모두 그 사람들을 오래토록 기억했다.

그들 중 두 명은 라틴계 사람처럼 보였고 스페인어로 빠르게 말했다. 그들은 마치 쿠바 망명자인 것처럼 행동했다. 목소리가 크고 키가 큰 남자의 이름이 '레오폴도'였고, 실비아는 키가 좀 더 작고 안경을 낀 다부져 보이는 사람의 이름을 '안젤로' 또는 '에인절'이었던 것으로 기억했다. 미국인으로 추정되는 세 번째 남자는 거의 말을 하지 않는데, 실비아는 그가 스페인어를 구사할 줄 모른다고 생각했다. 그러나 아무 말 없이 그녀의 집 앞에 서 있던 이 세 번째 남자는 훗날 그녀에게 엄청난 충격을 던져주었다. '레온 오스왈드Leon Oswald'로 소개되었던 그가 워런 위원회에서 증언할 때 케네디 대통령의 죽음과 관련이 있는 댈러스에 있는 그 사람이라는 것을 알게 되었다.

레오폴도와 에인절(망명자단체의 암호명)은 실비아에게 그들은 반(反) 카스트로 단체인 쿠바혁명위원회Junta Revolucionaria Cubana(JURE)의 일원들이며, 쿠바 감옥에 갇혀 있는 그녀의 아버지인 아마도르 오디오Amador Odio와 매우 친한 친구라고 했다. 또한 그녀의 아버지가 함께 일했던 JURE의 위원장인 마놀로 레이도 잘 안다고 했다. 실비아는 감옥에 갇힌 아버지를 잘 아는 이 낯선 사람들의 등장이 몹시 불편했다.

아마도르 오디오와 그의 부인 사라는 30년대 이후 쿠바의 독재에 대항하여 적극적으로 싸웠다. 쿠바의 가장 큰 트럭 운송회사의 소유주인 아마도르는 풀헨시오 바티스타Fulgencio Batista의 군사독재정권에 대항하여 투쟁하는 피델 카스트로의 중요한 초창기 협력자였다. 아마도르는 시에라 마에스트라Serra Maestra 산에 있는 카스트로의 혁명군에게 무기와 의약품을 운송해 주었다. 카스트로가 바티스타에게 승리한 이후, 아마도르와 사라는 카스트로를 독재자로 보기 시작했다. 아마도르가 말했듯, 그들은 "카스트로가 혁명을 배신했다"고 생각했다. 그래서 오디오 부부는 다시 쿠바 정부에 대항하는 총포화약의 밀수입 작전에 참여했고, 1961년 10월에 그들의 사유지에 무기를 저장해두고 카스트로를 암살하려고한 사람에게 은신처를 제공했다는 이유로 체포되었다. 그들은 8년 동안 투옥됐다. 쿠바 정부는 아바나Havana 외부에 있는 그들의 사유지를 몰수해서 여자 교도소로 만들었다. 사라는 그들의 옛날 집에 감금되었고, 아마도르는 파인즈 섬Isle of Pines에 수감되었다. 친구들이 재빨리 그들의 10명의 아이들을 미국으로 내보냈다. 맏딸인 실비아가 24살이 되었을 때, 그녀는 부모님을 대신하게 되었다.

1963년 가을까지, 부모님은 쿠바의 감옥에 있었고, 두 남동생은 댈러스의 고아원에 있었다. 그리고 나머지 가족들은 뿔뿔이 흩어졌다. 이혼한 실비아 오디오는 그녀의 네 명의 아이들과 가족들, 그리고 그녀의 삶을 유지하기 위해 고군분투했다. 일 년 동안 몇 번이나 기절했다가 깨어났고, 한 번 기절하면 몇 시간씩 의식을 잃었다. 그래서 댈러스에 있는 정신과 의사에게 도움을 요청하기도 했다. 부모님에 이어 그녀도 또한 JURE 활동가가 되었다. 그녀는 JURE를 위한 자금을 모으기 위해서 열심히 일했다. 그리고 그녀는 카스트로의 적이 되었다. 극단적인 맥락에서 볼 때, 그들은 댈러스 망명자 사회에서 아웃사이더가 되는 동시에 CIA에서는 골칫거리가 되었다. 대부분의 반(反) 카스트로 조직원들과 JURE는 JURE를 '카스트로가 없는 카스트로주의Fidelism'로 여겼다. 반(反) 카스트로 조직원들은 JURE의 민주적 사회주의가 적(카스트로 정부)과 공통점이 너무 많다고 여겨졌다.

피그스 만 습격을 주도한 CIA에서는 최근 사임한 카스트로의 공공사업부장관Minister of Public Works이었던 JURE의 창시자 마놀로 레이가 쿠바 간첩이거나 적어도 카스트로의 동료라고 의심했다. 피그스 만 기습을 주도했던 CIA의 하워드 헌트Howard Hunt는 "레이는 CIA가 충성심을 의심한 유일한 쿠바 망명자단체의 지도자였다고 말했다. 레이는 —침공 동안에 CIA 기지에 가택 연금되는— 격리 조치를 받았는데, 이는 그가 적과 내통

하지 못하게 하기 위해서였다.

레이는 이 일이 있기 전 CIA가 한 행위에 대해 비판했다. 피그스 만에 대한 정보원의 추후 일급비밀 내부 문서는 "기습공격을 절대 찬성하지 않았던" 레이가 기습실패 후, "내가 그럴 것이라 했지 않소"라고 모든 신문에 말했다는 것을 신랄하게 언급하고 있다.

아마도 CIA 입장에서, 레이의 가장 큰 죄는 그가 케네디와 로버트 케네디, 쿠바행동주의자들에게 호의적이었던 것이다. 망명자 사회와 CIA로부터 그를 멀어지게 한 좌파적 신념 때문에 케네디는 간첩혐의를 기각하고 레이를 망명자단체 지도자 집단에 포함시키도록 했다. 케네디가 ─카스트로에게 전달하기 위해─ 프랑스 기자 장 다니엘Jean Daniel에게 말했듯이, 대통령은 쿠바 혁명의 기본적인 이념에 동의했다. 즉, 마놀라 레이, 오디오 가족, 그리고 JURE와 같은 입장이었다. 레이는 '카스트로가 없는 카스트로주의'에 대한 대답으로, 다음과 같이 말했다.

"저는 좌파가 된다는 것이 무엇을 의미하는지 모릅니다. 만약 그것이 모든 인민들을 지지하는 것이고 인민들의 복지를 위하는 것을 의미한다면, 네, 저는 좌파입니다."

이 언급에 대해 하워드 헌트는 "피델 카스트로조차 이것보다 더 잘 표현하지는 못했을 것이다"고 말했다. 1963년 7월 CIA의 공문에 인용되었듯, 케네디의 동맹이 되려는 망명자들 사이에서 레이의 지나친 방어는 일을 악화시키기만 했다. 짐작컨대, 그는 반(反) 케네디 쿠바인들에게 CIA 요원들이 케네디 정부보다 더 위험하다고 말했던 듯하다. 그리고

"케네디 정부는 끝나지만 CIA는 항상 머물 것이고, 그들의 기억은 코끼리의 기억보다 더 길게 유지될 것이며, 그들은 결코 잊거나 용서할 수 없을 것이다"라고 덧붙이면서 더 깊은 수렁으로 뛰어들었다.

CIA 정보망은 1963년 9월과 10월, 레이가 법무부장관 로버트 케네디와 쿠바 상황에 대해 상의하고 있음을 포착했고, 바로 그 시각 케네디와 로버트 케네디가 피델 카스트로에게 접근할 방법을 모색하고 있다는 것을 알아냈다. '카스트로주의자로 의심되고 케네디 동맹'으로 확인된 마놀라 레이와 '카스트로 없는 카스트로주의'인 JURE 그리고 CIA의 긴장 상태로 말미암아 '망명자단체'의 레오폴도와 에인절, 그리고 가장 주목할 만한 친구인 레온 오스왈드는 JURE 행동가인 실비아 오디오를 방문하게 된 것이다.

CIA는 마놀라 레이와 JURE가 국가안보에 위험이 되는 대통령과 너무 가깝게 연관되어 있다고 생각했다. 결국 CIA는 의도대로 실비아 오디오의 집 앞에서 이루어졌던 그 만남으로 인해 케네디 암살범을 만들기 위한 시나리오의 막을 올렸다. 아르도르 오디오에 대해 호의적으로 말하던 레오폴도와 에인절이 그를 소개할 때, 실비아는 수상쩍은 생각이 들었다.

레오폴도는 "우리는 당신이 이 미국인을 만나줬으면 합니다. 그의 이름은 레온 오스왈드입니다." 대화 중에 그는 오스왈드의 이름을 반복했고, 오스왈드가 "쿠바의 정치운동에 매우 관심이 있다"고 말했다.

실비아는 그 미국인을 생생하게 기억했다. 그는 스스로 자신의 이름이 레온 오스왈드라고 말했다. 나중에 실비아가 그녀의 집 앞에서의 광경을 떠올려 보면, 오스왈드가 마치 연결 통로 안에 있듯이 그녀에게서 3

피트도 안 되게 떨어진 곳에서 두 쿠바인들 사이에 서 있었다. 레오폴도가 매우 빨리 말하는 동안, 오스왈드는 머리 위 밝은 전등 빛을 얼굴에 받으며 대부분의 시간 동안 그저 미소만 지을 뿐이었다. 그녀는 그가 '독특한 미소'를 지녔었다고 회상했다. 실비아가 기억하기를, 레오폴도는 그들이 뉴올리언스에서 바로 돌아오는 길이라고 했고, 그들은 "마치 긴 여행으로부터 막 도착한 것처럼 피곤하고, 헝클어지고, 면도를 하지 않은 듯 보였다"고 회상했다. 레오폴도는 그들이 또 다른 여행을 떠나려는 참이라고 말했고, 그녀는 그들이 그 여행을 강조하면서 말하고 있음을 느꼈다. 아마도 그들이 그녀의 집을 방문했던 9월 25일은 리 하비 오스왈드가 멕시코시티로 떠나기 전날이었고, 이때 그, 또는 그를 사칭하는 사람은 쿠바와 소련 대사관에서 작전을 수행하고 있었다. 세 남자의 '여행'은 그 시나리오에 딱 들어맞았다.

레오폴도는 실비아를 방문한 목적이 JURE를 위한 자금을 모으는 데 도움을 요청하기 위해서라고 말했다. 과연 그녀가 그들을 위해서 지역 사업가에게 영어로 아주 괜찮은 호소력 짙은 편지를 썼을까? 실비아는 이에 대해 아무 언급도 하지 않았다. 불편한 대화가 끝났을 때, 레오폴도는 그녀에게 다시 연락할 것이라는 인상을 주었다. 창문으로 실비아는 두 쿠바인과 한 미국인 친구가 차에 타고 가는 것을 지켜보았다. 실비아가 이튿날 일을 마치고 집으로 돌아왔을 때, 레오폴도로부터 전화가 왔다.

그는 "그 미국인에 대해 어떻게 생각 하십니까?"라고 물었다.

그녀는 "별 생각이 없습니다"라고 대답했다.

레오폴도는 "우리는 그를 쿠바의 망명자 사회에 소개할 생각입니다.

왜냐하면 그는 훌륭한 사람이며, 반쯤은 쿠바혁명운동에 미쳐 있기 때문입니다. 그는 우리에게 '당신 쿠바인들은' 배알도 없다고 말했습니다. 케네디는 피그스 만 이후 죽었어야 했고, 실질적으로 케네디가 쿠바의 운명을 쥐고 있는 사람이기 때문에 쿠바인들이 죽었어야 했다는 것입니다."

"그리고 그는 '그 일을 하는 것은 매우 쉽다'고 말했습니다." 레오폴도는 오스왈드가 케네디를 죽이는 것이 얼마나 쉬운지에 대해 말한 것을 강조하면서 스페인어로 단언했다. 또 레오폴도는 오스왈드가 해병대 출신이고 전문 킬러이자, 또 아주 공격적인 사람이라고 말했다.

레오폴도는 그가 실비아의 집 앞에서 했던 말, 즉 그와 에인절, 그리고 오스왈드가 여행을 떠날 것이라는 말을 반복했다. 댈러스로 돌아오면, 그녀를 다시 보고 싶다고 했다. 그는 전화를 끊었고, 실비아는 두 번 다시 그에게서 소식을 듣지 못했다.

3일 후 실비아는 감옥에 있는 그녀의 아버지에게 세 명의 낯선 사람들의 방문에 대해 편지를 썼는데, 두 사람이 그들 자신을 아버지의 친구라고 소개했다고 전했다. 실비아의 아버지는 그들 중 어느 누구도 알지 못하고, 다시는 그들과 만나서는 안 된다고 답장했다.

1963년 11월 22일 오후, 실비아는 점심식사를 하고 사무실로 가는 길에 라디오에서 케네디의 암살 소식을 들었다. 라디오에서는 오스왈드에 대해 언급하지 않았지만, 그녀는 즉시 세 남자가 그녀의 아파트를 방문했던 것과 레오폴도가 전화로 레온이 케네디 암살에 대해 했던 말들을 기억했다. 그녀는 극심한 두려움을 느끼며 "레온이 했어. 레온이 했어"라고 중얼거렸다. 직장에 있는 모든 사람들이 집으로 돌아갔을 때, 그녀는 더욱 더 두려움을 느꼈다. 차로 걸어가는 동안, 그녀는 실신해버렸고 깨어났을 때 그녀는 병원에 있었다. 실비아의 여동생 애니가 그날 오후 텔레비전에서 오스왈드를 처음 보았을 때, "세상에, 내가 어디서 본 듯 한데…"라고 생각했다. 어디에서 보았는지 계속해서 생각했다. 애니는 여동생 세리타로부터 실비아가 직장에서 실신해서 지금 병원에 있다는 전화를 받았고, 즉시 병원으로 갔다. 애니는 실비아에게 케네디 대통령 을 죽인 사람을 텔레비전에서 보았는데, 이상하게도 아는 사람 같은데 어디서 보았는지 모르겠다고 말했다. 실비아는 울기 시작했고, 애니에 게 아파트에 왔었던 세 남자를 기억하냐고 물었다. 그러자 애니는 오스 왈드를 그저 보기만 한 것이 아니라 집 앞에서 말도 했었다는 사실을 기 억해냈다.

실비아는 애니에게 레오폴도로부터 전해들은 오스왈드에 대해 말했 다. 애니 또한 매우 두려워졌다. 바로 그때, 실비아는 암살범으로 여겨 지는 사람의 사진을 텔레비전에서 보았고, 오스왈드가 그녀의 집 앞에 서 두 명의 쿠바인들 사이에 서 있던 '레온 오스왈드'라고 확신했다.

실비아와 애니는 자신들의 신변과 흩어져 있는 가족들의 안전이 걱정 되었기 때문에 그들이 아는 사실을 당국에 말하지 않기로 약속했다. 그 러나 그들의 이야기를 들은 한 친구가 FBI에 전달했다. 실비아는 1963 년 12월에 FBI로부터 조사를 받았고, 1964년 7월 말이 되어서야 워런 위 원회에 소환되었다. 워런 위원회는 더 이상 오스왈드의 음모에 대한 증 언을 듣고 싶지 않았다. 리 랜킨J. Lee Rankin은 실비아의 증언을 지지하는 제안서를 작성한 사람들에게 "이 시점에서 우리는 문을 여는 것이 아니 라 닫아야 합니다"라고 말했다.

그러나 오스왈드였든 아니면 문 앞에서 그처럼 보이는 사람이었든, 레오폴도는 전화 통화로 실비아에게 그 방문의 목적을 명확히 했다. 오스왈드는 목적범죄의 희생양으로 만들어져 있었다. 이 사건은 오스왈드를 이용해 특정세력을 배후로 밀고 가려는 계획된 음모임이 분명했다.

오디오 사건을 포함한 암살 시나리오는 여전히 좀 더 포괄적이었다. 오디오 가족과 마놀로 레이의 경우, 쿠바 망명자 사회와 케네디의 동맹국에 혐의를 덮어씌우려는 의도였다. 그들은 두려움에 침묵을 할 수밖에 없었고, 실비아도 비슷한 이유로 침묵할 수밖에 없었다. 그러나 그녀 앞에 놓인 양심의 문제에 직면했을 때, 실비아는 진실에 대해 증언했다.

베트남 대사 로지의 계략

1963년 가을에 오스왈드가 댈러스로 돌아갈 때 즈음, 케네디는 베트남에서 철수를 감행하려고 했다. 그러나 곧 군 수뇌부의 반발이 있었고, 베트남 정부에 대항한 쿠데타를 섣부르게 지지한 것 때문에도 큰 반대에 부딪혔다. 여름 초, 케네디는 베트남에 대한 토론에서 군과 CIA의 수뇌부들을 참석하지 못하도록 했다. 이 중요한 사실이 몇 년 뒤 국방부 차관 윌리엄 번디William P. Bundy의 출판되지 않은 원고에서 밝혀졌다. 번디에 따르면, 케네디의 임기 마지막 여름 초에 국무부와 백악관에서 국방부, 합참, CIA의 대표들을 제외한 채 오직 몇몇의 참모들과 베트남에 대해 상의했다. 그러나 이것은 놀라운 일이 아니었다.

케네디와 냉전세력과의 어긋난 관계는 케네디가 논란이 되는 주제에 대해 혼자 스스로 생각하거나 아니면 이따금씩 아주 가까운 친구들과만 이야기하는 정도였기 때문이다. 펜타곤과 CIA를 베트남이라는 고리 밖으로 머물러 있게 했지만, 그들을 속일 수는 없었다. 그들은 케네디가 베트남에서의 철수를 계획하고 있다는 것을 알았다. 베트남에 대해 펜타곤과 CIA를 제외한 것 이외에, 바로 같은 시각인 1963년 초여름에 케네디는 또한 아메리카대학 연설과 핵실험 금지 조약을 위한 회담에서도 그들을 제외시켰다. 이유는 간단했다. 케네디는 군 수뇌부들이 냉전을 끝내려는 그의 노력을 반대할 것을 알았던 것이다. 그들은 전쟁을 원했다.

펜타곤의 합참는 베트남 철수 계획에 대해 늑장을 부리고 있었다. 참모들은 불교 위기를 이유로 대며, 1963년 말까지 1천 명의 미군을 철수시키기 위해서 구체적인 계획이 준비되어야 한다는 맥나마라의 5월 명령을 더 이상 이행하지 않으려 했다.

8월 20일에 군 참모들은 맥나마라에게 "베트남 정부에서 정치적, 종교적 긴장이 완화될 때까지 미군이 철수해서는 안 됩니다"라고 말했다. 그러나 케네디와 맥나마라는 절차에 속력을 가했다. 철수 결정은 사실상 10월 초에 이루어졌다. 심지어 케네디가 베트남에 대해 함께 상의하기 위해 선별된 몇 명의 국무부 각료들도 그에게 큰 도움이 되지는 못했다. 8월 말, 모스크바에서 핵실험 금지 조약 협상을 성공적으로 마치고 돌아온 애버렐 해리먼Averell Harriman과 현재 베트남 문제를 담당하고 있는 로저 힐스먼Roger Hilsman은 디엠에 대항하는 쿠데타 세력을 지지하는 미국의 입장에 동참했다. 케네디가 하이애니스 항Hyannis Port에 머물렀던 주말인 8월 24일, 해리먼과 케네디의 보좌관 마이클 포레스탈Michael Forrestal, 힐스먼은 새로 임명된 베트남 대사인 헨리 로지에게 보낼 긴급 전보를 작성했다. 그 전보에는 만약 디엠이 그의 동생인 누Nhu와 누의 부인을 내쫓지 않는다면, 미국이 베트남 장군들이 준비하고 있는 쿠데타를 승인한다는 내용이 있었다.

고 딘 누는 곧 베트남 정부의 편중된 권력을 의미했다. 그의 부인이 불교 탄압을 오히려 종용하고, 그가 불교도들을 폭력적으로 다루는 것에 대해 베트남 국민들과 미국 여론은 격노했다. 장군들은 바로 쿠데타를 일으킬 수 있다는 가능성을 보여주기 위해 미국 국무부에 "우리는 디엠에게 고 딘 누 부부를 제거할 명분과 기회를 주고 싶습니다. 하지만 만약 그가 더 이상 고집을 부린다면, 디엠을 지지할 수 없다는 것을 분명히 할 것입니다"라고 전보를 보냈다.

워싱턴에서 포레스탈은 케네디에게 이미 모든 참모들이 그 전보 내용에 대해 지지를 하고 있으니, 대통령 역시 뜻을 같이해 주기를 강력히 권고했다. 케네디는 이를 받아들일 수밖에 없었다. (후에 사실 모든 참모들이 지지한 것은 아니었던 것으로 판명되었다.) 이로써 장군들은 일단 쿠데타를 철회하기는 했지만, 케네디에게는 후회할 만한 결정이 되었다. 결코 되돌릴 수 없는 그 성급한 결정으로 인해, 케네디 정부가 '디엠에게 누 부부를 제거할 합당한 명분을 주고, 쿠데타에 대해 조건부 지지를 했다는 불명예스러운 기록을 남기게 되었다. 로지는 베트남으로 오기 전, 어떻게 디엠을 처리해야 하는지에 대해서 〈타임〉지의 오랜 친구인 헨리 루스와 상의했다. 루스가 베트남 일을 처리하는 데 있어 많은 도움을 줄 것이라 생각한 그에게 케네디에 대한 충성심이란 전혀 찾아 볼 수 없었다.

로지는 적진에 있었다. 무엇보다도 헨리 루스는 오랫동안 CIA와 긴밀한 관계를 유지하고 있었다. 그레이엄 그린이 지적했듯이, 1952년 사이 공에서 있었던 CIA가 꾸민 테러리스트 폭파 사건에 대해 '베트민 공산 당원Viet Minh Communists을 희생자로 만들기 위해 같이 모의했던 자가 바로 〈라이프〉지에서 일하던 루스였다. CIA와 우호적인 관계를 유지한 것 이외에도, 헨리 루스는 케네디에게는 적이었다.

1962년 철강 위기에 이어, 루스의 〈포춘〉지는 미국 기업경영진들을 대신하여 '4월 15일'을 조심하라고 대통령에게 암시적으로 경고했었다. 〈포춘〉지 사설은 케네디 정부에 대항해 전쟁을 선포하는 공동 선언문이었고, 대통령 개인에게 가해지는 위협이기도 했다. 헨리 루스와 그의 미디어 제국은 케네디를 멈추게 하려는 기업과 군부, 정보기관의 권력을 전형적으로 보여주었다. 로지가 케네디의 대사로서 어떻게 행동해야 할지를 헨리 루스와 상의한 것은 대통령을 괴롭힐 방법을 묻고 있는 것이나 다름없었다.

루스는 로지에게 찰스 모어Charles Mohr가 쓴 베트남에 대한 〈타임〉지 기사를 읽어보라고 권했다. 로지는 전 베트남 대사였던 프레드릭 놀팅이 디엠과 맞서기에는 '너무 나약했다'는 모어의 논평에 특히 깊은 인상을 받았다. 모어는 "두 나라는 십대들처럼 정면충돌을 원하는 '치킨게임'을 하고 있는 것 같다…. 문제는 서로 달려오는 차 안에서 디엠이 먼저 핸들을 틀기 전에 미국이 먼저 핸들을 틀어버렸다는 것이다"라고 생생하게 비유했다.

로지는 디엠과 '치킨게임'을 할 생각에 한껏 고무되었다. 그는 디엠이 미국과의 싸움에서 이길 가능성이 전혀 없다는 것을 알았다. 미국은 디엠이 상대하기에는 너무나 거대한 상대였다. 로지가 원하는 건 상대와 대적하기 전에 정치적 경제적으로 압력을 가해 위협함으로써 스스로 그를 손들게 만드는 것이었다. 만약 디엠이 너무 오만하여 핸들을 틀지 않는다면, 로지는 최고 속력을 내어 정면충돌할 수밖에 없었다.

로지가 사이공에 있는 대사관저로 거취를 옮겼을 때, 로지는 모어의 '치킨게임' 기사의 개요를 그의 기본지침서인 '로지 대사와 디엠 대통령 사이의 핵심 내용'의 배경으로 이용했다. 8월 24일, 로지는 디엠에게 '고 딘 누 부부를 제거할 명분과 적절한 기회'를 주는 것에 대해 매우 못마땅해 했다. 국무부에 보낸 회신에서 그는, "사실상 디엠이 우리의 요구를 수용할 확률은 전무합니다. 또 그렇게 하면 고 딘 누에게 대비책을 마련할 기회를 주게 됩니다. 또 섣불리 위험을 감수할 필요가 없습니다. 디엠에게 알리지 않고 직접 그의 장군들에게 우리의 요구를 제안하는 것입니다"라고 했다.

국무부는 로지가 제안한 형편없는 변경 사항들에 대해 동의했다. 하이애니스 항에서, 케네디는 그 일이 있은 후에 국무부장관 대행인 제임스 볼James Ball과 애버렐 해리먼, 로저 힐즈먼이 로지가 디엠에게 쿠데타를 미연에 방지할 어떠한 기회도 주지 않겠다는 '수정안'을 승인한 것에 대해 마이클 포레스탈에게서 전해 들었다. 케네디가 워싱턴으로 돌아왔을 때, 주말 동안 그의 의사 결정이 어떻게 무시되고 조작되었는지를 발견하고는 몹시 화가 났다. 마이클 포레스탈은 이 혼선이 생긴 절차에 대해 사의를 표명했다. 케네디는 화난 목소리로 "당신은 해고될 가치도 없소. 계속 내 곁에 머무르면서 나에게 진 빚을 갚으시오"라고 말했다.

로지는 베트남 장군들이 쿠데타를 일으키기 전에 8월 26일에 디엠을 만났다. 디엠은 신임 미국대사에게 날카롭게 "베트남 문제를 방해하는 미국정보기관들의 활동에 대한 보고가 더 이상 없기를 바랍니다"라고 말했다.

로지는 얼버무리며 "나는 이제 막 도착했습니다. 그래서 무슨 일이 일어나고 있는지 다 알지는 못합니다. 그러나 조사해 보겠습니다"라고 답했다. 로지는 베트남에 도착하자마자 쿠데타를 적극적으로 종용하고 있었다. 로지는 베트남에 거주하는 CIA의 루시언 커네인Lucien Conein 대령을 통해 베트남 장군들과 주기적으로 연락했다. 커네인은 50년대 중반에 에드워드 랜즈데일Edward Lansdale의 지휘 아래 남베트남 정부를 전복시키기 위한 사보타주를 수행한 이래로, 수 년 동안 몇 번의 쿠데타를 일으켜 왔던 장군들에 대한 정보를 수집했다. 로지는 두 달 동안이나 커네인의 도움을 받았음에도 불구하고, 장군들을 조금 더 빨리 쿠데타의 무대로 이끌지 못한 것에 대해 아쉬워 했다. 그는 디엠에게서 변화의 가능성을 전혀 찾지 못했다. 사실 그는 쿠데타가 빨리 일어나기를 바랐다.

반면에 케네디는 디엠이 폭압적인 정책을 버리고, 동생인 누를 제거해줄 것이라고 믿고 있었다. 대통령은 국무부장관인 러스크를 통해 계속해서 로지와 디엠이 대안을 만들어 줄 것을 촉구했다. 8월 28일, 러스크는 로지에게 전보를 보냈다. "우리는 지금까지 디엠에게 아무것도 알려서는 안 된다는 당신의 생각에 동의했습니다. 그러나 무언가 변화하고 있는 것 같은 그의 생각과 여러 환경들을 고려해서, 그가 단호하게 누 부부의 정치적 영향력을 제거하도록 마지막으로 당신이 직접 대면하고 설득해 주기를 다시 한 번 요청합니다."

그러나 로지는 러스크의 제안을 거절했다. "저는 그런 절차로는 원하는 결과를 절대 얻을 수 없다고 생각합니다. 미국이 결정을 못 내리고 미적거리고 있는 동안에 디엠의 장군들은 심각한 결과를 초래할 수 있는 결정을 내릴 가능성이 있습니다. 우리는 이러한 위험을 감수할 필요가 없습니다."

러스크는 다음 날 다시 로지에게 전보를 보냈다. "이 편지는 디엠과 누 부부를 분리시킬 시도를 다시 한 번 요청 드리기 위해서입니다. 당신의 전보를 보니, 당신은 디엠과 누 부부를 하나의 묶음으로 생각하시는 듯 했습니다…." 러스크는 로지가 후회하지 않을 결정을 위해 다시 한 번 디엠과 회담을 가졌으면 좋겠다고 그의 생각을 전했다.

그러나 로지는 '치킨게임'에서 그가 쓰러뜨려야 할 적인 디엠과 회담을 가질 생각이 전혀 없었다. 그는 디엠 형제를 제거하기 위해 고도의 전략을 실행할 생각이었다. 러스크에게 보내는 반박의 전보에서, 로지는 국무부장관에게 (그리고 그를 통해 대통령에게) "디엠을 통해서는 누 부부를 제거할 수 없습니다. 사실 디엠도 이것을 반대할 것입니다…. 이것을 실행할 최선의 방법은 장군들이 쿠데타를 일으켜 모든 것을 바로 잡도록 하는 것입니다"라고 훈계했다. 그리고는 "저는 현재로서는 디엠과 더 이상의 회담을 가질 생각이 없습니다"라고 잘라 말했다.

9월 3일 전보에서 러스크는 다시 로지를 압박했다. "이 상황에서 디엠과 직접적인 협상이 필요하고, 우리가 판단컨대 바람직하다고 생각되는 시기에 최대한 빨리 첫 회담이 이루어져야 한다고 생각합니다. … 가급적 빨리 회담을 하시라고 강조하는 바입니다."

로지는 또 다시 대통령의 명령에 불복하며 러스크에게 답했다. "만약 내가 지시 사항을 올바르게 이해한다면, 그것은 나 자신이나 동료들보다 이곳의 상황과 가능성에 대한 판단에 기초해야 합니다." 로지는 디엠과의 회담을 계속해서 미룰 것이라고 주장했다.

　케네디는 로지의 고집스러움과 그의 대사 임명을 반대했던 로버트의 경고에 주의를 기울이지 않은 자신의 경솔함에 화가 났다. 로지를 대사로 임명한 덕분에, 지금 그는 완고한 베트남 대통령뿐 아니라 만만치 않게 고집이 센 미국의 대사도 손에 넣지 못했다. 로지는 심지어 디엠과 회담하라는 명백한 대통령의 외교적 지시도 거부했다.

　케네디는 디엠이 누 부부를 제거시키지 않는 한 베트남 정부를 개혁할 기회가 거의 없다는 것을 알았다. 그러나 대통령은 디엠을 설득하기 위해 쏟아 부은 11시간 동안의 노력에는 또 다른 목적이 있었다. 바로 디엠의 목숨을 구하는 일이었다. 냉전 세력은 디엠을 이용하고자 했다. 그들은 베트남의 확전을 위한 '민주적' 상징 역할로 디엠 정부를 계속 유지시킬지에 대해서도 의견이 분분했다. 디엠이 불교를 참혹하게 탄압한 결과에 대해서 그들은 반감을 드러냈고, 무능력한 폭군인 디엠을 하야시켜야 한다는 방향으로 결론을 내렸다.

　미 국무부는 쿠데타를 일으켜 디엠의 폭정을 끝내라고 케네디를 더욱 더 압박했다. 이러한 과정에서, 주도적으로 쿠데타를 옹호하는 국무부의 해리먼과 힐즈먼은 CIA 작전담당부국장인 리처드 헬름스와 동맹을 맺게 된다. 해리먼은 로지에게 보낼 8월 24일자 전보를 승인해 달라고 헬름스에게 요청했고, 디엠 지지자인 CIA 국장 존 맥콘John McCone이 다른 곳에 있었기 때문에 헬름스는 망설임 없이 승인할 수 있었다. 첩보원의 비밀작전을 수행하는 것은 케네디가 임명한 맥콘이 아니라 CIA의 책략가 헬름스였다. 맥콘은 명목상의 CIA 최고책임자였지만, CIA의 비밀공작에서 한 발 벗어나 있었다. 이 계략은 모두 맥콘 몰래 이루어졌다.

헬름스는 CIA가 베트남의 쿠데타를 지원하는 것에 대해 맥콘의 생각을 들을 필요가 없다고 생각했다. 워싱턴으로 돌아온 맥콘이 케네디에게 보고할 내용으로 말미암아 야기될 직접적인 충돌에 대해 헬름스는 해리먼에게 '고통을 참아야 할 때'라고 말했다. 그리고 실제로 CIA에 지시를 내린 것은 맥콘이 아닌 헬름스였다.

케네디는 로지가 압박하고 있는 베트남에서 뿐만 아니라, 워싱턴의 냉전세력들이 지원하고 있는 장군들의 쿠데타로부터 디엠의 목숨을 구하고 싶었다. 1956년에 케네디는 상원의원인 마이크 맨스필드와 같이 디엠이 베트남의 대통령으로 당선되는 것을 도왔다. 디엠의 추락에도 불구하고, 케네디는 그가 쿠데타로 죽는 것을 보고 싶지는 않았다. 케네디 주변에는 신뢰할 수 없는 자들로 가득했기 때문에, 디엠의 목숨을 구하기 위해 케네디는 오랜 친구에게 도움을 요청했다.

토비 맥도날드Torby Macdonald는 하버드에서 케네디의 가장 친한 친구였다. 케네디처럼 맥도날드는 아일랜드 출신의 가톨릭 신자였고, 둘째 아들이었으며, 하버드 축구팀 리더가 될 만큼 운동을 잘했고, 독서를 좋아했다. 토비는 하버드에서 잭의 편이었다. 그는 운동신경이 둔한 그의 친구가 하버드 축구장에서 패스를 받을 만한 실력을 갖추도록 꾸준히 연습하는 것을 도왔다. 두 사람 모두 재치가 있었고, 서로 함께 있는 것을 대단히 즐겼다. 이윽고 그들은 워싱턴에서 정치적 동료가 되었다. 맥도날드는 상원의원이었던 케네디의 도움으로 1954년에 매사추세츠 하원의원으로 선출되었다. 케네디가 대통령으로 당선되었을 때, 맥도날드는 의회에서 대통령의 최측근이 되었다. 대통령이 1963년 가을에 디엠의 목숨을 구하기 위해 도움을 요청한 사람은 바로 동생 로버트 케네디 다음으로 그가 가장 신뢰하는 토비 맥도날드였다.

케네디는 맥도날드에게 사이공으로 가서 디엠을 만나볼 것을 요청했다. 맥도날드는 디엠의 생명을 구하기 위한 긴급 조치를 위해 CIA, 국무부, 헨리 로지를 건너뛰었다. 여전히 디엠을 지지하는 한 군대의 도움을 받아, 그는 민간인 신분이 아닌 군 루트를 통해 가능한 한 비밀스럽게 사이공을 드나들었다. 맥도날드는 어떠한 문서화된 기록 없이 완벽하게 비밀리에 임무를 수행할 준비를 했다. 케네디의 전기 작가인 허버트 파멧Herbert S. Parmet은 이 비밀스러운 이야기를 1976년 맥도날드가 죽은 뒤 발견했다.

파멧이 쓴 〈존 F. 케네디: 대통령으로서의 케네디*JKF: The Presidency of John F. Kennedy*〉에서 언급된 이 사실은 맥도날드의 연인 엘레나 가니로부터 전해들을 수 있었다. 그녀의 이야기는 맥도날드의 아들 토비 맥도날드 주니어가 아버지에게서 비밀스러운 여행에 대해 들은 적이 있다고 말한 것과 맥도날드의 비서였던 조 크로큰에 의해서도 사실임이 확인되었다. 케네디의 보좌관 마이클 포레스탈 역시 이것이 사실임을 확인해주었다. 맥도날드는 그 비밀스러운 여행에 관한 내용을 포레스탈에게 보고해왔다.

케네디의 바람대로 맥도날드는 디엠을 만났다. 그는 케네디의 개인적인 간청을 디엠에게 전했다. "그들은 당신을 죽일 것입니다. 여기를 벗어나 일시적으로 미국 대사관으로 피신해야 할 것입니다. 그리고 당신의 동생 부부를 제거해야만 합니다." 그러나 디엠은 꼼짝도 하지 않았다. "그는 그렇게 하지 않을 것입니다. 너무 고집이 세서, 바로 거절했습니다"라고 맥도날드는 대통령에게 보고했다.

댈러스에서의 오스왈드 행적

케네디가 디엠의 목숨을 구하고자 애를 태우고 있을 때, 오스왈드는 댈러스에 있는 텍사스 교과서 보관소에 취직했다. 그는 마리나 오스왈드Marina Oswald의 친구인 루스 페인Ruth Paine의 주선으로 바로 대통령의 퍼레이드 이동 경로에 위치할 수 있는 곳에 취직이 되었다. 루스 페인이 오스왈드와 그의 부인 마리나 오스왈드를 만난 것은 CIA의 핵심인물인 조지 드 모렌쉴트George de Mohrenschildt를 통해서였다. 워런 위원회의 담당변호사인 웨슬리 리에블러Wesley Liebeler가 루스 페인에게 마리나 오스왈드가 드 모렌쉴트에 대해 언급한 적이 있었는지 묻자, "그를 통해서 제가 그녀를 만나게 되었는걸요"라고 페인은 대답했다.

그녀는 댈러스에서 1963년 2월 파티에서 마리나를 만났다고 말했다. 드 모렌쉴트는 한 친구의 집에서 주최하는 파티를 돕고 있었다. 루스 페인은 마리나를 만나기 위해서 그곳에 참석했다. 러시아어를 배우는 학생으로서, 루스는 러시아어를 테스트해 볼 수 있는 누군가를 만나기를 원했다. 드 모렌쉴트는 오스왈드 부부를 파티에 초청했다. 그날 밤 루스 페인은 마리나와 러시아어로 이야기하며 시간을 보냈다.

드 모렌쉴트는 워런 위원회에게 "저는 페인 부인과 마리나가 좋은 친구가 되었다는 것을 즉시 알아차렸습니다"라고 말했다. 루스는 오스왈드 부부에게 편지를 보내거나, 전화를 하고 특히 마리나를 방문하면서 급속도로 친해졌다.

4월 말에 루스는 마리나에게 2주 동안 댈러스 근교인 어빙Irving에 있는 그녀의 집에 와 있으라고 부탁했다. 반면 오스왈드는 그 여름 피델 카스트로의 추종자로서 CIA 시나리오의 첫 번째 장소인 뉴올리언스에서 '직장'을 찾고 있었다. 가을이 되어서도 마리나는 루스와 계속해서 같이 살게 되었다. 이것은 루스의 남편 마이클 페인이 원한 것이기도 했다. 그 당시 그는 루스와 두 어린 아이들과 떨어져 본인의 아파트에서 혼자 살고 있었다. 오스왈드가 뉴올리언스에서 정착했을 때, 루스와 그녀의 아이들은 마리나와 그녀의 14개월 된 딸 준을 뉴올리언스까지 데려다 준 적이 있다고 말했다. 이때에도 마이클 페인의 격려와 더불어 금전적인 지원이 있었음은 물론이다.

드 모렌쉴트가 1963년 4월 오스왈드 부부 생계를 더 이상 책임지지 않을 때에도, 루스와 그녀의 남편 마이클 페인은 그를 대신해 마리나와 오스왈드의 후원자 역할을 했다. 드 모렌쉴트의 후원금은 CIA의 승인을 받아야만 했다. 드 모렌쉴트는 1977년 플로리다에서 엽총 자살을 하기 세 시간 전에 한 인터뷰에서 그가 몇 년 동안 정기적으로 만나 온 댈러스에 있는 CIA 요원인 월튼 무어J. Walton Moore의 지원을 받기 위해 오스왈드에게 접근했었다고 밝혔다.

드 모렌쉴트는 아이티Haiti에서 지질탐구 명목으로 비밀리에 '파파 독Papa Doc'으로 불리던 뒤발리에Duvalier로부터 28만 5천 달러의 계약금을 받아낼 수 있었다. 드 모렌쉴트는 아이티에서 지질 조사를 하지 않았지만, 여전히 은행 계좌에는 20만 달러 이상이 예금되어 있었다. 드 모렌쉴트가 4월에 아이티로 가는 길에 워싱턴에 들러 CIA와 군 첩보관계자들을 만났는데, 바로 이때부터 루스와 마이클 페인이 자연스럽게 오스왈드의 후원자가 된 것이다. 마치 물 흐르듯 드 모렌쉴트가 페인 부부에게 오스왈드 부부를 떠넘기는 것처럼 보였다.

댈러스에서의 작전이 시작되었을 때, 저명한 반(反) 소련 사회주의 운동가(드 모렌쉴트)가 오스왈드 부부를 이동시켰다. 그러나 다시 CIA의 개입으로 드 모렌쉴트가 댈러스에서 아이티로 떠난 것을 이유로, 오스왈드는 갑자기 미국시민자유연맹ACLU에 속한 쿼이커-유니테리언Quaker-Unitarian 부부(페인 부부)의 손에 넘겨졌다. 만약 이것이 사실상 반칙, 즉 더 큰 경기에서 하나의 속임수 플레이였다면, 그 속임수의 기술이 너무 빨라 경기가 끝난 후에도 어느 누구도 이 중요한 순간을 기억조차 못했을 것이다.

그러나 FBI 국장 에드거 후버는 무언가 비밀스러운 드 모렌쉴트의 존재와 그의 폭로가 워런 위원회의 신뢰를 위협할 가능성이 있다는 것을 감지했다. 후버는 1964년 10월 23일에 워런 위원회의 위원장인 리 랜킨에게 편지를 써서, 마이클과 루스 페인, 조지와 잔느 드 모렌쉴트를 다룬 어떠한 문서나 메모도 발표되어서는 안 된다고 충고했다. 후버는 랜킨에게 경고했다. "그런 문서가 일반인들에게 발표된다면, 위원회는 심각한 손상을 입게 될 것입니다." 그럼, 마이클과 루스 페인은 누구였는가?

오스왈드 부부가 페인 부부 보호의 날개 아래 있을 때, 마이클 페인은 텍사스 포트워스Fort Worth에서 방위계약업체인 벨 헬리콥터Bell Helicopter 사의 연구실 엔지니어로 일하고 있었다. 페인은 워런 위원회에 오스왈드에 관련된 일이 비밀리에 진행되고 있다는 것은 알았지만, "어떤 범주에 관한 일인지는 알지 못했다"고 주장했다. 그러나 마이클 페인은 평범한 벨 헬리콥터 사의 엔지니어가 아니었다. 그가 전에 함께 일했던 그의 계부인 아서 영Arthur Young은 벨 헬리콥터 사의 발명가였는데, 케네디가 암살되고 30년 후 밝혀진 바로는, 마이클 페인은 군 · 산 복합체와 얽혀 있었던 것이다. 또 마이클 페인의 어머니인 루스 포브스 페인 영Ruth Forbes Paine Young은 CIA 국장 앨런 덜레스와 연관되어 있었다.

보스턴의 명문가 포브스 집안 출신인 페인 영은 메리 밴크로프트Mary Bancroft의 친구였는데, 메리 밴크로포트는 제2차 세계대전 때 스위스에서 앨런 덜레스와 함께 스파이 활동을 하다 그의 정부가 되었다. 메리 밴크로프트는 인터뷰에서 "오스왈드가 함께 했던 마이클 페인의 어머니와 친분이 있었습니다. 그녀는 루스 포브스로 저의 매우 좋은 친구였습니다"라고 말했다. 앨런 덜레스는 마이클 페인이 워런 위원회 앞에서 증언할 때, 위험을 감수하며 문제에 관련된 질문을 했다. "아서 영 씨가 당신의 계부입니까?"라고 물었다. 페인은 "그렇습니다"라고 대답했다. 덜레스는 위원회의 변호사가 계속 심문을 할 수 있도록 재빨리 침묵했다. 앨런 덜레스가 아서 영에 대해 질문을 계속 하지 않은 데는 충분한 이유가 있었다. 벨 헬리콥터 발명가인 마이클의 계부의 명성으로 인해 군 · 산 복합체의 실체가 표면 위로 떠오를 수도 있었던 것이다.

마이클 페인의 어머니는 훨씬 더 위험한 증인이었다. 덜레스는 그녀에 대해 어떠한 것도 묻지 않았다. 특히 그는 그들이 조심스럽게 심문하고 있는 오스왈드 후원자의 어머니가 전쟁 중에 가깝게 지냈던 자신의 정부와 매우 친한 친구라는 것을 드러내고 싶지 않았다. 마이클의 부인이자, 마리나 오스왈드를 돌봐 주었던 루스 하이드 페인은 윌리엄 에이버리 하이드William Avery Hyde의 딸이었다.

워런 위원회에서 루스 페인은 그녀의 아버지의 직업을 담담하게 다음과 같이 묘사했다. "아버지는 보험업자였습니다. 그는 보험 약관을 작성하는 일을 했습니다." 그러나 사실 윌리엄 에이버리 하이드는 당시에 정부 내의 영향력이 큰 자리가 보장되어 있던 보험회사의 중역이었다.

1964년 10월, 케네디를 살해한 혐의로 오스왈드에게 유죄를 선고하기 위해 그의 딸 루스를 마리나 오스왈드보다 더 중요한 목격자로 묘사한 '워런 보고서'가 발표된 직후, 윌리엄 에이버리 하이드는 국제개발처AID로부터 3년간의 계약직을 보장받았다. 1964년 10월부터 1967년 8월까지, 하이드는 라틴아메리카 지역 국제개발처의 지역보험 고문으로 일했다. 하이드가 하는 일은 그 지역에 개업하는 보험회사들에게 미 국무부의 기술적인 지원을 제공하는 것이었다.

훗날 국제개발처의 책임자였던 전 오하이오 주지사 존 길리건John Gilligan이 국제 개발처가 CIA를 돕고 있었다고 인정함과 동시에, 하이드가 페루, 볼리비아, 에콰도르, 그리고 파나마에서 보낸 시간을 정리하여 보관한 기록들을 살펴 볼 수 있었다. "한번은 국무부의 보호 하에 있는 많은 국제개발처 현장 사무실들이 구석구석 CIA 사람들로 가득 찼습니다. CIA에서는 우리들이 누구이고, 무엇을 하는지 매우 잘 알고 있었습니다. … 해외, 정부, 자원 봉사, 종교, 그 외 모든 곳에서 우리가 하는 모든 종류의 활동에 CIA 요원을 배치하는 것이 목적이었습니다."

만약 하이드가 CIA의 '집행 대리인'으로 행동한 것이라면, 라틴아메리카 국가들에게 저가의 보험을 판매하는 그의 전문성을 이용하여, 60년대 CIA가 주의 깊게 감시하는 인물들에 대한 정보 획득이 주된 목적이라고 볼 수 있다. 하이드가 리마Lima와 페루에서 돌아와 작성한 1967년 8월 8일자의 여행 최종 보고서는 그 표지에 있는 것처럼 국무부의 국제개발처를 위한 것이었다. 그러나 그의 보고서는 CIA에게도 전달되었다.

루스 하이드 페인은 또한 실비아 하이드 호크의 여동생이었는데, 실비아 하이드 호크는 1963년에 폴스 처치Falls Church에 살고 있었다. 케네디가 암살된 지 30년 후에, 실비아 하이드 호크에 대한 CIA 비밀보관문서는 국립공문서관National Archives(국가기록원)에 보관되었다. CIA 문서에는 실비아 호크가 버지니아 폴스 처치의 1961년 시민 명부 발행과 관련하여 CIA 고용인으로 일했다고 언급되어 있었다. "반대쪽 정보기관이 과거에 만들어진 유사한 인쇄물을 손에 넣었다는 사실이 알려졌다. 따라서 CIA에서 지목한 이 직원이 다른 쪽 정보기관에 넘겼을 가능성에 대해 추측해본다." 그러나 루스는 언니인 실비아가 1963년에 8년째 CIA를 위해 일했던 것을 몰랐다. 적어도 루스의 추후 진술에 따르면 말이다.

루스는 1963년 9월에 CIA 본부 근처에 있는 폴스 처치의 실비아의 집에서 머물렀다가 오스왈드 부부를 만나기 위해 뉴올리언스로 향했다. 그리고 마리나 오스왈드를 다시 댈러스로 데려다 주었다. 마리나는 둘째 아이의 출산을 기다리며, 페인 부부의 집에서 계속해서 머무를 수 있었다. 10월에 루스는 오스왈드를 딜리 광장이 내려다보이는 텍사스 교과서 보관소에 취업하도록 도왔다.

이런 일련의 사건을 바탕으로, 뉴올리언스 지방검사New Orleans District Attorney인 짐 개리슨은 1968년 대 배심원 앞에서 루스 페인을 심문했다. 개리슨은 페인에게 그녀의 여동생 실비아가 1963년에 미국 정부와 연관하여 어떠한 일을 했는지 물었다.

페인 : "실비아는 G9와 무슨 일인가를 한 것 같았습니다. 그것은… 글쎄요, 아마도 정부와 관련된 일이었던 것 같습니다.

개리슨 : 그녀는 정부와 무슨 일을 했습니까?

페인 : 그녀는 심리학을 전공했습니다. 제가 기억하기로는, 베두인족 Bedouin(아랍의 유목민)이 석유시추기계의 작동에 적합한 성향을 가지고 있는지를 테스트하는 과정에서, 그 테스트의 기본 샘플을 구성하는 일을 했습니다.

개리슨 : 그래요, 그렇다면 그녀가 정부의 어느 기관과 일했는지 알고 있습니까?

페인 : 아니오. 그저 정부를 위해 일했었다는 것 밖에는 모릅니다.

루스 페인의 언니가 CIA 요원이었다는 것을 확인하지 못한 채, 개리슨은 페인에게 물었다.

개리슨 : 당신은 왜 실비아에 대한 조사 파일이 여전히 비밀로 국립공문서관에 있는지 아십니까?

페인 : 아니오. 국립공문서관에 있습니까?

개리슨 : … 네, 대부분의 파일들은 여전히 그렇게 분류되어 있습니다. 당신은 왜 그렇게 하는지 알고 있습니까? 아무 이유도 없는 듯 보이는데 말입니다.

페인 : 모릅니다.

워런 보고서는 1963년 10월 14일에 "이웃의 제안으로, 페인 부인이 텍사스 교과서 보관소에 전화해, 일자리 여부를 확인했다. 그녀는 오스왈드에게 전했고, 그는 다음 날 텍사스 교과서 보관소에서 인터뷰를 가진 후, 1963년 10월 16일부터 그곳에서 일하기 시작했다"라고 명시했다.

그러나 워런 위원회는 또한 오스왈드가 텍사스 교과서 보관소에서 일을 시작하기 전날인 10월 15일에 텍사스고용위원회Texas Employment Commission의 로버트 아담스가 페인의 집으로 전화해 오스왈드에게 훨씬 더 나은 일을 제안했었다는 것을 알았다. 아담스는 페인의 전화번호로 전화를 걸어 전화를 받은 사람에게 트랜스텍사스항공Trans Texas Airways 에서 화물을 취급하는 일이 있는데, 이는 종신 고용 직업으로 오스왈드에게 제안하고 싶다고 이야기 했다. 그 일을 하면 임용직인 교과서 보관소에서 일하는 것보다 한 달에 100달러는 더 받을 수 있었다. 아담스는 워런 위원회에서 "저는 오스왈드에게 연락을 취했으나 통화하지 못했고, 연락해 달라고 메시지를 남겼습니다"라고 말했다.

아담스는 다음 날 아침 다시 페인의 집에 전화를 걸어 직장에 대한 이야기를 하려 했다. 그는 "전화를 받은 사람으로부터 오스왈드는 이미 직장을 구해 일을 시작했다는 것을 알았습니다"라고 말했다. 따라서 아담스는 오스왈드에게 직장에 대한 제안을 그만 두었다.

워런 위원회의 변호사인 알버트 제너Albert Jenner는 이 직장 문제에 대해 루스 페인을 심문했다. 그녀는 처음에는 그것에 대해 알지 못한다고 말했다. 그리고는 모호하게 회상했다가, 마침내 오스왈드로부터 그것을 들었다고 말했다.

제너 : 당신은 마리나 또는 오스왈드에게서 그가 트랜스텍사스항공에서 화물 운반자로 한 달에 310달러를 받는 그 일을 하고 싶다든지 아니면 적어도 추천 받았다든지 하는 이야기를 들은 적이 있습니까?

페인 : 아니오. 댈러스에서요?

제너 : 네.

페인 : 기억나지 않습니다. 한 달에 310달러요?

제너 : 네. 그때 그는 텍사스 교과서 보관소에 일자리를 얻었습니다.

페인 : 그리고 확실히 그런 일을 제의 받았습니까?

제너 : 글쎄요, 저는 제의 받았다고 말하는 것은 아닙니다. 그가 텍사스 고용 위원회를 통해 한 달에 310달러를 받는 화물 운반자 일자리를 구할 수도 있었다고 말하는 겁니다.

페인 : 저는 무언가를 기억합니다만, 그것은 전혀 실현될 가망성이 없는 그런 것이었죠.

제너 : 그것에 대해 아는 것을 말씀해 주십시오. 그때 그것에 대해 들으셨습니까?

페인 : 네.

제너 : 지금 그것을 들려주시겠습니까?

페인 : 아주 조금 기억이 나는 것 같은데요.

제너 : 누구로부터 들으셨습니까?

페인 : 오스왈드요. 제가 기억하기로는.

제너 : 바로 그 시기였습니까? 아니면 그 직후였나요?

페인 : 바로 그 시기였습니다. 그가 아직 일하기 전에요.

제너 : 그리고 바로 그 무렵, 그가 텍사스 교과서 보관소에 일자리를 얻었습니까?

페인 : 그는 희망을 갖고 도시에 있는 직업소개소에 갔지만 모든 일자리는 이미 찼고 그에게 맞는 일이 없다고 들었습니다. 그 소개소가 국영

인지, 사립이었는지 저는 잘 모르겠습니다.

제너 : 그러나 그것은…

페인 : 그것이 제가 기억할 수 있는 전부입니다.

제너 : 당신과 마리나에게 그가 말한 것에 대해서요?

페인 : 네.

제너 : 그러나 당신은 그가 그것에 대해 상의한 것을 기억하는군요.

페인 : 그냥 그것에 대해서만 기억합니다. 일 그 자체에 대해서는 기억나지
　　　 않습니다.

로버트 아담스는 자기는 그저 페인의 집에 전화를 걸어 오스왈드에게
트랜스텍사스항공의 일자리에 관해 알려주려고 했을 뿐이라고 결론지
었다. "그가 이 제안을 전해 들었는지 모르겠습니다."

오스왈드 부부에 관한 루스 페인의 증언을 들은 뉴올리언스 배심원은
또한 루스 페인에 대한 마리나 오스왈드의 증언을 들었다. 배심원은 마
리나에게 그녀가 여전히 1968년에도 루스를 보았는지 물었다.

마리나는 "아니오, 저는 그녀를 좋아하고 그녀가 해 준 것에 감사하고
있습니다. 하지만 재무성 검찰국에서는 저에게 더 이상 그녀와 연락하
지 말라고 충고 했습니다"라고 대답했다. 마리나는 검찰국이 그녀에게
루스와 멀리 하라고 충고했던 이유는 그녀가 'CIA의 동조자'였기 때문
이라고 말했다. 검찰국은 그녀에게 루스 페인 및 CIA에 대해 그녀가 했
던 말을 진술해 줄 수 있는지 물었다.

마리나 : 아마도 그녀는 CIA 관계자들을 친구로 두고 있었던 것 같은데, 만

약 나와 루스와 CIA의 관계가 세상에 드러난다면, 내가 곤경에 빠질지도 모릅니다.

검찰국 : 다시 말해서, 당신은 그녀가 CIA와 어떤 식으로든지 관련이 있다는 분명한 생각을 가졌었군요.

마리나 : 네.

오스왈드는 루스 페인의 도움으로 트랜스텍사스항공의 좋은 조건을 버리고 1963년 10월 16일부터 텍사스 교과서 보관소에서 일을 시작하게 되었다. 이 희생양은 지금 아주 이상적인 매복 위치에 자리하게 된다. 케네디의 차량 행렬이 딜리 광장을 지나가기 5주전이었다.

CHAPTER 05

사이공과 시카고

흐루시초프는 쿠바 미사일 위기가 절정에 있을 때 외무부장관 안드레이 그로미코에게 전혀 생각지도 못한 말을 꺼냈다. "우리가 케네디 대통령을 돕고 싶어 한다는 걸 알려야겠소." 흐루시초프의 아들 세르게이의 말에 따르면 흐루시초프는 케네디의 '도움' 요청에 답하기 위해 '도움'이라는 단어를 쓸지 말지를 망설였다고 한다. 또한 자신이 '도움'이라는 단어를 언급했을 때조차도, 적장인 케네디를 진정으로 도와야 할지를 판단하기 어려웠다고 한다. 그러나 흐루시초프가 케네디과 비밀 서한을 교환하면서 알게 된 사실이 하나 있다. 즉, 핵시대에 미국과 소련이 한 배를 타고 있다는 점에서 똑같이 곤경에 처해 있다는 것을 두 사람이 공감했다는 점이다. 전 인류가 타고 있는 이 위태로운 배는 갈등이라는 바다 위에 떠 있어야 했다.

흐루시초프는 '도움'이라는 단어의 의미에 대해 잠시 침묵하다가 몹시 놀라워하는 그로미코에게 말했다. "도와야겠소. 지금 우리는 우리를 전쟁으로 내모는 세력들로부터 세상을 구해야 한다는 공통분모를 갖고 있으니까." 이 감격적인 순간, 흐루시초프와 새로운 파트너인 케네디, 그리고 이 두 사람 사이에 존재하는 세상은 어둠에서 새벽을 향해 나아가고 있었다. 흐루시초프는 쿠바에서 소련의 미사일을 철수해 케네디를 돕기로 결심했다. 이런 결심은 로버트 케네디와의 회담에서 아나톨리 도브리닌 주미 소련 대사가 한 설명이 결정적이었다. 로버트 케네디도 지쳐 있었다. 도브리닌은 그가 며칠 동안 잠도 자지 못했다는 것을 알 수 있었다. 로버트 케네디는 이렇게 말했다.

"대통령은 이 상황을 어떻게 해결해야 할지 몰라 당혹스러워 하고 있습니다. 군에서는 쿠바에 맞서 군사적 조치를 취할 수 있게 해달라고 주장하며 강력히 압박하고 있습니다. 그 때문에 대통령은 아주 어려운 상황에 처해 있습니다. (중략) 대통령은 전쟁을 원치 않지만 대통령의 의지와는 반대로 돌이킬 수 없는 일이 벌어질 수 있습니다. 그렇기 때문에 이 문제를 해결할 수 있도록 도와달라는 겁니다."

로버트 케네디의 회고록에 따르면 흐루시초프는 로버트 케네디의 간청을 받고 도브리닌에게 섬뜩한 말을 했다고 한다. "이런 상황이 너무 오래 지속되면 군부가 대통령을 배제하고 권력을 차지하지 말라는 법도 없을 거요."

세르게이는 아버지 흐루시초프가 케네디 대통령의 간청을 전하는 도브리닌의 보고서를 읽고 어떻게 생각했는지 이렇게 회고했다. "아버지는 로버트 케네디가 소련 대사에게 한 말을 전해 듣고, 케네디 대통령이 도움을 요청한 것으로 해석했습니다. 더 지체하면 치명적인 상황으로 빠질 수 있다는 사실을 대화의 분위기에서 알 수 있었습니다. 워싱턴이라는 보일러의 온도는 위험수위에 도달해 폭발 일보직전이었던 것 같았습니다."

당시 케네디는 급진적인 이데올로기 갈등을 겪고 있는 상황에서 적장인 흐루시초프에게 도움을 요청했다. 케네디에 응답한 흐루시초프는 서로에게 뿐만 아니라 세상은 상호 의존관계에 있다는 사실을 인정했다.

이들은 갑작스럽게 손을 잡았다. 세상이 멸망할지도 모른다는 위협에 직면해 적대적이던 둘은 필사적으로 신의 은총을 구하는 심정으로 서로를 바라본 것이다. 흐루시초프에 따르면 둘은 공멸 대신에 '전쟁으로 내몰고 있는 세력들로부터 세상을 구하겠다는 공통의 대의명분'을 선택했다. 흐루시초프는 케네디에게 돕기로 결심했다고 화답했다. 케네디가 아메리카대학 연설에서 흐루시초프와 대화를 하겠다는 의사를 밝혔기 때문이다.

마침내 이를 계기로 양국은 부분적 핵실험 금지 조약을 체결할 수 있었다. 둘은 협력할 준비가 되어 있었고 둘 중 누구도 냉전이 지속되는 것을 원하지 않았다. 그러나 케네디와 흐루시초프 사이에서 일고 있는 해빙 무드의 이면에서는 케네디 암살 음모가 암암리에 진행되고 있었다. 미국의 냉전 세력들은 미국의 대통령이 적인 공산주의자를 굴복시키는 것보다는 냉전을 종식시키는 데 관심을 갖고 있다는 사실을 분명히 깨달았다. 즉 안보의 관점에서 볼 때 케네디 대통령은 반역자였던 셈이다.

1963년 가을, 케네디 대통령은 소련의 흐루시초프와 함께 공멸의 위기에서 벗어나 평화를 이룰 수 있을 것이라는 희망을 새롭게 발견했고, 그 후로 모든 것을 그런 관점에서 보았다. 냉전이 약화되면서 희망이 무르익어 가고 있었던 것이다. 이제는 정치가들을 그런 희망에 순응하게 할 시기였다. 댈러스 암살 두 달 이틀 전인 1963년 9월 20일, 이날 케네디는 UN에서 연설을 했는데, 아메리카대학에서 했던 '단계적 평화 추구'라는 주제를 다시 언급할 기회를 갖게 되었다.

"평화는 매일, 매주, 매달 의견을 서서히 변화시키고 낡은 장벽을 허물면서 조용히 새로운 건축물을 세우는 과정입니다. 그리고 극적인 방법을 쓰지 않더라도 평화는 계속 추구해야 합니다." 부분적 핵실험 금지 조약 협상을 하면서 케네디는 이 시대를 사는 사람들에게 막중한 책임이 주어졌다는 것을 언급하며 다음과 같이 말했다.

"오늘날 우리는 냉전을 종식할 시점에 도달했을지도 모릅니다. 하지만 그것이 곧 지속적인 평화를 의미하는 것은 아닙니다. 부분적 핵실험 금지 조약은 획기적인 사안이지만 새로운 시대의 시작은 아니라는 겁니다. 우리는 의무에서 해방된 것이 아니라 기회를 하나 얻었을 뿐입니다. 우리가 이 순간을 최대한 활용해 가속도를 붙이지 않는다면, 새롭게 발견한 희망과 이해는 적대감이라는 장벽과 무기로 대체될 것입니다. 그리하여 현재의 냉전 종식을 위한 노력이 전쟁의 종결이 아닌 재개로 이어지는 하나의 과정에 불과하다면 우리 모두는 후세에 비난을 받을 것입니다.

그러나 우리는 이 시점에서 냉전을 끝내고 상호협력의 시대를 펼쳐 나갈 수 있고, 양측이 평화를 위해 구체적으로 협력함으로써 자신감과 새로운 경험을 얻을 수 있습니다. 또한, 치명적인 무기를 통제함으로써 장기적인 안목으로 바라본다면, 처음 내딛는 작은 발걸음도 인류를 위해 큰 결실을 맺는 여정의 출발점이 될 것입니다. 소련의 지도자 및 국민들에게 드리고 싶은 말은 미국과 소련의 안전을 보장하기 위해서는 원자폭탄보다 성능이 훨씬 뛰어난 무기가 필요하다는 것입니다. 탄도미사일이나 핵잠수함보다도 뛰어난 무기가 필요한데 그 무기는 바로 평화적 협력입니다."

케네디가 제안한 구체적인 평화적 협력 방안은 달 공동 탐사였다. 이는 미국과 소련뿐 아니라 모든 세계국가들도 공동으로 참여할 수 있는 프로젝트였다. 그러나 미국과 소련의 군 수뇌부들은 로켓 기밀을 유지하려고 했기 때문에 양국의 군 수뇌부들 중, 케네디의 제안을 환영하는 사람은 아무도 없었다. 케네디의 제안을 따른다면 양국의 장성들과 과학자들은 동서 간의 끝없는 기술경쟁에 휘말릴 것이라고 생각했기 때문이었다.

그러나 케네디는 평화적 프로젝트를 추진해 양국의 미사일 기술을 융합하면 냉전을 해소하는 데 도움이 된다는 것을 알고 있었다. 즉, 미사일 기술은 점진적으로 평화를 이루기 위한 전략의 일환이었던 것이다. 더 넓게는 경쟁 관계인 양국이 냉전 후의 빈자리를 대체할 수 있는 도덕적 개념도 제안했다. "상대방의 존재를 무시하기보다는 평화로운 무대의 주인공으로서, 아이디어를 가지고 궁극적으로 인류를 위해 봉사하는 일로써 경쟁합시다. 그렇게 더 나은 삶을 위해 경쟁한다면 온 세상이 승자가 될 것입니다."

케네디가 아메리카대학에서 한 연설은 미국인들과 소련인들의 관심을 끌었다. 전 세계를 위해 미국과 소련이 갖고 있는 공통점을 인식하라는 내용이었다. "지금 우리가 갖고 있는 차이를 해소할 수 없다면 적어도 다양성이 세계의 안보에 도움을 될 수 있도록 해야 합니다. 우리가 갖고 있는 가장 기본적인 공통점은, 우리는 모두 이 작은 행성에서 함께 살아가고 있다는 것입니다. 우리는 똑같은 공기를 마시며, 아이들의 미래를 소중히 여깁니다." 케네디 대통령은 각국의 대표들 앞에서 현재의 핵 대결 위기와는 완전히 다른 평화로운 세상의 실현을 갈망하고 있었다. "이전에 인간은 환경을 지배하고, 목마름과 굶주림을 해결하고, 가

난과 질병을 극복하고, 인류가 겪어온 엄청난 고통을 해소할 능력을 갖고 있지 않았습니다. 그러나 이제 우리는 그런 문제를 해결할 수 있고, 인류 역사상 최고의 전성시대를 만들 수도 있으며 반대로 최악의 시대를 만들 수도 있습니다."

케네디 대통령은 UN 회원에게 평화를 위한 새로운 시도에 참여할 것을 제안하면서 결론지었다. "저는 지난 2년 전에도 미국이 제안했던 같은 내용을 주장했었고 부분적 핵실험 금지 조약에 서명할 용의도 있었습니다. 그리고 마침내 오늘 그 조약에 서명했습니다. 그렇다고 전쟁이 끝난 것도 아니고 근본적인 갈등이 사라진 것도 아닙니다. 모두에게 자유를 보장하는 것도 아닙니다. 하지만 그런 문제들을 해결하는 지렛대로 사용할 수는 있습니다. 아르키메데스가 친구에게 지렛대의 원리를 설명하면서 말했습니다. 내게 설 자리를 내주면 세상을 움직여 보겠노라고요. 지구에 살고 있는 나의 동료들이여! 여러 국가로 이뤄진 공동체를 지킵시다. 그리고 우리에게 주어진 시간 안에 공정하고 지속적인 평화를 이루기 위해 세상을 움직일 수 있는지 확인해 봅시다."

이 말을 한 순간부터 케네디는 평화를 위한 위험한 실험을 은밀히 시작하게 되었다. 같은 날 UN에서 케네디는 아들라이 스티븐슨Adlai Stevenson UN 대사에게 말했다. "윌리엄 앳우드를 시켜 빠른 시일 내에 쿠바 UN 대사 카를로스 레추가Carlos Lechuga와 물밑 접촉을 시작하도록 해야 합니다."

그렇다면 카스트로는 케네디와의 대화에 관심을 갖고 있었을까? 카스트로가 아주 긍정적으로 답변한 이유는 흐루시초프가 케네디를 믿어보라고 적극 권고했기 때문일 것이다. 케네디는 CIA에게 자신의 이런 계획을 말하지 않았다고 했지만, 후에 앳우드는 이렇게 말했다. "CIA에서는 레추가와의 전화 내용을 도청하고 감시하면서 무슨 일이 진행되고 있는지 알고 있었습니다. 그 점에 대해서는 의심할 여지가 없습니다. 만약 암살이 일어나지 않았더라면 아마도 우리는 쿠바와의 관계를 정상화하기 위한 협상을 진행했을 것입니다."

CIA와 FBI의 갈등

쿠바 미사일 위기가 발생한 지 11개월 후인 1963년 9월, 케네디 대통령은 새로운 방향을 모색했다. 그는 분명 위험에 처할 수 있었음에도 불구하고 또 다른 적장인 카스트로에게 접근하면서 흐루시초프와 함께 부분적 핵실험 금지 조약의 후속 조치를 취하고 있었다.

케네디와 흐루시초프는 칠흑 같은 어둠을 선택할 뻔했던 순간에 빛을 선택했다. 즉, 두 사람은 전 세계의 평화를 위한 합의점에 도달했다. 세상을 공정하고도 지속적인 평화에 이르도록 하기 위해 핵실험 금지 조약을 지렛대로 이용하고 대화를 위한 노력을 계속한 것이다. 두 사람이 핵전쟁을 포기한 덕분에 평화를 이룰 수 있는 힘을 얻게 되었다. 그러나 주변에 있는 완고한 냉전주의자들 때문에 두 사람 중 어느 누구도 그 힘을 오랫동안 유지하지는 못했다. 이들이 평화를 이루려고 했던 시대는 순식간에 지나가 버렸다.

1963년 10월 9일, 이날은 곧 진행될 케네디 대통령의 퍼레이드 이동 경로가 훤히 내려다보이는 건물에서 리 하비 오스왈드가 일을 시작하기 꼭 일주일 전이었다. 워싱턴에 있었던 FBI 간부는 연방보안경보 시스템을 통해 오스왈드와 취하고 있던 연락을 끊어버렸다. 그렇게 하지 않으면 오스왈드의 정체가 드러날 상황이었기 때문이다.

FBI 간부의 이름은 마빈 기슬링Marvin Gheesling으로 FBI 본부에 있는 소련담당 첩보과장이었다. 그가 연락을 끊어버린 타이밍은 절묘했다. 작가 존 뉴먼이 사건을 조사해 발표한 내용에 따르면 기슬링은 '오스왈드와 연락을 취할 때 사용했던 경보가 울리기 직전에 스위치를 꺼버렸다'고 한다.

그로부터 4년 전인 1959년 11월, 오스왈드가 미국 군사기밀을 소련에 누설하겠다며 모스크바 주재 미국 대사관을 찾아간 직후 FBI는 오스왈드에 관한 1급 지령을 내렸다. 오스왈드에 관한 정보나 문의를 받은 사람은 반드시 첩보5부에 알려야 한다는 지령이 FBI의 모든 부서에 내려졌다. 지령이 내려지자 FBI의 모든 부서에서는 오스왈드를 감시했다.

이 감시 조치는 1963년 9월에 뚜렷한 이유 없이 해제되었는데, 해제되기 불과 몇 시간 전, FBI는 오스왈드에 관한 매우 중대한 정보를 입수했었다. 그런데 기슬링이 국가안보경보를 무시하면서까지 오스왈드에 관한 지령을 폐기해버린 것이다. 그 안보경보란, 멕시코에서 오스왈드 혹은 오스왈드를 사칭하는 인물의 행적에 대해 CIA에 보고한 내용을 알리려는 경보였다. 케네디 암살 음모라는 관점에서 보면 FBI의 1급 지령은 절묘한 시점에서 폐기되었다. FBI는 케네디 암살 음모가 진행하는 동안 오스왈드를 비밀리에 조종해야 했다. 오스왈드는 암살 시나리오에서 꼭 필요한 희생양 역할을 할 운명이었기 때문이다. 경보가 울렸다면 오스왈드는 감시 대상자 목록에 올랐을 것이고, 따라서 경찰 당국에서는 케네디가 댈러스를 방문하기 전에 오스왈드를 주시했을 것이다. 그리고 오스왈드에게 초점을 맞춰 보안에 신경을 썼다면 어쩌면 암살 시나리오는 실행되지 못했을 것이다. FBI는 오스왈드 감시 조치를 즉시 해제해야 할 입장이었고 암살 계획을 서둘러 실행에 옮겼다.

1963년 10월 10일, CIA는 오스왈드가 멕시코시티 주재 소련 대사관과 접촉하고 있다는 정보를 FBI에 알렸다. 당시 FBI는 오스왈드에 대한 감시를 해제한 상태였다. 그 대신 FBI는 10월 10일에 CIA로부터 받은 오스왈드 관련 메시지를 기록으로 남겨두었다. 오스왈드가 가장 최근에 소련 대사관과 접촉했다는 CIA의 메시지는 케네디 대통령 암살 후 상당한 파장을 불러일으킬 만한 내용이었다. 따라서 메시지 기록은 암살 후 오스왈드에게 혐의를 덮어씌우는 수단으로 이용할 수 있는 동시에, FBI 측에서는 암살 전 오스왈드에 대한 보안 경고를 하지 않아도 되는 일석이조의 효과를 누릴 수 있는 방법이었던 것이다. 이 계획은 암살 음모자들이 미국연방수사국인 FBI를 조종했다는 점에서 이들의 정보와 통제력이 얼마나 정교한지를 보여 주는 기발한 전략이었다. 케네디 대통령은 국내 사정을 훤히 알고 있고, 보이지는 않지만 막강한 권력을 가지고 있는 자들에게 살해된 것이다.

FBI 국장이었던 에드거 후버Edgar Hoover 조차도 이런 세력에 복종했다. 후버는 케네디 대통령 피격 후 FBI 소련첩보 담당 마빈 기슬링이 오스왈드에 대한 보안 감시를 해제했다는 사실을 알게 되자 기슬링을 견책하고 보호감호 조치를 취했다. 후버가 오스왈드에 관한 1급 지령을 무효화하라는 명령을 직접 내렸다는 증거는 없다. 오히려 후버는 기슬링의 조치에 매우 화가 나 있었던 듯하다. 후버는 분노에 차서 기슬링을 견책하는 문서를 썼다.

문서에는 '이 자를 시베리아로 보내버리겠다!'는 내용이 있는데 여기서 언급한 시베리아는 FBI 디트로이트 지부인 것으로 밝혀졌다. 후버가 언급한 내용을 살펴보면 후버는 FBI에서 자신의 권력을 온전하게 행사하지 못했다는 사실을 알 수 있다. 보이지 않는 권력에서 내려온 지시는 후버를 거치지 않은 채 전달되고 있었다. 후버가 미국에서의 CIA의 작전을 파악한 FBI 메모를 어떻게 비판했는지, 그리고 그 비판에는 어떤 흥미로운 사실이 드러나 있는지에 대해서는 이미 앞에서 확인했다. 이런 상황에서 후버는 FBI가 CIA에게 이용될 수 없다는 주장에 대해 회의적이었다. 후버는 의심스러워하며 "좋습니다. 하지만 나는 당신이 암살 음모에 가담하지 않았기를 바랍니다. 나는 CIA가 프랑스 간첩의 미국 활동에 대한 정보를 알려주지 않았던 일을 잊을 수 없습니다. 또한 오스왈드의 멕시코 여행에 대한 조작된 이야기에 대해서도 그의 이중적 행위에 대한 사례 두 가지만 달랑 들어 놓고 허위정보를 전한 사실도 잊을 수 없습니다"라고 썼다.

후버가 언급한 '조작된 이야기'란 CIA가 FBI에게 제공했던 허위정보를 뜻한다. 오스왈드가 친(親) 카스트로 선동가인 척하고 다녔다는 이중적 행태에 관한 이야기가 아니었다. 오히려 CIA가 배후 세력이 되어 협력 기관인 FBI에게 제공했던 조작된 이야기를 뜻하는 것이다. CIA가 FBI에게 제공했다는 오스왈드의 멕시코 여행에 관한 허위정보란 무엇이었을까?

1976년, 상원위원회는 CIA를 대상으로 실시한 조사에서 중요한 단서를 제공했다. 처치 위원회에서는 한 보고서에서 CIA가 1963년 9월 16일에 FBI에게 정보를 제공했다는 사실을 발견했으며, 그 내용은 다음과 같다.

　"CIA는 외국에서 쿠바공정위원회의 활동에 대한 대응책에 대해 심
사숙고 하고 있다. (중략) 또한 CIA는 허위정보를 제공할 생각도 하고
있다. 그런데 이 정보에는 일부 지역에서 지지를 얻고 있는 쿠바공정
위원회를 당황케 할 만한 내용이 있었다."

　CIA가 '허위정보'를 제공하려고 했던 '외국'은 멕시코임이 분명했다.
뉴올리언스와 인접한 멕시코에서 오스왈드는 그 해 여름 자신의 이름으
로 터무니없는 행동을 저질렀기 때문에 이미 쿠바공정위원회를 당황케
했다. 알다시피 오스왈드 혹은 오스왈드의 이름으로 행동한 누군가가
그 유명한 '오스왈드의 멕시코 여행'을 하려고 하고 있었다. 그러나 FBI
가 알게 된 것처럼 '오스왈드'의 멕시코 여행에는 쿠바공정위원회에 맞
서거나 당황케 하려는 것보다 훨씬 더 깊이 숨겨진 목적이 있었을 것이
다.

　CIA가 FBI에게 허위정보를 제공한 다음 날, 오스왈드 혹은 오스왈드
행세를 하고 다니는 자는 뉴올리언스에 있는 멕시코 영사관에서 여행자
카드를 받기 위해 줄을 서 있었다. 오스왈드 바로 앞에는 윌리엄 고넷
William Gaudet이라는 인물이 서 있었다. 고넷은 CIA에서 20년 이상을 비밀
리에 근무한 CIA 요원이었다. 그 당시 고넷은 오스왈드와 같은 시간에
멕시코로 갔다. CIA는 오스왈드 혹은 오스왈드 행세를 하고 다니는 자
를 또다시 멕시코 영사관으로 인도했다. 앞에서 본 것처럼 CIA는 '오스
왈드'가 쿠바 및 소련 대사관과 나누는 대화를 기록하고 있었다. 대화를

기록한 주된 목적은 오스왈드가 쿠바와 소련이 한통속이라는 점을 감안해 쿠바공정위원회의 신뢰를 떨어뜨리려는 것(이는 CIA가 FBI에게 제공한 허위정보에 포함된 내용이었다)이 아니었다. 곧 실행에 옮길 대통령 암살 계획에서 이 셋을 한꺼번에 희생양인 주범과 공범으로 삼는 것이 주된 목적이었다.

FBI의 마빈 기슬링은 CIA의 허위정보나 그와 유사하지만 기밀 리스트에서 제외된 보고서 때문에 오스왈드에 관한 1급 지령을 무효화했을 수도 있다. CIA에서 보고한 내용을 그대로 믿었다면 기슬링은 오스왈드가 단순히 쿠바공정위원회에 대응하기 위해 멕시코에서 위장 근무를 하고 있었던 것인 줄 알고 쉽게 속아 넘어갈 뻔했다. 오스왈드는 CIA 첩보원으로서 감시 대상자 목록에 오른 인물이 아니었으므로 오스왈드에 대한 보안 감시는 이미 해제되었다. 당시 오스왈드와 소련 간의 접촉은 연출된 것이었다. 그러나 댈러스에서 대통령 암살 사건이 발생한 후 이들을 희생양으로 이용하기 위해 기록으로 남겨둔 것일 수도 있다. 그러나 연방보안경보는 없었다. 연방보안경보가 울렸다면 FBI에서는 오스왈드를 주목했을 것이고, 따라서 댈러스 암살 사건도 사전에 방지할 수 있었을 것이다.

후버가 CIA의 '조작행위'를 알게 되었음에도 불구하고 FBI는 오스왈드, 고넷, CIA 간의 접촉을 은폐함으로써 계획을 계속 진행해 나갔다. 오스왈드의 멕시코 여행카드 번호는 824085였는데, FBI는 케네디 대통령 암살 후 그 앞 번호인 824084번 카드 소유자에 대한 기록을 찾을 수 없다고 주장했다. 1975년, 824084번 카드 소유자의 이름은 실수로 기밀 리스트에서 제외되었는데 그 카드 소유자가 바로 CIA 요원이었던 윌리엄 고뎃이었다.

독재적인 통제로 악명 높았던 에드거 후버도 대통령 암살 음모뿐만 아니라 그 후에 있을 사건을 은폐하는 문제에 대해서는 자신의 활동영역 안에서조차 더 강력한 권력에 굴복해야 했다. FBI보다 더 강력한 기관이 미국 정부 전반에 걸쳐 주요 메커니즘을 장악하고 있었다. 후버는 동료에게 이렇게 말했다. "사람들은 내가 아주 유력한 인물이라고 생각하지만 CIA와 관련된 일이라면 내가 할 수 있는 건 아무것도 없어."

베트남의 운명

1963년 8월 초, 베트남 전쟁에 항의한 최초의 시위가 조직적으로 발생했다. 뉴욕에서는 〈가톨릭 사역자〉지의 톰 커넬Tom Cornell과 크리스 컨스Chris Kearns가 맨해튼에 있는 남베트남 참관인 관저 앞에서 UN에 항의해 9일 동안 자발적으로 철야 농성을 벌였다.

이들은 '디엠Diem 정부를 위한 미군 병력지원을 중단할 것을 촉구한다'고 쓴 피켓을 들고 있었다. 시위 농성을 한 지 열흘째 되던 날, 커넬과 컨스는 〈가톨릭 사역자〉지와 기타 평화 집단에서 250명이 넘는 시위 참가자를 동원했고, ABC 뉴스에서 이들의 시위 장면을 방영했다. 케네디 대통령은 반전운동이 시작된 지 3개월 만에 마이크 맨스필드Mike Mansfield에게 베트남에서 미군을 완전히 철수할 계획이라고 밝혔다. 그렇다고 케네디가 처음부터 평화 운동의 선구자였던 것은 아니다. 케네디는 단지 맨스필드에게 미군이 전쟁에 연루돼 있는 상황을 종결시킬 의향을 밝힌 것에 지나지 않았다. 그렇다고 해서 케네디가 미군 철수를 실제로 착수한 시기가 최초의 반전 시위보다 뒤처진 것은 아니었다.

시위가 시작된 지 불과 두 달 만인 1963년 10월 11일, 케네디는 그 해 말에 미군 병력 천 명을 베트남에서 철수하라는 대통령령에 서명했다. 따라서 1965년 말에는 미군을 완전히 철수하는 것으로 예상되었다. 그러나 군부는 전반적으로 전쟁이 계속되기를 원하는 입장이었다. 그 시기에 케네디는 어떻게 전쟁을 종결시키려는 시도를 하게 됐을까? 케네디가 1963년 가을에 전쟁을 종결시키기 위한 작업은 문제가 되었다. 케네디의 모습은 마치 경기장에서 규칙을 어기면서까지 자신의 팀이 이기는 방향으로 이끌려는 감독의 자세와도 같았다. 그러나 케네디의 참모들은 대통령이 전쟁과 평화에 대해 이야기할 때 별로 귀담아 듣지 않았다.

케네디는 백악관에서뿐만 아니라 심지어 자신의 참모들에게조차도 점점 고립되고 있었던 것이 분명했다. 핵심층에서 진보적인 성향을 갖고 있는 구성원들조차도 케네디의 베트남 주둔 미군 철수라는 이단적인 생각을 아주 잠시나마 확인했지만 동의하지는 못했다.

존 케네스 갤브레이스John Kenneth Galbraith가 인정한 것처럼 케네디의 생각은 자신의 모든 구성원보다 늘 앞서 갔다. 그럼에도 불구하고 케네디 주변 인물들은 어쩔 수 없이 받아들여야 하는 진실을 알고 있었다. 즉, 케네디가 매우 신중한 태도를 유지하는 가운데 베트남에 주둔해 있는 미군 부대는 철수하길 원하는 반면 사이공에서의 쿠데타는 원하지 않는다는 사실 정도는 알고 있었다. 그러나 사이공 쿠데타의 경우 군 참모진이 강력하게 압박을 가하자 케네디는 마지못해 승인하게 되었던 것이다. 이들은 공산당을 물리치기 위해서는 전쟁에 앞서 쿠데타가 불가피하다고 생각했다. 반면에 케네디는 쿠데타가 일어나면 사태가 더욱 악화될 뿐이라는 점을 우려했다.

케네디는 동남아시아라는 전장을 이제는 완전히 잃어버렸다고 생각했던 것 같았다. 반공에 대한 열정으로 달아오르던 케네디 주변 인물들은 케네디의 이런 생각을 알게 되자 실망을 금치 못했다. 예를 들면 애버렐 해리먼Averell Harriman은 대통령의 신임을 받는 핵실험 금지 조약의 협상가로서 모스크바에서 활약한 인물이었다. 그랬던 그가 이제는 힐스먼, 포레스탈 및 CIA의 헬름스와 손을 잡고 쿠데타를 위해 자신이 할 수 있는 일은 다 하려고 했다. 우선 로지와 함께 케네디를 조종해 쿠데타를 지지하도록 함으로써 사이공 쿠데타를 실현하려고 애썼다. 이들은 곧 국가안보 보좌관 맥조지 번디MaGeorge Bundy와 뜻을 같이 했다.

맥조지 번디는 9월 11일에 로지에게서 디엠의 타도를 요구하는 전보를 받은 이후로 쿠데타를 지지했다. 이 시점에서 이들 모두는 디엠을 제거하기 위해 쿠데타를 최대한 빨리 시작해서 다음의 전쟁에서 승리할 수 있는지 케네디보다 더 잘 알고 있다고 확신했다. 이들은 케네디가 자신들의 행동을 보고 제정신으로 돌아오길 바랐다. 케네디의 참모 중 맥나마라와 로버트 케네디 외에는 미군 철수라는 전혀 생각하지도 못했던 방법을 고려한 사람은 아무도 없었다. 맥나마라는 비밀리에 대통령을 지지했고 로버트 케네디는 주요 회의에서 미군 철수 문제를 제기하기 시작했다. 그러나 케네디는 미군 철수라는 방법만을 생각해내기만 한 것이 아니었다. 이제는 모든 참모들이 이에 동의하도록 설득하려고 했다.

케네디가 숨 막히는 긴장 속에서 간신히 빠져나왔을 때, 자신이 신뢰할 수 있는 사람들에게 베트남에서 미군을 철수하겠다는 결심을 솔직하게 털어놓았다. 일전에 케네디는 캐나다를 방문했을 때 수상 레스터 피어슨Lester Pearson에게 베트남 주둔 미군 철수에 대한 조언을 구했다. 피어슨 수상은 미군이 베트남에서 '철수해야 한다'고 말했다. 피어슨 수상은 케네디의 공식적인 외교적 발언을 배제한 솔직한 생각에 감명을 받았다. 케네디는 워싱턴에 남아 있는 반(反) 철수 정서를 모두 무시하고 이렇게 말했다. "그건 어리석은 생각입니다. 그 정도는 다들 알고 있어요. 문제는 우리가 어떤 자세로 나가야 하느냐는 겁니다."

케네디는 이미 맥나마라와 함께 철수 시나리오를 구상해 놓았다. 그리고 그 해 가을에 베트남 주둔 미군 부대를 점진적으로 철수시키는 것을 시작으로 1965년에는 완전히 철수시킬 계획이었다. 케네디는 어떻게 하면 이 조치의 정당성을 정치적으로 입증할 수 있는지 고심하고 있었다.

케네디는 1964년에 선거가 끝나면 군대를 완전히 철수시키겠다는 계획을 마이크 맨스필드에게 이야기했다. 그리고 자신의 오랜 친구인 워싱턴 특파원이자 칼럼니스트 찰스 바틀릿Charles Bartlett에게도 자신의 변함없는 입장에 대해 솔직하게 말했다. "우리는 베트남에 머물 필요가 전혀 없어. 베트남에서 이길 승산이 전혀 없거든. 베트남인들은 우리를 미워하고 있고 미국의 끄나풀이라면 언제라도 추방하려고 하지. 하지만 난 베트남 같은 공산주의 국가의 평화를 포기할 수 없어. 평화를 이루고 나면 국민들은 나를 대통령으로 다시 뽑아줄 거야."

피어슨, 맨스필드, 바틀릿은 도저히 이길 승산이 없을 것만 같은 전쟁에서 미군을 철수하겠다는 케네디의 이야기를 그리 오랫동안 듣고 있지는 못했다. 민주당 대표 팁 오닐Tip O'Neill도 마찬가지였다.

케네디가 사망한 후, 오닐은 1963년 어느 가을, 케네디가 왜 자신을 대통령 집무실에 호출했는지 친구들에게 들려주고 싶어 했다. 대통령 집무실에서 두 사람은 의회의 상황과 댈러스 방문, 1964년 선거가 끝나면 베트남에서 미군을 철수시키는 문제에 대해 어떠한 생각을 가지고 있었는지에 대한 이야기를 나눴다.

또한 케네디는 하이애니스 항에서 오랜 친구에게 베트남 주둔 미군 철수에 대한 자신의 결정을 밝혔다. 1963년 10월 20일, 케네디는 하이애니스 항을 마지막으로 방문했을 때 이웃의 래리 뉴맨Larry Newman에게 말했다. "베트남 문제는 내 마음을 떠나지 않고 끊임없이 날 괴롭혀요. 내가 재선되면 우선 베트남에 있는 미군을 철수시킬 겁니다."

케네디는 자신이 이미 실행하기로 결정한 정치적 결단 때문에 난처한 입장에 처해 있다는 것을 다시 한 번 인정했다. "지금 당장은 정확히 어떻게 해야 할지 잘 모르겠습니다. 하지만 동남아시아에서 미군을 철수하는 일을 제1순위로 두고 있습니다. 이 문제에 관해서는 맥아더 장군과 드골 장군에게서 자문을 받아야겠습니다. 나는 우리 국민을 이런 식으로 먼 타국에서 지내도록 내버려두지 않을 겁니다. 베트남 전쟁에서 우리가 이길 승산이 없습니다. 따라서 나는 되도록 빨리 미군을 본국에 돌아오게 할 겁니다."

케네디는 해군사령관 데이비드 숍David Shoup에게도 같은 말을 했다. 숍은 케네디가 가장 신뢰하는 인물로서 베트남 전쟁은 순전히 덫이라고 확신하는 케네디의 생각에 힘을 실어 주었다. 숍 사령관에게 케네디는 동남아시아를 둘러본 다음 조언을 해달라고 부탁했다. 이에 숍은 대통령의 뜻에 따라 동남아시아를 둘러보고 이렇게 조언했다. "주 병력을 백만 명 이상 준비해 놓고 활용할 수 있는 상황이 아니라면 우리는 전쟁을 통제할 수 없게 되기 전에 미군을 베트남에서 철수해야 합니다."

11월 11일 아침, 케네디와 숍은 헌화를 하기 위해 백악관에서 만나 무명용사의 묘지 주변을 거닐고 있었다. 케네디는 전쟁에 참여한 미국 전사자들의 추모식이 끝난 후 숍에게 미군 부대를 베트남에서 철수하겠다고 말했다. 고(故) 데이비드 숍의 부인 졸라 숍Zola D. Shoup은 필자와의 인터뷰에서 이렇게 말했다. "데이비드가 집에 돌아와서 말했어요. 자기는 대통령이 미군 부대를 베트남에서 철수할 계획이라는 걸 알고 있다고요. 그로부터 2주 후 그 사람은 대통령이 잠들어 있는 알링턴 묘지 뒤를 걷고 있었죠."

케네디가 숍에게 철수 계획에 대해 말한 다음 날, 웨인 모스Wayne Morse 상원의원은 대통령과 교육 법안에 대해 의논하기 위해 백악관을 방문했다. 그러나 케네디는 교육 법안 이야기보다는 베트남에 대한 이야기를 하고 싶어 했다. 그때 케네디는 매우 격렬한 전쟁 비평가 같았다.

모스는 그동안 상원에서 케네디의 베트남 주둔 미군 철수 계획에 반대하는 발언을 계속해서 해왔다. 케네디는 CIA의 도청을 미연에 방지하기 위해 모스를 백악관 로즈 가든으로 불러서 말했다. "웨인, 난 당신이 베트남 정책에 대해 비판하는 내용이 틀림없이 옳다는 걸 알려주고 싶습니다. 하지만 이 사실을 명심하십시오. 나는 베트남에서의 당신의 생각이 어떠한지 입증하기 위해 집중적으로 검토하고 있습니다. 내가 검토를 마치면 당신을 불러서 하나하나 분석해보고 싶습니다."

모스는 이 말을 듣고 깜짝 놀라서 자신이 대통령의 계획에 반대하고 있다는 것을 알고 있는지 묻자 케네디는 말했다. "물론 알고 있습니다.

하지만 당신이 내 계획에 반대하는 것을 이해해 줄 거라는 기대는 하지 마십시오." 케네디는 자신이 한 말을 모스가 확실히 이해할 수 있도록 덧붙여 말했다. "웨인, 난 철수하기로 확실히 결정했습니다."

하지만 이 계획을 실행하기 위해서는 몇몇 참모의 지원이 필요했다. 대통령을 도울 만한 사람은 그의 측근과 몇몇의 참모들 뿐이었다. 베트남 전쟁을 종결시키겠다는 결정을 실행하기 위해 문제의 핵심으로 들어가 보니 과연 케네디가 알고 있는 상황 그대로였다. 정작 케네디를 도울 만한 행정부의 수뇌부들은 케네디가 원하는 대로 업무를 수행하지 않은 채 반대만 하고 있었다. 그 중에서는 특히 펜타곤 관계자들의 반대가 심했다. 케네디 역시 1964년 가을 선거에서 '당선된 후' 베트남 주둔 미군 철수 계획을 실행하기 위해서는 10월 11일에 발효된 국가안정보장조처에 관한 비망록National Security Action Memorandum 263호를 근거로 미군 철수 계획을 계속 진행하도록 보좌관들을 독려해야 한다는 것을 알고 있었다.

그래서 케네디는 댈러스를 방문하기 전날 마이클 포레스탈Michael Forrestal 보좌관을 따로 부른 것이다. 그러나 포레스탈은 케네디의 베트남 주둔 미군 철수 계획을 탐탁지 않게 여기는 보좌관 중 한 명이었다. 먼저 케네디는 포레스탈에게 '미국이 베트남 전쟁에서 승리할 확률은 1%에 불과하다'고 말했다. 그런 다음 모스와 솔직하게 대화를 나누면서 언급했던 내용을 실행할 수 있도록 준비해 달라고 부탁했다. 즉, 케네디는 이미 베트남에서 미군을 철수하겠다는 결정을 기정사실로 하고 행동하고 있었던 것이다. "우리 군이 왜 베트남에 들어갔는지, 우리가 취했던 행동들은 어떠했는지, 지금 우리가 할 수 있는 일은 무엇인지 등, 매우 완전하면서도 심층적으로 검토하고 싶습니다. 아울러 우리 군대가 이 시점에 꼭 베트남에 남아 있어야 하는지에 대해서도 생각해보고 싶습니다."

케네디는 베트남 주둔 미군 철수를 위해 '매우 완전하면서도 심층적인 검토'를 계획함으로써 포레스탈뿐만 아니라 자신의 결정을 탐탁지 않게 여기는 정부 관계자 전체를 자신의 계획에 합류시키려고 했다.

케네디는 이들을 진중하게 설득해 자신이 원하는 방향으로 돌아설 수 있게 해야 한다는 생각을 하고 있었다. 그래서 정부 관계자들이 소련과 쿠바뿐만 아니라 케네디 자신에게는 가장 시급한 베트남 문제, 즉 베트남 주둔 미군 철수라는 새로운 발상에 반응함으로써 자신이 원하는 방향으로 업무를 수행해 주길 바랐던 것이다.

9월부터 케네디의 철수 계획을 계속 진행하는 데 가장 큰 걸림돌이 되었던 것은 쿠데타를 촉구하는 헨리 캐벗 로지Henry Cabot Lodge 대사의 비협조적인 태도였다. 케네디와 러스크가 계속 요청하자 마침내 로지는 9월 9일에 디엠과 만났다. 디엠의 동생인 누Nhu를 베트남 정부에서 물러나게 해 최악의 상황을 벗어나자고 요청하기 위해서였다. 그러나 회담은 순조롭게 진행되지 못했다. 이런 상황에서 디엠을 대하는 로지의 거만한 태도는 도움이 되지 못했다. 그 당시 로지가 국무부에 보고한 내용에 따르면 "디엠의 '중세 시대적 인생관'은 고려할 가치가 없다"고 일축했다고 한다.

로지는 회담에 실패한 후 디엠과 대화할 것을 거부하고 다시 워싱턴의 최고통치자와 함께 '치킨 게임' 전략으로 되돌아갔다. 따라서 디엠은 미국의 요구에 항복하거나 쿠데타에 굴복해야 하는 상황이었다. 당시 로지는 쿠데타가 발생하기를 원했고 쿠데타는 불가피한 과정이라고 생각했다.

케네디는 다른 방책을 강력히 촉구했다. 9월 17일 케네디는 로지에게 전보를 보냈다. 일단 로지와 워싱턴에 있는 로지의 협력자들이 진행하고자하는 쿠데타 계획에 제동을 걸어달라는 내용이었다. "우리는 빠른 시일 내에 디엠 정부를 제거할 만한 적절한 기회를 찾지 못하고 있습니다. 따라서 당신이 최근에 보낸 메시지에서 제안한 대로 상황을 그런대로 개선시킬 수 있다는 보장이 있다면 그들에게 가할 수 있는 압력은 무엇이든지 적용해야 합니다. 그렇게 하면 단기적으로는 효과가 있을 거라고 생각합니다."

케네디는 로지에게 쿠데타 주도자보다는 외교관처럼 행동해 줄 것을 다시 한 번 간청하면서 디엠과의 대화에 진지하게 임해달라고 요청했다. "우리는 당신이 디엠과 할 말이 없기 때문에 대화를 계속하기를 꺼린다는 점을 알고 있습니다. 하지만 디엠과 대화를 하면 적어도 몇 가지 중요한 정보를 얻을 수 있을 것입니다. 그리고 그 정보는 아마도 디엠을 설득하는 데 영향력을 행사하는 수단이 될 수도 있다고 확신합니다. (중략) 서로 충돌하는 관계에서조차도 불합리한 행동을 하는 상대방을 논리적으로 설득하기 위해 시도하다 보면 오히려 그 사람의 장점도 많이 발견할 수 있으니까요."

그리고는 아직 발표하지 않은 이 중대한 문제에 대해 덧붙여 말했다. "하지만 이 문제는 당신이 판단하고 결정할 문제라는 걸 다시 한 번 말해두는 바입니다."

요컨대 케네디는 로지가 디엠에게 간청해 주기를 바랐던 것처럼 자신의 결정에 반대하는 로지에게 간청하고 있었던 것이다. 로지가 디엠과 대화하기를 거부하는 것이 '치킨 게임' 패러다임에 근거한 전략이라는 사실을 케네디는 알고 있었다. 케네디는 그 전략에 따른 문제점과 해결책까지도 파악하고 있었던 것이다. "서로 충돌하는 관계에서조차도 불합리한 행동을 하는 상대방을 논리적으로 설득하기 위해 시도하다 보면 오히려 그 사람의 장점도 많이 발견할 수 있으니까요."

케네디는 디엠에게 적용한 통찰력을 로지에게도 똑같이 적용했다. 그러나 로지가 바라던 대로 양국은 충돌하고 있었다. 케네디가 적장인 흐루시초프와의 회담에서 효과를 본 대화의 전략들을 모두 적용해 봐도 사이공 대사인 로지에게는 아무런 효과가 없었다. 따라서 결국 디엠에게서도 아무런 성과를 얻지 못했다. 로지는 대통령에게 즉시 답변했다. 디엠과 대화를 해달라는 대통령의 요청을 거절하고 '무 대응 정책'을 고수하겠다는 입장을 밝혔다. "어떤 신념으로 인해 우려를 낳거나 우리가 불리한 조건에 처해질 소지가 있는 경우에는 저는 '무 대응 정책'을 시행해 왔습니다."

그러나 케네디가 보낸 전보를 읽고 로지가 가장 마음이 상했던 점은 케네디가 로버트 맥나마라 국방부장관과 합참의장인 맥스웰 테일러 Maxwell Taylor 장군을 베트남에 보낼 계획이라고 발표했다는 사실이었다. 그렇게 하면 케네디와 디엠 사이에 거리를 두게 하려는 로지의 전략이 쓸모없어지기 때문에 로지는 그 계획에 반발했다. "외교적 필요성 때문에 디엠과 만나는 것을 고려할 때, 국방부장관과 테일러 장군이 나선다는 것은 디엠에 대한 저의 '무 대응 정책'은 효력을 상실할 것이 뻔합니다."

로지와 마찬가지로 베트남 관련 국무부의 자문단 애버렐 해리먼, 로저 힐스먼Roger Hilsman, 백악관 보좌관인 마이클 포레스탈은 맥나마라와 테일러를 베트남에 보내겠다는 대통령의 결정에 실망했다. 해리먼은 대통령의 결정을 듣고 포레스탈에게 전화해서 자신과 힐스먼은 대통령의 제안을 '재앙'이라고 생각한다고 말했다. 두 사람을 베트남에 보낸다는 것은 쿠데타를 추진하려는 자신들의 정책에 '반대'하는 것을 의미했기 때문이었다.

포레스탈은 비장한 태도로 해리먼의 의견에 동의했다. 그러나 케네디는 결정을 굳혔다. 베트남과 가장 밀접하게 연관된 국무부와 사이공 대사가 쿠데타를 자신들의 우선 정책으로 판단했던 것이다. 미국이 전면적인 중재에 투입할 군대를 단계적으로 확대하겠다는 정책 또한 케네디가 직접 세운 정책이 아니었다. 처음에는 맥스웰 테일러 합참의장이 추진하고 맥나마라 국방부장관이 지지한 정책이었는데 케네디가 그 정책에 반대하는 입장을 분명히 밝힐 때까지 계속 추진되었던 것이다. 베트남 주둔 미군 철수 계획에 따라 맥나마라와 테일러를 보내기로 결정을 하고 케네디는 베트남 계획을 계속 진행해 나갔다.

하지만 케네디는 방향 조정을 해나가야 했다. 그의 왼쪽에는 쿠데타를 일으킬 인물이 있었고, 오른쪽에는 전쟁을 일으킬 인물이 있었다. 그리고 양쪽 진영에는 CIA 요원인 리처드 헬름스Richard Helms가 있었다.

이들 모두에게는 자신들만의 베트남 정책이 있었기 때문에 대통령의 정책을 재앙으로 여겼다. 케네디는 맥나마라와 테일러의 베트남 방문계획에 반대하는 로지에게 전보를 보냈다. 케네디는 맥나마라와 테일러가 자신들에게 주어진 중대한 임무를 수행하는 데 있어서 적임자이며, 두 사람의 베트남 방문이 매우 절실하게 필요하다고 단호하게 말했다. 당시 로지와 헬름스를 비롯해 국무부에서 비교적 자유로운 사고방식을 가진 자문위원까지도 쿠데타를 원했다. 그러나 케네디는 단지 쿠데타를 미연에 방지하는 것이 '매우 절실해서' 맥나마라와 테일러가 임무를 수행하도록 계획했던 것만은 아니었다. 맥나마라와 테일러에게 임무를 부여한 것은 그 해 가을 베트남 주둔 미군 철수 작업에 착수하기 위한 기반을 다지는 데 의의가 있었다. 그러나 이것은 케네디만이 원하는 일이었다.

CIA의 베트남 통치

CIA가 남베트남 정부의 기반시설 문제로 남베트남과 얼마나 복잡하게 얽혀 있었는지에 대해서는 앞서 살펴보았다. 1962년 초, 윌리엄 콜비 William Colby 전 CIA 사이공 지국장은 이렇게 말했다. "우리 사이공 지국에서는 성 전체에서부터 농촌에 이르기까지 베트남 전역에서 현 정권에 반대하는 민간인 및 주요 군 사령관과 접촉하면서 영향력을 행사했습니다."

CIA는 최소 20개 정부 부처 내 41개 부서에 요원을 두었다. 그리고 전면에는 국제개발처AID가 있었다. 1963년 가을, 케네디가 미국을 베트남 전쟁에서 해방시키려고 할 때도 CIA는 통제력을 행사하는 가운데 계속해서 전쟁에 막대한 투자를 하고 있었다. 펜타곤에서조차 CIA가 비밀리에 수행하는 남베트남 정부에 대한 개입을 지원하고 있었다. CIA의 베트남 정부의 통치 상황을 확인하기 위해 디엠이 사이공의 지도자로 추대되었던 1954년으로 돌아가 보면, CIA는 사이공 정부의 치안부대에 자금을 대고 지원을 함으로써 사이공 정부 배후에서 막강한 힘을 발휘하고 있었다. 또한 CIA는 미군과 남베트남군의 요직에 첩보원을 심어 놓았다. 게다가 무장된 수만 명의 '몽족Hmong(미아오족Miao이라고도 함)'에게도 지원을 하고 있었다. CIA는 남베트남 정부에 더 깊숙이 개입함으로써 1963년에는 사실상 남베트남 정부를 통제했는데 이 사실을 깨달은 디엠과 누 형제는 분개했다. CIA에 대한 의존과 반발이 교차하는 현상은 베트남 정부라는 배를 침몰시키는 암초 역할을 했다.

미국 기자들은 CIA가 비밀리에 남베트남을 지배하는 실태를 세상에 공개하기 시작했다. 〈뉴욕 타임스〉지의 칼럼니스트인 아서 크록Arthur Krock은 CIA가 사이공에서 점점 악명이 높아지는 현상에 대해 논평했다. 1963년 10월 3일, 크록은 자신이 관찰한 사실을 칼럼을 쓰기 시작했는데 그 내용은 다음과 같다.

"베트남 발 특전 및 미국 신문, 워싱턴에서 출발한 기사는 CIA에 대해 매우 부정적인 입장을 취하고 있다. 행정부 내 CIA 관계자들과 긴밀히 접촉한 공보(公報) 기자들의 말에 따르면 현재 CIA는 거의 매일 신뢰성 면에서 우수한 평가를 받고 있다고 한다."

크록이 주로 예를 든 인물은 〈스크립스-호워드Scripps-Howard〉 신문의 리처드 스턴Richard Starnes 기자였다. 〈워싱턴 데일리 뉴스Washington Daily News〉지에 실린 스턴의 기사를 읽은 독자들은 충격을 받았다. 워싱턴에서는 '베트남에서 권력에 한없이 목말라하는 CIA는 어떤 모습일까'라는 자극적인 주제의 기사로 인해 현 정부가 곤란한 지경에 빠지게 되었다.

한편, 로지는 베트남에서 CIA가 계획하고 있는 불순한 정권 장악 시나리오에 대해 다음과 같이 반응함으로써 디엠을 타도하겠다는 자신의 야망에 힘을 실었다. 1963년 9월 13일, 로지는 딘 러스크Dean Rusk 국무부 장관에게 편지를 보내 오랫동안 CIA 요원으로 활약한 에드워드 랜스데일Edward Lansdale을 사이공으로 보낼 것을 요청했다. "내 감독 하에 이곳 정부의 변화에 관련된 미국과의 현안문제를 담당할 수 있도록 즉시 보내주십시오."

로지는 교착상태에 빠진 쿠데타를 '자신의 감독 하에서' 다시 추진하기 위해 랜스데일이 갖고 있는 '정권 교체 시나리오'에 대한 전문 지식을 공유하길 원했다. 로지는 랜스데일을 효율적으로 활용하기 위해 편지를 보냈다. "랜스데일에게는 부하 직원이 필요합니다. 따라서 대사관에 있는 현 CAS(미 정보통제실, CIA를 의미함) 사무국장인 존 리처드슨과 교체해서 CAS를 새롭게 맡아줄 것을 요청합니다."

그러나 CIA의 맥콘 국장은 그 요청을 거절했다. 로지는 리처드슨이 디엠과 너무 가깝게 지내는 것 같아 신경이 쓰였다. 그런데 때마침 리처드슨이 워싱턴에 소환되었다. 이는 로지가 바라던 바였다. 그리고 로지는 실질적으로 CIA 사이공 지국장 역할을 하고 있었다. 이제 로지는 루시언 커네인을 직접 관리할 수 있게 되었다. 커네인은 CIA 요원으로 디엠 정부에 반해 쿠데타를 꾸미고 있는 남베트남 장군들을 관리하고 있었다.

헬름스에게 있어서 로지가 디엠에 맞서 쿠데타를 획책하는 일에 전념하는 것은 아무런 문제가 없었다. 헬름스는 CIA 비밀작전 본부장으로서 로지와 같은 목적을 갖고 있는 인물이었다. 헬름스는 CIA가 케네디에게 쿠데타를 승인해 주도록 압력을 가하는 국무부와 뜻을 같이 할 때 해리 먼에게 말했다. "지금은 우리가 이를 악물고 견뎌내야 할 시기입니다."

헬름스는 쿠데타에 대한 로지와 국무부의 열의를 기꺼이 환영했다. 고의적이었든 아니었든 간에 로지는 CIA가 사이공에서의 쿠데타를 실행할 수 있도록 지원하는 동시에 워싱턴에서 또 다른 쿠데타를 일으키는 음모에도 일조하고 있었다.

케네디는 CIA와 군부 등이 전쟁을 확대하는 것을 실제로 원하고 있는 상황에서 미군을 베트남에서 철수시키는 작업을 어떻게 시작할 수 있을 것인가' 하는 문제에 대해 계속해서 골똘히 생각하고 있었다.

케네디는 펜타곤 내에서 자신의 믿을 수 있는 협력자는 충성스런 민간인 출신 로버트 맥나마라 국방부장관이라는 사실을 알고 있었다. 그러나 맥나마라는 케네디를 대신해서 업무를 수행하려 했으나 반대 세력들의 비협조적인 상황에 가로막혀 있었다. 맥나마라는 케네디가 원하는 대로 베트남 주둔 미군 철수 계획을 세우려고 했으나 군 장성들의 비협조 때문에 꼬박 일 년 동안 교착 상태에 빠졌다. 1963년 5월, 태평양 지구 사령부가 마침내 계획안을 내놓았을 때 맥나마라는 그 계획의 일정을 거부해야 했다. 그 계획대로라면 적어도 1년은 늦어질 것이기 때문이었다. 국방부장관이 계획을 더 신속하게 처리하라고 명령하자 합참의장은 또다시 머뭇거렸다. 그들은 8월 20일 맥나마라에게 편지를 썼다. "현재 베트남 정부와 정면으로 부딪치면서 발생한 정치적, 종교적 갈등이 완화될 때까지는 미군을 베트남에서 철수해서는 안 됩니다."

그들은 이제 10월 말까지 끌었던 철수 문제에 대해 어떤 결정이든 해

주길 원했다. 케네디는 전쟁의 무익함과 사망자 수가 증가하고 있다는 점을 인식하고 있었던 만큼 자신으로부터 신속한 철군 결정에 대한 압박을 받고 있었다. 하지만 오랫동안 기다린 끝에 미군 철수 작업을 시작할 수 있게 되었다. 펜타곤에서는 베트남 전쟁의 확대를 요구하고, 국무부에서는 CIA가 지원하는 쿠데타를 승인할 것을 요구하면서 케네디에게 압력을 가했다.

그러나 케네디는 이들의 요구와는 반대로 쿠데타 승인을 계속 미루는 동시에 미군 철수를 결정했다. 10월 2일, 맥나마라와 맥스웰 테일러가 베트남에서 돌아와 케네디에게 보고서를 전달했다. 그러나 케네디는 보고서에 포함된 권고사항이 무엇인지 이미 알고 있었다. 이 권고사항은 본래 케네디 자신에게서 나온 것이기 때문이다.

맥나마라와 테일러는 베트남에서 정보를 수집했고 관련 자료를 빅터 크룰락Victor Krulak장군의 펜타곤 사무실에 전보로 전달했다. 크룰락의 편집팀과 속기팀은 작업에 착수해 진상 조사를 위한 베트남 보고서를 종합했다. 보고서를 작성한 인물 중 하나였던 플레처 프로티Fletcher Prouty 대령에 의하면 크룰락은 대통령 및 로버트 케네디와 비밀리에 상의하기 위해 정기적으로 백악관을 방문했다고 한다. 크룰락의 사무실에서 보고서를 타이핑하는 작업을 마치자 보고서를 가죽 표지로 철해서 하와이에 송부했다. 그리고 맥나마라와 테일러는 베트남에서 돌아오는 도중에 이 보고서를 전달받았다. 이들은 워싱턴으로 돌아오는 길에 보고서를 검토한 후, 10월 2일 아침 백악관에 가서 케네디에게 제출했다. 케네디는 보고서에 있는 권고사항을 수락했는데 그 중에서도 1963년 말까지 미군 천 명을 베트남에서 철수시키라는 권고사항이 케네디에게는 가장 인상적이었다. 1963년에 수락된 미군 철수에 관한 권고사항은 '1965년 말까지 미군을 철수하겠다'는 케네디의 계획과 함께 1963년 10월 11일, 케네디의 국가안정보장조처에 관한 비망록NSAM 263호에 채택돼서 정부의 공식 정책이 되었다. 그러나 그 과정은 쉽지 않았다. 케네디는 맥나마라와 테일러의 보고서에 대해 논의하기 위해 10월 2일 저녁에 국가안전보장회의를 소집했다. 맥나마라는 "국방부가 올해 말까지 미군 천 명을 철수하는 것을 시작으로 1965년 말까지 미군을 전원 철수하겠다는 계획을 발표하자 보고서의 권고사항을 둘러싸고 열띤 논쟁이 벌어졌습니다. (중략) 일단 논의가 시작되자 우리는 그 권고사항을 놓고 논쟁해야 했습니다"라고 말했다.

국가안전보장회의 구성원 대다수가 미군 철수에 반대한 것은 놀랄 일도 아니었다. 케네디는 다음 문장 서문에 '올해 말까지'라는 중요한 문구를 넣는 것을 망설이면서 이렇게 말했다. "미국의 베트남 군사훈련 프로그램은 미군 천 명을 철수할 수 있는 곳에서 진행했어야 했습니다. 만일 올해 말까지 이 조치를 취하지 못할 경우 우리는 지나치게 낙관적이라고 비난받을 것입니다."

맥나마라는 시간을 올해 말까지로 한정지은 것에 찬성하면서 "우리가 베트남에서 영원히 빠져나오지 않는다면 풀브라이트Fulbright 상원 의원 및 다른 이들이 쾌재를 부를 것입니다"라고 말했다.

케네디는 국가안전보장회의 대다수의 의견을 우회하고 자신의 의견을 반영해 보고서에 포함시킨 미군 철수 권고사항을 지지했다. 그는 또한 철수 계획에 대해서는 회의에서 '최종적으로 확정한 후' 공식 발표를 해야 한다는 맥나마라의 의견에도 동의했다. 맥나마라가 백악관 출입기자들에게 베트남 주둔 미군 철수 계획 소식을 알려주기 위해 회의실을 나서려고 할 때 케네디는 맥나마라를 급히 불러 말했다. "헬리콥터 조종사 전원에게도 이 계획에 대해 알려주십시오."

그리고 나서 9일 후 케네디는 NSAM 263호에 서명했다. 그 결과 맥나마라와 테일러가 제기한 '1963년 말까지 미군 천 명을 철수하고 1965년 말까지 미군 대부분을 철수 한다'는 내용의 권고사항은 정부 정책으로 공식화되었다.

그들만의 전쟁

케네디는 미군 철수 문제의 정치적 정당성을 어떻게 입증할 것인지 여전히 망설였다. CIA와 군 정보국이 베트남에서 보고한 내용에서는 낙관적인 태도를 유지하고 있었다. 하지만 케네디는 진실을 간파하고 있었고 그렇게 되기까지는 맥아더, 갤브레이스 맨스필드의 공이 컸다. 케네디는 찰스 바틀릿에게 이렇게 말한 적이 있다. "우리가 간절히 원하는 건 미군이 베트남에 머물러 있는 것도, 베트남 전쟁에서 승리하는 것도 아닙니다." 케네디는 전쟁을 지지하는 세력이 전쟁의 정당성을 입증하기 위해 보고서 내용상으로는 낙관적인 태도를 취하고 있지만 이는 잘못된 태도라는 것을 알고 있었다. 뿐만 아니라 케네디는 이런 잘못된 보고를 능수능란하게 이용해 미군 철수의 정당성을 입증하는 일에 속도를 붙였다. 케네디는 피그스 만 사건에서의 경험을 바탕으로 정보국에서 허위정보를 제공했을 때도 쉽게 속아 넘어가지 않았다. 케네디는 갑자기 조작된 베트남 관련정보 보고 내용이 들어오고 있다는 것을 감지했고, 이제는 오히려 정보국에서 제공하는 허위 보고의 원래 목적을 바꾸어 미군 철수 계획의 정당성을 입증하는 데 이용하고 있었다.

이들이 보다 현실적으로 태도를 바꿔서 베트남을 공격하겠다고 압박한다면 케네디는 또다시 그들의 태도를 바꾸게 할 필요가 있었다. 미군 철수를 단계적으로 확대해야 하는 이유를 새로운 논쟁의 근거로 이용해서 말이다. 따라서 미군 철수 정책을 공식적으로 발표함으로써 확정하는 편이 바람직하다는 맥나마라의 의견에 케네디가 동의할 것인지, 아닐 것인지 갈등을 빚은 상황을 이해할 수 있다. 전장에서 전달해온 보고 내용이 최악의 상황으로 돌변한다면 미군 철수 정책의 정치적 정당성을 바꿔야 할지도 모를 수도 있기 때문이다.

그래서 케네디는 NSAM 263호를 발효할 때 '1963년 말까지 미군 천 명을 베트남에서 철수한다는 계획의 실행에 대해서는 공식적으로 발표하지 말라'고 지시했다. 그러나 케네디가 미군 철수 정책을 발표하는 조치에 동의하자 백악관에서는 10월 2일 회의가 끝난 후 미군 철수에 대한 내용을 발표했다. 그 결과 발표 내용은 〈뉴욕 타임스〉와 국방일보인 〈성조Pacific Stars and Stripes〉지 1면 머리기사에 실렸다. 게다가 케네디는 NSAM 263호에 서명함으로써 철수 계획을 실행할 것을 명령했다. 그러나 케네디는 '이때쯤이면 CIA와 군부가 자신들의 보고 내용을 긍정적인 입장에서 부정적인 입장으로 바꿔 케네디의 미군 철수 계획을 막으려 한다는 것을 감지하고 있었다.' 그래서 선거해가 가까워짐에 따라 케네디는 미군 철수의 정당성을 설명하면서 반대 세력들에게 계속 경고하고 있었다. 케네디는 또한 자신이 이미 계획한 미군 철수에 대해 공식적으로 반대하는 세력에게 둘러싸인 상황에서 자신의 방법으로 능숙하게 처리해야 했다.

9월 2일, 케네디는 TV에 출연해 월터 크롱카이트Walter Cronkite 앵커와 인터뷰를 했다. 크롱카이트 앵커가 물었다. "대통령 각하, 현재 우리가 하고 있는 유일한 무력 전쟁은 당연히 베트남 전쟁일 텐데요. 거기서 우리가 고전하고 있는 것이 분명한데 이 문제에 대해서 어떻게 생각하십니까?"

이에 대한 첫 번째 대답으로 케네디는 자신이 결정한 베트남 정책을 처음부터 지금까지 일관성 있게 유지하고 있다고 말했다. "정부가 국민들의 지지를 얻기 위해 더 노력하지 않는 한 베트남 전쟁에서 이길 수 있으리라고는 생각하지 않습니다. 결국 베트남 전쟁은 그들만의 전쟁입니다. 그들은 전쟁에서 승리하든지, 패하든지 해야 합니다. 우리는 그들을 도울 수 있고, 장비를 제공할 수 있고, 우리 측 사람을 고문으로 보내줄 수도 있지만 그들은 북베트남 사람들, 즉 공산당에 맞서 싸워 이겨야 합니다." 여기서 '결국 베트남 전쟁은 그들만의 전쟁'이라는 말로 미루어 보아 케네디는 이기든지 지든지 해야 할 이 전쟁은 미국의 전쟁이 아니라 남베트남과 북베트남의 전쟁이라고 줄곧 여기고 있었다는 것을 알 수 있다. 케네디는 또한 사이공 정부가 국민들의 지지를 얻기 위해 중요한 개혁을 하지 않으면 전쟁에서 승리할 수 없을 것이라고 말했다. 그러나 디엠도, 독재적인 성향의 후임통치자인 고 딘 누도 그런 변화를 허용하지 않았다. 베트남 정치의 현실 또한 미군 철수에 대한 명분이 될 수 있었다.

그러나 케네디는 미군 철수를 위해 NSAM 263호에 서명한지 9일 후인 10월 20일에 하이애니스 항에서 자신의 이웃 래리 뉴맨에게 했던 다음과 같은 말을 월터 크롱카이트에게는 하지 않았다. "이길 승산이 없는 전쟁에서 언제까지 머물 수 없기 때문에 나는 미군을 베트남에서 떠나게 할 겁니다."

9월 2일 케네디는 사실 그 전쟁은 '그들만의 전쟁'이지 우리의 전쟁이 아니라는 주제를 계속해서 언급했다. 반면에 미군 철수에 대해서는 반대한다고 크롱카이트에게 말했는데 그 태도는 방어적이고 이중적이었다. "결국 이 전쟁에서 이기고 지는 것은 베트남 사람들의 몫입니다. 우리가 할 수 있는 일이라고는 그들을 도와주는 게 전부고 그 점에 대해서는 확실하게 못박아두고 있습니다. 하지만 미군이 베트남에서 철수해야 한다고 말하는 사람들의 의견에는 동의하지 않습니다. 그렇게 되면 큰 실수를 저지르는 거니까요." 케네디는 베트남 전투에서 전사한 미국인 수를 양심상 47명이라고 말했지만 실제 전사자 수는 약 170명이었다.

케네디가 미군을 무의미한 전투에서 철수시키겠다는 결정을 하게 되기까지 배후에서 원동력이 돼 준 것은 미군 전사자들이었다. 케네디는 인터뷰에서 '미국이 어떠한 노력을 기울이는 것을 좋아하지 않는' 사람들과는 거리를 유지하려고 한다고 밝혔다. 자신이 그런 사람들 사이에 있다는 것을 알면서도 말이다. 그가 언급한 '어떠한 노력'이란 동남아시아에서 벌어지고 있는 전쟁, 즉 사상자는 서서히 증가하고 있지만 이길 승산은 없는 전쟁에서의 철수를 의미한다. 자신은 미군 철수에 동의하지 않으며, 미군 철수는 큰 실수라는 케네디의 주장은 새빨간 거짓말이 아니라면 방어적이고 기만적인 발언이었다.

케네디는 미군 철수에 동의할 뿐만 아니라 준비 중이라고 지난 봄부터 측근들에게 말해 왔다. 케네디는 크롱카이트와의 대화가 짐짓 논란을 일으킬 방향으로 진행되고 있다는 사실을 알고 있었지만 아직은 TV를 통해 전 국민에게 미군 철수를 발표할 준비가 되어 있지 않았다.

일주일 후 케네디는 또 다른 TV 앵커 쳇 헌틀리Chet Huntly 와 데이비드 브링클리David Brinkley와의 인터뷰에서 자신이 구상하고 있었던 철군 정책을 다시 한 번 부인했다. "나는 미군이 베트남에 머물러 있어야 한다고 생각합니다. 우리는 가능한 한 효과적인 방법으로 영향력을 행사하되 철수해서는 안 됩니다." 자신의 신념 및 의도와 모순되게 방어적으로 공식 발표를 함으로써 미군 철수 계획 승인과 관련해서 스스로 무덤을 판 꼴이 되었다.

케네디의 미군 철수 명령은 NSAM 263호로 공식화 되었으나 그가 암살당한 후 미궁 속으로 빠져버렸다. 미군 철수 계획을 실행에 옮기기로 합의했지만 정부에서 이를 은폐했고 케네디 자신이 공개적으로 부인한 인터뷰로 인해 모호해졌기 때문이다.

30년 후 NSAM 263호가 마침내 기밀 리스트에서 해제되자 회의론자들은 NSAM 263호의 진위 여부에 대해 의문을 제기할 수 있었다. NSAM 263호에 서명하기 불과 한 달 전에 미군 철수에 반대한다는 케네디의 공개 인터뷰를 인용하면서 의문을 제기한 것이다.

NSAM 263호로 미군 철수가 기정사실화 되었을 때에도 케네디는 자신의 삶이 몇 주 밖에 남지 않은 그 기간 동안 미군 철수 문제의 정치적 정당성을 어떻게 증명해야 할지 여전히 숙고하고 있었다. 케네디는 미군 철수가 가져올 결과로 불교 탄압의 확대를 경계했다. 불교 탄압은 디엠 정부를 궁지에 몰아넣고 있었기 때문이다. 결국 케네디는 역사에 길이 남을 중요한 정책, 즉 베트남 주둔 미군 철수 정책에 직접 서명함으로써 국민들에게 인정받을 기회가 있었지만 단기적인 정치적 이유 때문에 그 기회를 미뤘다. 결국 국민들에게 인정받기에는 시간이 그를 기다려주지 않았다.

케네디는 잘못된 판단으로 로지를 대사로 임명하면서 사이공의 쿠데타는 서서히 막이 오르기 시작했다. 일단 대통령 자문단이 케네디를 조종해서 8월 24일에 받은 전보를 승인하게 하면 쿠데타를 일으키겠다는 로지의 결정이 무게를 더 할 수 있었다. 그렇게 되면 케네디는 쿠데타 계획을 바꾸는 데 결코 성공하지 못할 상황이었다. 로지는 체계적인 방법으로 자신의 목표를 추구하고 있었다.

9월 14일, 로지는 사이공에서 자신의 오랜 친구이자 영향력 있는 기자인 조지프 알솝Joseph Alsop을 저녁 식사에 초대했다. 로지는 아직 대중에게 알려지지 않은 정보를 알솝에게 제공했고 그는 이 정보를 토대로 칼럼을 썼다. 그가 쓴 칼럼은 '매우 추잡한 일'이라는 제목으로 9월 18일자 〈워싱턴 포스트〉지를 비롯한 언론에 실려 세상을 놀라게 했다.

알솝의 논지는 북베트남 대표가 고 딘 누Ngo Dinh Nhu를 진지하게 설득하고 있다는 것이었다. 알솝과의 인터뷰에서 밝힌 내용에 따르면 고 딘 누는 '휴전을 위한 협상을 시작하기 위해' 미국 몰래 비밀 회담을 진행했었다고 했다. 여기서 누는 '그러나 협상을 해봤자 소용이 없었다'고 재빨리 덧붙여 말했다. 그러나 알솝이 쓴 칼럼은 고 딘 형제가 '우선 미국을 남베트남에서 추방한다'는 조건으로 사이공과 하노이 간의 휴전이 성사될 가능성이 농후하다는 인상을 남겼다.

베트남의 쿠데타 음모

몇 년 후, 남·북베트남 정부 중재자로 활동한 미에치슬라브 마넬리 Mieczyslaw Maneli 폴란드 대사가 밝힌 것처럼 알솝의 칼럼은 사실에 근거를 두고 있었다. 사이공과 하노이 간의 접촉은 잠정적이고 간접적인 것에 불과했지만 고 딘 누는 미국 정부를 위협하기 위해 고의로 양측에 대한 소문을 퍼뜨렸다. 그러나 로지는 알솝을 부추겨 그 소문을 근거로 '매우 추잡한 거래'를 쓰게 했고, 그 결과 고 딘 누의 전략은 역효과를 낳았다.

알솝이 쓴 칼럼에 따르면 워싱턴에서는 고 딘 형제에 맞서 쿠데타를 일으킬 것을 더욱 강력하게 촉구하고 있는 것이 확실했다고 한다. 냉전이라는 맥락에서 보면 미국의 반공주의 통치자들은 미국의 대의명분에 따라 권력을 행사해야 했다. 그럼에도 불구하고 이제는 대의명분을 저버리려고 하는듯한 태도는 실로 '매우 추잡한 거래'로 여겨졌다. CIA는 남베트남 장군들이 이미 사이공과 하노이 간의 관계를 의심하고 쿠데타를 추진하려는 음모를 꾸미고 있다는 사실을 알고 있었다. 트란 티엔 키엠 Tran Thien Khiem 장군은 CIA 사이공 지국에 "남베트남 장군들은 무슨 일이 있어도 고 딘 누의 계획에 동의하지는 않을 겁니다. 누는 북베트남과의 문제를 해결하고 나아가서는 라오스처럼 중립화하기 위해 움직일 거니까요"라고 말했다.

남베트남 장군들과 CIA는 케네디가 라오스 현지에서 '라오스의 중립화'를 성사시켰다는 것을 알고 있었다. 이에 장성들은 "고 딘 누는 평화를 지향하며 행동을 취하고 있습니다. 하지만 고 딘 누가 지향하는 평화는 케네디가 이미 라오스의 공산주의자들과 함께 이룩한 평화와 같은 성격입니다. 그리고 고 딘 누가 취하려는 행동으로 인해 남베트남에서는 쿠데타가 촉발될 것입니다"라고 말하며 CIA를 안심시키고 있었다.

9월 19일, 로지는 '디엠과 누와의 대화를 다시 시작해 달라'는 대통령의 제안을 거절하는 전보를 다시 한 번 보냈다. 실제로 고 딘 누와의 대화는 다시 시작하지도 못했다. 로지는 케네디에게 그 대화는 가망이 없다며 "솔직히 저는 고 딘 누의 마음을 실질적으로 변화시킬 여지를 전혀 발견하지 못했습니다"라고 말했다. 또한 대화보다 침묵이 낫다는 생각을 일관되게 하고 있었다는 것을 알 수 있다. "디엠과 누는 제가 침묵하고 있다는 점에 다소 신경을 쓰고 있는 것 같습니다."

그때 케네디는 새로 임명한 로지 대사를 믿을 수 없다는 사실을 깨달았다. 그래서 케네디는 쿠데타에 반대하는 맥나마라와 테일러를 베트남으로 보내 그곳의 상황을 파악하고 디엠과 만나보라고 했던 것이다.

CIA 및 남베트남 장군들과 함께 쿠데타를 일으키려는 로지의 계획을 진행하는 일은 맥나마라와 테일러의 임무로 인해 일단 제동이 걸렸다. 그러나 케네디의 목적은 이와 동시에 힐스먼이 로지에게 은밀히 편지를 보내게 함으로써 8월 24일에 받은 전보와 관련된 반대세력의 주장을 약화시키는 데 있었다. 힐스먼이 쓴 편지는 9월 23일에 사이공에 있는 로지에게 전달되었다. 편지를 전달한 인물은 맥나마라와 테일러의 임무 수행팀원이자 케네디의 보좌관, 힐스먼의 협력자이기도 한 마이클 포레스탈이었다. 힐스먼은 자신의 편지를 전달할 때만큼은 마이클 포레스탈이라는 믿을 만한 인물을 이용하고 있었다. 힐스먼은 로지에게 다음과 같은 내용의 편지를 보냈다.

"디엠에 맞서 쿠데타를 일으키겠다는 우리의 의견에 동조하는 세력이 점점 늘어나는 것 같습니다. 그리고 당신은 사이공에서, 우리는 국무부에서 각자의 주장을 고수한다면 남은 사람들도 동조할 것입니다. 마이크가 말하겠지만 우리의 결심은 단호합니다. 그만큼 전력을 다해 당신을 지원할 것입니다."

힐스먼은 편지를 보내 로지가 케네디의 목적을 변경하도록 부추겼다. 비밀 경로로 전달된 편지에는 케네디가 얼마나 고립된 상태인지 잘 나타나 있었다. 극동지역담당 보좌관인 포레스탈과 케네디의 베트남 자문위원인 힐스먼은 로지가 디엠에 맞서 쿠데타에 착수하도록 뒤에서 로지를 부추기고 있었던 것이다. 케네디는 정부를 통제할 능력을 잃어가고 있었다. 9월 초, 케네디는 자신도 모르는 사이에 쿠데타와 관련되어 처리해야 할 또 다른 중요한 결정이 있었다는 사실을 알게 되었다.

백악관에서는 대통령과 함께 회의를 하면서 남베트남의 경제를 지탱하고 있는 물품수입 프로그램Commodity Import Program을 중단시킬 것인지에 대해 논의하고 있었다. 이 결정은 베트남 문제에 지대한 영향을 미칠 사항이었다. AID 프로그램을 중단하면 베트남에서 디엠에 대항하는 쿠데타가 신속하게 촉발될 수 있었다. AID 국장인 데이비드 벨David Bell이 무심코 내뱉은 말로 인해 논쟁이 중단되었다.

"물품 지원 중단에 대해 논쟁해봤자 소용없는 짓입니다. 나는 이미 물품 지원을 중단했으니까요."

"뭘 했다고요?" 케네디가 물었다.

"물품 지원을 중단했다고 했습니다."

"도대체 누가 그렇게 하라고 시켰습니까?"

"아무도 시킨 적 없습니다. 그건 자율적인 정책이거든요. 우리에게 일을 의뢰하는 정부와 의견 차이가 있을 때마다 우리는 그렇게 합니다."

케네디는 경악한 나머지 고개를 흔들고는 벨에게 물었다.

"세상에, 당신이 무슨 짓을 했는지 아십니까?"

케네디는 데이비드 벨을 뚫어지게 쳐다보았으나 더 심각한 현실을 알게 되었다. "우리에게 일을 의뢰하는 정부와 의견 차이가 있을 때마다 우리는 그렇게 합니다." 이 말에서 CIA의 정책이 드러난 것이다. 케네디는 벨이 국장으로 있는 AID가 CIA의 앞잡이 노릇을 하고 있다는 사실을 알았다. 따라서 AID 책임자인 데이비드 벨이 CIA와 협의 없이 물품 지원을 '자율적'으로 중단하지는 않았을 것이다. CIA는 남베트남의 물품 지원을 중단함으로써 음모를 꾸미고 CIA의 지시를 기다리며 대기하고 있는 남베트남의 장성들뿐만 아니라 지도자 디엠에게도 강력한 메시지를 보내고 있었다. 무엇보다도 그 메시지는 대통령을 불신하고 있다는 것을 의미했다.

케네디는 막강한 세력에 의해 통제당하고 있었다. 이런 상황에서 그는 더 이상 한 나라의 대통령이 아니었다. CIA는 AID가 물품 수입 프로그램CIP을 중단하게 함으로써 케네디가 남베트남에서 쿠데타가 발생하는 상황을 피할 수 없게 만들었다. 지원 중단은 쿠데타를 일으키기 위해 정해 놓은 덫이었다. 남베트남 장군들은 '경제지원 중단은 미국 정부가 쿠데타를 일으키기 위해 자신들에게 보내는 신호가 되도록' 음모를 꾸몄고, CIA는 8월 말에 이 음모에 동의했다.

엘렌 해머Ellen Hammer가 쿠데타에 대해서 쓴 〈11월의 죽음*A Death in*

Novemver)이라는 책에서는 중대한 회의에 대해 설명하고 있다. 8월 29일 베트남에서는 로지의 주재 하에 1급 비밀 회의가 열렸다. CIA 요원이었던 루시언 커네인은 쿠데타를 이끈 즈엉 반 민Duong Van Minh 장군에게 단도직입적으로 물었다.

"미국 정부가 장군 여러분들의 쿠데타 계획을 진정으로 지원할 의향이 있다는 것을 암시하려면 어떤 신호를 보내면 되겠습니까?"

민 장군이 대답했다.

"디엠 정부에 대한 미국의 경제적 지원을 중단시켜 주십시오."

데이비드 벨이 백악관에서 '사실 디엠 정부에게 물품을 지원하는 것을 이미 중단했다'고 케네디에게 말한 지 12일이 지났다. 그러자 CIA는 베트남 장군들에게 쿠데타를 준비하라는 신호를 보냈다. 그렇게 미국 정부는 물품 지원을 중단함으로써 베트남 장군들의 음모를 지지하고 있다는 것을 공식적으로 확인시켜 주었다. 베트남 장군들은 그런 방향으로 쿠데타 계획이 진행된다는 것을 확실하게 알고 있었다. 이에 대해 마거리트 히긴스Marguerite Higgins 기자는 "반란을 지휘했던 장군들은 적어도 6명 이상이었다. 미국의 지원을 중단시킨 것은 미국이 디엠 정권을 타도하려는 계획을 진행하도록 설득한 결정적인 사건이었다고 한다"고 말했다.

민 장군은 "지원 중단은 우리 모두의 의심을 종식시켰습니다"라고 말했다. 그러자 육군참모총장이었던 트란 티엔 키엠 장군은 이렇게 말했다. "우리는 워싱턴에서 내린 지원 중단 결정을 베트남군이 미국과 디엠 중 한쪽을 선택해야 한다는 신호로 보았습니다."

지원이 중단되자 케네디는 선택의 기로에 서게 되었다. 하나는 디엠에게 가한 경제적 압력을 완화하는 것인데, 그렇게 하면 케네디가 디엠의 불교 탄압 행위를 묵인해 주는 것으로 받아들여질 여지가 있었다. 그렇지 않으면 사상자 수가 점점 늘어 가는 남베트남의 경제적 지원 중단 및 정부에 대한 지원 중단을 승인함으로써 쿠데타를 단계별로 진행하도록 하는 방법이 있었다.

케네디는 맥나마라와 테일러의 보고를 이용해 자신이 갇혀 있는 쿠데타라는 상자 속에서 빠져나갈 길을 모색했다. 케네디는 맥나마라와 테일러의 권고 사항을 승인했다. 권고 사항의 내용은 여전히 태도를 바꾸지 않는 디엠을 무조건 지원하는 것과 쿠데타를 적극적으로 추진하는 두 가지 방법 사이에서 중도를 지키자는 것이었다. 케네디가 지지한 이론적 차원의 중도는 '디엠 정부를 견제'하기 위해 '경제 지원과 병력 프로그램을 완전히 재개'하는 가운데, 선택적으로 압력을 행사할 경우에만 적용하도록 돼 있었다.

그러나 CIA에서 물품 수입 프로그램CIP을 중단함으로써 베트남 장군들에게 신호를 보내고, 로지도 쿠데타를 적극적으로 추진함에 따라 케네디가 시도하려고 했던 중도적인 정책은 대부분 수정되었다. 그러나 베트남 지원 중단 정책은 케네디가 디엠과의 대화에서 기울인 진실한 노력과 결합함으로써 변화될 조짐을 보이고 있었다. 따라서 케네디는 디엠이 불교 탄압을 중단하도록 설득함으로써 쿠데타를 피할 수 있는 여지가 아직 남아 있다는 실낱같은 희망을 갖고 있었다. 시기 또한 디엠 정권을 교체하기에 적절했다. 당시 디엠은 UN 진상 조사단에게 남베트남에 와서 불교 탄압 실태를 조사해 줄 것을 요청하기로 결정함으로써 그의 저항세력을 놀라게 했다.

10월 5일 백악관회의에서 케네디는 로지 대사가 디엠과의 협상에 개방적인 태도로 임해줄 것을 강조했다. "우리가 디엠에게 보내는 정치적 권고사항을 어렵고 완고한 요구처럼 생각하게 해서는 안 됩니다. 그리고 이 점에 대해서는 로지에게 보낼 지시문 초안에 명확하게 나타내야 합니다. 미국이 베트남에 압력을 가해서 얻고자 하는 가장 바람직한 결과는 디엠이 베트남과 미국 간의 전반적인 문제에 대해 로지와 진지하게 대화하게 하는 것입니다."

그런 다음 케네디는 같은 날 로지에게 전보를 보내 지시했다. "미국 정부에서 적절한 시기라는 판단이 서면 언제라도 미국이 디엠 정권을 다시 전면적으로 지원할 수 있도록 융통성 있는 태도를 유지해 주십시오."

그러면서 "우리는 베트남 정부와의 전면적인 협력 재개의 타당성을 입증할 수 있는 조치나 제반 문제를 지금 당장 판단하기를 원하는 것은 아닙니다"라는 조건을 덧붙였다.

그러나 로지가 디엠과 대면하면 '어렵고 완고한 요구'를 할 수가 있다. 하지만 케네디는 로지의 그 같은 생각을 원치 않았기 때문에 그런 조건을 붙였던 것 같다. 케네디는 로지가 디엠만큼이나 다루기 어려운 인물이라는 사실을 알고 있었기 때문에, 그 완강한 로지가 확고부동하게 고수하면서 분명하게 밝혀 온 '무 대응 정책'을 이해했다. 그러면서도 필요한 경우에는 로지가 디엠과 대화를 해 주기를 바랐다.

"디엠이 당신을 받아들이도록 베트남 정부에 대해 냉담한 태도를 취하는 조치는 정당하며 앞으로도 계속 그렇게 해야 합니다. 하지만 그 조치는 효과가 없을 수도 있습니다. 따라서 시간이 좀 더 지나면 당신은 디엠에게 가서 미국의 전반적인 정책을 반드시 이해시켜야 할지도 모릅니다."

딘 러스크 국무부장관은 케네디가 로지에게 지시한 내용을 도청하다가 고 딘 누 부부가 남베트남 정부의 개혁을 방해하는 요주의 인물이라는 사실을 알게 되었다. "아무리 구체적인 개혁이라도 베트남 측에서 개혁이 현실이라는 확신이 들게 할 정도로 인상적이고 상징적인 움직임이 없다면 영향을 거의 줄 수가 없습니다. 이는 현실적인 문제로서 정당성 여부를 떠나 권위주의의 상징인 고 딘 누의 영향력을 반감시킬 수 있는 방법 중에서도 실현 가능한 방법을 써야만 성공할 수 있다고 생각합니다."

로지는 대통령의 지시에 이의를 제기하지 않았다. 그리고는 러스크에게 전보로 회신했다. "고 딘 누의 역할을 제한하는 일은 실현 불가능할 것 같습니다. (중략) 그들의 의지와 반대되는 비폭력적인 수단으로는 누를 제거할 수 없습니다."

로지는 정치적 위기를 해결하기 위한 디엠과의 협상에서 희망이라고는 도저히 찾을 수 없었다. "누를 제거하거나 권력을 제한하는 것이 미국이 진정으로 원하는 유일한 방법이지만 현실적으로는 불가능합니다."

그러나 사실은 더 근본적인 문제가 있었다. 미국 정부 구성원 대부분은 디엠이 이 문제를 해결하기를 원했고, 그 중에서도 로지가 가장 간절히 원했다. 로지는 고 딘 형제가 어떻게든 권력을 상실할 것이라고 생각하고 있었다. 로지는 10월 7일자 전보를 통해 그렇게 생각하는 가장 근본적인 이유가 무엇인지 입증하는 데 전념했다. 그것은 불교 탄압의 위기보다 더 우려되는 문제였다. "사실 누는 '미국이 없어도 베트남은 잘 돌아갈 수 있고 그렇게 되도록 하고 싶다고 말합니다. 그가 원하는 건 헬리콥터를 동원한 병력과 돈뿐입니다. 하지만 미군의 지원은 절대 원하지 않습니다. 그가 한 말에 따르면 미군은 분명 게릴라전에서 싸울 능력이 없을 것이기 때문이라고 합니다."

로지가 한 말의 핵심은 디엠과 누가 몇 개월 동안 주장했던 일, 즉 미국 정부에게 미군을 베트남에서 철수해 달라는 요청을 거의 실행에 옮길 뻔 했다는 것이다. 로지는 철수 요청과 쿠데타를 불길한 관계로 연결하면서 케네디의 의견에 반박하는 것으로 결론을 맺었다. "철수 요청으로 인해 쿠데타가 발생할 가능성이 높아지고 있다는 것을 생각해야 합니다. 즉, 철수를 시작하면 쿠데타를 유발할 수 있을지도 모릅니다."

로지는 케네디를 궁지로 몰았다. 케네디가 베트남에서 미군 철수를 개시하라고 비장하게 명령을 내린 바로 그 때, 로지는 대통령에게 경고했다. 로지는 케네디에게 디엠과 누 역시 사이공에서 미군을 철수할 것을 요청하고 있으며, 그렇게 된다면 쿠데타가 촉발될 수 있다고 말했다. 하지만 사실은 로지가 쿠데타를 조장하고 있었던 것이다.

〈워싱턴 데일리 뉴스〉지 리처드 스턴 기자는 로지가 전보를 보내기 불과 5일 전, 베트남에서 CIA가 느끼는 '권력에 대한 무한한 갈증'에 대해 경고하는 기사를 써서 CIA의 권력욕에 대해 언급했다. 스턴이 인용한 말에 따르면 '어떤 미국 고위 간부는 사이공에서의 CIA의 성장을 암세포에 비유했다. 그러면서 백악관에서조차 CIA를 더 이상 통제할 수 없을 것이라는 확신이 든다'고 했다.

케네디는 스턴이 쓴 기사를 자세히 읽었다. 그리고는 불안한 나머지 10월 2일 국가안전보장회의에서 이 문제를 제기하면서 "오늘 〈워싱턴

데일리 뉴스〉지에 실린 기사 중에 CIA에 대해 공격적인 태도로 쓴 기사가 있었습니다. 그 기사 내용에 대해 내가 공개성명을 통해 뭐라고 말해야 하겠습니까?"라고 물었다.

케네디는 그 기사에 대해 아무 말도 하지 않기로 결정했지만 그 기사는 그의 마음을 흔들어 놓았다. 스턴은 또 다른 익명의 미국 고위 간부가 한 말도 인용했는데, 그 고위 간부의 말에 따르면 CIA가 워싱턴에서 또 다른 쿠데타를 일으킬 수도 있다고 했다. 케네디 암살 사건이 일어나기 한 달 전에 그 고위 간부가 한 말은 마치 예언과도 같았다. "미국이 〈5월의 7일간〉을 겪는 상황이 발생한다면 쿠데타를 일으키는 것은 펜타곤이 아닌 CIA가 될 것입니다."

5일 후 로지가 보낸 전보 내용을 생각해 보면 케네디는 '사이공에서 이런 경고를 한 그 익명의 고위 간부는 로지가 아니었을까?'하고 의심해 보았을지도 모른다. 로지가 케네디에게 미군 철수를 시작하면 사이공 쿠데타가 일어날지도 모른다고 경고한 전보 내용에는 워싱턴 쿠데타도 함축돼 있었던 것일까?

베트남 정책에 대한 정부의 지지를 얻기 위해 노력하는 과정에서 케네디는 자신이 CIA와 또 다른 전쟁을 하고 있다는 사실을 알게 되었다.

케네디는 국제개발처AID에게 뒤통수를 맞은 것처럼 CIA의 보이지 않는 거대한 권력의 실체를 경험하고 있었던 것이다. 케네디는 무슨 일이 일어나고 있는지 확실히 알 수 있었다. AID가 CIA 전면에 있다는 사실이었다.

그러나 CIA 전면에 섰던 세력 중에는 AID 외에도 눈에 띄지 않는 또 다른 세력도 있었다. 리처드 스턴은 케네디가 읽은 기사 내용과 관련해

CIA가 베트남을 장악한 사례를 추가로 폭로했다.

케네디가 그 기사와 관련해 국가안전보장회의에서 문제를 제기한 것을 보면 스턴의 기사, 즉 CIA가 베트남에서 하고 있는 일에 관한 추가 설명을 케네디가 얼마나 심각하게 받아들였을지 알 수 있다. 다음은 스턴이 기사에서 인용한 CIA의 베트남 장악 사례다.

…CIA '첩자'(여기서는 첩보원이라는 일반적인 용어로 표현한다)는 사이공에 있는 미국인 공동체 곳곳에 침투해 이곳 사이공에서는 베트콩이 아닌 미국인들이 CIA 노이로제에 시달리는 지경에 이르렀다.

…전투에 참전한 경력이 있는 지역담당자는 '사이공 본부에서 식민 통치국 제복을 입고 있는 그 인물'에 대해 말하면서 분노를 표출했다. 지역담당자의 말에 의하면 "그는 CIA 요원인데 그를 보면 여기 미군 본부에서 그가 하는 일은 다른 미국인을 염탐하는 것이라는 생각밖에 들지 않는다"고 했다.

…사이공 지국장 존 리처드슨John Richardson과 그의 보좌관들 외에 이곳에서 CIA가 갖고 있는 힘이 어느 정도인지 알고 있는 사람은 거의 없지만 그 인원은 600명 정도인 것으로 알려져 있고, 대부분이 비밀 요원인 것으로 알려져 있다.(이하 생략)

첩자는 아닐 것으로 추정되는 한 고위 간부의 말에 의하면 '미 공보처, 미 원조사절단을 비롯한 이곳 경제 관련 기관 등, 모든 영역에 첩자들이 잠복해 있다'고 했다. 그 고위 간부는 '그들은 누구에게나 엄청난 권력을 행사하고 있다'는 설명도 덧붙였다.

CIA 권력의 배경

CIA는 1963년 가을까지 어떻게 사이공에 있는 미 정부기관에 첩보원을 배치해둘 수 있었을까? 케네디 암살 사건을 이해하는 것이 그 해답을 찾는 첫 번째 관문이다. CIA가 베트남을 장악한 과정은 케네디가 워싱턴에서 직면한 보다 광범위한 문제의 일부였기 때문이다.

케네디는 CIA가 최우선으로 여긴 반공보다 새롭게 깨달은 평화의 정치를 우선적으로 추진하기 위해 애썼다. 하지만 냉전의 산물은 새로운 무기를 끊임없이 만들어 냄으로써 케네디의 노력을 저지하고 있었다. CIA는 베트남에서 그랬던 것처럼 다른 나라 정부 부처에도 비밀요원을 배치해 관리하고 있었다. 이렇게 CIA는 조직이 확장되면서 AID가 물품 수입 프로그램CIP을 중단했을 때와 마찬가지로 자신들의 정책을 추진함으로써 케네디의 계획을 좌절시켰다. 그 결과, 마침내 쿠데타는 일어나고 말았다.

에드거 후버는 CIA가 FBI의 정책에도 개입함으로써 10월 중 가장 중요한 시기에 오스왈드에 대한 1급 지령을 무효화하고 케네디 암살 계획을 세우고 있었다는 사실을 알고 있었다. CIA 비밀요원이 어떻게 다른 정부 부처에도 암약하고 있었던 것일까?

CIA 요원이 급속도로 확산되기 시작했을 때, 그 중심에 있었던 인물이 바로 플레처 프로티L. Fletcher Prouty 대령이었다. 1955년 공군 본부에서는

2차 세계대전 때부터 육군 및 공군 사무국에서 근무한 경력이 있는 플레처 프로티 대령에게 지령을 내렸다. 펜타곤에 사무실을 개설해 CIA가 비밀리에 하는 작업을 지원할 병력을 제공해 달라는 것이었다. 그 결과 프로티 대령은 펜타곤에 있는 CIA 연락사무국의 책임자가 되었다.

앨런 덜레스 CIA 국장은 CIA의 실질적인 창시자였다. 덜레스는 50년대에 냉전에 반대한 국가들을 응징하기 위한 비밀 캠페인을 지원할 병력이 필요했다. 게다가 덜레스는 자신의 구성원에게조차도 자신의 계획에 대해 비밀을 지키고 자율성을 갖기를 원했다. 프로티의 업무는 CIA를 위해 워싱턴의 각 부처 밑에서 펜타곤을 지원하고 CIA의 계획을 철저하게 은폐하는 것이었다. 덜레스는 프로티가 따르기로 한 방법을 받아적고는 이렇게 말했다.

"저는 연락사무국을 만들고자 합니다. 우리가 해야 할 일이 무엇인지 분명히 정해져 있는 장소를 원합니다. 즉, 우리를 아주 잘 알고 있고 펜타곤에 접속할 수 있는 시스템이 갖추어진 사무국 말입니다. 하지만 그 시스템으로는 누가 요청했는지 알 수 없기 때문에 국방부장관이 요청한 거라고 생각하게 될 겁니다. 그게 CIA의 요청이라는 사실은 눈치 채지 못할 겁니다."

덜레스는 프로티가 군 내부에 있는 하위 사무국의 네트워크를 만들게 한 다음 미국 정부 전체를 연결하는 네트워크도 만들게 했다. 프로티가 네트워크를 만든 각 사무실에는 '허가된' CIA 요원이 투입되었다.

이 직원은 CIA에서 직접 지령을 받았지만 자신이 소속된 특정 사무국 및 정부기관의 지휘를 받으며 활동했다. 수십 년 후 프로티는 한 인터뷰에서 "CIA는 그런 식으로 '번식'함으로써 국무부, 관세청, 재무성, FBI, 정부 도처에서 백악관에 이르기까지 CIA 비밀요원으로 구성된 연결망을 만들었습니다. (중략) 그런 다음 그들이 있는 곳에 요원을 보내기 시작했는데 각 기관에서는 그들을 국방부에서 보낸 사람들이라고 생각했습니다. 그러나 실제로는 CIA에서 우리 사무국을 거쳐서 보낸 사람들이었던 겁니다"라고 말했다.

그 결과 1960년대 초 케네디가 대통령이 되었을 당시 CIA는 요원들로 구성된 비밀단체를 미국 정부 곳곳에 배치했다. 이 비밀단체는 앨런 덜레스가 이끄는 CIA를 제외하고는 그 누구도 알 수 없었고, 책임을 물을 수도 없었다. 케네디가 덜레스를 해고한 후에는 CIA 부국장 리처드 헬름스가 이 보이지 않는 거대 정부의 직속 사령관이 되었다. CIA의 극소수 핵심층을 제외하고는 아무도 이 일급비밀정보 네트워크의 존재조차 알지 못했기 때문에 그 배후에 철저하게 가려져 있는 핵심의 정체는 더더욱 알 리가 없었다. 덜레스가 말한 것처럼 CIA 연락사무국은 강력하지만 눈에 보이지 않는 또 다른 정부를 기존의 정부 안에 구성했다. 덜레스가 지명한 인물들은 CIA에서 비밀작업을 도와달라고 지시하면 철저하게 복종했고 신속하게 행동했다.

케네디는 영국 대사의 아들로서 하원 및 상원에서 정치의 경험을 쌓아가면서 앞으로 자신이 대통령이 되면 이전과는 다른 방법으로 정치를 해 나가겠다는 생각을 가지게 되었다. 그러나 케네디가 CIA와의 갈등에서 느꼈던 것처럼 냉전 체제에서 CIA의 권력이 얼마나 막강하고 광범위해졌는지 알려주는 사람은 아무도 없었다. 미국 정부 표면 아래에서

CIA의 세력은 광범위하게 확산돼 있었고, 케네디의 백악관 직원까지도 CIA 세력에 포함돼 있는 것이 거의 확실했다. 케네디는 죽기 몇 달 전에야 내부의 적이 자신을 가로막고 있었다는 사실을 알았다. 케네디를 둘러싸고 있었던 적은 생각보다 많았다.

10월 24일, 쿠데타 음모를 꾸민 트란 반 돈Tran Van Don 장군은 루시언 커네인에게 사이공 쿠데타가 임박했음을 알렸다. 쿠데타는 늦어도 11월 2일에는 일어날 예정이었다. 커네인과 CIA는 이 소식을 로지에게 전했고 로지는 이 소식을 국무부에 전했다. 같은 날 남베트남 불교 탄압 실태 조사를 위한 UN 진상조사단이 사이공을 방문하자 고 딘 디엠 대통령이 이들을 환영했다. UN 진상조사단은 줄곧 베트남에 머물러 정보를 수집할 예정이었는데, 이 시기는 다음 주에 진행될 디엠 대통령 암살 사건과 맞물려졌다.

또한 10월 24일에 디엠 대통령은 로지 대사를 초청했다. 3일 후, 두 사람은 함께 시간을 보냈다. 로지는 디엠이 자신과의 대화를 진정으로 원하는 것 같았기에 디엠의 초청을 수락했다. 국무부에서는 로지에게 전보를 보내 곧 있을 디엠과의 대화와 관련해 로지를 독려했다. "디엠이 당신을 초청했다는 것은 결국 당신에게 다가서기로 결정했다는 뜻일지도 모릅니다.(중략) 알다시피 우리는 디엠의 태도에 따라 건설적인 변화가 이루어질 수도 있다는 전망을 시험해볼 수 있는 기회를 놓치고 싶지 않습니다."

10월 27일, 로지와 디엠과의 대화로 인해 또 다른 대치 상태로 접어들게 되었다. 로지는 미국을 대표해서 디엠과 나눈 이야기를 딘 러스크에게 보고했다. "우리는 우리의 전통과 이상에 위배되는 전체주의적 행동을 용납해야 하는 매우 난처한 입장에 처하는 것을 원치 않습니다. 누차 말했다시피 저는 디엠이 우리에게 원하는 게 뭔지 물었습니다. 이 질문에 대해 디엠이 몇 번씩 되풀이한 반응은 멍하니 있거나 화제를 바꾸는 것이었습니다. 아니면 'je ne vais pas servir(나는 당신들을 돕지 않겠다)'라고 대답하는 것이었는데 저는 그 말을 이해할 수가 없었습니다. 디엠은 '돕겠다servir'는 뜻보다는 '양보하겠다ceder'는 뜻으로 말한 것이 분명합니다. 즉, 항복하지 않겠다는 뜻이죠. 디엠은 '베트남 사람들은 독특한 개성이 있어 분노하면 이상한 행동을 할 수도 있다'고 경고했습니다."

로지는 프랑스어가 유창했다. 디엠은 "Je ne vais pas servir", 즉 "나는 당신들을 돕지 않겠다"고 재차 말했다. 로지가 이 말을 이해하지 못한 까닭은 프랑스어를 몰라서가 아니라 디엠을 이해할 수 없었기 때문이었다. 디엠의 관점에서 보면 그는 미국의 이익에 기여하는 것을 원칙적으로 거부하고 있었다. 즉 디엠에게는 거만한 미국 정치가로 보인 로지가 자신에게 명령하는 것을 거부하고 있었던 것이다. 로지는 디엠에게 끊임없이 물었다.

"당신이 우리를 위해서 할 수 있는 일을 제안해 주시겠습니까?"

이에 디엠은 매우 솔직하게 대답했다.

"우린 당신들을 돕지 않을 겁니다."

디엠은 미국인 앞에서 굽실거리지 않을 태세였다. 로지는 이전에 러스크에게 보고했던 것처럼 디엠이 '그저 터무니없이 고집스러운'게 아니라는 것을 확신했다. 로지는 마치 '고집스럽게' 관행을 따르지 않는 흑인 소작인을 묵살하는 남부의 지주 같았다. 그렇기 때문에 로지는 디엠이 '당신들을 돕지 않겠다'라기보다는 '항복하지 않겠다'는 뜻으로 말한 것이 틀림없다고 생각한 것이다. 로지는 자신이 세운 전략에 따라 디엠을 "치킨 게임"의 비유나 정면충돌 시나리오 안에서 다루기 위해 원칙이 아닌 완고함이라는 방법을 준비했다. 로지는 디엠이 '전통과 이상에 위배되는 전체주의적 행동'을 하는 '그저 터무니없이 고집스러운' 사람이라고 생각했다. 디엠 대통령은 로지가 대표하는 미 정부와의 제국주의적 이해관계에 무조건적으로 복종하는 것은 거부했다. 심지어 디엠은 로지가 우려한 것처럼 미국을 베트남에서 쫓아내려고 생각하고 있는지도 모른다.

디엠은 로지가 원하는 대로 복종하는 하인이 되는 것을 거부하고 있었다. 그렇기 때문에 디엠이 로지에게 '베트남 사람들이 분개하면(호치민과 마찬가지로 디엠도 점점 이런 태도를 갖게 되었다) 이상한 행동을 할 수도 있다'고 말했던 것이다. 그러나 로지는 이 말도 이해할 수 없었다. 로지는 디엠이 줄곧 항복하지 않겠다는 뜻만 밝힌 것이라고 생각했지 그가 더 위험스러운 상황에 처했다는 생각은 하지 않았다. 로지는 디엠과 나눈 대화에 대해 설명할 때조차도 더 간단명료하게 말한 쪽은 디엠이었다고 했다. 디엠은 직설적으로 말했다. "CIA는 베트남 정부에 대한 음모를 꾸미고 있는 중입니다."

로지는 CIA가 디엠을 목표로 음모를 꾸미는 장군들과 소통하도록 지시하고 있는 시점에서 다음과 같이 대답했다. 그때 로지는 아마도 무표정한 얼굴을 하고 있었을 것이다.

"미국 정부 직원이 적절치 못한 행동을 했다는 사실이 증명이 되면 그 사람을 베트남에서 추방시키겠소."

로지는 러스크에게 전달한 보고서에 '디엠과의 대화는 자연스럽게 성사되었지만 디엠이 그의 관점을 바꿀 것이라는 희망이 그리 커 보이지는 않았다'고 결론지었다. 더 중요한 사실은 이들의 대화에서 로지가 디엠을 보는 관점을 바꿀 것이라는 희망도 그리 커 보이지는 않았다는 점이다. 로지의 마음이 갑자기 변하지 않는 한 그건 불가능했다. 로지가 실현하기 위해 그토록 애써 온 쿠데타가 이제 막 시작되려고 하고 있었다.

10월 30일 수요일, 함께 음모를 꾸미고 있었던 민, 돈, 딘, 키엠 장군 4인방은 사이공에 위치한 차이나타운 쩔런에 있는 사설 클럽에서 비밀리에 만났다. 그 때 베트남 장군들은 이틀 후에 시작될 반(反) 디엠 쿠데타를 진행하기 위해 최종 회담을 했다. 또한 10월 30일, 로지는 국무부에 전보를 보냈는데 이는 케네디가 말한 것과 상반되는 내용이었다. "우리에게는 쿠데타를 지연시키거나 저지할 힘이 없는 것 같습니다. 돈 장군은 '쿠데타는 베트남에서 해결할 문제'라고 수차례 분명히 밝혀 왔습니다. 그러나 이론적으로 볼 때 우리는 극비리에 입수한 정보를 디엠에게 줄 수는 있습니다. 그렇게 되면 쿠데타는 분명 중단되고 우리는 졸지에 반역자가 될 것입니다."

여기서 로지는 디엠이 아닌 쿠데타 주도자들에게만 '반역자'가 되는 것을 생각했다. 그러나 사실 로지는 이미 장군들의 대리인이 돼 있었다. 로지는 전날 백악관 회의에서 케네디의 부탁을 분명하게 거절했다. "우리는 모반한 베트남 장군들의 계획을 디엠에게 알려주는 방법으로 쿠데타를 좌절시킬 수 있습니다. 우리가 쿠데타를 주도한 베트남 장군들에게 했던 대화는 디엠에게 그들의 계획을 폭로할 때 결정타로 작용할 수 있습니다."

번디는 로지에게 전보를 쳐서 케네디의 입장을 전달했다. 케네디는 대통령의 권한으로 베트남 장군들을 중재해서 쿠데타를 막아야 한다고 주장했다. 반면에 중재해야 할 입장에 있었던 로지는 장군들을 중재해 봤자 소용이 없을 거라고 주장했다. 그러나 불과 이틀 전에 로지가 보고한 내용에 따르면 돈 장군은 사이공 공항에서 로지를 찾아내 'CIA의 루시언 커네인이 로지와 미국 정부를 대변할 권한이 있는지' 확인하려고 했다고 한다.

초조해하는 장군들에게 '미국은 베트남 장군 여러분을 실망시키지 않을 것이다'라고 알려서 마지막 순간에 안심시켜야 했다. 로지는 쿠데타를 막을 수 없을 것이라고 반론을 제기했다. 그럼에도 불구하고 케네디는 여전히 쿠데타를 막겠다고 주장하고 있지만 현실적으로 불가능하다는 것을 느끼고 있었다.

또한 장군들은 케네디가 이미 1965년 말까지 미군을 베트남에서 모두 철수시키려는 계획을 몸소 실행했다는 사실도 잘 알고 있었다. 그들은 케네디가 내린 철수 명령까지도 쿠데타를 일으킬 명분으로 이용하고 있었다. 로지는 "1965년에 미군이 모두 철수하기 전에 승리하는 방법은 현 정권을 바꾸는 것뿐이라고 돈 장군은 단호하게 말했습니다"라고 보고했다.

또한 보다 실용적인 관점에서 "베트남 장군들에게 받은 요청에 대해 말하자면 자신들의 적이 될 수도 있는 관계에 있는 우리에게 매수되는 마지막 순간에 자금을 요구하는 것도 무리는 아닙니다. 저는 조심스럽게 넘겨줄 수 있는 한도 내에서 그들에게 자금을 지원해야 한다고 확신합니다(이하 생략)"라고 보고했다.

시카고의 케네디 암살 음모

베트남 장군들이 사이공에서 자신들이 꾸민 음모를 확인하고 있을 때 FBI는 3일 후에 시카고에서 케네디를 암살하려는 음모가 진행된다는 것을 알게 되었다. 그런데 공교롭게도 디엠도 3일 안에 암살될 운명에 처해 있었다.

10월 30일 수요일, 시카고 비밀경호원들은 미 전략공군사령부 모리스 마르티뉴Maurice Martineau에게서 시카고 암살 음모에 대한 이야기를 들었다. 에이브러햄 볼든Abraham Bolden은 현재까지 살아 있는 요원 중 한 사람으로, 볼든은 대통령에 대한 경호가 허술했던 점에 반감을 품고 대통령 암살이 있기 2년 전 백악관 경호팀에서 제 발로 뛰쳐나왔다.

볼든은 지금도 케네디를 노린 시카고 음모에 관한 증언을 하느라 힘든 시간을 보내고 있을 것이다. 필자는 1998년~2004년 사이에 시카고의 사우스 사이드에 있는 그의 집을 일곱 번 방문해 인터뷰했던 기억이 뚜렷하게 남아 있다. 그의 부인 바바라 볼든은 천식을 앓다가 2005년 12월 27일, 70세의 나이에 자택에서 숨을 거두었다. 서로간의 믿음과 가족과 친구들의 사랑, 이들 부부를 지지하고, 지켜주는 사람들이 있어 볼든 부부는 인간의 상상을 초월하는 최악의 위협 속에서도 수십 년 동안 진실하게 살아갈 수 있었다.

미 전략공군사령부 마르티뉴는 시카고 비밀경호원들을 대상으로 케네디 암살 음모에 대해 브리핑을 했고, 내용을 들은 비밀경호원들은 경악을 금치 못했다. 3일 후, 즉 케네디가 오헤어 공항에 도착하는 시간인 11월 2일 토요일 오전 11시 40분에 만반의 준비를 시작했다. 토요일 오후에는 케네디가 솔저 필드Soldier Field에서 있을 육군 대 공군의 축구시합에 참석하기로 돼 있었다. 수요일 아침 9시, 마르티뉴는 사령부 요원들에게 '저격수 네 명이 고성능 소총으로 케네디를 저격할 계획을 세우고 있다는 정보를 FBI가 포착했다'고 말했다. 이들은 오헤어 공항에서 북서 고속도로를 타고 가다가 루프 지구로 진입하기로 예정된 대통령의 차량 행렬 이동 경로를 따라 매복하고 있다가 저격할 계획이었다. FBI에서는 이렇게 말했다. "불법 우익 무장단체 광신자들이 의심스럽습니다. 아마도 북서 고속도로에 있는 고가도로 중 한 군데에서 저격을 시도할 것입니다."

이들은 '리Lee'라는 인물에게 이 정보를 얻었다. '리'라는 이름의 정보 제공자는 누구였을까? 혹시 리 하비 오스왈드일까? 그 질문으로 되돌아가 보겠다. 다음 날 남부에 있는 모텔 여주인이 더 자세한 정보를 제공했다. 네 명의 남자들이 그녀에게 방을 빌리고 있었는데 그들 중 한 사람이 쓰던 방에서 라이플총 네 대를 발견한 것이다. 그 중 한 대는 망원조준기가 부착돼 있었고 신문에 실린 대통령의 이동경로 스케치와 함께 놓여 있었다. 그녀는 FBI에 신고했다. FBI는 마르티뉴에게 이제 모든 것이 비밀경호팀에 달려 있다고 말했다. 워싱턴 비밀경호팀 책임자인 제임스 로울리James Rowley는 마르티뉴에게 에드거 후버 FBI 국장이 사건을 이첩했다는 사실을 확인시켜 주었다. 하지만 그 문제는 비밀경호팀에서 담당한 문제였기 때문에 FBI는 케네디 암살 음모를 조사하거나 저지하는 일에 일체 관여할 수 없었다. 마르티뉴는 네 명의 남자들이 머무는 모텔을 감시하기 시작했다. 그는 이른바 음모와 연루된 네 명의 남자들의 사진을 자신의 요원들에게 넘겼다. 같은 시간에 지구 저편에서는 반란군의 탱크와 무리들이 사이공 거리를 지나 대통령궁으로 향할 준비를 하고 있었다.

시카고에서는 비밀경호원인 로이드 스톡스Lloyd Stocks가 용의자 중 두 명이 자동차로 이동하는 것을 발견했다. 용의자들이 모텔 뒤에 있는 골목으로 운전해 들어가자 스톡스도 따라 들어갔지만 그 골목이 막다른 골목이라는 사실을 깨달았을 때는 너무 늦었다. 이들은 자동차의 방향을 돌려 자신들이 들어왔던 길을 다시 빠져나갔던 것이다.

이들은 스톡스의 차를 간신히 지나쳐 갔다. 스톡스에게는 마치 자동차 무선 장치에서 마르티뉴로부터 온 메시지가 요란하게 울려대는 것처럼 불길한 순간이었다. 두 명의 남자들은 스톡스가 차를 몰고 빠른 속도로 달려오는 것을 보자 놀라서 재빨리 차를 몰았다. 스톡스는 마르티뉴에게 당시 상황에 대해 보고할 때 이들을 감시할 기회를 놓쳐서 원통한 심경을 토로했다.

이들은 금요일 아침 일찍 체포돼서 비밀경호본부에 끌려갔다. 이른 아침 스톡스가 두 용의자 중 한 명을 심문했고, 스톡스의 동료요원 로버트 모토Robert Motto는 또 다른 남자를 심문했다. 오늘날까지도 신원이 밝혀지지 않은 그 두 명의 용의자는 비협조적인 태도를 보였다. 심문을 하는 동안에도 공범인 나머지 두 남자는 아직 붙잡히지 않고 있었다. 케네디는 다음 날 시카고에 도착할 예정이었다.

11월 1일 금요일 아침, 사이공에서 반란군이 도시 바깥쪽에 모여들고 있을 때 로지 대사와 태평양 사령관인 해리 펠트Harry Felt 제독은 디엠과 만났다. 로지는 디엠이 '평소와는 달리 간단명료한 태도로' 말했다는 점에 주목했다. 그러나 로지는 간단명료하게 대답하지 않았다. 펠트는 디엠과 로지가 주고받은 대화에 주목했는데, 그 당시를 돌이켜 보면 대화는 쿠데타가 일어나기 3시간 전에 나눴던 것으로 볼 수 있다.

"나는 쿠데타가 일어날 것을 알고 있지만 누가 일으킬 것인지는 모르겠습니다." 디엠이 말했다.

"그 문제에 대해서는 아무것도 걱정할 필요가 없다고 생각하는데요." 로지는 모든 사실을 알고 있었기 때문에 이렇게 말하며 디엠을 안심시켰다.

펠트가 떠난 뒤 디엠은 로지와 15분 동안 또다시 이야기를 나눴다. 디엠은 로지에게 둘만의 시간을 갖자고 미리 요청했었다. 디엠이 로지 앞에서 또다시 미국을 비난하는 발언을 하자 로지는 자리에서 일어났다. 디엠으로서는 마음을 털어놓은 마지막 순간이었다. 디엠은 쿠데타가 임박했다는 사실을 알고 있었고 쿠데타 속에서 살아남기를 바랐다. 또한 로지가 주말에 워싱턴으로 돌아가 케네디와 상의할 계획이라는 것도 알고 있었다. 로지가 자리에서 일어나자 디엠은 분명히 말했다. "대통령께 제가 선량하고 솔직한 협력자라고 말씀해 주십시오. 아울러 우리가 모든 것을 잃기 전에 지금 더 솔직한 태도로 문제를 해결했으면 한다고 전해 주십시오. (로지가 디엠이 한 말을 국무부에 보고할 때는 '이 말은 쿠데타가 발생할 가능성과 관련이 있는 것 같습니다'라고 덧붙였다.) 저는 대통령의 모든 제안을 매우 진지하게 받아들일 것입니다. 그리고 그 제안을 실행하기를 원하지만 타이밍의 문제가 있다고 대통령께 전해 주십시오." (디엠이 헤어지면서 했던 말을 인용한 것이다.)

케네디는 디엠이 이렇게 대답하기를 기다려 왔고, 로지도 그 점에 대해서 인식하고 있었다. 로지는 전보를 보내 디엠의 발언에 대한 자신의 견해를 밝혔다. "디엠은 미국이 원한다면 우리는 미국과 일괄 교섭을 할 수 있을 거라고 생각한다는 입장이었습니다. 제가 워싱턴으로 돌아가면 유리한 조건이 될 수 있을 겁니다. 말하자면 디엠은 미국에서 원하는 것이 무엇인지 알려주면 우리는 그에 따르겠다고 말한 겁니다."

중요한 단계에 이르렀다. 마침내 디엠이 로지 대사를 통해 케네디에게 희망적으로 반응한 것이다. 로지는 디엠의 메시지를 워싱턴에 전달하면서 디엠의 반응을 지지한다는 견해를 밝혔다. 그러나 로지는 디엠이 케네디에게 전달한 메시지를 보고 내용 거의 끝부분을 대충 언급하고 넘어갔다. 로지와 디엠 간의 대화는 미국과 베트남 간의 갈등을 해결하는 돌파구가 될 수도 있었다. 하지만 로지는 이 대화에 관한 보고서를 오후 3시가 돼서야 제출했고, 그 시간은 이미 쿠데타가 시작된 지 한 시간 반이나 지난 후였다. 로지는 이 중대한 소식을 '1급 지령Critical Flash'보다 가능한 한 늦게 전달하기 위해 가장 느린 전달 수단인 전보로 전달하는 방법을 선택했다. 워싱턴에 이 메시지가 전달되면 그 즉시 모든 것이 바뀌질 수도 있었기 때문이다. 로지의 계략으로 인해 디엠이 케네디에게 보낸 긴급메시지 전달이 늦어졌다. 그 결과 메시지는 반란군이 대통령궁을 포위한 지 몇 시간이 지나서야 국무부에 도착했고, 이미 때는 너무 늦어 있었다.

또 한 명의 희생양, 토머스 아서 밸리

케네디 암살 사건이 11월 22일 댈러스가 아니라 11월 2일 시카고에서 발생했다면 오늘날 오스왈드는 아마도 알려지지 않았을 것이다. 그 대신 토머스 아서 밸리Thomas Arthur Vallee가 대통령 암살범으로 체포되어 신문의 지면을 장식했을 것이다. 3주 후에 댈러스에서 오스왈드가 그랬던 것처럼 시카고에서 진행될 케네디 암살 음모에는 토머스 아서 밸리가 희생양으로 선택됐다. 시카고 비밀경호원들 대부분은 11월 2일 대통령이 도착하기 전까지 네 명으로 구성된 저격수 팀원 전원의 위치를 추적하고 체포하기 위해 허둥댔다. 한편 두 명의 요원들은 또 다른 위험에 따른 조치를 취하고 있었다. 경호팀 사무실에는 탈퇴한 전 해병대원 밸리가 시카고에서 케네디를 살해하겠다고 협박했다는 정보도 들어왔다.

  정보 당국은 '존 버치 협회에서 탈퇴한' 해병대원이었던 밸리를 바로 추적할 수 있었다. 존 버치 협회는 반공 극우 단체였다. 또한 밸리는 혼자 있기를 좋아하고 편집성 정신분열증이 있으며 권총 수집가였던 것으로 알려졌다. 밸리는 소위 '단독범행자lone nut' 프로파일에 완벽하게 들어맞았다. 단독범행자 프로파일은 전 해병대원 리 하비 오스왈드의 특징을 규정짓는 데 이용되기도 했다.

  밸리를 감시하고 있었던 비밀경호원 두 명은 그가 방심하고 있는 사이에 북부에 있는 그의 셋방에 침입해 M-1개런드 소총, M-1카빈 소총과 탄약 2천 5백 발을 찾아냈다. 즉, 이들은 밸리에게 암살용의자라는 혐의를 덮어씌울만한 증거를 충분히 확보한 것이다. 그리고 11월 1일 금요일, 이들은 시카고 경찰서장인 로버트 린스키Robert Linsky에게 전화를 걸어 24시간 동안 밸리를 감시하라고 요청했다. 그리고 밸리가 '그 거리를 떠났는지' 물었던 것으로 알려졌다.

  밸리와 관련된 문제는 경험이 풍부한 경찰관 대니얼 그로스와 피터 슐라가 담당하게 되었다. 그로스와 슐라는 몇 시간 동안 밸리를 감시한 후

11월 2일 토요일 오전 9시 10분에 체포했는데 그 시각은 케네디의 오헤어 공항 도착 예정시간 2시간 30분 전이었다.

밸리가 남쪽으로 방향을 돌려 대통령의 차량 행렬 이동 경로로 향하자 그로스와 슐라는 웨스트 윌슨West Wilson의 노스 다멘 가 모퉁이에서 밸리가 운전하고 있는 차를 세웠다. 이들은 밸리가 방향지시등을 잘못 켰다는 것을 구실로 삼아 체포했다. 두 경찰관이 밸리의 앞좌석에 놓여 있는 사냥칼을 발견했을 때 이들은 밸리에게 무기소지죄도 추가했다. 더 놀랄만한 것은 밸리가 운전한 자동차 트렁크에서 탄환 3백 발을 찾아냈다는 사실이다.

처음에 그로스와 슐라는 밸리를 비밀경호 본부로 압송했다. 그리고는 미 전략공군사령부 모리스 마르티뉴의 사무실로 데리고 갔다. 마르티뉴는 밸리를 심문했다. 심문이 끝난 다음 경찰은 밸리를 시카고 교도소에 수감했다. 이들은 케네디가 시카고를 방문하기 전에 밸리를 검거하는 데 성공했다.

그러나 이들도 정보당국으로부터 들어서 이미 알고 있었지만 밸리는 위협적인 존재가 아니었다. 오히려 훨씬 더 큰 게임으로 옮겨가고 있는 체스의 폰과 같은 존재였다. 밸리가 정보기관과 연락을 취하고 있었다는 첫 번째 단서는 밸리가 운전한 1962년형 포드 팔콘에 붙어 있는 뉴욕 자동차번호판 31-10RF이었다. 케네디 암살 사건이 발생하고 며칠 후 시카고 NBC 뉴스에서는 밸리가 체포된 날이 케네디가 시카고를 방문하기로 한 날과 같은 날이라는 사실을 알렸다.

NBC 시카고 방송국 직원인 루크 크리스토퍼 헤스터Luke Christopher Hester는 자신의 장인이자 퇴직한 뉴욕시 경찰관인 휴 라킨Hugh Larkin에게 밸리의 자동차 번호판을 조회해달라고 부탁했다.

라킨은 뉴욕 경찰서에서 근무하는 자신의 친구들에게 그 자동차에 대한 조사를 해줄 수 있는지 물었다. 라킨의 친구들은 밸리의 자동차번호판에 관한 정보는 '유출할 수 없으며' FBI에게만 이 정보를 제공할 수 있다'고 대답했다. 결국 NBC 뉴스는 추가 정보를 얻을 수 없었다. 토머스 아서 밸리가 체포될 당시 운전하고 있었던 자동차의 번호판 등록을 분류하는 작업은 정보기관이 담당하는 것으로 제한되었다.

밸리를 체포한 시카고 경찰관 두 명, 즉 대니얼 그로스와 피터 슐라는 경찰 정보활동에서 중요한 역할을 담당하고 있었다. 1975년 한 기자가 밸리의 체포사건에 대해 피터 슐라와 인터뷰를 시도했으나 실패했다. 슐라는 시카고 경찰본부에서 정보과소속으로 있었는데 그 당시에는 그의 동료 대니얼 그로스의 정보과 경험이 슐라보다 많았고, 정보기관 내에서는 더 잘 알려져 있었다.

토머스 아서 밸리가 체포되고 6년이 지난 1969년 12월 4일 새벽 4시 30분, 그로스 경사는 부하들에게 흑표범단Black Panther의 리더 프레드 햄튼Fred Hampton과 마크 클라크Mark Clark가 사는 시카고 아파트에 잠입할 것을 지시했다. 1983년 경찰의 현장 급습에서 피신했던 일부 흑표범단 단원들과 햄튼의 가족들, 클라크는 연방, 주, 시카고 공무원과 대니얼 그로스가 소속된 시카고 경찰을 상대로 한 소송에서 보상금으로 185만 달러를 받았다. 그로스는 법정 선서를 했고 그로스가 이끈 경찰이 FBI의 구체적인 요청에 따라 프레드 햄튼과 마크 클라크를 급습한 사실을 인정했다.

노스이스턴 일리노이대학교Northeasten Illinois University의 댄 스턴Dan Stern

교수는 대니얼 그로스의 배경을 조사했다. 그 결과 대니얼 그로스가 특정 기간 동안 시카고 경찰서에서 워싱턴 D.C.로 가서 '특수훈련'을 받았다는 사실을 알게 되었다. 이에 스턴을 비롯한 조사관들은 그로스가 FBI와 CIA의 보호 하에 특수첩보훈련을 받았다고 믿었다. 스턴은 처음부터 쿠바공정위원회에 초점을 맞춰 "그로스는 결코 일반 시카고 경찰로 배정된 게 아니라 대적(對敵) 첩보활동에 줄곧 관여하기 위해 배정된 것이었다"고 분석했다. 스턴은 자신의 보고서에서 'CIA와 시카고 경찰은 매우 밀접했었다'고 결론지었다. 그리고 아마도 대니얼 그로스는 엄밀히 따지면 시카고 경찰로 일하는 한편 CIA를 위해 위장근무를 했을 것이라고 결론지었다.

한 기자가 그로스와 대면해 단도직입적으로 물었다. "당신은 CIA 요원입니까?" 그로스는 이 질문을 무시해 버렸다. 토머스 아서 밸리가 CIA의 정보원일 가능성이 있는 경찰에게 체포되었다면?

밸리의 과거에 대해 더 자세히 알아보기 위해 필자는 2004년 늦은 여름 시카고에서 간호사로 일하고 있는 밸리의 여동생 메리 밸리 포르티요Mary Vallee-Portillo와 이야기를 나눴다. 그녀는 16년 전에 세상을 떠난 자신의 오빠에 대한 기억을 떠올리며 이야기했다. 자신의 오빠를 '토미'라고 애틋하게 부르며 그가 당시 케네디 암살 용의자로 체포되었던 당시를 떠올리며 말했다. "오빠는 아마도 모함을 당했을 거예요. 철저하게 이용당한 거죠."

밸리는 삼남매 중 둘째로 두 살 위인 누나 마거릿과 세 살 아래인 여동생 메리와 함께 자랐다. 프랑스계 캐나다인인 밸리 가(家)는 시카고 북서부 지역에서 살았는데 이웃에는 독일계 아일랜드인 가정이 살고 있었다. 오빠에 대한 기억 중 메리에게 가장 뚜렷하게 남아 있는 기억은 오빠가 항상 사촌 형 마이크처럼 해병대원이 되고 싶어 했던 것이었다. "오빠는 해병대만을 꿈꿨어요."

밸리는 열다섯 살이 되던 해 자신의 꿈을 이루었다. 그는 집에서 나와 나이를 속이고 해병대에 입대했다. 밸리는 한국전쟁에 참전했다가 옆에서 박격포가 폭발하면서 부상을 당했다. 그 결과 뇌진탕 판정을 받았는데 이 사건은 그의 일생에 영향을 미쳤다. 케네디 암살 사건이 발생한 지 일주일 후, FBI에서는 텔레타이프로 밸리에 대해 진술했다. "정신 분열 증상이 있는 전 해병대원 토머스 아서 밸리는 예전에 정신과 치료를 받은 적이 있다. 이른바 정신이상 증세로 재향군인관리국으로부터 명백한 장애 판정을 받았다."

밸리는 열아홉 살이었던 1952년 11월에 해병대에서 해고된 후 새 차를 샀다. 그런데 며칠 후, 집 근처에 있는 바에서 술을 마시고 사고를 낸 바람에 그의 차는 박살이 났고, 밸리는 또 다시 끔찍한 뇌손상에 시달렸다. 그는 두 달 동안 혼수상태에 빠졌고 그의 아버지가 그의 곁을 지켰다. 밸리는 마침내 의식을 되찾았고, 완벽한 재활 프로그램을 통해 걷고 말하고 나이프와 포크를 잡는 방법 등을 다시 배웠다.

밸리는 퇴원해서 집에 돌아가자마자 생활에 필요한 기본적인 방법을 다시 익히고 있었다. 그런데 그 기간 중에 밸리의 아버지가 심장병으로 사망했다. 밸리의 삼촌은 그가 잘못된 행동을 해서 결국 아버지를 돌아가시게 만들었다며 밸리에게 아버지의 죽음에 대한 책임을 물었다. 메리는 오빠가 아버지의 죽음에 대해 죄책감을 크게 느끼고 있었다고 말했다. "사고 후 오빠는 두 번 다시 그런 행동을 하지 않았어요."

밸리는 건강이 아직 완전히 회복되지 않았음에도 불구하고 1955년 2월에 해병대에 재 입대했다. 또 다른 불안한 경험이었다. 밸리가 복무한 해병대 진료 기록에는 "매우 비정상적인 수준의 신경과민과 흥분 증상이 있어서 사람들과 대화를 나눌 수 없음. 또한 행동과잉 증상이 있어서 병영생활에 잘 적응하지 못함"이라고 기록돼 있었다.

밸리를 대상으로 폭넓은 정신 감정을 실시한 후 해병대에서는 "정신 분열증 반응, 편집증 유형 3003, 보통, 만성"으로 정신장애 진단을 내리고 1956년 9월에 그를 명예 퇴직시켰다. 밸리의 병무기록에는 더 자세한 내용이 있다. 병무기록에 따르면, 1956년 8월 6일 해병대에서는 시카고 근처에 있는 재향군인 병원에 장기간 입원을 요청했다고 한다.

결국 오스왈드는 밸리의 전철을 밟은 것이었다. 밸리에 대해 가장 적나라하게 폭로한 인터뷰가 있는데, 그가 보도기자인 에드윈 블랙에게 말한 내용에 의하면 해병대에서는 자신을 일본 오쓰 막사에 있는 U-2기지로 발령했다고 한다. 이에 따라 밸리는 CIA의 통제 하에서 근무하게 되었고 CIA에서는 U-2에 명령을 내렸다. 이는 오스왈드가 CIA의 통제 하에 일본에 있는 또 다른 CIA U-2기지에서 레이더 기사로 활동하게 된 것과 같은 상황이었다. 또한 밸리는 후에 자신이 롱아일랜드의 레빗타운 근처에 있는 막사에서 CIA와 함께 일하면서 카스트로를 암살하기 위해 쿠바인 망명자들을 훈련시키는 것을 도왔던 이야기도 했다.

오스왈드는 뉴올리언스 근처에 있는 폰차트레인 호수 옆에서 쿠바 망명자들을 대상으로 하는 CIA 훈련에 참여했다. 밸리가 오스왈드와 마찬가지로 CIA와 연결돼 있었다는 점은 케네디의 차량 행렬 이동 경로에 밸리가 어떻게 투입될 수 있었는지 설명하는 데 도움이 된다. 토머스 아서 밸리와 리 하비 오스왈드 두 사람은 몇 년 동안 CIA의 정보원으로 활동했고 케네디 암살 사건이 계획된 두 곳의 주요 현장인 시카고와 댈러스에서 차례대로 희생양이 되도록 계획되어 있었던 것이다.

1963년 8월 오스왈드가 케네디를 살해하기 위해 뉴올리언스에서 댈러스로 돌아갈 때, 밸리는 뉴욕시에서 시카고로 돌아갔다. 오스왈드가 케네디의 차량 행렬 이동 경로로 예정된 댈러스 거리에 있는 창고에서 근무하게 된 것처럼 밸리도 차량 행렬의 이동 경로로 예정된 시카고 거리에 있는 또 다른 창고에서 근무하게 되었다.

오스왈드가 뉴올리언스에서 여름을 보내기 전에 댈러스에서 인쇄업자로 일했던 것처럼 밸리도 시카고에서 인쇄업자로 일했다. 밸리는 시카고에 있는 웨스트 잭슨 625번 대로에 위치한 IPP 리토 플레이트Litho-Plate에 고용되었다. 필자는 부동산 중개인의 배려로 밸리가 1963년 11월에 근무했던 건물 지붕 위에 올라가볼 수 있었다. 웨스트 잭슨 625번 대로에서 본 풍경은 오스왈드가 댈러스에 있을 때 근무했던 텍사스 교과서 보관소 건물에서 본 풍경과 매우 비슷했다.

필자가 2001년 여름 웨스트 잭슨 625번 대로를 찾아갔을 때는 로프트에 거주하는 사람들을 위해 오래된 8층짜리 건물을 리모델링하고 있었다. 시카고 건물 코드 조사관의 기록에 따르면 필자가 서 있었던 건물은 적어도 1913년경에 완공된 건물이었다고 한다. 1963년 11월 2일, 케네디를 태운 리무진이 노스웨스트 고속도로(아이로니컬하게도 오늘날은 케네디 고속도로라고 불린다)에서 웨스트 잭슨 대로에 있는 경사로로 속도를 낮춰서 빠져나가기로 계획돼 있었던 구역을 지붕에서 내려다볼 수 있었다.

그 거리는 3주 후 케네디를 태운 리무진이 완만한 커브를 따라 텍사스 교과서 보관소 건물 앞에서 댈러스로 진입했던 구조와 유사했다. 시카고 차량 행렬에서는 한 블록을 더 지나간 다음 밸리가 일하는 창고를 지나갔을 것이다. 이는 실제로 3주 후 댈러스에 있는 오스왈드의 근무처를 지나갔을 때와 유사한 광경이었다.

밸리가 근무한 IPP 리토 플레이트는 실제로 11월 2일 시카고 차량 행렬을 볼 수 있는 구역에 있었다. 그곳은 오스왈드가 이른바 '저격수의 위치'에서 11월 22일에 댈러스 차량 행렬을 보았던 곳보다 더 가까이서 볼 수 있는 위치였다. 오스왈드는 6층에서 일했고 밸리는 3층에서 일했다. 따라서 케네디가 밸리의 근무처 바로 아래를 지날 때 방해받지 않고 저격할 수 있는 위치였기 때문에 어떻게든지 밸리에게 책임을 물을 수 있었다. 동시에 신원이 밝혀지지 않은 또 다른 저격수가 적절한 위치에 숨어 있다가 케네디를 저격하고나서 도망치면 그 책임을 밸리에게 돌릴 수 있었다.

밸리의 주변에는 두 사람이 있었다. 특히 이들 덕분에 밸리는 시카고에 있는 근무처에서 발생할 뻔했던 대통령 암살 사건에서 희생양이 되는 순간을 면할 수 있었다. 시카고 경찰서 버클리 모이랜드Berkeley Moyland 부서장은 밸리를 시련에서 구원한 첫 번째 구세주였다. 이 고난은 곧 오스왈드에게 닥칠 시련과 동일한 것이었다. 모이랜드는 건강상의 이유로 은퇴한 후 몇 년이 지나 자신의 아들에게 밸리를 위기에서 구한 이야기를 털어놓았다. 그때까지만 해도 그는 조심스럽게 덧붙였다. "어디 가서 이런 얘기를 할 수는 없겠지만 너는 알고 있어야 한다."

모이랜드에 의하면 재무부소속 검찰국(비밀경호팀 관할)은 몇 가지 이유로 밸리에 대해 함구하라고 경고 했다. 그리고 그 이야기는 사실로 밝혀졌다. 1963년 가을, 모이랜드 부서장은 시카고 윌슨 가(街)에 있는, 지배인과 친분이 있는 어느 식당에서 평소처럼 식사를 하고 있었다. 10월 말경의 어느 날, 지배인은 사복 차림을 한 모이랜드에게 어떤 손님이 있는데 일주일 안에 시카고를 방문할 케네디 대통령에 대해 위협적인 발언을 해 왔다고 한다. 지배인은 그 위험한 손님이 자주 들른다고 모이랜드에게 알려주었다. 모이랜드는 그가 들어설 때까지 기다렸다. 지배인이 '이 사람이 바로 그 사람'이라고 알려주자 모이랜드는 자신의 접시를 토머스 밸리의 테이블로 갖고 가서 그와 함께 앉은 다음 대화를 나누기 시작했다.

모이랜드는 밸리가 불안정한 성격을 가진 사람임을 바로 알 수 있었다. 또한 아마도 밸리가 무기를 소지하고 있을지도 모른다는 생각을 했고, 그의 예상은 곧 사실이라는 것이 밝혀졌다. 모이랜드는 밸리가 그런 식으로 케네디에 대해 위험한 발언을 하고 다닌다면 좋을 게 하나도 없을 거라고 단호하게 충고했다. 사실 밸리의 행동은 심각한 결과를 초래할 수도 있었으며, 실제로 그렇게 될 경우 다른 사람들부터 공격받을 수도 있다고 일러두었다. 훗날 모이랜드는 밸리와 대면한 이야기를 아들에게 해 주었다. 모이랜드의 말에 따르면 밸리는 테이블 맞은편에 앉아 자신의 이야기를 진지하게 들었으며 특히 자신이 경찰관임을 밝힐 때 더욱 진지했다고 한다.

모이랜드 부서장은 식당을 나선 후 비밀경호팀에 전화를 걸어 밸리에 대해 알려주면서 경고했다. 모이랜드가 경호팀에 알린 후 밸리는 조사를 받고 경찰의 감시를 받게 되었다. 그러나 비밀경호팀에 먼저 경고해

준 인물은 모이랜드가 아니라 '리Lee'라는 익명의 제보자였다는 FBI의 정보가 있었다.

리는 케네디에게 불만을 품은 네 명의 저격수가 케네디뿐만 아니라 암살 음모에서 적당히 이용될 가능성이 있는 밸리에게도 위협적인 존재라는 것을 경고함으로써 결국 저격수들의 신변을 노출시키고, 그들의 활동을 방해하게 되었던 것이다. 비밀경호팀을 관할하는 재부무 고위 간부가 모이랜드에게 다시 전화를 걸었다. 그리고는 그 문제에 대해서는 절대 발설하지 말고 무덤까지 가져갈 것을 약속하라며 모이랜드에게 엄중하게 경고했다. "그 문제에 대해서는 어떤 글도 남기지 말고 누구에게도 이야기하지 말고 그냥 잊길 바랍니다." 그럼에도 불구하고 모이랜드는 말년에 이르자 마침내 아들에게 그 이야기를 꺼냈고, 30년 후 필자와의 인터뷰를 통해 공유하게 되었다.

모이랜드는 나중에 편지 한 통을 받았다. '고맙습니다'라고 적혀 있는 그 편지에는 서명이 없었다. 그러나 모이랜드는 정신장애가 있지만 자신에게 감사하고 있는 밸리가 쓴 편지라고 믿고 있다면서 아들에게 들려준 이야기를 마무리했다.

모이랜드와 신원 미상의 '리'라는 인물의 개입 덕분에 밸리는 미국인들에게 케네디 암살범으로 알려지는 수모를 모면할 수 있었다. 밸리는 케네디가 시카고에 도착하기 2시간 반 전에 현장에 있었다는 이유로 체포되었다. 그러나 시카고 비밀경호팀에서도 알고 있었던 것처럼 케네디를 태운 비행기가 오헤어 공항에 착륙하기로 예정된 시간이 얼마 남지 않았기 때문에 경호팀은 네 명의 저격수 중 어딘가에 숨어 있을 나머지 두 명의 저격수를 찾아다녔다.

쿠데타와 디엠 대통령의 피살

11월 1일 금요일 오후 4시 30분, 사이공에서 반란군이 지아 롱Gia Long 대통령궁을 에워싸자 디엠 대통령은 로지 대사에게 전화를 걸었다. 로지는 국무부에 긴급 전보를 보내 사이공의 상황을 보고했고 이 소식은 CIA, 백악관, 국방부장관에게 전달되었다.

"일부 부대가 반란을 일으켰는데 나는 미국의 태도가 어떤지 알고 싶습니다." 디엠이 물었다. 이에 로지는 "그 점에 대해서는 제대로 알려줄 수 없을 것 같습니다. 총격이 시작됐다는 소식은 들었지만 모든 정황을 숙지하지는 못했거든요. 게다가 그 때 미국 현지시각은 새벽 4시 30분이었기 때문에 워싱턴과 미국 정부에서는 아마도 상황 파악을 제대로 하지 못했을 겁니다"라고 답했다.

그러나 사실 로지는 커네인을 통해 합참의 전투사령부로 부터 정기적으로 보고를 받고 있었다. 또한 CIA, 백악관, 국방부 고위간부들은 그 시간에 워싱턴에서 자신들이 주도한 쿠데타에 관한 커네인의 보고서를 읽었기 때문에 베트남의 정황에 대해 아주 잘 알고 있었다. 이 점에 대해서는 로지도 알고 있었다.

"하지만 당신은 분명 상황이 대략 어떻게 돌아가는지 알고 있을 겁니다. 누가 뭐래도 저는 국가 원수입니다. 저는 제 임무에 충실하기 위해 노력해 왔습니다. 이제는 주어진 임무를 분별력 있게 수행하고 싶습니다. 저는 주어진 임무를 충실히 하는 것이 무엇보다도 중요하다고 믿습니다."

"당신은 분명 주어진 임무에 충실해 왔습니다. 오늘 아침에도 말씀드렸다시피 저는 당신의 용기와 당신이 조국에 큰 공헌을 했다는 점에 경의를 표합니다. 누구도 지금껏 당신이 쌓아온 치적을 폄하할 수 없습니다. 그러나 지금은 당신의 안위가 우려됩니다. 나는 당신이 사임하면 현재 당신과 당신 동생의 안전을 책임질 사람들이 대기할 것이라는 보고를 받았습니다. 이 이야기에 대해서 들은 적 있으십니까?"

"아니오."

디엠이 대답하고 나서 잠시 침묵이 흐르는 사이에 디엠은 로지가 쿠데타 주도 세력과 긴밀하게 접촉하고 있다는 사실을 깨달았다. 디엠은 다시 말을 이었다.

"제 전화번호 알고 계시죠?"

"네. 당신의 안전을 위해서 제가 할 수 있는 일이 있다면 연락 주십시오."

"저는 질서를 다시 바로잡기 위해 애쓰고 있습니다."

반란군은 대통령 경호 부대 막사와 지아 롱 궁전에 밤새도록 맹공격을 퍼부었다. 토요일 새벽 3시 30분, 쿠데타 장군들은 디엠의 경호부대를 제압하라는 공격 명령을 내렸다. CIA 요원인 루시언 커네인은 합참에 있는 장군들 옆에 있었다. 커네인은 계속해서 그들의 고문으로 활동하고 있었다. 그들은 쿠데타가 발생하기 몇 시간 전 커네인에게 경보로 알렸다. 커네인은 베트남 장군들의 요청에 따라 '사용할 수 있는 자금은 전부' 쿠데타 본부로 가져왔다. CIA가 지원한 자금은 4만 2천 달러에 달했다. 커네인이 그 돈으로 '쿠데타 군의 식량을 조달해야 한다'고 했다면, 로지는 쿠데타 반대세력을 매수해야 한다'고 했을 것이다.

또한 커네인은 '사이공에서 발생한 쿠데타 관련정보를 전달하고 CIA

요원들이 이 정보망에 접촉할 수 있도록 하기 위해' 특수한 음성 통신 장치도 가져왔다. 게다가 장군들은 커네인이 미 대사관에 연락할 수 있도록 직통 전화를 설치해 주었다. 즉, 커네인은 장군들의 전투사령부에서 랭글리, 버지니아에 있는 CIA 본부와 백악관 상황실에 이르는 통신시스템을 장악하고 있었던 것이다. CIA 고문인 루시언 커네인은 은밀하게 도청했다.

커네인이 베트남 장군들에게 내린 두 가지 권고는 백악관 상황실에서 시작되었다. 11월 1일 새벽에 케네디가 위층에서 잠들어 있는 동안 번디와 힐스먼은 커네인이 상세하게 설명해 준 쿠데타 상황을 분석하고 있었다. 이들은 이미 앞으로 닥칠 상황을 내다보고 사이공 대사관에 전보를 보냈다. "고 딘 누는 공산주의자들과 거래함으로써 반역행위를 저질렀다. 이 주장이 효과가 있을 수 있도록 될 수 있으면 빨리 선언해야 한다." 쿠데타가 성공할 경우, 정당성을 공식적으로 입증해야 한다고 알리기 위해서였다. 사이공 대사관에서는 이 메시지를 커네인에게 전달한 다음 번디와 힐스먼에게 회신했다. "장군들을 설득했습니다."

쿠데타가 끝난 후 베트남 장군들은 번디와 힐스먼의 권고를 따랐다. 그 결과 케네디의 미군 철수 정책은 또 다른 난관에 부딪혔다. 케네디의 참모진은 이미 라오스에서 실행했고, 또 누군가가 베트남에서 실행할 수도 있는 미군 철수 정책을 반공국가에 대한 배신행위라고 규정지었다. 이는 사이공 쿠데타에 대해 합리적이면서도 국민이 납득할 수 있는 정당한 명분을 만들기 위한 것이었다. 케네디는 번디와 힐스먼의 전략 때문에 베트남 주둔 미군 철수 문제에 대한 협상이 점점 어려워지고 있었다. 게다가 대통령 참모진은 케네디도 고 딘 누처럼 '반공 국가에 대

한 배신행위'를 했다는 이유로 워싱턴에서 쿠데타를 일으키고 쿠데타의
정당성을 입증할 수도 있는 상황이었다.

트란 반 돈 장군은 사이공 쿠데타에 대해 쓴 회고록에서 CIA의 지시에
따라 움직인 커네인이 장군들에게 더욱 긴급한 명령을 별도로 전달했다
고 조심스럽게 말했다. 돈 장군이 커네인에게 '디엠 형제가 더 이상 대
통령궁에 머물러 있지 않는 것이 맞는지 의심스럽다'고 말하자 커네인
은 격앙된 반응을 보이며 "디엠과 누는 무슨 일이 있어도 찾아내야 합니
다"라고 말했다.

디엠과 누는 금요일 한밤중에 군인들의 포위망을 교묘히 빠져나가 궁
전을 탈출하는 데 성공했다. 경호원들이 이들을 쩔런으로 데려가자 한
중국인 사업가가 자신의 집에 은신처를 마련해 하룻밤 머물게 해 주었
다. 토요일 아침 디엠은 로지와 마지막으로 통화했다. 그러나 로지가 수
년 동안 쿠데타에 관한 이야기를 할 때도 그날 아침 디엠에게서 걸려온
전화에 대해서는 한 마디도 언급하지 않았다. 로지가 사망하고 나서야
로지의 수석 보좌관 마이크 던Mike Dunn이 1986년에 한 인터뷰에서 이 두
사람의 마지막 통화 내용을 폭로했다. 디엠은 금요일 아침 로지가 작별
인사를 하면서 건넨 말을 진지하게 받아들이기로 결정했다.

"당신의 안전을 위해서 제가 할 수 있는 일이 있다면 연락 주십시오."
이 말을 떠올리며 디엠은 토요일 아침 로지에게 전화를 걸었다. 그 당시
의 상황에 대해 던은 이렇게 말했다. "그날 아침 디엠은 전화를 걸어 우
리가 할 수 있는 일이 있는지 물었습니다. 로지는 수화기를 내려놓고 뭔
가를 확인하러 갔고, 저는 전화를 끊지 않고 있었습니다. (중략) 로지는
디엠에게 '우리는 당신들을 망명시킬 것이고 당신들을 위해 할 수 있는

일이 있다면 하겠습니다'고 말했습니다. 하지만 저는 베트남으로 가길 원했습니다. 사실 저는 로지에게 우리가 베트남에 직접 가서 디엠 형제를 빼낼 수 있는지 물었습니다. 저는 '그렇게 하지 않으면 그들은 반란 군들에게 목숨을 잃을 것이니까요'라고 딱 잘라 말했습니다."

던은 만일 로지가 신속하게 결정해서 사람을 보내 디엠과 누를 쩔런에서 벗어나게 했더라면 디엠과 누는 목숨을 건졌을 거라고 생각했다. 로지를 대리인으로 파견한 케네디도 그렇게 되길 바라고 있었다. 그러나 로지는 던에게 이렇게 말했다. "그럴 수 없어. 우리는 그 문제에 연루될 필요가 없으니까."

커네인이 한 인터뷰에서 했던 이야기에 따르면, 디엠은 결국 항복한 후에 '베트남을 떠날 준비를 해 놓은 상태에서 출국을 요청하고' 토요일에 장군들에게 마지막으로 세 번 전화를 걸었다고 한다.

커네인이 CIA에 전화를 걸자, "디엠 형제를 태운 비행기가 항로를 충분히 확보한 상태에서 망명국까지 쉬지 않고 가려면 24시간은 걸릴 겁니다"라고 대답했다.

CIA는 디엠과 누를 피신시켜 목숨을 구해줄 생각이 없었다. 또한 CIA에 따르면 베트남에 주둔하고 있는 미국 공군에게도 항로를 확보해야 했기 때문에 디엠과 누를 태울 비행기는 없었다. 하지만 로지를 워싱턴으로 데려다 줄 비행기는 대기시켜 놓았던 것 같다. 베트남 장군들이 디엠 형제의 운명을 결정하는 동안 디엠 형제는 사이공에 머물러야 했으며 실제로 그렇게 되기까지는 그리 오래 걸리지 않았다.

토요일 오전 8시, 디엠과 누는 쩔런에서 하룻밤 머물렀던 집을 나와 근처에 있는 성당으로 갔다. 그 날은 위령의 날이었다. 미사는 아침 일찍 끝났지만 디엠 형제는 장군들이 급파한 무장 지프 두 대와 병력 수송 장갑차 한 대가 성당 앞에 도착하기 직전에 신부에게 성찬을 받을 수 있었다.

민 장군은 디엠 형제의 위치를 파악한 후 다섯 명으로 구성된 팀을 보냈다. 장갑차에 있던 인원 중 두 명은 즈엉 히에우 기아Duong Hieu Nghia 소령과 규엔 반 눙Nguyen Van Nhung 대위였다. 기아 소령은 다이 비엣Dai Viet 당 일원으로서 특히 디엠에게 적대적이었다. 민 장군의 사설 경호원이었던 눙 대위는 사십 명이상을 살해한 전문 킬러로 알려져 있었다.

디엠과 누는 교회 계단에 서 있었다. 디엠은 로지와 장군들이 자신에게 전화로 해준 이야기를 근거로 자신들이 타국으로 떠날 비행기를 타기 위해 공항으로 가고 있는 것이라고 생각했다. 디엠은 궁전 근처로 가서 자신의 소지품을 일부 챙겨올 수 있는지 물었다. 두 장교는 디엠을 즉시 사령부로 데리고 오라는 명령을 받았다고 말했다. 이들은 자동차가 아닌 장갑차를 타야 한다는 데 놀라움을 금치 못했다. 목격자의 증언에 의하면 누는 대통령을 이런 식으로 모시는 것은 부적절하다며 항의했다고 한다. 차에 타고 있던 장교 두 명은 디엠과 누에게 장갑차 출입구에서 어둑어둑한 내부로 어떻게 들어가면 되는지 시범을 보였다. 눙 대위는 이들을 데리고 내려가 이들의 손을 등 뒤로 묶었다. 기아 소령은 경기관총의 회전 포탑을 들고 뒤에서 이들을 감시했다. 얼마 후 호송대는 그 자리를 떠났다.

병력 수송 장갑차는 8시 반에 합동참모본부에 도착했다. 장갑차의 출입구를 열어보니 디엠과 누는 죽어 있었다. 이틀 후 로지가 보고한 내용에 따르면 두 사람 모두 '목 뒤쪽에 총상이 있었다'고 한다. 누의 시체에는 가슴을 단도로 찌른 흔적과 등에 여러 발의 총상을 입은 흔적이 있었다. 호송대에 있었던 장교 두 명이 디엠과 누를 암살한 것으로 알려진 것은 그로부터 몇 년이 지난 후였다. "기아는 아주 가까운 거리에서 경기관총으로 이들을 쏜 한편 눙은 이들을 칼로 찌르고 총을 난사했다."

11월 2일 토요일 오전 9시 35분, 케네디는 백악관에서 베트남 관련 주요 참모들과 회의를 했다. 회의가 시작될 무렵 디엠과 누의 사망 소식은 아직 알려지지 않았다. 마이클 포레스탈이 전보를 갖고 회의실로 들어와 대통령에게 건넸다. "디엠과 누는 모두 사망했고 쿠데타를 주도한 자들은 그들이 자살했다고 주장하고 있습니다." 로지에게서 온 전보였다.

그러나 케네디는 그들이 살해당했을 거라고 생각했다. 맥스웰 테일러 장군은 내각에서 대통령과 동석하고 있었는데 그 때의 케네디의 반응에 대해 "대통령은 자리에서 벌떡 일어나 충격과 낙담에 찬 표정으로 방에서 뛰쳐나갔는데 저는 대통령이 그런 표정을 짓는 것을 처음 보았습니다. 대통령은 항상 디엠은 기껏해야 추방당하는 일 이상은 절대 겪지 않을 거라고 했습니다. 그리고 유혈 사태 없이 권력의 교체가 이뤄질 것이라고 믿고 스스로를 설득해 왔습니다"라고 설명했다.

디엠과 누가 사망했다는 사실을 알게 된 케네디는 '충격을 받고 침울한' 모습을 하고 있었다. 아서 슐레진저Arthur Schlesinger에 의하면 '케네디가 그렇게 침통해하는 모습은 피그스 만 사건 이후 처음이었다'고 한다.

피그스 만 침공 때 케네디는 쿠바에 대한 결정에 이의가 있었지만 그대로 추진하도록 묵인했기 때문에 끔찍한 결과가 발생했다. 그 결과에 대해서는 케네디도 책임이 있다는 사실을 받아들였지만 디엠과 누는 이미 사망했기 때문에 그것만으로는 충분하지 않았다.

쿠데타의 경우 케네디는 8월 24일에 전보를 받았다. 쿠데타를 시행하도록 승인해 달라는 내용이었다. 결국 케네디는 이 압력에 굴복해 최악의 결과가 빚어지고 말았다. 한편 로지는 디엠과의 협상을 통해 디엠이 적절한 시기에 마음을 바꾸도록 설득하려는 시도를 하고 있었다. 케네디는 디엠이 목숨을 보장받을 수 있도록 설득하기 위해 토비 맥도널드 Torby Mcdonald를 개별적으로 사이공에 보냈지만 디엠은 묵묵부답이었다. 11월 1일 아침 쿠데타가 일어나기 11시간 전, 마침내 디엠은 로지에게 부탁을 했다. "케네디에게 '미국에서 원하는 것이 무엇인지 알려주시면 우리는 그대로 따르겠다'고 전해 주십시오."

그러나 로지는 디엠이 케네디에게 보낸 회유 메시지를 전달하는 것을 미뤘고, 그 결과 케네디가 그 메시지를 받았을 때는 이미 너무 늦었다. 케네디는 이번 사건도 피그스 만 사건에서처럼 배후에 CIA가 있다는 점에 대해서 참을 수가 없었다. 다만 이번 경우는 살해사건이라는 점에서 피그스 만 사건과 차이가 있었다. 그는 디엠과 누의 죽음으로 격분하여 자신의 친구 조지 스마더스 George Smarthers에게 이렇게 말했다. "그 자식들 손 좀 봐줘야겠어. 그자들이 필요 이상으로 누리고 있는 권력을 뺏어와야겠어."

케네디는 피그스 만 사건 후에도 'CIA를 산산조각 내서 바람에 날려버렸으면 좋겠다'는 말을 되풀이하고 있었다. CIA가 배후에서 조종함으로써 또 다른 민족주의 지도자가 살해당한 데 대해 케네디는 극심한 분노에 치를 떨었다.

1961년 1월 17일, 케네디가 대통령으로 취임하기 3일 전 콩고 대통령 패트리스 루뭄바 Patrice Lumumba가 벨기에 정부와 CIA의 공모로 인해 살해당했다. 〈콩고 케이블Congo Cables〉의 저자 마들렌 칼브Madeleine Kalb는 '루뭄바 대통령 암살 사건 이후 1961년 1월 처음 몇 주 동안 감돌았던 긴박감은 워싱턴에 곧 닥칠 변화에 대한 두려움으로 인한 것이었다'고 말했는데 여기에는 신임 대통령 케네디의 취임도 포함돼 있었다.

루뭄바 대통령이 갑작스럽게 암살되기 3일 전, 당시 아이젠하워 대통령이 '상원의회에서 알제리의 독립을 요청하는 등 가장 민감한 외교정책을 추진한 것으로 알려진 인물'에게 대통령직을 넘겨준 것은 우연이 아니었다. 케네디 상원의원은 1957년 7월에 알제리 독립해방 운동을 지지하는 연설을 해서 국제적으로 엄청난 논란을 일으켰다. 당시 아들라이 스티븐슨Adlia Stevenson을 포함한 보수적 성향의 비평가들은 케네디 상원의원의 아프리카 민족주의 지지가 도를 넘었다고 주장했다. 1959년 케네디는 대통령에 당선되기 전 상원의회에서 이런 말을 한 적이 있다.

"상원의회에서 민족주의적 형태를 지지하든, 그렇지 않으면 반(反)식민주의적 형태를 지지하든 아프리카는 혁명의 시기를 겪고 있습니다. (중략) 따라서 중요한 것은 더 이상 아프리카가 이렇게 가난한 상태로도, 또 속박된 상태로도 있을 이유가 없다는 것입니다."

이 말은 삽시간에 전 세계로 퍼져나갔다. 케네디는 아프리카와 유럽에서도 아프리카 민족주의 지지자로 유명해졌다. 심지어 케네디는 대통령이 된 1960년에 아프리카 독립 운동을 지지하는 캠페인을 벌이며 거듭 말했다. "우리는 아프리카 사람들의 욕구와 열망을 무시했기 때문에 그곳에서 미국의 입지를 잃은 겁니다."

1960년 캠페인 연설 목록을 보면 아프리카에 관한 참고 자료가 479건이나 있다는 점은 주목할 만하다. CIA는 케네디가 아프리카 민족주의를 지지한다는 점을 심각하게 받아들였다. 그래서 레오폴드빌에 있는 로렌스 데블린Lawrence Devlin CIA 지국장은 케네디의 대통령 취임일이 다가오자 더 늦기 전에 '확실하게 조치를 취해야 한다'고 말했다.

CIA 분석가 폴 새쾨Paul Sakwa는 인터뷰에서 루뭄바 암살을 실행에 옮기기로 결정한 인물은 'CIA 지국에서 지속적으로 조언을 받으며 비밀리에 활동해 온 인물'이었다고 지적했다. CIA는 케네디가 취임 선서를 하기 3일 전 벨기에 협력자들을 이용해 서둘러서 루뭄바를 살해하는 데 성공했다.

루뭄바 암살 사건이 발생한 지 4주 후인 1961년 2월 13일, 케네디는 루뭄바가 암살당했다는 소식을 전화로 뒤늦게 전해 들었다. 사진작가 자크 로우Jacques Lowe는 루뭄바가 살해되었다는 소식을 전해들은 순간의 케네디의 모습을 포착해 기억할 만한 사진을 남겼다. 루뭄바 암살 소식에 반응하는 케네디의 모습을 포착한 로우의 사진은 리처드 D. 마호니Richard D. Mahoney의 저서 〈JFK, 아프리카에서의 시련JFK: Ordeal in Africa〉의 표지로 쓰였다. 사진 속에는 공포에 질린 케네디의 모습이 나타나 있다.

사진 속의 케네디는 눈을 감은 채 오른손으로 이마를 짚고 있으며 머리는 수화기를 댄 방향으로 기울어 있다. 루뭄바의 사망 소식을 접한 당시 케네디는 정식 대통령이 아니었다. 그러나 대통령 당선자로서 루뭄바의 삶을 지지하는 발언을 공개적으로 했더라면 루뭄바가 암살되는 것을 막을 수도 있었다는 것은 알고 있었다. 케네디가 1960년 12월 선거에서 당선되자 당시 자택 연금 상태였던 루뭄바는 케네디에게 몰래 전보를 보내 대통령 당선을 축하해 주었고 케네디 당선자가 아프리카 독립을 지지하는 데 경의를 표했다.

케네디는 애버렐 해리먼Averell Harriman에게 물었다.

"우리가 루뭄바를 도와야 할까요?"

해리먼이 대답했다.

"루뭄바를 돕고 싶어도 우리가 도울 수 있을지 확신이 서지 않습니다."

케네디는 루뭄바를 지지했지만 루뭄바 암살 사건과 케네디의 대통령 취임의 시작이라고 할 수 있는 몇 주 동안은 루뭄바를 지지하는 발언을 공개적으로는 하지 않았다. 루뭄바의 암살 소식을 거의 한 달이 지난 후에 전해들은 케네디는 루뭄바를 돕지 못했다는 데 몹시 비통해 했다.

시카고 암살 음모 사건의 전말

디엠이 살해당했다는 소식을 들었을 때 케네디는 훨씬 더 비통해했다. 특히 디엠의 경우는 비록 마지못해서였지만 쿠데타 계획을 묵인한 케네디 자신에게 책임이 있었다. 만일 케네디가 대통령으로서 과감하게 행동하고 디엠을 지지한다는 뜻을 단호하게 주장했다면 디엠의 목숨을 구할 수 있었을지도 모른다. 몹시 위태로운 상황에 처해 있었던 디엠은 어쩌면 북베트남과의 휴전협상에 참여했을지도 모르지만 이제는 죽고 없었다.

이 모든 상황으로 인해 케네디가 그토록 혐오했던 베트남 전쟁은 시작되었고, 베트남 전쟁에서 미군을 철수하려는 케네디의 결정에 혼선이 빚어지기 시작했다. 11월 2일 토요일, 백악관 대변인 피에르 샐린저Pierre Salinger는 오전 10시 15분이 돼서야 대통령의 시카고 방문이 취소되었다고 발표했다. 그러나 시카고 방문 취소는 너무 늦게 결정됐다. 그 시간 기자단이 탑승한 비행기는 이미 시카고에서 이륙한 뒤였기 때문이었다. 샐린저는 남아 있는 언론 관계자들에게 말했다. "대통령께서는 미식축구 경기에 참석하지 않을 것입니다."

또한 샐린저는 대통령이 베트남 위기로 인해 워싱턴에 머물 것이라고 말했다. 시카고 비밀경호원들은 케네디의 시카고 방문계획이 마지막 순간에 취소된 또 다른 이유가 자신들이 백악관에 남긴 다음과 같은 경고 메시지 때문이라는 사실을 알고 있었다.

"고성능 소총을 소지한 저격수 두 명이 대통령의 퍼레이드 이동경로를 따라 숨어서 대기하고 있는 것으로 추측됨. 다른 두 명의 저격수는 이미 비밀경호팀 본부에 체포되어 있고, 또 다른 단독용의자로 보이는 밸리라는 인물을 시카고 경찰이 추격하고 있음."

밸리가 시카고 경찰 소속 대니얼 그로스와 피터 슐라에게 체포된 시간이 중부 표준시로 오전 9시 10분, 동부 시각으로 오전 10시 10분이었다는 점은 의미심장하다. 언론에서 케네디의 시카고 방문이 취소됐다고 발표한 시간은 동부 시각으로 오전 10시 15분, 중부 표준시로 9시 15분이었다. 따라서 시카고 방문 취소를 아무리 빨리 결정해도 공식적으로 발표하기까지 최소 10분은 걸릴 상황이었다. 따라서 정부 당국에서는 동부 시각으로 오전 10시쯤, 중부 표준시로 오전 9시쯤에 케네디의 시카고 방문이 취소된 것을 이미 알고 있었다는 얘기가 된다.

대통령을 암살할 가능성이 있는 자들을 밤새도록 감시하고 있었던 경찰은 왜 대통령 시카고 방문계획이 취소될 때까지 용의자들을 체포하지 않고 기다린 걸까? 경찰관 두 명의 의도는 밸리를 저지하는 게 아니라 밸리가 케네디를 실제로 저격할 때까지 미행하는 것이었을지도 모른다는 인상을 남긴다. 케네디가 아직 시카고로 이동 중이며 저격할 수 있는 상황이라는 전제 하에서 암살 음모를 성공시키기 위해서는 희생양으로 삼기로 한 밸리를 자유롭게 놔둬야 했다. 그리고 실제로 경찰관들은 밸리를 자유롭게 놔뒀다.

경찰관들의 의도가 그들의 주장대로 '밸리가 그 장소를 떠나게 해서' 대통령을 보호하는 것이었다고 치자. 그렇다면 케네디가 시카고에 오지 않을 거라는 사실을 정보 당국이 알게 될 때까지 밸리를 체포하는 일을 미루고 있었던 이유는 무엇이었을까?

케네디의 시카고 방문계획이 취소된 다음 주 월요일과 화요일 사이에 모리스 마르티뉴는 비밀경호원들로부터 시카고 음모에 관한 정보를 수집했다. 다른 조사 업무와 달리 이들에게는 관련 문서가 없는 것으로 알려졌다. 시카고 요원들은 마르티뉴의 명령에 따라 구두 보고 내용을 비밀경호본부 비서인 샬롯 클랩코스키Charlotte Klapkowski에게 받아 적게 한 다음 노트에 정리했다. 워싱턴 비밀경호본부장 제임스 J. 로울리는 마르티뉴에게 전화를 걸어 시카고 사무국에서 특수파일번호cos를 이용하는지 물었다. 후에 볼든이 설명한 내용에 의하면 이는 시카고 음모 관련문서를 격리시켜 정부가 음모를 꾸민 암살용의자들의 존재를 부인할 수 있게 하기 위한 절차였다고 한다. 시카고 사무실에서는 마르티뉴만이 공식적으로 일급비밀 보고서를 쓰고 확인하는 작업을 했다. 마르티뉴는 그 문서를 즉시 특수 배달원 편에 보내 워싱턴에 있는 로울리에게 전달했다.

에이브러햄 볼든은 시카고 보고서를 다른 업무와 엄격하게 분리하여 극비리에 은폐시키고 있는 것을 불안한 마음으로 지켜봤다. 볼든은 댈러스 암살 사건을 돌이켜보면서, 당시에 그는 대통령의 목숨을 구할 수도 있었을 중대한 정보를 어떻게 처리했을지에 대한 의혹을 떨쳐버릴 수가 없었다.

볼든은 백악관 경호원측이 대통령 경호를 허술하게 하고 있다고 반발하여 뛰쳐나왔던 인물이었다. 11월 18일, 볼든은 갑자기 재무성에서 특별지시를 받았다. 재무성에서는 볼든에게 의원 보좌관을 조사하는 임무를 비밀리에 부여했다. 그들은 볼든이 '데이비드 베이커David Baker'라는 이름으로 활동하게 될 것이라고 말했다. 볼든은 비밀경호원으로서의 신분을 모두 반납하도록 돼 있었고, 에이브러햄 볼든이라는 지금까지의 신원은 모두 소멸될 것이며 심지어 재무성에서는 그의 출생 기록까지 말소할 것이라는 이야기도 들었다. 볼든은 자신이 이런 특명을 수행할 인물로 지목된 이유가 무엇인지 궁금했다. 재무성내의 수많은 비밀요원들 중에서 선발될 만큼 자신이 그렇게 뛰어난 인물이었던 것일까? 볼든은 그 점에 대해 뭔가 불길한 예감이 들어 그 제안을 거절했다.

필자가 볼든을 만난 것은 2001년 어느 화창한 아침 시카고의 사우스 사이드에 있는 그의 집 뒷마당에서였다. 볼든은 정원을 손질하다가 똑바로 서서 침착하게 말했다. "저는 1963년 11월 중순에 살해당할 운명이었습니다."

당시에 볼든은 실종될 위기에 처해 있었다. 볼든은 시카고에서 케네디를 암살하려고 했던 음모가 실패로 끝난 이후의 상황을 아주 잘 알고 있었다. 비록 볼든은 11월 18일 재무성의 음모에서 용케 빠져나왔지만 시카고에 돌아오자 그의 마음은 불안으로 가득 찼다. 뭔가 끔찍한 일이 일어날 것만 같은 느낌이었다. 볼든은 아내와 비밀경호본부 비서에게 대통령이 암살당할 것 같다고 말해 주었다. 그 후 11월 22일 금요일 오후, 볼든은 시카고에 있는 어느 모텔에서 한 남자와 위조 수표 문제로 인터뷰를 하고 있었다. 그 때 텔레비전 화면이 갑자기 번쩍하더니 케네디가 저격당했다는 뉴스가 나왔다. 볼든은 다리에 힘이 풀려 주저앉을 것만 같았다. 그가 우려했던 일이 발생해버린 것이다. 볼든은 사무실로 돌아와 경호팀 동료에게 의혹을 제기했다. 시카고에서 발생했던 암살 음모 사건이 발생한 지 불과 3주 후인 그 날 오후 댈러스에서 발생한 대통령 암살 사건이 확실히 관계가 있을 것이라는 의혹을 제기한 것이다. 요원들 대부분은 두 사건이 관계가 있다는 것에 동의했다.

그러나 미 전략공군사령부 마르티뉴는 11월 2일 시카고 암살 음모 사건과 11월 22일에 발생한 댈러스 사건의 연관성에 대해서는 어떤 논의도 하지 못하도록 재빨리 입을 막았다. 마르티뉴는 부하직원들에게 리 하비 오스왈드가 단독살해범이라는 사실을 믿으라고 말했다. 그리고 시카고와는 관련이 없으니 11월 2일 시카고의 사건은 잊으라고 말했다.

1964년 1월, 비밀경호본부에서는 임시 조치를 취했다. 경호원 전원의 신분증을 교체할 계획이니 모두 제출하라는 명령을 내린 것이다. 경호원들은 여권 크기의 작은 책자를 가져왔다.

신분증이 들어 있는 이 책자는 '요원명단'이라고 적혀 있었다. 각 요원들은 사진을 다시 찍어 요원명단을 새로 배부 받으라는 명령이 떨어졌을 때, 볼든은 비밀경호원 명단을 대통령 암살 사건을 은폐하기 위한 도구로 이용하려는 것이 아닌지 의심했다. 본문을 계속 읽어보면 알겠지만 볼든이 의심한 내용은 사실로 확인되었다. 볼든은 백악관에서 목격한 허술한 대통령 경호에 대해 자세히 언급했다.

또한 시카고와 댈러스 사건 간의 연관성에 대해서도 생각하면서 워런 위원회에서 정보를 공유하고 있었던 게 아닌지 의문을 갖고 있었다. 그는 암살 사건의 음모에 대해 폭로할 적절한 기회를 기다리고 있던 중 이듬해 봄, 마침내 기회를 얻었다.

1964년 5월 17일, 볼든은 재무성 검찰국에서 실시할 한 달 간의 교육 프로그램에 참여하기 위해 워싱턴에 도착했다. 워싱턴에서의 첫날 오후, 볼든은 워런 위원회와 연락을 시도했다. 그러나 볼든의 상관은 그의 계획을 예상하고 있었고, 볼든 자신도 감시당하는 느낌을 받았다. 볼든과 동행한 시카고 요원들은 그를 철저하게 감시하고 있었다. 볼든은 5월 17일 워런 위원회의 리 랜킨Lee Rankin 변호사와 전화 통화를 시도했지만, 실패하면서 어쩌면 시카고 요원이 그의 말을 도청했을 수도 있다는 사실을 깨달았다.

5월 18일, 볼든이 첫날 수업 중 한 과목이 끝났을 때 검찰국은 볼든에게 시카고로 돌아와서 모조품인 블랙 반지에 관한 조사에 참여하라고 지시했다. 시카고로 돌아가는 도중 볼든은 동료요원들에게 체포되었다.

모리스 마르티뉴는 볼든이 비밀경호 파일을 위조업자에게 팔아넘기려 했다는 명목으로 기소했다. 이에 볼든은 마르티뉴에게 기소 내용이

터무니없다며 반박했음에도 불구하고 그는 사기죄, 재판방해죄와 내란음모죄로 지방법원 판사 앞에 섰다. 1964년 7월 11일~12일, 볼든이 페리 지방법원 판사 앞에서 재판을 받을 때 배심원은 교착 상태에 빠져 있었다. 페리 판사는 볼든이 배심원에게 유리한 평결을 받을 수 있는 반박증거는 찾아 볼 수가 없었다고 말했다. "내 생각에 이 세 건의 완벽한 관련 증거들은 배심원 여러분들의 현명한 평결을 뒷받침할 수 있을 것으로 봅니다." 그러나 배심원은 판사의 조언에도 불구하고 계속 교착 상태로 있었다. 그 결과 미결정 심리가 선언되었다.

1964년 8월 12일, 2심에서 페리 판사 앞에 선 에이브러햄 볼든은 세 건의 죄목으로 유죄 판결을 받았다. 기소에서는 위조업자로 기소된 조셉 스파뇰리Joseph Spagnoli의 증언이 큰 영향을 미쳤다. 3심에서도 마찬가지로 페리 판사가 집행하는 재판을 받았다. 그런데 그때 스파뇰리는 볼든의 재판에서 자신이 위증을 했다고 고백함으로써 충격을 주었다. 스파뇰리는 리처드 사익크Richard Sike 검찰관이 자신에게 거짓말을 하도록 시켰다고 말했다. 그러나 페리 판사의 편견과 스파뇰리의 위증에 관한 양심선언이 있었음에도 불구하고 볼든에게 내린 판결은 항소심에서도 번복되지 않았다. 결국 볼든은 3년 9개월을 스프링필드 연방교도소에서 복역했다.

볼든은 교도소에 수감되었을 때 도움이 필요할 경우 그의 아내와 변호사에게 조심스럽게 알릴 방법을 미리 계획하고 있었다. 볼든은 아내와 변호사만이 알아볼 수 있게 자필 서명한 편지를 보내서 자신에게 일어나고 있는 일에 대해 이제는 말할 때가 왔음을 알렸다. 그러나 긴급 상황이 닥쳤다. 교도소 당국이 볼든을 정신병원에 수감시킨 것이다. 한 간

수가 그에게 말했다. "이 일이 끝나면 당신은 더 이상 자신이 누군지도 모를 겁니다."

사태가 악화되자 볼든은 서명한 편지를 변호사에게 보내 자신이 위험에 처해 있다는 사실을 아내인 바바라 볼든에게 알렸다. 바바라 볼든은 즉시 교도소로 와서 남편의 처우에 대해 완강하게 반대했다.

"아내가 절 살렸습니다." 필자가 볼든은 방문했을 때 그는 계속해서 이렇게 말했다. 그리고 볼든 부인은 남편이 스프링필드 정신병원에 수감돼 있을 때 남편을 대신해서 끊임없이 진정서를 제출했다는 사실을 특별히 언급했다.

볼든이 수감돼 있는 기간 동안 바바라 볼든과 이들의 세 자녀, 즉 아들 둘과 딸은 시카고의 사우스 사이드 집에 머무르면서 익명으로 가해지는 위협과 협박을 견뎌내야 했다. 누군가 집을 폭파하려는 시도를 한 적도 있고 차고에 불을 지른 적도 있었다. 누군가 창문에 총을 쏜 적도 있었고 볼든 부인이 운전하는 차를 추격해 차창에 벽돌을 던진 일도 있었다.

1967년 12월, 세 명의 남자가 볼든을 면회하기 위해 스프링필드 교도소를 방문했다. 이들은 볼든의 국선변호사, 워런 위원회 마크 레인Mark Lane, 뉴올리언스 지방검사 짐 개리슨Jim Garrison으로 케네디 암살 사건과 관련해 볼든을 조사하기 시작했다. 이들은 볼든이 시카고 암살 음모사건과 댈러스 대통령 저격사건의 유사성에 대해 증언한 내용을 듣고 세상에 널리 알렸다. 케네디 암살 사건이 이들을 통해 대중에게 폭로되자 볼든은 독방에 감금되었다. 볼든은 1969년 가을에 출감했다. 그 후 그는 거의 40년이라는 세월 동안 주위의 냉담한 반응에도 불구하고 케네디 저격사건을 파헤치려는 조사관들과 작가들에게 케네디 암살 음모를 밝히려 지속적으로 노력해 왔다.

볼든은 2001년에 한 제조회사 품질 관리부장직에서 은퇴한 이후 자서전을 썼으며 그가 쓴 자서전은 필자가 쓴 이 책과 거의 같은 시기에 출간될 예정이다. 필자는 개인적으로 에이브러햄 볼든과 더불어 지금은 고인이 된 바바라 볼든의 따뜻한 마음과 환대, 그리고 이들을 제지시키려는 세력들의 횡포에 맞서 용감하게 진실을 말하려고 했던 그들의 의지를 증명할 수 있다. 볼든 부부가 댈러스 대통령 암살 사건이 발생하기 3주전 시카고에서 진행되었던 케네디 암살 음모 사건에 대한 진실을 목격했고 이 진실을 많은 사람들에게 알리려는 이들의 노력이 있었기 때문에 우리는 시카고 암살 음모가 댈러스 대통령 암살 사건의 전초가 되었다는 사실을 알 수 있게 된 것이다.

시카고 암살 음모에 대한 비밀경호본부의 수사는 처음에는 성공적이었다. 경호팀은 시카고 음모를 저지함으로써 대통령을 보호해야 한다는 책임을 완수했다. FBI 정보원 '리'는 계획한 대로 시카고 연방 보안시스템을 어떻게든 작동시켰다. 암살 음모자들은 계획을 진행했고, '리'는 '암살 음모가 시카고에서 예정대로 진행될 것'이라며 암살 음모에 대한 주요 정보를 충분히 알렸다.

마치 FBI의 마빈 기슬링이 오스왈드의 보안 감시를 중단시키면서 꺼놓은 경보벨이 불시에 울린 것만 같았다. 그러나 경보벨은 아주 잠시 동안 시카고에서만 울렸을 뿐 이내 쥐 죽은 듯 조용해졌고 암살 음모는 댈러스로 옮겨갔다.

비밀경호본부 조사로 시카고에서 케네디를 암살하려는 음모를 저지할 수 있었던 만큼 댈러스 음모도 경호팀 조사로 저지할 수 있어야 했다. 시카고와 댈러스에는 동일한 핵심 요소가 있었다. 첫 번째 요소는 CIA와 연통하면서 기회를 엿보고 숨어서 기다리고 있었던 저격수 팀이 었다. 그리고 차량 행렬이 실시될 도로가 훤히 내려다보이는 건물에서 일하다가 '소위 대형범죄자'로 알려져 희생양이 될 인물이 두 번째 핵심 요소였다.

비밀경호본부에서 시카고 암살 음모를 발견했기 때문에 댈러스에서 모방범죄 형태로 암살 사건이 발생하는 것은 불가능해야 했다. 그럼에도 시카고와 댈러스에는 동일한 핵심 요소가 존재한 것이다. 그러나 암살 배후자들은 자신들의 영향력을 또다시 발휘했다. 그들은 대통령 보안경보시스템을 차단했고 시카고에 비밀 장막을 쳤다. 또한 암살 미수 사건의 전말을 증언할 만한 목격자의 입을 막았다. 예를 들면 볼든 같은 인물이 '리'처럼 밀고를 할 경우에는 보안경보시스템이 다시 강화될 수도 있었다. 실패한 첫 번째 음모사건을 경찰 내부에서 완전히 은폐함으로써 두 번째 음모 계획을 성공시킬 수 있었던 것이다.

비록 실패로 끝난 시카고 음모 기도는 은폐됐지만 토머스 아서 밸리는 여전히 별로 주목받지 않는 희생양으로 남게 되었다. 지금까지 케네디 암살 음모와 관련해서 시카고에서 체포된 것으로 알려진 인물은 밸리가 유일하다. 밸리는 체포된 지 한 달 후, 즉 케네디가 댈러스에서 암살당한 지 12일 후에야 대통령을 위해했다는 죄목을 덮어쓰고 희생양이 되었다. 1963년 12월 3일, 〈시카고 아메리칸〉지에서는 11월 2일에 있었던 밸리의 체포 건에 대해 '경찰, 총기를 소지한 대통령 암살혐의자를 검거하다'라는 제목으로 기사를 냈다. 기사 내용에 따르면 한 달 동안 밸리를 체포하고 있었다고 밝힌 한 익명의 수사관은 밸리를 '총기를 수집하는 불평분자'라고 표현했다고 한다. 즉, 그 수사관의 말에 의하면 케네디에 대한 반감으로 밸리는 이 암살을 계획했다고 한다. 밸리의 체포 관련기사 중 〈시카고 아메리칸〉지와 비슷한 내용의 기사가 같은 날 〈시카고 데일리 뉴스〉지에 실렸다. 신원 미상의 FBI 요원의 진술에 근거해서 쓴 내용이었다.

댈러스 암살 사건이 발생한 후 익명의 경찰과 FBI 요원들은 한 달 전에 밸리가 시카고에서 체포된 사건에 관한 정보를 언론에 제공했다. 그러나 비밀경호본부에서 밸리를 구금한 일과 대통령 저격 혐의가 있는 두 명의 용의자에 대한 의혹에 대해서는 전혀 언급하지 않았다.

1963년 11월 2일이 지나자 그 두 명의 용의자와 또 다른 체포되지 않은 공범 두 명은 더 이상 추적을 받지 않게 되었고 이들의 존재는 점차 잊혀갔다. 그 후 댈러스 음모는 순조롭게 밝혀질 수 있게 되었지만 시카고 암살 음모 사건의 패러다임과는 관련이 없는 것처럼 밝혀졌다. 그들은 암살 사건과 관련된 모든 기억을 없애야 했다. 재부무 고위 간부는 시카고 경찰서의 버클리 모이랜드 부서장에게 밸리와 만났던 일을 잊으라고 명령했다. 또 비밀경호팀의 모리스와 미 전략공군사령부 마르티뉴는 시카고 비밀경호원들에게 네 명으로 구성된 저격수 팀 수사에 관한 내용을 잊으라고 명령했다.

댈러스 암살 사건이 제약 없이 성공할 수 있었던 것은 정보기관에서 댈러스 암살 사건의 전조가 된 시카고 음모에 대한 사실을 은폐하고 있었기 때문에 가능했다. 댈러스 암살 사건 후 시카고에서는 사건에 연루된 인물 중 밸리만이 세상에 알려졌다. 오스왈드처럼 총을 든 또 다른 불평분자에 관한 사례는 밸리가 유일했던 것 같았다. CIA와 연통하면서 대통령의 차량 행렬 현장이 바로 내려다보이는 곳에서 일하게 된 이 두 명의 희생자들 사이에 존재한 진짜 유사점은 그들 뒤에 보이지 않게 숨어 있었던 저격수들과 함께 사라져 갔다는 것이다.

시카고 음모가 댈러스 사건의 모델이 되었다면 사이공의 디엠 형제 피살 사건은 시카고 암살 음모 미수 사건의 배경이 되었다. 디엠을 살해하는 데 성공한 사이공의 사건과, 케네디를 암살하는 데 실패한 시카고 암살 음모 간의 동시성은 이들 사건이 하나의 종합적인 시나리오에 따라 조직적으로 이뤄졌음을 강력하게 암시한다.

디엠과 누가 사이공에서 살해당한 다음 날 케네디가 시카고에서 암살당했다면 두 사건 간의 병렬적 관계로 인해 국민들에게 '케네디는 디엠을 살해했기 때문에 피살 되었다'라는 매우 친절하게 알려 주는 완벽한 공식이 성립되었을 것이다.

오스왈드와 관련된 댈러스 암살 사건에서 유래한 시나리오는 유사한 패턴으로 이어졌다. CIA 요원들의 주장에 의하면 케네디는 카스트로를 살해하려고 한 대가를 죽음으로 치른 셈이다. 그리고 리 하비 오스왈드는 아마도 카스트로의 미친 대리인 역할을 함으로써 보복한 것일지도 모른다는 것이다. 이런 주장을 근거로 쓴 책들과 기사들이 널리 퍼졌다. 시카고 암살 음모가 성공했다면 당연히 댈러스 음모는 몇 사람의 희생양을 만들고 소멸 됐을 것이다.

1963년 가을, 케네디는 베트남에서 미군을 철수하라는 명령을 내리면서 친구와 적의 통제권에서 더 쉽게 벗어나고 있었다. 전쟁에 대한 환상을 멈추게 하기 위해서였다. 케네디의 적군과 아군은 모두 베트남 전쟁에서 승리하기 위해서, 그리고 지구 반대편에 있는 적에게 이기기 위해서 무엇을 해야 할지 케네디보다 더 잘 알고 있었다.

케네디를 비판하는 시각에서 보면 케네디는 쿠바 미사일 위기 때의 핵 전쟁에 대한 공포, 베트남 주둔 미군 희생에 대한 우려, 흐루시초프 및 카스트로와 함께 평화를 지향하면서 공산주의에 관대해졌다고 볼 수 있 다. 그러나 케네디를 제외한 보이지 않는 거대한 세력은 공산주의라는 악은 반드시 패배한다는 당위성 아래, 승리하기 위해서는 어떤 수단이 라도 필요하다는 정당성을 입증했다. 설사 그 방법이 대통령 암살이라 고 해도 말이다. 암살 배후자들이 이런 입장을 취하고 있었던 만큼 시카 고 음모의 실패는 댈러스 음모의 성공으로 이어져야 했다.

CHAPTER 06

워싱턴과 댈러스

쿠바 미사일 위기가 발생한 지 한 달 반이 지난 후였다. 흐루시초프는 케네디에게 비공식적으로 편지를 보내 함께 힘을 모아 평화의 비전을 실현하자고 제안했다.

"우리는 당신이 다음 선거에서도 재선에 반드시 성공할 것이라고 믿습니다." 흐루시초프는 역사상 가장 첨예한 대립관계에 있던 적장에게 이렇게 편지를 썼다. 또한 케네디에 대해 이렇게 희망적으로 말했다. "당신이 6년 동안 미국 대통령이 될 것이라는 사실에 우리도 믿어 의심치 않습니다. 세계 정치에서 6년이란 기간은 긴 시간입니다. 따라서 우리가 그 기간 동안 세계 평화에 기여할 수 있다면 소련과 미국뿐 아니라 전 세계 사람들이 높이 평가해 줄 것입니다." 흐루시초프는 사실 그렇게 믿었다.

흐루시초프의 아들 세르게이는 미사일 위기로 인해 아버지와 자신은 모든 것을 다른 관점에서 보게 되었다고 회고했다. 그런 상황은 케네디도 마찬가지였다. 두 초강대국의 지도자는 수백만 명을 희생시킬 수도 있었지만 서로에 대한 두려움을 신뢰로 바꿨다. 몇 년 동안에 걸친 비밀 서한을 통해 서로가 화해의 기반을 다졌던 것이다. 쿠바 미사일 위기를 해결할 수 있게 도와달라는 케네디의 호소와 이에 대한 흐루시초프의 신속한 대처는 평화의 정착으로 이어졌다. 이를 계기로 두 사람은 서로를 신뢰하게 되었는데, 이 점에 대해 세르게이는 이렇게 말했다. "아버지는 케네디 대통령을 신뢰하면서 협력할 준비를 하셨습니다."

바티칸에서 교황 요한 23세와 노먼 커즌스가 나눈 대화 내용은 희망적이었다. 두 사람은 케네디와 흐루시초프가 약속을 확고하게 다졌던 대화를 주선해 주었다. 1963년 봄, 교황 요한 23세는 〈지상의 평화〉라는 회칙(回勅, 로마 교황이 교회 전체에 관련 있는 문제에 대해 전 세계의 주교들에게 보내는 칙서)을 썼는데, 이 주제는 이데올로기를 뛰어넘는 심오한 신뢰에 대한 것이었고, 이는 케네디와 흐루시초프 간의 관계를 묘사했다고 볼 수 있다. 10년 후, 커즌스가 당시의 대화를 회상한 내용에 따르면 당시 교황은 암으로 죽어가고 있었는데, 임종 순간에도 '불가능이란 없다' 는 말을 계속했다고 한다. 이는 교황이 갖고 있던 세계 평화에 대한 희망적인 메시지를 요약해놓은 듯하다.

교황의 도움으로 케네디와 흐루시초프는 불가능은 없다고 믿기 시작했다. 사실상 신념을 바탕으로 어떻게 움직이느냐에 따라 최선의 결과가 발생할 수도 있고, 최악의 결과가 발생할 수도 있는 상황이었다. 결국 두 지도자는 상호 위협이 아닌 상호 의존에 대한 필요성을 느끼게 되었다. 그들은 핵전쟁이 일어나기 전, 서로를 신뢰함으로써 평화를 가져올 수 있게 된 것이다.

케네디는 아메리카대학 연설에서 "미국과 소련은 서로 다르지만 결국 상호 의존적인 관계에 있다" 며 미국인들에게 호소했다.

"지금 우리가 갖고 있는 차이를 해소할 수 없다면 적어도 다양성을 인정함으로써 세상을 평화롭게 유지하는데 공헌할 수 있을 것입니다. 마지막으로 우리가 갖고 있는 기본적인 공통점은 이 작은 지구에서 함께 살고 있다는 것입니다. 즉, 우리 모두는 똑같은 공기를 마시며 아이들의 미래를 소중히 여기고 있다는 것입니다."

케네디와 흐루시초프는 상호 의존적인 관계를 인정했기 때문에 이들에게 불가능은 없었다. 케네디는 평화 연설을 한 후 흐루시초프와 함께 부분적 핵실험 금지 조약에 서명함으로써 평화를 이루겠다는 의지를 보여주었다. 하지만 군부와 CIA, 행정부 각료들은 크게 실망했다. 이들은 냉전을 유지하기 위해 적잖은 투자를 해 왔고 전쟁을 통해 냉전을 해결하려는 확고한 철학을 갖고 있었다. 또한 이들은 무신론주의자들인 공산주의자를 굴복시켜야 한다고 믿었다. 그러나 이런 믿음은 '모두가 대화와 차이의 존중, 상호간의 신뢰를 쌓아감으로써 전쟁이라는 악에서 구원받아야 한다'는 교황의 비전과 상반되었다. 미국의 반공주의 지도자들은 냉전을 종식시키는 유일한 방법은 냉전에서 승리하는 것이라고 믿고 있었다.

그러나 케네디와 흐루시초프는 쿠바 미사일 위기를 계기로 자국의 냉전 세력이 믿고 있던 절대적인 이데올로기를 포기했다. 양국 국민들 또한 평화를 지향하는 움직임이 일고 있다는 사실을 알고 있었으며, 평화를 향한 가시적인 조치가 이뤄지길 바랐다. 흐루시초프는 소련인들이 케네디의 아메리카대학 연설과 부분적 핵실험 금지 조약 때문에 용기를 얻게 되었다는 것을 잘 알고 있었다. 케네디 또한 1963년 여름이 끝날 무렵, 미국인들 사이에서 평화를 바라는 매우 큰 변화가 일고 있다는 것을 피부로 느낄 수 있었다.

1963년 9월, 케네디는 서부지역 일대에서 연설하면서 보수적인 주제를 벗어나 부분적 핵실험 금지 조약에 대해 언급할 때마다 놀랍게도 청중들이 열렬한 박수로 호응하고 있다는 사실을 알게 되었다. 그는 흐루시초프와 함께 평화를 향해 첫걸음을 내딛은 단계에서 국민들의 지지를 받을 수 있다는 사실을 깨달았다. 그런데 냉전의 보루라고 알려진 지역에서 더욱 그랬다. 케네디는 보수주의의 심장부라고 할 수 있는 솔트레이크 시티의 모르몬교 교회에서 연설했을 때, 5분 동안 기립 박수를 받았다. 이런 현상에 대해 상당한 흥미를 갖고 있던 백악관 출입 기자들은 대통령이 대중에게서 새롭게 발견한 평화에 대한 열망에 보조를 맞추고 있는 것 같다며 백악관 대변인 피에르 샐린저에게 말했다. 그러자 샐린저는 동의하며 이렇게 말했다. "우리는 평화가 쟁점이 되고 있다는 사실을 알고 있습니다."

케네디는 서부지역 방문을 통해 평화라는 주제가 생각보다 훨씬 큰 선거 이슈가 될 수도 있다는 사실을 깨달았다. 더구나 지금 케네디에게는 정치 파트너인 흐루시초프가 있었다. 흐루시초프는 케네디와 서한을 주고받는 과정에서 '소련인들이 케네디 대통령의 연임에 관심을 갖고 있다'는 사실을 인정했다. 흐루시초프가 케네디와 '세계의 평화적 공존을 위해' 함께 일하고 싶다고 말한 6년 중 1년이 채 지나지 않았음에도 계획은 순조롭게 진행되었다. 함께 평화를 이뤄가기 위해 흐루시초프가 원했던 기간 중 남은 5년 동안은 불가능이 없을 것 같아 보였다. 케네디가 부분적 핵실험 금지 조약에 대한 상원의 비준을 받기위해 노먼 커즌스와 함께 머리를 맞대고 있을 때 평화에 대한 희망은 급속도로 확산되었다. 케네디는 기꺼이 협상할 준비가 돼 있는 흐루시초프와 부분적 핵실험 금지 조약을 지지하는 국민들을 바라보면서, 냉전을 평화적으로 해결할 수 있다는 기대를 가질 만하다고 판단했다.

그러나 케네디가 이끌고 있던 냉전 체제 안의 실세들에게는 케네디와 흐루시초프의 평화 지향적 태도가 엄청난 위협으로 느껴졌다. 케네디가 평화라는 주제를 매개로 유권자들과 더 밀착될수록 재선할 가능성이 기정사실화되어 가고 있었다. 이런 상황들이 냉전 세력들에게는 매우 큰 위협으로 다가올 뿐이었다. 냉전 체제의 고위 각료들도 알고 있었던 것처럼 케네디는 이미 베트남에서 미군을 철수할 준비를 마친 상태였다. 케네디는 대중의 지지를 얻어 흐루시초프는 물론이고 나아가 카스트로와도 손을 잡고 더욱 광범위하게 평화를 이루려는 모험을 시도할 가능성이 있었다. 이 모험의 일환으로 베트남에서 미군 철수를 곧 실행에 옮길 수 있다는 것에 냉전 세력들은 위기를 느꼈다.

냉전 세력들은 모두 위태로운 상황에 처해 있는 것 같았다. 자신들의 권력이 위협을 받고 있다는 것과 결국 이 문제는 그들이 직접 해결해야 했다는 점에서, 그들도 불가능이란 없다는 생각으로 이 위태로운 상황을 타개하려 했을 것이다.

음모의 그림자, 여러 명의 오스왈드

오스왈드는 댈러스에서 희생양 역할을 하도록 조직적으로 엮여 있었다. 이는 마치 시카고에서 밸리를 희생양으로 삼기 위해 꾸몄던 것과 같은 상황이었다. 그나마 밸리는 두 명의 내부 고발자인 시카고 경찰서의 모이랜드 부서장과 '리'라는 FBI 정보원이 음모를 저지함으로써 희생양의 위기를 모면할 수 있었다. 하지만 오스왈드는 댈러스에서 그다지 운이 따르지 않았다. 보이지 않는 손이 계속해서 그를 범죄의 수렁으로 몰아갔던 것이다.

오스왈드 혹은, 그의 행세를 하고 다니던 누군가가 관심을 끌기 위해 계획적으로 행동하면서 증거를 남기고 다니는 것이 분명했다. 결국 이런 행동은 그가 케네디의 암살범으로 자연스럽게 부각될 수 있도록 짜여 있었다. 그러나 워런 위원회는 이런 증거들을 애써 무시하거나 기각함으로써 사건을 종결해 버렸다. 증거들을 살펴보면 오스왈드를 희생양으로 만들기 위해 CIA가 공작했을 가능성이 농후했기 때문이다.

11월 1일 금요일, 시카고 음모에 대한 수수께끼가 풀려가고 있을 무렵 텍사스 포트워스에 있던 모건 총포상에서 한 남자가 라이플총에 장전할 탄약을 버젓이 들고 나왔다. 목격자인 듀이 브래드포드Dewey Bradford는 훗날 FBI에게 그가 인상에 남을 정도로 "무례했다"고 증언했다. 그는 총포상을 방문한 다른 손님들보다 기억에 오래 남았는데, 당사자가 실제로 그렇게 의도한 듯했다. 그는 브래드포드에게 자신이 해병대에서 복무했다는 것을 애써 강조했고, 그가 설명한 상세한 내용은 오스왈드의 배경과 딱 들어맞았다. 브래드포드는 부인, 매형과 함께 총포상에 있었다. 훗날 〈라이프〉지에 실린 오스왈드의 사진을 보고 이들 세 사람은 사진 속의 주인공이 그 무례한 '전직 해병대', 즉 탄약을 버젓이 들고 나간 오스왈드라고 동의했다. 그런데 총포상을 방문한 인물은 진짜 오스왈드였을까? 아니면 그와 닮은 가짜가 오스왈드 행세를 했던 것일까? 왜 그 남자는 탄약을 사면서 자신이 '전직 해병대'였다고 일부러 떠벌린 것일까? 그러나 이런 의혹에도 불구하고 워런 보고서에서는 이를 묵과했다. 그 결과 그는 '첩자'라는 의혹을 피해갈 수 있었다.

다음 날 대낮에 한 젊은이가 댈러스 딜리 광장 근처에 있는 링컨 머큐리 자동차의 판매 대리점으로 걸어 들어갔다. 젊은이는 자동차 영업사원인 앨버트 가이 보가드에게 빨간색 머큐리 코메트Mercury Comet를 구입할 의향이 있다면서 자신을 오스왈드라고 소개했다. 그는 보가드에게 당장은 계약금을 지불할 돈이 없다고 말했는데, 나중에 보가드는 당시 그 젊은이와 나눈 대화에 대해 FBI에 이렇게 진술했다. "그 사람은 2~3 주 안에 돈이 좀 생길 거니까 그 때 자동차 비용을 지불하겠다고 했습니다."

'오스왈드'는 빨간색 코메트 차량을 시승해보라는 보가드의 초대에도 응했다. 자동차 시승을 하던 날 그 젊은이는 속도를 '시속 130~140km'까지 높이면서 스테몬스 고속도로를 질주했고, 그날의 시승은 보가드의 기억에 남는 사건이 되었다. 이날 두 사람이 질주한 스테몬스 고속도로는 20일 후 케네디가 자동차 퍼레이드를 하기로 계획되어 있던 이동경로와 일치했다. 시승을 마치고 대리점으로 돌아오자 보가드의 동료 영업사원인 유진 윌슨이 그 젊은이에게 코메트 차량을 현장에서 판매하려고 애를 썼다. 그런데 그 과정에서 신용등급이 낮다는 말이 나오자 자동차를 구매하려고 하던 그 젊은이는 감정이 격해졌다. 그러더니 '오스왈드'는 도발적으로 말했다. "아무래도 소련으로 돌아가서 차를 사는 게 낫겠군."

워런 보고서에서는 이 젊은이는 오스왈드가 아니었을 수도 있다며 그가 링컨 머큐리 대리점에서 저지른 도발적인 행동을 일축했다. 오스왈드는 운전을 못할 뿐더러 그날 오후에는 다른 장소에 있었으므로, 그들의 진술은 앞뒤가 맞지 않다는 것이었다. 그러나 워런 위원회에서는 또 다른 가능성에 대해서는 언급하지 않았다. 즉, 3천 달러짜리 자동차를 사기 위해 '소련'으로 가야겠다고 했고, '곧 돈이 생길 것'이라고 말한 그 젊은이는 진짜 오스왈드가 아닐 수도 있었다는 점이다. 어쩌면 오스왈드 행세를 하고 다닌 인물이었을 수도 있는데, 그를 사칭하면서 그에 대한 가짜 증거를 만들고 다녔을 가능성이 있는 것이다. 케네디 암살 음모가 전개되고 있을 때 케네디는 어떤 생각을 하고 있었을까? 토머스 머튼이 말한 대로 자신이 '암살 사건의 표적으로 지목됐다는 것'을 주변 사람들에게 암시했을까?

토머스 머튼은 시인이자 신학자였지 정치 분석가는 아니었다. 따라서 케네디 암살에 대한 머튼의 전제에 정치적 음모는 그다지 포함되어 있지 않았다. 그보다는 '개인이 아닌 전체를 위한 생각의 깊이, 인류애, 헌신과 연민의 총체성, 즉 더 깊은 헌신'을 위한 케네디의 정신적 돌파구를 전제로 하고 있었다. 머튼은 케네디의 대통령 임기 첫 해에 켄터키에 있는 트라피스트 수도원에서 친구에게 편지를 썼다. 편지에는 "케네디 대통령이 언젠가는 기적적으로 난관을 돌파할 것"이라며 희망적으로 기도하는 마음을 담았다.

머튼이 이 편지를 쓴 지 9달이 지난 후, 흐루시초프는 쿠바 미사일 위기가 절정에 이르렀을 때, '기적적으로 난관을 극복할 수 있도록' 케네디를 도왔다. 당시 흐루시초프는 케네디만큼 열린 마음을 갖지 못한 상태였다. 그럼에도 불구하고 케네디가 이 중대한 시점에서 흐루시초프를 도와 '기적적으로' 난관을 극복해낸 것처럼 흐루시초프 역시 케네디를 도왔다.

교황의 표현을 빌리자면 이 기적은 역사상 가장 위험한 갈등이 한창일 때 정치적으로 적대 관계에 있는 양측 간의 소통과 존중, 합의의 형태로 이뤄졌다. 당시 케네디와 흐루시초프는 목숨과 권력을 담보로 했고, 머튼이 묘사한 것처럼 '더 깊이 헌신하기 위해' 서로 대면했다. 머튼의 거침없는 논리에 따르면 이런 태도는 암살의 표적이 된 케네디의 인류애를 향한 획기적인 돌파구였다. 토머스 머튼은 암살 음모에 대해 아무것도 알지 못한 채 단순히 "케네디가 인류의 생존을 위해 큰 변화를 피할 수 없을 경우 자신은 살아남지 못할 수도 있다"고 이해하고 있었다. "그런 사람들은 반드시 암살의 표적이 되니까요."

이 책 전반에 걸쳐 말한 대로 정신적인 맥락에서 볼 때, 케네디는 자신에 대한 암살 음모를 구체적으로 알고 있지 않았고, 실제로 알고 있었을 가능성도 희박하다. 케네디 전기 작가인 랄프 마틴Ralph Martin은 이렇게 말했다. "케네디 대통령은 죽음에 관한 이야기와 링컨 대통령 암살 사건에 관한 이야기를 많이 했습니다."

갈등에 대해 진실한 자세로 투쟁하고, 그 결과로 죽음까지 각오한 케네디의 정신적 모델은 에이브러햄 링컨이었다. 케네디와 흐루시초프가 쿠바 미사일 위기를 타개했던 그날, 케네디는 동생 로버트에게 링컨 대통령이 암살당하던 날 했던 말을 인용했다. "오늘밤엔 극장에 좀 가봐야겠어."

케네디는 그날 밤 극장에서 링컨 대통령과 똑같은 최후를 맞을 각오를 하고 있었던 것 같다. 대통령 비서인 에블린 링컨은 한밤중에 케네디가 써 놓은 쪽지를 발견했다. 그 쪽지에는 링컨의 기도문이 적혀 있었다.

"폭풍이 밀려오는 가운데도 하느님이 계시다는 것을 믿습니다. 하느님이 저를 위해 마련해 두신 곳이 있다면 저는 폭풍을 맞이할 준비가 돼 있습니다."

케네디는 이 기도문을 아주 좋아해 연례행사인 1962년 3월 1일 대통령 조찬 기도 모임과 1963년 6월 25일 독일 프랑크푸르트 연설에서도 인용했다. 하지만 더 중요한 것은 케네디가 자신만의 기도문을 만들었다는 사실이다. 그는 퍼거슨 수로에서 은혜를 입은 후로 하느님이 존재한다는 것을 믿었다. 그리고 CIA 및 군부와의 갈등이 심화되는 가운데 폭풍이 밀려오는 것을 볼 수 있었다. 하느님이 자신을 위해 마련해 둔 곳이 있다면 케네디 역시 폭풍을 맞을 준비가 돼 있다고 믿었다.

케네디는 암살당하기 몇 달 전 친구들과 함께 자신의 죽음에 대해 자주 거리낌 없이 이야기했다. 친구들은 케네디의 말에 충격을 받았고 그 중 몇 명은 그의 행동이 비정상적이라고 생각했다. 조지 스마더스 상원의원은 케네디의 태도에 대해 이렇게 말했다. "그가 왜 그랬는지는 모르지만 죽음에 대해 강박관념을 갖고 있는 것처럼 보였습니다."

그러나 전쟁에 대한 압력과 평화를 위해 케네디가 감수한 위험을 이해한다면 그가 자신의 죽음을 의식하고 있었다는 점은 현실적이었다고 볼 수 있다. 그는 권력의 속성에 대해 잘 알고 있었다. 자신의 적이 누구인지, 그리고 어떤 문제에 직면하고 있는지도 잘 알고 있었다. 뿐만 아니라 아메리카대학 연설을 통해 냉전에서 벗어나려고 했던 것, 흐루시초프 및 카스트로와의 평화 협상, 베트남 주둔 미군 철수 문제를 어떻게 처리해 하는지도 잘 알고 있었다. 그는 평화를 위해 대가를 치러야 한다는 것을 의식하며 위험을 감수했기 때문에 자신의 죽음은 예상 밖의 일이 아니었다.

케네디가 최소한 10년 동안 가장 좋아했던 시는 〈만남Rendezvous〉이라는 시였는데 결국은 그의 추모시가 되었다. '만남'을 쓴 미국 시인 앨런 시거Allen Seeger는 제1차 세계대전 때 전사했다. 이 시에는 앨런 시거 자신의 죽음에 대한 예측과 확신이 담겨 있다. 미국이 전쟁에 돌입하기 전에 앨런 시거는 하버드대학을 졸업하고 얼마 되지 않아 프랑스 외인부대에 자원 입대했다. 그리고 1916년 7월 4일, 프랑스 북부지역에 있던 독일 진영을 공격하던 도중에 전사했다. '만남'의 후렴구에 '나는 죽음과 만나다'라는 부분이 있다. 그런데 그가 이 시를 즐겨 읊었다는 것은 죽음을 피할 수 없다는 것을 마음 속 깊이 느끼고 있었기 때문일 것이다. 일찍이 하버드대학을 졸업하고 케네디와 마찬가지로 전쟁의 최전선에 자원했던 알렌 시거의 '만남'이라는 시는 케네디가 평생 동안 죽음을 상상하는데 이용한 명상록의 일부였다. 케네디는 실제로 자신의 죽음을 내다보았고 지속적으로 죽음과의 만남을 경험했다. 예를 들어 PT정의 선원들이 죽어가는 것을 보면서, 또는 퍼거슨 수로의 검은 물살을 따라 망망대해를 표류하면서 죽음과의 만남을 경험했다. 또한 그의 형 조 케네디와 동생 캐슬린Kathleen이 일찍 세상을 떠나는 것을 보면서, 또 자신은 거의 매일 질병에 시달리면서 죽음에 다가가는 경험을 했다. 그는 아메리카대학에서 연설을 하던 도중에 이렇게 말하기도 했다. "우리 모두는 언젠가는 죽을 것입니다."

케네디는 1953년 하이애니스 항에서 신혼 첫날밤을 보낸 후 아내 재클린에게 '만남'을 낭송해 주었고, 재클린은 이 시를 외워 수 년 동안 남편에게 들려주곤 했다. 1963년 가을에는 재클린이 5살짜리 딸 캐롤라인에게 이 시를 가르쳐주었고, 캐롤라인은 '만남'이라는 시로 잊지 못할 공연을 하기도 했다.

1963년 10월 5일, 백악관 로즈가든에서는 국가안전보장회의가 열렸다. 이 때 캐롤라인이 갑자기 케네디 옆으로 와서 할 얘기가 있다며 졸랐다. 케네디는 회의가 진행되고 있었기 때문에 딸을 물리치려고 했지만 캐롤라인이 계속 고집을 부렸다. 할 수 없이 케네디는 딸에게 이야기해 보라고 말했다. 국가 안전보장회의 참석자들이 자리에 앉아 지켜보는 가운데 캐롤라인은 아버지의 눈을 바라보면서 '만남'을 낭송했다.

나는 죽음과 만난다.
분쟁이라는 바리케이드에서
봄이 바스락거리는 그림자로 돌아올 때
사과 꽃이 활짝 피어 공기를 가득 채울 때
나는 죽음과 만난다.
봄이 푸르고 맑은 날을 되돌려줄 때

죽음은 나의 손을 잡고
그의 어두운 영토로 나를 인도해
내 눈을 열고 숨을 끊는다.
이는 마치 내가 그의 곁을 조용히 지나가는 것 같다.
나는 죽음과 만난다.
맹공격을 받은 언덕 위 초토화된 비탈길에서
올해 봄이 돌아올 때
초원의 꽃들이 처음으로 필 때

신은 아시리라

비단에 머리를 얹고 향기에 깊이 잠기는 것이 더 낫다는 것을

더없이 행복한 잠 속에서 사랑이 고동치는 곳에서

맥박에서 맥박으로, 숨결에서 숨결로,

고요하게 눈뜨는 모습이 소중한 곳에서

하지만 나는 죽음과 만난다.

한밤중의 불타는 도시에서

올해 봄이 다시 북쪽으로 여행할 때

그리고 진심으로 맹세하건대

나는 이 만남을 꼭 이루고야 말리라.

캐롤라인이 이 시에 마지막에 등장하는 단어인 '만남'을 낭송하자 국가안전보장회의에 참석한 사람들은 멍하니 자리에 앉아 있었다. 이들 중 한 명은 30년이 지난 후에 그때를 떠올리면서 부녀간의 유대관계를 이렇게 표현했다. "마치 아버지가 딸에게 '내면 세계의 음악'을 가르쳐 주는 것 같았습니다."

케네디는 오랫동안 죽음의 음악을 듣고 있었다. 그러나 그는 죽음의 음악을 두려워하지 않았고 지속적이고 충실하게 기꺼이 들었다. 그는 죽음의 음악이 반복되고 반향이 있는 가운데 '나는 죽음과 만난다'는 시구를 링컨의 기도문과 함께 인생 여정의 끝인 죽음을 예감하면서 자신에 대한 테마곡으로 삼았던 것이다. 이제 그는 평화를 위한 획기적인 타개책에 반대하는 국가안전보장회의 참석자에게 둘러싸인 가운데 딸의 입을 통해 죽음을 받아들이라는 메시지를 듣고 있었다. 케네디는 이 메시지를 들으면서 반드시 그 만남을 이루고 말겠다는 맹세를 다시 한 번

굳혔는지도 모른다.

그는 2년 전, 야간비행 도중에 자신에게 편지를 쓰면서 하느님의 존재를 믿는 가운데 폭풍이 밀려오고 있음을 느꼈다. 그가 두려워한 폭풍은 핵전쟁이었다. 만약 하느님이 자신을 위해 준비한 것이 있다면 그것은 죽음과의 만남이었을 것이다. 만약 자신의 죽음으로 인류에게 닥쳐오는 핵전쟁이라는 폭풍을 피할 수 있다면, 그는 그곳에 갈 준비가 돼 있다고 믿었다.

암살에 앞서 암살 음모자들은 오스왈드를 이용한 시나리오를 계속 꾸미고 있었다. 11월 22일 이후에 보고된 내용에 따르면, 9월~11월까지 오스왈드로 보이는 남자가 라이플총을 갖고 댈러스에서 사격 연습을 하는 것을 목격했다는 제보도 계속 들어왔다. 다시 말하지만 오스왈드 혹은 오스왈드 행세를 하고 다닌 인물은 그런 식으로 주목을 끌려고 했다. 워런 위원회 목격자로 출석한 맬컴 프라이스 주니어Malcolm H. Price, Jr.는 오스왈드와 닮은 남자가 댈러스에 있는 스포츠 드롬 라이플총 사격장에서 스코프를 조절하는 것을 도와달라고 한 것을 기억하고 있었다. "그 때는 막 어둑어둑해질 무렵이었습니다."

프라이스는 워런 위원회에서 다음과 같이 진술했다. 9월 하순의 어느 날 밤, 프라이스는 자동차 헤드라이트를 켜고 사격장에 있는 과녁을 비췄다. 프라이스 덕분에 남자는 자신의 스코프를 조절할 수 있었다. 프라이스가 라이플총을 조준하자, 그 남자, 즉 '오스왈드'는 과녁에 비춰진 자동차 헤드라이트 빛을 이용해 총 세 발을 쏴 명중시켰다. 프라이스는 10월 중순에도, 케네디 암살 사건이 발생한 11월에도 그 남자가 스포츠 드롬에서 사격 연습을 하는 것을 또다시 목격했다.

갈란드 슬랙Garland G. Slack이라는 목격자는 오스왈드로 보이는 남자가 11월 10일과 17일에 스포츠 드롬에서 라이플총을 갖고 사격 연습을 하고 있었다는 것을 기억했다. 슬랙은 그 남자가 자신을 도발했기 때문에 그 남자를 생생하게 기억했다. 11월 17일, 슬랙이 사격하려고 자신의 과녁을 올렸는데, 그 남자가 총의 방향을 돌려 '탄약이 바닥날 때까지' 슬랙의 과녁에 발사한 것이다. 슬랙이 강하게 반발하자 그 남자는 과녁에서 비켜주었다. 슬랙은 그 당시의 상황을 결코 잊을 수 없다고 말했다.

오스왈드 혹은 오스왈드의 행세를 하고 다닌 인물은 또 다시 사람들의 기억에 남을 만한 행동을 하고 다녔다. 당시를 돌이켜 보면 그는 사격 연습을 하고 있다는 것을 암시하고 다녔을 것이다. 표면적으로 볼 때 암살 용의자로 추정되는 인물이 라이플총을 갖고 사격 연습을 했다는 증언은 오스왈드를 범인으로 보는 워런 위원회의 주장에 힘을 실어주었다.

그러나 오스왈드가 라이플총으로 사격 연습을 했다는 워런 위원회의 증언의 이면에는 이런 의문이 든다. '그렇다면 오스왈드는 어떻게 같은 시간에 두 장소에 나타날 수 있었을까?' 앞서 살펴본 것처럼 CIA는 이미 9월 말에 오스왈드를 멕시코시티에 배치해 놓았다. 이런 조치는 또 다른 연출된 시나리오에 따른 것으로, 단연코 오스왈드를 만들기 위한 오스왈드의 위장극이었다. 결국 워런 보고서에 기록하기 위해 정부에서 작성한 오스왈드의 공식적인 행적 중 '오스왈드의 사격 연습'에 관한 내용은 제외되었다.

워런 보고서에 따르면 1963년 9월 28일은 프라이스가 스포츠 드롬에서 과녁에 헤드라이트를 비추자 오스왈드로 보이는 남자가 라이플총을 조준했다는 그날이다. 그러나 이날 '오스왈드는 멕시코시티에 있는 것으로 알려졌다'고 한다. 보고서에서는 계속해서 다음과 같이 언급했다. "프라이스와 슬랙이 동일한 인물에 대해 진술하면서 확신을 갖고 증언한 두 사건들을 비교해 보면 슬랙이 진술한 인물은 오스왈드가 아닌 다른 인물이라고 믿을만한 근거가 있다."

정확히 같은 시간에 여러 명의 오스왈드가 오스왈드 같이 보이는 행동을 너무 많이 하고 다녀서 사람들에게 의심받게 된 상황에 직면하자 워런 보고서 내용에서는 모순점이 드러났다. 만일 진짜 오스왈드가 멕시코시티에서 소련 대사관과 쿠바 대사관을 방문한 것이 사실이라면, 같은 시간에 댈러스의 라이플총 사격장에서 사격 연습을 했다는 혐의를 받은 오스왈드를 대역한 인물은 과연 누구였을까?

오스왈드가 두 명이라는 사실이 밝혀지면서 워런 보고서의 내용에 모순점이 발견되자, 궁지에 몰린 워런 위원회는 탈출구를 찾았다. 그리고 사태를 분명히 하기 위해 워런 위원회에서는 다음과 같이 주장했다.

"맬컴 프라이스가 보았다는 '오스왈드와 닮은 남자'와 동일한 인물을 슬랙도 보았다는 그 시간, 즉 11월 10일에 오스왈드는 스포츠 드롬에서 라이플총으로 사격연습을 했다고 한다. 하지만 '그날 그는 어빙에 있는 페인Paine의 집에 머물고 있었으므로 라이플총 사격장에 간 적이 없다는 증거가 설득력이 있다."

현실적으로 볼 때 오스왈드는 그 시간에 스포츠 드롬에 있을 수 없었다. 그러나 오스왈드가 실제로 페인의 집에서 자신의 아내 및 딸과 함께 있었다면 같은 시간, 즉 케네디 암살 사건이 발생하기 12일 전에 댈러스에 있는 라이플총 사격장에 또다시 나타나 사격 연습을 했다는 인물은 누구란 말인가?

오스왈드로 보이는 인물이 스포츠 드롬에서 일부러 계속해서 다른 사람의 과녁에 총을 쏘며, 강력한 인상을 남긴 것은 그로부터 1주일 후였다. 그렇다면 오스왈드로 보이려던 그는 누구였을까? 또 그는 왜 댈러스에 있는 라이플총 사격장에서 몹시 불쾌감을 주는 행동을 하며 '탄약을 바닥내면서'까지 인상을 남기려고 한 것일까? 그것도 케네디의 방문 차량이 진짜 오스왈드가 일하는 건물 바로 앞을 지나가기로 예정된 날보다 불과 5일전에 그런 일을 저지른 이유는 무엇일까?

위장극을 한 인물의 정체보다 더 중요한 것은 그가 도발적인 행동을 하도록 배후에서 조종한 인물이 누구였는가 하는 문제이다. 오스왈드와 닮은 인물을 조종한 이들은 누구란 말인가? 워런 위원회는 이 문제를 전혀 해결하지 못한 채 오스왈드로 보이려는 인물이 댈러스의 사격 연습장에서 라이플총으로 버젓이 사격 연습을 한 사실를 일축해 버렸다. 이 사건이 케네디 암살 사건 이틀 전에 발생함으로써 암살 사건의 서곡이 시작되었음에도 말이다. 비록 '사격 연습을 한 오스왈드'와 '멕시코 시티에 있었던 오스왈드'는 진짜 오스왈드에게 불리한 정황을 만들어냈지만, 이들의 활동 시간이 중첩됨으로 인해 너무 여러 명의 오스왈드를 만들어내게 되었다. 진짜 오스왈드에게 불리한 증거가 될 수 있는 가짜 오스왈드의 수는 워런 보고서에서 설명할 수 있는 오스왈드의 수보다 많았다.

오스왈드가 케네디 대통령 암살범이 되자 소련과 쿠바도 같은 처지가 되었다. 특히 쿠바는 '소련의 동맹국으로 힘은 미약하지만 암살 사건의 배후를 조종한 악의 제국'으로 묘사되었다. 사실 이런 표현은 모두 실제로 암살 음모를 꾸민 자들이 인위적이고 부자연스럽게 만들어 낸 것임에도 불구하고 전 국민을 대상으로 교묘하게 확산되었다. 케네디 암살 시나리오라는 섬뜩한 발상은 이원론적 냉전 철학에 근거하여 진실은 묻혀버렸다. 이렇게 선전을 시작한지 15년이 지나자 미국인들은 공산주의를 악으로 규정하는 것을 자연스럽게 받아들였다. 따라서 미국인들에게 핵무기로 무장한 무신론적 공산주의자들은 미국의 적이자 하느님과 민주주의에 입각한 서방에 맞서는 절대 악으로 여겨졌다. 이 이원적인 철학적 배경 하에서 적대 관계에 있는 국가들과 함께 평화를 추구함으로써 대중의 사랑을 받았던 케네디는 죽음을 피할 수 없었다. 이는 미 정보기관의 비밀 첩보활동으로 그 배후에는 CIA가 있다. CIA는 선전 시나리오를 통해 대통령 암살을 실행했는데 이 선전 시나리오에는 냉전체제에서 적대 세력이 꾸민 책략에 내재된 악을 형상화하고 있었다. 소련은 평화를 이루기 위해 케네디의 비밀 파트너가 된 지도자를 가진 입장이었다. 따라서 암살 시나리오에는 소련을 가장 큰 희생양으로 이용하기로 계획되어 있었다.

케네디의 죽음과 소련의 방어

1963년 11월 18일, 워싱턴 주재 소련 대사관에서는 조잡한 글씨로 타이핑된 편지를 받았다. 그 편지는 9일 전에 쓴 것으로 댈러스에 있었던

'리 오스왈드'의 서명이 들어 있었다. 편지가 도착한 시점은 우연히 맞아떨어진 것이 아니었다. 편지 내용은 냉전 확대를 위한 폭탄과도 같고, 기폭장치는 다름 아닌 케네디 암살이었다. 편지를 받은 지 4일 후에 댈러스에서 암살 사건이 발생했다는 점과 관련지어 편지 내용을 보면 몇몇 단락에서 소련이 오스왈드와 공모해 미국 대통령을 살해할 것이라고 암시하며 암살의 배후를 소련으로 돌리고 있다.

  …최근 멕시코시티에 있는 소련 대사관에서 코스틴Kostin 동지를 만났다는
   것을 알리기 위해 이 편지를 쓴다.

  워런 위원회의 보고서에서 언급한 대로 '코스틴 동지'가 발레리 블라디미로비치 코스티코프Valery Vladimirovich Kostikov라는 점에 대해서는 의심할 여지가 없다. 코스티코프는 KGB 요원이며 멕시코시티 주재소련 대사관에서 영사로 활동하고 있었다.
  앞에서 살펴본 것처럼 코스티코프는 평범한 KGB 요원이 아니었다. 1973년~1978년까지 FBI 국장이었던 클레어런스 켈리Clarence M. Kelly에 따르면 코스티코프는 "서반구 테러 활동 총 책임자였고 특히 그의 역할에는 요인 암살도 포함돼 있었다"고 한다. 결국 켈리의 증언에 따르면 코스티코프는 '서반구에 배치된 KGB 요원 중 가장 위험한 인물'이었던 것이다.
  이와 같이 케네디가 피살당한 금요일보다 4일 전인 월요일에 도착한 편지, 즉 오스왈드가 댈러스에서 워싱턴에 있는 소련 대사관에 보낸 편지는 최근에 오스왈드가 코스티코프를 멕시코시티의 소련 대사관에서

만났다는 것을 언급하는 것이었다. 소련 대사관에 보내진 오스왈드의 편지에는 그가 저질렀다는 행위의 연관성을 통해 그가 범인이라는 것이 강력히 암시되어 있었다. 대사관에서는 댈러스에 있는 오스왈드의 근무 장소 앞을 지나가기로 돼 있었던 케네디를 태운 자동차 퍼레이드가 실시되기 4일 전에 이 편지 폭탄을 받은 것이다. 퍼레이드가 실시되던 날 비밀 저격수는 딜리 광장 어딘가에 숨어 있었다. 이는 마치 시카고에 있는 밸리가 근무하는 장소 근처에서 케네디를 저격할 수 있도록 비밀리에 준비해 둔 것과 같았다. 편지 폭탄의 도화선은 워싱턴에 있는 소련 대사관에서 댈러스로 뻗어나가고 있었다. '코스틴'/코스티코프와 오스왈드의 관계를 언급하면서 그가 범인이라고 지목하는 편지는 케네디가 죽은 후 미국인들에게 폭로될 것이다. 이렇게 되면 오스왈드와 그의 후원자인 소련과 쿠바는 동시에 케네디 암살 사건의 배후로 지목 될 수 있었다. 이런 시나리오는 케네디 암살은 물론이고, 그와 함께 평화에 동참한 적장들, 즉 흐루시초프와 카스트로까지 선제공격할 수 있는 명분을 주며, 최종적으로 미국의 승리를 목표로 구상해 둔 시나리오였다.

…나는 멕시코시티의 소련 대사관과 접촉할 계획이 없었고 그들 역시 준비되지 않은 상태였다. 내 계획대로 아바나에 있는 소련 대사관에 갈 수 있다면 그곳에서 우리의 사업을 완수할 수 있을 것이다.

이 대목을 살펴보면 이 편지는 소련이 케네디 암살 음모에 연루돼 있다는 점과 더불어 쿠바도 암살 공모와 관련돼 있다는 의심을 갖게 해 준다. '오스왈드'가 원래 의도했던 것은 쿠바에 있는 소련 대사관에서 '우리의 사업을 완수하는 것'이었다. 오스왈드의 말에 의하면 당시(오스왈드가 음모를 실행하기 위해 댈러스로 돌아가기 전에) 소련 대사관에서는 그와 거래할 준비를 철저히 한 상태에서 대화를 진행했다고 한다. 그러나 오스왈드는 쿠바 비자를 받지 못했고, 대신에 멕시코시티에 있는 KGB의 코스티코프를 직접 만나 '우리의 사업'을 계속해야 한다고 말했다. 앞서 살펴본 것처럼 멕시코시티에서 CIA의 철저한 감시를 당하고 있던 오스왈드는 쿠바 비자를 즉시 발급받으려고 했다. 오스왈드가 보낸 편지가 11월 18일에 워싱턴에 있는 소련 대사관에 도착하자 소련 대사관에서는 이 편지를 근거로 지난 9월에 멕시코시티에서 오스왈드의 목적이 좌절되었던 사건(비자 발급)을 입증하려 하고 있었다. 그리고 이 때 오스왈드는 소련과 '우리의 사업을 완수하기 위해' 아바나로 떠나려고 했다. 아바나는 공산주의 지배 체제이므로 그에게 훨씬 더 안전한 곳이었다.

　…물론 소련 대사관은 잘못이 없다. 그러나 쿠바 대사관은 규정을 크게 위반했기 때문에 나는 쿠바 영사가 교체된 것을 기쁘게 생각한다.

　여기에는 '오스왈드'가 비자 문제로 쿠바 외교관에 대한 좋지 않은 감정이 남아 있었던 것으로 보인다. 9월 27일, 쿠바 영사 에우제비오 아즈쿠Eusebio Azucue는 소란을 피우던 오스왈드(혹은 오스왈드의 행세를 하고 다닌 인물)를 멕시코시티에 있는 쿠바 대사관에서 내쫓았었다. 이에 오스왈드는 기분이 상해 소련에 편지를 보내 '쿠바 대사관'이 '규정을 크게 위반한' 것에 대한 분노를 표출했다. 이 상황에서는 당연히 분개할 수밖에 없었을 것이다. 그러나 오스왈드는 아즈쿠가 더 이상 영사가 아니라는 점에 만족하고 있었다. 사실 11월 18일 부로 멕시코시티 주재 쿠바 영사 에우제비오 아즈쿠는 다른 인물로 교체되었다. 그리고 오스왈드가 보낸 편지는 이날 워싱턴에 있는 소련 대사관에 도착했다.

FBI는 오스왈드가 소련 대사관에 보낸 편지가 최종적으로 도착하기 전에 편지를 모두 가로채서 복사를 해뒀다. FBI 국장 에드거 후버는 11월 23일 일요일 오전 10시 1분에 린든 존슨 신임 대통령에게 전화를 걸어 이 은밀한 과정에 대해 설명했다. 이는 앞서 제2장에서 살펴본 전화 내용과 같은 것이었다. 후버는 멕시코시티에서 존슨에게 전화를 걸어 증거를 제시했다. 오스왈드가 케네디를 암살하기 위해 쿠바 및 소련과 음모를 꾸몄거나, CIA에서 누군가에게 오스왈드 행세를 하게 함으로써 그가 꾸민 음모인 것처럼 만들려고 했다는 증거였다. 그런데 정황상으로 볼 때는 후자의 증거가 더 유력했던 것 같다. 이렇게 받아들이기 쉽지 않은 선택을 망설이고 있을 때 존슨은 후버에게 이런 이야기도 들었다.

"우리는 오스왈드가 워싱턴에 있는 소련 대사관에 보낸 편지의 사본을 갖고 있습니다. FBI가 자기 아내를 괴롭히고 심문하는 것에 대해 불만을 제기하는 내용입니다. 이제 소련 대사관으로 가는 편지는 우리가 모두 중간에서 확보하고 있고 편지에 관한 정보는 당연히 극비리에 다뤄지고 있습니다. 대사관에 보낸 편지 중에서 우리가 개봉해서 검토하지 않은 편지는 한 통도 없기 때문에 소련 대사관 측에서 어떤 편지를 받았는지 모두 알고 있습니다."

멕시코시티 이야기에서처럼 오스왈드가 보낸 편지가 위험한 결과를 초래할 수 있는 CIA의 위조 문서였다는 것을 이미 후버는 의심하고 있었는지 모른다. 후버가 존슨과 나눈 대화 내용을 살펴보면 후버는 오스왈드가 보낸 편지를 심각하게 생각하지 않았다는 것을 알 수 있다. 오스왈드의 편지 내용은 FBI가 '자신의 아내를 심문하는 것'에 대한 불만에 지나지 않는다며 별로 중요하지 않은 내용으로 간주했다. 후버는 암살 용의자와 '코스틴'/코스티코프 간의 연관성에 대해서는 언급하지 않은 채 남겨두었다. 이들 간의 연관성 때문에 케네디 암살 사건이 표면적으로 멕시코시티에서 소련과 오스왈드가 꾸민 음모처럼 보였음에도 말이다.

오스왈드가 댈러스에서 체포되자 미국 언론에서는 오스왈드가 대통령 암살범이라고 보도했다. 이 때 소련의 고위 간부들은 11월 18일 소련 대사관에 도착한 오스왈드의 편지가 자신들에게 누명을 씌우기 위한 함정일지 모른다는 것을 깨닫기 시작했다. 댈러스 사건 직후 곤경에 처했음을 인식한 소련의 반응이 어떠했는지는 20세기 말에야 비로소 밝혀졌는데 이때는 이미 소련이 해체된 후였다. 소련에는 오랫동안 기밀로 유지되어 온 케네디 대통령 암살 관련 문서가 존재했었는데, 1999년 6월 독일 회담에서 보리스 옐친 러시아 대통령이 클린턴 미국 대통령에게 이 문서를 전달했다. 이는 예상치 못한 사건으로 이 문서와 관련된 이야기 중에 가장 흥미로운 사건이었다.

클린턴 대통령이 옐친 대통령에서 받은 문서 내용에 나타난 것처럼 케네디의 장례식 다음날인 1963년 11월 26일 목요일이었다. 아나톨리 도브리닌 소련 대사는 '일급 기밀/최우선'이라는 문구를 붙여 모스크바로 전보를 보냈다. 내용은 케네디 암살 사건 4일 전에 소련 대사관에서 받은 오스왈드의 수상한 편지였다. 도브리닌이 모스크바에 보낸 전보 내용은 다음과 같다.

···오스왈드의 11월 9일자 편지를 검토해 주십시오. 편지의 본문 내용은 기밀상 인근 전화를 이용해 모스크바에 전달했습니다.

···이 편지는 도발하려는 의도로 쓴 것이 분명합니다. 이 편지에는 우리가 오스왈드와 밀접한 관계를 맺고 있으며, 어떤 목적을 위해 오스왈드를 이용하고 있다는 인상을 주고 있습니다. 이 편지는 그 전까지 대사관에서 받았던 오스왈드의 편지와는 전혀 다릅니다. 게다가 오스왈드는 우리 대사관을 방문한 적이 한 번도 없습니다. 오스왈드가 그 전까지 대사관에 보냈던 다른 편지는 자필 편지였던 반면, 이 편지는 타이핑이 돼 있는 걸로 봐서 위조된 편지라는 의혹이 더욱 큽니다.

···모든 정황으로 미뤄볼 때 이 편지는 대통령 암살 사건과 연루된 자들이 만들어 낸 것이 확실해 보입니다. 오스왈드가 지시에 따라 회신을 한다는 것은 불가능합니다. 그리고 알다시피 그는 쓸모가 없어지면 제거될 운명이었습니다.

··· 대사관에서는 지속적인 감시 하에 있었기 때문에 미국 주무 관청에서 이 편지에 대해 알고 있었다는 점은 의심할 여지가 없습니다. 그러나 이들은 당분간 그 편지를 활용하지 않을 겁니다. 그들은 대사관에 오스왈드에 관한 어떤 정보도 묻지 않았는데 그건 아마도 또 다른 순간을 기다리고 있기 때문일 겁니다. (이 점은 소련에서 받은 문서 원본에서 강조하는 사항이다.)

사실 존슨과 후버를 비롯한 '미국 주무 관청'은 오스왈드가 쓴 편지 내용이 도발적이라는 점을 알고 있었다. 소련에서는 주미 소련 대사관이 CIA의 지속적인 감시 하에 있다는 사실을 알고 있었다. 후버는 존슨의 대통령 임기가 시작된 첫날 오전에 이 편지를 공개함으로써 존슨 대통령의 주목을 끌었다. 도브리닌은 이 편지를 쓴 의도가 소련에 도발을 목적으로 했고, 케네디 암살 배후자들이 위조한 것이 분명하다고 확신했다. 그렇지 않다면 '오스왈드가 제거되기 전에 어떤 약속에 대한 대가로' 오스왈드에게 이 편지를 쓰라고 지시했을 수도 있다. 또한 소련 대사관은 편지에도 언급되었지만 미심쩍어 보이는 멕시코시티 관련 증거를 처리하는 방법에 있어서 '미국 주무 관청'이 잠시 멈칫했다는 점을 파악했다. 이제 시나리오에 의한 암살 배후 세력을 응징한다고 할 때, 존슨이 이끄는 미국 정부는 과연 케네디 암살 사건의 책임을 소련에 전가할 수 있을 것인가?

소련 지도자들은 이런 질문에 어떻게 대답해야 할지 곰곰이 생각하고 있었다. 이 때 존슨은 CIA가 조작한 증거, 즉 소련이 멕시코시티에서 케네디 암살 음모를 꾸몄다는 증거를 채택하지 않기로 결정했다. 존슨은 이제 전쟁을 승인해 달라는 냉전 세력의 압력을 받게 되리라는 것을 아주 잘 알고 있었다. 그들은 전쟁이 일어나면 공산당이 꾸민 케네디 암살 음모가 밝혀질 것이라는 이유로 존슨에게 압력을 가할 수도 있었다. 이틀 후 CIA 국장인 존 맥콘이 받아쓴 회람을 보면 존슨이 대통령 임기 첫날 하루 종일 멕시코시티 증거에 대해 얼마나 신경을 썼는지 잘 나타나 있다. 후버가 오전 10시 1분에 전화를 걸어 충격적인 소식을 전달하자, 존슨은 낮 12시 30분에 맥콘과 만나 '멕시코시티에서 받은 정보'에 대한 자세한 내용을 구체적으로 듣고 싶어 했다. 존슨에게 있어서 멕시코시티는 워런 위원회의 출발점이었다. 존슨은 멕시코시티의 정보를 핵전쟁의 두려움과 특별위원회 출범의 필요성의 근거로 들었다. 특별위원회에는 얼 워런Earl Warren 대법원장과 새로 임명된 워런 위원회 구성원인 리처드 러셀 상원 의원이 임명되었다. 존슨은 러셀에게 이렇게 말했다.

"우리는 케네디 암살 사건에 있어 멕시코시티라는 무대에서 빨리 철수해야 합니다. 멕시코시티에서는 한 시간에 4천만 명이나 되는 미국인이 죽어나갈 수도 있는 전쟁 속으로 어떻게든 몰아넣으려고 했던 음모가 밝혀지고 있으니까요."

워런 위원회는 신임 존슨 대통령이 직면하고 있는 암살 음모 관련 증거들을 은폐하기 위해 케네디 암살은 오스왈드의 단독범행이라고 확신시켜 주었다. 이것이 멕시코시티와 관련된 증거로 딜레마에 빠져 있던 존슨을 구해 주었다. 존슨은 멕시코시티 관련 증거에 따라 소련을 암살 사건의 최대 희생양으로 만들어야 할지, 아니면 CIA를 실제 암살범으로 간주해야 할지에 대한 문제에 직면했다. 존슨이 케네디 암살 사건의 책임을 소련에 돌리는 것을 거부한 것은 명예로운 대처였지만, 멕시코시티에서 CIA의 의심스러운 행동을 불문에 부친 것은 불명예스러운 대처였다. 결국 암살 음모의 부수적인 목적은 좌절되었지만 주목적은 성취되었다. 존슨이 대통령직에 오르자 냉전에 대한 관심, 우선순위, 이익을 조정해야 하는 문제가 다시 불거졌다. 이는 케네디에 이어서 존슨 대통령도 흐루시초프와 함께 돌파해 나가야 할 문제였다. 그러나 케네디 암살 사건이 큰 문제없이 넘어가자, 존슨은 케네디 암살 사건과 케네디가 염원했던 적과의 평화 정책을 은폐하는 데 동의했다.

11월 26일, 도브리닌 대사는 모스크바에 전보를 타전했다. 소련 정부가 오스왈드의 편지를 미국 당국에 전달했다는 내용이었다. "우리가 편지를 전달하지 않는다면 도발을 시도한 자들은 이 사실을 이용해 우리에게 혐의를 물을 수 있습니다."

소련 국무회의 수석 부의장인 아나스타스 미코얀Anastas I. Mikoyan은 도브리닌이 보낸 전보에 대해 다음과 같이 회신했다.

"오스왈드가 보낸 11월 9일자 편지를 포함해 대사관과 오스왈드 사이에 오간 회신의 사본을 딘 러스크 미 국무부장관에게 보내되, 미국 당국의 요청을 기다리지 말고 보내십시오. 사본을 보낼 때는 반드시 11월 9일자 편지를 11월 18일이 돼서야 받았다는 점을 언급하십시오. 편지가 어디선가 정체돼 있었던 게 분명합니다. 대사관에서는 이 편지가 도착한 시기를 의심했습니다. 즉, 위조하거나 고의로 도발하기 위해 편지를 갖고 있다 보니 시간이 지체되었던 것이죠. 우리 소련 대사관에서는 오스왈드의 편지에 일체 회신하지 않았습니다."

소련은 '오스왈드가 쓴 편지'를 미국에 넘기면서 소련이 오해를 받을 수도 있는 상황을 피하지 않았다. 소련 지도자들은 이 사안에 대해 정정당당하다고 통지했다. 편지는 수취인인 소련의 반대편에 서서 소련을 궁지로 밀어 넣는 내용으로, 위조된 것이 분명했다. CIA는 이런 사실이 모스크바에 폭로되는 것보다 미국 국민에게 폭로되는 것을 더 두려워했다.

미국 정부는 이 유감스러운 사실에 대해 이미 알고 있었다. 분노를 촉발시킬 수 있다는 존슨의 의견에 따라 정부에서 멕시코시티 관련 증거를 채택하지 않기로 결정하자 워런 위원회는 모순되는 명령을 내렸다. 존슨이 러셀에게 한 말에 따르면, 특별위원회를 출범시키면서 기대한 것은 '러셀도 원했던 것처럼 사실을 확인하고 모든 증거들을 입수해서 누가 케네디 대통령을 암살했는지 밝히는 것'이었다. 그러나 존슨은 암살의 진실을 밝히자고 러셀에게 강조했던 것 이상으로 '멕시코시티라는 사선의 무대에서 철수'하기를 훨씬 더 간절히 원하고 있었다. 대통령 암살 사건 전면에 소련이 있는 것처럼 보였지만, 실제로 그 배후에 CIA가 있다는 증거가 되는 무대는 멕시코시티였기 때문이다.

워런 위원회는 '국가안보(여기서 국가안보란 CIA를 국가의 불명예로부터 보호하고 CIA 지도자들이 범죄 혐의로 기소되지 않도록 보호하는 것을 말한다)를 위해' 케네디 암살 사건을 단독 암살범의 소행으로 결론지을 수 있도록 설득력 있고 상세한 사례를 만들어야 했는데, 이는 매우 어려운 임무였다. 그러기 위해 워런 위원회는 먼저 가장 중요한 증거인 멕시코시티 관련 증거를 은폐해야 했다. 멕시코시티 관련 증거로 존슨이 대통령으로 취임한 첫 날부터 CIA가 관련되어 위조를 한 것으로 보이는 '오스왈드의 11월 9일자 편지'는 역효과를 불러 일으켰다. 소련 대사관이 11월 18일에 받고 위조라는 것을 눈치 챈 바로 그 편지였다. 소련 대사관은 공식적인 외교 서한의 형태로 미국에 서신을 보냈고, 이 서한은 공식적인 기록으로 남겨두었다. 그러자 미국은 곤경에 빠졌다. 소련 지도자들이 이 편지를 공개할 수도 있는 상황이었기 때문이다. 미국은 이 편지가 위조되었다는 신빙성이 더해지고 있는 상황인 만큼 은폐하거나 적절히 해명해야 했다. 미국인들은 이 편지를 만든 원래 목적이 진짜 암살범 대신에 다른 사람에게 누명을 씌워 속이려는 것이었다고 믿게 될 수도 있었다. 그렇다면 편지를 어떻게 은폐할 것이며 CIA가 위조를 한 편지에 대해 어떻게 해명할 것인가?

워런 위원회에서 오스왈드의 가장 유력한 증인은 오스왈드의 부인인 마리나가 아니라 루스 페인이었다. 앞에서 살펴본 것처럼 드 모렌쉴트가 댈러스를 떠나자, 루스 페인과 마이클 페인이 오스왈드를 후원해 주었다. 페인은 1963년 10월에 오스왈드를 텍사스 교과서 보관소로 배치한 인물로 대통령 암살 사건에 대해 폭로하겠다고 협박한 오스왈드의 편지 내용에 대해 다른 의견을 제시하기도 했다. 1964년 3월, 오스왈드의 편지가 위조된 것이거나 혹은 일부러 도발하기 위한 것이었음을 밝히기 위해 소련 대사관 측에서 오스왈드의 편지를 미국에 넘긴 지 4개월이 지난 후였다. 페인은 1963년 11월 9일 일요일에 오스왈드가 자신의 집에서 자신의 타자기로 편지를 쓰고 있었다고 증언했다. 게다가 실제로 편지를 쓰고 페인이 목격했다는 오스왈드의 편지는 소련 대사관이 받은 편지와는 다른 것으로 밝혀졌다. 페인은 그 편지가 우연히 자신의 사무실 책상 위에 놓여 있었다고 한다.

페인의 증언에 따르면, 자신은 남의 것을 훔쳐보는 것을 매우 싫어했는데 그날만큼은 오스왈드의 자필 편지가 책상 위에 잘 접혀 눈에 띄게 놓여 있어서 읽어 보게 되었다고 한다. 그리고 그날 아침, 오스왈드는 자필의 최종본을 다시 타이핑한 후 그 방을 나갔다고 한다. 루스는 그가 샤워를 하는 동안 편지의 초안을 베꼈다고 한다. 그리고 훗날 FBI가 자신을 찾아왔을 때 그들에게 전달할 수 있었다.

　페인이 애초부터 오스왈드의 편지에 대해 호기심을 갖게 된 이유는 오스왈드가 자신의 자필 편지를 타이핑하는 동안 페인이 편지 내용을 읽지 못하게 하려고 했는지 뭔가로 가려놓은 것 같았기 때문이라고 말했다. 페인의 증언에 의하면 오스왈드는 처음에는 편지 초안을 페인이 읽지 못하게 하려고 했지만 나중에 그도 초안에 대해 의식하지 못한 것 같았다고 했다. 그러나 이는 앞뒤가 맞지 않는 내용이다.

　페인의 증언에는 일치하지 않는 부분 외에도 쟁점이 되는 더 심각한 문제가 있다. 워런 위원회는 페인이 숨겨두었다가 FBI에 전달했다고 주장하는 오스왈드의 편지 초안을 기록으로 남겨 두었다. 그 결과 편지는 케네디 암살 사건이 발생하기 4일 전 소련 대사관에서 받은 편지의 최종본이 되었다. 편지 초안에는 줄을 그어 지운 단어들이 있었는데 오스왈드가 그렇게 한 의도가 무엇이었는지에 초점을 맞추어 그 단어들을 재해석했다. 그러나 그 초안은 소련측에 보낸 도발성 편지와 상당히 상반된 것이었다. 게다가 그 초안을 오스왈드가 아닌 다른 인물이 쓴 것으로 보이는 부분이 있었는데 아마도 타이핑 본을 작성한 지 수 개월이 지난 후에 쓴 초안인 것 같았다. 위조 초안을 작성한 의도는 오스왈드와 소련이 멕시코시티에서 접촉함으로 인해 CIA에게 돌아올 수 있는 혐의를 사전에 차단하기 위한 것으로 짐작된다. 비록 존슨 대통령은 이 멕시코시티 증거를 거부했지만 면밀하게 검토할 경우 암살 음모 혐의는 CIA에게 다시 돌아올 수도 있었다.

　조사관 제리 로즈Jerry Rose는 소련 대사관이 받은 편지와 초안으로 추정되는 글의 내용을 비교하는 과정에서 두 문서가 이상하게 뒤바뀐 것 같다고 지적했다. 즉 두 편지에는 오스왈드가 맞춤법을 잘못 쓴 부분이 많았지만 그 안에서도 차이점이 발견되었다. 자필로 쓴 편지에는 오류가 세 군데밖에 없었지만 타이핑한 편지에는 이 오류가 수정되어 있었다. 반면 자필로 쓴 편지에는 맞게 썼지만 타이핑한 편지에는 맞춤법이 틀린 철자가 두 배나 많았다. 이는 초안을 타이핑할 때는 틀리지 않도록 더 주의해서 썼을 것이라는 예상과 반대되는 결과였다. 작문으로 비유하자면 초안보다 타이핑 본을 더 먼저 작성한 격이었다. 더 중요한 점은 오스왈드가 소련 및 쿠바 대사관과 접촉한 일이 덜 중요해 보이도록 하기 위해 초안의 각 단락들을 재배열함으로써 오스왈드와 FBI의 차이를 강조했다. 또한 초안에 있는 "우리의 사업을 완수할 때입니다"라는 표현은 소련의 음모를 암시하고 있었다. 그런데 이 말을 '저를 도와줄 때입니다'로 바꿔서 오스왈드의 결백을 입증할 수 있도록 조작해 놓았다. 전자는 '동료 코스틴'/코스티코프 및 소련 대사관이 불길한 '사업'을 계획하고 있는 광경을 떠올리게 한다. 하지만 타이핑 본에서는 전혀 언급되지 않았다. 반면 후자에서 언급한 '도움'이라는 단어는 초안에 있는 '요청한 문서를 얻을 수 있을 것이다' 라는 말을 지웠다는 점과 함께 오스왈드의 여행 목적이 암살 음모와는 상관이 없었음을 설명할 수도 있는 단서였다.

워런 보고서는 편지의 초안을 근거로 해석함으로써 11월 18일에 소련 대사관이 받은 오스왈드의 편지에 극명하게 드러난 사실을 다음과 같이 해명해 보려고 했다.

- 편지 내용 중 가능성이 적은 부분은 초안과 비교해서 일부를 삭제했을

수도 있다. 특히 줄을 그어 지운 단어를 고려하면서 초안과 최종본의 차이점을 분석한 결과, 오스왈드는 의도적으로 자신의 업무 상태를 혼란시키려고 했던 것이 분명해졌다. 이는 멕시코로 움직이는 것을 가능한 한 비밀스럽게 만들기 위해서였던 것 같다.

- 워런 위원회의 주장에 따르면, 오스왈드에 관한 지식에 근거해서 볼 때 이 편지는 그가 어설프게 소련 대사관의 환심을 사기 위한 것에 지나지 않는 것으로 보인다.

워런 위원회는 타이핑 본이 초안과 너무 다르다는 점에 초점을 맞춰 편지를 읽음으로써 이 편지에 내포된 위험 가능성을 줄이려고 했다. 즉 오스왈드가 소련 대사관에 보낸 편지는 그의 자아도취 행위에 지나지 않으므로 공모 가능성이 있는 위험 문서가 아니라고 간주 했다. 마찬가지로 의심스러운 자필 초안은 그 당시 오스왈드가 소련 대사관에 어떤 내용을 써서 보냈는지 해석하는 열쇠가 되었으나 그 초안은 단 한 사람만이 볼 수 있게 되어 있었다. 워런 위원회 구성원들은 오스왈드가 작성한 것으로 짐작되는 편지의 초안을 페인의 요청에 따라 그녀에게 돌려주기로 결정했고 초안은 1964년 5월에 페인의 손에 다시 들어갔다. 그런데 그 시기는 주요 증거가 되는 동일한 문서에 근거해서 작성한 공식 보고서를 제출하기 4개월 전이었다.

당시 워런 위원회는 보고서 내용 중 "소련을 모함하려는 의도로 계획하고, 오스왈드의 편지라는 위조문서를 은폐하기 위해 작성된 초안은 더 이상 갖고 있지 않다'는 내용을 인용했다. 그러나 그 흔적이 매우 분명하게 남아 있기 때문에 오스왈드가 소련 대사관에 보낸 편지로 인해

CIA가 케네디와 소련을 표적으로 꾸민 음모가 드러날 여지는 남아 있었다.

케네디 암살을 이용해 쿠바와 소련 공격에 대한 정당성을 입증하겠다는 위협은 어디까지가 진실일까? 워런 위원회의 주장에 집착하지 않고 시야를 넓히면 '오스왈드'가 소련 대사관에 보낸 편지는 소련과 쿠바를 케네디 암살에 연루시키기 위한 장치임을 알 수 있다. 이 음모는 분명 이중 전략을 세워 승자가 독식하는 음모였던 것으로 보인다. 즉 냉전 종식을 위한 협상 테이블에 나갈 준비가 되어 있는 케네디를 암살하려는 음모에서, 가짜 증거물을 이용해 소련과 쿠바가 케네디 암살 사건에 책임이 있음을 입증함으로써 이들 국가를 더 복잡한 음모에 휘말리게 하려는 것이었다. 이렇게 해서 소련과 쿠바라는 두 공산국가에 공격을 할 수 있는 정당성을 입증하려고 한 것이다.

선제공격의 압력과 케네디의 대응

케네디는 재임 초기부터 핵을 이용해 소련에 선제공격을 가해야 한다는 압력을 받았다. 이렇게 '확실히 승리할 수 있는 전략'은 일급기밀 수준의 군부의 최우선 사항이었다. 케네디에게 선제공격을 승인해 줄 것을 요구하는 압박은 너무 강력했다. 그래서 켄터키에 있는 조용한 수도원에서 명상 중이던 수도사가 이런 사실을 알고 이에 대해 분명히 의사를 표명하는 지경에까지 이른 것이다. 1962년 상반기에 쿠바 미사일 위기가 임박하자 토머스 머튼은 미국이 선제공격을 가할 경우 초래될 수 있는 위험을 가능한 한 많은 사람들과 공유하려 했다. 이 주제에 대해 그는 저서 〈머튼의 평화론〉에서 여러 번 언급했다. 머튼은 이 책을 수많은 친구들에게 보냈는데, 그 중에는 에델 케네디도 포함돼 있었다. 다음은 이 책의 본문 내용인데 예언적인 성격을 띠고 있다.

> "현 시점에서 미국 정책 중에서 가장 진지하고 중대한 발전을 이룰
> 것으로 보이는 정책을 무엇이라고 분명히 규정할 수는 없지만, 선제
> 공격의 필요성이 점점 중대되고 있다는 점은 의심할 여지가 없다."

머튼이 켄터키 언덕에서 정확히 직감한 것처럼 워싱턴에 있는 합참에서는 선제공격의 전략적 필요성을 강조하려고 젊은 총사령관인 케네디에게 압력을 가하고 있었다. 가장 먼저 1961년 여름에 국가안전보장회의에서는 케네디에게 실제로 압력을 가했다. 그러나 이 사건의 중대성은 1994년에 일급비밀문서가 해제될 때까지 철저히 은폐되었다. 케네디 친구의 아들인 경제학자 제임스 갤브레이스와 주 인도 대사인 존 케네스 갤브레이스가 공동 저술한 글이 있다. 이 글에서는 새롭게 밝혀진 문서를 참고해 케네디 정부의 군 참모총장이 제시했던 핵 선제공격 주장을 폭로했다.

1961년 7월 20일에 국가안전보장회의가 열렸다. 여기서 합참의 '최종평가를 위한 소위원회'의 의장이던 히키Hickey 장군이 '1963년 말'에 소련에 대한 핵 기습공격 계획을 제시했다. 히키 장군 외에도 합참의장인 렘니처와 앨런 덜레스 CIA 국장이 선제공격을 제시했다. 한편 린든 존슨 부통령의 보좌관이던 하워드 버리스Howard Burris는 회의에 참석하지 않은 존슨을 위해 비망록을 작성했다. 버리스가 쓴 비망록에 따르면 케네

디는 선제공격에 대한 제안을 듣고 중요한 질문을 했다고 한다. 케네디는 1962년에 선제공격을 할 경우 소련에 타격을 입힐 가능성과 미국 국민들은 얼마나 오랫동안 방사성 낙진 지하 대피소에 머물러 있어야 하는지를 물었다. 그러나 버리스의 비망록은 선제공격 주장을 폭로했다는 점에서는 가치가 있지만, 케네디가 선제공격을 위한 전반적인 절차를 극도로 혐오했다는 사실에 대해서는 언급하지 않았다. 우리는 국방부 차관 로스웰 길패트릭Roswell Gilpatric의 입을 통해 처음으로 폭로된 그 사실에 대해 알고 있다. 길 패트릭은 그날 회의가 갑자기 중단되었다고 했다. "케네디 대통령은 회의 도중에 자리에서 일어서서 회의장을 나가 버렸고 회의는 그것으로 끝이 났습니다."

케네디가 국가안전보장회의에서 혐오하는 반응을 보였다는 것은 슐레진저, 주니어 맥조지 번디, 딘 러스크의 저서에도 나온다. 그러나 이들 중 어느 누구도 회의의 초점이 선제공격에 맞춰졌기 때문에 케네디가 혐오하는 반응을 보였다는 점을 언급하지 않았다. 이들은 가장 일반적인 용어를 사용해서 설명했다. 슐레진저는 '최종 평가Net Evaluation, 즉 핵전쟁에 따른 변화를 분석하는 최종 연례 브리핑'이라고 했고, 번디는 '두 초강대국 간에 벌어질 전면적인 핵전쟁에 대한 최종 평가를 위한 공식 브리핑'이라고 설명한 게 고작이었다. 그러나 케네디는 전면적인 핵전쟁을 두려워하고 있었기 때문에 회의를 중단함으로써 자신이 생각했던 것보다 더욱 분명해진 악에 대해 반응한 것이었다. 당시 미군과 CIA 지도자들은 핵으로 소련을 공격하려는 계획을 지지해 달라고 요청했지만, 케네디는 이를 명백한 악으로 규정하고 있었다.

케네디는 단지 회의를 중단하는 데 그치지 않고 전반적인 진행 상황을 어떻게 보는지에 대해서도 말했다. 러스크 국무부장관을 대통령 집무실로 불러 "그러고도 우리가 스스로를 인류라고 한다"고 냉소한 것이다. 러스크의 말에 따르면 그 때 케네디는 '이상한 표정까지' 지었다고 한다.

'그러고도 우리가 스스로를 인류라고 한다.' 여기서 '우리'라는 단어에는 케네디 자신도 포함돼 있었다. 케네디는 수백만 명의 인류를 대상으로 핵 선제공격을 가하는 문제에 대해 진지하게 생각했다. 심지어 회의장을 도중에 나가버리기까지 할 정도로 선제공격을 매우 혐오하고 있었다. 그러나 군부 및 CIA 수뇌부들은 회의 도중에 회의장을 나가 버린 케네디의 태도를 매우 불쾌하게 생각했다. 그럼에도 불구하고 그는 냉전주의자들이 수립한 핵전쟁 계획에 점점 말려들게 되자 '그러고도 우리가 스스로를 인류라고 한다'는 비판을 자신에게도 적용한 것이다.

1962년 늦겨울 토머스 머튼이 〈머튼의 평화론〉 집필을 마무리하고 있을 무렵 케네디는 점점 강해지는 냉전의 압박에 옴짝달싹 못하고 있었다. 머튼은 무슨 일이 일어나고 있는지를 내다보며 당시의 상황을 이렇게 썼다. "앞으로 험난한 상황이 점점 더 계속될 것이 분명하다." 케네디 대통령은 "미국은 선제공격을 절대로 하지 않을 것"이라고 말했지만, 이제는 "핵무기를 이용해 능동적으로 대처해야 할지도 모른다"고 말하고 있다.

머튼은 케네디가 1962년 〈선데이 이브닝 포스트〉지의 스튜어트 알솝 기자와 인터뷰하는 과정에서 선제공격에 대한 우려를 표명하는 것을 암시하고 있음을 알아냈다. 알솝은 케네디와 인터뷰를 한 후 이렇게 기술했다.

"흐루시초프는 미국이 국가 이익에 위협을 받아도 결코 핵 선제공격은 하지 않겠다는 약속을 확신하지 못하는 것이 틀림없다. 따라서 케네디 대통령이 말한 것처럼 필요할 경우 미국이 선수를 쳐야 할지도 모른다."

흐루시초프는 이 기사를 보고 충격을 받았다. 케네디가 언급한 선제공격에 관한 이야기가 전 세계 신문의 표제를 장식하자 크렘린은 특별 경계령을 내렸다. 케네디의 대변인 피에르 샐린저가 5월에 모스크바를 방문해 흐루시초프를 만났을 때 그는 케네디의 언급 때문에 매우 불안해하고 있었다.

이에 샐린저는 "케네디 대통령의 언급은 서유럽에 대규모 공격이 가해질 때 미국이 선택할 수 있는 하나의 방법에 지나지 않는다"고 대답했다. 신문 기사의 케네디 발언은 그런 맥락이었던 것이 사실이다. 그렇지만 어떤 갈등 관계에서든 핵무기를 사용할 수 있다는 암시는 유럽에 머물지 않고 전 세계로 확산되어 갔다.

흐루시초프는 그때까지 흥분한 상태에서 이야기를 하다가 샐린저가 케네디를 옹호하는 발언을 하자 일축하면서 이렇게 말했다. "대통령의 발언은 아이젠하워나 덜레스가 같은 상황에 처했을지라도 하지 못했을 말입니다. 지금 케네디 대통령은 우리가 처해있는 상황을 다시 생각해보라고 강요하고 있습니다."

흐루시초프는 바로 전군에 '재점검'을 명령했다. 샐린저가 모스크바를 떠난 지 이틀 후, 흐루시초프는 불가리아를 방문했다. 그리고 방문기간 동안에 처음으로 쿠바에 핵미사일 기지를 설치할 결심을 했다. 흐루시초프는 우선 미국의 쿠바 침공을 막아야 한다고 생각하고 있었다. 미국은 소련 국경과 가까운 터키에 미사일 기지를 갖고 있었다. 그러나 흐루시초프가 소련의 입장에 대한 재점검을 지시한 것은 케네디의 선제공격론 때문이었다.

1962년 5월, 흐루시초프는 샐린저와 오랜 시간 동안 대화를 나눴다. 이 과정에서 흐루시초프는 자신과 케네디가 각자 다른 길을 걷는 방법을 선택할 수도 있다고 분명히 말했다. (그리고 나서 5개월이 지난 후 쿠바 미사일 위기는 절정에 달했다.) 흐루시초프는 샐린저에게 자신과 케네디가 1961년 베를린의 탱크 위기를 평화적으로 해결한 것에 대해서는 만족스럽게 말했다.

당시에 흐루시초프는 소련 국방부장관인 로디온 말리노프스키Rodion Malinovsky 원수에게 "탱크를 몇 대만 지원해서 미국인들의 눈에 띄지 않도록 건물 뒤에 숨기시오. 그렇게 하면 미국 탱크는 20분 내로 후퇴할 것이고, 우리에게 더 이상의 위기는 없을 겁니다"라고 지시했다고 말했다.

흐루시초프는 샐린저를 보며 환하게 웃으면서 말했다. "그리고 제가 지시한 대로 됐습니다. 우리 소련군도 미군도 철수했습니다. 이것이 바로 지휘죠!"

케네디는 비공식 경로를 통해 흐루시초프에게 호소했다. 그러자 흐루시초프는 소련군을 베를린 장벽에서 너그럽게 철수했고 이후 쿠바 미사일 위기 때도 같은 태도로 대처했다.

앞서 살펴본 것처럼 합참은 케네디에게 쿠바에 있는 소련 미사일 기지 공격을 승인해 달라고 줄곧 압력을 가하고 있었다. 케네디는 이런 압력에 맞서면서, 또 한편으로는 위기를 해결하기 위해 흐루시초프와 서로 양보해 나갔다. 합참은 케네디가 여전히 공격 승인을 거부하자 어쩔 줄을 몰라했다.

케네디는 아서 슐레진저에게 말했다. "군부가 미쳤습니다. 그들이 원하는 게 이런 겁니다." 그가 말한 '이런 것'이란 쿠바 공격을 뜻하는데 여기에는 아마도 소련에 선제공격을 가하는 것도 포함되었던 것 같다. 케네디가 흐루시초프와 함께 평화적으로 위기를 해결해 나가려고 할 때, 군 참모들에게 있어서는 적을 타격할 기회를 놓치는 것이었다. 그것도 냉전을 '승리'로 이끌 수 있는 절호의 기회를 놓치는 것을 의미했다. 쿠바 미사일 위기가 평화롭게 종결된 후에도, 케네디는 대통령 임기 내내 선제공격을 가하기 위해 지속적으로 압력을 가하는 군부와 맞섰다. 쿠바 미사일 위기가 종결되고 한 달이 지나자, 합참 수뇌부들은 군사적으로 소련을 압도하기 위해서 미 전략군의 능력을 강화할 수 있도록 독려했다. 1962년 11월 20일, 합참 수뇌부들은 맥나마라 국방부장관에게 비망록을 보내 이렇게 말했다. "합참 일동은 미국이 이상적이고도 실현 가능한 선제공격 능력을 갖추었다고 봅니다."

같은 날 맥나마라는 대통령의 입장을 잘 알고 있음을 내비치며 그들이 직면한 문제에 대해 케네디에게 편지를 썼다.

"공군 측에서 제시한 RS-70 폭격기 및 제반 전략의 제안은 선제공격에 목적을 둔 것임이 분명해졌습니다. 미군이 '핵전쟁 수행 능력을 갖춰야 하는지에 대해서는 현재 공군과 논의 중입니다. 핵전쟁으로 인해 미국은 물론 동맹국까지 피해를 받는 상황까지도 고려해야 합니다. 물론 그것의 정당성을 인정한다 하더라도 핵전쟁에 관해서는 충분히 논의를 해야 합니다."

맥나마라는 "선제공격 수행능력 강화는 결국 미국이 경찰국가를 지향하는 것이므로 거부해야 마땅하며, 선제공격 문제는 아예 논쟁의 대상이 되어서는 안 된다고 믿고 있다"고 말했다. 케네디 암살 두 달 전, 선제공격 계획에 대한 '최종 평가 소위원회'가 다시 한 번 열렸다. 이 무렵에 이미 케네디는 회의에서 언급될 문제를 놓고 군 수뇌부들과 2년 정도 논쟁할 준비를 해두고 있었다. 그래서 이번에는 회의장 밖으로 뛰쳐나가지는 않았다.

역사가들은 1963년 9월 12일 국가안전보장회의에서 케네디에게 제출했다는 '최종 평가 소위원회 보고서'를 찾지 못했다고 밝혔다. 그러나 우리는 그 회의의 논의사항이 밝혀졌기 때문에 그 내용을 익히 알고 있다. 1961년에 그랬던 것처럼 보고서에는 미국이 소련에 대한 선제공격을 분명히 전제하고 있었다. 합참의장인 맥스웰 테일러 장군으로부터 '최종 평가 소위원회'에 대한 이야기를 들은 케네디는 군 수뇌부들과 치열하게 쫓고 쫓기는 게임을 했다. 그는 다음과 같은 질문을 하면서 논의를 시작했다. "내가 알기에 여러분은 선제공격을 할 준비가 돼 있다고 하는데 그렇다면 선제공격 전략은 누가 만든 겁니까? 우리가 소련에게 먼저 공격을 가한다고 했을 때, 미국 측이 받게 될 손실은 납득할 수 있을 만한 수준입니까?"

이에 최종 평가를 위한 소위원회 대표자인 레온 존슨Leon Johnson 공군장군이 대답했다. "그렇지 않습니다. 우리가 선제공격을 한다 해도, 소련은 미국에 용납할 수 없을 만큼의 막대한 손실을 입힐 능력이 충분히 있으니까요."

케네디는 존슨 장군의 대답에 안도할 수 있었다. 존슨 장군의 말대로라면 미국 장성들의 주도로 소련을 선제공격할 기회는 닫혀 있었던 것 같다. 그 때 소련은 방어설비를 갖춘 지하 사일로에 엄청난 양의 미사일을 배치해 두었다. 이는 미국의 화력을 능가하는 것으로 선제공격에 있어 반격할 수 있도록 대비한 것이었다. 이런 상황은 군부가 선제공격이라는 긴급 안건으로 무조건적인 압력만을 가할 수는 없다는 것을 의미했다. 그러나 선제공격의 기간을 고려해 볼 때, 존슨 장군의 대답은 이중적이었다.

케네디는 존슨 장군에게 다음과 같은 질문을 함으로써 자신이 주장하고자 하는 바를 피력했다.

"그렇다면 우리는 사실상 핵 교착상태에 돌입한 겁니까?"

"그렇습니다."

"제가 오늘 조간신문에서 읽은 기사내용입니다만, 공군협회는 핵을 우선순위로 두는 것을 권장했다면서요? '핵을 우선순위로 두는 것과 핵의 교착상태', 이 둘이 의미하는 바가 뭡니까?"

케네디는 공군협회가 말한 '핵을 우선순위로 두는 것과 핵 교착상태 간의 차이'가 무슨 뜻인지 아주 잘 알고 있었다. 공군협회도 합참이 오랫동안 염원해 왔던 것과 같이 선제공격 수행능력 강화 문제로 케네디에게 압력을 가하고 있었다. 합참의장을 비롯한 공군협회는 대통령에게 침묵으로 일관하며 그들이 목표하는 바를 추진했고, 케네디는 존슨 장군이 이에 대해 설명해 주기를 원했다.

존슨 장군이 조심스럽게 말했다. "공군협회 구성원들은 해결 방법에 대한 초안을 작성했지만 현재 제출한 보고서에 나와 있는 사실을 아직은 모르고 있었던 것으로 보입니다."

회의록에 의하면 존슨 장군은 케네디의 질문 공세를 받은 끝에 '우리가 핵 우선권을 갖는 것은 불가능하다는 것을 인정했다'고 한다. 맥나마라 국방부장관은 선제공격에 반대하는 대통령의 주장을 거들었다. "대피소를 짓고, 신무기 양산에 추가로 800억 달러를 들여, 미국이 소련을 선제공격한다고 해도 1968년 한 해 동안 미국에서 최소 3천만 명 이상의 사상자가 발생할 것입니다."

그러자 케네디는 "그쯤 되면 사상자 수는 제가 최근에 오마하에서 들은 수치보다 훨씬 많습니다. 제 기억을 떠올려보면 미 전략공군사령부는 우리가 선제공격을 할 경우 1천 2백만 명의 사상자가 발생할 거라고 했습니다"라고 답했다.

케네디는 미군이 선제공격 전략을 진행하기 위해 어떤 배후의 작용이 있는지 군 사령부를 조사하고 있었다. 베트남 전쟁 당시 군 사령부는 베트남에 배치할 미군 부대의 수치를 산출했는데, 이는 자신들의 주장을 뒷받침하는 데 필요한 수치를 맞춰서 산출한 것이었지 실질적으로 필요한 수치가 아니었다.

케네디는 단호한 태도로 말했다. "우리는 왜 얻을 만큼 더 많은 것을 필요로 하는 걸까요? 드골 장군은 자신이 계획하고 있는 작은 핵무기로도 소련에 감당할 수 없는 타격을 입히기에 충분할 만큼 위력이 크다고 믿고 있습니다."

존슨 장군은 회의적인 태도를 보이는 총사령관 케네디에게 '추가 무기

개발 계획에 착수함으로써' 사상자 수를 줄일 수 있다는 것을 설명해 납득시키려고 했다. 하지만 케네디는 그 말을 믿지 않고 질문을 던졌다. "그렇게 되면 미국에겐 너무 부담이 되는 사업이 되지 않겠습니까?"

이에 존슨 장군은 "아닙니다, 각하. 우리가 미사일을 더 많이 보유하고 명중률을 높여서 소련 미사일을 더 많이 요격한다면 미국이 겪는 손실을 줄일 수 있습니다. 다시 말해서 소련 미사일을 더 많이 파괴할수록 우리가 입는 손실을 줄일 수 있다는 겁니다"라고 반박했다.

케네디의 질문으로 인해 합참 수뇌부들이 케네디에게 강요한 '추가 무기 개발 계획'의 근본적인 목적이 드러나고 있었다. 합참 수뇌부들이 원하던 대로 '미사일을 더 많이 보유하고 명중률을 높이면' 미국은 소련군을 초토화시킬 능력을 갖추기 위한 단계로 더 나아갈 수 있었다. 그렇게 되면 소련군이 반격을 개시하기도 전에 선제공격을 함으로써 소련군을 와해시킬 수 있었다.

존슨 장군은 케네디가 자신을 지목하자 합참이 생각하는 결과와 목적을 솔직하게 털어놓았다. "최종 보고서에서 언급한 '소련에 대한 대응전략을' 적용한다면 소련에서는 최소 1억 4천만 명의 사상자가 발생하는 결과를 초래할 수도 있습니다. 우리가 직면한 문제는 소련이 미사일을 발사하기 전에 어떻게 잡아내느냐와 어떤 방법으로 미국 상공에서 미사일을 더 많이 요격할 것이냐 하는 것입니다."

2년 전 국가안전보장회의 때도 비슷한 대화가 오가던 중 케네디는 러스크에게 다음과 같이 말하며 회의중간에 나간 적이 있었다. "그러고도 우리는 우리 스스로를 인류라고 합니다."

그때나 지금이나 핵을 이용한 선제공격은 집단학살을 의미하는 것이 분명해졌다. 1963년 9월, 국가안전보장회의가 다시 개최됐지만 이번에 도출한 의견도 별다른 특징이 없었다. 기껏해야 미국이 선수를 쳐서 1억 4천만 명의 소련 국민들을 죽이는 방법을 고려하는 것이 고작이었다.

그러나 이번에는 케네디가 군 참모들을 내버려 두지 않고 선제공격 계획에 대해 계속해서 철저하게 조사했다. 케네디는 가능한 한 많은 것을 알고 싶어 했지만 목적은 그들과 달랐다. 군 참모들의 목적은 미사일이라는 관점에서 비롯된 반면 케네디의 목적은 사람이라는 관점에서 비롯되었다. 즉, 미사일을 이용한 선제공격으로 인해 대량학살이 벌어지는 것을 어떻게 방지하느냐가 케네디의 목적이었던 것이다. 맥나마라는 케네디를 대신해서 다시 한 번 말했다. "소련에 사전 경보 없이 공격을 개시하는 방법 치고 납득할 수 있는 방법은 없습니다. 계산에 따르면 어떤 공격을 가하든 미국에서는 사상자가 3천만 명은 발생할 수 있다는 얘긴데 이 수치는 도저히 받아들이기가 어렵죠. 대통령 각하께서는 왜 우리에게 그렇게 대규모의 군대가 있어야 하는지 물으셨고 이에 대한 대답을 들으실 자격이 있습니다."

실망스럽게도 이에 대한 너무나 명백한 대답은 합참 수뇌부들이 소련에 선제공격을 가할 수 있는 능력을 가지길 원한다는 것이었고, 반면에 케네디는 이것을 곧 자신의 정부에 닥칠 위기로 해석했다.

맥나마라는 대통령과 합참 수뇌부들 사이에서 갈등을 잘 해결해 보기 위해 이렇게 말했다. "오늘 보고에서 제시된 문제에 많은 불안요소가 있다는 것은 분명합니다."

이에 케네디는 태도를 바꾸어 왜 소련군이 미군보다 규모가 작은지를 물으며 그 이유의 타당성을 공유하기를 원했다. 존슨 장군은 소련이 더 이상 미국을 단념시키는 노력을 하지 않을 것이라는 것을 어쩔 수 없이 인정한 후, 불안해하면서 다음과 같이 말했다. "저는 이 보고서에서 제시한 것처럼 만일 대통령 각하께서 우리 미군의 규모의 축소 가능성에 대해 고려하실 경우 병력을 계획대로 계속 증가시킬 수 없게 될까봐 매우 불안합니다. 만일 군대 규모를 줄이는 상황이 발생한다면 미국이 소련에 비해 상대적으로 불리해질 것입니다."

케네디는 소련과의 냉전을 종식시키기 위한 협상을 원하는 입장에서 존슨 장군에게 '이해'한다고 말했다. 케네디는 추가 논의를 한 후 가능한 한 희망적인 방법으로 회의 내용을 요약해 확고부동한 태도를 유지하고 있는 합참 수뇌부에게 이렇게 말했다. "우리는 선제공격을 할 수 없습니다. 이것은 훌륭한 보고서에서 비롯된 값진 결론입니다. 이 보고서는 핵무기보다는 재래식 무기 확충에 찬성하는 입장입니다."

그러자 존슨 장군은 다음과 같이 말하며 이의를 제기했다. "저는 미국이 개발한 핵의 우월성을 보여주는 계산을 근거로 이렇게 결론을 내렸습니다. 우리가 핵무기를 사용한다면 소련이 전력을 다해 맞선다고 해도 별 어려움 없이 국지전에서 승리할 수 있을 거라고 말입니다."

케네디는 더 이상 물러설 수 없는 단계를 넘어서자 상대방을 회유하기 위한 논쟁에 익숙해져 있었다. "저는 일단 핵무기를 사용한다면 선제공격이 필수라는 이야기를 들어 왔습니다. 핵무기를 방출하면 핵전쟁으로 반드시 확대될 것이기 때문에 우리가 선제공격을 함으로써 유리한 위치를 차지하는 편이 나을지도 모르겠습니다. … 경보 수위가 낮은 소련에 오늘이라도 당장 선제공격을 가하는 건 어떻습니까?"

이 질문에 맥나마라는 조심스럽게 대답했다. "제가 검토한 바에 의하면 경보 수위가 낮을 때 선제공격을 가한다고 해서 유리해진 경우는 발견하지 못했습니다만…."

당시 국가안전보장회의 관련 기사를 쓴 신원 미상의 기자는 맥나마라의 이름과 그가 했던 발언 사이에 '오늘의 상황으로 봐서 이건 사실상 대답을 한 것이라고 볼 수가 없다'라는 삽입어구를 넣었다.

케네디 대통령 자문위원 중에서 특정 시기에 미국이 선제공격을 가하는 문제에 대한 케네디의 질문에 의견을 제시한 사람은 아무도 없었다. 게다가 선제공격에 대한 논의는 처음부터 끝까지 1964년~1968년이라는 계획된 시기 안에서 실시되었다. 1963년이 3개월 반 남아 있는 상황에서 케네디가 던진 질문은 케네디가 명확하게 의문을 제기한 후에도 해결되지 못한 채 그대로 남아 있었다.

케네디가 회의 도중에 나가버렸던 1961년 7월 국가안전보장회의를 떠올려 보면, 최종 평가 소위원회 1차 보고서에서는 '긴장감이 고조된 시기에 앞서 1963년 말에 기습 공격이 있었던 것'에 정확하게 초점을 맞췄다. 케네디는 예리하게 읽고 듣는 능력이 있는 사람이었다. 2차 선제공격 보고서에서 케네디는 1963~1968년이라는 기간과 비교적 안심할 수 있는 결론의 범위 사이에서, 미미하지만 매우 중요한 차이도 발견했다. 결론에는 1964년~1968년까지만 포함돼 있었던 것이다.

역사가의 말에 의하면 비록 최종 보고서 자체는 '찾을 수 없었지만' 최종 보고서 내용이 기록된 회람을 발견했다고 한다. 1963년 9월 12일 국가안전보장회의가 개최되기 2주 전에 맥조지 번디 국가안보 보좌관은 스미스 대령이 쓴 회람을 받았다. 회람에서는 다음과 같이 진술하고 있었다.

"최종 브리핑에서는 1963년~1968년 중 초기에 개시될 전쟁 전반에 관한 연구 결과를 다룰 예정이다. … 아마도 주요 국가경제사회위원회NESC에서는 1964년~1968년 사이에 어느 쪽에서 전쟁을 개시하든 간에 미국도 소련도 매우 심각한 타격을 받을 뿐만 아니라 수많은 사상자를 내지 않고는 전면적인 핵전쟁에서 벗어날 수 없을 것이라는 결론을 내렸을 것이다."

합참 수뇌부들은 케네디의 질문으로 인해 궁지에 몰렸다. 이 가운데 케네디는 보고서 내용 중에서 이들을 안심시킬 수 있을 만한 결론을 근거로 선제공격에 대한 이들의 야망을 꺾으려고 했다. 그러나 1차 최종 보고서에서 '1963년 후반'이 선제공격의 위협이 가장 큰 시기라는 점에 초점을 맞춰 고려할 경우 2차 보고서에서 케네디가 안심할 만한 근거는 거의 없었다. 2차 보고서를 보고 1963년 후반이 가장 위험한 시기 중 하나라고 암묵적으로 확신했기 때문이었다. 결국 케네디는 1963년 후반을 기점으로 치명적인 몰락의 길로 빠져들기 시작했다. 동시에 그 시기는 케네디가 군 수뇌부들의 용어대로 표현하자면 미국이 소련에 선제공격을 가해 '승리할 수 있는' 마지막 기회라고 생각한 시기였다. 대통령에게 제출한 2차 최종 보고서의 관점에서 살펴보면, 표면상으로 볼 때 1963년 후반이 아주 위험한 시기라는 의미는 피해갔지만 쫓고 쫓기는 게임 양상은 역전되었다. 군 수뇌부들이 고양이였다면 케네디는 그들 한가운데 둘러싸인 쥐였다.

1차 최종 보고서에서는 '긴장이 고조되는 시기가 도래하기에 앞서 1963년 후반에 기습 공격'이 일어날 것이라고 단정했다. 선제공격 시나리오는 케네디 암살 시나리오에 부합해 초점을 맞추었다. 1963년 후반에 케네디 암살 사건이 발생했을 때, 암살 음모에는 소련이 배후 세력으로 설정되어 있었다. 소련을 세기의 범죄의 희생양으로 삼는 전술이 성공했다면 미국과 소련 간의 '긴장감이 고조되는' 결과를 초래했을 것이라는 점에 대해서는 의심할 여지가 거의 없다.

케네디 암살 음모를 계획한 이들은 국가 안보상태의 실상을 잘 알고 있었다. 소련을 대통령 암살 사건의 희생양으로 삼으려는 시도는 소련 선제공격 문제로 케네디와 군 수뇌부들 간에 있었던 은밀한 투쟁의 단면을 반영했다. 암살범들은 적국인 소련과 함께 평화를 이룩하기로 결심한 케네디를 암살하는 것으로 그치지 않았다. 케네디 암살 사건을 소련에 핵을 이용한 선제공격을 할 수 있는 기폭제로 이용하려는 목적까지 아우르고 있었던 것 같다.

의문의 죽음 – 첫 번째 희생자

케네디 암살 음모자들에게는 암살을 실행하기에 앞서 오스왈드에게 범죄를 덮어씌우려는 움직임이 있었다. 이런 조치는 오스왈드가 범행 후 쿠바로 빠져나가기 위해 탑승할 비행기를 빌리는 시점에서조차도 계속되었다. 하지만 이 탈출은 성공하지 못했다. 1963년 11월 20일 수요일 오전, 세 사람이 타고 있는 자동차 한 대가 댈러스 변두리에 있는 레드버드 비행장으로 들어갔다. 이들은 자동차를 민간 항공사인 아메리칸 항공사 사무실 앞에 세웠다. 건장한 젊은 남자 한 명과 젊은 여자 한 명이 차에서 내려 사무실로 들어갔고 또 다른 젊은 남자 한 명은 조수석에 앉아 있었다.

사무실로 들어간 두 남녀는 경비행기 임대사업을 하고 있었던 아메리칸 항공사 사장 웨인 재뉴어리에게 11월 22일 금요일 오후에 세스나 Cessna 310호를 빌리고 싶다고 말했다. 목적지는 멕시코 남동부에 위치한 유카탄 반도로 쿠바에서 가까운 곳이었다. 두 사람은 재뉴어리에게 세스나에 대해 지나치리만큼 자세히 물었다. 재급유를 하지 않고 얼마나 멀리까지 갈 수 있는지, 속도는 얼마나 낼 수 있는지, 특정 풍속 조건에서 다른 지역으로 이동할 수 있는지 등을 물었는데 비행기를 빌리기 전에 이렇게 자세하게 질문을 하는 경우는 드문 일이었다. 재뉴어리는 이들을 의심하기 시작했다. 그의 경험에 따르면 비행기를 전세 내려는 사람들이 이런 질문을 한 적은 없었기 때문이었다. 결국 그는 이들에게 세스나를 빌려주지 않기로 결정했다. 나중에 재뉴어리는 그들이 질문을 한 것으로 미루어 유카탄 반도 동쪽에서 쿠바 행 비행기를 납치할 생각을 하는 것일지도 모른다는 의심을 하게 되었다고 했다. 어쩌면 그들은 실제로 재뉴어리가 생각한 대로 행동하려고 했을지도 모른다.

재뉴어리가 거래를 거절하자 두 사람은 짜증을 내면서 사무실을 나갔다. 그러자 재뉴어리는 나머지 한 사람은 왜 사무실에 같이 들어오지 않았는지 궁금해졌다. 그는 자동차 조수석에 앉아 있었던 그 남자를 잘 봐뒀다. 그리고 주말, 재뉴어리는 사무실에 찾아왔던 두 사람, 즉 쿠바 행 비행기를 납치하려고 하는 게 아닌지 하는 의심을 사게 된 남녀와 동행했던 그 남자가 TV와 신문에 나온 것을 봤다.

오스왈드는 레오폴도와 에인절 사이에 있는 실비아 오디오의 집 문앞에 서 있었을 때처럼 레드버드 비행장에서도 다른 두 인물이 연기하는 장면에 갖다 놓은 소품에 지나지 않았다. 그러나 그런 장면은 오스왈드가 그들의 계획에 연루돼 있다는 것을 보여주기 위해 다시 한 번 연출되었다. 레드버드 비행장은 오스왈드가 사는 아파트에서 남쪽으로 불과 8km쯤 떨어져 있었고 고속도로 연결로까지 운전해 가는 거리가 짧았다. 케네디 암살 사건이 발생하기 이틀 전에 레드버드 비행장에 두 사람이 등장하는 장면은 오스왈드가 케네디 암살 후 비행기를 타고 쿠바로 갈 계획을 은밀하게 세우고 있었다는 것을 증명하기 위해 연출된 것이 분명했다.

존슨 대통령은 소련과 쿠바가 범행의 배후가 되는 것은 막았지만 CIA와 직면하는 문제가 남아 있었기 때문에, 역시 레드버드 비행장 사건을 은폐해야 하는 입장이었다. 이는 실비아 오디오 사건 때와 마찬가지로 케네디 암살 음모의 증거라는 게 분명했다. 즉, 소련이나 쿠바 요원이 음모를 꾸민 게 아니라면 미국 요원이 음모를 꾸몄다는 게 분명했던 것이다.

1991년, 영국 작가 매튜 스미스는 케네디 암살 사건을 연구하는 학자 해롤드 와이스버그Harold Weisberg가 보관해 놓은 정부 문서를 조사하고 있었다. 와이스버그가 정보의 자유법에 따라 입수해서 메릴랜드에 있는 자기 집 지하실에 보관해 놓은 문서였다. 그 과정에서 스미스는 재뉴어리가 작성해 FBI에게 보고한 내용 중에 레드버드 비행장 에피소드가 포함되어 있는 것을 발견했다. 그리고는 댈러스로 가서 재뉴어리에게 그 FBI 보고서를 보여주자 재뉴어리는 자신이 진술한 보고서 내용을 보고 경악했다. FBI 보고서에 따르면 재뉴어리가 진술한 것은 1963년 7월 하순에 발생한 사건으로 대통령 암살 사건이 발생하기 이틀 전이 아닌 4개월 전에 있었던 일이라고 했다. 또한 FBI는 시기가 눈에 띄게 차이 나는 상황으로 볼 때, 재뉴어리가 오스왈드의 신원이 분명한지 확신하지 못했을 거라고 주장했다. 그러나 재뉴어리는 스미스에게 FBI의 주장과 상반되는 말을 했다.

"그 날은 암살 사건이 일어난 주의 수요일이었습니다." 재뉴어리의 말에 의하면 그가 자동차 안에 있었던 그 남자를 본 날과 오스왈드가 체포된 날 사이의 간격이 불과 이틀밖에 되지 않았기 때문에 재뉴어리는 '그 남자는 십중팔구 오스왈드였을 것'이라고 확신했다고 한다.

스미스가 '케네디 암살 사건은 미스터리였다'고 말하자 재뉴어리는 반박했다. 그리고는 의자에 기댄 채 손을 머리 뒤에 놓고 말했다. "CIA가 배후에 있었던 겁니다."

스미스는 다른 세력이 연루되었을 가능성도 생각해볼 수 있다고 말하며 목록을 작성하기 시작했다. 재뉴어리는 그런 스미스를 바라보기만 할 뿐 단 한 마디도 하지 않았다. 스미스는 그의 모습을 살펴보면서 CIA가 암살 사건의 배후에 있다는 것을 어떻게 그렇게 확신할 수 있는지 궁금했다. 후에 스미스는 재뉴어리가 당시에 설명했던 것보다 훨씬 많은 것을 알고 있다는 사실을 깨달았는데 그 내용에 대해서는 뒤에 가서 이야기하겠다.

케네디 암살 사건은 토네이도처럼 갑자기 몰아쳐 와서 케네디를 비롯한 많은 사람들을 죽음으로 몰아넣었다. 그 희생자 중 한명은 케네디 암살을 예측한 로즈 처레미Rose Cheramie라는 여자였다.

레드버드 비행장 사건이 발생한 지 12시간쯤 지난 후인 11월 20일 수요일 밤, 루이지애나 주 경찰서 부(副)서장 프랜시스 프뤼게Francis Fruge는 루이지애나 유니스에 있는 무사기념병원Moosa Memorial Hospital에서 온 전화를 받았다. 헤로인에 중독돼서 금단 증상을 겪고 있는 로즈 처레미(멜바 크리스틴 마르케이즈Melba Christine Marcades라고도 알려짐)에게 보호감호 조치를 취해 달라는 요청이었다. 처레미는 두 남자와 동행하고 있었는데 그 중 한 명이 그날 초저녁에 처레미를 유니스에 있는 실버 슬리퍼 라운지Silver Slipper Lounge에 버려두고 가버렸다. 그 당시 처레미는 차에 치어 찰과상을 입은 상태였다. 프뤼게 부서장은 처레미를 구급차에 싣고 금단 증상을 치료받도록 하기 위해 잭슨에 있는 이스트 루이지애나 주립병원으로 데리고 갔다. 2시간 동안 병원으로 이동하면서 처레미는 프뤼게 부서장이 하는 질문에 대답했다.

처레미는 두 남자와 차를 타고 마이애미에서 댈러스로 이동하던 중 유니스에 있는 실버 슬리퍼 라운지 앞에서 멈췄다고 했다. 그리고 이렇게 말했다. "케네디 대통령이 며칠 후에 댈러스에 오면 우리는 그를 죽일 거예요."

처레미의 말에 의하면 그들이 협력한 목적은 우선 돈을 좀 모은 다음 그녀의 아이를 되찾아 가는 것과(또 다른 한 남자가 맡고 있었다) 케네디 대통령을 살해하는 것'이라고 했다. 그러나 처레미의 상태가 좋지 않았기 때문에 프뤼게는 그녀의 말을 진지하게 받아들이지 않았다. 처레미는 11월 21일 이스트 루이지애나 주립 병원에서 병원 직원에게 또 다시 그 이야기를 하면서 케네디 대통령이 댈러스에서 곧 암살당할 것이라고 말했다. 케네디 암살 사건이 발생한 직후 프뤼게는 병원에 전화해서 처레미에게 취조를 더 할 수 있을 때까지 그녀를 퇴원시키지 말라고 부탁했다. 11월 25일 월요일, 프뤼게가 처레미에게 추가 질문을 하자 처레미는 자신과 함께 차를 타고 마이애미에서 댈러스로 가고 있었던 두 남자는 쿠바 사람 혹은 이탈리아 사람이었던 것 같다고 말했다.

프뤼게는 처레미의 이야기를 암살조사위원회에서 들려주었다. "두 남자는 댈러스에서 케네디 대통령을 암살할 계획이었고 처레미는 휴스턴에 있는 라이스 호텔에 투숙할 예정이었습니다. 처레미가 투숙할 호텔은 이미 예약이 돼 있었죠. 그리고 그녀는 갤버스턴에서 온 선원에게 헤로인 10kg을 받을 예정이었습니다. 처레미는 자신의 아이를 맡고 있는 남자에게 헤로인 값으로 지불할 돈을 받기로 되어 있었습니다. 그리고 거래를 마치면 헤로인을 멕시코로 갖고 가려고 했습니다." 루이지애나 경찰서에서는 처레미가 얼마나 믿을만한 목격자인지 알아보기로 결정했다.

경찰은 처레미가 진술한 이야기의 일부를 텍사스 지역 세관장인 나단 더럼Nathan Durham에게 들려주어 진위 여부를 확인했는데 그 이유는 갤버스턴이 텍사스 지역에 포함돼 있었기 때문이었다. 더럼은 처레미가 말한 헤로인을 가져온 선원이 탄 배가 갤버스턴 부두에 들어와 있다는 것을 확인시켜 주었다. 선원은 그 배에 타고 있었다. 경찰은 돈과 처레미의 아이를 데리고 있었던 그 남자를 조사했고, 조사 결과 그 남자는 마약 밀매의 혐의를 받고 있었던 것으로 밝혀졌다. 경찰과 더럼은 처레미와 함께 짜고, 그 선원이 갤버스턴에서 내릴 때 그를 따라가 덫을 놓으려고 시도했지만 선원은 용케 빠져나갔다. 어쨌든 경찰과 세관 당국은 처레미가 한 이야기의 주요 세부 사항을 확인한 것이다.

모건 대령은 댈러스 경찰서에 있는 월 프리츠 서장에게 전화를 걸었다. 케네디 암살 사건에 대한 처레미의 예측과, 그녀의 이야기 중 일부는 확인됐다는 점, 그리고 휴스턴에서 근무하는 세관장이 처레미에게 추가 심문을 하기 위해 그녀를 억류하고 있다는 사실에 대해 이야기하기 위해서였다. 모건은 프리츠와 통화를 마친 후 전화를 끊고 나서 사무실에 있는 다른 경찰관들에게 말했다. "그들은 처레미를 원하지도 않고 관심도 없어."

그 무렵 오스왈드는 체포되어 기자회견장에 들어섰을 때 잭 루비Jack Ruby가 쏜 총에 맞아 사망했다. 댈러스 경찰서는 더 이상의 대통령 암살 사건 목격자를 원치 않았다. 더럼은 FBI 요원들에게 전화를 걸어 처레미에게서 입수한 정보를 넘기려고 했다. 과연 FBI는 그녀와 이야기를 하고 싶어했을까? 그렇지 않았다. 그들은 처레미를 심문할 생각이 없다고 말했다.

처레미의 진술이 사실인 것으로 확인되자 그녀는 프란시스 프뤼게 부서장에게 자신은 루비에게 고용되어 나이트클럽에서 스트리퍼로 일한 적이 있다는 이야기도 했다. 그녀는 루비에게 고용돼 일하면서 오스왈드를 알게 되었다고 했다. 처레미는 케네디 대통령 암살 계획에 가담한 자들이 댈러스로 이동한 것뿐만 아니라 루비와 오스왈드가 아는 사이라는 것도 밝혀줄 증인이었다. 처레미는 그 두 사람이 '몇 년 동안' 친밀한 관계를 유지하고 있었다는 것을 알고 있다고 말했다. 그녀가 증언한 내용은 '루비와 오스왈드는 단독 암살범으로서 한 번도 만난 적이 없다'고 주장한 워런 보고서의 내용과 상이했다.

FBI 등, 모두가 처레미를 심문하기를 거부하자 더럼은 그녀를 휴스턴에서 놓아주었고, 그녀는 사라졌다. 그리고 1965년 9월 4일 오전 3시에 텍사스 빅 샌디에서 동쪽으로 약 2.7km 떨어진 155번 고속도로에서 처레미의 시신이 발견되었다. 소문에 의하면 처레미는 자동차에 치였다고 한다. 그 차를 운전한 문제의 인물 제리 돈 무어Jerry Don Moore는 빅 샌디에서 타일러에 있는 자기 집으로 가면서 도로 한복판에 여행가방 3~4개가 있는 것을 발견했다. 사건 조사관 제임스 디유게니오James DiEugenio는 무어의 이야기를 다음과 같이 요약했다.

"무어는 여행 가방들을 치지 않으려고 오른쪽으로 방향을 틀었는데, 도로 쪽으로 머리를 둔 상태로 쓰러져 있는 여성의 변사체를 발견하고 최대한 힘껏 브레이크를 밟았다."

경찰 수사관 앤드류스는 "비록 무어는 처레미를 치지 않으려고 노력했지만 결국 정수리를 치어 그녀는 치명상을 입게 된 겁니다"라고 말했다.

무어는 처레미에게 다가가 차를 세우고 빅 샌디에 있는 가장 가까운 병원으로 옮겼다. 의사는 그녀를 구급차에 실어 글레이드워터 병원 Gladewater Hospital으로 이송했지만 병원에서는 사망선고를 했다. 경찰 수사관 앤드류스는 처레미에게 일어난 일에 의혹이 있음을 표명했지만, 처레미의 보호자들이 조사를 원하지 않아 사고사로 종결되었다. 그런데 처레미는 왜 새벽 3시에 155번 고속도로에 쓰러져 있었던 것일까? 게다가 그녀의 옆에 놓여 있던 여행용 가방들은 다가오는 자동차가 그녀를 칠 수 있는 방향으로 가도록 놓여 있었는데 이것은 도대체 어찌된 일일까?

사실 무어가 고속도로에서 처레미를 발견하기 전에 그녀는, 머리에 총상을 입은 상태였는지 모른다. 글레이드워터 병원 진료기록에는 그녀의 오른쪽 이마에 '방사형의 깊은 관통상'이 있었다고 기록돼 있다. 의사 찰스 크렌쇼Charles A. Crenshaw는 자신의 저서 〈JFK 침묵의 음모JFK: Conspiracy of Silence〉에서 다음과 같이 주장했다.

"의학 서적에 따르면 병원 진료기록에서 말하는 처레미의 이마에 있는 부상은 권총에 맞은 흔적이라고 한다. 즉 총신이 피해자의 몸을 겨냥한 상태에서 총탄이 발사되었을 때 생길 수 있는 상흔이라는 것이다. …"

사건담당 부서에 따르면 처레미의 시신은 부검해도 '단서를 발견할 수 없을 것'이라고 했다. 뉴올리언스 지방검사인 짐 게리슨은 처레미의 사망에 관해 풀리지 않은 의문들이 남아 있었기 때문에 그녀의 시신을 부검해서 재조사하길 원했다. 하지만 텍사스 당국은 게리슨의 요청을 거부했다.

처레미가 사망한 후 그녀의 인생은 줄곧 케네디 암살과 관련 정보 출처가 되어버렸다. 1967년에 루이지애나 주 경찰서에서는 프란시스 프뤼게에게 짐 게리슨과 함께 케네디 암살 사건 조사를 맡겼다. 그 때 프뤼게는 실버 슬리퍼 라운지 운영자와 면담을 했다. 처레미가 케네디 암살 사건을 예측한 1963년 11월 20일 밤에 버려지고, 차에 치인 곳이 바로 실버 슬리퍼 라운지였기 때문이다. 맥 매뉴얼Mac Manual은 성매매 업소로 알려진 실버 슬리퍼를 계속 운영해오고 있었다.

매뉴얼은 그날 밤, 실버 슬리퍼에서 남자 두 명과 로즈 처레미가 싸우는 것을 분명히 기억했다. 매뉴얼의 증언에 따르면 그들은 실버 슬리퍼에 도착해서 술을 약간 마셨다고 한다. 처레미가 그곳에 왔을 때는 취하지 않은 상태인 것 같았지만, 이내 야단법석을 떨기 시작했고, 두 남자 중 한 명은 그녀를 때린 다음 밖으로 내던졌다고 한다.

매뉴얼은 남자 두 명이 처레미와 함께 실버 슬리퍼로 걸어 들어오자마자 그들을 알아봤다고 말했다. 매뉴얼은 그들과 일한 적이 있기 때문에 알아볼 수 있었던 게 당연했다. 매뉴얼의 말에 의하면 그들은 포주로서 이전에도 자신의 업소에 온 적이 있는데, 그 당시 플로리다에서 데리고 왔던 매춘부를 다시 데리고 왔다는 것이다.

프뤼게는 뉴올리언스 지방검사의 사무실에서 얻어온 사진 뭉치를 매뉴얼에게 보여주었다. 매뉴얼은 사진들을 보고 자신과 함께 성매매 업을 하는 동업자 두 명을 골라냈다. 그들이 저지른 일은 성매매 업 그 이상이었다. 매뉴얼이 지목한 두 사람, 즉 처레미를 실버 슬리퍼로 데리고 온 두 남자는 세르지오 알카차 스미스와 에밀리오 산타나라는 인물이었다. 이들은 반(反) 카스트로 망명자로서 CIA 요원 자격을 갖고 있었다.

에밀리오 산타나는 짐 게리슨의 사무실에서 인터뷰를 하면서 자신은 CIA에 고용되었고, 1962년 8월 27일날 저녁 모국 쿠바에서 망명해 마이애미에 도착했다는 사실을 인정했다. 산타나는 CIA에 의해 선원으로 즉시 고용되었다. 그가 탈 배는 쿠바로 항해하는 배였는데 그 배에는 CIA에서 후원하는 게릴라 전투에 쓸 무기와 전기 및 기계 장치가 실려 있었다. 산타나의 말에 따르면 산타나는 1962년~1963년까지 CIA에 고용되었다. 산타나는 쿠바 어부 출신으로 쿠바 해안에 대해 아주 잘 알고 있었고, 그만큼 쿠바를 밀항하며 드나드는 CIA 첩보원의 수로 안내에 매우 쓸모가 있었다. 쿠바 미사일 위기가 발생한 그 시기에 CIA 팀의 안내선(船)이 20일간 쿠바 대륙에서 떨어져 항해하는 동안 산타나는 자신이 수로를 안내했다는 사실을 인정했다. 산타나가 승선한 배에는 CIA 특공대 팀이 타고 있었다. 이 팀은 쿠바 미사일 위기가 절정이던 시기에 CIA 특수부대 책임자 윌리엄 하비가 쿠바로 파견한 팀이었다. 로버트 케네디는 CIA가 이런 식으로 핵전쟁을 은밀하게 도발한데 대해 분노했다. 당시 케네디는 피그스 만 사건 때처럼 쿠바 공격을 거부했고, 흐루시초프에게도 그런 식으로 위기를 해결하는 일은 결코 없을 거라고 약속했다. 그러나 CIA에서는 이에 반발하며 저항했고 망명자 단체의 저변을 확대해 나갔는데 여기에 산타나가 포함돼 있었던 것이다.

CIA에서 산타나를 고용한 형태는 평범했다. 게리슨이 산타나를 조사할 당시 'CIA에서는 사실상 1962년 10월에 산타나를 고용했음'을 CIA 서류를 통해 확인했다. CIA 서류에 기록된 바에 따르면 산타나를 고용한 것은 당시의 쿠바 미사일 위기에 대응하기 위한 것이었다. 또한 CIA는 산타나가 1963년 5월에 있을 작전 활동에 참여 하고나면 계약이 종료될 것이라고 주장했다고 한다.

또 다른 동료 알카차는 반(反) 카스트로 단체를 지휘하는 인물이었다. 알카차는 카스트로가 쿠바 혁명을 주도해 바티스타 정권을 타도하기 전까지는 바티스타 정권에서 활동한 유명 외교관이었다. 알카차는 이력서에서 설명한 것처럼 마드리드, 로마, 멕시코시티, 봄베이에서 쿠바 외교영사로 활동했다. 특히 봄베이에서 활동하던 시기가 바티스타 정권 때였다. 알카차는 외교관에서 물러난 후 베네수엘라의 수도 카라카스에서 공장을 운영함으로써 1959년에는 라틴아메리카에서 CEO로 명성을 떨치고 있었다.

알카차는 반(反) 카스트로 집단에서 적극적으로 활동하게 되었는데, 이를 계기로 알카차가 CIA에 연루된 듯하다. 알카차는 베네수엘라의 에르네스투 베탕쿠스Ernesto Betancourt 대통령 암살 음모를 꾸민 혐의로 1960년 6월 29일에 베네수엘라 정부에 체포되었다가 1960년 7월 14일에 석방되었다. 미국 대사관에서는 알카차를 돕기 위해 즉각적으로 나서 알카차와 그의 가족에게 관광 비자를 발급해 주었고, 덕분에 알카차 가족은 베네수엘라를 떠날 수 있었다.

알카차 스미스는 미국에 도착해서 뉴올리언스 민주혁명전선Frente Revolucionario Democratico(FRD) 대표가 되었다. 알카차와 관련된 CIA 서류를 보면 FRD는 'CIA가 조직하고 지원한 조직'이라고 기록되어 있다. CIA의 기록에 따르면 FRD는 '피그스만 침공을 위해 2506 여단에서 활약할 인물들을 채용하기 위해 CIA에서 이용한 단체'였다. 알카차는 1967년 테스트에 합격해 데이빗 페리David Ferrie와 함께 CIA를 위해 일하는 동시에 '피그스 만 침공 부대의 M-1 라이플총 훈련'을 도왔다. FRD가 단계적으로 철수되자 알카차는 쿠바혁명위원회 뉴올리언스 지부를 설립했다. 이는 쿠바 '망명정부'로서 CIA에서 조직한 단체였다.

수사·정보원이었던 가이 배니스터는 1963년 여름에 뉴올리언스에서 오스왈드를 인도한 인물로 1961~1962년까지 알카차와 긴밀하게 협력했다. 배니스터는 알카차가 쿠바혁명위원회 지부를 설립할 기금을 마련할 수 있도록 조직을 도왔다. 배니스터와 알카차의 사무실은 모두 뉴올리언스에 있는 볼터 빌딩에 있었다. 이들은 1962년 초에 캠프가(街) 544번지에 있는 뉴맨 빌딩으로 옮겼다. 그곳은 오스왈드가 치안을 방해했다는 죄목으로 1963년 8월 9일에 뉴올리언스에서 체포될 당시 그가 쿠바 공정위원회의 홍보를 위한 전단지를 만든 곳과 같은 주소였다. 알카차의 뉴올리언스 홍보 담당자 리처드 롤프Richard Rolfe의 말에 의하면 그는 자신이 CIA 요원이며 공식적으로는 CIA를 항상 '국무부'라고 말하고 다닌다며 솔직하게 이야기했다고 한다.

알카차는 오스왈드의 눈에도 띄었다. 배니스터가 고용했던 알카차의 전임자 데이빗 루이스는 뉴올리언스 지방 검사 사무실에서 이같이 말했다. 루이스는 1963년 늦여름, 뉴올리언스에 있는 만쿠소 레스토랑에서 알카차, 오스왈드와 카를로스라는 남자 셋이서 회합을 갖는 것을 목격했다. 루이스는 카를로스의 성을 모르고 있었지만 아마도 알카차와 오스왈드의 친구인 카를로스 키로가Carlos Quiroga였을 것이라고 말했다.

이들에 대해 루이스는 "알카차, 오스왈드와 카를로스가 쿠바와 관련이 있었는데 이 중에서 알카차가 보스인 것 같았습니다"라고 말했다. 앞서 확인한 것처럼 '알카차'라는 이름은 CIA 이중간첩인 리처드 케이스 나겔Nagell이 부여한 이름이었다. 알카차라는 이름을 준 목적은 1963년 8월 말에 있을 케네디 암살 계획을 세우기 위한 회의에 참석하는 인물 중 나겔과 오스왈드 외에 다른 한 명을 구분하기 위한 것이었다. 회의 참석자들 중에 알카차라는 인물이 딱 한 명 있었는데 지속적으로 암살 음모에 가담한 그가 바로 세르지오 알카차 스미스였다.

처레미의 말에 의하면 알카차는 댈러스로 가서 케네디를 암살할 계획을 세웠던 다른 두 남자 중 한 명이었다. 그리고 매뉴얼에 의해 알카차의 신원은 더욱 분명해졌다. 그 결과 알카차의 신원은 케네디 암살 사건에서 CIA가 관련되어 있다는 사실을 뒷받침하는 추가 증거가 되었다. 특히 알카차의 배후에는 CIA 세력이 광범위하게 포진해 있었는데 그 중에는 가이 배니스터, 데이빗 페리, 리 하비 오스왈드와 관련된 자들도 포함되었다. 처레미가 자신은 루비에게 고용된 적이 있다고 하면서 루비와 오스왈드로 보이는 남자가 서로 잘 아는 사이였다는 증언도 했다. 처레미는 평생 입 밖으로 낼 수 없는 사건의 목격자로 짧은 생을 마쳤다.

케네디와 카스트로

케네디는 자신의 정치적 미래와 평화를 향한 신념으로 카스트로와의 관계를 회복하기 위해 비밀리에 지속적으로 대화를 진행하고 있었다.

1963년 11월 5일, 윌리엄 앳우드는 백악관에서 국가안보 보좌관인 맥조지 번디에게 카스트로 수상에 대해 보고했다. 내용은 앳우드, 미국 대사 아들라이 스티븐슨, 쿠바 대사 카를로스 레추가가 UN에서 은밀하게 전개하고 있는 대화에 호의적인 반응을 보였다는 것이었다. 카를로스의 오른팔이었던 르네 발레조는 중개인인 하워드에게 카스트로의 입장을 전화로 밝혔다. "카스트로 수상은 케네디 대통령의 특사와 언제든지 협상할 준비가 돼 있으며 관계자들의 재량의 중요성에 대해서도 인정하는 바입니다."

카스트로는 멕시코에서 앳우드를 위해 비행기를 보내는 열성까지 발휘하면서 협상 절차를 더 신속히 처리할 것을 제안했다. 제안 내용은 앳우드가 쿠바 민간 공항에 도착해 카스트로와 비밀리에 회담을 마치고 즉시 미국으로 돌아간다는 것이었다. "그렇게 하면 앳우드가 아바나 공항에서 신변의 위협을 받을 일은 없을 것입니다"하고 카스트로는 희망적으로 말했다.

번디는 앳우드와 회의를 마친 후 케네디에게 최근 카스트로가 제안한 내용에 대해 보고했다. 역사적으로 볼 때 케네디가 책상 밑에 있는 버튼을 눌러서 번디와 나눈 사적인 대화를 녹음해 둔 것은 천만 다행이었다.

번디는 케네디에게 카스트로가 앳우드를 초청한 이야기를 했다.

"앳우드가 쿠바 민간 공항에 완전히 착륙하면 카스트로와 회담을 할 것입니다. 미국과의 관계를 변화시키는 데 필요한 제반 조건에 대해 협의하려고 하는데 카스트로 또한 이 문제에 관심을 갖고 있을 겁니다."

이어 케네디가 물었다.

"앳우드가 그곳을 비밀리에 드나들 수 있겠습니까?"

번디는 카스트로가 논리정연하게 세운 계획을 케네디와 공유하는 한편, 앳우드가 대통령의 특사라는 점에 대한 신변의 위험성 또한 인정했다. 케네디가 앳우드와 카스트로의 회담을 승인하자 번디는 다음과 같은 설명을 덧붙였다.

"대통령 각하의 대리인 역할을 하게 될 앳우드는 그가 50대 후반에 쿠바에서 카스트로와 만난 적이 있는 만큼, 카스트로를 이미 잘 알고 있습니다."

케네디가 물었다.

"우리는 앳우드가 왜 쿠바에 갔는지 설명해야 합니다. 앳우드가 쿠바로 떠나기 전에 앳우드를 정부 급여 대상자 명단에서 제외시킬 수 있을까요?"

이런 대화가 오가는 시점에서 케네디와 번디의 주의를 돌릴 만한 소식이 들어왔다. 소련군이 서독으로 이동 중인 영국 수송대를 강탈했다는 소식이었다. 그러나 곧 케네디는 카스트로와의 회담에 관한 주제로 돌아와 다시 한 번 말했다. "우리는 앳우드를 급여 대상에서 제외해야 한다고 생각합니다. 그렇게 하지 않으면 더 힘들어질 테니까요."

번디는 이 의견에 동의했다. 언론에 의해 알려질 위험을 무릅쓰고 카스트로와의 회담을 진행하려고 하는 상황인 만큼 앳우드는 정부와의 공식적인 관계를 단절해야 했다. 외교관이 되기 전 기자로 명성을 떨치고 있었던 덕분에 앳우드는 카스트로와 만나는 비밀회동을 '기자로서' 인터뷰하는 것처럼 수행할 수 있었다.

케네디도 알고 있었지만 미국의 정치적 위기를 초래할 수도 있는 이 회담의 가장 큰 뇌관은 언론이 아닌 CIA에 깔려 있었다. 그러나 CIA에서는 이 계획을 이미 알고 있었을 뿐만 아니라 다른 기관에게도 정보를 주고 있었다. 쿠바의 정보기관에서도 이 계획을 알게 되자, CIA는 케네디가 비밀리에 카스트로에게 주의를 돌릴 것을 예상했던 만큼 처음부터 철저하게 감시했다. 뿐만 아니라 CIA는 케네디와 카스트로의 비밀 회담을 마이애미에 있는 쿠바 망명자 네트워크에 흘렸다. 이로 인해 케네디에게 반감을 갖고 있던 망명자들은 피그스 만으로 돌아갔고, 랭글리에 있는 CIA 본부에서부터 마이애미까지의 반공 주의자들은 케네디를 반역자로 여기게 되었다.

케네디는 카스트로와의 비밀 회담을 승인하기 위한 중대한 절차를 밟는 가운데, 쿠바의 카스트로 수상에게 희망적인 메시지를 전달했다. 11월 18일 마이애미에서 열린 미주언론협회에서 연설을 통해 전달한 것이다. 당시 앳우드가 케네디의 연설문 초안을 작성한 아서 슐레진저에게 전해들은 내용은 다음과 같다.

"슐레진저에 의하면 11월 18일 연설의 의도는 '크렘린이 라틴아메리카에서 하고 있는 일을 멈추게만 하면 쿠바는 정상화될 수 있다'는 것을 카스트로에게 암시함으로써 그를 도울 목적이었다고 합니다. 나중에 밝혀졌지만 곧 다가올 베네수엘라 선거에 대한 사보타주 행위도 크렘린이 저지른 일이었죠."

11월 18일 연설에서 케네디는 '진보동맹Alliance for Progress'은 어떤 국가에도 경제적 풍요를 가져다주지 않았으며, 모든 국가는 자국의 필요와 의지에 따라 경제정책을 독자적으로 실행할 수 있는 자유가 있다'는 것을 처음으로 강조했다. 이어서 케네디는 평화의 약속으로 카스트로에게 다음과 같은 메시지를 전했다.

"일단의 음모 세력이 쿠바를 제국주의의 희생자로, 다른 국가들의 정책 도구로, 외부 세력과 결탁하여 다른 아메리카 공화국들을 전복시키기 위한 무기로 생각하고 있습니다. 이런 상황만으로도 우리는 분열하고, 갈등할 수밖에 없는 것이 현실입니다. 또한 이것이 사실이라면 가능한 것은 아무것도 없습니다. 반대로 이런 상황이 발생하지 않는다면 모든 것이 가능합니다. 일단 이 장벽을 허물면 우리는 쿠바와 함께 할 준비가 되어 있을 것이며 그렇게 되기를 간절히 바랍니다. 쿠바인들의 혁신적인 목표, 즉 불과 몇 년 전에 쿠바인들에게 희

망을 불러일으키고 같은 반구 안에 사는 많은 사람들의 공감을 자아
냈던 그 목표를 좇아서 말입니다."

케네디가 카스트로에게 전달한 마지막 메시지는 카스트로와의 약속
이었다. 쿠바가 라틴아메리카에서 소련 정책을 지지하며 은밀하게 행동
하고 있다는 의심스런 행동들을 중단한다면 미국과 쿠바는 '무슨 일이
든 할 수 있다'는 약속이었던 것이다. 역시 같은 날인 11월 18일에 케네
디의 특사인 앳우드는 발레조와 전화상으로 합의함으로써 해빙 무드를
향해 한 걸음 더 전진했다. 통화 내용은 케네디와 카스트로의 대화를 위
해 협의사항을 만들자는 것 이었는데 이 때 카스트로는 두 사람의 대화
를 듣고 있었다. 앳우드는 다음날 백악관에 전화로 보고할 때 번디에게
다음과 같은 이야기를 전해 들었다고 했다.

"일단 협의사항이 만들어지면 대통령 각하는 나를 만나길 원할 것
이고, 나를 만나면 카스트로 수상에게 무슨 말을 할지 결정할 준비되
어 있을 거라고 했습니다. 또한 대통령 각하는 조만간 댈러스를 방문
할 계획이지만 만약 댈러스를 방문하지 않는다면 워싱턴에 계실 계
획이라고 했습니다."

케네디는 댈러스에서 돌아오자마자 카스트로와 대화할 구체적인 협
의사항들을 점검해나가기 시작했다. 그러나 CIA는 케네디가 연설에서
이미 언급했던 내용 중 주요쟁점들을 약화시키는 데 전념했다. 케네디
가 '두 번 다시 이런 이야기를 하지 않을 것'이라고 확신한 만큼 CIA도

케네디의 계획을 절대적으로 저지하는 데 나섰다. CIA는 케네디와 카스트로를 모두 살해하려는 계획을 추진함과 동시에 자기들이 만들어 낸 11월 18일 연설문을 즉시 배포하기 시작했다.

9월 초, CIA는 카스트로 암살 음모에도 시동을 걸었는데, 여기에는 궁극적으로 로버트 케네디에게 자신의 형을 살해했다는 누명을 덮어씌운다는 뜻이 숨어 있었다. CIA는 카스트로와 로버트 케네디를 표적으로 책략을 꾸며 코드명 AM/LASH로 알려진 쿠바의 첩보 요원 호나우두 쿠벨라Ronaldo Cubela를 고용했다. 호나우두 쿠벨라는 평범한 요원이 아닌 쿠바의 정치 인사로서 카스트로의 신임을 얻고 있었다. 당시 쿠벨라는 쿠바 혁명 때 카스트로 곁에서 싸웠고 혁명 정부 내에서 다방면으로 활약했지만, 카스트로가 소련과 동맹을 맺자 환멸을 느꼈다.

1961년, CIA는 암살 경력이 있는 카스트로의 보좌관 쿠벨라를 고용해 조심스럽게 그와의 은밀한 관계를 발전시켰다. 1959년, 쿠벨라는 바티스타의 군사정보부장을 총살했다. 그리고 몇 년 후, 카스트로는 쿠벨라를 이용한 CIA의 음모에 대해 이렇게 평가했다. "그 음모는 우리에게 개별적으로 접근하는 방법을 썼기 때문에 성공할 가능성이 높았다." 1963년 10월 29일, 쿠벨라는 파리에 있는 CIA 은신처에서 CIA 특수요원인 데즈몬드 피츠제럴드와 만났다. 피츠제럴드는 가명을 사용해 로버트 케네디 법무부장관 대리인 격인 미국 상원의원 행세를 했는데, 이는 케네디 형제를 모두 파멸시키기 위해 CIA가 실행한 가장 대담한 시도 중 하나였다.

상원 처치 위원회는 CIA의 일급비밀인 감찰관의 보고서에 따라 리처드 헬름스 기획부국장이 '피츠제럴드의 로버트 케네디 법무부장관의 대리인 역할을 승인했다는 사실을 알게 되었다. CIA 내부 보고서가 별 문제 없이 승인되면서 헬름스 또한 피츠제럴드가 로버트 케네디의 명의를 빌릴 때에도 당사자의 허락을 받을 필요는 없다고 결정했다. 그렇게 CIA는 피츠제럴드가 로버트 케네디의 대리인 행세를 하고 다니도록 조치해서 쿠벨라가 카스트로를 암살하도록 허락을 받았다는 확신을 갖게 했다. 피츠제럴드는 쿠벨라에게 CIA 의료 사무국 운영부에서 독을 넣은 볼펜을 받아가라는 특명을 내렸다.

"피하주사침 장치가 돼 있는 볼펜을 받아 가십시오. 볼펜 속에 있는 주사바늘은 아주 미세해서 주사바늘에 찔리는 사람은 자기 몸에 바늘이 들어가는 것도 눈치 채지 못할 겁니다."

11월 22일 감찰관의 보고서에 따르면 케네디가 암살되던 바로 그 순간, CIA 사무국장은 파리에서 쿠바 요인을 만나 카스트로를 암살하는 데 쓸 장치를 건넨 것 같았다고 했다. 그리고 그 때 피츠제럴드 사무국장은 또다시 자신을 로버트 케네디 법무부장관 대리인이라고 속였다. 처치 위원회에서 이 사실을 알게 되자 쿠벨라를 조종한 CIA 요원은 쿠벨라에게 다음과 같은 사실을 말해 주었다. "당신이 '로버트 케네디의 대리인'으로 알고 있는 그 사람은 피츠제럴드라는 사람입니다."

쿠벨라는 '일단의 음모 세력'에 대한 내용이 반(反) 카스트로 쿠데타를 허락하는 것을 의미한다고 들었다. CIA는 자신들이 고용한 암살자에게 동기부여를 하기 위해 케네디가 한 연설을 왜곡한 허위정보를 만들어 수 년 동안 퍼뜨리고 다녔다. 마이애미 연설은 대화의 추구가 아닌 살인 조장을 의미한다는 내용이었다. CIA는 카스트로를 암살하기 위해 로버트 케네디의 명의로 쿠벨라를 고용함으로써 추가적으로 생각해놓은 음모가 있었다. '카스트로가 자신의 생명을 위협받는 것을 피하기 위해 케네디를 암살하라는 명령을 했다'고 지속적으로 주장하기 위해 세워 놓은 계획이었다. 이 계획에 따르면 로버트 케네디는 자신의 친형을 암살할 인물을 움직인 셈이다. 몇 년 후 아서 슐레진저는 자신이 쓴 케네디의 연설문을 CIA가 왜곡해 살인을 조장했다는 사실을 알게 되자 이렇게 말했다.

"표면상으로 보면 그 내용은 카스트로가 대륙을 초월한 국가의 연합을 명백히 반대하고 있으며, 연합을 포기하면 정상화할 수 있다는 것을 암시하는 것으로 보입니다. 요컨대 피츠제럴드가 카스트로를 암살하도록 돕는 게 아니라 앳우드가 카스트로와 회담을 하도록 돕겠다는 뜻입니다.

케네디는 처음부터 자신의 연설문 작성자 시어도어 소렌슨에게 마이애미 연설의 목적에 대해 이야기했다. 연설을 듣는 청중은 미주언론협회 구성원들이었는데 소렌슨은 이들을 '반(反) 카스트로 성향이 매우 강한 집단'으로 알고 있었다. 그러나 케네디는 자신의 마음속에 또 다른 청중이 있는데 그가 바로 카스트로라고 말했다. 후에 소렌슨은 이렇게 회고했다. "케네디 대통령은 특히 '쿠바의 지도자인 카스트로에게 기회를 주는 연설'을 하길 원했습니다." 한편 카스트로는 케네디의 연설을 말 그대로 기회를 준다는 의미로 이해했다.

케네디를 그리며… 카스트로의 연민

카스트로 수상은 1963년 11월 23일 쿠바에서 연설을 하면서 그 전날에 있었던 케네디의 죽음을 되뇌었다. 카스트로는 케네디가 11월 18일에 마이애미에서 했던 연설에 특히 관심을 갖고 있었다. 이 때 카스트로는 마이애미 연설이 자신에게 기회를 주는 동시에 미국과의 관계 회복에 반대하는 세력에 대한 경고를 암시한다는 것을 알고 있었다. 카스트로는 연설에서 뉴스 통신사의 보고를 인용해 망명자 사회의 적대적인 반응에 대해 다음과 같이 언급했다.

"마이애미 플로리다에서는 쿠바 망명자들이 오늘 밤만을 부질없이 기다렸습니다. 케네디 대통령에게 카스트로 정권에 맞서는 강력한 조치를 취해 달라는 약속을 확실히 받아 내기 위해서 말입니다. 전보에서는 '그들은 약속을 확실히 받아 내기 위해 오늘 밤만을 부질없이 기다렸'고 말하고 있습니다. 많은 사람들이 케네디 대통령의 연설을 라디오로 듣기 위해 혁명단체 사무실과 각자의 집에 모여들었습니다.

… 그들은 케네디 대통령의 연설을 듣기 시작했습니다. 케네디 대통령은 '우리는 이 반구 안에 또 다른 쿠바를 세우는 것을 막기 위해 모든 역량을 총 동원할 것입니다'라고 말했습니다. 그들은 '이 반구 안에 또 다른 쿠바를 세우는 것을 막기 위해'라는 말이 무슨 뜻인지 제대로 이해하지 못했습니다. 그들은 그 말을 하나의 쿠바만을 인정한다는 뜻으로 생각했습니다. 수많은 망명자들은 쿠바를 공산주의에

서 해방시키기 위해 더욱 강해져야 한다고 생각했습니다. …"

카스트로도 처음에는 신중을 기해서 쓴 '이 반구 안에 또 다른 쿠바를 세우는 것을 막기 위해'라는 문구를 망명자들이 생각한 것과 같은 뜻으로 받아들였다. 망명자들이 비통해한 원인은 카스트로가 갖게 된 희망의 실마리, 즉 적대 관계인 미국과의 대화에서 희망과 평화를 기대할 수 있었기 때문이었다. 카스트로는 언론에서 보고한 케네디의 연설에 대해 다음과 같이 논평했다.

"마이애미에 있는 라틴아메리카 신문사 및 편집자들은 오늘 밤 케네디 대통령이 한 연설에 대해 이렇게 평가했습니다. '케네디 대통령은 피델 카스트로의 공산주의 정권에 맞서는 강력한 입장을 취하지 않고 있다.' 또 어떤 신문에서는 '지금 케네디 대통령은 미국의 영토에서 쿠바 망명자들이 쿠바에 공격을 시도하는 것을 막고 있고 있으며, 카스트로 정권을 유지시키기 위해 사실상 미 공군 및 해군의 힘을 이용하고 있다'라고 말했습니다. 다시 말하면 그들은 케네디 대통령이 카스트로 정권 체제를 유지시키기 위해 미국의 군사력을 이용하고 있다고 주장하고 있는 것입니다. … 결국 UPI통신은 넘쳐나는 정보들 가운데 부정적인 정보만을 골라 케네디 대통령을 비난했던 것이고, 그 이유는 케네디 대통령의 쿠바 정책 때문이었습니다. … 케네디 대통령의 평화 정책에 반대한다는 의견에 만장일치로 찬성하는 시점에서 암살 사건이 일어났다는 게 이상하지 않습니까? 모든 게 아주 이상합니다."

또한 카스트로는 방송 매체들의 뉴스가 이상하다는 의견을 덧붙였는데 마침 그 날은 오스왈드가 암살범이라고 밝혀지기 전날이었다. 1963년 11월 23일, 카스트로는 미국 언론이 지금까지 오스왈드에 대해 숨겨온 것에 대해 아주 분명하게 질문했다.

"오스왈드처럼 나라를 배신하고. 군사 기밀을 넘겨준 사람 중 감옥에 가지 않고 미국에 다시 돌아온 사람이 있습니까? … 전직 해병대원이 소련에 가서 소련 시민이 되려고 했다는 점도 그렇고, 소련에서 그를 받아주지 않았다는 점도 그렇고, 그래서 자신이 미국 해병대에서 복무하는 동안 알게 된 모든 군 극비사항을 소련에 폭로할 작정이라고 미국 대사관에 통보한 점도 모두 이상합니다. 그럼에도 불구하고 미국 정부가 그가 다시 미국에 거주할 수 있도록 모든 경비를 부담했다는 점도 이상합니다. … 그리고 결국 오스왈드는 텍사스로 돌아와서 일자리를 얻었습니다. 이 모든 게 아주 이상합니다!"

카스트로는 'CIA'가 케네디 암살 사건 직후 오스왈드에 관한 허위정보를 전 세계에 퍼뜨렸다는 사실이 역력히 드러나고 있는 것을 알았다. 댈러스에는 CIA 음모에 대해 카스트로만큼 잘 알고 있는 누군가가 배치돼 있었던 것이 분명했다. 오스왈드가 살해당함으로써 케네디 암살 사건에 대해 영원히 침묵하게 되는 전날 밤, 카스트로가 던진 질문은 오스왈드를 넘어서 말할 수 없는 범죄의 근원지를 가리키고 있었다.

"누가 이 암살 사건에 유일하게 관심을 가질 수 있었을까요? 진짜 좌파일까요? 광적인 좌파들이 관심을 가질 수 있다고 해도 언제 그럴 수 있었을까요? 긴장이 완화된 순간이었을까요? 매카시즘의 잔재가 남는 순간이었을까요? 아니면 좀 더 중도적인 입장을 취하면서 핵실험 금지 조약에 서명한 순간이었을까요? 아니면 케네디 대통령이 쿠바 문제에 대해서는 관대하다는 평가를 받은 연설을 하고 있는 그 순간이었을까요?”

몇 년 후, 카스트로는 흐루시초프와 케네디가 적대 관계였음에도 불구하고 쿠바 미사일 위기를 타개하기 위해 수 차례 비밀 협상을 진행한 것을 알았다. 그 때 카스트로는 ‘그 당시에는 해방시킬 탈출구를 볼 수 있을 만큼 시야가 넓지 못했다’고 솔직하게 인정했다. 또한 1975년 인터뷰에서 카스트로는 ‘쿠바의 안전을 전혀 보장할 수 없는 상태에서 미국의 침공에 맞서 위기를 해결하는 방법을 모색해야 했기 때문에 매우 초조했다’고 인정했다. 그리고 다음과 같이 덧붙였다.

“그러나 우리가 현실적으로 생각하면서 역사를 보면 우리는 올바른 자세를 취한 게 아니었다는 사실을 깨닫게 됩니다. … 미국은 쿠바를 침공하지 않겠다고 약속했고 이에 소련은 미사일을 철수하는 것으로 화답했습니다. 그리고 결국 역사는 소련의 태도가 옳았다는 것을 증명했습니다. 또한 케네디 대통령도 쿠바를 침공하지 않겠다고 한 약속을 지켰고 모든 사람들이 그 점에 대해서 알고 있습니다. 그건 사실입니다.”

케네디의 뒤를 이은 백악관 인사들은 비록 카스트로와 후속 협상을 시작하는 데 실패했지만 쿠바를 침공하지 않겠다는 약속은 지켰다. 카스트로는 대통령으로서의 케네디를 다시 보게 되었다.

"저는 케네디 대통령의 인격에 감명받았습니다. 하지만 대통령으로 재임하고 몇 년이 지나서야 그가 취한 몇 차례의 결단에 감동을 받은 것 입니다. 우리는 케네디 대통령이 돌아가시기 몇 달 전 아메리카대학에서 했던 연설을 잊어서는 안 됩니다. 케네디 대통령은 아메리카대학 연설에서 진실을 인정했고, 평화의 추구 및 긴장 관계 완화를 적극적으로 추진해야 된다는 발언을 했습니다. 그는 전 세계가 직면하고 있는 문제에 대해 매우 용기 있는 연설을 했습니다. … 케네디 대통령은 아메리카대학 연설을 계기로 2년 후 재선에서도 당선될 거라고 확신하게 되었습니다. 케네디 대통령은 대담하게 결정하는 사람이었습니다. … 케네디 대통령이 갖고 있었던 큰 장점 중 하나는 용기였습니다. 그는 용기 있는 사람이었죠. 어떻게 해서든 결정을 할 수 있고 정책을 개선할 수 있는 사람이었습니다. 그럴 용기가 있는 사람이었으니까요."

1978년, 카스트로는 쿠바를 방문한 미 의회의원들을 대상으로 한 연설에서 어제의 적장이었던 케네디에 대해 이렇게 말했다.

"저는 암살 사건이 발생한 그 시기에 케네디 대통령이 쿠바에 대한 정책을 바꾸고 있었다는 것을 알 수 있었습니다. … 그런 경쟁자가 있었다는 사실은 저에게는 영광이었습니다. … 그는 걸출한 인물이 었습니다."

또 다른 암살범, 잭 루비

1963년 11월 22일 금요일 오전 11시, 오토 매트 댈러스 대리점에서 근무하는 21살의 종업원 줄리아 앤 머서Julia Ann Mercer가 차를 몰고 딜리 광장으로 왔다. 그 시간은 케네디의 자동차 퍼레이드가 있기 한 시간 반 전이었다. 곧 암살 현장이 될 그곳에서 머서는 교통 체증으로 인해 차가 정차되어 있는 동안 자신의 오른쪽에 있는 도로 경계석에 세워 놓은 초록색 소형 오픈 트럭에 눈길이 갔다. 머서가 그 트럭을 보았을 때 한 남자가 그 트럭 뒤에서 서성거리고 있었다. 머서는 그 소형 오픈 트럭을 운전하는 남자와 일직선상에 있게 될 때까지 조심스럽게 차를 움직여 앞으로 나갔다. 트럭 운전자가 고개를 돌려 머서의 눈을 정면으로 바라보고 있었다. 둥근 얼굴형의 그 남자는 몸을 돌리더니 다시 그녀를 바라보았다. 두 사람의 시선이 다시 한 번 서로에게 고정되었다.

그 남자는 트럭 짐칸에 손을 뻗어 종이로 싸 놓은 라이플총 케이스를 꺼냈다. 그리고는 라이플총으로 보이는 물체를 들고 언덕 위로 올라갔다. 얼마 지나지 않아 머서는 그 언덕이 풀이 우거진 둔덕이라는 사실을 알게 되었다.

머서는 눈앞에 펼쳐진 거리에 있는 아치 모양의 다리를 올려다보았다. 경찰관 3명이 오토바이 옆에서 이야기를 하면서 서 있었다. 머서는 왜 경찰관들이 라이플총을 들고 언덕을 오르는 그 남자를 이상하게 보지 않는지 의아했다.

이틀 후 머서는 TV를 보다가 그 트럭 운전자가 잭 루비라는 것과 그가 현장에서 리 하비 오스왈드를 살해했다는 사실을 알게 되었다.

머서는 딜리 광장에서 떠난 후 가장 좋아하는 식당에서 식사를 하기 위해 차를 세웠다. 그리고 친구들에게 라이플총을 들고 언덕을 오르는 남자에 대한 이야기를 했다. 머서는 그 남자가 비밀경호원일 거라고 추측하며 이렇게 말했다. "비밀경호원이 그렇게 비밀스럽게 움직이지는 않나보군."

그런데 머서가 식사를 마치고 다시 자동차를 운전하면서 직장으로 향하는 도중 경찰차가 접근해오더니 그녀의 차를 길 한쪽에 세우게 했다. 식당에서 그녀의 이야기를 엿듣고 있었던 경찰관 두 명은 그녀에게 물어볼 것이 있다고 했다. 케네디가 저격당한 곳은 머서가 라이플총을 들고 있는 남자를 본 그곳, 바로 딜리 광장이었기 때문이었다. 댈러스 경찰과 FBI는 그날 오후부터 다음날 아침까지 머서를 취조했다. 4년 후, 그녀는 '그들은 케네디 대통령 암살 사건에 내가 관련되어 있는 것처럼 몰아갔다'고 진술했다. 그녀는 그들에 대해 자기 마음대로 인식하고 판단할 수도 없었다.

머서의 남편이 뉴올리언스 지방검사 짐 게리슨에게 전화한 것은 1968년 1월로 짐 게리슨이 케네디 암살 사건에 대해 조사하고 있었던 시기였다. 머서의 남편은 자신의 아내가 뉴올리언스에 있으며 짐 게리슨과 이야기를 하고 싶어 한다고 말했다. 짐 게리슨은 머서 부부가 투숙한 호텔 스위트룸에서 이들 부부와 만났던 때를 다음과 같이 설명했다.

"굉장히 인상 깊은 부부였다. 사건의 실체를 명확하게 파악한 그 중년 남성은 일리노이에서 의회 공화당원으로 일한 적이 있었다고 했다. 그 중년 남성과 마찬가지로 강한 인상을 남긴 머서 부인은 지적이고 옷도 잘 입는 여성이었다. 그런 증인이라면 어떤 변호사라도 배심원 앞에서 자신의 편에 서서 증언해 주기를 간절히 바랄 것이다."

짐 게리슨은 워런 위원회의 증거물로 인쇄한 머서의 진술서를 당사자에게 보여주었다. 머서는 그 진술서를 주의 깊게 읽더니 고개를 저으며 말했다. "이 진술은 모두 조작된 겁니다. 그들은 제가 실제로 말한 것과 완전히 반대로 진술하게 했어요."

머서의 말에 의하면 케네디 암살 사건이 발생한 다음날인 11월 23일 토요일, FBI 요원들은 그녀에게 여러 장의 사진을 보여줬다고 한다. 그녀는 초록색 소형 오픈 트럭 운전자로 보이는 사진 4장을 골랐다. FBI 요원이 사진을 뒤집자 사진 뒷면에는 '잭 루비'라는 이름이 쓰여 있었다. 머서는 짐 게리슨에게 말했다.

"저는 사진 속 인물의 인상착의가 그 트럭 운전자와 동일하다고 믿어 의심치 않았습니다. 제게 보여준 나머지 3장의 사진이 잭 루비와 닮은 다른 인물의 사진인지, 아니면 그 사진들도 잭 루비의 사진인지는 잘 모르겠습니다. 그러나 그들은 분명히 잭 루비의 사진을 보여줬고 그 사진들 중에서 저는 틀림없이 그 운전자로 보이는 남자의 사진을 골랐습니다."

머서가 잭 루비를 트럭 운전자라고 진술한 날은 루비가 오스왈드를 살해하기 전날이었다. 총 케이스를 풀이 울창한 둔덕으로 운반해 간 그 남자가 루비였다는 그녀의 증언이 공개된다면 케네디 암살 사건에는 어떤 음모도 없었다는 정부의 주장이 거짓일 수도 있는 상황이었다. 따라서 FBI가 그녀의 진술을 왜곡해서 '머서는 그 운전자의 사진을 찾아내지 못했다'고 주장했다고 해도 놀랄 일이 아니었다. 그녀는 짐 게리슨이 가져온 FBI 보고서 사본 내용 즉, 자신이 루비의 사진을 찾아낸 당시의 상황에 대해 기술한 내용을 적어놓고는 이렇게 덧붙였다. "제가 가족들과 함께 TV를 보다가 잭 루비가 오스왈드를 쏘는 장면을 봤을 때 저는 잭 루비를 다시 한 번 알아봤습니다. 그리고는 '나 저 남자가 트럭을 운전하는 거 봤어'라고 가족들에게 말했습니다."

머서는 루비가 오스왈드를 쏘는 장면을 보고 그 트럭 운전자가 루비였다는 것을 알아볼 수 있었다고 FBI에게 알렸다. 그러나 그 내용은 FBI 보고서에는 없었다. FBI 보고서에서는 그녀에게 루비의 사진을 보여주었다는 사실만 인정할 뿐 루비가 오스왈드를 살해하기 전날에 이런 일이 있었다는 사실에 대해서는 밝히지 않았다. FBI는 또다시 이렇게 주장했다. "머서는 트럭 운전자의 사진을 찾아내지 못했다."

머서는 짐 게리슨에게 이 점에 대해 지적하고는 웃으면서 말했다. "딜리 광장에 있을 때 저와 그 남자와의 거리는 불과 1미터도 되지 않았습니다. 그랬는데 잭 루비가 오스왈드를 총으로 쏘는 장면이 TV에 나왔을 때 어떻게 잭 루비를 못 알아봤겠습니까?"

FBI와 경찰은 작성한 머서의 진술서 내용은 "그 트럭 운전자는 루비였다"고 밝힌 머서의 진술 내용을 부인하는 것으로 그치지 않았다. 이들은

"머서는 트럭 옆면에 '에어컨Air Conditioning'이라는 검정색 타원형 글자가 적혀 있는 표지판을 보았다고 진술했다"는 주장도 했다. 그러나 머서는 짐 게리슨에게 진술서의 내용이 사실과 완전히 다르다고 말했다. "제가 FBI한테 심문을 최소한 두 번은 받았는데 매번 심문 받을 때마다 저는 트럭에는 어떤 글자도 쓰여 있지 않았다고 분명히 말했습니다."

그러나 FBI와 경찰은 트럭 옆면에 '에어컨'이라는 표지판이 있었다고 허위 진술을 만들어 사건을 위장했다. FBI 요원들은 댈러스 전역에 걸쳐 그런 트럭을 운전한 인물을 찾기 위해 철저하게 수사를 진행했지만 수사는 사건과 무관한 방향으로 진행되고 있었다. 머서와 관련된 정부 문서를 자세히 검토해 본 결과 단순히 오해의 소지가 있는 내용으로 그치지 않았다. 문서에는 위조된 내용이 많았다.

경찰이 작성한 진술서에는 '줄리아 앤 머서'의 서명이 있었고 공증도 돼 있었다. 그러나 머서는 짐 게리슨 앞에서 조작된 진술서 밑에 직접 서명을 해 보았다. 그렇게 해서 머서는 짐 게리슨에게 자신의 서명과 문서 원본에 있는 서명이 다르다는 것을 보여주었다.

머서는 "이 진술서 두 페이지에 있는 서명은 상당히 비슷하게 흉내는 냈지만 둘 다 제 서명이 아닙니다. 특히 제 이름 앤의 대문자 A를 적은 방식이 완전히 달라요. 저는 대문자 A를 쓸 때 항상 끝을 뾰족하게 해서 쓰는데 이 진술서에는 두 페이지 모두 대문자 A를 둥글게 썼네요. 그리고 저는 어떤 여자가 공증인 자격으로 서명하고는 진술한 모든 내용이 사실이라는 것을 그녀보다 앞서 '서약하고 서명한다'고 명시했다는 점에 주목했습니다. 하지만 그것 또한 사실이 아닙니다." 머서는 "심문하는 자리에 참석한 사람들 중 자신이 유일한 여성이었다"고 말했다.

머서는 케네디 암살 사건 초기 단계에서부터 중요한 목격자였다. 그 사실에 대해서는 정부도 머서 자신도 잘 알고 있었다. 그렇기 때문에 머서는 수십 년 동안 한 곳에 정착해 살기가 거의 불가능했다.

짐 게리슨은 일부 목격자들이 갑작스럽게 죽음을 맞은 것을 의식하고 있었다. 그 이유는 그들이 살아남기에는 너무 많은 것을 봤기 때문인 것 같았다. 따라서 짐 게리슨은 머서가 댈러스에서 그랬던 것처럼 뉴올리언스에서 서명한 진술서에도 결혼 전 이름을 써야 한다고 생각했다. 머서는 짐 게리슨의 제안을 따랐고 덕분에 그녀에게는 죽음의 손길에서 벗어날 수 있었다. 그럼에도 불구하고 그녀의 증언에 들어 있는 매우 중요한 본질 때문에 짐 게리슨은 1970년대 후반에 머서에게 하원 암살조사위원회HSCA에 출두할 것을 제안했다. "그들이 제 아내를 목격자로서 소환할 의도가 있다는 게 확실하고, 그녀를 보호하기 위해 세심한 노력을 기울일 것을 보장해 준다면 출두하겠습니다." 하지만 짐 게리슨은 HSCA에게 답변을 듣지 못했다.

후에 짐 게리슨은 HSCA에서 발표한 보고서를 읽었다. 보고서에는 짐 게리슨이 줄리아 앤 머서가 주장한 내용을 정리해서 하원 암살조사위원회에 보낸 내용이 포함되어 있었지만 '위원회에서는 머서가 어디에 있는지 찾을 수 없었다'는 설명도 덧붙여져 있었다.

필자는 머서가 명확하게 진술한 내용을 읽고 정부에서 그녀가 진술했다고 주장한 내용과 대조해본 후 그녀에 대해 알고 싶다는 생각이 문득 들었다. 물론 실제로 그렇게 하지는 못했지만 그녀의 의붓딸과 이야기한 적은 한 번 있다. 그녀는 머서가 직접 진술한 내용, 즉 정부에서 고쳐 쓴 내용과는 상반되는 이야기를 읽은 사람들과 똑같은 태도로 머서에 대해 이야기했다. 그러면서 그녀는 어머니가 매우 활발하고 솔직하고 단호한 사람이라고 말했다. 또한 케네디 암살 사건 목격자들이 협박당하고 있다는 것을 어머니도 알고 있었기 때문에 대중의 시야 속에서 사라지는 방법을 선택한 것이었다고 분명하게 말해두었다. 작가 헨리 허트Henry Hurt와의 인터뷰를 수락한 1983년부터 머서는 익명의 존재로 숨어 지냈다.

1963년 11월 22일, 머서는 교통 체증 때문에 풀이 우거진 둔덕 아래 정차돼 있던 그 순간부터 정확하게 상황을 지켜보고 나서 진실을 말했던 것이다. 어떻게 보면 그 당시의 상황으로 인해 머서는 매우 위험인물이 되었으며 실제로도 위험에 처했다. 그러나 그녀는 자신의 증언을 절대로 부인하거나 누구와 타협하지 않았다. 머서는 정부에서 거듭 주장하는 내용, 즉 '머서는 라이플총을 들고 풀로 덮인 둔덕에 올라간 인물과 소형 오픈 트럭 운전자를 구분할 수 없었다'는 주장에 대해 다음과 같이 요약했다.

"그건 사실이 아닙니다. 저는 그 운전자를 분명히 봤습니다. 저는 그 운전자의 얼굴을 똑바로 봤고 그 사람도 저를 두 번이나 봤습니다. 그 사람은 잭 루비였습니다."

케네디와 수카르노

케네디는 백악관에서 마지막 밤을 보내기 전날인 11월 19일 수요일 백악관 회의에서 "내년 봄에 개발도상국인 인도네시아를 방문할 의향이 있다"고 말했다. 불같은 성격의 수카르노Sukarno 인도네시아 대통령의 장기간에 걸친 초대에 마침내 호의적인 반응을 보인 것이다. 반미적 미사여구를 쓰고 전투적 성향이 있는 제3세계 민족주의자인 수카르노는 워싱턴에서 악명이 높았다. 비록 수카르노는 냉전에 대해서는 중립적이라고 말했지만 분석가들은 '그는 소련의 정책을 선호한다. 이는 인도네시아를 돕겠다는 소련의 제안을 받아들였다는 점에서도 확인할 수 있다'고 보았다.

그러나 케네디는 새롭게 해방된 제3세계 국가들을 지지하는 발언을 거침없이 해 온 상원의원 출신으로서 수카르노가 1961년에 백악관을 방문했을 때 그를 환영했다. 수카르노는 그 답례로 케네디를 인도네시아에 초대하고 싶어 했다. 1963년 11월, 수카르노는 또다시 초대장을 보내면서 케네디에게 "지금까지 이곳 인도네시아에서 누구도 받아본 적이 없는 대규모 환영 연회를 베풀겠다"고 말했다.

케네디가 수카르노에게 개방적인 태도를 보이며 비동맹운동을 제안하자 또다시 CIA와 충돌하는 상황에 처했다. CIA 기획부국장 리처드 비셀은 1961년 3월, 국가 안보 보좌관인 맥조지 번디에게 다음과 같은 내용의 편지를 썼다.

"인도네시아의 공산주의는 점점 강해지고 있습니다. 이는 수카르노의 국내·정책과 '범세계적 공산주의의 지향성'에 대한 독특한 편향에서 비롯된 것입니다. … 인도네시아는 수카르노가 살아 있는 한 독재체제를 유지할 것으로 보이며, 이는 인도네시아 문제 중 가장 해결하기 어려운 부분으로 우리에게 큰 부담으로 작용할 것입니다."

    CIA는 수카르노가 죽기를 바랐으며 수카르노의 공산주의적 '범세계적 지향성'으로 보이는 것들의 흔적을 없앴다. 리처드 비셀은 오랜 세월이 지나 퇴임한 후에도 한 인터뷰에서 여전히 CIA는 수카르노와 같은 인물을 암살하기 위해 노력한 것을 정당화하고 있으며, 콩고의 지도자 파트리스 루뭄바와 수카르노를 똑같이 처단해야 할 범주에 포함시켜야 한다고 말했다. "루뭄바와 수카르노는 지금까지 제가 들어본 공인들 중 최악의 인물이었습니다. 그들은 미친개 같았습니다. … 나는 그들이 미국에 위험한 인물이었다고 믿고 있습니다."

    비셀이 인정한 이들에 대한 암살 음모는 '잘못된 판단'이라는 것이 드러났고 그 계획은 실패로 끝났다. 그러나 비셀은 그 '미친개들'을 암살하겠다는 음모가 "도덕성에 위배된 것은 아니었다"고 주장했다. 그는 단지 그들에 대한 CIA의 암살 음모가 실패로 돌아간 것이 세상에 알려졌다는 점이 유감스러웠던 것뿐이었다.

    수카르노를 표적으로 한 CIA의 쿠데타 음모는 아이젠하워 정부 시절에 세상에 알려졌다. 1956년 가을, 당시 CIA 기획부국장이었던 프랭크 위스너Frank Wisner는 극동 지역 국장에게 이렇게 말했다. "지금이야말로 수카르노에게 압력을 가할 때라고 생각합니다."

    이에 따라 CIA는 1957~1958년에 인도네시아 쿠데타를 조장해 필요한 무기를 지원했다. 심지어 수카르노의 정부군에게 폭격을 가하기 위해 위장 비행기들을 이용하기도 했다. CIA에서 고용한 조종사 중 한 명인 알렌 폽Allen Pope이 교회와 중앙 시장을 폭파해 수많은 시민들을 살해하자 CIA가 은밀하게 자행한 역할이 드러났다. 후에 폽이 탄 비행기가 격추되면서 폽은 CIA 요원으로 밝혀졌다. 4년 후, 수카르노는 폽에게 사형 선고를 면하게 해 주었다. 이는 로버트 케네디 법무부장관이 대통령을 대신해 인도네시아를 방문했을 때 수카르노에게 호소했기 때문에 가능한 일이었다. 이 사건으로 인해 수카르노는 자신과 케네디 형제간의 유대관계가 한층 두터워졌다고 느꼈다.

케네디는 CIA와 달리 수카르노를 살해하거나 타도하는 대신 협력하길 원했다. 1961~1962년, 케네디는 인도네시아와 인도네시아의 식민 통치국이었던 네덜란드가 전쟁을 일으키기 직전에 양국의 협상을 중개했다. 케네디는 인도네시아와 네덜란드 간의 위기를 평화적으로 해결하기 위한 방안으로 이들 간의 접전지인 서이리안(서뉴기니)을 네덜란드에서 인도네시아로 양도하면서 서이리안 사람들이 1969년까지 인도네시아를 떠날 수 있는 선택권을 부여했다. CIA는 이런 상황을 보면서 케네디가 적을 돕고 적을 사주하는 것이라고 생각했다. 이런 상황에 대해 비셀은 이렇게 말했다. "케네디 대통령이 인도네시아의 서이리안 통치권 주장을 지지함으로 인해 우리는 미국과 적대적인 운명을 타고난 인도네시아의 정권 강화를 무심결에 도운 것일지도 모릅니다."

케네디는 이 상황을 수카르노의 관점이 아닌 자신의 관점에서 보고 이렇게 말했다. "1958년에 CIA가 수카르노 정부에 맞서 반란을 일으키는 것을 지지했던 일을 생각하면 수카르노가 반미 감정을 갖는 것도 이해할 수 있습니다."

케네디는 이데올로기 면에서 분명한 적대 관계에 있는 수카르노의 입장을 공감함으로써 수카르노의 말에 담긴 진실을 인정했다. 그리고 수카르노와 서로 존중하는 관계를 확립해 인도네시아와 네덜란드의 전쟁을 막을 수 있었던 것이다.

　케네디는 인도네시아와 네덜란드 간의 갈등을 외교적으로 해결함과 동시에 1962년 8월 16일 국가안전보장조처에 관한 비망록NSAM 179호를 발표함으로써 수카르노를 표적으로 한 CIA의 음모에 대처했다. 케네디는 국무부, 국방부, CIA, AID, 미국해외정보국USIA의 수뇌부들에게 NSAM 179호에 대해 설명하면서 인도네시아에 긍정적으로 접근하도록 명령했다.

　서이리안 문제를 평화적으로 해결하는 문제에 대해 논쟁이 있을 거라고 예상하고 있습니다. 그렇지만 저는 이번 기회를 미국이 인도네시아와 새롭고 보다 나은 관계를 지향하기 위해 평화적 해결을 촉진하는 역할을 할 기회로 보았으면 하는 바람입니다. 저는 이 시점을 계기로 인도네시아인들 역시 평화적으로 해결할 수 있는 방향으로 움직이고 싶어 하며 우리에게 엄청난 요구를 해올 것을 예상하고 있습니다.

　이번 기회를 잡기 위해 모든 관련 기관은 인도네시아에 대한 각자의 계획을 검토해 주시고 어떤 추가 조치가 유용할지 평가해 주시기 바랍니다. 저는 외교정책 추진뿐만 아니라 시민활동, 군사원조, 경제안정과 개발계획이 확장될 가능성까지도 염두에 두고 있습니다. 국무부는 모든 관련 기관과 협력해 활동 계획에 관한 제안서를 작성해서 늦어도 9월 15일까지 제출해 주시기 바랍니다.

- 존 케네디

아프리카 신흥 독립국들의 경우와 같이 케네디가 수카르노에게 개방적 태도를 취하는 데에 대한 CIA의 고질적인 반대는 냉전 이데올로기보다 근본적인 곳에서부터 발생했다. 인도네시아는 콩고만큼이나 천연 자원이 풍부한 나라였다. 인도네시아가 천연 자원을 제대로 개발했다면 세계에서 3~4번째로 부유한 나라가 되었을 것이다. 미국 회사가 자신들의 이익을 위해 인도네시아를 착취할 결정을 한 반면 수카르노는 인도네시아 국민들이 외국 소유지를 무단으로 사용하게 함으로써 자국의 부를 보호하는 데 여념이 없었다. 케네디의 외교 수완 덕분에 인도네시아는 친(親) 기업 성향을 띤 네덜란드에서 벗어났다. 그 결과 수카르노는 이제 서이리안의 자원과 더불어 외국의 통제도 막을 수 있게 되었다.

기업이익 및 냉전 이데올로기에서 비롯된 지배 관점에서 보면 수카르노는 분명 그렇게 해야 했다. 수카르노도 예측하고 있었던 것처럼 CIA는 목표를 이루는 데 전념했다. 1963년 11월 4일, 수카르노는 하워드 존스 미국 대사에게 CIA가 자신과 자신의 정부를 실각시키려는 계획을 하고 있다는 증거를 입수했다고 말했고 존스는 이 사실을 국무부에 다음과 같이 보고했다.

"수카르노는 케네디 대통령과 미국 대사가 자신을 해치지 않을 것을 확신하고 있었고 본인도 그 점을 인정했습니다. 그러나 과거에 CIA가 미국 대사는 물론 백악관에서조차도 몰랐던 활동에 자주 참여했다는 사실을 알고 있었습니다."

1963년 11월 19일, 케네디는 내년 봄에 인도네시아를 방문해 달라는 수카르노의 초대를 수락할 의향이 있다고 말하면서 절차를 급격하게 변경하기 시작했다. 이는 케네디가 제3세계 민족주의를 지지하는 방법 면에서 실제보다 훨씬 극적으로 보일 수 있었다. 그러나 미국 정부 정책의 급격한 변화는 3일 후에 종결되었다. 수카르노 자신의 운명도 사실상 댈러스에서 결정되었던 것이다. 댈러스 사건에서 밝혀진 것처럼 수카르노의 독립 정부는 저항하는 적대적 세력에 둘러싸여 있었다. 그럼에도 불구하고 수카르노의 독립 정부가 존재할 수 있었던 주된 요인은 케네디의 개인적인 지지였다.

케네디 암살범들은 처음부터 암살 사건 현장인 딜리 광장을 장악하고 있었다. 목격자들은 풀이 우거진 둔덕 꼭대기 울타리 뒤에 있었던 저격수를 추격하기 위해 본능적으로 둔덕으로 돌진했다. 그리고는 그 즉시 사복경찰관들과 마주쳤는데 목격자들은 그들이 비밀경호원인 줄 알았다. 만일 그들이 비밀경호의 기밀로 보호된 암살범이 아니었다면 쉽게 도망치고 자신들이 암살공모자라는 사실을 은폐할 수 없었을 것이다. 워런 위원회에서는 그 둔덕의 울타리 뒤에 있었던 자들이 실제로 진짜 비밀경호원일 수가 없다는 것을 인정했다. 워런 위원회에서는 비밀경호원에 대해 워런 보고서에 다음과 같이 기술했다.

비밀경호원들은 차량 행렬이 병원 앞을 지나갈 때 각자의 위치에 머물러 있도록 정해져 있었다. 사건 현장에는 아무도 머물러 있지 않았고 대통령 저격 직후 텍사스 교과서 보관소 건물에 들어간 사람은 아무도 없었다. … 댈러스 담당자인 포레스트 소렐스Forrest V. Sorrels 특수 요원은 암살 현장에 최초로 복귀한 비밀경호원이었다. 하지만

그가 현장에 도착한 시간은 대통령이 저격당한 지 약 25~25분이나
지나서였다.

케네디 암살 사건의 목격자들

딜리 광장에서 자신들을 비밀경호원으로 밝힌 자들은 암살 사건에서
중요한 역할을 했다. 그러나 그렇게 함으로 인해 그들 자신은 암살 사건
의 증거의 일부가 되었다. 이것은 암살을 주도한 이들이 통제하려고 했
던 목격자들의 증언 덕분에 가능했다. 케네디가 리무진을 타고 딜리 광
장에서 저격당하자 풀이 우거진 그 둔덕에 있는 울타리 뒤에 최초로 달
려간 사람들 중 한 명은 댈러스 경찰관 조 마셜 스미스Joe Marshall Smith이
었다. 스미스는 사건 직후 울타리 뒤에서 화약 냄새가 났다고 상사에게
보고했다. 스미스가 워런 위원회에서 진술한 내용에 따르면 그는 울타
리 뒤에 있는 주차 공간에서 어떤 남자와 마주쳤다고 한다.

"저는 권총집에서 권총을 꺼냈지만 제가 누구를 찾고 있는 건지도
몰랐기 때문에 어리석은 짓이라는 생각이 들어 권총을 다시 권총집
에 넣었습니다. 제 신원을 밝히자 그 남자도 자신을 비밀경호원이라
고 밝혔습니다."

그 '비밀경호원'이라는 남자는 대통령을 저격했을 그 울타리 뒤에서
스미스 경찰관과 같이 자신을 목격하고 위협이 될 만한 사람들에게 대

처할 수 있는 준비를 철저히 했던 것이다.

"그는 제가 권총을 갖고 있는 것을 보고 신원을 밝혔습니다."

또한 스미스는 한 인터뷰에서 "그 자는 뒷주머니에서 자신이 비밀경호원이라는 것을 증명할 수 있는 신분증을 꺼냈습니다. 저는 이전에 그런 신분증을 본 적이 있었기 때문에 납득했던 겁니다"라고 말했었다.

그러나 특히 스미스 경찰관은 당시 현장에는 비밀경호원이 없었다는 사실을 나중에 가서 알게 되었다. 그러자 화약 냄새가 난 곳에서 자신과 마주친 그 남자가 비밀경호원으로 보이지 않았다는 사실을 깨달았다. 스미스는 그 남자에 대해 이렇게 말했다.

"그 사람은 자동차 수리공 같았습니다. 평상복 셔츠에 운동복 바지를 입고 있었습니다. 하지만 손톱이 지저분한 것이 마치 자동차 수리공의 손 같았습니다. 나중에 생각해보니 그가 자신을 비밀경호원이라고 밝힌 것은 사실이 아니었던 것 같습니다."

그 남자가 비밀경호원 신분으로 울타리 뒤에 있을 때 마주친 또 다른 목격자가 있었다. 고든 아놀드Gordon L. Arnold라는 21살의 군인이었다. 아놀드는 스미스 경찰관과 거의 같은 위치에서 그 '비밀경호원'과 마주쳤다. 아놀드의 경우 암살 사건이 발생한 직후에 그 남자와 마주쳤다.

보병이었던 고든 아놀드는 기초 훈련을 마친 후 댈러스에서 휴가를 보내고 있었다. 그 날 아놀드는 대통령의 자동차 퍼레이드 장면을 찍어두기 위해 비디오카메라를 갖고 딜리 광장으로 갔다. 그는 세 갈래로 뻗은 지하도 위에 있는 철교가 가장 전망이 좋은 위치라고 생각했다. 아놀드는 그곳에 이르기 위해 풀이 우거진 둔덕 꼭대기에 있는 울타리 뒤에서 걷기 시작했다.

그러던 중 양복 차림의 허리에 총을 찬 한 남자가 갑자기 그의 길을 가로막았다. 양복차림의 그 남자는 아놀드에게 거기 있으면 안 된다고 말했다. 아놀드가 그 남자에게 반박하자 그 남자는 커다란 배지를 꺼내 들어 아놀드에게 보여주면서 말했다. "나는 비밀경호원입니다. 아무도 여기 올라와서는 안돼요."

아놀드는 알겠다고 말하고는 울타리를 따라 왔던 길을 되돌아갔다. 아놀드는 그 남자가 자신을 따라오는 것을 느낄 수 있었다. 아놀드는 울타리 중간쯤에서 멈춰 서서 카메라 초점을 맞춰보며 렌즈를 들여다보았다. 그곳은 대통령 퍼레이드를 촬영하기에 가장 적합한 장소였다.

양복 차림을 한 그 남자는 또 다시 아놀드에게 다가오며 말했다.

"이 곳을 떠나라고 말했잖소."

아놀드는 알겠다고 말하고는 울타리에서 멀리 떨어진 풀이 우거진 둔덕 꼭대기 근처로 갔다. 몇 분 후 대통령이 타고 있는 리무진이 다가오자 아놀드는 대통령의 모습을 촬영하기 시작했다. 아놀드는 울타리에서 1미터가 채 되지 않는 거리에서 울타리를 등지고 서 있었다. 아놀드는 그 당시의 기억을 떠올리며 말했다.

"대통령의 차는 엘름 가에서 방향을 바꾸자마자 제 쪽으로 왔습니다. 그 때 제 왼쪽 어깨 위로 총탄이 날아왔습니다. 저는 총소리를 들었다기보다는 총탄이 날아온 것을 느꼈고 총탄은 제 왼쪽 귀를 스쳐 지나갔습니다. 총탄이 실제로 '핑' 하고 날아오는 소리를 듣지는 못해도 느낄 수는 있는 겁니다. 뭔가 지나가는 것이 느껴지면서 바로 뒤에서 총성이 들렸습니다. 날카로운 소리가 들렸는데 그 때는 마치 제가 총구 아래 서 있는 것만 같았습니다."

아놀드는 땅에 엎드렸다. 그는 두 번째 총탄이 머리 위를 지나가는 것을 느꼈고 뒤이어 날카로운 소리를 들었다. 그는 기초 훈련을 받는 동안 발사된 총소리를 피해서 엎드린 경험이 있기 때문에 그 느낌이 어떤 건지 알고 있었다. 시간이 지나자 총탄은 더 이상 날아오지 않았지만 아놀드는 아직 땅에 엎드려 있었다. 그런데 그 때 누군가가 발로 세차게 걸어차는 것을 느꼈다.

"일어나." 경찰관 한 명이 아놀드 옆에 서서 말했다. 두 번째 경찰이 나타났다. 그는 고함을 치면서 아놀드를 흔들어 대고 있었다. 그는 손에 장총을 쥐고는 아놀드를 신경질적으로 흔들어 댔다. 두 경찰관은 아놀드에게 필름을 내놓으라고 요구했다.

몇 년 후 아놀드는 자신이 겪은 일을 이야기했다.

"저는 총을 들고 있는 사람이 경찰관이라고 생각했습니다. 경찰복을 입고 있었거든요. 하지만 모자는 쓰지 않았고 손은 지저분했습니다. 그렇지만 그 때는 그 사람이 경찰관인지 아닌지는 그리 중요하지 않았습니다. 그렇게 무기를 들고는 고함치면서 흔들어 대고 있는 사람에게라면 뭐든지 다 내줬을 거라고 생각합니다."

아놀드는 비디오카메라를 첫 번째 '경찰관'에게 넘겨주었다. 그 남자는 카메라를 열어 필름을 꺼내고는 카메라를 아놀드에게 던져 주었다. 경찰복 차림의 두 번째 남자는 필름을 갖고 재빨리 그 자리를 떠났다. 아놀드는 자신이 촬영한 영상을 두 번 다시 볼 수 없었다. 아놀드는 자신의 차로 달려갔다. 그리고 이틀 후, 알래스카에 있는 포트 웨인라이트 Fort Wainwright에서 근무하라는 명령을 받고 비행기에 올랐다. 둔덕에서 있었던 그 사건으로 공포에 질려 있었지만, 그는 군 당국에 보고하지는 않았다.

아놀드는 자칭 '비밀경호원'이라고 밝힌 두 명의 '경찰관'과 자기 뒤에서 불과 1미터도 채 안 되는 거리에서 암살자가 쏜 총탄으로 인해 극심한 공포를 느껴 몇 년 동안 이 일에 대해 함구하고 있었다. 그는 암살 사건을 목격한 사람들이 의문의 죽음을 맞았다는 이야기를 들었다. 아놀드 자신도 사건 현장에 가장 가까이 있었던 목격자 중 한 명이었기에 의문의 죽음을 맞은 목격자 중 한 명이 되고 싶지 않았다. 아놀드는 풀이 우거진 그 둔덕에서 겪은 일을 매우 극소수의 사람들에게만 이야기했다. 그러다 1978년, 댈러스 기자가 아놀드가 겪은 이야기를 듣고 인터뷰를 하자고 설득한 끝에 마침내 그의 이야기가 세상에 알려진 것이다.

다른 목격자들의 증언에 의하면 자칭 비밀경호원들은 대통령이 저격당한 직후 매우 중요한 정보를 수집하고 있었다고 한다. 장 힐이라는 목격자의 증언에 따르면 그녀가 풀이 우거진 그 둔덕의 울타리 뒤로 달려갔을 때, 어떤 사람들이 비밀경호원이라면서 그녀를 붙잡고 코트 주머니를 뒤졌다고 한다. 그리고는 그녀가 친구인 메리 무어맨의 폴라로이드를 빌려 바로 그 둔덕에서 찍은 자동차 퍼레이드 사진을 모두 가져갔다고 했다. 경찰 부(副) 국장인 시모어 와이즈먼Seymour Weitzman은 그 둔덕의 꼭대기에 있는 방책과 인접한 벽 뒤에서 비밀경호원과 만났다고 워런 위원회에 진술했다. 와이즈먼의 진술에 의하면 자신은 비밀경호원 중 한 명에게 어떤 물건을 넘겼는데 그것은 엘름 가에서 발견한 케네디의 두개골의 일부였다고 믿고 있다고 했다. 그 가짜 비밀경호원은 경찰복 차림을 한 의문의 사나이들이 아놀드가 촬영한 필름을 빼앗아갔던 것처럼 힐과 와이즈먼에게서도 매우 중요한 증거물을 빼앗아 케네디가 살해된 지 불과 몇 초 만에 범죄 현장에서 증거를 인멸하고 있었던 것이다. 그런 패턴은 그날 내내 계속돼 다른 중요한 증거물들도 찾아다녔을 것이다.

그러나 아무도 에드 호프먼Ed Hoffman만큼 가짜 비밀경호원들이 암살 사건에 대한 증거를 은폐하는 행동을 적나라하게 본 사람은 없었다. 에드 호프먼은 다른 목격자들과는 다른 특이한 조건을 가지고 있었다. 그가 농아였기 때문에 남들보다 훨씬 더 예리하게 사물과 상황을 관찰할 수 있었던 것이다. 그가 예리한 시각으로 목격한 장면에 근거해서 증언한 덕분에 우리는 울타리 뒤에서 무슨 일이 있었는지 알 수 있게 되었다.

11월 22일 아침, 당시 27살이었던 에드 호프먼은 치아가 부러져서 노스 댈러스에 있는 그의 직장인 '텍사스 인스트러먼트 조립 공장'을 결근했다. 에드는 차를 몰고 치과에 가는 도중 거리에 수많은 군중들이 모여 있는 것을 보고 그날 대통령이 댈러스를 방문하기로 했다는 소식이 생각났다. 그 순간 치과는 잊어버리고 잠깐 멈추어 서서 대통령을 보기로 했다. 자동차 퍼레이드를 보는 데 한 시간도 채 걸리지 않을 거라고 예상했기 때문이다. 그는 딜리 광장 서쪽에 있는 스테몬스 고속도로의 넓은 갓길에 차를 세워놓았다. 그리고는 대통령이 탄 차량이 고속도로에서 빠져나와 자신이 서 있는 곳 아래로 지나갈 때 그 차를 내려다볼 수 있는 지점으로 걸어갔다. 또한 그는 딜리 광장에서 철교와 그 인접 지역의 전경, 즉 풀로 우거진 둔덕 꼭대기에 있는 나무 울타리 뒤의 전경도 볼 수 있었다.

그는 차량 소리로 시끄러운 고속도로 옆에 서 있었지만 아무 소리도

들을 수 없었다. 나중에 그는 자신이 보고 있는 것에 주목했다고 설명했다. "제 시각은 정상인보다 훨씬 예리하다고 생각합니다. 제가 보고 있는 것에 완전히 집중하기 때문이죠. 제가 집중하는 것을 방해할 만한 소리가 전혀 들리지 않으니까요. 그날 저는 그 전망을 아주 즐기고 있었습니다."

대통령 차량 행렬이 도착하기 45분전, 에드는 두 명의 남자가 풀이 우거진 그 둔덕 꼭대기에 있는 울타리 뒤에서 하는 일을 완전히 집중해서 지켜보고 있었다. 에드는 남색 양복을 입고 검정색 모자를 쓴 다부진 체격의 남자 한 명이 울타리 근처에 서 있는 것을 보았다. 그때 에드는 '양복을 입은 남자'를 보고 있다고 생각했다. 에드거 두 번째로 관찰한 남자는 키가 크고 말랐으며 철도원 복장을 하고 있었다. 둔덕 꼭대기의 울타리는 철길과 평행으로 있었는데, 그 '철도원'은 철길 옆 배전 상자 옆에 서 있었다. 에드는 두 남자의 복장과 분위기가 많이 달라 함께 있다는 것이 의아했다. '양복을 입은 남자'는 울타리와 배전 상자 사이를 계속 걸어 다니며 '철도원'과 얘기를 나누고 있었다.

보이지는 않았지만 대통령이 탄 리무진이 다가오는 것을 느꼈을 때, 에드는 '양복을 입은 남자'가 '철도원에게' 걸어가 잠시 이야기를 한 다음 울타리로 돌아오는 것을 보았다. '양복을 입은 남자'는 엎드렸다가 일어서면서 뭔가를 집어 드는 것 같았다. 그 남자는 울타리 너머를 보았다. 이 소리 없는 장면을 보고 있던 에드는 '양복을 입은 남자' 옆에서 한 줄기 연기가 솟구쳐 오르는 것을 보았다. 에드는 처음에 그것을 담배 연기라고 생각했다. 그러나 그는 곧 그 연기가 라이플총을 발사하면서 나온 연기임을 깨달았다.

에드는 '양복을 입은 남자'가 갑자기 라이플총을 들고 돌아서는 것을 보았다. 그 남자는 '철도원'이 있는 곳으로 달려가면서 그에게 라이플총을 던졌다. '철도원'은 라이플총을 받자 비틀어서 망가뜨렸다. 그는 그 라이플총을 철도원이 갖고 다니는 갈색 공구 가방에 찔러 넣고는 철로를 따라 북쪽으로 달렸다. '양복을 입은 남자'는 뒤돌아서 여유로운 자세를 취하더니 울타리 옆을 거닐기 시작했다.

경찰관 한 명이 권총을 들고 재빨리 울타리 주위로 오더니 '양복을 입은 남자'와 마주쳤다. 그 남자는 빈손을 내밀었다. 그리고는 코트 주머니에서 신분증을 꺼내 경찰에게 보여주었다. 경찰은 권총을 다시 집어넣었다. '양복을 입은 남자'는 울타리 주위로 몰려드는 군중들과 뒤섞였다.

에드거 대통령이 타고 있는 리무진으로 주의를 돌렸을 때 리무진은 스테몬스 고속도로에서 에드의 아래쪽으로 지나가고 있었다. 그는 대통령이 뒷좌석에서 팔다리를 뻗은 채 쓰러져 있는 것을 보았다. 대통령의 오른쪽 두개골 뒤쪽에는 구멍이 뚫려 있었는데, 마치 피로 흥건한 젤로Jello 같았다.

에드는 더 이상 울타리 뒤에서 아무 것도 볼 수 없었다. 화물 열차 한 대가 천천히 철로를 가로지르며 그의 시야를 가렸기 때문이었다. 에드는 자신이 대통령 암살 장면을 목격했음을 깨달았고, 라이플총을 갖고 있는 남자를 보았다는 사실을 사람들에게 알려야 한다는 생각에 휩싸였다. 그는 차를 몰고 댈러스 경찰서본부와 FBI 사무국으로 찾아갔지만 허사였다. 모두가 암살 사건으로 인해 분주한 때, 뭔가에 정신을 빼앗긴 듯한 벙어리 남자의 이야기를 인내심을 갖고 이해할 수 있는 사람은 아무도 없었다.

에드는 자신이 본 것을 아버지에게 전달하는 것에 큰 희망을 걸었다. 꽃집을 운영하는 프레드릭 호프먼, 즉 에드의 아버지는 정상적으로 들을 수 있었지만 수화를 할 줄 알았다. 에드는 아버지가 자신의 이야기를 경찰에 전달하는 것을 도와주기를 바랐다. 그러나 그가 흥분한 상태에서 수화를 이용해 아버지에게 어떻게 해서 대통령을 살해한 사람을 보았는지 이야기하자, 아버지는 이상하게도 경찰에 알리자는 의견에 반대했다. 에드는 그 때 아버지가 아들이 위험에 처했다는 것을 알아차리고 보호하려 했다는 것을 나중에야 깨달았다. 오스왈드가 체포돼 TV에 나오자 에드는 경찰이 사건 현장과 전혀 다른 장소인 교과서 보관소에서 엉뚱한 사람을 체포했다고 주장했다. 그 남자는 울타리 뒤에서 에드거 목격한 라이플총을 들고 있었던 남자가 아니었다. 그러나 아버지는 계속해서 에드를 진정시켰다. 그러나 결국 아버지와 에드는 암살 사건이 발생한 지 6일 후인 추수감사절에 있을 가족 모임에서 밥 삼촌에게 이야기하기로 결정했다. 밥 삼촌, 즉 로버트 호프먼은 댈러스 경찰 부(副) 서장이었다. 추수감사절 날 아버지가 에드의 이야기를 상세하게 알려주자 로버트 호프먼은 사태의 심각성에 대해 진지하게 말했다.

"아버지의 말이 옳다. 너는 위험해 처해 있을지도 모르니까 이 사건에 대해 함구하고 있어야 해."

에드는 삼촌과 아버지와 언쟁을 했다. 그는 수화로 "진짜 암살범은 도망쳤어요! 하지만 당국에서는 그 자가 울타리 뒤에서 총을 쐈다는 사실을 몰라요. 그러니까 당국에 알려야 한다고요!"라고 말하면서 반발했다.

로버트 호프먼은 에드의 아버지에게 신호를 보내며 더욱 단호한 태도로 그에게 말했다. "가만히 있어. 조용히 있어야 한다! 그 일에 대해 말한다면 너도 죽게 될지도 몰라!"

에드 호프먼은 아버지와 삼촌의 충고대로 3년 반 동안 암살 사건에 대해 함구했다. 하지만 그는 아버지에게는 비밀로 하고 1967년 6월 28일에 댈러스 FBI와 약속을 잡았다. 수화 통역사가 없는 상황에서 몸짓과, 그림, 여러 단어를 종이에 써가며 그날 울타리 뒤에서 본 것을 특수 요원 윌 헤이든 그리핀Will Hayden Griffin에게 증언하려 애썼다. 그리핀이 차후에 작성한 보고서에는 어법에 맞지 않는 표현이 난무했다. 허위 진술까지는 아니라고 하더라도 결국 에드는 이런 식으로 증언한 꼴이 돼버렸다. "저는 텍사스 교과서 보관소 건물 서쪽에 있는 울타리 때문에 두 명의 남자가 달려가는 것을 볼 수 없었습니다."

그러나 그리핀은 에드의 진술 내용을 충분히 이해했고, 그를 뇌물로 매수해서라도 그가 알고 있는 사실에 대해 침묵하고 있어야 한다는 것 또한 알았다. 에드거 모든 수단을 동원해 그날의 목격담을 전달하려고 애쓰자 특수요원 그리핀은 그에게 미소를 지었다. 그리핀은 '당신'이라는 뜻을 나타내기 위해 검지손가락으로 에드를 가리켰다. 그리고는 손가락을 입술에 갖다 대며 '쉿'이라는 뜻을 나타냈다. 그 다음에는 자신의 뒷주머니에서 지갑을 꺼내서 연 다음 그 안에서 뭔가를 꺼내 에드에게 주는 시늉을 했다. 그리핀은 그게 무엇인지 나타내기 위해 손을 내밀어 손가락 5개를 모두 펴 보이면서 숫자 5를 나타낸 다음 손가락을 두 번 오므려 주먹을 만들어 '00'을 나타냈다. 에드는 놀라 즉시 그리핀에게 뇌물을 거부하는 몸짓을 해보였다.

미소를 짓고 있던 그리핀의 표정은 심각하게 바뀌더니 거의 분노에 찬 표정으로 변했다. 그러더니 에드에게 더욱 진지하게 '당신, 입 다물고 있어!'라는 뜻을 나타내는 몸짓을 해보였다.

에드 호프먼이 떠난 후 그리핀은 프레드릭 호프먼에게 전화를 걸어 당신의 아들이 FBI 사무국을 찾아왔었노라고 말했다. 프레드릭은 에드거 무슨 짓을 했는지 알게 되자 공포에 떨었다. 에드거 아버지의 꽃집에 들르자 프레드릭은 절망에 빠진 태도로 말했다. "그들이 널 총으로 쏴 죽여도 내가 할 수 있는 건 아무 것도 없어!"

일주일 후, FBI는 프레드릭 호프먼과 면담을 하면서 아들이 증언한 내용을 확인해 줄 것을 요구했다. 프레드릭 호프먼은 줄곧 자신의 아들이 암살 사건 목격자라는 게 밝혀진다면 살해당할 것을 두려워했다. 그래서 그는 주저했다. 그러나 진실을 부인할 수는 없었다. 아버지와 함께 FBI와의 면담에 참석한 에드의 형 프레드는 그의 아버지가 너무 불안해한 나머지 지극히 관용적인 진술을 해버렸다고 주장했다. "에드거 무엇을 봤다는 건지 잘 모르겠습니다."

프레드릭 호프먼은 FBI가 자신의 진술을 상반되게 왜곡해서 보고하리라는 것을 알았을지도 모른다. 실제로 FBI는 "버질(에드워드) 호프먼의 아버지는 아들이 암살 사건의 증거가 될 수 있는 장면을 보았을 거라고 믿지 않았다"고 기록했다.

1976년에 아버지 프레드릭 호프먼이 사망한 후 에드 호프먼은 1977년 3월 25일에 수화 통역사들에게 부분적으로 도움을 받아 자신이 알고 있는 내용을 FBI측에 전달하기 위한 마지막 시도를 했다. 그러나 이번에도 FBI 보고서는 허위로 만들어져 에드 호프먼의 증언과 유사한 내용이라곤 거의 찾아볼 수가 없었다.

1989년 짐 마스Jim Marrs의 저서 〈크로스파이어crossfire〉가 출판되고 나서야 에드는 마침내 자신을 주목하는 청중들에게 그날 풀이 우거진 그 둔덕 꼭대기에 있는 울타리 뒤에서 봤던 장면을 이야기할 수 있었다.

에드 호프먼은 암살 시나리오에서 매우 중요한 장면을 보았다. '양복 차림을 한 남자'는 라이플총을 '철도원'에게 재빠르게 넘겨주었고, 사전에 자신의 신분을 위장할 수 있는 만반의 준비가 돼 있었다. 대통령이 피살된 직후, 라이플총에서 퍼진 화약 냄새가 채 가시지 않은 바로 그 장면에서 그 남자는 신분을 밝혀 자신을 의심하는 경찰관 조 마셜 스미스를 안심시켰다.

그러나 사실 그는 케네디를 저격하자마자 소지하고 있었던 총을 치워버렸기 때문에 구금되지도 심문을 받지도 않고 용의자 선상에서 벗어날 수 있었던 것이다. 비밀경호원 행세를 한 그 남자는 사실 케네디 암살 계획 조직에 체계적으로 가담한 암살자였다. 자신을 '비밀경호원'이라고 밝힌 그 남자는 에드거 암살 장면을 목격하기 직전에 라이플총으로 케네디를 저격하고는 그 총을 다른 사람에게 넘겨주었다. 따라서 이 암살범들은 자신들을 정부 요원으로 위장할 준비를 철저하게 했을 뿐만 아니라 비밀경호원(가짜 혹은 진짜)의 신분이 노출되지 않고 확실하게 그곳을 벗어날 수 있을 거라고 자신했던 것 같다. 그들의 생각이 옳았다. 워런 위원회는 비밀경호원을 사칭한 인물이 저격 현장에서 확실하게 남긴 증거를 무시하려고 애썼다.

비밀경호원 에이브러햄 볼든에 의하면 비밀경호원들은 암살 사건이 발생한 후 약 한 달 반 동안 요원들이 소지한 위원회 기록들을 모두 빼내고 다른 기록으로 대체하는 임시 조치를 취했다고 한다. 그리고 그 과정에서 볼든은 케네디 암살자가 신분을 위장하기 위해 비밀경호원 신분을 이용한 것이 아닌지 의심하게 되었다. 비밀경호원의 신분증을 기억하고 있는 조 마셜 스미스 경찰관은 풀이 우거진 그 둔덕 꼭대기에 있는 울타리에서 요원 신분증을 제시하던 어떤 남자와 마주쳤다고 했다. 여기서 다음과 같은 의문을 제기할 수 있다. 케네디 암살 사건 당시 암살범들이 제시한 비밀경호원 신분증의 출처는 어디였을까?

2007년 6월, 정보의 자유법을 요청한 지 15년 만에 CIA는 마침내 'CIA의 비합법 비밀공작 활동' 보고서를 기밀 리스트에서 제외시켰다. 그 동안 묻혀 있던 702 페이지의 서류 뭉치는 CIA 기술지원 국장 시드니 고틀리브Sidney Gottlieb가 작성한 비망록이었다. 고틀리브는 CIA의 독성 스킨다이빙용 잠수복을 설계한 인물로 알려져 있었다. 독성 스킨다이빙용 잠수복은 1963년 봄에 카스트로를 암살하고 케네디를 배후로 지목하게 해 이제 시작 단계에 있는 쿠바와 미국 간의 관계 회복을 깨뜨리게 하기 위한 목적으로 설계한 것이었다.

1973년 5월 8일자 CIA 비밀 비망록을 살펴보면 고틀리브는 다음과 같이 진술했다.

"내가 소속된 기술지원국에서는 수년간 사진이 붙어 있는 위조된 보안신분증을 재무성 검찰국(비밀경호본부)에 제공했다. 그 신분증으로 출입문과 경비를 통과할 수 있고, 대통령 선거 운동 등 대통령과 관련된 모든 것에서 통할 수 있도록 설계되어 있었다. 아마도 재무성 검찰국에서는 조폐국으로부터 관련서류를 받은 것으로 되어 있을 텐데 에이브러햄 볼든에 의하면 그 서류는 1964년 1월에 비밀경호원들의 인사기록과 바꿔치기한 것이었을 수도 있다고 한다."

조폐국은 재무성에 소속된 부서로서 내부 보안 및 접근성이라는 측면에서 볼 때 CIA가 아닌 다른 기관에도 재무성 검찰국 소속 인사기록을 제공했다는 점에서 합리적이었다. 그러나 CIA의 시드니 고틀리브는 자신이 소속된 기술지원국에서 재무성에 그런 신분증을 '제공했다'는 사실을 인정했다. 즉, 그 신분증은 언제든지 쉽게 받을 수 있는 것으로 비밀경호원을 사칭해 CIA 요원이라는 것을 증명하는 데 유용하게 쓰일 수 있었을 것이다.

고틀리브가 카스트로를 암살하기 위한 장치로 독성 잠수복을 준비했다는 점과 풀이 우거진 둔덕 위에 있었던 암살범들이 이용했던 비밀경호원 신분증을 제공했을 가능성 사이에는 특정 범죄의 일관성이 나타난다. 그러나 고틀리브는 상부의 명령을 따른 CIA 요원에 지나지 않았다. 고틀리브 위에는 더 크고 보이지 않는 세력들이 있었다. 저격수 팀이 즉각적으로 위장하기 위해 공식적인 지원을 받은 현상은 범죄 사건의 배후 세력에 대해 무엇을 말해 주는가? 대통령 암살 사건을 조사하고 있는 결백하다는 정부가 이와 같은 고위 간부들의 불법행위로 보이는 증거는 무시할 작정인가?

케네디와 그의 적들

케네디가 대통령직에 오를 수 있었던 것과 댈러스에서 최후를 맞은 원인은 적장인 공산주의자 흐루시초프와 대화를 진행하는 그 대범함에 있었다.

국무부의 공식 기록인 케네디와 흐루시초프의 교류Kennedy-Khrushchev Exchanges에 의하면 흐루시초프와 케네디가 마지막으로 대화를 나눈 날은 1963년 10월 10일이었다고 한다. 즉 흐루시초프가 부분적 핵실험 금지 조약에 자랑스럽게 서명한 역사적인 날이었던 것이다. 서명 의식이 끝난 후 모스크바에서는 소련 외무 차관 발레리안 조린Valerian Zorin이 미국의 포이 콜러Foy Kohler 대사에게 서한 한 통을 건넸다. 흐루시초프가 케네디에게 쓴 서한이었다.

포이 콜러 대사는 케네디와 마음이 잘 맞지 않았다. 케네디는 외무부 직원의 추천에 따라 융통성 없는 냉전주의자 콜러에게 업무를 부여했는데, 그것도 콜러에게 강한 반감을 갖고 있는 로버트 케네디가 콜러를 대체할 인물을 찾아내지 못한 때문이었다. 콜러는 국무부에 전보를 보내서 흐루시초프와 케네디가 마지막으로 주고받은 서한에서 밝혀진 내용에 대해 알렸다. 그러나 그때 콜러는 케네디가 선택해야 하는 제안의 중요성에 대해서는 일축했다. 그런 식으로 콜러는 자신의 성격답게 일을 처리한 것이었다. 콜러가 보낸 전보 내용에 따르면 흐루시초프가 쓴 서한에는 "새로운 것이 전혀 없다"는 말이 포함되어 있었다고 한다. 그 말은 기술적으로 볼 때는 사실일 수도 있다. 그러나 흐루시초프는 케네디에게 쓴 서한에 상호간에 가장 큰 성과를 이룰 수 있는 시기에 관한 문제에 대해 고려하자는 내용을 포함시켰다. 그 문제는 흐루시초프가 같은 날 저녁에 모스크바 라디오 방송국에서 방송을 하게 할 만큼 적어도 흐루시초프에게는 중요한 문제였기 때문이다. 적어도 흐루시초프는 케네디에게 대답을 들어야 할 만큼 그 문제가 중요하다고 생각했지만 케네디는 대답하지 않았다. 흐루시초프가 케네디에게 보낸 서한에 다음과 같이 언급했다.

"저는 케네디 대통령께서 UN 연설에서 부분적 핵실험 금지 조약을 다른 고질적인 국제 문제에 대한 해결책을 찾기 위한 좋은 명분으로 함께 이용하자는 제안에 응했고, 그 결과 국제적 분위기가 새롭게 활기를 띠게 됐습니다. … NATO 국가와 바르샤바 조약 회원국 간의 불가침 조약에 대한 결론을 짓는 일, 세계 다양한 지역에 비(非) 핵지대를 형성하는 일, 핵무기 추가 확산금지, 핵무기와 관련된 물체의 궤도 진입금지, 기습공격 예방조치 등 여러 가지가 있습니다. 이 계획을 시행하면 세계시민에게 안정을 주는 동시에 군비를 완전히 축소할 수 있을 것입니다. 그리고 결과적으로 사람들은 전쟁의 위협에서 해방될 것입니다."

흐루시초프가 핵확산 금지 조약에 고무되어 제시한 전망은 케네디가 아메리카대학에서 연설할 때 이용했던 매우 희망적인 방법과 일치했다. 흐루시초프는 서한에 케네디와 수많은 계획을 실행하기 위해 기꺼이 함께 일할 용의가 있음을 암시했다. 이 두 명의 지도자가 부분적 핵실험 금지 조약에서처럼 흐루시초프가 제안한 계획 중 단 몇 가지라도 실행하는 데 성공했다면 냉전은 종결되었을 것이다.

그러나 콜러 대사가 부정적 견해를 내비치자 국무부는 흐루시초프의 서한이 케네디의 답장을 받을 가치가 있거나 한 건지 의심하게 되었다.

'클라인Klein'이 국가 안보 보좌관인 번디에게 다시 보낸 회람에서는 흐루시초프의 서한에 대해 다음과 같이 일축했다.

"흐루시초프가 보낸 부분적 핵실험 금지 조약에 관한 메시지와 관련해 국무부에서는 실질적인 답변을 해 주기를 꺼리는 것이 전반적인 분위기입니다. 흐루시초프의 메시지에 정중하게 답변해야 할까요?" 누군가가 질문 밑에다 '예'라고 썼는데 그것은 아마도 번디였을 것이다.

당시 국무부는 '케네디가 흐루시초프에게 정중하게 제안하는 답변'을 두 단락에 걸쳐 준비해서 10월 20일에 번디에게 전달했다. 번디는 회람 표지에 '당신의 제안에 찬성하니 솔직하게 이야기해 봅시다'라고 적었다. 그러나 케네디가 직접 확인하고 나서 승인한 다른 문서들과 달리 이 편지에는 국가안보 보좌관인 번디를 제외하고는 누군가가 확인했다는 표시가 전혀 없었다.

국무부에서는 흐루시초프가 케네디에게 마지막으로 서한을 보낸 그 시점과 번디가 대통령을 대신해서 국무부의 의견에 찬성한다고 간결하게 답변한 그 시점을 불명확하게 정리했다. 케네디가 사망한 1963년 11월에는 흐루시초프에게 보낸 서한이 전혀 발견되지 않았다. 흐루시초프가 제약을 두지 않고 희망적인 태도로 케네디와 향후 함께 진행하자고 제안한 절차는 해결되지 않은 채 남아 있었다.

국무부에서는 케네디 암살 사건이 발생한지 2주~2주반이 지나자 갑자기 중단돼 버린 서한 교환에 대한 간결하고 공식적으로 표명했다. 서한을 계속 주고받을 수 있었더라면 냉전을 종결시킬 수 있었을 것이다. 1963년 12월 9일, 백악관에서는 '기록용 메모Memo for Record'를 타이핑했다. 메모 내용에 따르면 번디가 승인한 답변 초안은 흐루시초프에게 전혀 전달되지 않았는데 이는 '국무부 직원의 행정 착오 때문이었다'고 했다.

서명하지 않은 회람에 대해서도 "국무부는 흐루시초프에게 답장이 전달되지 않았다는 사실을 1963년 12월 4일에 알게 되었다. 그러나 국무부는 '이 시점에서는 답장을 보낼 필요가 없다'고 권고했으며 번디도 이에 동의했다"고 기록했다.

케네디가 사망한 후 국무부와 번디는 케네디 대통령(또는 다른 누군가)의 이름으로 흐루시초프에게 사과하는 내용의 서한을 보내 국무부 직원의 행정 착오 때문에 편지 교환이 중단됐다고 해명하기가 어려웠을 것이다. 게다가 이 사태가 국무부 직원의 행정 착오로 인한 결과였다는 사실을 흐루시초프가 알게 되면 케네디 대통령이 암살당하기 한 달 전에 미국 정부에서 어떤 일이 일어났는지 의문을 제기할 빌미를 제공할 수도 있었다. 역사가 마이클 베슐로스Michael Beschloss는 케네디 대통령과 흐루시초프간의 서한 교환이 이런 식으로 중단된 채 미궁에 빠져버린 역사적 자취를 추적한 후 다음과 같이 자신의 견해를 주장했다.

"흐루시초프는 모스크바에서 케네디의 답장을 기다리면서 왜 케네디가 평화를 이루기 위한 이 새로운 기회에 대해 우호적인 태도로 쓴 자신의 편지에 답장을 하지 않는지 궁금했을 겁니다. 침묵 속에서 몇 주를 보낸 흐루시초프의 머릿속에는 암울한 상상이 커져갔을 겁니다. 예를 들면 '케네디 대통령이 마음이 변해서 다시 냉전으로 돌아가는 걸까?' 하는 생각도 들었을 겁니다."

하지만 다행히도 케네디가 흐루시초프를 안심시키기 위해 은밀하게 이용한 방법이 있었기 때문에 흐루시초프도 당시의 상황에 대해 잘 알고 있었다. 흐루시초프는 케네디가 비밀 경로로 전달한 메시지를 알고 있었다. 평화를 이루기 위한 서로의 희망을 절대 포기하지 않겠다는 내용이었다. 9월 말, 흐루시초프는 케네디에게 '소련에서는 군비 축소에 관한 미국과의 회담을 추진하기를 진심으로 원하고 있지만 극비리에 진행해야 한다'고 알려주었다.

소련이 붕괴되면서 모스크바의 기록보관소를 개방한 덕분에 이제 우리는 냉전 시대의 지도자들이 연락을 하면서 주고받은 이야기 중 숨겨진 이야기 속에서 소련의 입장이 어떠했는지를 볼 수 있다. 이전에 일급비밀로 분류된 소련 문서를 끄집어내자 작가 알렉산드르 푸르센코Aleksandr Fursenko와 티모시 내프탤리Timothy Naftali는 1963년 9월 30일, 케네디가 대변인 피에르 샐린저를 통해 흐루시초프와 연락할 수 있는 비밀 경로를 재확립하려는 시도를 했다는 사실을 알게 되었다.

당시의 기억을 떠올려 보면 1961년 가을, 흐루시초프가 케네디에게 보낸 비밀 서한을 처음으로 받은 인물은 피에르 샐린저였는데 이 서한은 소련의 한 잡지 편집자에 의해 신문에 모습을 드러냈다. 그러나 그 잡지 편집자라는 인물은 실제로는 KGB 요원으로서 소련 비밀경찰이었다. 이제 케네디는 샐린저를 통해 절차를 뒤바꾸고 있었다.

1963년 10월 2일, 모스크바 KGB 의장이었던 블라디미르 세미차스트니Vladimir Semichastny는 흐루시초프에게 '케네디는 샐린저와 워싱턴에 기반을 둔 KGB 요원을 전달자로 이용해 자신과 흐루시초프 사이의 비밀 경로를 다시 뚫기를 원한다'고 보고했다. 케네디의 편에 서 있는 사람들은 케네디와 흐루시초프 사이에서 메시지를 전달하는 비밀 전달자로 카르포비치Karpovich 대령을 추천했다. 카르포비치 대령은 소련 주재 워싱턴 대사관에 소속된 KGB 요원으로 잘 알려진 인물이었다. 푸르센코와 나프탈리가 소련 문서에서 확인한 것처럼 그 당시 흐루시초프는 케네디와 주고받는 제안을 중개하는 역할담당자로 KGB를 활용하는 데 찬성했다. 그런 제안은 일반 외교 경로로는 주고받을 수가 없었기 때문이었다.

케네디는 9월 30일에 은밀한 방법으로 흐루시초프에게 비밀 서한을 전달했다. 이는 국무부에서 고의적이든 아니든 간에 케네디가 소련 지도자와 공식적으로 편지를 주고받는 것을 중단시키기 전에 감행한 일이었다. 케네디는 적대 관계에 있는 공산주의자들에게 평화 조성을 위한 메시지를 전달하는 일을 맡길 만한 인물이 행정부 내에는 매우 드물다는 것을 잘 알고 있었다. 케네디는 1963년 가을, 대화를 위한 대체 수단을 만들어 국무부의 반발을 간단히 우회했다.

케네디는 기존의 전략이 자신에게 익숙했음에도 불구하고 흐루시초프와 평화를 강구하기 위해 마지막까지 전력을 다해서 새로운 수단을 찾아냈는데 이는 놀라운 것이었다. 케네디가 흐루시초프와 수없이 논의해 온 평화를 위한 확실한 메시지를 전달하기 위해 궁극적으로 의지해야 했던 것은 미국 국무부가 아니라 KGB였다. 시간이 흐를수록 미 정부 내에서 케네디의 입지는 점점 좁아졌다.

댈러스의 마지막 날 – 목격자들의 증언

1963년 11월 22일 오전 10시 30분, 빌 데커Bill Decker 보안관은 케네디의 댈러스 방문을 준비하기 위해 회의를 열었다. 데커는 회의에 참석할 수 있는 보안관 대리요원 100여 명을 모두 소집했다. 그 중에는 사복 경찰관과 사설탐정도 포함돼 있었는데 이들은 특히 케네디가 댈러스 거리를 지날 때 대통령의 안전을 지키는 중요한 역할을 맡았다. 데커는 그 자리에 모인 요원들에게 특별 명령을 내렸다.

데커 보안관은 그들에게 우리는 대통령 경호에 관여하지 않기로 돼 있다고 말했다. 그리고 요원들에게는 메인 스트리트 505번가에 있는 건물 앞에 서 있다가 보안관 사무실로 다시 들어오라고 지시했다.

훗날 로저 크레이그Roger Craig는 데커 보안관의 명령을 떠올리면서 말했다. "그 당시 데커 보안관이 케네디 대통령의 자동차 퍼레이드를 실시하는 지역에서 불과 몇 미터 떨어져 있는 지역에 배치된 댈러스 카운티의 경호팀을 철수시켰다는 것을 알게 되었습니다. 그것도 가장 취약한 지역에 배치된 경호팀을요."

딜리 광장은 주변에 울타리와 하수관 구멍이 있는 높은 빌딩들이 있다는 특징이 있었다. 따라서 저격수 팀은 마음에 드는 표적을 고를 수 있었다. 케네디가 탄 리무진은 휴스턴에서 엘름 가까지 이어진 급커브로 인해 매우 천천히 가고 있었다. 이런 조건 때문에 케네디는 다양한 각도에서 집중공격을 받을 수 있고 정지된 것이나 다름없는 표적이 되었던 것이다. 딜리 광장은 케네디의 경호팀 철수로 인해 가장 이상적인 매복 현장이 되었다. 대통령 경호를 담당한 이들이 결과적으로 매복 작업을 도운 격이 되었던 것이다.

제시 커리Jesse Curry 댈러스 경찰서장은 데커 보안관과 마찬가지로 부하 경찰관들에게 중대한 명령을 내렸다. 대통령이 딜리 광장을 지나가는 동안, 그곳에서 떨어져 있으라는 명령이었다. 윌리엄 맨체스터William Manchester는 당시 커리 서장이 부하 경찰관들에게 했던 명령을 자신의 저서 〈대통령의 죽음The Death of a President〉에서 다음과 같이 언급했다.

> "커리 서장은 금요일에 차량들이 줄어들기 시작하면 휴스턴과 메인에 있는 군중을 통제하는 일을 하라고 명령했는데 그 지역은 모일 수 있는 군중 규모가 작은 구역이었다."

진실은 더 깊은 곳에 뿌리박고 있었다. 커리 서장은 자신의 저서 〈JFK 암살 파일JFK Assassination File〉에 '그 당시 케네디 대통령이 지나갈 구역의 대통령 경비 규모를 줄인 이유는 그 거리를 지나가는 차량 통제에 경찰 병력을 투입시켰기 때문이었다'는 추측보다 더 믿을 만한 이유를 제시했다. 커리의 말에 의하면 그는 단순히 비밀경호실의 명령한 것에 따른 것뿐이었다고 한다. "댈러스 경찰은 워싱턴 비밀경호실 책임자인 로슨이 세운 경호 계획을 신중하게 수행하시오."

커리 서장과 데커 보안관은 비밀경호실로부터 받은 지시에 따라 대통령 경호팀을 철수하라는 명령을 내렸다. 즉 커리 서장과 데커 보안관은 워싱턴에서 내린 명령을 수행하고 있었던 것이다. 하원 암살조사위원회 HSCA가 언급한 것처럼 '케네디 대통령이 댈러스를 방문한 기간 동안 경찰의 기능을 규정하고 감독한' 것은 비밀경호실이었던 것이다.

또한 비밀경호팀은 대통령 자동차 퍼레이드에서 대통령의 경호 수준에 중대한 변화를 가했는데 그 시작은 오토바이 호위에서부터였다. 댈러스 경찰서는 전례에 따라 사전 회의에서 자동차 퍼레이드 호위 계획을 세웠지만, 비밀경호팀 측에서는 사전 회의에 참석하지 않았다. 계획은 '대통령이 탄 차를 따라 움직일' 오토바이 호위대를 양 옆에 배치함으로써 대통령을 위험에서 보호하자는 것이었다. 그러나 11월 21일에 있었던 댈러스 경찰과 비밀경호팀 간의 조정 회의에서 비밀경호팀은 그 계획을 바꿨다. 대통령이 탄 차를 따라 움직이면서 대통령을 보호하기로 돼 있었던 오토바이 호위대가 리무진 뒤에서 움직이도록 변경함으로써 저격수가 대통령을 저격할 때 방해받지 않도록 계획을 바꾼 것이다.

비밀경호팀은 대통령이 오토바이 호위를 원치 않는다는 이유를 대면서 대통령 호위대를 대통령 주변에서 철수하는 방법을 제시했다. 대통령 자동차 퍼레이드 호위를 담당한 댈러스 관할 경찰서장 퍼듀 로렌스 Perdue W. Lawrence는 워런 위원회에서 비밀경호팀이 11월 21일 회의에서 계획을 바꾼 이유에 대해 다음과 같이 증언했다.

"저는 경호원 중 한 명이 이렇게 말하는 것을 들었습니다. 케네디 대통령은 오토바이를 탄 경찰관이 자신과 군중을 사이에 두고 바로 옆에서 따라오는 것보다는 뒤에서 따라오기를 바란다고 말입니다."

워싱턴에서 온 비밀경호 선발 요원 윈스턴 로슨Winston G. Lawson은 워런 위원회에서 11월 21일에 참석한 회의에 대해 다음과 같이 설명했다.

"저는 오토바이 여러 대가 자동차를 에워싸는 것을 케네디 대통령이 좋아하지 않는 것으로 이해했습니다. 대통령 차량 주변에 오토바이가 너무 많으면 시민들이 대통령을 잘 볼 수 없고, 시끄러워서 대화가 잘 이루어질 수 없을 테니까요. 그 밖에도 여러 가지 사항들을 고려해서 케네디 대통령은 자신이 탄 차량 주위를 오토바이가 완전히 에워싸는 것을 원치 않았던 거라고 믿었습니다."

그러나 케네디가 사망한 후 비밀경호실에서 설명한 내용을 살펴보면 케네디가 왜 유독 댈러스에서만 오토바이 호위를 철수하기를 '바랐는지'는 도무지 알 수 없는 일이었다. 비밀경호팀에서 평상시 대로 대통령 리무진을 따라 오토바이 호위대를 배치한 이래로(이 말은 비밀경호팀에서 발표한 케네디의 휴스턴 방문 관련 보고에서 주장한 내용에 근거한 것이다) 케네디는 휴스턴에 가기 전날 그런 요청을 한 적이 없었던 것 같다. 하원 암살 조사위원회는 마지못해 이렇게 결론을 내렸다.

"놀랍게도 케네디 대통령이 댈러스를 방문하기에 앞서 텍사스를 방문했을 때 취했던 호위 조치를 살펴보면, 비밀경호팀이 댈러스에서 오토바이 호위대를 배치한 방법이 유난히 허술했을 수도 있다. … 비밀경호팀에서는 댈러스 관할 경찰서장 로렌스가 당초에 세웠던 오토바이 호위 계획을 자동차 퍼레이드가 실시되기 불과 하루 전에 변경했다. 그렇게 함으로써 휴스턴에서 시행했던 케네디 대통령의 경호 체제를 댈러스에서는 무너뜨렸다 해도 무리가 아니다."

훨씬 더 중대한 사실은 비밀경호팀이 대통령 리무진 뒤쪽에 경호원들을 배치함으로써 대통령을 경호할 계획을 철회했다는 점이다. 다른 때처럼 경호원들이 리무진 뒤쪽의 각자 배정된 위치에 타서 자동차 손잡

이를 잡고 있었다면 그들은 총격이 시작될 때 총격을 막거나 몸을 날려 대통령을 덮쳐서 보호할 수 있었을 것이다. 그러나 그 요원들 또한 댈러스에서는 보이지 않았다. 그들의 위치는 리무진을 뒤따라가는 것으로 다시 배치되었지만 그 위치는 암살을 방지하는 데는 쓸모가 없었다. 케네디 저격 당시 대통령 리무진을 뒤따라가면서 호위하는 일을 담당한 미 전략공군사령부 에모리 로버츠Emory Roberts는 실제로 요원들에게 '총탄 소리가 들려도 움직이지 마라'고 단단히 일러뒀다. 그러나 요원 클린트 힐Clint Hill은 로버츠의 명령에 복종하지 않고 리무진을 쫓아가 그 위로 뛰어들었다. 그것은 정말 용감한 일이었지만 대통령을 돕기에는 너무 늦었다.

비밀경호팀의 주장에 따르면 대통령 리무진을 호위할 경호원들을 철수시킨 이유는 케네디 대통령도 리무진이 둘러싸이는 것을 원치 않았기 때문이었다고 한다. 비밀경호팀에서 워런 위원회에 제출한 서류 내용에 따르면 케네디는 자신이 탄 리무진 뒤쪽에 경호원이 배치되는 것을 원치 않았다고 한다.

조사관 빈센트 팔라마라Vincent Palamara는 이 주장을 확인하기 위해 전직 비밀경호원들 및 백악관 케네디 보좌관들과 연속으로 인터뷰를 했다. 그러나 비밀경호팀의 주장과는 반대로 그들은 모두 '케네디 대통령은 호위대의 리무진 경호를 막지 않았다'는 데 동의했다.

요원 제럴드 벤Gerald A. Behn은 비밀경호팀과 워런 위원회가 공식적으로 한 주장, 즉 케네디가 자신의 리무진 호위를 거부했다는 주장의 출처를 최초로 밝힘으로써 그 주장은 사실과 상반된 내용이라고 팔라마라에게 이야기했다. "저는 케네디 대통령이 자신의 리무진 뒤에 아무도 타는 것을 원치 않는다고 말을 한 기억이 전혀 없습니다."

자신이 탄 리무진을 호위할 요원을 배치하는 것에 반대한 까다로운 대통령을 다루어야 했다는 비밀경호팀 측의 주장과는 반대로 전직 비밀경호원 로버트 릴리Robert Lilly는 이렇게 말했다. "케네디 대통령은 분명 그런 말을 한 적이 없습니다. 오히려 케네디 대통령은 처음부터 우리에게 매우 협조적이었습니다. 케네디 대통령은 아주 협조적이었어요. 기본적으로 '경호원 여러분들이 원한다면 그렇게 하십시오' 하는 태도였습니다."

워런 위원회의 주장에서 가장 빈번하게 활용한 증언의 출처였던 요원 플로이드 보링Floyd Boring조차도 케네디에 대해서는 이렇게 말했다. "케네디 대통령은 경호원들에게 아무 말도 하지 않았습니다. … 케네디 대통령은 성격이 아주 원만한 사람이었습니다. … 그는 우리가 어떤 조치를 취하든 전혀 상관하지 않았습니다."

팔라마라와의 인터뷰 내용을 살펴보면 댈러스에서 케네디가 탄 리무진을 호위할 경호원들을 철수한 것은 케네디가 아닌 비밀경호팀 측의 결정이었다는 것을 명확하게 알 수 있다. 이는 워런 보고서, 윌리엄 맨체스터, 비밀경호팀의 주장에 근거한 공식적인 내용과 상반되는 내용이었다. 결국 비밀경호팀은 거짓말을 한 것이었다. 비밀경호팀은 딜리 광장과 대통령 리무진에서 호위를 철수하는 것 외에도 대통령 리무진의 속도를 늦추기 위한 계획도 세웠다. 차량 속도를 억지로 늦춰서 저격수들이 여유있게 조준할 수 있도록 한 것이다. 경호팀 선발요원인 윈스턴 로슨은 댈러스 미 전략공군사령부 포레스트 V. 소렐스와 함께 11월 18일에 자동차 퍼레이드 이동 경로에서 경호사격연습을 했는데 그때 로슨은 딜리 광장에서 케네디의 차량이 급커브를 도는 것이 매우 위험함에도 불구하고 급커브를 도는 데 찬성했다.

따라서 비밀경호팀에서 세운 경호 계획뿐만 아니라 급커브를 돌도록 조정한 행위는 대통령이 탄 리무진의 최저 속도를 시속 약 70km로 놓고 달려야 한다는 대통령 호위 규칙을 명백하게 위반한 것이다. 대통령 호위를 담당한 비밀경호팀은 워싱턴에서 내린 명령에 따라 딜리 광장과 대통령 리무진 주변과 주위의 건물에서도 대통령 경호에 구멍을 내 버린 것이다.

아이젠하워 대통령이 멕시코를 방문할 때 경호를 도왔던 플레처 프로티Fletcher Prouty 공군 대령의 말에 따르면, 딜리 광장처럼 확실히 위험한 지역에서는 창문을 모두 닫으라는 명령을 써 붙이는 것이 비밀경호팀의 규칙이라고 한다. 그 지역 건물에서 일하는 사람들에게도 "이 창문을 열지 마시오"라고 써 붙여서 알리도록 되어 있었다. 그런 경우 당신은 "예"라고 대답하겠지만 수백 명이나 되는 사람들은 어떻게 통제할 것인지 궁금할 것이다. 그러나 그건 어렵지 않다. 무전기를 지닌 요원을 지붕이나 옥상에 배치시킨다. 그리고 라이플총을 소지한 많은 요원들을 각각의 지점에 있도록 배치시킨다. 그리고 무전기를 소지한 또 다른 요원을 광장 중앙에 있는 잔디밭에 배치시키고 건물 위를 올려다보게 한다. 창문이 열리는 것을 보는 즉시 "3층 4번째 창문이다, 오버"라고 무전기를 가진 요원들에게 알린다. 지휘자는 지붕에 있는 팀원 중 한 명에게 연락해 왜 창문이 열려 있는지 확인한다. 만일 어떤 사람이 대통령이 지나가는 것을 보기 위해 창문을 열었다면 아래에 배치된 요원이 창문을 닫게 한다. 무전기가 있기 때문에 가능하다.

앞에서 확인한 대로 딜리 광장에서 총탄이 발사될 때 유일하게 현장에 있었던 '경호원들'은 비밀경호원을 사칭한 청부 살해범들이었다. 이들은 사건 현장에서 쉽게 도망치기 위해 가짜 신분증을 소지하고 있었다. 또한 목격자들이 암살 사건에 매우 중요한 증거를 압수해서 인멸했다. 워싱턴에서 명령을 내린 즉시 사건 현장 경호에는 확실하게 구멍이 뚫렸다. 딜리 광장에서 케네디 대통령의 호위대를 조직적으로 철수시키자 케네디 대통령 암살범은 재빨리 현장으로 이동했다.

보안관 대리 크레이그는 워싱턴에 있는 암살 음모자들이 딜리 광장에서 실시할 계획을 알지 못한 상태에서 첫 번째 총성을 듣고 재빨리 움직였다. 그때까지 크레이그는 데커 보안관의 명령에 따라 다른 보안관 대리 요원들과 함께 메인 스트리트 505번가에 있는 법원 청사 건물 앞에서 멍하니 서 있었다. 그러다가 오후 12시 30분이 되자 케네디 대통령이 탄 리무진은 법원 청사 건물을 지나 로저 크레이그와 약 120cm 떨어진 거리까지 도달했다. 대통령 리무진은 메인 스트리트에서 휴스턴으로 방향을 돌렸다. 마침내 리무진은 견디기 힘들 정도로 매우 천천히 휴스턴에서 엘름으로 방향을 바꿨다. 그 때 크레이그는 총소리를 들었다. 그는 본능적으로 대열에서 이탈해 딜리 광장으로 뛰어가기 시작했다. 그가 모퉁이에 다다르기 전에 두 발의 총성이 더 들려왔다.

케네디는 이미 사망했지만 크레이그는 관련 정보를 수집하기 시작했다. 암살 직후 10분 동안 크레이그는 목격자들을 심문하고 거리에 남은 총탄 자국을 찾아다녔다. 12시 40분, 크레이그는 엘름 가의 도로변 남쪽을 훑어보는 도중에 거리 반대편에서 날카로운 호루라기 소리를 들었다. 크레이그는 아직 출판되지 않은 자신의 회고록 〈그들이 대통령을 암살할 때*When They Kill a President*)에서 호루라기 소리가 들릴 당시에 본 것을 다음과 같이 설명했다.

"주위를 돌아보니 20대 백인 남성이 텍사스 교과서 보관소 건물 방향에서 풀로 덮인 둔덕으로 달리고 있었다. (나중에 크레이그는 그 인물을 오스왈드라고 밝혀 워런 위원회를 당황하게 했다) 그 때 연녹색 램블러 Rambler 스테이션왜건이 엘름 가 서쪽으로 천천히 다가오고 있었다. 스테이션왜건 운전자는 건장한 체구의 라틴계 남성으로 보였는데 짙은 색의 곱슬머리였고 황갈색 윈드브레이커 재킷을 입고 있었다. 그는 자신에게 달려오는 남자를 바라보고 있었다. 그는 도로변 북쪽에 차를 세워 두고 있다가 언덕에서 내려오고 있는 그 남자를 태웠다. 나는 엘름 가를 가로질러 그들을 멈춰 세우고 그들이 누구인지 알아보려고 시도했지만 교통 체증이 심했기 때문에 그들에게 다가갈 수 없었다. 그들은 엘름 가에서 서쪽으로 운전해 갔다."

크레이그는 그 두 남자가 암살 현장을 서둘러 떠났다는 점에 주목했다. 크레이그 주위에 있는 모든 사람들은 그 순간에 자신들이 볼 수 있는 장면을 보기 위해 현장으로 서둘러 갔다. 크레이그는 이 사건을 경찰 지휘본부에 보고하기에는 뭔가 의심스럽다고 생각했다. 그래서 그는 텍사스 교과서 보관소 건물 앞으로 달려가 이 사건과 관련이 있는 사람들에게 물었다. 계단에 있는 회색 신사복 차림을 한 남자가 크레이그 쪽으로 몸을 돌려 자신을 비밀경호원이라고 소개했다.

크레이그는 순진하게도 그 신사복 차림의 남자의 말을 믿고 자신이 입수한 정보를 넘겨주었다. 그 '비밀경호원'은 크레이그가 처음에는 먼저 자리를 떠난 두 남자에 대해 이야기하는 것에 이상하리만치 관심이 없는 것 같더니 갑자기 관심을 갖기 시작했다. 그 남자는 크레이그가 스테이션왜건에 대해 이야기하는 내용을 듣고 종이 뭉치에 적었다. 크레이그는 자신이 말한 스테이션왜건 주인이 마리나 오스왈드의 집주인인 루스 페인이라는 사실을 곧 알게 되었다.

크레이그는 케네디 암살 사건에 연루된 혐의가 있는 남자 한 명이 댈러스 경찰서에 체포됐다는 사실을 그날 오후 늦게 알게 되었다. 크레이그는 그 소식을 접하자마자 풀로 덮인 둔덕을 뛰어내려온 그 남자가 체포된 거라고 생각했다. 크레이그는 살인 사건을 담당하는 윌 프리츠Will Fritz 수사관에게 전화를 걸었다. 프리츠는 크레이그에게 와서 용의자를 봐 달라고 요청했다.

4시 30분이 막 지났을 무렵, 크레이그는 프리츠의 사무실을 살펴보다가 그곳에 잡혀 와 있는 남자를 발견했다. 크레이그는 그 남자가 풀로 덮인 둔덕에서 스테이션왜건으로 뛰어간 남자와 동일한 인물, 즉 오스왈드임을 알아보았다.

프리츠는 크레이그와 사무실에 함께 들어오면서 오스왈드에게 말했다.

"당신이 현장을 떠나는 것을 이 사람이 봤답니다."

그러자 오스왈드는 약간 흥분하며 말했다.

"내가 말했잖습니까? 사람들이 저를 범인이라고 한다고요."

"이봐요, 진정하세요. 우린 그저 그 때 무슨 일이 일어났는지 알아보려고 하는 것뿐입니다."

프리츠가 차분한 말투로 이야기했다. 그리고는 오스왈드에게 물었다.

"그 차는 어떻게 된 겁니까?"

오스왈드는 몸을 앞으로 숙이고는 양손을 프리츠의 책상에 놓고 말했다.

"그 스테이션왜건은 페인 부인의 것입니다. 하지만 그 부인을 이 사건에 끌어들이지 마세요."

그러면서 오스왈드는 의자 등받이에 몸을 기대더니 나직한 목소리로 말했다.

"이제 모든 사람들이 다 나를 알겠군요."

크레이그는 오스왈드가 낙담한 말투로 이 말을 했다는 사실을 강조했다. 오스왈드가 "이제 모든 사람들이 다 나를 알겠군요"라고 말할 때 마치 자신을 가리고 있던 덮개가 바람에 날아가 버린 것 같은 태도였다.

이 시점에서 프리츠는 크레이그를 자신의 사무실에서 내보냈지만 정부에도 크레이그에게도 너무 늦었다. 크레이그 보안관 대리는 이미 너무 많은 것을 보고 들은 후였다. 그 시간은 데커가 프리츠에게 긴급 전화를 걸어 즉시 만나자고 요청한 시간이기도 했다. 데커가 전화로는 말할 사안이 아니라는 요청에 의해 프리츠는 오스왈드를 심문하는 것을 미루고 사무실에서 15블록으로 이동했다.

프리츠가 오스왈드를 심문하는 초기 단계는 아주 중요했다. 그럼에도 불구하고 그렇게 이상하리만치 갑작스럽게 데커가 심문을 중단시킨 원인은 무엇이었을까? 온갖 소란과 혼란이 밀려오는 상황에서 암살 증거를 빨리 입수해야 할 시기에 왜 데커는 프리츠와 전화로 이야기하지 않고 시내 중간쯤에서 직접 만나자고 했던 것일까? 데커는 프리츠와 도청

당할 위험이 없는 상태에서 비밀을 확실하게 유지하면서 대화를 해야 했던 것 같았다.

데커가 프리츠에게 무슨 이야기를 했는지 우리는 알 수 없지만 펜 존스 주니어라는 한 용기 있는 지역일간지 기자는 댈러스에 존재했던 어둠의 동맹을 조사했다. 그가 관찰한 내용은 다음과 같다.

"암살 관련 지식은 '꼭 필요할 때 꼭 필요한 것만 알려주는 방식으로' 공개되었습니다. 오스왈드가 텍사스 극장에서 살해되지 않고 프리츠에게 넘겨진 순간부터 프리츠는 '꼭 필요할 때 꼭 필요한 것만 알려주는' 사람들로 구성된 집단 속으로 들어간 걸까요?"

크레이그가 알고 있는 댈러스 사건에 대한 진실의 단면을 근거로 증언한 내용은 다른 목격자들에 의해 입증되었다. 그들 역시 내쉬 램블러 Nash Rambler 또는 어떤 수상한 사람이 스테이션왜건에 올라타는 광경을 보았다. 목격자들의 이야기는 크레이그의 증언과 더불어 램블러 차량이 암살 사건 현장을 빠져나가는 것에 동의했다. 이에 따라 오스왈드에 관한 수수께끼에 대한 통찰력도 갖게 해 주었다.

의류 공장 직공이었던 캐롤라인 월터Carolyn Walther는 대통령이 도착하기 전에 딜리 광장 구석에 있는 휴스턴 가에 몇 분 동안 서 있었다. 월터는 차량 행렬을 기다리면서 텍사스 교과서 보관소를 올려다보았다. 그때 월터는 창고 위쪽의 한 층에서 흰색 셔츠를 입은 한 남자가 가장 남쪽 모서리의 창에 기대어 있는 것을 보았다. 그 남자는 라이플총을 들고 있는 손을 아래로 향하고 있었는데 그 모습은 마치 온 세상을 내려다보고 있는 것 같았다. 금발 또는 연한 갈색 머리의 그 남자는 자동차 퍼레이드로 붐비게 될 길모퉁이를 바라보고 있었다. 그 남자는 표적이 시야에 들어오기를 기다리고 있었던 것이다.

그러던 중 월터는 또 다른 인물을 우연히 보게 되었는데 의문투성이인 그 남자는 라이플총을 들고 있는 남자 옆에 서 있었다. 창문 윗부분의 유리가 더러워서 두 번째로 본 남자의 머리는 잘 보이지 않았지만 그의 허리부터 어깨까지는 볼 수 있었다. 의류 공장 직공 출신인 월터는 그 남자의 복장에 주목했다. 월터는 창문 너머에 있었던 두 번째 남자가 갈색 양복 상의를 입고 있는 것을 본 후, 자동차 퍼레이드가 시작되고 대통령 리무진이 다가오는 것을 보았다.

월터가 서 있었던 거리 위쪽에서는 또 다른 목격자가 갈색 양복 상의를 입고 있는 남자를 보고 있었다. 교과서 보관소에서 약 120cm 떨어진 거리에 서 있었던 그는 제임스 리처드 워렐 주니어라는 이름의 21살의 고등학교를 중퇴한 청년이었다. 워렐은 대통령 리무진이 자기 앞을 지나간 후에 총소리가 나는 것을 들었다. 그는 자기 위로 보이는 건물을 똑바로 올려다보았다. 라이플총의 총열이 5층 또는 6층에 있는 창문을 뚫고 나와 리무진 방향으로 향해 있었는데 총탄은 이미 발사된 것 같았다. 암살자가 사용한 무기가 대중에게 공개된 순간이었다. 워렐이 앞을 내다보니 대통령은 앉아 있던 좌석에서 푹 쓰러져 있었다.

워렐은 겁에 질려 빙 돌아가서 다음 거리를 달려가다가 두 번의 총성을 더 들었다. 워렐은 네 번째 총성(이 부분은 정부에서 오스왈드를 소송할 당시, 세 번의 총성이 들렸다고 진술한 부분과 모순되는 내용이다)을 들으면서 계속 달려가다가 한 블록 떨어진 지점에서 멈추고 숨을 가다듬었다. 그리고 나서 뒤를 돌아보니 스포츠 코트를 입은 남자가 교과서 보관소에서 달려오고 있는 광경이 보였다. 그 남자가 달릴 때 워렐은 그 남자가 입은 코트가 바람에 휘날리는 것을 보았다. 워렐은 돌아서서 스포츠 코트를 입은 그 남자처럼 사건 현장에서 달아났다.

세 번째 목격자는 스포츠 코트를 입은 남자를 램블러 스테이션왜건과 관련지었다. 캐롤라인 월터, 제임스 워렐, 대통령 리무진보다 훨씬 위쪽에 있었던 리처드 랜돌프 카Richard Randolph Carr는 실직 상태에 있는 철강 노동자였다. 사건 당시 그는 신축 중이었던 법원 청사 건물에 일부 건축된 계단을 오르고 있었다. 그는 일자리를 얻기 위해 9층에서 현장 감독을 찾고 있었다. 리처드는 6층에 이르자 잠깐 쉬기 위해 멈췄다. 그리고는 교과서 보관소를 바라보았다. 그 때 리처드는 꼭대기 층 가장 남쪽 구석에 있는 두 번째 창문 너머로 한 남자를 보았다. 나중에 카는 그 남자에 대해 이렇게 묘사했다. "건장한 체구의 남자였는데 모자를 쓰고 있었고 황갈색 스포츠 코트를 입고 있었으며 뿔테안경을 쓰고 있었습니다."

몇 분 후 카는 자동차 폭발음 혹은 폭죽 소리 같은 소리를 들었고 곧이어 똑같은 소리를 두 번 더 들었다. 딜리 광장보다 높은 위치에서 리처드의 시선은 세 갈래로 뻗은 지하도로 향했다. 그곳에서 소음이 들려왔다고 생각했고 사람들이 그쪽으로 내려가는 것을 발견했기 때문이었다.

카는 무슨 일이 일어났는지 확인하기 위해 계단을 내려왔다. 휴스턴 가에서 카는 창문 너머로 본 남자와 똑같은 스포츠 코트를 입고 있는 남자를 보고 놀랐다. 그 남자는 뒤돌아보면서 재빨리 카를 향해 걸어오고 있었다. 카는 그 남자가 방향을 돌려 동쪽 구역으로 매우 빠르게 걸어가

더니 레코드 가에 주차돼 있는 1961 또는 1962년형 램블러 스테이션왜건에 타는 것을 보았다. "그 차의 운전자는 흑인 청년이었습니다."

램블러 스테이션왜건은 북쪽으로 향하였다. 그 때 스테이션왜건은 북쪽으로 두 블록 떨어진 곳으로 향해 가더니 엘름 가에서 왼쪽으로 돌아 엘름 가 아래쪽으로 한 블록 반을 더 갔다. 스테이션왜건이 갑자기 멈추어 선 곳은 텍사스 교과서 보관소 앞이었다. 크레이그와 네 명의 목격자 모두 교과서 보관소를 보았다. 헬렌 포레스트Helen Forrest는 크레이그와 동일한 현장을 목격했지만 크레이그가 있었던 거리 반대편에서 목격했다. 포레스트는 역사가인 마이클 커츠Michael Kurtz에게 이렇게 말했다. "저는 풀이 울창한 둔덕 옆에 있는 경사면에 있었습니다. 그런데 그 때 어떤 남자가 텍사스 교과서 보관소 건물 뒤편에서 갑자기 달려와 경사면을 내려가더니 램블러 스테이션왜건에 타는 것을 보았습니다." 헬렌도 크레이그처럼 어떤 남자가 달려가는 것을 분명히 확인했던 것이다.

"그 남자가 오스왈드가 아니었다면 오스왈드의 쌍둥이 형제였을 겁니다"하고 포레스트는 말했다. 또 다른 목격자 제임스 펜닝턴이 그녀의 설명을 입증했다.

그 곳을 지나간 두 명의 운전자 마빈 로빈슨과 로이 쿠퍼의 증언은 한 남자가 풀이 울창한 둔덕에서 램블러에 탔다는 크레이그, 포레스트, 페닝턴의 이야기를 뒷받침했다. 암살이 일어난 직후, 마빈 로빈슨은 텍사스 교과서 보관소 앞에서 급정차해야 했다. 옅은 색의 램블러가 마빈이 운전하는 캐딜락 바로 앞에 오더니 갑자기 도로변 옆으로 빠졌기 때문이었다. 그 때가 텍사스 교과서 보관소에서 잔디밭으로 내려온 남자가 램블러에 막 타려던 순간이었다.

로빈슨의 부하 직원인 로이 쿠퍼는 로빈슨 바로 뒤에서 운전하다가 사고가 날 뻔했다고 FBI측에 말했다. 쿠퍼는 경사면을 내려온 그 남자가 램블러를 향해 손을 흔들더니 램블러 안으로 뛰어 들어갔다고 말했다. 램블러는 쿠퍼와 로빈슨 앞에서 전속력으로 달려서 댈러스의 오크 클리프Oak Cliff 구역으로 향했다. 그곳은 댈러스 경찰관 티핏이 살해당한 장소이자 오스왈드가 텍사스 극장에서 체포된 장소였다.

목격자들은 크레이그가 오스왈드에 대해 증언한 내용과 램블러 차량의 도주에 대해 증언한 내용을 이구동성으로 뒷받침하고 있었다. 그럼에도 불구하고 워런 위원회는 크레이그의 증언을 받아들이지 않았다. 그 당시 워런 위원회에서는 오스왈드가 시내버스를 타고 있다가 현장을 탈출한 것이 틀림없다고 확신했기 때문이었다. 워런 보고서에는 크레이그가 프리츠의 사무실에서 오스왈드와 나눴던 대화에 대해 설명한 내용도 받아들여지지 않았다. 프리츠는 크레이그가 그 곳에 있었다는 사실조차 부인했기 때문이다. 앞에서 본 것처럼 프리츠는 아마도 '꼭 필요할 때 꼭 필요한 것만 알려주는' 사람들로 구성된 집단 속으로 들어간 후 루이지애나 주 경찰서에서 이렇게 말했을 것이다. '크레이그가 증언한 내용이 사실상 처레미의 증언만큼이나 신빙성이 없다.' 크레이그 역시 FBI 보고서를 근거로 공격을 받았다.

FBI는 페인이 소유한 차량은 내쉬 램블러가 아니라 1955년형 시보레 스테이션왜건인 것 같다고 보고했다. 증거의 출처라는 관점에서 판단하자면 결국 FBI보고서는 아무 것도 증명하지 못한 것이다. 그 보고서를 쓴 FBI 요원이 나중에 의회위원회에 고백한 바에 따르면, 그는 FBI 상관의 명령에 따라 중요한 암살 증거를 고의로 인멸한 죄를 저질렀다고 했다. 이 점에 대해서는 뒤에 가서 확인하겠다.

워런 위원회는 크레이그의 증언을 받아들이지 않음으로써 오스왈드가 프리츠에게 심문을 받을 때 했던 중요한 진술도 무시할 수 있었다. 크레이그에 의하면 오스왈드는 스테이션왜건에 탔으며, 스테이션왜건의 주인이 페인이라고 말하면서도 페인을 옹호했다고 한다. 게다가 오스왈드가 직접 설명한 바에 따르면 암살 사건이 발생하자 오스왈드는 자신을 가리고 있었던 덮개가 바람에 날려간 것처럼 행동했다고 한다. 그 당시 오스왈드는 낙담한 태도로 "이제 모든 사람들이 다 나를 알겠군요"라고 말했는데 이 말에는 오스왈드가 비밀경호원과 관련돼 있음을 암시하고 있었다. 물론 모든 사람들이 다 자신을 알게 될 것이라는 오스왈드의 생각은 틀렸다. 오스왈드는 이런 발언을 한지 이틀 만에 사망했기 때문이다. 오스왈드가 자신의 행동에 대한 진실을 입 밖에 내기 시작하자 재빨리 입을 막아버린 것이다.

케네디를 바꾼 아들 패트릭의 죽음

케네디 대통령이 피살당할 당시 영부인인 재클린 여사는 대통령의 바로 옆자리에 있었다. 대통령 부부는 1963년 8월, 막내아들인 패트릭 부비에 케네디가 태어난 지 며칠 만에 죽으면서 큰 실의에 빠졌었다. 그 이후 재클린 여사는 케네디에 대한 깊은 믿음과 애정을 보여줬는데, 이는 재클린 여사가 대통령의 댈러스 행에 동행한 사실에도 잘 드러나 있다. 또 아들의 죽음을 대하는 태도에서, 케네디 대통령의 숨겨진 모습 또한 확인할 수 있다.

세계를 핵전쟁 직전까지 몰고 갔던 냉전 주의자였지만, 케네디에게는 평화로운 면모도 숨겨져 있었던 것이다. 그렇다면 과연 케네디가 갑자기 변한 이유는 무엇일까? 심각한 미사일 위기에서 흐루시초프와의 협상으로 급격한 입장 선회를 하게 된 배경이 무엇일까? 이런 고민을 하다가, 대통령의 어떤 면모가 대통령을 평화주의자로, 이렇게 극적으로 바꾸어 놓았는지 몹시 궁금해졌다. 자국의 안보를 최우선으로 여기던 한 나라의 대통령이 어떤 이유로 보편적인 인류를 우선하는 지도자로 탈바꿈했는지 말이다. 사실 토머스 머튼은 이 때문에 대통령이 암살 대상이 될 수 있다고 예견했었다.

그 변화의 자연스러운 이유 중 하나는 아마도 자식에 대한 사랑, 더 나아가 전 세계 어린이를 자기 자식처럼 여기는 마음이었을 것이다. 케네디 대통령에 대한 이야기에는 캐롤린과 존에 대한 사랑이 얼마나 지극했는지 잘 나타나 있다. 또한 대통령이 자신의 자식들과 세계 모든 어린이들의 삶에 가졌던 애정, 막내인 패트릭이 죽었을 때 겪었던 깊은 고통에 잘 드러나 있다.

1963년 8월 7일 아침, 재클린 여사가 산통을 시작할 무렵 케네디는 노먼 커즌스 및 참모들과 '대기 핵실험 금지 조약Atmospheric Test Ban Treaty'의 상원 비준에 대해 논의 중이었다. 알려진 대로, 케네디는 핵실험 금지 조약의 비준을 임기 중에 해결해야 할 중요한 문제로 여겼지만, 흐루시초프 대통령과 협상 이 후에도 이 조약의 성공 여부는 불투명했다. 비록 두 정상은 조약의 조항에 합의에 도달했지만, 상원의 승인을 받아내는 문제가 남아 있었던 것이다.

케네디는 핵실험 금지 조약이 세계 평화를 위한 중요한 첫 걸음이라고 굳게 믿었고, 이는 대통령이 그의 지인들에게 핵전쟁에 대한 두려움에 대해 했던 이야기에도 잘 표현되어 있다.

"아이들에 대해 많은 생각을 한다네. 나나 자네의 아이들뿐 아니라 전 세계 모든 아이들 말일세."

누구보다 형인 케네디의 깊은 근심을 잘 이해했던 로버트 케네디에 따르면, 케네디가 쿠바 미사일 위기 당시 가장 크게 우려하고 두려워했던 부분은 아무 잘못도 없는 미국, 더 나아가 전 세계 아이들의 목숨이 희생될 수도 있다는 점이었다고 한다. 그것은 바로 자신의 권리도 주장하지 못하고, 소련과 미국의 대립에 대해 아무 것도 모르는 아이들이 다른 이들과 마찬가지로 희생당할 수도 있다는 두려움이었다. 의사 결정을 할 기회도, 투표를 하거나 정치에 뛰어들 기회도, 혁명을 주도하거나 스스로의 운명을 결정할 기회조차 갖지 못한 채 희생될 아이들을 걱정했던 것이다. 또 미국 등 세계 여러 나라가 진행하는 핵무기 실험으로 인한 방사능 낙진에 전 세계 어린이들이 희생되고 있다는 점도 대통령이 우려한 것 중 하나였다.

케네디 대통령은 주변의 말에 귀를 기울이는 타입으로 잘 알려져 있다. 때때로 큰 의미가 있는 말 한 마디가 그의 마음을 흔들어 놓기도 했다.

어느 오후, 케네디 대통령은 자신의 집무실에서 과학 고문인 제롬 비스너Jerome Wiesner와 미국 및 소련의 핵실험으로 인한 오염에 대해 이야기하고 있었다. 백악관 창밖으로 내리는 비를 바라보며 케네디는 비스너에게 방사능 낙진이 어떻게 대기 중에서 지표면으로 떨어지는지를 물었다.

"비에 섞여 떨어집니다." 비스너가 대답하자, 대통령은 돌아서서 백악관 장미 정원에 내리는 비를 내다보며 다시 물었다.

"그럼 지금 내리는 이 비에도 방사능 오염 성분이 섞여 있단 말인가?"

"네, 그럴 수도 있습니다."

비스너가 집무실을 떠난 뒤, 케네디 대통령은 잠깐 동안 말없이 앉아 정원에 내리는 비를 바라보았다. 수행 비서인 케니 오도넬이 집무실에 들어왔다가 전에 없이 너무도 절망에 빠져 있는 대통령의 모습을 보고는 조용히 다시 밖으로 나갔다.

그 후 케니 오도넬은 또 한 번 대통령의 전에 없던 모습을 보게 된다. 1963년 8월, 핵실험 금지 조약을 상원에 상정할 당시, 케네디 대통령이 예전에 볼 수 없던 단호한 모습을 보였던 것이다. 1963년 7월 26일 TV 연설에서 케네디 대통령은 자신이 왜 이같이 단호한 결심을 하게 되었는지 설명했다.

> "이 조약은 우리 모두를 위한 것이며, 특히 우리 자녀들, 또 자손들
> 을 위한 것입니다. 정치와는 아무런 관련이 없는 아이들의 뼈에 암이
> 생길 수도 있고, 백혈병에 걸릴 수도 있으며, 폐에 독성물질이 쌓일
> 수도 있습니다."

가장 인상적인 부분은 다음 부분이다.

"우리가 죽고 한참이 지나서 태어날 한 명의 아이라도, 우리 때문에
장애를 갖게 된다면 우리는 이를 막아야 합니다."

케네디 대통령이 자신의 막내아들이 죽기 바로 2주 전 했던 연설이다.

8월 7일 아침, 케네디 대통령이 백악관에서 노먼 커즌스와 참모들을
만나 핵실험 금지 조약에 대해 토론하는 동안, 수행 비서인 케니 오도넬
은 하이애니스 항으로부터 재클린 여사가 오티스 공군 기지 병원에서
출산을 위해 응급 수술을 받고 있다는 연락을 받았다. 예정일보다 5주나
앞선 조산이었다.

잠시 후, 에블린 링컨Evelyn Lincoln이 회의 중이던 케네디 대통령에게 쪽
지를 건넸다. 노먼 커즌스는 쪽지를 읽는 대통령의 얼굴이 점점 어두워
지는 것을 알아챌 수 있었다. 케네디 대통령은 의자에서 일어나 집무실
을 나갔고, 대통령의 급작스런 퇴장으로 회의는 중단되었다. 케네디 대
통령은 곧장 오티스 공군 기지에 있는 재클린 여사에게 가기 위해 비행
기에 올랐다.

케네디 대통령이 도착했을 때, 제왕 절개 수술로 갓 태어난 패트릭 부
비에 케네디는 산소 인큐베이터 안에 있었다. 몸무게는 2.1킬로그램에
불과했다. 미숙아로 태어난 패트릭은 유리질막증(폐의 미숙으로 공기의 교
환이 일어나는 폐포를 팽창시키는 물질인 표면 활성제가 부족하여 호흡 곤란이 발생
하는 질환)을 앓고 있었고, 폐에도 문제가 있어 혈관으로 가는 산소 공급
이 막혀 있는 상태였다. 아기는 태어나자마자 세례를 받았다. 케네디 대
통령은 재클린 여사가 남은 수술을 받는 동안, 패트릭을 조금 더 시설이
좋은 보스턴의 어린이 병원으로 옮기자는 의사의 말에 동의했다.

다음 날, 패트릭의 호흡이 희미해지자 의사는 하버드대학교 공중보건과에 있는 고압 산소실로 패트릭을 옮겼다. 대기실에서 밤새 자리를 지키던 케네디는 8월 9일 새벽 2시, 의사의 호출에 산소실로 향했다. 의사는 아기의 생명이 얼마 남지 않음을 알았기에 아기가 고압 산소실에 있는 것보다 아버지와 함께 있도록 하는 것이 더 낫다고 판단했다. 아기는 곧 산소실 밖으로 옮겨졌고 아버지와 함께 머물 수 있었다. 8월 9일 새벽 4시 4분, 태어난 지 39시간 20분 만에 아기는 세상을 떠났다. 숨을 거둘 때 아기는 작은 손으로 아버지의 손가락을 붙잡고 있었다.

　방으로 돌아온 케네디는 침대에서 흐느껴 울었다. 그러나 그것도 잠시, 헬리콥터를 타고 오티스 공군기지 병원으로 이동해야 했다.

　아들의 죽음을 경험한 케네디의 눈에는 아픔을 겪는 어린 아이들이 눈에 들어왔다. 케네디는 아들 패트릭과의 마지막 만남을 기다리다가 우연히 심각한 화상으로 입원해 있는 아이를 보게 되었다. 케네디는 아이 엄마의 이름을 물은 후, 종이와 펜을 빌려 무언가를 적기 시작했다. 아이의 어머니가 병실로 들어오자 케네디는 힘을 내라는 격려의 메시지가 담긴 쪽지를 전달했다. 그런 다음 케네디는 백악관으로 돌아왔다. 아들의 죽음으로 인한 깊은 슬픔에서 아직 헤어 나오지는 못했지만 처리해야 할 일이 산적해 있었기 때문이다. 부분적 핵실험 금지 조약 승인을 처리해야 했다. 케네디의 지시로 노먼 커즌스와 시민위원회는 조약 승인을 지원하는 캠페인을 적극적으로 추진하고 있었다. 덕분에 국민들의 생각도 조금씩 바뀌고 있었다.

　8월 28일, 커즌스는 케네디 대통령에게 '부분적 핵실험 금지 조약의 비준을 위해 진행하는 공공 캠페인에 관한 특별 제안'을 주제로 진행 보고서를 제출했다. 커즌스는 8월 7일에 이뤄진 시민위원회와의 회동에서 케네디 대통령이 제시한 추천사항을 보고서에 기록했다. 그리고 추천사항에 이어 3주 동안 위원회가 달성한 것들을 정리했다. 국가를 위한 공공 프로그램에는 사업가, 과학자, 종교 지도자, 농부, 학자에서부터 대학총장까지 연합회, 신문사, 그리고 '건전한 핵 정책을 위한 전국 위원회National Committee for a Sane Nuclear Policy'와 '민주행동미국인협회Americans for Democratic Action(ADA)과 같은 조직들도 포함되어 있었다. 커즌스가 이끈 8월의 캠페인이 순조롭게 진행된 덕분에, 냉전 문제에 관한 국민의 부정적인 시각도 변하고 있었다. 국민과 대통령은 의회보다 변화에 훨씬 더 개방적이었다. 상원의원들도 평화의 분위기를 감지하면서 새로운 가능성에 귀를 기울이고 있었다. 9월, 80대 19라는 표결로 상원은 조약을 통과시켰다. 기적이 일어난 것이다. 가볍게 안건을 통과시킨 그 날의 표결은 그야말로 대통령이 만들어낸 기적이었다. 후대의 역사는 부분적 핵 실험 금지 조약을 통과시킨 케네디의 업적을 높이 평가할 것이다. 이는 쿠바 미사일 위기 해결이라는 위대한 성과를 거둔지 1년도 채 안 되는 시점에 이뤄진 일이었다.

댈러스의 총성과 하퍼 조각

케네디 부부의 지인들은 패트릭의 죽음이 케네디 부부에게 큰 영향을 끼쳤다고 말했다. 그들은 고난을 함께 헤쳐 나가면서 더욱 돈독해질 수 있었다. 10월 말, 케네디는 텍사스를 방문하게 되었다. 그는 아내 재클린에게 텍사스에 함께 가자고 물었고, 재클린은 주저 없이 그의 제안을 받아들였다. 사실 재클린은 케네디 정부에 부정적인 지역을 방문하는 것을 굉장히 꺼려했다. 이 때문에 케네디는 자신의 제안을 기꺼이 받아들인 아내의 반응에 놀랄 수밖에 없었다. 그 해 재클린은 남편 케네디와 샌안토니오, 휴스턴, 포트워스 등을 방문하면서 따뜻한 환대를 받았다. 그녀는 남편이 가는 곳은 기꺼이 어디든지 함께 하겠다고 말했고, 케네디는 이에 또 한 번 놀랐다. 케네디 대통령은 수행 비서 케니 오도넬 Kenny O'Donnell에게 말했다. "자네도 들었나?"

케네디 부부는 댈러스 행 비행기를 탑승할 준비를 마치고 3시간 후, 케네디 부부는 리무진 뒷자리에 나란히 앉아 있었다. 리무진은 딜리 광장으로 향하고 있었다. 재클린은 자신이 다음 주가 되면 남편의 죽음을 가장 가까이에서 목격할 것이라고는 꿈에도 상상하지 못했다. 그녀는 작가 시어도어 화이트Theodore H. White에게 자신이 목격한 내용을 직접 설명했다. 그러나 그녀의 증언은 1995년까지도 미국 대중에게는 알려지지 않았다.

"그들은 오토바이를 굉장히 빠르게 몰고 있었어요. 작은 폭발음이 있었지요. 한 번 큰 소리가 났었는데, 폭발음이었던 것 같아요. 그리고 바로 텍사스의 주지사 코널리가 총에 맞았고, 자신의 팔을 잡고는 소리쳤어요. '안돼! 안돼! 안돼! 대통령과 저는 뒤를 돌아봤어요. 제가 기억하는 거라고는 회색의 건물들뿐이었어요. 그때 대통령께서는 다시 몸을 돌렸고, 제가 봤던 그의 표정은 정말이지 매우 온화했어요. 그리고 바로 저는 남편의 머리에서 두개골 조각이 떨어져 나가는 걸 봤어요. 흰색이 아닌 피부색이었어요. 남편은 저항하듯이 손을 뻗

었죠. 그리고 전 그의 머리에서 떨어져 나간 완전히 깨끗한 파편 조
각을 봤어요. …"

케네디 대통령은 머리에 총을 맞았고, 두개골의 윗부분은 깨져 버렸
다. 남편이 총에 맞은 상황에서 재클린은 본능적으로 반응했다. 그녀는
남편의 머리에서 떨어져 나온 두개골 파편을 찾기 위해 자동차 트렁크
로 기어 올라갔다. 리무진을 쫓아가서 자동차 위로 뛰어 올라간 비밀경
호원 클린턴 힐은 영부인이 본능적으로 남편의 떨어진 두개골을 찾으려
했다고 증언했다.

그 후 힐은 이렇게 말했다. "저는 두 번째 총성이 대통령의 머리를 완
전히 날려버린 것을 보았습니다. 영부인께서는 자리 위로 뛰어 올라가
셨고, 그 모습이 제 눈에 들어왔습니다. 그녀는 자동차 범퍼 오른쪽 뒤
로 떨어진 뭔가를 집기 위해 안간힘을 쓰고 계셨습니다."

힐은 그녀를 붙잡고 뒷좌석 맨 위로 기어 올라갔다. 그곳에서 그는 대
통령의 머리를 내려다볼 수 있었다. 그들은 곧 파크랜드 병원에 도착했
고, 대통령의 두개골에서 오른쪽 뒷부분이 사라졌다는 것을 알게 되었
다.

파크랜드의 의사들과 간호사들은 대통령의 두개골 오른쪽 뒷부분이
사라졌음을 확인했고, 따라서 암살범이 앞 쪽에 있었다는 것도 확인할
수 있었다. 즉 오스왈드가 있던 텍사스 교과서 보관소 건물에서 총이 발
사된 것이 아니었다. 교과서 건물은 뒤쪽에 있었다.

재클린은 병원으로 가는 길에 리무진 안에서 자신이 했던 행동들을 생
생히 기억했다. "저는 남편의 머리를 꼭 안고 있었어요."

그녀는 남편의 머리와 두개골 파편을 지키려 했고 남편의 두개골 조각을 모으려 했던 것 등에 대해 증언했다. 그러나 그녀의 증언은 워런 위원회에 의해 '고상하지 못했다'는 이유로 삭제되었다. 그녀의 증언을 삭제한 진짜 이유는 아마도 그녀의 증언에 의해 총탄이 앞 쪽에서 날아왔다는 사실이 알려질 수 있었기 때문일 것이다.

재클린은 리무진 트렁크에서 남편의 두개골 조각을 찾기 위해 필사적으로 노력했다. 그리고 클린턴 힐이 말했던 그 '무언가'는 다음 날 댈러스의 의과대학에 다니는 한 학생에 의해 발견되었다.

9월 23일 토요일 오후 5시 30분, 윌리엄 앨런 하퍼William Allen Harper는 딜리 광장 중심에 있는 역삼각형 모양의 잔디에서 사진을 촬영하고 있었다. 엘름 거리에서 오른쪽 뒤 쪽으로 7미터 정도 떨어진 곳은 대통령의 두개골 뒷부분을 날려버린 총이 발사된 지점이기도 했다. 하퍼는 잔디에서 후에 '하퍼 조각Harper fragment'으로 불리게 될 크기가 꽤 큰 두개골 파편 조각을 발견했다. 그는 파편 조각을 자신의 삼촌 잭 하퍼 박사에게 가져갔다. 감리교 병원에서 근무하던 잭 박사는 같은 병원의 병리학자 케언스A. B. Cairns 박사에게 조카가 가져온 조각을 보여주었다.

하퍼와 케언스 박사, 그리고 또 다른 병리학자 제라르 노트만Gerard Noteboom 박사는 뼛조각을 면밀히 조사했다. 그들은 그 파편 조각이 두개골의 후두부, 그 중에서도 밑 부분에서 떨어져 나온 것이라는 것을 알아냈다. 또한 그들은 총탄의 영향으로 파편 조각에 납 성분이 묻어 있음을 발견했다. 우연히 대통령의 두개골 파편 조각을 조사하게 된 이들은 사건의 진상을 확인할 수 있었다. 그리고 이들이 밝힌 사실은 진실을 숨기려는 정부에 맞서는 아주 중요한 실마리가 되었다.

9년 후, UCLA 물리학과를 졸업한 데이비드 리프톤David Lifton은 댈러스의 병리학자들이 조사했던 일명 '하퍼 조각'과 암살당한 대통령의 두개골을 엑스레이로 촬영한 자료를 비교했다. 곧 리프톤은 뭔가 이상한 점이 있다고 생각했다. "케언스 박사와 그의 동료들의 주장이 옳다면, 대통령의 X-레이 자료는 진짜일 리가 없다. 케네디 대통령의 두개골의 후두부 파편이 딜리 광장 풀밭에 떨어져 있는 것도 불가능하다. 베데스다 해군병원에서 그날 밤, 대통령의 두개골 파편을 X-레이 촬영했다는 것도 당연히 동시간대에 일어날 수 없는 일이다."

X-레이 결과에는 두개골 뒤쪽에는 어떤 충격을 받은 흔적이 없었다. 그런데 위원회는 암살범이 앞 쪽이 아닌 뒤 쪽에 있었다고 주장했다. 그러나 댈러스 파크랜드 병원에 있던 21명의 의사와 간호사, 비밀경호원들은 초기에 케네디 대통령의 두개골 오른쪽 뒷부분에 커다란 구멍이 있다고 증언했다. 그럼에도 X-레이라는 증거물이 '더욱 과학적'이란 이유로 이들의 진술을 모두 사실이 아닌 것으로 결론 내렸다. 케언스 박사는 FBI에서 하퍼 조각은 두개골의 후두부에서 떨어져 나온 것으로 보인다고 진술했지만 워런 위원회는 이를 무시했다. X-레이 촬영 당시 뭔가 이상한 일이 벌어지고 있었던 것이다.

하퍼 조각은 과연 두개골의 어느 부위에서 떨어져 나온 것일까. 하퍼 조각과 대통령의 두개골을 촬영한 X-레이는 정 반대의 상황을 말해 주었다.

데이비드 맨틱David W. Mantik 박사는 물리학 학위를 취득한 방사선 종양학자다. 맨틱은 1993년부터 1995년까지 미 국립공문서관에서 X-레이 검사 결과를 조사했다. 그는 정확한 사실을 확인하기 위해 광학농도계를 사용했다. 두개골 촬영 X-레이를 보면 뼈가 완전한 부분은 환하게 나타난다. 반대로 구멍이 생겨 비어 있는 부분은 어둡게 나타난다. 맨틱은 이런 기본적 이론을 바탕으로 공식적으로 발표된 X-레이의 명암을 측정했다. 그러던 중 그는 X-레이에서 케네디 대통령의 두개골 앞쪽과 뒤쪽의 명암 차이가 너무 크다는 것을 발견했다. 뭔가 이상했다. 사실, 차이의 정도는 맨 눈으로 확인해도 구별할 수 있을 정도였다. 그는 광학밀도 측정기를 사용하여 X-레이를 더욱 정밀하게 측정하고 나서 말했다. "정말 놀라웠습니다. 소천문(후두골과 좌우의 두정골 사이에 있는 천문)을 나타내는 환한 부분이 어두운 부분보다 무려 1,000배 이상이 더 밝았습니다."

케네디 대통령의 두개골은 앞쪽에 비해 뒤쪽 골밀도가 지나치게 더 높았다. X-레이에는 뭔가가 덧대어 있었다. 광학 밀도 데이터 조사는 원래의 X-레이 결과물에 무언가를 덧댔다는 것을 밝혀냈다. 바로 하퍼 조각이 떨어져 나온 두개골 뒤쪽 부분에 말이다. 즉, X-레이는 조작되었던 것이다. 두개골 뒤쪽에 생긴 움푹 파인 부분이 바로 하퍼 조각이 떨어져 나온 사출구였다. X-레이를 조작한 이유는 총이 앞쪽에서 발사된 것이라는 사실을 감추기 위함이었다. 그러나 두개골 뒤쪽에 위치한 사람 주먹 하나 정도의 구멍은 총이 앞 쪽에서 발사되었다는 사실을 증명하고 있었다.

맨틱 박사의 광학밀도 측정은 기본적인 가정을 확실하게 만들 수 있었다. X-레이 결과에서 하퍼 조각은 정말 경탄할 정도로 사망한 대통령 두개골에 있는 구멍에 꼭 맞았다. 그 조각이 다른 곳에도 동시에 존재했다는 이야기가 있었음에도 말이다. 결과는 바뀌었다. 정부는 X-레이는 과학적인 증거라고 운운하면서 암살은 단독범행으로 이뤄졌다고 주장했다. 하지만 이제 국민들은 정부가 만든 증거물이 조작된 것이라는 것을 알게 되었다. 워런 위원회가 주장했던 그 과학적 증거는 캄캄한 X-레이 실에서 조작된 것이었다. 맨틱이 미 국립공문서관(지금은 누구나 구글에서 'Twenty Conclusions after Nine Visits'를 검색하면 이용가능하다)에 방문하면서 조사를 한 덕분에 말할 수 없던 것들을 입증할 수 있었고, 사실화되었고, 그리고 문서화될 수 있었다.

정부가 주장한 '최고의 증거'는 마침내 독립적으로 조사를 받게 되었다. 조사 결과는 X-레이가 조작되었다는 사실이 한 번 더 입증되었다. 그래서 워런 보고서의 마지막 줄에는 조작이라는 단어가 들어갔다. 재클린이 지키려고 애썼던 두개골 파편 조각은 몇 십 년 후에야 제자리를 찾을 수 있었다. 그러나 정부의 은폐는 여기서 끝날 것 같지가 않았다.

오스왈드, 그리고 제2의 오스왈드

그렇다면 케네디가 딜리 광장에서 총에 맞았을 때, 리 하비 오스왈드는 어디에 있었던 것일까?

대통령이 피살된 지 1시간 반도 채 지나지 않아, AP 통신은 전 세계 언론에 암살범의 사진을 내보냈다. 사진은 선명한 흑백 사진으로 댈러스 사진기자 제임스 아이크 알트겐스James 'Ike' Altgens가 촬영한 것이었다. 그는 대통령이 타고 있는 리무진 정면에 위치한 지점에서 사진을 촬영했다. 사진 속에는 리무진 뒤로 텍사스 교과서 보관소 건물 앞 인도에 줄지어 서 있는 구경꾼들이 있었고 사진의 중심부에는 리무진의 앞 유리를 통해서 케네디 대통령의 얼굴이 보였다. 이와 함께 리무진 뒤로 한 남자의 상체 부분이 함께 촬영되었다. 이 사진은 암살범과 관련된 첫 번째 증거물이었다. 이 남자는 교과서 보관소 정문 앞에 서 있었다. 확대된 사진에서 그 남자의 이미지를 본 사람들은 그가 오스왈드와 비슷하다고 생각했다.

만일 그가 오스왈드라면, 어떻게 그는 대통령이 같은 건물 6층에서 쏜 총에 맞았던 그 시각에 건물 정문에서 자동차 퍼레이드를 볼 수 있었던 것일까? 제임스의 사진은 신문에 실려 전 세계적으로 퍼져나갔고, 이에 대한 의문은 오스왈드가 진범이 아닐 수도 있다는 추측을 낳기에 충분했다.

심문 과정에서 오스왈드는 자신이 정문에 서 있었다고 주장했을지도 모른다. 그러나 그의 증언은 기록에서 모두 삭제되었다. 3일에 걸쳐 12시간가량, 지역, 그리고 FBI가 오스왈드를 심문했다. 그러나 워런 보고서는 "심문 당시에는 속기를 하는 사람이나 어떤 녹음 장치도 없었다"는 말도 안 되는 변명을 했다. 우리는 혐의가 있는 암살범이 진술을 할 때 어떤 녹음 장치나 기록 없이 심문이 진행되었다는 그들의 말을 믿어야 할까? 워런 위원회가 오스왈드에게 던진 질문들과 여러 증언들을 제시하면서, '가장 중요한' 오스왈드의 증언이 사라졌다는 말을 믿어야 하는 것일까? 우리는 삭제된 기록 중에서 "대통령이 총에 맞았을 때 건물 몇 층에 있었는가?"에 대한 질문과 이에 오스왈드가 "1층에서 점심을 먹고 있었다"고 증언한 내용을 찾아낼 수 있었다. 프리츠는 알고 있었겠지만, '그 시간 즈음'이라는 말은 대답에 없었다. 만일 오스왈드가 더 많은 알리바이를 제공할 수 있었다면, 케네디가 암살당했던 그 시각에 자신이 어디에 있었는지 설명할 수 있었을 것이다. 그러나 프리츠는 중요한 단서가 나올 수 있는 순간을 그냥 넘어갔다. "그는 2층에 있는 코카콜라 자판기에서 콜라 한 병을 뽑은 후 점심을 먹었다"는 오스왈드의 증언만 언급했다.

코카콜라 자판기와 구내식당은 같은 층, 즉 2층에 있었다. 교과서 보관소 건물의 직원은 오후 12시 15분에서 25분 사이에 2층에서 오스왈드를 봤다고 진술했다(워런 보고서에 따르면 그 시각은 오스왈드가 케네디 대통령을 총으로 쏘기 위해 준비하기 위해 6층에 있었던 시각이다). 캐롤린 아놀드 Carolyn Arnold는 퍼레이드를 보러 나가기 전, 물을 마시려고 구내식당에 들어갔다. 그녀는 이미 구내식당 안에는 오스왈드가 있었다고 했고, 인터뷰에서 다음과 같이 말했다. "그가 뭘 했는지는 기억이 잘 나지 않아요. 다만 그는 식당 오른쪽에 있는 자리에 앉아 있었어요. 여느 때처럼 혼자 있었고, 점심을 먹으려고 왔던 거였어요. 그와 대화를 나누지는 않았지만, 그가 있었다는 것은 분명히 기억하고 있어요."

오스왈드가 프리츠에게 분명히 말한 것처럼, 그는 구내식당과 콜라 자판기가 있는 2층으로 이동했다. 그리고 그 시각이 오후 12시 31분이었다는 사실이 목격자에 의해 확인되었다. 그러나 워런 보고서는 오스왈드가 1층에서 2층으로 이동한 것이 아니라 6층에서 2층으로 이동한 것이라고 주장했다. 즉, 6층에서 대통령을 저격한 후 2층으로 이동했다는 것이다.

오후 12시 31분, 보고서에도 볼 수 있듯이 댈러스 교통경찰관 베이커는 건물관리인 로이 트룰리Roy Truly와 함께 교과서 보관소로 향했다. 그들은 보관소 건물 계단을 재빨리 올라갔다. 1분 15초가 지났을 무렵, 첫 번째 총성이 딜리 광장에 퍼졌다. 베이커는 2층에 있는 구내식당의 문을 열어젖혔다. 회전식 연발 권총인 리볼버를 꺼낸 베이커와 오스왈드는 마주 서게 되었다. 그 때 오스왈드는 콜라 자판기를 향해 걸어가고 있었다.

"이리로 오시오." 베이커가 말하자 오스왈드는 몸을 돌려 그를 향해 걸어갔다.

베이커는 트룰리를 향해 말했다. "이 남자 아시오? 여기서 일하는 사람이오?"

트룰리는 그렇다고 말했고, 이에 베이커는 몸을 돌려 다시 계속해서 계단을 올라갔다. 오스왈드는 확실히 자판기에서 콜라 한 병을 샀다. 1분도 지나지 않은 시간에, 보관소 사무실 관리직원 레이드Mrs. R.A. Reid는 2층에 있는 사무실에서 오스왈드가 걸어가는 것을 보았다. 코카콜라 병 하나를 손에 들고 있던 오스왈드를 말이다.

워런 위원회는 오스왈드가 대통령과 주지사 코널리에게 총을 쏜 후 급하게 자신의 소총을 숨기고 6층에서 2층까지 거의 날아가듯 달려서 구내식당에 갔다고 주장했다. 그러나 베이커와 트룰리에 따르면, 오스왈드는 굉장히 차분한 상태였다. 워런 위원회의 질문에 베이커는 분명하게 증언했다. "오스왈드는 숨이 가빠보이지 않았습니다. 그리고 어떤 흐트러짐도 보이지 않았습니다." 트룰리 또한 '오스왈드는 흥분하거나 두려워하는 등의 어떤 모습도 보이지 않았다'고 증언했다. 워런 위원회가 오스왈드가 세기의 범죄를 저지르고 급하게 계단을 내려갔다는 주장과는 맞지 않았다.

평안해 보이는 암살범의 모습은 어떻게 묘사할 수 있을까? 제임스가 촬영한 그 사진은 이 질문에 대해 대답을 하는 데 도움을 주었다. 저격 1분 전, 건물 정문에 서있던 오스왈드처럼 생긴 한 남자를 볼 수 있었다. 그는 자동차 퍼레이드를 구경하고 있었지, 대통령을 조준하고 있지 않았다. 이에 대한 설명을 요구했지만, 워런 위원회는 어떤 명확한 입장도 표명하지 않았다.

워런 위원회는 사진을 다시 보여주었고, "전문가 제임스가 촬영한 사진을 아주 졸렬하게 조작한 사진이었다"라고 발표했다. 워런 보고서가 일반에게 제시한 것은 원래 사진의 잡지 복사본을 FBI가 또 복사한 것을 또 인쇄한 것으로, 여러 과정을 거쳐 사진은 굉장히 흐릿했다. FBI와 워런 위원회가 발표한 흐릿한 이 사진에서는 정문에 있는 남자를 식별하기조차 힘들었다. 정부는 고의적으로 그 남자의 이미지를 작고 흐릿해서 식별하기 어렵게 만들었다. 의도적으로 제임스의 사진에 결함을 만들어 재탄생시킨 것이다. 그 결과 정문의 그 남자는 짐작으로만 식별이 가능했고 심지어 위원회는 실제 오스왈드의 사진과 어떤 비교도 하지 않았다. 이는 정부의 의도가 무엇인지를 쉽게 짐작케 하는 대목이다.

보고서의 소제목 '추측과 루머'에서, 위원회는 다음의 의견을 묵살했다. "암살 후 신문과 잡지에 크게 발행된 사진 한 장은 텍사스 교과서 보관소의 계단 앞에 서 있는 리 하비 오스왈드를 보여주었다. 이는 대통령의 차량 행렬이 지나가기 바로 직전(정정: 직후)에 촬영된 것이었다."

워런 보고서는 이 의견에 대해 다음과 같이 발표했다.

"리 하비 오스왈드로 추정되는 건물 앞에 있던 남자는 텍사스 교과서 보관소의 직원인 빌리 러브레이디로 밝혀졌다. 오스왈드와 다소 비슷하기도 하지만 러브레이디는 자신이 그 사진의 주인공이라고 증언했다. 사진에서 보듯 그와 함께 서 있던 보관소의 다른 직원들 또한 그 사진 속의 남자는 오스왈드가 아닌 빌리 러브레이디라고 증언했다."

워런 위원회의 보고서를 조사한 할 버브Hal Verb는 암살 시점에 텍사스 교과서 보관소의 계단 앞과 입구에 13명 또는 14명의 사람들이 있었다는 사실을 확인할 수 있었다. 만일 오스왈드가 있었다면, 거기에는 빌리 러브레이디를 포함하여 그와 함께 있던 13명의 다른 사람들도 있었을 것이다. 그러나 워런 위원회는 13명의 목격자 중 단지 3명에게만 정문의 계단 앞에 서 있는 그 남자가 오스왈드인지 아닌지를 심문했다. 선택된 3명의 목격자는 보관소 매니저이자 그의 직속 상사인 윌리엄 셸리, 그의 동료로 아침에 오스왈드를 일터로 데려다 주는 뷰엘 웨슬리 프레이지어, 그리고 또 다른 오스왈드의 동료인 빌리 러브레이디로, 워런 보고서에 따르면 러브레이디는 정문 앞에 서 있던 남자였다.

워런 보고서와는 반대로, 윌리엄 셸리는 워런 위원회에서 그 사진 속의 남자가 빌리 러브레이디라고 증언하지 않았다. 사실 셸리는 3주 전에 FBI에서 사진 속 남자가 빌리 러브레이디라는 가능성을 배제하는 증언을 했다.

"대통령의 차량 행렬이 지나갈 때, 그가 건물 정문 유리 밖에 서 있었다는 것을 기억합니다. 케네디 대통령이 총에 맞은 그 시각에, 저는 같은 장소에 계속 있었습니다. 빌리 러브레이디는 제 바로 앞 입구의 계단에 앉아 있었습니다.”

　그 사진에서 ‘정문에 있는 그 남자’는 건물의 입구 왼쪽 거의 끝에 서 있었다. 사진에서 보았듯이 셸리는 입구 오른편에 서있었다. 셸리 앞에 위치한 입구 계단에 앉아 있던 빌리 러브레이디는 사진에서 오스왈드와 닮은 그 남자라고 할 수 없는 것이다. 우리는 사진 속 그 남자가 입은 독특한 셔츠에 주목해 봐야 한다. 해롤드 웨이스버그Harold Weisberg는 사진을 확대하여 사진 속 남자의 셔츠에 독특한 패턴이 있음을 발견했다. 그런데 옷은 약간 찢어져 있었고, 단추는 몇 개가 없었다. 이는 오스왈드를 체포한 후 찍은 사진에서 그가 입었던 셔츠와 정확하게 일치했다.

　그러나 1976년, 빌리 러브레이디는 딜리 광장에 있었을 당시 자신이 입었다는 그 셔츠를 입고 나타났다. 그리고 하원 암살조사위원회HSCA는 이를 이용했다. 워런 위원회가 내세운 주장을 보강하기 위한 수단이 생긴 셈이었다. 워런 위원회는 당시 사진 속 남자가 바로 러브레이디라고 계속 주장하고 있었다.

　이제 우리는 1963년 11월 22일에 찍힌 사진 속 그 셔츠의 모양을 확인할 수 있었다. 해롤드 웨이스버그는 대통령이 암살된 직후 촬영한 사진에서 보관소 앞에 있던 사람들을 세밀히 조사했다. 그는 사진에서 셔츠를 입고 있는 빌리 러브레이디를 발견할 수 있었다. 덕분에 러브레이디가 입었던 셔츠와 사진 속 그 남자의 셔츠, 그리고 오스왈드가 체포 당시 입었던 셔츠를 모두 비교할 수 있게 되었다. 데이비드 론David Wrone은 자신의 책인 〈자프루더 영화*The Zapruder Film*〉에서 빌리 러브레이디의 셔츠는 조사한 다른 두 개의 셔츠들과는 완전히 다르다는 결론을 내렸으며, 나머지 두 개의 셔츠는 동일한 것으로 판명되었다.

나는 1959년 여름, 해안가에 위치한 캘리포니아 주의 산타나에서 오스왈드와 함께 방을 썼던 제임스 안토니 보텔로James Anthony Botelho를 인터뷰했다. 보텔로는 사진 속의 남자가 오스왈드라고 말했다. 어떻게 그는 확신할 수 있었을까? 보텔로는 오스왈드가 셔츠의 깃을 잡아당겨 모양이 흐트러지게 만드는 신경증적 습관이 있었다고 했다. 정문에 서 있는 그 남자의 티셔츠는 보텔로가 말한 것처럼 깃 부분이 늘어나 있었다.

보텔로와의 인터뷰를 마친 후, 댈러스 경찰서에 체포된 상태에서 찍은 오스왈드의 사진을 살펴보았다. 셔츠에 주목하면서 말이다. 정문의 그 남자를 확대한 사진과 비교한 결과, 두 개의 셔츠 모양을 통해 오스왈드임을 확인할 수 있었다. 셔츠가 보텔로가 설명했던 그 모양과 같았다. 암살 직후 촬영된 동영상에서, 빌리 러브레이디는 오스왈드와 전혀다른 모습이었다. 오스왈드와 정문의 그 남자는 둘 다 셔츠 윗부분 거의 절반의 단추가 풀려 있어서 안에 입은 티셔츠가 정확하게 보였다. 깃이 밑으로 늘어져 있었다. 반면에 러브레이디의 셔츠는 모두 잠겨 있었고, 깃 역시 아주 잘 정돈되어 있었다. 옷만 본다면, 대통령이 탄 리무진이 지나가고 있을 당시 보관소 정문 앞에 있던 그 남자는 러브레이디가 아니었다.

워런 위원회는 정문 앞에 있던 남자가 입고 있는 옷을 조사하지 않았다. 또한 그의 이미지가 모호한 자료들을 일반에게 공개했다. 위원회의 목적이 진실을 찾는 것이었다면, 왜 그랬을까?

워런 위원회의 변호사인 데이비드 벨린David Belin은 이렇게 기록했다.

"케네디 대통령의 암살 해결의 로제타 스톤The Rosetta Stone(이집트 상형문자의 열쇠가 되는 것)은 경찰관 티핏의 죽음이다."

워런 위원회의 관점에서 보면, 케네디의 암살범이 도주를 하던 도중 티핏을 살해했다. 이는 오스왈드가 살인을 할 수 있는 사람임을 증명하는 것이었다. 워런 위원회 비평가 해롤드 웨이스버그는, "그 조잡한 오스왈드에 대한 경찰 기록을 믿기 위해서는 인내가 필요합니다. 경찰 기록은 오스왈드에게 '경찰 살해범'이라는 모욕적인 별칭을 더해 주었습니다"라고 말했다. 워런 보고서는 목격자인 하워드 브레난부터 시작하여 딜리 광장의 오스왈드에서부터 티핏의 살해자의 행적을 추적했다.

45살인 증기 파이프 수리공인 브레난은 교과서 보관소 건물 건너편에서 퍼레이드를 구경하고 있었다. 대통령 암살 직후, 브레난은 경찰관에게 보관소 건물 6층 창문에 서있는 한 남자가 대통령의 리무진을 향해 라이플총을 발사했다고 말했다. 워런 보고서에 나와 있는 브레난의 증언에 따르면, 총을 발사한 그 사람은 '하얗고 말랐으며 키는 179cm, 몸무게는 약 75kg정도 되어 보이는 30대 초반의 남자'였다. 약 12시 45분 즈음에 댈러스 경찰차로 연행되고 있던 오스왈드와 비슷한 모습이었다. 그러나 마크 레인은 다음과 같이 지적했다.

"6층 창문에 서서 총을 발사한 사람은 있을 수 없습니다. 암살 몇 초 안에 찍힌 건물의 사진에서 알 수 있듯이, 창문은 바닥 부분 쪽만 아주 부분적으로 열려 있었습니다. 그리고 만약 서 있었다면 유리를 뚫고 총을 발사해야만 했을 것입니다."

또한 브레난의 증언에서 라이플총을 발사한 남자가 왼쪽 창턱에 기대어 서있었다는 내용 또한 사실상 불가능하다. 창턱은 마루와 고작 한 발자국 정도 떨어진 위치에 있었고, 창문이 열린 정도도 10cm정도에 불과했기 때문이다. 하워드 브레난의 진술은 위증일 가능성이 있었다. 그럼에도 워런 위원회가 12시 45분에 일어난 사건을 정리할 때, 왜 그의 증언만을 인용했는지도 의문이다.

녹취된 증언에 의하면, 1시 15분, 교통경찰 티핏은 댈러스 오크 클리프Oak Cliff 지역에서 동쪽에 있는 텐스 거리에 차를 세웠다. 그 거리를 걸어가고 있는 한 남자를 불러 세우기 위해서였다. 그 남자는 티핏을 총으로 쏴 죽였고, 살인자는 현장에서 달아났다. 1시간 반 정도가 지난 후, 그 남자가 텍사스 극장에 잠입했다는 것이 드러났다. 댈러스 경찰은 극장을 급습했고, 여기서 리 하비 오스왈드로 밝혀진 그 남자를 체포했다. 웨이스버그가 지적했듯이, 티핏의 죽음은 오스왈드가 케네디의 암살범이라는 추측을 더욱 강조시키는 계기가 되었다. 동시에 동료 경찰의 죽음은 텍사스 극장에서 무장한 오스왈드를 잡겠다는 댈러스 경찰의 사기를 높이기에 충분했다. 그들은 살해할 수도 있을 만큼 분노하고 있었다.

그러나 암살 시나리오는 계획대로 실행되지 않았다. 오스왈드는 극장에서 살해당한 것이 아니라 체포되었다. 그리고 급하게 장면을 바꿔야 하는 어설픈 영화에서처럼, 우리가 감상하려는 이 영화 또한 마지막 부분이 앞뒤가 맞지 않았다. 고독한 총잡이란 결과를 만들어내기 위해 모든 것을 억지로 끼워 맞추려 했던 워런 위원회의 노력은 오히려 앞뒤가 맞지 않은 이야기를 만들어냈다.

워런 보고서에 따르면, 케네디 대통령이 암살된 시간인 오후 12시 30

분과 교통경찰인 티핏이 살해당한 시간인 오후 1시 15분 사이에 오스왈드는 다음과 같은 행동을 했다.

… 고독한 암살자는 텍사스 교과서 보관소 건물 6층 창문에서 대통령을 총으로 저격했다. 그는 즉시 자신의 소총을 숨기고 빠른 속도로 계단을 내려가 2층에 있는 구내식당으로 향했다. 자판기에서 코카콜라 한 병을 뽑으면서 침착한 척 한다. 곧 건물에서 빠져나와 일곱 블록을 걸어간다. 버스를 탄 그는 다시 보관소 건물로 향한다. 차가 막혀 버스가 옴짝달싹 못하게 되자 그는 버스에서 내린다. 그리곤 택시를 타기 위해 세 블록에서 네 블록 정도를 걸어갔다. 한 할머니가 택시 잡는 것을 도와달라고 하지만 거절한다. 그는 택시를 타고 자신의 하숙집이 있는 곳으로 갔고, 하숙집에서 다시 다섯 블록 정도 떨어진 곳까지 택시를 타고 이동한다. 요금을 지불하고 택시에서 내려 다섯 블록을 걸어 다시 하숙집으로 돌아간다. 방으로 들어가 3분에서 4분 정도를 머무르다 재킷과 연발권총 리볼버를 챙겨 다시 밖으로 나온다. 집주인은 그가 집 앞 정류장에서 북쪽 방향 버스를 기다리려고 서 있는 것을 보게 된다. 그는 분명 버스를 타지 않고 남쪽을 향해 걸어갔다.

워런 위원회에서 정한 시간표에 따르면, 대통령을 살해한 직후의 모든 행동들은 45분 안에 이뤄졌다. 위의 일을 모두 마친 오스왈드는 댈러스 근처 오크 클리프의 한적한 거리에서 자신의 리볼버로 교통경찰 티핏을 태연하게 살해한다. 총에서 빈 탄피를 제거하면서 말이다. 덕분에 경찰은 탄피의 흔적을 쉽게 찾을 수 있었고, 결국 오스왈드는 경찰의 추적을 받는 신세가 된다. 오후 1시 50분, 경찰은 텍사스 극장에서 오스왈드를 체포한다.

쉴 틈 없이 진행되는 이 빽빽한 시나리오에는 사실 오스왈드와 비슷한 사람이 투입되어 있었다. 정확히 오후 12시 40분, 보안관 대리 로저 크레이그와 헬렌 포레스트는 오스왈드가 보관소 건물 앞에서 램블러 스테이션 웨건에 타는 것을 목격했다.

오스왈드의 하숙집 여주인 메리 블레드소Mary Bledsoe는 그가 보관소에서 일곱 블록 정도 동쪽으로 떨어진 곳에서 버스를 타는 것을 목격했다고 증언했다. 오스왈드는 프리츠에게 자신은 버스를 탔다고 말했다. 길이 너무 막혀 택시로 갈아타기 전까지 말이다. 체포 당시 셔츠 주머니에서 발견된 버스 환승권은 그의 짧았던 버스 탑승을 확인시켜주는 듯했다. 그러나 프리츠는 오스왈드에게 '크레이그는 당신이 차를 타고 출발한 것을 봤다'고 말했고 이에 오스왈드는 방어적으로 말했다. "그 스테이션 웨곤은 페인 부인 것입니다. 그녀까지 이 일에 끌어들이지 말아 주세요."

오스왈드가 낙심하면서 "이제 모든 사람들이 제가 누군지 알게 되겠군요"라고 덧붙였다. 페인 부인과 연관된 그 운송수단은 오스왈드의 진짜 정체를 파악하는데 중요한 열쇠가 되었다.

만일 그가 스테이션 웨건을 탔던 인물이 아니라면, 로저 크레이그와 헬렌 포레스트가 본 사람은 누굴까? 포레스트는 '일란성 쌍둥이'일거라고 주장했다. 내쉬 램블러를 타고 사라진 그 남자는 오스왈드이거나 아니면 다른 누군가라는 것이다. 크레이그는 자신이 목격한 사람은 '라틴계의 건장한 사람'이라고 설명했다.

베일에 싸인 내쉬 램블러를 목격한 사람들은 많았다. 크레이그, 포레스트, 페닝턴, 카르, 로빈슨, 그리고 쿠퍼가 바로 그들이다. 암살 시나리오에서 절정을 상징하는 오후, 오스왈드가 이동할 수 있었던 수단이 두 대의 자동차뿐만이 아니었을 수도 있을 것이다. 오스왈드가 하숙집에 도착했을 때 자동차는 눈에 띄지 않았다.

오후 1시, 오스왈드가 방에 들어갔을 때 하숙집 주인 얼린 로버츠 Earlene Roberts 부인은 집 바로 앞에 서 있는 경찰차를 보았다. 그녀는 워런 위원회에서 경찰복을 입은 두 명의 경찰관이 차 안에 있었다고 진술했다. 운전자는 '띠- 띠-' 하면서 두 번 경적 소리를 냈다. 일부러 낸 소리였다. 그리고 그 자동차는 시동을 걸고 모퉁이를 돌아갔다. '약 3분에서 4분 후' 오스왈드는 방에서 다시 나왔다. 로버트 부인이 시선을 다른 곳으로 옮기기도 전, 그녀는 오스왈드가 집 앞에서 북쪽 방향으로 가는 버스를 기다리고 있는 것을 보았다. 그리고 워런 보고서에 의하면 12분 후, 교통경찰인 티핏이 살해되었다. 1.6km나 떨어진 곳에서 말이다. 어떻게 오스왈드는 그 시간 안에 티핏을 살해하기 위해 그 장소에 나타날 수 있었을까? 만일 그가 살해한 것이 맞더라도, 이를 명확히 입증할 증거도 없었다.

댈러스 경찰차가 하숙집 앞에 주차를 하고 있다가 그를 태웠을지도 모른다. 두 번 경적을 울리고 신호를 보낸 다음 모퉁이를 돌아간 것이다(아마도 블록을 한 바퀴 돌아 다시 원래 자리로 왔을 것이다). 얼린 로버트 부인은 워런 위원회에서 그 경찰차의 차량 번호가 107이었다고 했다. 위원회의 직원이 그 번호의 차를 찾으려고 했지만 댈러스 경찰서에는 107번 차량은 존재하지 않았다.

107번 번호의 차는 1963년 4월 17일에 이미 자동차딜러에게 판매되었음을 확인했다. 그리고 암살이 일어 난지 3개월 후인 1964년 2월까지는 107번 차량을 사용하지 않았다. 만일 로버트 부인이 차량 번호를 정확히 본 것이라면, 그 차량은 급조된 위조 차량일 것이다. 오스왈드를 태운 경찰차는 텍사스 극장에 도착했고 오스왈드를 그곳에 내려주었다. 그 사이 램블러에 있는 가짜 오스왈드는 텐스 거리와 패톤 거리의 모퉁이에서 교통경찰 티핏을 운명적으로 만나기 위해 걸음을 재촉하고 있었을 것이다.

워런 보고서는 교통경찰 티핏이 살해당한 시각이 거의 오후 1시 15분 즈음이라고 했다. 패톤 거리에서 남쪽 길을 따라 동쪽을 향해 걸어가는 남자와 마주친 후이다. 그 남자의 진술은 라디오에서 방송되던 내용과 비슷했다. 티핏은 그 남자를 자신의 자동차로 불러 세웠다. 그는 자동차로 다가갔고 확실히 그와 몇 마디를 주고받았다. 오른쪽 앞 유리 또는 삼각창을 통해서 말이다. 티핏은 차에서 내려 자동차 주변을 돌기 시작했다. 티핏이 왼쪽 앞바퀴 즈음까지 다가갔을 때, 그 남자는 리볼버의 방아쇠를 당겨 그를 향해 몇 차례 총을 쏘았다. 4발의 총탄을 맞고 그는 즉사했다. 총을 든 그 남자는 다시 패톤 거리로 돌아갔다. 새로운 탄환을 재장전하기 위해 빈 탄피를 꺼내면서 말이다.

워런 보고서는 총을 든 남자가 살해 현장에서 이동할 때 적어도 열 두 명의 사람들이 그를 목격했다고 말했다. "11월 22일 저녁까지, 목격자 중 다섯 명이 폴리스 라인업(드러나지 않는 유리창 뒤에서 범인을 지목해 내는 일)을 통해 본 남자가 리 하비 오스왈드라고 진술했다. 여섯 번째 목격자는 다음날, 세 명의 다른 목격자들은 그 후에 사진을 통해 범인이 오스왈드라고 증언했다. 두 명의 목격자는 그들이 본 남자가 오스왈드와 비슷하게 생겼다고 증언했다. 그리고 한 명의 목격자는 총을 든 남자가 너무 멀리 있어서 신원을 확인하기가 어렵다고 말했다.

마침내 오스왈드로 확인된 도망자는 하디 신발가게Hardy's Shoesiore의 매니저인 조니 캘빈 브루어Johnny Calvin Brewer에게 목격되었다. 그의 가게는 텍사스 극장에서 동쪽으로 몇 집 건너에 위치해 있었다. 자신의 가게 앞 빈 공간에서 의심스러운 행동을 하는 남자를 발견한 브루어는 밖으로 나가 보았다. 그는 극장 매표소 안으로 머리를 들이 밀고 있는 한 남자를 보았다. 티켓 판매원 줄리아 포스탈은 그 남자가 티켓을 구매하지는 않았다고 말했다. 그녀는 경찰을 불렀다.

그러나 티핏을 쏜 그 남자는 현장에서 벗어나 텍사스 극장으로 몰래 들어갔다. 오후 1시 45분 직전의 일이었다. 그리고 그 남자가 리 하비 오스왈드라고 하는데, 문제는 그가 동시에 두 곳에 존재하고 있었다는 점이다. 오스왈드는 동시에 다른 장소에 존재하고 있었다.

텍사스 극장의 구내매점에서 일하는 워런 버치 보로우에 따르면, 리 하비 오스왈드는 오후 1시에서 1시 7분 사이에 극장에 들어왔다. 티핏이 살해되기 불과 몇 분 전이었고, 게다가 일곱 블록 정도 떨어진 곳이었다. 만일 버치 보로우의 증언이 사실이라면, 오스왈드는 티핏을 살해한 용의자 군에서 제외되어야 한다. 아마도 이 때문에, 워런 위원회의 변호사는 보로우에게 간단한 질문을 했다.

"오스왈드가 극장 안으로 오는 것을 보았나요?"

그는 정직하게 대답했다.

"아니오, 보지 못했습니다."

어느 누가 자신이 일하는 곳에 들어온 사람이 있는데, 극장에 들어온 사람을 보지 못했다는 이 증언을 믿을 수 있을까. 그는 나와 인터뷰를 하면서 매점과 앞문 사이에는 칸막이가 있었다고 설명했다. 즉 누구든 충분히 자신의 눈을 피해 극장에 들어갈 수 있고, 계단을 이용해 발코니로 갈 수 있다는 것이다. 구내매점에서 볼 수 없게 말이다. 보로우는 오스왈드가 명백한 살인자라고 말했다. 그러나 그는 오스왈드가 오후 1시에서 1시 7분 사이에 극장에 들어왔다는 것을 알고 있었다. 그는 그 시각 극장 안에서 오스왈드를 봤기 때문이다. 보로우가 내게 말했듯이 그는 오후 1시 15분 경 오스왈드에게 팝콘을 팔았다. 워런 위원회는 그에게서 이 정보를 굳이 캐내지 않았다. 오후 1시 15분 경, 즉 오스왈드가 보로우에게 팝콘을 산 시각은 워런 보고서가 의하면 티핏이 살해당한 바로 그 시각이었다. 티핏은 분명 다른 사람에게 살해당한 것이었다. 당시 텍사스 극장 안에 오스왈드가 있었다는 사실을 버치 보로우만 알고 있던 것이 아니다. 그의 특이했던 행동 때문에 대통령 암살범으로 몰릴 그 남자는 사람들의 시선을 끌었다.

1층 오른쪽 뒷부분에 있는 좌석들 사이를 천천히 지나가던 오스왈드는 18살인 잭 데이비스 앞을 비집고 들어갔다. 그리고 잭의 오른쪽 옆자리에 앉았다. 극장에는 900여 개의 의자가 있었지만 사람들은 20명도 채 되지 않았기 때문에 데이비스는 왜 이 남자가 자신의 옆 자리에 앉는지 의아했다. 그러나 이유가 어쨌든 그 남자는 오래 동안 앉아 있지 않았다. 오스왈드(데이비스가 후에 인지한)는 재빨리 일어나 복도 건너편으로 이동했다. 그리고는 다른 사람 옆에 앉았다가 잠시 후, 그는 다시 일어나 로비로 걸어 나갔다.

데이비스는 오스왈드가 누군가를 찾고 있는 것이라고 생각했다. 그러나 얼굴을 알지 못하는 사람을 찾고 있음이 틀림없었다. 그는 계속해서 새로운 사람 옆에 앉아 예정된 신호를 받기 위한 듯 기다렸고 곧 이동했다.

오후 1시 15분, 오스왈드는 구내매점으로 가서 버치 보로우에게서 팝콘을 샀다. 보로우는 저술가 짐 마스Jim Marrs와 내게 오스왈드가 극장 1층으로 되돌아가 임산부 옆에 앉았다고 했다. 틀림없이 누군가를 찾기 위해 무의미한 노력을 다시 시작했다. 보로우는 이렇게 말했다. "몇 분 후, 임산부는 일어나서 화장실로 갔습니다. 화장실 문이 닫히는 소리가 들리자 경찰들이 극장으로 몰려들어왔습니다." 객석 조명이 켜지고 경찰들이 들이닥쳤다. 잭 데이비스는 이때가 오스왈드가 로비에서 다시 돌아온 지 20분 정도 지난 후인 것 같다고 말했다(보로우가 오스왈드가 임산부 옆에 앉은 것을 봤을 때).

경찰들은 좀 의아한 방법으로 오스왈드를 체포했다. 그들은 앞문과 뒷문으로 극장에 들어왔고 모든 출입구를 봉쇄하여 둘러쌌다. 그리고 맥도날드 경관과 세 명의 다른 경찰들이 스크린 뒤에서 나타났다. 극장의 불이 켜지고 맥도날드는 객석을 훑어봤다. 오스왈드처럼 생긴 남자가 극장에 머리를 숙이고 있는 것을 본 조니 브루어는 맥도날드에게 그 남자가 앉아 있는 곳을 가리켰다. 1층 뒤에서 세 번째 줄이었다. 용의자의 정체와 위치가 파악되었음에도 맥도날드와 함께 온 경찰들은 극장 뒤에서 그 남자를 체포하는 대신에 그와 그들 사이에 있는 사람들을 수색하기 시작했다. 경찰들이 천천히 그에게 다가갔는데, 이는 마치 용의자 오스왈드가 달아날 수 있는 시간을 주는 것 같았다. 그가 달아나려고 할 때 분노한 티핏의 동료들이 그를 쏠 수 있도록 여지를 만들어 주기 위한 것이었다.

마침내 맥도날드가 뒤에서 세 번째 줄에 있는 용의자에게 다가갔을 때, 오스왈드는 일어서서 권총을 꺼냈다. 현장에 집결한 맥도날드와 다른 경찰들이 그와 대치하던 중, 오스왈드의 총이 오발되어 딸깍하는 소리를 냈다. 결국 오스왈드는 그 자리에서 경찰들과 몸싸움을 벌이다가 체포되었다. 그는 댈러스 경찰서로 연행되었다.

오스왈드의 체포를 목격했던 버치 보로우는 인터뷰에서 나를 깜짝 놀라게 했다. 그가 말하길 3~4분이 채 지나지 않아 텍사스 극장에서는 두 번째 체포가 이뤄졌다는 것이다. 그는 댈러스 경찰이 오스왈드와 닮은 사람을 체포했다고 말했다.

보로우가 말한 그 두 번째로 체포된 남자는 정말 오스왈드와 비슷하게 생겼고, 형제나 뭐 그런 것 같았다고 했다. 그에게 "오스왈드와 그 오스왈드를 닮은 두 남자를 동시에 본 적이 있습니까?"라고 질문하자, 그는 "네, 저는 둘 다 봤어요. 매우 비슷하게 생겼어요"라고 대답했다.

경찰들은 오스왈드를 두 번이나 극장 앞에 있는 경찰차로 거의 들고 거의 끌다시피 하면서 연행해갔다. 3~4분이라는 시간 안에 일어난 일이었다. 보로우는 제2의 오스왈드가 체포되어 수갑이 채워지는 것을 목격했다. 그러나 오스왈드를 닮은 남자는 앞이 아니라 극장 뒤로 끌려갔다.

우리는 또 다른 무시된 목격자 버나드 헤어Bernard Haire로부터 다음에 무슨 일이 생겼는지 알 수 있었다.

버나드 헤어는 극장에서 동쪽으로 문 두 개정도 지나서 위치해 있는 버니 하비 하우스Bernie's Hobby House의 주인이었다. 헤어는 극장 앞에 경찰들이 모이는 것을 보고 가게 밖으로 나왔다. 사람이 너무 많아서 무슨 일이 일어나는지 볼 수 없어서 가게를 통해 뒷골목으로 나갔다. 그곳에도 경찰차들이 가득했지만 구경꾼은 거의 없었다. 헤어는 골목을 따라 걸어갔다. 그의 눈에 오스왈드로 보이는 남자가 연행되고 있는 모습이 보였다. 헤어는 말했다. "경찰이 젊은 백인 남자 한 명을 끌어내고 있었습니다. 그 남자는 앞이 다 잠긴 셔츠와 바지를 입고 있었습니다. 그는 몸싸움을 했는지 많이 상기되어 있었습니다. 경찰은 그를 경찰차에 태우고는 가버렸습니다."

1987년, 오스왈드가 경찰에 끌려간 장소는 극장 뒤가 아니라 앞이었다는 말을 들은 헤어는 큰 충격을 받았다. 그는 당황하며 말했다. "제가 본 사람이 누군지 모르겠습니다."

버치 보로우와 버나드 헤어의 증언은 상호 보완적 역할을 하고 있다. 극장 안과 밖이라는 각각의 상황을 종합해보면, 오스왈드가 체포되고 몇 분이 채 지나지 않아 뒷골목에 있던 경찰차에 제2의 오스왈드가 체포되어 태워지고 것이다. 보로우와 헤어의 관점을 독립적으로 생각하고 정리해보면 시나리오의 주요 흐름을 파악할 수 있다. 케네디와 티핏을 살해한 자를 주연으로 내세운 지능적 시나리오는 금요일에 오스왈드를 체포하고, 일요일에 살해하는 것으로 막이 내린다(아마도 텍사스 극장에서 그가 자살할지도 모르기에 그에 대한 대비책이었을 것이다).

댈러스 경찰 기록에는 제2의 오스왈드 체포에 대한 기록이 있다. 티핏에 관한 공식적인 자료인 살해 보고서에는 이렇게 기록되어 있다. "용의자는 후에 텍사스 극장의 발코니에서 체포되었다." 댈러스 경찰 수사관인 스트링펠로우L. D. Stringfellow 또한 게너웨이W. P. Gannaway 서장에게 이렇게 보고했다. "리 하비 오스왈드는 텍사스 극장 발코니에서 체포되었습니다."

살해 보고서와 스트링펠로우는 누구와 관련이 있는 것일까? 오스왈드는 발코니가 아닌 극장 1층에서 체포되었다. 이 자료들은 그 날 오후 텍사스 극장에서 댈러스 경찰에게 체포된 두 번째 체포를 언급하는 것일까? 버치 보로우가 목격한 오스왈드와 닮은 사람의 체포는 실제로 발코니에서 일어난 것일까? 아마 숨겨진 장소에서 이뤄졌을 것이다. 돈을 지불하지 않고 극장에 들어간 그는 당연히 사람들의 시선을 끌었을 테고, 경찰은 그와 생김새가 비슷한 오스왈드(이미 안에 있었던)를 체포했을 것이다. 버치 보로우가 지적했듯이, 극장 앞으로 들어오면 누구든지 즉시 발코니를 향해 계단을 이용할 수 있다. 구내매점에서 볼 수 없도록 말이다.

제2의 오스왈드는 골목에서 경찰차에 탑승해 짧은 거리로 이동했을 것이고, 바로 풀려났을 것이다. 우리는 희생양 오스왈드가 유치된 만큼 제2의 오스왈드가 댈러스에 나타나지 않을 것이라고 추정할 수 있었다. 다른 그 어떤 곳에도 말이다. CIA의 제2의 오스왈드 작전은 조사관들을 영원히 교묘히 속일 수 있었을지도 모른다. 그러나 다른 중요한 목격자들이 나타난 덕분에, 우리는 한 번이 아닌 두 번 등장한 그 제2의 오스왈드에 대한 상세한 증거를 갖게 되었다.

오후 2시, 리 하비 오스왈드는 경찰차 뒷좌석에서 경찰들에 둘러싸인 채 수갑에 채워져 있었다. 구치소로 향하는 중이었다. 오스왈드는 알았다. 암살 시나리오에서 자신의 마지막 역할이 정해져 있다는 것을 말이다. 그날 밤 경찰본부로 끌려가면서 그는 언론을 향해 소리쳤다. "나는 꼭두각시일 뿐이라고요!"

또한 2시 즈음, 제 2의 오스왈드는 텍사스 극장에서 여덟 블록 정도 떨어진 곳 차량 안에 있었다. 여전히 잡히지 않고 쥐죽은 듯 있었다. 그러나 자동차 정비사의 날카로운 눈에는 포착되었다.

60세의 화이트는 오랜 기간 동안 댈러스의 오크 클리프에서 맥 페이트의 자동차 정비공으로 있었다. 사건이 일어난 그 날 오후, 화이트는 자동차를 정비하고 있었는데 그는 한 블록 떨어진 곳에서 경찰차의 사이렌 소리를 들을 수 있었다. 그는 또한 오크 클리프에 있을 것으로 예상되는 용의자에 대한 라디오 보도도 들었다. 그는 차고의 열린 문을 통해 길 건너에 있는 식당 엘 치코El Chico의 주차장으로 빨간색 1961년 형 팰콘Falcon이 들어가는 것을 보게 되었다. 팰콘 자동차는 주차장 안으로 몇 미터 정도 들어가더니 이상한 곳에 주차를 했고 운전자는 차에서 내리지 않았다. 후에 화이트는 말했다. "차 안에 있는 남자는 숨어 있는 것 같았습니다." 화이트는 차 안에 있는 그 남자를 주시했다.

잠시 후 맥 페이트가 점심을 먹고 돌아왔다. 화이트는 페이트 사장에게 숨어서 누군가를 기다리는 것 같은 운전자가 팰콘 자동차를 주차하고 탑승해 있는데 이상한 것 같다고 말했다. 페이트는 화이트에게 자동차를 주의 깊게 지켜보고 있으라고 말했다. 그리고 좀 전에 라디오에서 들은 대통령 암살자가 오크 클리프에 있을 것으로 추정된다는 뉴스 보도를 상기시켰다.

화이트는 좀 더 가까이 보기 위해 길 건너편으로 걸어갔다. 그는 자동차에서 9~13m 정도 되는 거리에서 걸음을 멈추었다. 그는 하얀 티셔츠를 입고 있는 운전자를 볼 수 있었다. 그 남자는 화이트 쪽으로 몸을 돌렸고, 얼굴을 완전히 다 볼 수 있었다. 화이트도 그를 응시했다. 암살범일 가능성이 있는 그 남자를 자극하고 싶진 않았기에, 화이트는 다시 차고로 돌아왔다. 그러나 그는 잠시 멈춰 서서 작업복 주머니에서 종이를 꺼내 자동차 번호를 종이에 메모했다. PP 4537.

그날 밤, 화이트는 아내와 함께 텔레비전을 시청하고 있었다. 그리고 엘 치코 식당 주차장에 있던 빨간색 팰콘 안에서 봤던 그 남자가 바로 댈러스 경찰청에 잡혀 있는 리 하비 오스왈드라는 것을 알 수 있었다. 처음에 화이트는 자신이 본 사실에 대해 깨닫지 못했기에 동요하지 않았다. 화이트는 자신이 팰콘에 앉아 있던 오스왈드를 봤던 그 시각에, 제2의 오스왈드가 댈러스 경찰차에 탑승하여 구치소로 끌려가고 있었다는 사실을 알지 못했기 때문이다. 그러나 화이트는 이내 상황을 파악할 수 있었다. 음모의 손길이 두려웠던 화이트의 아내는 남편이 알고 있는 것을 다른 사람에게 말하지 않는 것이 좋겠다고 설득했다. 그러나 그의 증언이 아니었다면, 주차장에서 발견된 오스왈드는 역사에서 사라졌을지도 모른다.

1963년 12월 4일, 스포츠 전문 뉴스 캐스터 웨스 와이즈Wes Wise는 엘 치코에서 식사를 하면서 오찬 연설을 했다. 그는 스포츠에 대해 이야기하다가 자신이 취재했던 대통령 암살로 주제를 자연스럽게 돌렸다. 그는 오찬 중인 청중들에게 자신이 기자로서, 어떻게 잭 루비의 이야기의 일부분을 알 수 있게 되었는지 말했다. 와이즈를 뉴스거리나 따라다니는 사람으로 알았던 그 남자(잭 루비)와 와이즈의 만남은 잔디 언덕에서 이뤄졌다. 그 날은 루비가 오스왈드를 총으로 쏘기 전 날이었다. 케네디가 암살된 바로 다음 날, 와이즈는 화환이 길게 늘어선 곳에서 우울한 마음으로 뉴스를 마쳤다. 와이즈는 텍사스 교과서 보관소 건물 옆의 조용한 곳에 차를 대고 앉아 있었다. 그 때, 익숙한 목소리가 와이즈를 불렀다. "이봐, 웨스!"

와이즈는 말했다. "돌아보니 어두운 정장을 입은 약간 뚱뚱한 한 남자가 있었습니다. 조금 뒤뚱거리면서도 빨리 걷고 있었죠. 그는 저를 향해 오고 있었습니다. 그는 후에 익숙하고 유명해진 페도라 모자를 쓰고 있었습니다." 잭 루비는 '철길 방향에서' 잔디 언덕에 자신만의 길을 만들면서 걸어오고 있었다.

전날(케네디가 암살당한 바로 그 날), 줄리아 앤 머서라는 그 장소에 잭 루비가 라이플총을 가진 한 남자를 잔디 언덕으로 데려오는 것을 목격했다. 그리고 한 시간 반 후, 같은 장소에서 에드 호프먼은 양복을 입은 한 남자가 대통령을 향해 총을 쏘는 것을 목격했다. 루비는 와이즈의 차 창문에 기대서서 말했다. 그의 목소리는 갈라지고 있었고 그의 눈에는 눈물이 맺혀 있었다. "나는 단지 그들이 재판에 재클린을 데려오지 않기만을 바라. 작은 여인에게는 끔찍한 일이 되고 말았지."

와이즈는 당시 잭 루비의 인터뷰에 관심이 없었다. 그러나 그는 후에 루비의 재판에서 루비를 위해 목격자로서의 역할을 충분히 했다. 그는 루비를 목격한 사람으로서 참고인으로 소환될 예정이었다. 와이즈는 재판에서 루비가 오스왈드를 살해하기 전날 자신에게 했던 내용을 토대로 증언했다. 이는 〈라이프 매거진〉에 인용되기도 했다.

와이즈의 연설이 끝났을 때, 맥 페이트는 이 뉴스캐스터에게 새로운 단서 하나를 제공했다. 그는 와이즈에게 자신의 정비공이 오스왈드를 본 이야기를 해 주었다. 와이즈는 즉시 페이트에게 그 직원과 이야기를 할 수 있게 해 달라고 요청했다.

40년 후, 웨스 와이즈는 인터뷰에서 내게 말했다. 와이즈는 화이트의 진술을 듣기위해 '그에게 판매직을 제의했다'고 했다. 와이즈는 말하기를 꺼려하는 자동차 정비사에게 말했다. "자, 당신도 알다시피, 우리는 미국의 대통령의 암살에 관해 이야기하고 있습니다."

자신의 의무를 확인한 화이트는 와이즈를 엘 치코 식당 주차장으로 데리고 갔다. 그리고 오스왈드와 '정면'으로 만났던 그 장소로 걸어갔다. 와이즈는 대통령이 암살된 그 날 오후 오크 클리프에서 오스왈드가 활동했던 중간 지점에 그 차량이 주차되어 있었다는 것을 알게 되었다. 오스왈드가 택시에서 내린 지점에서 한 블록, 그의 하숙집에서 남쪽으로 여섯 블록, 그가 체포된 텍사스 극장에서 북쪽으로 여덟 블록, 그리고 티핏이 살해된 지점에서는 다섯 블록 떨어진 바로 그 지점이었다.

메모를 하던 와이즈는 말했다. "당신이 그 차량 번호를 알고 있으면 정말 좋을 텐데 말입니다." 화이트는 주머니에 손을 넣어 자동차 번호가 적힌 종이를 꺼내 와이즈에게 건넸다. 그리고 말했다. "이게 차량 번호입니다."

뉴스캐스터 웨스 와이즈는 오스왈드를 목격한 화이트에 관한 이야기를 FBI에 알렸다. 자동차 번호와 함께…. FBI 요원인 찰리 브라운 주니어는 댈러스 세무서의 밀턴 러브와의 인터뷰에서 이렇게 말했다. "1963년, 텍사스 주의 자동차 번호 PP 4537은 플리머스 주의 자동차에 발행되었습니다. 그 자동차는 텍사스 주의 갈런드, 콜게이트 스트릿Colgate Street 4309 번지의 칼 아모스 마더Carl Amos Mother의 소유였습니다."

브라운 요원은 PP 4537 자동차 번호를 가진 차량은 댈러스 교외의 갈런드에 위치한 마더의 집 진입로에 주차되어 있었다고 보고했다. 따라서 플리머스의 칼 아모스 마더의 자동차 번호를 가진 자동차가 어떻게 엘 치코 식당의 주차장에 오스왈드를 닮은 남자가 탑승해 있던 팰콘 자동차 번호판에서 발견될 수 있었는가 하는 의문이 생긴다. FBI는 또한 칼 아모스 마더가 CIA의 주요 계약처인 콜린스 라디오Collins Radio에서 보안통신 업무를 맡았다는 사실을 알아냈다.

케네디 대통령이 암살되기 3주 전, 콜린스 라디오는 쿠바에 대한 스파이 행위와 사보타주를 위해 CIA의 레이더 함을 쿠바에 배치한 것으로, 〈뉴욕 타임스〉지의 1면에 실렸다. 또한 콜린스는 베트남에 통신탑을 설치하기 위해 정부의 승인을 받았다. 1971년에 콜린스 라디오는 CIA의 하청업체이자 군과 거래하고 있는 거대기업인 로크웰 인터내셔널Rockwell International에 합병되었다. 칼 마더는, 앤드류 공군기지에서 부통령 린든 존슨의 부통령 전용기인 에어포스 2의 특수 전기 장비를 다루는 콜린스 라디오를 대리하는 인물이었다. CIA와 연관된 보안 유지 때문에 칼 마더는 FBI와의 접촉을 거절했다. 그래서 FBI는 대신 그의 아내 바바라 마더에게 질문할 수밖에 없었다. 그녀의 남편은 티핏의 좋은 친구였다. 사실, 마더 부부는 티핏이 살해될 당시 티핏의 부인이 마더 부부에게 전화통화를 하는 등 매우 가까운 사이였다. 그의 아내에 따르면, 칼 마더는 오후 3시 30분에 퇴근하여 집으로 돌아왔으며, 부부는 차를 갖고 티핏의 집에 갔다. 그곳에서 티핏의 아내인 마리 티핏은 남편(마더의 자동차 번호판과 관련이 있는 자동차에서 다섯 블록 떨어진 곳에서 발견된 그 남자로 추측되는 인물이 살해한)의 죽음에 슬퍼하고 있었다.

암살 15년 후, 칼 마더는 마침내 처음으로 하원 암살조사위원회HSCA

의 인터뷰에 응했다. 그러나 그는 소환을 면제받은 상태에 있었다. 그리고 그는 어떻게 자신의 자동차 번호가 엘 치코에서 오스왈드와 닮은 운전자와 함께 발견될 수 있었는지 설명하지 않았다. HSCA는 이 사건을 '와이즈 개인의 주장'이라며 묵살해 버렸다. 즉, 자동차 정비사가 적었던 똑같은 자동차 번호판 또한 한 기자에 의해 '제기된 주장'으로 묵살해 버렸다. CIA와 연관된 티핏의 친구 소유의 정확한 자동차 번호판이 갖고 있을 여러 가지 가능성들은 설명하기에 너무나 엄청난 것이었다. 그래서 아무런 설명도 할 수가 없었다.

수 년 동안 완벽하게 잊히고 사라질 것 같았던 '와이즈의 주장'이 지켜질 수 있었던 것은 웨스 와이즈가 끈질기게 양심을 지키려고 노력한 덕분이었다. 그는 1971년에 댈러스 시장으로 선출되었고, 시장으로서 두 번째 임기(1971~1976)를 이어가고 있었다. 그는 댈러스가 대통령이 살해된 곳이라는 그늘에서 벗어나려고 노력했다. 그리고 교과서 보관소 건물이 철거 직전의 상황에 처했을 때, 보관소 건물 철거를 막았다. 그는 보관소 건물을 보존해야 한다고 생각했다. 훗날 대통령 암살 사건의 현장으로 보존하기 위해서였다.

2005년 가을, 나는 웨스 와이즈와 인터뷰를 할 수 있었다. 그는 여전히 엘 치코 주차장에서 오스왈드와 비슷한 한 남자와 마주쳤던 화이트의 설명을 생생히 기억하고 있었다. 와이즈는 자신이 그 사건으로 너무 큰 충격을 받아 수년 후 11월 22일 오후, 엘 치코 주차장을 다시 찾았다고 했다. 주차장에서 있었던 상황을 다시 재현해보기 위해서였다. 그는 화이트가 자동차를 목격했던 그 장소에 다시 섰다. 당시처럼 오후의 햇볕이 내리쬐고 있었다. 와이즈는 이 정도 거리라면 운전자의 얼굴을 인지하는 것이 가능하다고 확신했다. 자동차의 창문이 열려있든 아니든 관계없이 말이다. FBI는 그의 의견을 계속 묵살했다. 그럼에도 와이즈는 기자로서 그리고 댈러스의 시장으로서 보낸 수 년 동안 텍사스 교과서 보관소 건물을 지켰다. 뿐만 아니라 1963년 12월 4일 오찬 초대에서 자신이 직접 받았던 화이트의 쪽지도 보관하고 있었다. 자동차 번호가 적힌 그 쪽지를 말이다. 인터뷰를 진행하던 중, 그는 파일에서 쪽지를 꺼냈다. 와이즈는 내게 전화로 화이트의 번호판에 대한 정확한 정보를 읽어주었다. 'PP 4537'.

와이즈 시장은 화이트가 엘 치코 주차장에서 그 남자를 본, 그 시각에 리 하비 오스왈드가 또 다른 곳에도 존재하고 있었다는 내용에 잠시 진지하게 생각했다(자동차의 번호판은 이제 추적할 수 있다. 이는 세세하게 메모를 해둔 화이트와 와이즈 덕분이었다). 곧 그는 말했다. "글쎄, 당신도 오스왈드가 두 명이었다고 생각할 것 같은데, 아니오?"

나는 특히 북미항공우주방위군The North American Air Defense Command (NORAD)의 공군 병장인 로버트 빈슨Robert G. Vinson의 증언에서도 '제2의 오스왈드'에 대한 생각을 떨쳐버릴 수 없다.

11월 22일 오후, 빈슨은 화이트가 목격한 그 남자를 목격한 두 번째 목격자다. 그는 사실 CIA의 비행기에서 탈출하는 제2의 오스왈드를 목격했다. 빈슨 병장은 이미 도주 중인 비행기 안에 있었다. 다른 오스왈드가 탑승할 때 말이다. 제2의 오스왈드가 비행기에서 내린 몇 분 후, 빈슨도 비행기에서 내렸다. 암살이 일어난 오후, 로버트 빈슨은 댈러스의 제2의 오스왈드와 CIA의 비밀스런 움직임을 목격한 아주 특별한 목격자였다.

1963년 11월 20일, NORAD(북미항공우주방위군)의 로버트 빈슨 병장은 ENT 공군 기지에 배치된 콜로라도의 스프링스에서 워싱턴으로 떠날 채비를 하고 있었다. 34세의 병장은 16년 동안 공군에서 일하면서 처음으로 영관급들을 만나야겠다고 결심했다. 여행의 목적은 자신이 왜 아직도 승진을 못하는지 확인하기 위해서였다. 전자공학 부서에서 관리 감독으로, 비밀정보 사용허가에 관한 비밀직원으로 NORAD 업무 평가에서 뛰어난 항상 성적을 받았음에도 빈슨의 승진은 계속 지연되고 있었다. 빈슨의 NORAD 사령관에 따르면, 로버트 빈슨은 불편한 질문을 제기하지 않는 온순한 부하였다. 그러나 이번에는 달랐다. 빈슨은 누락되는 승진 문제에 관해 아내 로베르타와 상의했고, 충성스럽기만 하던 성향에서 벗어나기로 했다.

11월 21일 목요일, 빈슨 병장은 의사당 건물 지하 사무실에서 채프먼 대령을 만났다. 그는 의회와 펜타곤(미국의 국방부)의 연락을 담당하고 있는 연락장교였다. 빈슨의 서류를 살펴보면서 한편으로 채프먼 대령은 펜타곤에 연락을 취하고 있었다.

채프먼 대령은 통화 상대에게 말했다. "저는 대통령 각하께서 금요일에 텍사스 주의 댈러스에 가지 않는 것이 좋겠다는 것을 강력히 건의하고 싶습니다. 뭔가 특이한 동향이 보고되었기 때문입니다."

채프먼은 자신의 편성표에 의해서 의회의원들이 이미 댈러스에 가 있는 상황이었음에도 대통령께서는 댈러스 방문을 취소했어야 했다고 말했다. 빈슨은 채프먼이 '무엇' 때문에 케네디 대통령의 댈러스 방문(시카고 방문을 최종적으로 취소하고 3주가 좀 안 된 시기)을 마지막 순간까지 취소하라고 촉구했는지는 듣지 못했다.

통화가 끝난 후 채프먼 대령은 펜타곤에 빈슨 병장의 승진 문제를 언급했다. 빈슨의 기록을 조사한 펜타곤의 인사 담당자도 빈슨이 왜 승진되지 않았는지 의아했다. 그는 펜타곤 사무실 측에서 이유를 알아보겠다고 말했다.

다음 날인 11월 22일, 빈슨은 버스를 타고 앤드류 공군기지로 향했다. 그는 콜로라도 스프링스나 인근으로 가장 빨리 출발하는 비행기를 탈 예정이었다.

그러나 탑승 수속대에 있던 이등병은 콜로라도의 스프링스나 인근으로 출발이 예정된 비행기가 없다고 했다. 그러나 빈슨은 일단 탑승 수속대에서 자신의 이름과 일련번호를 기재했다. 빈슨은 카페테리아로 아침을 먹으러 갈 것이니 혹시 비행기가 있으면 알려달라고 요청했다. 15분 후, 스피커에서 빈슨을 찾는 목소리가 들렸다. 그는 테이블에 앉아서 아침을 먹다말고, 가방을 들고 이등병이 말해준 비행기를 향해 달려갔다. 이등병은 그 비행기가 덴버에 있는 로리 공군 기지로 곧 출발할 것이라고 했다. 프로펠러로 작동하는 화물용 비행기 C-54가 활주로로 내려오자 빈슨은 그 비행기를 탔다. 빈슨이 탔던 비행기들과는 달리, C-54는 어떤 군사적인 표시나 일련번호가 없었다. 비행기의 정체를 확인할 수 있는 방법이라고는 비행기 꼬리 부분에 하얀색 격자무늬가 달걀 모양의 지구가 녹슨 갈색의 그래픽과 교차하여 그려진 표시뿐이었다. 비행기의 문은 열려있었다. 빈슨이 C-54에 탑승했을 때, 비행기 안은 텅 비어 있었다. 그는 오른쪽 날개 부분에 앉았다. 그는 창문을 통해 비행기 아래 주변을 걷고 있는 탁한 녹색 작업복을 입은 두 남자를 볼 수 있었다. 그들의 작업복에도 아무런 표시가 없었다.

1분도 지나지 않아, 그 두 남자가 비행기에 올라탔다. 그들은 아무 말도 없이 빈슨 옆을 지나가더니, 조종실 문으로 들어가 엔진을 켰고 이내 비행기는 이륙했다.

  빈슨은 창문 밖 너머로 시야에서 사라지는 활주로를 바라보고 있었다. 그는 왜 비행기에 아무런 표시도 없는지 궁금했고, 그 생각을 머리에서 떨칠 수가 없었다. 예전에 공군 비행기에 탈 때는 승무원이 항상 승객 명단이나 일지에 사인할 것을 요청했다. 그러나 그날 빈슨이 탑승한 비행기에는 승무원도 없었고, 사인 요청 같은 것은 더더욱 없었다. 보통 때라면 조종사나 부조종사의 따뜻한 인사가 있었을 테지만, 그를 맞이하는 것은 서쪽을 향해 비행하는 두 사람의 조종사의 침묵뿐이었다.

  네브래스카 주를 지나는 지점 같았다. 갑자기 인터컴을 통해 무뚝뚝한 목소리가 흘러나왔다. "12시 29분, 대통령께서 총에 맞으셨습니다."

  그는 단호한 말투로 소식을 전했다. 그 직후, 비행기는 비스듬히 날아 왼쪽으로 방향을 급격히 꺾었다. 비행기는 이제 남쪽을 향해 비행하기 시작했다. 중부 표준 시각으로 거의 오후 3시 반이 되었을 무렵, 빈슨의 눈에 친숙한 도시의 스카이라인이 들어왔다. 댈러스였다.

  북동쪽 방향의 댈러스로 향하던 비행기는 갑자기 거칠게 착륙했다. 트리니티 강 옆의 모래로 뒤덮인 지역이었다. 활주로가 아니었다. 빈슨은 건설 중인 길인 것 같다고 생각했다. 비행기가 착륙하면서 먼지가 일었고, C-54는 유턴하여 천천히 달리다가 멈췄다. 엔진은 여전히 켜져 있었다.

  빈슨은 창문을 통해 고속도로 건설 노동자들이 사용한 것으로 보이는 공구창고를 볼 수 있었다. 공구창고는 1.2m×1.8m 정도의 크기로 문은 열려 있었다. 멀리에는 낮은 절벽이 있었고, 북쪽을 향하는 강을 가로질러 댈러스의 스카이라인이 보였다. 두 명의 남자가 지프 차량에서 내려 비행기를 향해 뛰어오고 있었고, 지프는 곧 빈슨의 시야에서 사라졌다.

비행기 조종사 중 한 명이 돌아와서 승객용 문을 열었다. 그리고 지프에서 내린 두 남자가 비행기에 탑승했다. 빈슨은 그 남자들이 자신의 자리를 지나가는 것을 지켜보았다. 그들은 아무런 말도 없었고 빈슨을 쳐다보지도 않았다. 그들은 황백색과 베이지 계통의 작업복을 입고 있었는데, 아마도 고속도로 일꾼들이 입는 것으로 보였다. 그들은 아무것도 들고 있지 않았다. 그 남자들은 조종석 오른쪽 뒤에 앉았다. 그들은 들어 올 때도 아무 말이 없었으며, 서로 아무 말도 하지 않았다. 빈슨은 그들이 어떤 명령에 따르고 있다고 확신했다. 분명 자신들이 하는 일에 대해서도 침묵하라는 명령이 있었을 것이다. 두 남자 중 더 큰 사람은 182~185cm는 되어보였고, 몸무게는 거의 81~86kg에 육박해 보였다. 그리고 라틴계 남자처럼 보였다. 빈슨은 그가 쿠바인이었다고 생각했다. 좀 더 작은 남자는 173~179cm정도에, 몸무게는 68~72kg정도 되는 백인이었다. 그 주말이 지난 후 빈슨은 댈러스의 사건들을 방송하는 텔레비전을 보았다. 그리고 비행기에 탑승했던 남자 중에서 키가 작았던 남자가 리 하비 오스왈드와 똑같이 생겼다는 것을 깨닫게 되었다.

엔진을 끈 적이 없는 C-54는 모래가 덮인 지역에서 이륙하여 북서쪽으로 향했다. 오스왈드와 닮은 그 남자를 태운 비행기는 곧 댈러스를 떠났다.

어두워지자, C-54는 활주로에 착륙했다. 로버트 빈슨은 비행기의 목적지가 덴버에 있는 로리 공군기지였다는 생각을 당시도 계속하고 있었다. C-54의 엔진이 드디어 꺼졌다. 조종석에 있던 두 남자는 엔진이 꺼지자마자 문을 열고 나왔다. 그들은 빈슨을 지나쳐 비행기 밖으로 돌진했다. 댈러스에서 탑승한 두 명의 승객이 서둘러 그들을 따라갔고 빈슨은 처음처럼 비행기에 혼자 남겨졌다. 몇 년 후, 빈슨은 인터뷰에서 이렇게 말했다. "정말 이상했어요, 정말로요. 나는 그들이 왜 그렇게 서둘렀는지 이해할 수가 없었습니다. 그들은 빠르게 비행기를 빠져 나갔습니다."

로버트 빈슨은 땅거미가 질 무렵에서야 비행기에서 내렸다. 밖에는 아무도 없었다. 사람 형체와 비슷한 것도, 전혀 없었다. 그 때 활주로를 가로질러 불빛을 밝히는 건물 하나가 보였다. 그는 건물 안에서 혼자 근무 중이던 공군 헌병대원을 발견했다.

"안녕하십니까. 여기가 어딘지 말씀해 주시겠습니까?" 빈슨이 말했다.

"여기는 뉴멕시코에 있는 로스웰 공군기지입니다."

"제 생각에는 콜로라도 덴버에 가고 있는 줄 알았습니다. 시내로 나가서 버스를 탈 수 있는 방법을 아십니까?" 그는 현재 공군이 경계 태세에 있기 때문에 당장은 이동할 수 없는 상황이라고 말했다.

자신이 탄 C-54가 기지에 막 도착했는데 빈슨은 이 사실이 굉장히 이상하게 느껴졌다. 경계 태세라면서 그 비행기는 어떻게 허가도 없이 기지에 들어올 수 있었을까? 다른 사람들에게는 폐쇄된 기지에 비행기는 어떻게 들어올 수 있었는지 빈슨은 도저히 알 수가 없었다. 빈슨은 헌병대원을 말을 듣고 활주로가 왜 텅 비어 있었는지는 알 수 있었다. 적어도 C-54의 승객 중 한 명은 어느 누구에게도 발견되면 안 되는 상황이었다. 그러나 빈슨은 그를 봤고 그와 함께 댈러스를 벗어나 날아왔다. 빈슨이 당시에 본 그 남자가 얼마나 중요한 인물인지에 대해 깨닫지는 못했지만 말이다.

그 공군 헌병대원은 경계 태세가 풀릴 때까지 빈슨이 자리에 앉아 쉬도록 했다. 두어 시간이 지난 후, 그는 빈슨에게 경계태세가 끝났다고 말했고, 그에게 버스 정류장으로 가는 방법을 알려 주었다.

다음 날 아침, 11월 23일 토요일이었다. 로버트 빈슨은 콜로라도의 스프링스에 있는 자신의 집에 있었다. 그는 아내 로베르타에게 자신이 겪은 이상한 이야기를 해 주었다. 부부는 이야기의 진행 과정과 배후를 전혀 이해할 수는 없었지만, 위험할 수 있다는 것은 감지할 수 있었다. 그래서 이 이야기를 어떤 누구에게도 발설하지 않기로 결정했다. 그날 밤, 댈러스 사건에 대한 텔레비전을 보던 로버트는 이상한 생각에 사로잡혀 머리를 흔들었다. 그는 아내에게 말했다. "저 남자는 정말이지 비행기에 있었던 좀 더 키가 작은 남자랑 너무 닮았소."

"지금 제정신이에요? 그럴 리가 없어요. 그는 구치소에 있는 걸요." 아내가 말했다.

"맹세컨대 그는 분명히 비행기에 있었소."

"글쎄요, 그 일에 대해서는 말하지 않는 것이 좋겠어요."

다음 날, 오스왈드는 살해되었다. 로버트 빈슨은 그 후로 30년 동안 입을 다물었다. 댈러스의 비행기 안에서 그가 봤던 키가 작은 남자에 대해 말이다. 그러나 그가 침묵했다고 해서, 11월 22일에 빈슨이 앤드류 공군기지 탑승 수속대에서 적은 그의 이름과 일련번호는 사라지지는 않았다. 댈러스에서 비행기에 탑승했던 두 남자와 조종석에 있던 두 남자 역시 마찬가지였다. 조용히 명령에만 복종했던 그들 중에서 어느 누가 비행기에 다른 사람이 탑승해 있을 거라고 상상했겠는가? 그러나 존재를 몰랐던 사람의 정체는 드러났다. 댈러스에서 출발하는 비행기 탑승한 공인되지 않은 승객 로버트 빈슨이었다.

1964년의 봄, 빈슨은 기술 하사관으로 승진했다. 어느 날 빈슨의 친구가 빈슨 부부에게 물었다. "FBI가 이웃들에게 자네 부부가 어떤 사람들인지, 그리고 어떤 이야기를 하곤 하는지 물어봤다고 하더군." 얼마 지나지 않아, 빈슨의 부대장은 빈슨에게 새로운 비밀계약서에 사인을 하라고 명령했다. 그의 아내인 로베르타에게 까지 주어진 서류에 신상 정보를 모두 기록하고 비밀계약서에 서명을 하라고 요구했다. 이는 공군 내에서 이례적인 일이었다.

1964년 11월 25일, 로버트 빈슨은 워싱턴으로 가라는 명령을 받았다. 그리고 특별한 프로젝트를 수행할 것을 명령 받았고 하나의 전화번호를 받았다. 워싱턴에 도착해서 그 번호로 전화를 걸자, 교육을 위해 버지니아 랭글리에 있는 CIA 본부에서 5일 동안 머무르라는 지시가 떨어졌다. CIA는 그에게 일련의 심리학적 그리고 육체적 테스트를 실행했다. 테스트의 마지막은 회의실에서 이뤄진 인터뷰였다.

빈슨을 앞에 두고 한 무리의 남자들은 반원 모양으로 앉아 있었다. 어둑어둑해질 무렵이었다. 그들은 빈슨에게 함께 일하지 않겠냐고 제안했다. 그러나 그는 거절했다. 자신은 공군에서 은퇴하고 콜로라도의 스프링스에서 새로운 일을 시작하고 싶다고 했다. CIA 요원들은 높은 수입이 보장된다며 그를 설득했지만 그는 또 거절했다. 마침내 그들은 빈슨을 보내주었다. 나중에 밝혀졌듯이 사실 빈슨을 완전히 놔준 것은 아니었다. 3개월 후, 로버트 빈슨은 다시 CIA에 가라는 명령과 전화번호 하나를 받았다. 이번에는 네바다 주의 라스베이거스였다. 이전과는 달리 빈슨은 CIA에서 '일을 해 보자'는 '제의'를 받지 않았다. 그는 CIA에서 '일을 하라'는 '명령'을 들었다. 라스베이거스에서 북서쪽으로 40마일 떨어진 넬리스Nellis 산 중에는 공군기지가 숨겨져 있었다. 그 기지에서는 블랙버드 스파이Blackbird spy plane SR-71 항공기와 관련된 일급비밀의 CIA 프로젝트가 추진되고 있었다.

공군은 그에게 이 프로젝트를 맡겼다. 최근 이 기지는 방사성 오염, 특히 미국 네바다 핵실험장에서 나오는 오염 물질 때문에 문을 닫았다. 전에 CIA가 실험했던 이 지역은 51 구역과 일치했다.

새로운 임무를 부여받은 빈슨은 곧 51구역에서 수행하는 CIA의 프로젝트가 접시받침처럼 생긴 항공기 실험을 포함하고 있다는 사실을 알게되었다. 제2의 오스왈드를 태운 C-54가 착륙했던 뉴멕시코의 로스웰에 있는 CIA의 다른 기지와 같은 장소였다. 51구역과 로스웰은 그 지역 사람들이 정기적으로 발견했던 '비행접시'의 근원지였던 셈이다. 사실 그 비행접시들의 출처는 우주가 아니라 CIA였다. 미국은 항공기 실험을 보다 쉽게 실행하기 위해 커버스토리(변명, 거짓이유)로 비행접시 보도를 유도했다.

빈슨의 임기가 1년 반 정도 남은 시점이었다. 빈슨은 51구역에서 CIA의 SR-71/블랙버드 스파이 항공기 프로젝트의 자원공급을 위한 관리 책임자로 활동하고 있었다. 빈슨은 그 직위에 자신이 완벽한 적임자가 아니라는 것을 잘 알고 있었다. 빈슨이 은퇴를 18개월 정도 앞두고 있던 시점에, CIA는 콜로라도의 스프링스에서 빈슨을 데려와 네바다 프로젝트에 투입한 것이었다. 빈슨에게 프로젝트를 맡긴 데에는 다른 이유가 있었을 것이다. 빈슨 부부는 CIA의 감시 하에 있었다. 그 결과 CIA는 침묵의 대가로 빈슨에게 매달 공군 월급에 보너스를 더해 지불했다. 빈슨은 댈러스의 비행기에 우연히 있게 된 초대받지 못한 손님이었다. 그러나 CIA는 빈슨에게 이 사실을 한 번도 언급하지 않았다.

51구역에서 일을 하던 빈슨은 댈러스에서 제2의 오스왈드를 태웠던 비행기와 비슷한 모습의 C-54를 보았다. 비행기의 꼬리 부분에는 하얀색 격자무늬가 달걀 모양의 지구가 녹슨 갈색의 그래픽과 교차하여 그려진 모습이 있었다. 앤드류 공군기지에서 탑승한 C-54에서 보았던 모양이었다. 51구역의 공군 병장은 그가 보고 있던 비행기의 출처를 확인해 주었다. 병장은 "CIA"라고 말했다.

1966년 10월 1일, 로버트 빈슨의 CIA 생활은 공군에서의 제대와 함께 끝이 났다. CIA는 그에게 침묵에 대한 대가를 지불했지만, 빈슨 부부는 '마치 안락한 교도소에서 벗어난 것 같은 기분'을 느꼈다. 두려웠던 생활과 연금에 대한 우려에서 벗어난 빈슨은 20년 동안 침묵을 지켰다. 그는 캔자스에 있는 위치토Wichita 시의 국영기업에서 회계사, 이사 보좌역, 그리고 감독관으로 일을 했다. 1976년, 그가 위치토에 있는 변호사 친구에게 자신이 자신의 비밀을 밝혀야 하는지에 대해 물었을 때 친구는 말했다. "절대 말하지 말게. 자네의 안전을 위해서야." 그러나 빈슨의 양심은 자꾸 그를 떠밀어내고 있었다.

1992년, 의회가 암살에 대한 정부의 기록을 밝히라고 명령하면서 케네디 기록법안Kennedy Records Act이 통과되었다. 이후 빈슨은 위치토의 하원의원 댄 글릭맨Dan Glickman에게 상의를 했다. 그는 빈슨이 암살 관련 정보를 제공하더라도, 그리고 이미 이전에 비밀계약서에 서명을 했다 하더라도, 이번에 통과된 법이 빈슨을 두려움에서 자유롭게 해줄 것이라고 말했다.

1993년 11월 22일, 로버트 빈슨은 위치토 시의 KATE-TV 채널 10 뉴스를 진행하는 앵커 래리 해티버그Larry Hatteberg에게 댈러스에서 겪은 비행기 사건을 이야기했다. 시청자들은 빈슨의 이야기에 '믿을 수 없다는 반응'을 보였다. 해티버그는 시청자들이 위치토 채널을 몇 번이고 다시 봐야 했다고 했다. 초기 반응은 위치토 시민자유 변호사인 제임스 존스턴을 통해 대략적으로 알 수 있었다. 케네디 암살에 대해 연구하던 존스턴은 빈슨에게 법적 조언자 역할을 자처했다. 그리고 빈슨의 증언이 국민과 정부의 관심을 이끌 수 있도록 도움을 주었다. 그 후 케네디 기록법안이 통과되면서 만들어진 '암살기록 검토위원회Assassination Records Review Board'에도 증언을 제공했다.

2003년, 제임스 존스턴과 기자 존 로Jon Roe는 〈댈러스에서의 비행Flight from Dallas〉'을 공동으로 집필했다. 그들은 책에서 자신들이 전해들은 로버트 빈슨의 경험을 상세히 묘사했다.

존스턴은 빈슨에게 댈러스의 지도를 보여주었다. 빈슨은 지도에서 C-54가 착륙한 지역을 손으로 짚었다. '댈러스 시내에서 남쪽에 바로 인접해 있는 트리니티 강 범람원'이었다. 착륙 지점으로 그가 가리킨 특정한 장소는 카디즈 거리 고가도로와 코린트거리 고가도로 사이에 있는 곳으로, 1.36km 정도 되는 거리였다.

제임스 존스턴은 조언을 구할 C-54 전문가 한 명을 찾아냈다. 은퇴한 공군 소령 윌리엄 헨드릭스였다. 그는 베를린 공수작전 동안 100여 차례의 임무를 수행하면서 C-54를 조종한 사람이었다. 헨드릭스는 이렇게 적어 보냈다. "개인적인 의견으로, C-54는 쉽게 트리니티 강 범람원에 착륙할 수 있었을 겁니다. 그리고 당신에 지적한 그 장소에서 이륙하는 것 또한 쉬웠을 겁니다."

CIA의 엄청난 실수로 로버트 빈슨은 댈러스에서 제2의 오스왈드를 태운 비행기에 탑승하게 되었다. 이는 그야말로 우연이었고 암살에 이어 오크 클리프 계획에 대해서도 알 수 있게 해 준 단서가 되었다. 먼저 딜리 광장에서 케네디 대통령을 암살한 저격수는 각각 잔디 언덕과 텍사스 교과서 보관소 건물에 있었다. 그리고 시나리오는 오크 클리프에서 오스왈드가 택시를 타고 '도주'하는 것으로 이어졌다. 같은 시각, '라틴계의 건장한 사람'이라고 설명했던 로저 크레이그에 의하면 제2의 오스왈드도 램블러 스테이션 웨건을 타고 같은 지역으로 가고 있었다. 크레이그의 묘사는 C-54에 탑승했던 로버트 빈슨의 묘사와 일치했다. 교통 경찰 티핏은 그리고 나서 한 남자에게 살해당했다. 목격자들은 그 남자가 오스왈드와 닮았다고 증언했다. 티핏이 살해된 후 오스왈드는 체포되었다. 셀 게임(어느 곳에 실제 배치했는지 알기 어렵게 만드는 이른바 야바위 전술)이었다.

제2의 오스왈드와 쿠바인으로 보이는 동료는 각자 떨어져 있다가 오크 클리프로 이동하기로 했다. C-54는 오크 클리프 주변의 트리니티 강에 착륙했고, 반원 안으로 천천히 달리다가 멈추었다. 제2의 오스왈드와 쿠바인으로 보이는 동료를 태우기 위해서였다. 차량이 멈춘 곳은 엘 치코 식당의 주차장에서 2km 정도 떨어진 곳이었다. 화이트는 오후 2시, 엘 치코의 주차장에서 CIA와 관련된 자동차 안에서 오스왈드처럼 생긴 남자를 목격했다. 오스왈드처럼 생긴 남자는 오후 3시 반, CIA의 비행기가 있는 그 장소로 향해 5분 동안 운전을 했다. 고속도로 일꾼용 작업복으로 갈아입을 시간은 충분했다. 옷을 갈아입은 그는 C-54를 탑승했다. 그 시각 사람들이 더 잘 볼 수 있는 상대, 즉 진짜 오스왈드는 구치소로 향하고 있었다. 그리고 그 구치소로 향하던 남자는 이틀 살해당하고 말았다.

로버트 빈슨은 이렇게 말했다. "1963년 11월 22일 이후 암살에 관련한 기사를 볼 때마다, 나는 이 수수께끼에 대한 답을 내가 갖고 있는 것은 아닌지 생각했습니다. 이 작은 정보의 조각이 큰 그림에 맞춰지면서 도대체 무슨 일이 있었던 건지 알게 해줄 수 있을까요?" 웨스 와이즈 시장, 자동차 정비사 화이트, 구내 매점에서 일하던 워런 버치 보로우, 버니의 하비 하우스의 주인 버나드 헤어, 그리고 공군 병장 로버트 빈슨이 제공한 정보의 조각들 덕분에, 우리는 이제 큰 그림을 완성할 수 있게 되었다.

1963년 11월 22일 오후, 댈러스의 오크 클리프에서 리 하비 오스왈드의 역할을 한 두 남자가 어떤 시나리오대로 움직였는지 알게 된 것이다. 와이즈, 화이트, 보로우와 헤어, 그리고 빈슨의 증언들이 서로 맞물리면서, 우리는 CIA가 연출하고 두 명의 오스왈드가 주연을 맡은 드라마의 배경을 알 수 있었다.

케네디의 피살과 총탄의 진로

11월 22일 오후, 파크랜드 병원에서 케네디 대통령의 죽음을 알린 인물은 백악관 부대변인 맬컴 킬더프Malcolm Kilduff였다. 40년 후 그가 죽기 전, 맬컴 킬더프는 인터뷰에서 내게 말했다. 케네디 대통령은 텍사스로 출발하기 바로 전, 자신에게 베트남에 대해 강경한 입장이라고 말했다는 내용이었다.

11월 21일 오전, 킬더프는 대통령 연설을 준비하기 위해 백악관 대통령 집무실로 향했다. 그는 케네디 대통령이 베트남전에서 발을 빼고 싶어 한다는 것을 알 수 있었다. 케네디는 킬더프에게 말했다.

"나는 최근 베트남에서 있었던 일련의 사건들을 보고 받았소. 우리는 너무 많은 사람들을 잃었소. 이제 우리가 나설 차례인 것 같소. 베트남 사람들이 스스로 싸우는 것이 아니라 우리가 싸움을 하고 있는 거요. 텍사스에서 내가 돌아온 후 그 때가 바로 변화의 시작이 될 것이오. 그 곳에 있는 많은 사람들이 목숨을 잃을 이유가 없소. 베트남전은 미국인의 생명을 희생할 만큼 가치가 있지 않아요."

케네디가 의미하는 바는 명확했다. 킬더프는 말했다.

"대통령께서 베트남에서 미군을 철수하려 했던 것은 확실합니다. 저는 대통령께서 댈러스로 출발하기 직전 집무실에 있었고, 대통령께서는 베트남전이 미국인들의 생명보다 더 가치 있는 것은 아니라고 말씀하셨습니다. 의심할 필요도 없이 확실합니다. 저는 직접 들었습니다."

백악관에서 마지막 시간을 보낸 케네디 대통령은 베트남에서 미군 철수에 초점을 맞추고 있었다. 1963년 10월 11일, 국가안전보장조처에 관한 비망록 263호를 보면 사실 미군은 이미 철수를 시작하고 있었다. 10

월 20일, 대통령은 하이애니스 항에서 자신의 친구 래리 뉴만Larry Newman에게 이렇게 말했었다. "베트남 전쟁이 내 마음 속에서 떠나질 않아. 밤낮으로 머릿속에서 생각이 날 정도로." 총탄이 대통령의 머리를 관통했을 때, 비로소 베트남은 그의 머리에서 떠날 수 있었을 것이다. 케네디 대통령이 베트남 철수 계획을 실행하기 위해 어떻게 했는지 정확히 알려진 바는 없다. 그러나 그의 생각에서 몇 가지 단서를 읽을 수 있다.

첫 번째 단서는 평화가 케네디의 선거 현안이었다는 점이다. 9월에 있었던 연설에서 부분적 핵실험 금지 조약을 언급할 때, 심지어 보수적인 청중들에게도 박수갈채를 받았다. 이 연설은 사람들에게 정부가 평화에 관심이 많다는 것을 보여줄 수 있었다. '부분적 핵실험 금지'라는 희망을 이루기도 전에, 쿠바 미사일 위기라는 공포가 미국 전역을 뒤덮었다. 케네디는 적어도 사람들이 현재 궁극적인 선택의 기로에 직면해 있었고, 깊은 두려움을 안고 살아간다는 것을 알게 되었다. 핵무기 사용은 기정사실이었고 평화에 대한 갈망 또한 사실이었다. 사람들은 쿠바 미사일 위기를 선택할 수밖에 없다고 생각했고, 평화보다는 힘에 의한 공산주의의 박멸을 선호했다.

그는 베트남에서의 미군 철수가 흐루시초프와의 긴장 완화에 중요한 역할을 할 것이라는 걸 알고 있었다. 그리고 이제 케네디의 핵무기 사용 금지는 사람들의 지지를 받게 되었다. 그래서 그는 미군 철수가 케네디의 재선에 어떻게 도움이 될지를 예상할 수 있었다. 특히 케네디의 가장 큰 적이자 보수적 성향으로 유명한 공화당의 배리 골드워터Barry Goldwater에 대항해서 말이다.

케네디 대통령이 선거를 앞두고 있던 해였다. 〈뉴욕 타임스〉지의 기자 톰 위커Tom Wicker는 골드워터가 케네디에게 베트남에 주둔해 있는 미군 철수에 대해 일부만 허용할지, 전부를 허용할지에 대한 토론을 제안했다는 사실을 떠올렸다. 골드워터는 공화당 대통령 후보로 갑자기 등장한 인물이었다. 당시의 선거는 마치 전쟁과 평화에 대한 국민투표와 같은 형국이었다. 그리고 베트남에서 미군 철수를 주장하는 케네디의 의견은 현 선거 형국에 꼭 맞는 시나리오였다.

케네디는 사실 사적인 자리에서도 베트남에서의 미군 철수에 대한 이야기를 꺼내기도 했다. 그러나 사석에서 케네디가 한 발언은 점차 권한을 갖게 되었고, 더욱 강력해졌으며, 마침내 구체성을 띠게 되었다. 11월 11일, 해병대 사령관 데이비드 숍David Shoup에게 베트남에서 철수할 것을 명령한 것이다. 다음 날, 케네디는 베트남 주둔 미군과 관련하여 가장 비판적 태도를 갖고 있던 상원의원 웨인 모스Wayne Morse에게도 이 소식을 전했다. 그러자 모스는 전쟁에 대한 케네디의 태도가 '전적으로 옳다'고 지지했고 이에 케네디는 이렇게 덧붙였다.

"나는 베트남과 관련해 공부를 하고 있습니다. 내가 그 공부를 끝내면, 당신이 내게 반나절이라는 시간을 내주어, 그것을 일일이 분석해 주셨으면 합니다. 웨인, 나는 추진하기로 결심했습니다. 확실히 말이오!"

케네디는 암살되기 전 날 킬더프에게 이렇게 말했다. "베트남전이 미국인들의 삶보다 더 가치가 있는 것은 아니오. … 내가 텍사스에서 돌아오면 상황은 바뀔 것이오." 이런 언급에는 케네디의 긴박함이 내포되어 있었다. 케네디는 베트남의 미군 철수를 정책적인 문제로 확정했다.

잘 알려지지 않은 기사에서, 훗날 UN 사무총장이 된 우탄트U Thant는 1963년 11월 자신의 견해를 말했다. 그는 사이공에서 북베트남(베트콩) 정부가 구성되면, 반(反) 공산주의자로서 베트남을 떠난 망명자들까지 포용하도록 촉구해야 한다고 미국에 제안했다. 특히 파리로 망명한 사람들이 주요 인물들이었다. 〈뉴욕 타임스〉지는 이 제안은 감당할 수 있는 것이 아니라고 보도했다. 첫 째 이유는 파리로 망명한 사람들은 사이공으로 돌아가지 않기로 결정했고, 또 다른 이유는 언급하지 않았지만, 우탄트의 제안에 호의적인 태도를 보였던 대통령이 암살되었다는 점이다. 케네디의 계승자는 이에 전혀 흥미를 느끼지 않았다.

우탄트뿐 아니라 베트콩 공산주의 정부도 중립을 제안했다. 〈맨체스터 가디언〉지에 따르면, 베트콩 지도자들은 사이공에서 중립적인 연합정부 수립을 위해 기꺼이 논의할 생각이 있었다. 베트남의 베트남민족해방전선NLF도 전쟁을 끝내기 위해 연합정부 구성을 지지한다는 입장을 표명했다. 1963년 11월 8일, NLF의 라디오 방송은 베트남의 다양한 이익 집단들이 연정수립 협상에 개방적인 태도를 보이고 있다고 보도했다. 이는 전쟁을 끝낼 수 있는 중대한 갈림길이었다.

케네디가 신중하게 고려한 이런 제안들을 되돌아본 우탄트는 후에 이렇게 말했다. "나의 관점에서, 만족스러운 정치적 해결을 위해 1963년은 아주 좋은 기회를 갖고 있던 해였습니다."

댈러스로 향하기 1주일 전, 케네디가 힐스만Roger Hilsman에게 이런 중립적인 제안들에 대해 자주, 엄격하게 말했던 부분을 떠올려 볼 수 있다. 힐스만은 이렇게 회고했다.

"대통령께서는 극동지역 차관보인 저에게 말씀하셨습니다. 베트남 중립정부 구성 협상 과정에, 라오스에서 미국이 수행해 온 것을 베트남에도 적용할 수 있을 것이라고 했습니다. 물론 이를 공식적으로 말씀하지는 않았지만, 확실히 이러한 내용을 저와 공유했습니다. 그리고 상황이 어려워져 제가 아무것도 할 수 없을 때마다, 이를 알아채시곤 매우 명확한 방법으로 제게 가르침을 주셨습니다."

1963년 11월 말, 갑자기 베트남 전쟁의 끝이 보이기 시작했다. 케네디가 그리던 상황이었다. 이는 케네디가 맬컴 킬더프에게 말했던 바로 그런 구체적인 상황이었다. "베트남 전쟁은 미국인들이 목숨을 희생할 만큼의 가치가 없어. 텍사스에서 돌아오면 그 때부터 변화의 시작이 될 것이야."

그러나 다음 날, 파크랜드 병원에서 맬컴 킬더프는 대통령의 죽음을 발표해야 했다. 동시에 대통령의 죽음이 1만 명의 미군 병사들과 300만 명의 베트남인, 라오스인, 그리고 캄보디아인들에게 미칠 영향도 함께 발표했다.

치명적인 목의 총상

대통령의 죽음을 둘러싼 어두운 진실을 조사하는 과정에서, 이 책은 CIA가 대통령의 암살을 계획하고 수행했다는 가설에 기초를 두고 있다.

이 가설은 자료와 목격자의 증언 덕분에 더 강화될 수 있었고, CIA에서 이뤄진 질의에 대한 응답은 가설을 기정사실화하는 데 결정적인 역할을 했다. 그러나 CIA가 암살을 조종했다는 것이 곧 모든 책임이 그들에게 있다는 것을 의미하지는 않는다. 솔직히 이 배후의 핵심은 CIA 자체가 아니라 그 너머에 있는, 그리고 훨씬 더 깊은 곳에 있는 이면에 웅크리고 있다. CIA는 한 인물을 도구로 사용했다. 그 도구를 조종하여 대통령을 암살했다. 그러나 깊이 들어가서 살펴보면 내막은 더 조직적이고, 더 치밀하며, 더 끔찍하다. 토머스 머튼도 공개적으로는 말하지 않았지만 이 부분을 인정했다. 할 수 있는 한 우리는 그가 이 이야기를 계속하도록 하고 싶었다. 그러나 굳이 그렇게 하지 않아도 우리는 그림자를 볼 수 있었다.

1963년 11월 22일 금요일 오후 12시 28분, 파크랜드 병원의 한 응급실에 치명적 부상을 입은 케네디 대통령이 들 것에 들려 긴급 후송되었다. 찰스 크렌쇼Charles Crenshaw는 가슴이 찢어졌다. 그는 레지던트 외과의사로, 전화로 대통령이 피격되었다는 소식을 듣고 급히 파크랜드 병원으로 향하는 길이었다. 그가 응급실에 도착해서 처음 본 사람은 영부인 재클린이었다. 그는 당시의 상황을 이렇게 전했다.

"영부인은 수심에 잠겨 침묵한 상태로 문 안쪽에 서 있었습니다. 손에는 지갑을 들고 있었고, 챙이 없는 모자는 약간 비뚤어져 있었습니다. 내가 들어가자 몸을 돌려 저를 바라봤습니다. 그리곤 다시 남편 쪽으로 고개를 돌리더군요. 당시 그녀의 표정은 내 기억에서 떠나질 않고 있습니다. 그녀의 얼굴에는 분노, 불신, 경멸, 그리고 체념이 모두 드러나 있었습니다. 드레스 오른쪽 부분과 다리 아래쪽에는 피가 굳어 있더군요. 그리고 그녀의 한 손에 끼고 있던 하얀색 장갑은 완전히 붉은색으로 얼룩져 있었습니다.

만일 그녀가 서 있지 않았다면, 그녀도 총에 맞은 줄로 보일 정도였습니다. 의사로서 일을 하면서 제가 본 외상 환자 중에 이렇게 애통해 하는 보호자는 본 적이 없습니다. 그리고 죽은 남편을 향해 있는 재클린의 모습을 보면서 처음으로 진정한 연민을 느낄 수 있었습니다."

다른 의사들을 보조하던 크렌쇼는 대통령의 허리 옆쪽에 위치해 있었다. 바로 그 때 케네디의 목 정중선에 작은 구멍이 나 있음을 알게 되었다. 매우 작았고 새끼손가락 끝 한마디 정도 되는 크기였다. 그는 그 상처가 총알이 관통한 곳이었다고 확신하며 말했다. 응급실에서 이런 상처를 많이 보아왔다고도 덧붙였다. 상처가 케네디의 호흡을 멈추게 했기 때문에 의사 맬컴 페리는 대통령의 목에 기관지 절개술(절개 후 튜브를 삽입)을 실시했다. 총알이 그의 목을 관통한 위치였다.

의사들은 모든 방법을 동원해 대통령의 목숨을 살리려고 노력하고 있었다. 대통령의 머리 뒤쪽으로 걸어간 크렌쇼는 큰 충격을 받았다. 오른쪽 뒤쪽 뇌가 완전히 사라지고 없었기 때문이다. 크렌쇼는 말했다. "그건 완전히 분화구, 그러니까 텅 빈 구멍이었습니다. 짓이겨진 피 덩어리 말고는 아무것도 없었습니다. 총알이 앞에서 발사되어 머리를 관통했다는 사실은 의심할 여지가 없었습니다."

오후 12시 52분, 응급실에서 대통령의 심장이 멈췄다는 것을 알렸다.

두 명의 의사는 시트로 시체를 덮었고 크렌쇼는 이를 도왔다. 파크랜드 병원의 22명의 목격자 중 21명의 의사와 간호사들은 이미 처음에 대통령의 머리는 두개골의 오른쪽 뒤에 상처가 있고, 앞쪽에서 총알이 날아와 대통령의 머리에 치명적인 상처를 만들었다고 설명하면서 증언했다. 크렌쇼는 케네디 대통령의 두개골 뒤 외상을 잊을 수 없었다. 그는 상처가 마치 새롭게 갈고 있는 들녁의 깊은 밭고랑과 비슷했다고 말했다.

크렌쇼도 기억하듯이, 케네디의 목에 난 구멍은 총상이었다. 케네디가 암살된 그 날 오후 3시 15분, 의사 맬컴 페리와 캠프 클락도 파크랜드 병원 기자회견실에서 다른 의사들과 동일한 결론을 내렸다. 그리고 〈뉴욕타임스〉지는 다음 날 이 증언을 신문에 실었다. 페리 박사는 기자회견에서 자신이 본 목 부분의 상처는 총탄이 관통한 상처였다고 반복해서 강조했다.

질문 : "총알이 관통한 상처의 위치가 어디였습니까?"

페리 : "목이었습니다."

질문 : "그를 향한 총알은 어느 방향에서 날아왔을까요?"

페리 : "앞 쪽에서 온 것으로 보입니다." (강조해서)

질문 : "박사, 총알이 관통한 그 상처를 설명해 주십시오. 목의 앞부분에 있습니까?"

페리 : "그 상처는 목의 앞부분을 관통한 상처로 보입니다. 당신의 말이 맞습니다." (강조해서)

암살용의자 리 하비 오스왈드는 대통령 뒤에 있는 텍사스 교과서 보관소 건물에 있었다. 목에 있는 상처가 의미하는 바는 명백했다. 오스왈드가 아닌 대통령의 앞 쪽에 있던 다른 누군가가 대통령을 저격한 것이다.

의사들의 증언에 고무된 사학자 스타턴 린드Staughton Lynd와 학생비폭력조종위원회Student Nonviolent Coordinating Committee의 연구책임자 잭 미니스Jack Minnis는 케네디의 암살에 대한 평론을 발간했다. 1963년 12월 21일에 발행된 〈뉴 리퍼블릭〉지에는 다음과 같은 기사가 실렸다.

> "가장 핵심적인 문제는 대통령의 목 앞부분에 상처가 있었다는 사실이다. 11월 23일, 파크랜드 병원의 의사들에 따르면 '대통령 목의 앞부분, 중간부에 상처가 있었다." (뉴욕 타임스, 11월 24일자)

린드와 미니스는 목에 난 상처에 문제가 제기되었다는 부분에 밑줄을 쳤다. 이는 오늘날까지 여전히 의문으로 남아 있는 부분이기도 하다. 의사들이 대통령의 시체에 시트를 덮은 후, 비밀경호원들이 시체를 인계받았다. 로이 켈러맨이라는 요원의 안내를 받으며 정장을 입은 우울한 표정의 남자들은 대통령의 시신이 들어 있는 관을 받았다. 그들이 관을 갖고 가려고 하자 얼 로스Earl Rose가 길을 막았다. 로스는 텍사스 법률을 언급하면서 이들을 저지했다. 피크랜드 병원을 떠나기 전에 부검이 이뤄져야 한다는 말도 함께 덧붙였다. 그럼에도 불구하고 켈러맨과 비밀경호원들은 관을 갖고 나갔다. 로스는 옆에 비켜서 지켜볼 수밖에 없었다. 그들은 이렇게 대통령의 시체를 가져가 버렸다.

정부는 리무진 뒤쪽에 있었던 암살범의 단독 소행이라고 주장했다. 워런 위원회는 당시 시체를 본 의사들에게 케네디 대통령의 몸을 처음 보앉을 때와는 다르게 증언하라고 협박했다. 워런 위원회의 변호인이자 후에 상원의원이 된 앨런 스펙터는 의원회가 원하는 대답이 포함된 질문을 갖고 의사들을 만났다.

"추정 상, 총알은 대통령의 혁대근strap muscles을 관통하면서 몸을 통과했습니다. 총알은 늑막은 건드리지 않았으며, 목의 중간 지점을 관통했습니다. 총알이 관통한 구멍은 당신도 봤듯이 대통령의 목에 있었는데, 이는 사출구와 정확히 일치합니다."

찰스 크렌쇼(증언을 요청받지 않은 사람)는 후에 스펙터가 의사들에게 다음과 같은 질문했다고 한다. "만약 총탄이 케네디 대통령의 목 앞 쪽으로 나온 것이라면, 대통령의 목 앞부분에 있는 그 상처가 사출구가 되겠죠?" 의사들은 스펙터가 말하는 논리에 동의했다. "네, 케네디 대통령의 목 앞부분으로 나온 것으로 추정되는 총탄이 만든 상처가 사출구입니다."

그러나 맬컴 박사는 워런 위원회 위원이자 후에 대통령이 된 포드 장군에게 강한 압력을 받았다. 그래서 결국 그는 목에 난 상처가 총에 맞아 생긴 것이라고 한 언론 보도는 '부정확한' 것이라고 말하고 말았다.

앨런 덜레스는 여기서 만족할 수 없었다. 앨런은 워런 위원회가 좀 더 강력히 의사들이 초기에 언론에 증언했던 내용을 부인하도록 촉구하길 원했다. 목에 있는 구멍이 난 상처에 대한 '잘못된 소문'에 더 확실히 대응하기 위해서였다. 위원회와 덜레스는 텔레비전과 라디오, 그리고 그 밖의 매체에서 잘못된 해석에 기초한 잘못된 내용을 확산시키는 것을 막아야 한다고 느꼈다.

맬컴 박사가 증언을 번복한 이유는 사실이 조작되었을 뿐 아니라 압력을 받았기 때문이다. 그는 '정장을 입은 남자들', 즉 비밀경호팀에 위협을 받고 있었다. 댈러스의 비밀경호원인 엘머 무어가 맬컴 박사에게 증언을 정정하라고 협박한 것이다.

무어는 워싱턴 대학 졸업생 짐에게 자신이 페리 박사를 협박한 사실을 고백했다. 무어와 짐은 1970년 시애틀에서부터 친분을 쌓았다. 무어는 짐에게 자신이 맬컴 페리 박사에게 목 앞부분의 상처는 총상에 의한 것이 아니라는 증언을 하라고 협박했다고 털어놓았다. 무어는 맬컴 박사에게 협박했던 일을 후회한다고도 했다. 그러나 자신의 동료 요원들과 함께, 그 역시 강요를 받았기 때문에 선택의 여지가 없다고 한다. "나는 위에서 시키는 대로 따랐어. 우리는 시키는 대로 행동했고, 또한 그렇게 하지 않으면 해고될 것이라는 걸 알고 있었으니까." 정장을 입은 이 남자들은 협박자인 동시에 협박을 받는 사람들이었다.

파크랜드 병원 의사들의 소견과는 반대로 정부는 사실을 다른 사실로 바꿔버렸다. 1992년, 크렌쇼가 마침내 침묵을 깨고 이렇게 기록했다.

"우리의 침묵에는 공통점이 있었다. 바로 우리가 의학적 진실이라 여기는 것이 두려움으로 다가왔다. 우리는 결코 그 사실을 인정하려 하지 않았음에도 불구하고, 이미 정해진 사실이 너무 강력했고, 확고하게 받아들여지고 있었다. 그래서 이 사건과 관련된 사람은 어느 누구든 다 매장될 수 있음을 깨달았다. 나는 대통령을 암살한 그 남자만큼이나 이 상황이 두려웠다. 미국의 대통령을 암살할 정도의 사람들이라면, 의사 한 명쯤 해치우는 것은 식은 죽 먹기라고 판단했다."

크렌쇼의 경우, 30년이나 지나서 사실을 말하게 되는데, 그는 그 대가로 엄청난 인신공격과 비난에 시달려야 했다. 1992년 4월, 크렌쇼는 〈케네디: 침묵의 음모*JFK: Conspiracy of Silence*〉를 출간했다. 이는 워런 보고서를 반박함과 동시에 케네디의 몸에 난 상처를 자신이 본 그대로 설명한 책이었다. 당시 이 책은 〈뉴욕 타임스〉지 베스트셀러 1위에 오를 정도로 큰 인기를 끌었다. 그러나 크렌쇼는 FBI 댈러스 지국장에게 인신공격을 받았다. 지국장은 "케네디 대통령이 수술을 받을 당시 그가 정확히 그 수술실에 있었다는 것이 명백히 나타나 있지 않다"고 주장했다. 그리고 전 워런 위원회 변호인도 크렌쇼는 암살 사건을 다룸으로써 수백만 달러의 재산을 벌어들였고, 언론은 크렌쇼에게 얼마나 돈을 벌었는지 밝힐 것을 요구해야 한다고 했다. 놀랍게도 크렌쇼는 저명한 〈미국의학협회저널*JAMA*〉로부터도 비난을 받았다.

1992년 5월 27일, 〈미국의학협회저널〉은 두 개의 기사를 내보냈다. 여기에는 크렌쇼 박사가 심지어 케네디 대통령이 수술을 받던 당시 수술실에 함께 있지 않았다는 내용까지 포함되어 있었다. JAMA의 편집자는 뉴욕 기자회견을 통해 그 기사들을 홍보했다. 크렌쇼 박사는 자신을 거짓말쟁이로 만든 JAMA에 반박하는 일련의 기사들을 기고했다. 그는 다섯 명의 의사들과 간호사들이 대통령을 살리기 위해 일하고 있는 크렌쇼를 봤다고 증언한 것을 언급했다. 그들은 그가 응급실에 있었고, 그가 〈침묵의 음모〉에서 설명했던 것과 똑같은 행동을 했다고 증언했다.

그러나 JAMA의 편집장은 기사에 대해 해명을 하기 위한 크렌쇼의 노력을 무시했다. 마침내 크렌쇼는 소송을 제기했다. 1994년, 법원에서 명령한 중재를 통해 JAMA는 크렌쇼에게 합의금을 지불하기로 동의했고, 크렌쇼의 공저자인 게리 쇼Gary Shaw에게도 합의금을 지불하기로 동의했다. JAMA는 또한 반박성명을 저널에 싣는 부분에도 동의했다. 그럼에도 불구하고 JAMA는 여전히 크렌쇼와 게리 쇼, 그리고 그들의 책을 공격하는 기사를 내 보냈다.

JAMA의 기사가 훨씬 대중적인 영향력이 있었다. 그리고 크렌쇼의 반박은 상대적으로 영향력이 적었다. 그러나 올리버 스톤의 영화 'JKF'가 개봉되면서 여론이 새롭게 조성될 수 있었고, 그의 반박 또한 같은 영향력을 갖게 되었다. 그 결과, 응급실에서 크렌쇼가 본 진실은 암살기록검토위원회가 만들어지는 데 큰 영향을 끼쳤다. 그리고 암살과 관련된 정부의 수천 가지의 자료들을 대중에 공개하도록 하는 데에도 일조했다.

1963년 11월 22일 금요일 늦은 오후, 로버트 리빙스턴 박사Dr. Robert B. Livingston는 메릴랜드 주 베데스다에 있는 자신의 집에서 베데스다 해군병원에 전화를 걸었다. 리빙스턴 박사는 미 국립보건원의 과학부서 책임자였다. 그는 대통령의 상처나 부검과도 관련이 있어서, 댈러스에서 들려오는 보도에 세심한 관심을 갖고 있었다. 그는 보도를 통해 '대통령의 목 앞에 작은 상처가 나 있다'는 것을 알았다. 리빙스턴은 중령 제임스 흄스와 통화를 했다. 그는 해군 의사로 부검팀 책임자로 임명된 사람이었다. 리빙스턴은 당시의 대화를 이렇게 묘사했다.

"흄스 박사는 부검을 지휘하는 것만으로도 굉장히 바빠서 댈러스와 파크랜드 병원 관련 보도를 많이 접하지 못했다고 말했습니다. 저는 그에게 대통령의 목에 있는 작은 상처를 설명해 주었습니다. 저는 경험상 그 상처가 사입구이므로 총탄의 진로를 신중히 추적해야 한다고 강조했습니다. 총탄이든 어떤 조각이든 그 위치가 어떻든 근원을 알아내는 것이 중요하다고 덧붙였습니다. 그리고 저는 조심스럽게 말을 이었습니다. '만일 그 상처가 사입구라면, 총이 발사된 곳은 대통령의 앞 쪽이라는 것이 확실해집니다. 만약 대통령께서 뒤 쪽에서 발사된 총탄이 치명적인 결과를 가져온 것이 사실이라면, 분명 총을 가진 사람은 한 명 이상이었을 것입니다.' 그 순간 우리의 대화는 멈췄습니다. 흄스 박사는 잠시 뒤에 말을 이었습니다. '리빙스턴 박사, 미안하지만 더 이상의 대화는 어려울 것 같아요. FBI가 날 가만두지 않을 겁니다'라고 말했습니다."

리빙스턴 박사는 대화를 엿듣고 있던 아내에게 소리치며 말했다. "왜 FBI가 대통령의 상처를 분석하고 조사하는 데 있어서, 가장 중요한 의사들의 대화를 방해하는 거지?" 리빙스턴과 흄스의 대화를 중단시킨 FBI의 영향력은 하나의 징조로 나타났다. 정부 권한으로 부검 팀 자체가 완전히 해체되어 버린 것이다. 그리고 군부가 대통령의 부검을 통제하고 있었다. 부검에 참여했던 몇 사람들의 말에 따르면 처음부터 끝까지 모두 군부가 통제하고 있었다.

흄스를 보조한 육군군의관인 육군 대령 피에르 핑크Pierre Finck와 또 다른 해군 장교 손튼 보스웰이 부검 팀에서 활동했던 인물들이다. 핑크는 군대가 대통령의 시신을 조사하는 과정을 완전히 통제하고 있다는 사실을 목격했다. 뉴올리언스 지방검사 짐 게리슨은 핑크 대령에게 부검 당시에 대한 설명을 요청했다.

　질문 : "홉스 박사가 부검을 진행했습니까?"

　핑크 : "글쎄요, 홉스 박사가 '여기 책임자가 누굽니까?'라고 질문했는데,
　　　　장군이, 이름은 기억나질 않는데, '접니다'라고 했습니다. 우리가
　　　　반드시 알아야 할 것이 있습니다. 당시는 법률적인 강제력이 있었
　　　　고, 다양한 직위의 군인들이 있었고, 그 지시에 따라 수술을 진행하
　　　　는 상황이었습니다."

　질문 : "그러나 당신은 부검에 참여했던 3명의 병리학자 중 한 명이었습니
　　　　다, 그렇지 않습니까, 박사?"

　핑크 : "네, 맞습니다."

　질문 : "그 장군도 병리학자였습니까?"

　핑크 : "아닙니다."

　질문 : "그럼 의사였습니까?"

　핑크 : "제가 알기론 아니었습니다."

　질문 : "그의 이름을 알려주시겠습니까?"

　핑크 : "기억이 나질 않습니다."

　핑크는 부검이 군대의 엄격한 명령에 따라 실시되었다고 증언했다. 부
검은 모든 미국 국가안보국NSA 직원들이 지켜보는 가운데서 이뤄졌다.

　질문 : "부검실에 얼마나 많은 군인들이 배치되어 있었습니까?"

　핑크 : "작은 공간이긴 했지만 꽤 붐볐습니다. 만약 당신이 암살당한 미국

대통령의 시신에 있는 상처를 보면서 전화를 받았더라면, 주변에 있는 사람들을 둘러보면서 몇 명이 있고, 이름을 물어 받아 적는 행동은 못했을 겁니다. 비밀경호원들과 FBI 요원들도 부검실에 있었지만, 베데스다 해군 병원 부검실에 어떤 사람들이 있었는지는 정확히 알 수 없습니다."

질문 : "당신은 부검을 지휘하고 있던 그 장군의 명령을 따라야 한다고 느꼈습니까?"

핑크 : "아닙니다, 다른 사람들도 있었습니다. 해군 대장이 있었습니다."

질문 : "해군 대장이 있었다고요?"

핑크 : "아, 네. 해군 대장이 있었습니다. 그리고 난 육군 대령이었지만 명령에 따를 수밖에 없었습니다. 부검 막바지에 우리는 구체적인 명령을 받았습니다. 해군 대장 케니Kenney는… 아니 해군의 의무였겠죠. 그는 증언에 영향을 미칠 수 있는 내용이나 사건에 대해 언급하지 말라고 말했습니다."

질문자는 대통령의 목에 있는 총상에 초점을 맞추고 있었다. 핑크 박사는 점점 더 대답하기 힘들어 했다.

질문 : "당신은 희생자를 맞춘 특정 총탄의 진로를 분석했습니까?"

핑크 : "아니요. 저는 총알의 진로를 분석하지 않았습니다."

질문 : "왜죠?"

핑크 : "그 질문은 저보고 의학적 기록을 폭로하라는 말과 같습니다.

질문 : "저는 대령에게 대답을 듣고 싶습니다. 법정에서는 원래 이렇게 직

접적으로 질문합니다."

판사 : "그 말이 맞습니다. 대답하십시오, 박사."

핑크 : "우리는 목에 있는 상처를 조사하지 않았습니다."

질문 : "왜 그렇게 하지 않았나요?"

핑크 : "우리는 머리에 난 상처를 조사하라는 명령을 받았고, 그리고…."

질문 : "당신은 지금 누군가가 당신에게 진로를 조사하지 말라는 말했다는 것입니까?"

판사 : "대답을 끝까지 할 수 있게 두십시오."

핑크 : "저는 대통령 가족이 머리를 부검하길 원한다고 들었습니다. 회고하건데, 머리와 가슴을 말입니다. 그러나 부검 관계자들은 목에 있는 상처를 조사하지 않았습니다. 제 기억으론 말입니다."

질문 : "당신은 그들이 하지 않았다고 말했습니다. 저는 당신이 왜 부검 병리학자로서 죽음의 원인 혹은 원인을 확인하기 위해 시체의 몸을 통과한 총탄의 진로를 확인하지 않았는지 묻고 싶습니다. 왜 그랬습니까?"

핑크 : "저는 치명적으로 작용한 사망의 이유를 알고 있었습니다."

질문 : "왜 상처의 진로를 추적하지 않았죠?"

핑크 : "돌이켜보건대 저는 목에 있는 상처를 조사하지 않았습니다."

질문 : "한 번 더 말씀해 주십시오."

핑크 : "저는 상처들을 조사하고 있었지만, 목에 있는 상처를 조사하지는 않았습니다."

질문 : "당신이 하지 않았다는 거죠? 저는 이걸 묻고 있는 겁니다. 왜 병리학자인 당신이 하지 않았습니까?"

핑크 : "목 부분을 살펴보고 있을 때, 기억나는 것은 목에 기관절개에 의한 상처가 있었다는 사실 뿐입니다. 그러나 저는 이 기관을 해부하거나 제거하지 않았습니다."

질문 : "대령, 저는 당신에게 내 질문에 대답하기 위해 목격자를 지명하라고 요청할 것입니다. 한 번만 더 질문하겠습니다. 당신은 오늘 당신이 부검실에서 본 그 총탄의 진로를 왜 분석하지 않았습니까? 왜 그랬습니까? 대답을 요청합니다."

핑크 : "기억하건데, 저는 하지 말라고 들었습니다. 그러나 누가 그렇게 말했는지는 기억이 나질 않습니다."

질문 : "당신은 하지 말라고 들었지만, 누구에게 들었는지는 기억하지 못한다는 겁니까?"

핑크 : "그렇습니다."

질문 : "방 안에 있던 해군 대장 또는 장군들 중 한 명이 아닐까요?"

핑크 : "기억이 나질 않습니다."

질문 : "그 당시를 기억할 수 없는 특별한 이유가 있습니까?"

핑크 : "우리는 머리와 가슴에 난 구멍을 조사하라는 말을 들었지만, 그 명령에는 목에 있는 상처를 조사하라는 내용은 포함되어 있지 않았습니다."

질문 : "당신은 세 명의 부검 전문가들 중 한 명이고 병리학자입니다. 그리고 당신은 암살당한 대통령의 목에 있는 사입구에 대해 이미 설명했습니다. 하지만 당신은 '목을 관통한 총탄의 진로에는 관심이 없었고, 오로지 다른 상처에만 관심을 갖고 있었다' 이것이 당신이 말하려는 내용인가요?"

핑크 : "저는 총탄의 진로에 관심이 있었습니다. 그리고 총탄의 진로와 완전히 일치하는 목 '앞부분에 있던 사출구와 뒤에 있던 사입구' 사이의 상태를 조사했습니다." (이는 입증되지 않은 증언 내용으로 앞서의 증언과는 모순된다.)

질문 : "목 부분은 손대지 말라는 말을 들었다는 것이 당신의 증언 아니었습니까?"

핑크 : "네, 제가 기억하기론, 맞습니다. 그러나 누구한테 그런 말을 들었는지는 기억이 나질 않습니다."

해군 위생병인 폴 오코너는 대통령을 부검하는 다른 의사들을 도왔다. 그는 우리가 생각했던 목의 상처가 총상이라는 것을 입증할 수 있는 확실한 증거가 없어서 매우 실망스러웠다고 말했다. 그러나 시간이 흐른 뒤 그 상처가 총상이라는 것을 알아냈다고 덧붙였다. 수년 후 인터뷰에서 오코너는 어떻게 군대의 명령이 베데스다의 의사 세 명이 목의 상처를 조사하려는 것을 막을 수 있었는지 설명했다.

"일이 다급해졌습니다. 병원장 캘빈 갤러웨이 장군은 점점 동요하기 시작했습니다. 목에 상처가 있었기 때문이죠. 장군이 이 사실을 의사들에게 말하자, 의사들은 확인하려고 했습니다. 그러나 나는 장군이 이렇게 말한 것으로 기억합니다. '목 상처는 내버려두게. 건들지 마. 그건 단지 기관절개 수술 때문에 생긴 상처야'라고 말입니다. 장군은 아무도 상처에 다가가지 못하게 했습니다. 흄스와 보스웰 박사, 핑크 박사는 목 부위를 내버려두고 다른 부분을 살펴보라는 명령을 받았습니다."

폴 오코너의 동료인 병원 위생병 제임스 젠킨스도 부검을 돕고 있었다. 그 또한 의사들이 군의 명령에 복종해야 했다고 증언했다. 젠킨스는 대통령의 상처부위를 조사하려 했지만 할 수 없었다. 부검을 지휘한 캘빈 갤러웨이 장군의 명령 때문이었다. 젠킨스는 댈러스에 있는 파크랜드 병원이 아닌 베데스다에서 부검한다는 것도 이상하게 느꼈다. "저는 부검을 조종하는 누군가가 있었다고 생각했습니다. 흄스와 보스웰, 그리고 핑크는 조종당하고 있었습니다. 군인들 때문이었죠. 저는 그들이 조종한 사람들이라고 생각합니다. 우리도 마찬가지였죠. 우리 모두는 군인이었습니다. 그래서 우리는 시키는 대로 할 수밖에 없었습니다. 만약 그렇게 하지 않았더라면 어떻게 될지 모를 테니까요."

젠킨스는 대통령을 부검하면서 겪었던 경험이 정부에 대한 인식을 완전히 바꿔버렸다고 말했다. "당시 저는 19살인가 20살이었습니다. 갑자기 미국이 제3세계 국가보다 나을 게 전혀 없다는 생각이 들기 시작했습니다. 저는 정부에 대해 이제는 아무런 신뢰나 존경심도 가질 수 없습니다."

대통령을 암살하고 이를 은폐하기 위한 음모에는 정당도 관련되어 있었다. 음모자들은 사건이 '침묵의 음모'가 될 수 있다고 확신하고 있었다. 그러나 (당시에는 거의 존재하지 않았지만) 목격자들은 용감하게 침묵을 깼다. 바로 찰리 크렌쇼와 같은 사람들이었다. 그들은 고립되었고, 고통을 받았다. 댈러스와 베데스다의 의사들은 협박에 의해 증언을 바꿨고, 삶에 대한 두려움으로 거짓말을 했으며, 또는 총상부위를 조사하지 말라는 명령을 따랐다. 이들에게 질문도 하지 못하게 방해한 보이지 않는 손은 혼자가 아니었다. 그 커다란 침묵의 음모와 함께 했고, 정부, 미디어, 교육 기관들, 사회 전체를 덮어 버렸다. 1963년 11월 22일부터 지금까지도.

케네디 대통령 암살과 관련된 구조적 악의 세력들은 우리들이 진실을 부정할 것이라고 확신했다. 또한 아무도 거실에 코끼리를 두려 하지 않을 것이라고 생각했다. 아무도 위험을 감수하지 않을 것이라고 생각한 것이다. 진실을 목격했지만 외면해야 했던 댈러스의 파크랜드 병원과 베데스다의 의사들만이 특별한 경우는 아니었다. 그들은 우리 모두를 의미한다.

감히 침묵의 음모를 깨려 했던 사람들은 참혹한 대가를 치러야 했기 때문이다. 크렌쇼 박사는 대통령을 제거할 정도의 사람들이라면 의사 한 명쯤은 주저 없이 해치울 수 있을 것이라고 생각했다. 또는 의사들이 본 것을 사진으로 촬영한 사진사도 주저하지 않고 죽일 수 있었을 것이다. 사실 의사들이 보았던 케네디의 총상부위를 역사에 기록했던 사진사가 있었다. 그러나 그 사진사는 결국 자신이 본 진실을 부인해야 했다.

의문의 피살

1963년 11월 22일 금요일, 동부시간으로 오후 4시 30분이었다. 케네디 대통령이 댈러스에서 피격된 지 3시간 정도 지난 후였다. 해군 소령 윌리엄 브루스 피처William Bruce Pitzer는 메릴랜드 주의 타코마 파크에 있는 자신의 집에서 전화 한 통을 받았다. 피처 소령은 해군 의과대학 시청각 부서의 총책임자였다. 그는 자신의 시청각 전문지식을 대통령의 부검을 막 시작한 베데스다 해군병원과 긴밀히 공유했다. 브루스 피처는 전화를 건 상대의 말을 모두 들은 후 빨리 전화를 끊었다. 그는 저녁 식사를 하던 가족들에게는 일하러 가야한다고 말한 뒤 35mm 카메라를 들고 집을 나섰다. 그리고 다음 날 오후까지 집에 돌아오지 않았다. 그는 그 시간에 한 일에 대해 결코 가족에게 말하지 않았다.

암살 사건이 일어난 다음 주 월요일 또는 화요일이었다. 위생병인 데니스 데이비드는 좋은 친구이자 멘토이기도 한 피처 박사의 사무실을 들렀다. 여기서 데이비드는 피처 박사가 필름 편집기 앞에 웅크리고 앉아 있는 모습을 보았다.

피처 박사가 말했다. "이리 와보게. 보여줄 게 있어."

피처가 휴대용 크랭크로 16mm의 흑백 영상을 기계를 통해 보여주었다. 데이비드는 작은 화면에서 나오는 짧은 영상을 보았다. 그가 본 것은 케네디 대통령의 시체였다. 영상은 허리 윗부분에 맞춰져 있었고 알 수 없는 사람들의 손도 보였다. 그는 손들이 시체의 옆에서 뒤쪽으로 움직이는 것을 보았다.

피처는 필름을 편집하고 있었다. 매우 인상적이었다. "피처 박사는 몇 개의 프레임을 영상에서 빼내고 있었습니다. 슬라이드를 만들기 위해서였죠." 피터 박사의 책상 위에는 영상과 함께 사진과 슬라이드들이 있었는데, 대통령의 시체를 여러 측면에서 보여주고 있었다. 피처 박사는 이 증거 사진들을 데이비드에게 보여주었다. 그리고 이 두 사람은 사진과 관련된 이야기를 나눴다. 데이비드는 피처 박사와 내린 결론을 더듬어 기억했다.

"정말 대단했습니다, 그건 정말이지, 정말이지 충격적이었습니다. 아 정말, 우리의 의견은, 사실상 우리 의견은 암살당한 대통령이 앞 쪽에서 총을 맞으신 게 확실했습니다."

그 이유를 묻자 데이비드가 대답했다. "우리 둘 다 또 다른 사진에서 이마(인터뷰 진행자는 데이비드가 시체의 이마 오른쪽 옆을 가리키는 것을 보았다)에 작은 사입구가 있다는 걸 발견했습니다. 그리고 이곳(머리 뒷부분을 가리켰다)에 사출구가 있었습니다. 저는 전에도 이런 총상을 본 적이 있습니다. 많이 봐 왔죠. 그래서 저는 이마에 난 상처는 사입구가 틀림없습니다."

데이비드와 피처가 케네디의 머리 뒷부분에 있는 사출구를 유심히 본 것도 명백해 보였다. "대통령의 두개골 뒤에 있는 거대한 상처가 사입구일 수 있다고 생각하는 사람도 있을 겁니다. 그러나 총상에 대해 조금이라도 아는 사람들이 그런 결론을 내린다는 것은 상상하기 어려운 일입니다. 두개골을 관통한 상처가 수류탄이나 박격포 파편으로 생긴 상처가 아니라면 말입니다."

피처는 필름을 편집하고 있었다. 그는 자신이 이 필름을 촬영했다는 사실을 말하지 않았다. 그러나 데이비드는 피처가 필름 영상을 촬영했을 것이라고 추측했다. "저는 피처 박사에게 촬영 여부에 대해 물어본 적이 없습니다. 그는 시청각 부서의 총책임자였습니다. 그가 필름을 촬영했을 것이라고 추측했을 뿐입니다."

피처 박사의 영상에 대한 데이비드의 증언은, 워런 보고서뿐 아니라 위원회가 발표했던 공식적인 사진에 대해서도 반박할 수 있는 증거였다. 흄스와 보스웰 그리고 핑크 박사의 의심쩍은 증언뿐 아니라, 부검 X-레이 증거 자료에도 반박할 수 있는 근거가 되었다. 만일 데이비드의 증언이 옳다면, 피처의 필름과 사진들은 합법적이고 강력한 증거가 되는 셈이었다. 피처는 그야말로 중요 목격자였다. 그는 정부에 맞설 수 있는 가장 강력한 증거를 갖고 있었다.

그러나 1966년 10월 29일, 빌 피처는 총에 맞아 살해당했다. 그날 오후 7시 50분, 피처의 시신은 자신이 일하던 국제 해군의학 센터의 TV 프로덕션 스튜디오 바닥에서 숨진 채 발견되었다. 사망 추정시각은 오후 4시 즈음이었다. 다음 날 이른 아침, FBI는 희생자가 머리에 총상을 입은 채 발견되었으며 부근에서는 38구경 리볼버가 놓여 있었다고 발표했다. 시신의 얼굴은 바닥을 향해 있었고 해군수사국NIS과 FBI가 합동조사를 실시했다. 그리고 사건은 자살로 종결되었다. 그러나 피처의 가족들은 그가 자살할 이유가 없다고 확신하고 있었다.

해군 수사위원회는 피처가 결혼생활에 어려움을 겪고 있었으며, 다른 여자와 내연관계를 맺고 있었다고 주장했다. 그리고 이를 바탕으로 피처가 자살했다는 결론을 내렸다. 그러나 빌 피처의 친구와 가족들은 피처의 자살을 믿지 않았고 자살 동기는 말도 안 된다며 반박했다.

데니스 데이비드는 직감적으로 피처가 자살을 하지 않았다는 것을 알았다. "피처 박사는 굉장한 스트레스를 받을 수 있는 상황에서도 살아왔습니다. 제2차 세계대전도 겪었으니까요. 또한 그는 베트남전에도 참전했습니다. 해결할 수 없는 문제에 처했다고 그가 자살할 정도로 나약한 사람이 아니었습니다."

해군은 피처에겐 치명적인 약점이 있었다고 주장했다. 해군은 두 개의 인터뷰 자료를 주장의 근거로 제시했다. NIS 요원이 진행한 두 개의 인터뷰 요약 자료였다. 그러나 이 자료(이름도 알 수 없는 여성을 인터뷰한)에는 서명도, 그리고 인터뷰가 시행된 날짜도 기록되어 있지 않았다. 이 애매한 조사 자료들은 통상적으로 없어질 때까지 비밀에 부쳐졌고 접근할 수도 없었다. 그리고 이 자료로는 해군이 피처가 자살한 원인이라고 주장하는 성격적 결함 등의 내용을 파악할 수도 없었다. 만일 피처가 정부의 조직적인 힘에 의해 살해당했다면, 만일 피처가 정부의 무력에 의해 살해당했다면, 해군은 스스로에게 피처를 인신공격했다는 죄목 하나를 더하는 꼴이 될 것이다. 자살로 사건을 종결지었다는 거짓말과 더불어서 말이다.

빌 피처는 이미 위험을 감지하고 있었고 다른 직장에 관심을 갖고 있던 참이었다. 사망하기 4일 전, 피처는 동료에게 해군 측에 사직서를 제출할 준비가 되었다고 말했다. 그는 데니스 데이비드에게 ABC, CBS와 같은 국내 방송국으로부터 함께 일을 해보자는 좋은 제안을 받았다고 털어놓았다. 데이비드는 그들이 제시한 조건은 피처가 갖고 있는 암살 필름과 관련이 있다고 생각했다. 피처는 다음 주 수요일에 몽고메리주니어대학Montgomery Junior College에서 강의할 예정이기도 했다. 미망인이 된 피처의 아내 조이스 피처는 남편이 피격된 토요일, 강의를 준비하려고 사무실에 나갔다고 증언했다.

또한 빌 피처는 이제 곧 새로 다닐 직장에도 흥미를 갖고 있었다. 그러나 피처가 해군에서 은퇴함과 동시에 케네디 총상에 대한 영상을 공개할 수 있는 기회도 생기는 것이다. 당연히 암살을 은폐하려는 조직적인 세력에게는 위협적인 행동이었다.

왜 빌 피처가 암살당했다고 생각하느냐고 묻자 데이비드는 이렇게 대답했다.

"제 생각에는 그가 해군을 떠나면, 그들은 그러니까 그들이 누군지는 모르겠지만, 어쨌든 그들은 피처와 제가 봤던 이 사진들, 35mm 슬라이드와 16mm 영상 필름을 두려워했을 것입니다. 피처가 만일 어느 주요 방송사에서 일하게 된다면, 그 자료들이 방송될 수 있을 테니까요. 그래서 그들은 이를 두려워했다고 생각합니다. 만약 실제로 그런 일이 발생했더라면, 정말이지 몇몇 사람을 완전히 박살낼 수 있었을 겁니다."

케네디의 시신을 촬영한 빌 피처의 필름은 발견되지 않았다. 한 조사관은 피처가 자신의 TV 프로덕션 스튜디오의 천장 안에 필름을 숨겨놨을 것이라고 가정했다. 피처의 시신이 발견되었을 당시 그의 머리 아래에 세워져 있던 사다리가 하나의 단서로 보였다. 총에 맞기 전 그는 필름을 숨겨둔 곳에서 필름을 회수하려고 사다리를 사용했을지 모른다. 어쨌든 피처는 총에 맞아 사망했고 필름은 사라졌다.

조이스 피처는 남편이 자살하지 않았다고 확신하고 있었다. 그러나 그가 사망한 후, 그녀는 해군 관계자들이 집에 찾아와 침묵을 강요했다고 증언했다. 그녀는 말했다. "그들은 어느 누구에게도 말하지 말라고 말했어요. 여기, 이 집으로 해군 관계자들이 찾아왔었습니다. 그래서 25년 동안, 저는 정말로 아무에게도 말하지 않았습니다." 1995년은 피처 부인이 80세가 되던 해였다. 그녀는 해군이 자신에게 강요했던 것에 대해 설명했다. 그녀는 남편의 죽음에 의구심을 갖는다는 것 자체도 두려워하고 있었다. "그들은 보상을 중단했을지도 모르죠."

은퇴한 육군 특수부대 중령인 대니얼 마빈Daniel Marvin은 피처 부인에게 전화를 걸어 충격적인 소식을 전했다. 1965년 8월, 마빈은 그녀에게 자신은 육군 게릴라 특전부대의 대원이자 그린베레이며, CIA가 자신에게 피처를 암살하라는 요청을 해 왔다고 말했다. 그 당시 그는 제안을 거절했지만, 누군가는 반드시 받아들일 거라는 내용도 덧붙였다. 정부의 음모가 오랜 시간동안 빌 피처의 가족과 친구들을 두려움에 떨게 한 것이었다. 빌 피처가 사망한 사건의 배후에는 정부의 음모가 있었다. 정부의 음모는 30년이 지난 후에야, 그 음모에 거의 가담할 뻔한 한 남자에 의해 드러나게 되었다.

대니얼 마빈 중령은 해임되었다. 그리고 특수부대 출신 군인들의 모임인 특수부대협회Special Forces Association(SFA)의 비난을 받으면서 모임에서도 쫓겨났다. 그는 자신의 가족들에게 침묵해달라는 간청도 받았다고 했다. 그러나 마빈은 모태 신앙의 독실한 크리스천이었다. 신앙적 이유로 마빈은 자신이 과거 행했던 비밀첩보 활동에 대해 사죄해야 한다고 주장했다. 그래서 그는 피처의 아내에게 부분적이라도 사실을 직접 알려주어야 하며, 미국인들에게도 자신이 어떻게 피처의 암살 사건에 연루될 뻔 했는지도 알려야 한다고 주장했다.

마빈은 1963년 11월 22일에 특수부대에 자원했다. 대통령과 미 육군 특수부대에 대한 존경심 때문이었다. 그 후 마빈은 미국 캘리포니아 주 포트 브래그Fort Bragg에 있는 특수부대에서 교육을 받았다. 커리큘럼에는 게릴라전, 유격전뿐 아니라 암살과 테러 훈련도 포함되어 있었다.

마빈은 그런 극단적인 수단이 때때로 국가의 안보를 지키기 위해서는 필요하다고 믿었다. 암살에 대한 훈련은 일급비밀이었기 때문에 훈련은 철조망으로 둘러싸인 다른 건물에서 이뤄졌다. 건물은 경비견이 지키고 있었다. 마빈과 그의 그린베레 동료들은 경비가 철저한 건물 내부에서 훈련을 받았고, 그들은 이 교육을 통해 최근에 일어난 역사적 사실에 대해 좀 더 다른 시각으로 접근하게 되었다.

"우리는 그 단독 암살범을 비난하고 있었습니다. 그러면서 동시에 그 암살 사건을 완벽한 훈련을 이행하는 하나의 모법적인 사례로 관심을 가졌던 것이 사실입니다. 이 훈련 자체에도 암살을 은폐하는 내용이 포함되어 있었습니다. 우리는 상황에 대해 굉장히 상세히 알게 되었습니다. 광장과 모든 지역에 대원들을 모의 배치했고, 총격을 가한 사람이 있던 곳을 지정하여 알려줬습니다. 다음 단계는 병원이었습니다. 돌이켜보면, 그들은 소량이지만 영상과 필름을 갖고 있었습니다.

잔디 언덕 사진도 있었습니다. 그들은 우리에게 오스왈드는 암살과 관련이 없다고 말했습니다. 그는 그저 희생양이었습니다. 그는 그저 암살을 위해 배치된 엑스트라 중의 한 명이었습니다. 나와 나의 친구는 CIA가 케네디 대통령 암살 사건에 연루되어 있다는 확신을 갖고 있습니다. 휴식시간에 우리는 CIA 훈련 감독관 중 한 명이 다른 사람에게 이야기하는 걸 엿들었습니다. '딜리 광장 계획은 정말 잘 진행됐어, 그렇지 않나?' 이런 내용이었습니다.

우리의 의심은 점점 더 커졌습니다. 그리고 훈련이 끝나기 전, 우리는 그 감독관들 중 한 명이 대통령 암살 사건에 직접 연루되었을지도 모른다고 느꼈습니다."

마빈은 케네디 암살에 관한 CIA 기본 지침서에 대해 결론을 내리며 말했다. "저는 많은 것을 재고해야 했습니다. 아마도 우리 군인이 암살을 위한 하나의 수단이었던 것 같습니다. 저는 확신했습니다. 동료들도 마찬가지였습니다. 미국 정부의 최대의 관심은 케네디를 암살하는 것이었습니다. 그렇지 않고서, 왜 우리 같은 사람들이 그 일을 해야 했겠습니까?"

클래런스 패튼Clarence W. Patten 대령은 특수부대 부대장이었다. 1965년 8월 첫째 주, 그는 포트 브래그 본사에 있는 자신의 사무실로 마빈을 소환했다. 패튼 부대장은 마빈에게 오늘 본사 근처에서 비밀요원이 기다릴 것이라고 했다. 마빈은 본사 근처에 있는 소나무에서 177cm 정도 되는 마른 남자를 만날 수 있었다.

"8월답게 날씨가 더웠습니다. 그 남자는 선글라스를 끼고, 얇은 바지에 짧은 소매의 캐주얼한 옷을 입고 있었습니다. 그는 자신의 ID를 획 내보이더니 저를 한 쪽으로 데리고 갔습니다. 그리고 저에게 국가의 기밀을 적에게 알려주려 했던 배신자를 처치할 수 있겠느냐고 물었습니다."

마빈은 이미 암살 훈련을 받은 사람이었다. 사실 마빈은 자신의 목표물이 아시아의 남동쪽에 있을 것이라고 추정했다. 그곳은 그가 1965년

12월에 명령에 따라 갔던 곳이기도 했다. 마빈은 그 CIA의 요원에게 누가 배신자였느냐고 물었다.

"그는 해군 장교, 그러니까 해군 소령 윌리엄 브루스 피처가 배신자라고 하더군요. 저는 피처가 베데스다의 해군병원에서 일을 한다고 들었습니다. 그는 케네디 대통령 부검과는 관련이 없고, 비밀을 적에게 팔려고 하는 인물이라고만 추정했습니다. 작업은 피처가 해군을 떠나기 전 베데스다 병원에서 실행되어야 하는 것이었습니다." 이 시점에 마빈은 피처에 대한 음모 시나리오에서 암살자 역할을 제의받았지만 거절했다. 그는 나중에 사실 피처에 대한 음모를 미국이 아닌 외국에서 수행했다면 거절하지 않았을 것이라고 고백했다.

마빈에 따르면, 그린베레는 외국에서 선택된 '목표물'을 제거하는 역할을 맡는다. 반면 마피아는 미국에서 암살을 수행할 수 있을 때 CIA의 부름을 받고 능력을 제공한다. 이것이 마피아와 CIA에 대한 일반적인 인식이다.

마빈은 자신이 배운 암살기술은 외국에서 사용할 기술로, 미국 내에서 사용될 기술은 아니라고 생각해 제안을 거절했다. 그러나 (불행히도) 그는 이미 그 남자의 이름을 들었고, 이름을 알게 된 후에 거절하게 되었다. CIA 요원은 마빈이 배신자의 이름을 기억에서 지울 것이라는 확신을 갖고 떠났다.

"그 요원은 가까이에서 기다리고 있던 데이비드 배닛David Vanet 쪽으로 걸어갔습니다. 저는 사무실로 향했습니다. 그 요원이 배닛(마빈과 함께 암살 훈련을 받았던)에게도 제게 했던 제안을 했는지 않았는지, 그리고 배닛이 그 제안을 받아들였는지는 배닛만이 알고 있겠지요. 저는 과거 29년 동안 그를 본 적도 없고, 그에 대한 소식을 들어본 적도 없습니다."

1993년 4월, 마빈은 데이비드 배닛을 찾기 시작했다. 크리스천으로서 자신의 신앙에 대한 이야기와 함께 마빈은 CIA와 특수부대가 실시하는 암살 훈련에 반대한다고 했다. 그는 포트 브래그에서 함께 암살 수업에 참여했던 배닛이 자신의 의견에 힘을 실어주길 바랐다. 마빈은 배닛과 마빈이 참여했던 훈련을 기억하면서 육군예비군인사센터Army Reserve Personnel Center의 제향군인지원이사회Veterans Service Directorate에 배닛의 군번을 문의했다. 1년이 지났지만 그는 응답을 받지 못했다. 동시에 그는 충격적인 사실을 알게 되었다.

1993년 11월, 케네디 암살 관련 프로그램을 보던 마빈은 갑자기 극심한 통증을 느꼈다. 윌리엄 브루스 피처라는 이름이 화면에 갑자기 획하고 나타난 것이다. 케네디 암살 그리고 은폐와 관련된 피처의 이름은 이제 사망자 명단에 올라와 있었다. 이내 마빈의 기억이 포트 브래그 소나무의 그늘로 옮겨졌다. 자신에게 '배신자'를 살해하라고 요청한 선글라스를 쓴 그 CIA 요원이 있던 곳이다.

윌리엄 브루스 피처, 그 남자는 국가의 비밀을 적에게 제공하려 했던 사람이다. 마빈은 자신이 거절한 그 임무를 다른 누군가가 수행했다는 것을 깨달았다. 분명 데이비드 배닛일 것이다. 마빈이 거절하자 CIA는 배닛에게 그 임무를 제안했기 때문이다. 피처의 죽음을 알게 된 마빈은 더욱 열심히 배닛을 찾기 시작했다. 1994년 12월, 마침내 제향군인 지원 이사회에서 응답을 받을 수 있었다. 그러나 그 사람에 대한 기록을 찾을 수 없다는 내용이었다. 마빈은 배닛이 혹시 죽었을까봐 두려웠다. 그는 자신의 그린베레 동료인 그가 윌리엄 피처를 살해했을 뿐 아니라 결국은 그 또한 죽음을 당했을까봐, 그리고 배닛의 기록이 은폐를 위해 완전히 삭제되었을까봐 걱정되기 시작했다.

그러나 1996년, 암살기록검토위원회ARRB의 조사관들은 마침내 데이비드 배닛의 위치를 찾아냈다. ARRB 직원들은 전화상으로 배닛과 인터뷰를 할 수 있었다. 데이비드 배닛은 그때까지 미 육군 예비군 의무대 대령으로 있었다. 게다가 그는 대니얼 마빈이 있었던 미 육군 특전학교 Special Warfare School에서 1964년 1월부터 4월까지 함께 훈련을 받기도 했었다. 그러나 배닛은 마빈을 기억할 수 없다고 말했다. "익숙한 이름이 아닙니다."

인터뷰 진행자는 케네디 암살과 관련된 영상 필름 또는 사진과 관련된 어떤 과정이 기억나느냐고 물었다. 이에 그는 대답했다. "오, 정말 기억이 나질 않습니다."

마빈과 CIA의 요원이 계획적으로 만난 것에 대해서도 물었지만, 배닛은 그 사건도 기억나지 않는다고 했다. 그는 심지어 1965년 8월, 포트 브래그에 있지도 않았다고 했다. 그러나 배닛은 육군에 있는 동안 국제개발처AID 사무소에서 민간인 신분으로, 1964년 베트남에서 위장 근무를 했다는 것은 인정했다. 데이비드 배닛의 이력서에서 그의 병역의무는 1964년부터 1965년까지 미 육군에서 국제개발처까지 특별한 임무(베트남 파견)를 포함하고 있었다. 또 그는 1965년부터 1967년까지 국방부(태국 기지)의 민간인 신분으로 태국에 있었다.

배닛은 명백히 CIA의 비밀사업에 매우 깊이 관련되어 있었다. 그러나 그는 윌리엄 브루스 피처라는 이름을 알고 있느냐는 물음에 '전혀 기억이 나질 않습니다' 라고 대답했다. 마빈은 피처의 죽음에 누가 연관이 되었는지는 상관없었다. 다만 그는 포트 브래그에서 자신이 거절했던 임무를 다른 사람이 수행했을 것이라고 확신하고 있었다. 윌리엄 피처의 살해자에 대한 열쇠는 그 때 그 나무 아래에 있던 요원이 한 말에 있었다. 그러나 마빈은 피처가 살해되었음을 알고 난 30년 후까지도 그 말의 의미를 이해하지 못했다. 윌리엄 브루스 피처라는 이름이 텔레비전 화면에 지나갈 때, CIA가 지정한 '배신자'란 사실상 케네디 사건의 핵심 목격자였다. 그리고 피처가 국가의 비밀을 제공하려고 준비했던 '적'은 다름 아닌 미국인들이었다는 것을 이해할 수 있었다.

케네디와 세계 평화

케네디는 변하고 있었다. 대통령 임기 중에 그가 겪은 일련의 사건들과 그의 암살을 목격한 우리가 이해할 수 있는 열쇠는 케네디가 평화를 향해 변하고 있었다는 사실이다. 그리고 이 변화는 암살의 씨앗이 되었다.

마르쿠스 라스킨Marcus Raskin은 케네디 행정부에서 국가안보담당 대통령 보좌관이던 맥조지 번디McCGeorge Bundy를 보좌하는 인물이었다. 피그스 만 습격 사건이 마무리된 지 얼마 안 된 시점이었다. 라스킨은 대통령 집무실에서 핵무기 사용에 대한 케네디의 깊은 혐오감을 읽을 수 있었다. 주지사 대표와 대통령이 회동을 하고 있었다.

뉴욕 주지사 넬슨 록펠러Nelson Rockfeller는 베트남 민족행방전선의 게릴라 전술에 대해 짜증 섞인 말투로 말했다.

"그들에게 전술 핵무기를 사용해 보는 것이 어떨까요?"

케네디 대통령은 손을 걷잡을 수 없이 흔들기 시작했다. 케네디는 간단하게 말했다.

"그렇게 하지 않을 것을 당신도 알고 있겠지요."

라스킨은 핵무기에 대한 케네디의 깊은 불안감을 눈치 챘다. 그래서 그는 갑자기 자신도 손을 흔들면서 군축으로 화제를 바꿨다. 그럼에도 바로 그 해 1962년 10월, 쿠바 미사일 위기가 도래했다. 우리가 보아 왔듯이 케네디는 냉전정책에 책임감을 느끼고 있었다. 흐루시초프는 스튜어트 알솝이 케네디와 인터뷰를 한 후 신문에 기고한 기사를 읽었다. 그리고 그는 큰 충격을 받았다.

"미국이 절대로 선제공격을 하지 않을 것이라고 확신해선 안 된다. 그는 미국의 필수적인 이익이 위협을 받게 되면 언제든지 선제공격을 할 수도 있다고 말했다."

소련과 미국은 군비 경쟁을 가속하고 있었다. 폴라리스 잠수함 생산은 1년 사이에 10 기에서 20 기로 두 배나 껑충 뛰었다. 항시 경계태세를 늦추지 않고 있는 미 전략공군사령부의 핵무기 배치도 대폭 늘렸다. 또한 1천기의 대륙간 탄도 미사일 생산도 비공식적으로 승인된 상태였다. 이는 히로시마에 투하한 원자폭탄의 8배 이상의 파괴력을 가진 무기였다. 이런 일련의 결정들로 인해 미국은 쿠바와 일촉즉발의 위기 직전까지 가게 되었다. 케네디는 위기의 중심에 서 있었다. 그는 이 위기를 적장인 흐루시초프와 함께 극복할 것이라는 희망을 조금씩 보여주고 있었다.

1962년 5월 1일 아침, 케네디는 집무실에서 군축과 세계 질서에 헌신하던 퀘이커교 대표와의 만남을 가졌다. 이틀 전부터 천 명의 퀘이커교 신도들은 백악관과 국무부 밖에서 평화를 위해 기도하고 있었다. 대통령을 만난 여섯 명은 그 천 명을 대표하는 사람들이었다.

퀘이커교 신도들은 케네디가 군대에 있는 모든 폭탄을 쟁기 날로 바꾸라고 명령을 하지 않는 한, 군대의 총사령관으로서 군사력 증강에 완강히 반대했다. 이는 케네디 역시 잘 알고 있었다. 여섯 명의 대표자들은 대통령이 전향할 필요가 있다고 촉구했다. 이들은 테러라는 위태로운 상황에서 '전면적이고 완전한 군축'이라는 상황으로 빠르게 전환하려면, 핵전쟁을 준비할 것이 아니라 외교정책을 '평화경쟁(이 용어는 케네디 대통령이 1961년 9월 25일 UN 연설에서 사용했다)' 쪽으로 바꿔야 한다고 주장했다. 평화를 지향하는 그들이 케네디에게 촉구한 '전면적이고 완전한 군축'이란 무엇일까? 퀘이커교 신도들은 케네디가 말하는 비전과 언어에 점차 끌리고 있었다. 케네디는 소련과의 평화경쟁에 도전하겠다는 UN의 연설을 통해, 자신의 목표와 소련과의 평화경쟁을 어떻게 해 나갈 것인지 밝혔다. "다 함께 한 단계씩 나아가려고 노력한다면, 전면적이고 완전한 군축은 실제로 이뤄질 수 있을 것입니다."

퀘이커교 신도들은 케네디가 이미 UN 연설이 있기 5일 전에 케네디 측의 군축 대표자인 존 매클로이John McCloy와 흐루시초프 측의 대표자인 발레리안 조린Valerian Zorin이 '전면적이고 완전한 군축을 위한 프로그램'을 요약한 동의서에 서명했음을 알고 있었다. 유엔 총회는 맥클로이-조린 조약McCloy-Zorin Agreement을 바로 채택했다. 퀘이커교 신도들은 케네디 대통령에게 UN에서도 동의한 내용을 신뢰할 수 있도록 대통령이 조치를 취해 달라고 요청했다.

케네디는 신도들의 호소에 긍정적으로 화답했다. "저는 많은 크레이그 신도들에게 편지를 받고 있습니다. 그 중에는 폴라리스 잠수함의 명칭을 '윌리엄 펜William Penn'으로 고치기로 한 정부 발표를 반대하는 내용이었습니다." 케네디는 약간 짓궂어 보이는 미소를 지어보였다. 핵무기에 위대한 평화주의자의 이름을 붙인다는 것이 아이러니하다는 것을 자신도 알고 있었기 때문이다. "그리고 이제는 어떤 일도 일어나지 않을 것이라고 제가 약속을 해드릴 수가 있습니다."

신도들은 케네디가 앉아 있는 흔들의자 주변에 반원 모양으로 앉아 있었다. 6명의 신도들은 케네디의 말을 듣고 깜짝 놀랐다. 예상했던 것보다 훨씬 더 확고하게 크레이그의 의견을 반영해 주었기 때문이다. 이들은 점점 더 냉전세력 앞에서 진실을 말할 수 있게 되었다. 그러나 모두가 진실에 귀를 기울여준 것은 아니었다.

국가법률 제정에 관한 친우위원회Friends Committee on National Legislation 회장인 사무엘 레베링Samuel Levering은 이렇게 말했다. "친우위원회는 군비경쟁의 대안은 '전면적이고 완전한 군축'을 통한 세계질서의 재편이라고 믿고 있습니다. 그리고 이는 UN을 평화적인 방법으로 발전시키고 강화할 수 있는 힘이 될 것입니다." 케네디 역시 동의한다는 뜻으로 고개를 끄덕였다.

UN이 처음 샌프란시스코에서 창설되었을 때, 어린 시절의 케네디는 이를 지켜보고 있었다. 케네디는 전쟁에 대한 해결책이 세계질서라는 사실을 이미 인지하고 있었다. 이를 달성하기 위해서는 어려움이 따른다는 사실도 마찬가지였다. 케네디는 자신의 노트에 이렇게 메모했다.

"법을 준수하는 세계기구가 해결책이 될 수 있을 것이다. 쉽지 않을 것이다. 전쟁이야말로 근본적인 악이라는 생각이 뿌리내리지 않는다면 이 계획을 수행할 수 없을 것이다."

케네디는 전쟁에서 가장 가까운 친구들과 형제 그리고 처남을 잃었다. 그래서 케네디는 PT정에서 복무하고 있는 친구에게 전쟁에 대한 자신의 생각을 적어 보냈다. 이 편지의 내용은 퀘이커교 신도들에게 들은 내용을 바탕으로 한 예언적인 내용을 담고 있었다.

"주권은 대통령에게 나오는 것이 아니라네. 주권은 국민에게서 나오는 것이지. 이는 굉장히 강력하기 때문에 선거에 당선된 대표들이라도 실수하면 쫓겨나야 할 것이야. 전쟁은 먼 훗날까지 끝나지 않을 것이네. 전쟁은 명성과 특권을 안겨주니 말일세. 그러나 전쟁을 반대하는 양심적인 사람들도 명성과 특권을 누릴 수 있는 날이 오면, 그때 비로소 전쟁이 끝날 것이라고 생각하네."

케네디는 자신은 군축과 세계질서를 깨닫는 대통령이야 한다고 생각했다. 그리고 세계질서에 대한 자신의 비전을 퀘이커교 신도들과 함께 공유했다. 케네디는 '주권은 대통령에게서 나오는 것이 아니다'라는 깨달음을 바탕으로 퀘이커교 신도들을 진정으로 이해하려 했다. 퀘이커교 신도들은 케네디 대통령 주변에 앉아 열심히 경청하고 있었고, 케네디는 그들의 말에 귀를 기울였다. 평화와 자유를 위한 국제여성연맹Women's International League for Peace and Freedom(WILPE)의 미 대표인 도로시 허친슨은 이렇게 말했다. "우리는 지금, 지금까지와는 전혀 다른 외교정책을 제안하려고 합니다. 이 제안은 모두의 평화를 위한 것입니다." 즉 미국은 평화를 위해 외국 주둔 기지를 철수하거나 핵실험을 중단할 수 있을 것이라는 내용이었다.

허친슨은 1주일 전 남태평양에서 실시한 핵무기 실험을 중단하라고 촉구하고 있었다. 1962년 4월 25일에 있었던 미국의 핵실험에는 처음으로 24회 대기 실험이 이뤄졌으며 이는 11월까지 이어졌다. 평화를 위한 일련의 계획을 실행해야 한다는 그녀의 제안에 케네디는 긍정의 의미로 고개를 끄덕였다. 그러나 평화를 위한 구체적인 조치를 취하는 것이 곧 반대 세력과의 충돌도 내포하고 있다는 것을 케네디는 잘 알고 있었다. 그래서 그는 이렇게 말했다. "모든 선(善)이 우리의 편은 아닐 것입니다."

1년이 지났다. 케네디 대통령은 아메리카대학에서 냉전 종식에 관한 연설을 했다. 그는 지구상에서 핵무기 때문에 비난을 받는 국가는 비단 소련만이 아닐 것이라 강조했다. 그리고 무엇보다 평화를 향한 어떤 희망이 존재하고 있기에, 미국인으로서 자세를 점검해야 한다고 덧붙였다. 즉, 자기반성이 평화의 기초라는 것이었다.

그러나 케네디는 평화를 위해 대담하게 나가지는 못하는 상황이었다. 이 때문에 퀘이커교 신도들은 더욱 대담한 계획을 실행해야 한다면 촉구하면서 중국에 대한 식량지원을 제안했다. 당시 적으로 간주되던 중국은 기근에 허덕이고 있었다. 이 제안에 대해 케네디는 말했다. "우리를 위협하는 적을 지원하라고요?"

퀘이커교 신도들은 그렇다고 했다. 샘 레벨링Sam Levering은 확고하게 말했다. "퀘이커교 신도인 우리는 예수께서 '만일 적이 굶주린다면 음식을 나눠 주라'고 말씀하신 걸 알고 있습니다. 가톨릭 신자인 대통령께서도 이를 잘 알고 계실 겁니다."

그러자 케네디가 말했다. "물론 알고 있습니다. 즉시 지원할 수 있는 식량을 준비할 것입니다. 정치적으로 추진할 수 있다면 할 것입니다. 그러나 캐피털 힐(국회의사당)에 이를 관철시키기는 쉬운 일은 아닐 것입니다."

군축에 있어서 퀘이커교 신도들과 대통령의 의견은 완전히 일치했다. 퀘이커교 신도들은 케네디에게 전면적이고 완전한 군축을 위한 구체적인 단계를 밟아야 한다고 재차 강조했다. 퀘이커교 신도들은 미국 군비규제 군축청Arms Control and Disarmament Agency(미국군축청)의 자문위원회 의원들의 열의가 부족하다고 생각했고, 이 때문에 만족하지 못했다.

그러나 대통령은 이 문제에 대해서는 논의하지 않았다. 그는 자문위원회에 평화주의자를 임명하지 않았다. 오히려 임명은 종종 보수적 성향을 가진 사람에 집중되어 있었다. 군축청의 책임자가 공화당인 윌리엄 포스터William C. Foster인 것처럼 말이다.

퀘이커교 신도들은 말했다. "만일 오히려 군축에 대해 회의적인 위원회 위원들이 군축의 가능성과 필요성에 확신을 갖는 쪽으로 변한다면, 대통령은 의회에서 더 좋은 위치에 설 수 있게 될 것입니다. 이런 과정을 통해 위원회는 결국 군축에 대해 호의적인 신념을 가진 사람들로 구성될 수 있을 것입니다."

케네디가 미소를 띠며 말했다. "당신은 구원을 믿고 있군요? 그렇지 않나요?" 그리고 덧붙였다. "그러나 펜타곤은 군축과 관련된 모든 안건에 반대하고 있습니다."

22살의 데이비드 핫소우David Hartsough는 케네디와 만나고 있는 퀘이커교 신도들 중에서 가장 어렸다. 그는 케네디에게 국방부에 촉구해야 할 본질을 말했다. "미국의 군과 산업은 매우 강력합니다. 그러나 국민들이 군축과 관련해 일련의 단계를 실행해야 한다고 생각하면, 대통령께서는 원하는 방향으로 의회나 정부에 압력을 가할 수 있을 겁니다."

퀘이커교 대표단은 케네디 대통령이 반대 세력들에게 압력을 받는 것 같다고 생각했다. 대표단에서 가장 연장자이자 신학자인 헨리 캐드버리 Henry Cadbury는 대통령이 특히 펜타곤의 힘에 '옥죄이고' 있다고 느꼈다. 퀘이커교 신도들은 대통령에게 꾸밈없이 말하고 있었고, 대통령이 좀 더 도전적인 방법으로 나아갈 수 있도록 촉구하고 있었다. 그러나 그들과 함께 도전하면 할수록, 케네디는 점점 더 고립되어 간다는 느낌을 지울 수 없었다. 신도들과의 대화가 이어지던 중, 케니 오도넬이 대통령에게 다음 약속이 있다고 보고했다. 그러자 케네디가 대답했다. "그들에게 좀 더 기다려 달라고 말해 주시오. 나는 이 신도들에게 가르침을 받고 있는 중이오."

케네디는 5분 더 신도들과 함께 시간을 보냈다. 그래도 시간이 모자랐는지, 대통령은 문 앞까지 나와서 대화를 이어갔다. 케네디는 헨리 캐드버리와 작별인사를 나누던 중, 자신이 대학생일 때 하버드 신학교의 교수였던 그를 존경했다고 밝혔다.

퀘이커교 신도들은 믿음과 성서에 기초하여 동정적이지만 진실한 마음으로 케네디 대통령에게 평화를 위한 조치를 취하라고 촉구했다. 이들은 케네디가 보다 대담하게 평화를 향한 계획을 시행해 나아가길 원하고 있었다. 또한 불가능해 보이는, 그러나 반드시 필요한 일을 대통령이 실행할 수 있도록 독려했다. 전면적이고 완전한 군축이라는 핵 시대의 목표를 이룰 수 있도록 말이다. 케네디는 그들의 말을 경청했다. 데이비드 핫소우는 이렇게 말했다. "대통령께서는 잠시도 지체하지 않고, 매번 즉시 다음 주제로 넘어갔습니다. 저는 그의 인류애 정신에 감동을 받았습니다. 미국의 대통령은 흔들의자에 앉아 퀘이커교 신도들의 이야기를 들었고, 적어도 자신이 말하는 만큼 저희의 말에 귀를 기울여 주셨습니다."

또한 도로시 허친슨은 "대통령께서는 긍정적이고 친숙한 모습으로 대화를 이어가셨습니다. 대화는 평안한 상태에서 이뤄졌고, 비공식적이었다고 말하는 것이 맞을 것 같습니다. 그리고 대화의 내용이 심각하지만 않았더라면 더욱 즐거웠을 겁니다"라고 말했다.

조지 윌로비George Willoughby는 비폭력운동의 선구자로 핵실험에 대해 당당히 비판하다가 수감된 인물이다. 그는 케네디 대통령이 퀘이커교 신도인 자신들과 동등한 입장에서 대화를 나누고 있다는 것을 느낄 수 있었다. "대통령께서는 우리에게 정말 따뜻하고 친절하게 대해 주셨습니다. 20분 내내 말입니다. 그는 경청하셨고, 원하면 말씀하셨습니다. 그러나 누군가 대통령의 말을 방해했을 때도 (자신도 한두 번 정도 그랬다고 고백하면서) 화를 내지 않았습니다. 그리고 지위를 이용하여 우리에게 뭔가를 요구하거나 강요하지 않으셨습니다."

국가법률 제정에 관한 친우위원회의 비서실장 에드워드 스나이더는 "대통령께서는 정말 경청하셨습니다. 진정한 대화였습니다"라고 회고했다.

케네디 대통령과 퀘이커교 신도들의 대화는 대통령직 마지막 해에 희망의 신호가 될 수 있었다. 그가 평화를 향해 중요한 방향을 설정했기 때문이다.

마르쿠스 라스킨은 쿠바 미사일 위기가 케네디의 전환에 촉매가 되었다고 생각했다. 수십 년 후, 케네디가 전환해 온 모습을 지켜본 라스킨은 이렇게 말했다. "쿠바 미사일 위기 후, 대통령은 군비경쟁에서 벗어나야 한다고 확신했습니다. 그는 정말 두려워하고 있었죠. 그는 알고는 있지만 존재하지 않는 것들에 대해 두려움을 갖고 있었습니다. 그래서 행정부 내에서는 매우 심각한 논의가 시작되었습니다."

라스킨은 이런 상황에서 케네디의 과학 고문관 제롬 위즈너Jerome Wiesner가 매우 중대한 역할을 했다고 했다. 미사일 위기가 끝나고, 5주 후인 1962년 12월 4일, 위즈너는 케네디에게 '맥나마라 국방부장관의 군사력 증강 주장은 안보에 재앙을 가져올 것입니다. 이로 인해 소련도 미국에 지지 않으려고 군비를 확장할 것입니다. 그 결과 미국의 안전은 점점 더 멀어질 것입니다'라는 내용의 문서를 보냈다. 핵실험이 임박했음을 감지한 케네디는 위험이 도래했다는 것을 깨달았다.

우리는 마르쿠스 라스킨, 그리고 케네디 도서관의 기록보관소 기술담당 샤론 켈리Sharon Kelly의 도움으로 1962년 12월 4일, 위즈너가 케네디에게 보낸 문서를 찾아낼 수 있었다. 문서는 국가기밀문서 파일에 있었다. 많은 문서들이 있었지만, 우리는 도입부에 있던 위즈너의 맥나마라 비판을 통해 문서를 확인할 수 있었다. 위즈너는 합참의 핵 선제공격론에 반대하는 케네디 대통령을 대신하고 있었다. 위즈너는 이렇게 기록했다.

"사실 미국의 군사력은 안보에 필요한 것보다 훨씬 더 많은 군사력이 요구되고 있습니다. 맥나마라의 주장에서 제가 동의하는 부분은 핵 선제공격론은 결코 실행되기 어렵다는 부분입니다. 그러나 미국의 군사력은 증강되고 있으며, 소련도 이를 쉽게 파악할 수 있습니다. 소련이 군비를 증강하면 필연적으로 미국의 안보도 전체적으로 불안하게 될 것입니다."

합참은 냉전에서 '승리'하고자 하는 야망을 갖고 있었다. 맥나마라는 합참의 이상과 맥락을 함께 하고 있었고 위즈너는 이를 비판했다. 그러나 케네디는 충실하지만 잘못된 국방부의 군비 확대경쟁에 쉽게 거부권을 행사할 수 없었다. 그의 위치는 시간이 갈수록 흔들리고 있었다. 쿠바와 베트남, 그리고 모든 냉전국과 관련된 사안들이 대통령직을 흔들고 있었기 때문이다. 그러나 그는 이런 사안들에 관심을 갖고, 세계의 재앙이 될 수 있는 냉전을 종식시키기로 결심했다.

6명의 퀘이커교 신도들에게 받았던 급진적인 조언에 대해 케네디가 언급했다는 기록은 남아 있지 않다. 퀘이커교 신도들이 케네디에게 세계질서라는 비전을 지속적으로 주장했다는 증거는 없는 셈이다. 그러나 어찌되었건 대통령은 냉전을 종식시키기 위한 전략에 퀘이커교 신도들이 제시한 조언을 선택했다.

군비경쟁에서 벗어나기 위한 노력의 일환으로, 케네디는 일련의 평화 계획을 수립하기로 결심했다. 그는 아메리카대학 연설, 부분적 핵실험금지 조약, 베트남 철수 등을 담은 국가안전보장조처에 관한 비망록 263호를 실행했다. 그리고 피델 카스트로와 은밀한 대화를 시도했다.

케네디는 몰랐겠지만 자신의 삶이 불과 몇 개월 남지 않은 시점이었다. 그는 더 적극적으로 계획을 추진하기 시작했다. 대량학살과 다름없는 미사일 위기에 위협받은 케네디는 정부(그리고 그 자신)가 제시한 끔찍한 내용을 담은 냉전에 대한 가정을 초월하려고 노력했다. 전면적이고 완전한 군축을 위한 통찰력 있는 입장을 고수함으로써 말이다.

1963년 5월 6일, 케네디 대통령은 국가안전보장조처에 관한 비망록 NSAM 239호를 발행했다. 자신의 핵심 국가보안 자문관들에게 핵실험 금지와 전면적이고 완전한 군축을 촉구할 것을 명령하면서 말이다. 다음은 NSAM 239호의 전문이다.

To

군비규제 군축청장관

미 장관급 외교 안보회의(다시 말해, 언급했던 군비규제 군축청장관, 국무부장관, 국방부장관, 합참의장, 원자력위원회 회장, CIA 국장, 국가안보 담당 특별 보좌관, 과학기술 담당 보좌관)

주제: 미국의 군축 제안서

1. 전면적이고 완전한 군축과 핵실험 금지 조약을 주제로 제네바에서 열린 18개국 군축 회의의 토론은 불행히도 진전된 것이 거의 없습니다. 전면적이고 완전한 군축에 대한 진지한 토론 역

시 얼마 동안 없었습니다. 그러나 12개국 회의가 시작된 후 핵실험 금지 조약에 대한 토론은 큰 발전을 보여줬습니다.

2. 핵실험 금지 조약 또는 전면적이고 완전한 군축에 대한 우리의 제안이 가치가 있다는 저의 관점에는 변화가 없습니다. 더군다나 지난 2년간 발생한 사건들은 우리와 소련 블록(북대서양 조약 기구) 사이의 군비경쟁이 지속되었음에도 아무런 대책을 강구하지 않은 결과일 것입니다. 그리고 이에 대한 우려는 계속되고 있습니다.

3. 제네바에서 열린 18개국 군축 위원회를 6주에서 2달 정도 휴회하려고 합니다. 나는 이 기간이 제네바 회의가 다시 열렸을 때, 전면적이고 완전한 군축에 중요한 평가를 위한 새로운 접근 가능성을 촉구하는데 사용되길 바랍니다. 미 장관급 외교 안보회의의 절차를 통해서 군비규제 군축청ACDA은 법령에 책임감을 갖고 리더 역할을 다 할 것이며, 다른 기관들과 조화를 이룰 수 있도록 노력할 것입니다. 나는 진행 과정을 통한 적절한 시기에 결과를 검토하고 싶습니다.

– 존 케네디

마르쿠스 라스킨은 이 문서의 의미에 대한 자신의 견해를 밝혔다.

"대통령께서는 '우리가 군비경쟁에서 벗어날 수 있도록 최소한 첫
번째 방법이라도 이행합시다'라고 말씀하셨죠. 그리고 이를 통해 최
소한 군비를 30% 감축할 예정이었습니다. 그리고 대통령께서는 다
음 단계로 넘어갔습니다. 모두 대통령이 스스로 시행한 것들이었습
니다. 이는 의심할 여지가 없이 확실합니다."

케네디는 NSAM 239호의 '전면적이고 완전한 군축'이라는 문구를 자
주 사용했다. 그가 실행하려는 계획의 핵심이 무엇인지 명백했다.

대통령이 두 번째로 강조한 것은 '핵실험 금지 조약'이었다. 그는 이
단어를 세 번 언급했다. 이것 역시 케네디가 얼마나 집중하고 있는지를
보여주는 것이다. 우리도 알다시피 대통령은 NSAM 239호가 발행되고 3
개월 후, 부분적 핵실험 금지 조약을 타결하기 위해 자신의 모든 역량을
집중했다. 포괄적이고 완전한 군축은 더 야심찬 계획이었다. 그는 신속
히 자신의 목표를 이루고 싶어 했다. 이제 케네디는 라스킨이 언급한 군
비 30% 감축과 같은 '완전한 군축을 위한 새로운 접근 가능성을 촉구'하
는 단계에 이르고 있었다.

다음 달에 행한 아메리카대학의 연설에서 대통령은 반복적으로 말했
다. "우리의 장기적인 관심사(제네바에서 말한)는 포괄적이고 완전한 군축
입니다. 이를 위해 정치적 발전을 병행하여 군비를 대신할 평화적인 장
치를 마련할 것입니다."

케네디의 장기적인 프로젝트는 아메리카대학 연설과 부분적 핵실험

금지 조약과 함께 시작되었다. 이는 핵시대를 살고 있는 인류의 생존을 위해 필요한 것이었다. 부분적 핵실험 금지 조약은 케네디가 냉전을 끝내기 위해 흐루시초프와 함께 시행해야 하는 중요한 과제였다. 그리고 이들의 협력은 전면적이고 완전한 군축을 훨씬 수월하게 진행할 수 있도록 했다. 쿠바 미사일 위기로 충격을 받은 케네디는 상황 파악에 집중했다. 역사상 가장 강력한 무장을 한 국가의 지도자로서 말이다. 만약 미국이 전면적이고 완전한 군축으로 세계질서를 이끌지 않는다면 인간은 핵시대에서 살아남을 수 없을 것이다. 케네디는 이를 너무나 잘 알고 있었다.

"당신은 구원을 믿고 있군요? 그렇지 않나요?" 케네디는 자신을 방문한 퀘이커교 신도들에게 이렇게 말했다. 보통 때처럼 그는 반어적 표현으로 진실을 말했다. 테드 소렌슨은 군축이 진행되는 과정을 지켜봤다. "대통령께서는 스스로 국가를 구원하려는 과정에 계셨습니다."

그는 퀘이커교 신도들이 자신에게 제시했던 다른 사항들은 추진하지 않았다. 즉, 중국에 대한 식량 지원은 이행하지 않았다. 1963년 가을, 소련은 극심한 곡물 기근을 겪고 있었다. 케네디는 소련에게 밀을 팔기로 결정했다. 당시 소련과 미국은 핵전쟁 직전까지 갈 정도로 심각한 상황을 겪고 있었다. 정부 각료들은 케네디에게 직접적으로 이렇게 말했다. "각하! 각하께서는 자신의 목을 조르는 적을 먹여 살리려고 하십니까?" 부통령 린든 존슨은 케니 오도넬에게 말했다. "소련에 밀을 파는 것은 정치적으로 최악의 오판으로 남을 것이다."

오도넬은 러시아에 곡물을 판다는 사실에 단호하게 반대하고 있었다. 오도넬을 따르는 사람들도 역시 흐루시초프에게 도움의 손길을 뻗어주

는 것 자체가 행정부에 맞서는 정치적 저항을 불러올 수 있다고 확신했
다. 아일랜드계 가톨릭 신자들뿐 아니라 독일계, 폴란드계 반(反) 공산주
의 미국인들에게는 특히나 그랬다.

그럼에도 불구하고, 케네디는 '적'에게 밀을 파는 일을 진행시켰다. 오
늘 날, 거의 모든 사람들이 잊고 있지만 케네디가 대통령으로서 마지막
에 내린 결정은 과정 뿐 아니라 진행도 쉽지 않았다. 소렌슨은 이렇게
기록했다.

> "케네디 대통령께서는 의회의 거부 시도, 항만 노동자들의 보이콧
> 시도, 가격에 대한 소련 정부와의 실랑이, 농업분야와 정부 간의 불
> 일치 의견, 노동과 산업 간의 불일치, 재정적인 갈등, 그리고 다른 많
> 은 장애물들을 적절하게 극복할 수 있었다."

이제 다른 어떤 것에도 구애받지 않게 된 케네디는 평화를 위한 또 다
른 계획인 밀 판매를 결정했다. 이는 옳은 일이었을 뿐 아니라 주일마다
교회에서 그가 들었던 성서에 기록된 내용이기도 했다. 그리고 이 방법
은 냉전을 종식시킬 수 있는 또 하나의 방법이기도 했다.

평화를 지향하는 케네디를 지지하는 여론이 조성되기 시작했다. 동시
에 케네디의 인기 또한 정점에 이르고 있었다. 대기 핵실험 금지 조약의
경우처럼, 미국의 여론은 또 다른 희망의 단계인 밀 판매를 지지했다.
이는 케네디 대통령의 재선을 방해하기는커녕 재선을 확실시 해 주었
다. 그리고 이제 미국이라는 나라는 국민들에게 초점이 맞춰져 있었다.
미국인들은 더 살기 좋은 미래를 향해 나아가는 대통령과 함께 걸어갈

준비를 하고 있었다.

1963년 가을, 희망의 선풍이 불고 있었다. 대통령만 평화를 바라보고 있는 것은 아니었다. 국민들도 그와 함께 하고 있었다.

오스왈드의 정치적 이념

암살 음모의 희생양인 오스왈드가 11월 22일 금요일과 23일 토요일에 수감된 구치소 안에서 무엇을 생각했는지는 파악하기 힘들다. 실제로 그의 진술은 거의 공개되지 않았지만 우리는 단서들을 갖고 있다. 그나마 공개된 심문자를 향한 그의 태도, 그리고 토요일 밤에 중요한 전화를 시도했던 것 등이 단서가 될 수 있었다. 이러한 단서들을 통해 우리는 맹목적으로 명령에 따르도록 훈련된 그가 무엇을 깨달았고, 어떻게 마음이 바뀌었는지를 알 수 있었다.

오스왈드는 대통령을 암살하도록 조종당하고 있었지만 동시에 저항하고 있었다. 그는 수감된 방에서 자신이 그토록 존경했던 대통령을 암살한 혐의로 기소된 아이러니한 상황에 대해 심각히 고민했을 것이다. 오스왈드는 케네디의 비전과 삶에 개인적으로 관심을 갖고 있었다. 1963년 7월, 도서관 기록에서 드러나듯, 그는 뉴올리언스 공립도서관에서 윌리엄 맨체스터William Manchester가 쓴 〈대통령의 초상*Portrait of a President*〉이라는 책을 대출했다. 2주 후에는 케네디의 〈용기 있는 사람들*Profile in Courage*〉을 또 빌렸다. 케네디에 대해 큰 관심을 갖기 시작한 그는 〈대통령의 초상〉을 도서관에 반납하고, 앨런 무어헤드Alan Moorehead의 〈백 나일강*The White Nile*〉을 대출했다. 이 책을 대출한 이유는 맨체스터가 최근에 대통령이 읽었다고 지나가는 말로 언급했다는 것 때문이었다고 오스왈드의 아내는 말했다. 그녀가 후에 밝힌 내용이다.

"남편은 대통령이 정말 괜찮은 사람이라고 생각했고, 또 굉장히 좋아했습니다. 그리고 1963년, 미국에게 있어서 케네디는 희망을 주는 최고의 대통령이라고 믿고 있었습니다."

그 해 여름, 오스왈드는 라디오에서 흘러나오는 케네디 대통령의 연설에 귀를 기울이고 있었다. 특히 핵실험 금지 조약에 관한 7월 6일의 연설에 초점을 맞췄다. 케네디는 연설에서 전쟁이 한 국가를 끝장낼 수 있을 뿐 아니라, 상상도 할 수 없을 만큼 끔찍한 폭발과 방사능, 그리고 불로 세계를 파괴시킬 것이라고 경고했다. 오스왈드는 영어를 할 줄 모르는 아내에게 대통령이 군축에 대해 호소하는 내용을 다음과 같이 요약해서 말해 주었다.

"어떤 비판론자들은 케네디가 쿠바에게 패배하는 것이라고 비판하기도 해. 하지만 대통령은 쿠바에 대해 더 나은, 그리고 더 온화한 정책을 추구하는 것이야. 그러나 그가 바라는 것처럼 행하는 것은 쉽지 않을 거야."

오스왈드는 반(反) 카스트로 쿠바 망명자 단체들이, 반(反) 케네디 감정을 조장하고 있다는 사실을 알고 있었다. 케네디가 상상도 할 수 없는 핵전쟁을 경고하는 연설을 들은 그날 밤, 오스왈드는 국가 안에 존재하는 위험에 대해 강연하기도 했다. 그의 사촌 유진 머렛Eugene Murret은 오스왈드를 앨라배마 주 모빌에 있는 스프링 힐 대학의 예수회 학생의 집에 초대했다. 머렛이 신학 대학생으로 있는 곳이었다. 그가 제안한 주제는 '이시대의 소련과 공산주의 실행'이었다.

강연을 준비하던 오스왈드는 스스로 주제와 동떨어져 있다는 것을 알 수 있었다. 그가 직접 작성한 노트가 보존된 덕분에, 우리는 그의 강연을 직접 들은 청중들보다 강연을 더욱 잘 이해할 수 있었다. 몇 달 후 워런 위원회에서, 청중 몇몇은 이 강연을 오스왈드가 소련에서 지낸 일상적인 생활로만 묘사했다. 오스왈드는 강연 내용을 준비할 때는 대담한 내용을 포함하고, 막상 강연에서는 그런 내용을 언급하지 않았을 수도 있다. 어쨌든 그의 강연 기록에는 군대의 쿠데타로 국가가 위험에 빠져 있다(그는 비밀 정보원이었다)는 내용이 포함되어 있었다.

노트를 살펴보면 (그의 강연과는 대조적으로) 오스왈드의 여름 강연이 유일하게 CIA의 영향을 받지 않은 강연임을 알 수 있다. 그는 당시 적어도 자신의 이미지를 카스트로 지지자와 소련 지지자로 만들라는 명령을 따르지 않았다. 오스왈드가 신학대학생들에게 했던 강연 내용은 오히려 명령과는 반대되는 내용이었다. 그는 강연을 시작했다.

"미국인들은 미국의 군사혁명, 즉 쿠데타를 우습게 생각하는 경향이 있습니다. 쿠데타는 라틴아메리카 국가에서 종종 일어납니다. 그러나 미국에 쿠데타가 없으라는 법은 없습니다. 제가 이렇게 생각하는 데는 다 이유가 있습니다."

그는 강연에서 자신이 정보기관에 속해있는 사람이라는 것을 고려하지 않았다. 오스왈드는 현 정부에 무력으로 대항하는 쿠데타가 일어날 가능성이 있는지, 그리고 있다면 과연 어디에서 일어날 수 있는지에 대해 계속 이야기했다.

"어떤 군대가 쿠데타를 일으킬 수 있는 잠재력을 갖고 있을까요? 많은 병력과 통제하기 어려운 규모, 그리고 세상 곳곳에 기지를 가진 육군일까요? 적어도 워커 장군의 경우는, 육군이 올바른 정권이 오래 지속될 수 있도록 비옥한 토양을 갖고 있지 않다는 단면을 보여줍니다."

에드윈 워커 장군은 반(反) 공산주의를 주제로 연설하고, 관련 프로그램을 군에 주입했다는 이유로 케네디 행정부에 의해 해임된 인물이었다. 그 후 워커는 댈러스로 떠나 반(反) 공산주의 존 버치협회John Birch Society(극우단체)의 지도자가 되었다. 오스왈드가 사망하고 얼마 지나지 않은 시점이었다. 대통령 암살 사건이 일어나기 전 봄, 오스왈드가 워커를 살해하려고 했던 사건이 수면 위로 드러났다. 근거가 불충분했던 사건이지만 말이다. 그럼에도 워런 위원회는 오스왈드가 케네디 대통령을 죽일 수 있는 가능성을 가진 인물이라는 주장에 힘을 싣기 위해 이 사건을 이용했다. 역시 근거는 확실하지 않았다. 오스왈드의 강연 내용을 보면, 그는 워커처럼 거친 정치 선동가가 쿠데타를 일으킬 가능성은 없다고 무시하고 있었다.

그는 계속했다. "해군과 공군의 크기가 혁명에 영향을 끼칠까요? 그렇다면 어느 기관이 미국에서 혁명을 시작할 가능성을 갖고 있을까요? 규모, 핵심 장교들, 그리고 기지 등은 가능성을 가늠할 때 거의 필요하지 않습니다. 쿠데타를 일으킬 가능성을 가진 기관은 바로 미 해병대 United State Marine Corps(USMC)입니다. 우파인 미 해병대는 미국의 자유에 대단히 중요한 결과를 초래할 수 있는 기관으로 CIA가 이를 미국에 도입했습니다. 트루먼 대통령이 '해병대는 폐지되어야 합니다' 라고 했을 때 저는 그 말에 동의했습니다."

오스왈드는 해병대 소속이었다. 그러나 그의 눈에 해병대는 쿠데타를 일으킬 가능성이 충분했고 CIA와 모든 면에서 꼭 맞아 떨어졌다. 강연이 있은 후, CIA는 해병대를 조종했던 것 이상으로 오스왈드를 조종하기 시작했다. 또한 CIA는 오스왈드가 트루먼 대통령의 말을 인용한 것과 민주주의에 대한 트루먼(그리고 오스왈드가)이 매우 위험한 사상을 갖고 있다는 점을 해병대뿐만 아니라 곳곳에 퍼뜨렸다. 트루먼 대통령은 당시 해병대 폐지 관련 발언으로 기소되기까지 되었다. 그러나 오스왈드가 사망한 후에, 트루먼 전 대통령은 CIA가 위협하고 있다는 내용이 내포된 발언을 했다. 오스왈드가 경고했던 내부의 위협을 의미하는 듯했다. 또한 오스왈드는 이상하게 예언적인 방식으로 말하기 어려운 진실을 언급하기도 했다.

1963년 12월 22일, 암살 사건 발생 후 꼭 한 달이 지난 시점이었다. 트루먼 전 대통령의 아주 신중한 글이 〈워싱턴 포스트〉지에 실렸다. CIA는 정부를 장악하고 있으며, 아주 위험한 존재라고 경고하는 내용이었다. 내용은 다음과 같다.

"저는 중앙정보국 CIA의 목적과 역할을 다시 한 번 되짚어 볼 필요가 있다고 생각합니다. 한동안 저는 전술적 결정, 그리고 때로는 정부의 군 정책 결정을 할 때, 원래의 임무에서 벗어나 월권하려는 CIA의 행태를 보아왔습니다. 이 과정은 당연히 문제를 일으켰고, 분쟁이 있는 지역을 다루는 데 있어서는 더욱 큰 문제를 야기했습니다. 미국은 자유롭고 개방된 국가입니다. 그리고 자유로운 국가기관이 존재하는 국가로 존경받고 있습니다. 그러나 CIA의 어떤 역할은 종종 미국의 역사에 그림자를 드리우고 있습니다. 이는 바로잡을 필요가 있습니다."

케네디 대통령이 암살된 후, 트루먼의 경고에 대한 반응은 그야말로 완전한 침묵이었다. 1947년에 CIA를 직접 설립한 사람이 1963년 가을에는 CIA를 폐지하려는 그 주장은 상상도 하기 어려웠던 일이었다. 6개월 후 트루먼은 CIA에 대해 다시 언급했다. 그는 〈룩Look〉지 편집장으로부터 CIA와 관련된 자신의 기사가 실린 잡지를 받았다. 이에 트루먼은 편집장에게 편지를 보냈다.

"CIA 관련 기사가 실린 〈룩〉지를 보내주신 것에 감사드립니다. 유감스럽게도 기사는 많은 측면에서 사실과 다릅니다. CIA는 제가 설립한 기관으로, 이용 가능한 모든 정보를 수집하여 대통령에게 제공한다는 유일한 목적을 갖고 있습니다. 국제적으로 명성이 높은 CIA가 이상한 활동을 한다고 말할 의도는 아니었습니다."

리 하비 오스왈드는 CIA의 '이상한 활동'이라는 트루먼의 언급에 완전히 동의하고 있었다. 케네디에 대한 오스왈드의 존경심과 예수회에서의 그의 강연을 보면 알 수 있듯, 그는 대통령에 맞서는 혁명 세력을 반대하는 입장이었다. 사실 그는 반대를 넘어 혁명에 대해 경고하고 있었다. 그러나 CIA 요원들은 오스왈드가 대통령에 맞서는 세력과 더욱 깊이 관계를 맺도록 상황을 만들어가고 있었다. 자신의 견해가 확고했던 오스왈드는 음모자들 쪽이 아니라 점점 더 대통령 쪽으로 향하고 있었다.

8월 8일, 오스왈드는 뉴올리언스 구치소에 수감되어 있었다. 그는 자신이 수감된 방 안에서 FBI 요원과 대화를 나누고 있었다. 대화는 오스왈드가 받은 그 '이상한 요청'이 큰 의미를 갖고 있음을 내포하고 있었다. 오스왈드는 혁명에 대한 자신의 의견을 노트에 기록한 시점에서 2주가 지난 시점까지는 케네디를 반대하는 쿠바 망명단체의 편에 있었다. 세르지오 알카차 스미스Sergio Arcacha Smith와 같은 망명단체의 중심인물들은 대통령을 암살하려는 세력으로부터 징발되고 있었다. 오스왈드 역시 스스로 희생양 역할을 하나씩 수행하고 있었다. 시나리오에서 중요한 요소가 되는 카스트로 지지 전단을 나눠준 혐의로 체포된 것처럼 말이다.

무슨 이유에서인지는 모르지만, 오스왈드는 전단지 배포로 구치소에 수감되었을 때 FBI와의 인터뷰를 요청해, FBI 요원 존 퀴글리를 만났다. 하지만 존 퀴글리는 워런 위원회에 오스왈드가 전단을 배포한 이유에 대해 납득하기 어려운 증언을 했다고 했다. 오스왈드는 케네디를 지지하기 시작하면서 그가 CIA의 깊어지는 암살 음모를 밀고하려고 마음먹었을지도 모른다.

워런 위원회는 1월에 일급비밀 회의를 열었는데, 만약 오스왈드가 FBI와 CIA를 위해 일을 했다는 것이 사실이라면, CIA는 위증한 것이 분명하다고 말했다. FBI의 윌리엄 월터William Walter는 이 문제를 좀 더 독자적인 관점에서 바라봤다. 그는 1963년 뉴올리언스에서 근무하고 있었다. 그는 하원 암살조사위원회HSCA에서 오스왈드가 FBI의 정보원(정보제공자) 역할을 하고 있었다고 증언했다. 다른 증인들도 오스왈드와 FBI의 관계에 대해 증언했다. 자신을 FBI의 정보원이라고 한 뉴올리언스의 바 주인 오레스트 페나Orest Pena는 오스왈드가 FBI 요원인 드 브루에이스와 여러 차례 만나는 것을 보았다고 증언했다. 드 브루에이스도 워런 위원회에서 증언하기에 앞서 물리적인 위협을 받았고 침묵을 강요받았다고 증언했다.

애드리언 알바Adrian Alba는 오스왈드의 친구로 뉴올리언스 차고를 경영하면서 FBI의 기밀수행 차량을 정비하던 인물이다. 어느 날 알바는 오스왈드가 FBI 요원의 자동차로 걸어가는 것을 보았다. 자동차는 그가 일하는 곳 바깥에 정차해 있었다. 오스왈드는 자동차의 창문을 통해 하얀색 봉투를 건네받았고, 그 봉투를 자신의 셔츠 안쪽에 넣었다. 알바는 오스왈드가 이틀 후에도 그 자동차의 운전자와 접촉하여 짧게 이야기를 나눴다고 덧붙였다. 운전자는 워싱턴에서 뉴올리언스를 방문한 FBI 요원으로 알바도 알고 있던 인물이었다.

케네디를 지지하고 냉전 세력에 반대하던 오스왈드는 FBI의 정보원이었을 뿐 아니라, 대통령의 생명을 구하려고 노력한 인물이었다는 점에 무게가 실린다. 8월 8일, 구치소에 있던 오스왈드는 케네디 암살과 관련된 언급을 함으로써 당국으로부터 경고를 받았을지 모른다. 그가 2주 전에 혁명의 가능성에 대해 경고했기 때문이다.

만일 오스왈드가 CIA의 음모를 멈추게 할 수 있는 기관이 FBI라고 생각했다면 정말 잘못 판단한 것이었다. 대통령을 암살하고 이를 은폐하려는 계획은 보이지 않는 세력에 의해서 만들어지고 있었기 때문에 FBI는 정작 음모의 상세한 부분까지는 몰랐을지 모른다. 그러나 은폐의 중심에는 CIA뿐 아니라 궁극적으로는 후버 국장과 FBI가 있었다. 오스왈드가 CIA에 대항하려고 FBI에 호소한 것은 스스로 자신을 옭아맨 것이나 다름없었다.

사실 오스왈드에 대해서는 허위정보가 많이 확산되어 있다. 이 때문에 당시 그가 어떤 생각을 하고 있었는지 정확히 알 수는 없다. 우리는 한 여름에 있었던 몇 개 되지 않는 단서들만 갖고 그의 생각과 마음의 상태를 추측할 수밖에 없다. 여름에서 가을로 넘어가던 무렵, 오스왈드의 모습은 자주 나타나고 있었다. 그러나 그의 생각은 깊은 곳으로 점점 사라지고 있었다.

워런 위원회는 1963년 9월 27일부터 10월 2일까지 오스왈드가 멕시코에 있었다고 보고했다. 그리고 우리는 이를 통해 오스왈드라는 인물의 진로를 알 수 있었다. CIA는 오스왈드가 쿠바와 소련 대사관을 방문한 것을 각색했다. CIA가 오스왈드의 전화 통화를 위조해서 기록한 것이다. 7월에 케네디와 관련된 책을 읽고 케네디의 연설을 듣고, 그리고 혁명을 경고하던 오스왈드는 심지어 9월에 멕시코시티에 가지 않았을 가능성도 있다. 제 2의 오스왈드가 소련 대사관에 전화를 걸고 방문해, 오스왈드와 쿠바, 그리고 소련이 암살 사건에 개입되었다는 것을 조작하기 위함일 것이다. 우리가 보았듯이, 10월에서 11월까지 댈러스에 있었던 오스왈드(또는 제2의 오스왈드)는 일련의 도발적인 행동을 취하고 다녔다. 돌이켜보면 그런 행동들은 오스왈드를 한층 더 유죄의 증거로 몰아갔다. 총기 판매상에서 소총 탄약을 구매하면서 자신이 해병대라고 과시하며 무례하게 굴었던 행동, 자동차 대리점에서 머큐리 코멧을 고속으로 몰면서 시험운전을 한 행동, 신용 등급을 묻자 '소련으로 돌아가서 차를 사겠다'고 말한 행동, 라이플 사격 연습장에서 다른 사람의 타깃을 향해 총을 쏘고 이에 대해 항의하는 남자에게 '당신을 기억하겠소'라고 말한 것, 11월 22일 오후에 멕시코 유카탄반도 행 경비행기를 빌리기 위해 두 명의 동행자와 레드버드 민간항공사에 나타난 행동 등은 비행기를 이용해 쿠바로 탈출할 계획을 세웠다는 증거에 무게가 실리기도 했다.

그러나 워런 위원회는 오스왈드에 대한 이런 모든 증거들을 은폐하는 데 급급했다. 그 이유는 암살에 오스왈드와 쿠바, 소련을 동시에 연루시키려고 했기 때문이다. 결국 CIA가 주도한 제2의 오스왈드의 활동이 드러나는 극단적인 상황까지 오게 되었다(제2의 오스왈드는 CIA의 비행기를 타고 비밀리에 11월 22일에 댈러스에 갔는데 이는 공군 병장 로버트 빈슨에 의해 목격되었다). 오스왈드는 그야말로 자주 나타났다. 지나치게 복잡한 음모의 시나리오 안에서, 희생양은 동시에 너무 많은 곳에서 드러났고, 텍사스 교과서 보관소에서 일하던 진짜 오스왈드가와 가짜 오스왈드는 너무 명백할 정도로 잘못된 실마리를 여기저기에 흘리고 다녔다. 워런 위원회는 명백하게 수면 위로 드러나는 증거를 또 다시 은폐하기 위해 거짓말을 해야 했다. FBI도 은폐를 위한 시도에 가담하고 있었다. FBI는 댈러스 사무실에 존재하는 직접 쓴 메모를 없애라고 명령했다.

1963년 11월 6일에서 8일 수요일 목요일 혹은 금요일로 추정되는 어느 날 오후, 한 남자는 댈러스 FBI 사무실 엘리베이터에서 내려 안내원 내니 리 페너Nannie Lee Fenner의 책상으로 향했다. 그녀는 후에 청문회에서 그 남자가 자신을 '오스왈드'라고 소개했다고 증언했다. 그 남자는 그녀에게 이렇게 말을 이어갔다. "S. A. 호스티 씨 좀 부탁합니다." 'S. A'는 특별수사관Special Agent의 약자로 FBI와 깊이 관련된 사람들만 사용하는 용어였다.

페너는 그 남자의 눈빛은 매우 사나웠고, 침착하지 못한 상태였으며, 손에는 서류 봉투를 들고 있었다고 증언했다. 그 남자가 들고 있는 봉투 밖으로는 종이 한 장이 접혀진 채로 삐져나와 있었다. 그녀가 그가 지금 사무실에 있지 않는다고 말하자, 그 남자는 봉투를 그녀의 책상에 거의 던지면서 말했다. "아! 그럼, 이걸 그에게 전해 주시오." 그리곤 몸을 돌려 사무실 밖으로 나갔다.

봉투 밖으로 조금 삐져나온 종이 아래 부분에는 누군가 직접 적은 메시지가 있었다. 사실 그 마지막 두 줄은 읽으라는 것이나 마찬가지였다. 그녀는 메시지를 읽어보았다. "나는 댈러스 경찰서나 FBI 사무실을 날려버릴 것입니다."

이는 명백한 협박이었기에 그녀는 봉투에서 편지를 꺼내어 처음부터 읽기 시작했다. 12년 후 그녀는 사건을 조사하던 의회의 조사관들에게 말했다. "저는 정확한 단어는 기억할 수 없어요, 그러나 자신의 아내에 관한 어떤 내용이 있었고, 그들이 멈추지 않는다면 그렇게 하겠다는, 그러니까 댈러스 경찰서 또는 FBI 사무실을 날려버리겠다는 그런 내용이었습니다." 편지에는 '리 하비 오스왈드'라는 서명이 있었다.

이 협박 편지의 수취인은 FBI 특별 수사관 제임스 호스티 주니어James P. Hosty Jr.였다. 호스티의 임무는 오스왈드를 감시하는 것이었다. 호스티는 11월 1일~5일 사이에 오스왈드가 없는 루스 페인의 집을 방문한 적이 있었다. 그는 루스 페인과 마리나에게 오스왈드에 대해 물었다. 페너가 읽었던 그 협박 편지에는 자신의 아내를 만난 호스티에 대한 분노가 담겨 있었다.

암살 음모에 비춰보면 호스티에게 보낸 오스왈드의 편지는 더 깊은 의미를 내포하고 있었다. 뉴올리언스와 멕시코시티, 그리고 댈러스에서 있었던 도발적인 오스왈드의 행동, 그리고 조금은 인상적으로 편지를 전달했던 모습과 편지의 내용 때문에 목격자들은 그를 똑똑히 기억할 수 있었다. 그리고 편지는 오스왈드의 유죄를 입증하는 증거물로 제시되기도 했다. 페너의 책상에 편지를 던진 남자가 오스왈드든 제2의 오스왈드든 편지의 목적은 분명했다. 봉투 바깥쪽으로 편지 내용 일부를 노출시키면서 목격자가 볼 수 있도록 했다. 댈러스 경찰서를 날려버리겠다는 협박 내용을 담은 '리 하비 오스왈드'는 서명까지 하면서 치명적인 테러 가능성을 드러낸 것이다. 대통령이 댈러스로 떠나기 2주 전의 일이다.

11월에 FBI에게 협박 편지를 던지고 간 오스왈드의 태도와 8월에 뉴올리언스 구치소에 수감되어 있을 때 FBI에 대한 그의 태도는 판이하게 달랐다. 그는 구치소에서 한 시간 반 정도 FBI 요원과 사적으로 대화할 수 있게 해달라고 요청하기도 했으니 말이다. 그 해 여름 뉴올리언스에서 FBI 요원을 만나고 있는 그를 본 목격자의 증언과 일치하는 모습이었다. 오스왈드와 FBI의 관계는 은폐되어야 했던 것이지만, 그의 FBI에 대한 반감은 깊어지고 있었던 것은 사실이었다. 예를 들어 1963년 9월 28일, 멕시코시티에 있는 소련 대사관을 방문한 '오스왈드'는 FBI로부터 감시와 학대를 받았다고 말했다. 그러고는 자신의 리볼버를 꺼내어 테이블 위에 올려놓고 말했다. "봤소? 나는 이 총을 항상 갖고 다니고 있소. 이는 다 나의 생명을 지키기 위한것이오."

같은 맥락에서, 1963년 월 8일에 워싱턴 주재 소련 대사관은 11월 9일 소인이 찍힌 '오스왈드'의 편지를 받았다. 전체 내용 중에서 두 단락이 FBI가 자신을 괴롭힌다는 내용이었다. 편지의 마지막 부분에는 이렇게 맺어졌다. "저희 부부는 간교한 FBI에 강력히 항의했습니다."

위의 두 가지 경우를 보면 '오스왈드'가 소련에는 친밀하고 FBI에 대한 반감을 갖고 있다는 것을 보여준다. 편지에서 FBI에 대한 오스왈드의 태도는 진짜 오스왈드가 실제로는 FBI와 원만한 관계였다는 사실과는 거리가 멀다. 때문에 이 편지는 꼭 필요한 증거물이다. 오스왈드의 FBI 정보원으로서의 행적은 암살범이라는 그림자 속에 가려질 수도 있기 때문이다.

오스왈드가 편지를 전달한 방법과 편지 내용은 멕시코시티에서 '오스왈드'가 했던 행동들과 마찬가지로 많은 의문을 불러 일으켰다. 호스티에게 보낸 편지는 오스왈드에게 위협을 당한 이후 대통령이 댈러스를 방문하기 전까지 FBI가 댈러스에서의 암살 계획을 첩보기관에 경고하지 못했음을 암시한다. 만약 암살 사건의 범인이 오스왈드가 아닌 제2의 오스왈드'로 드러난다면, 그 편지는 그 자체로 음모를 폭로하는 도구로 쓰일 수 있었다. FBI는 이 증거를 없앴다.

11월 24일 일요일 오후, 오스왈드가 총에 맞아 사망한지 3시간 정도 지난 시점이었다. FBI 댈러스 책임자 고든 샨클린Gordon Shanklin은 자신의 사무실로 제임스 호스티를 불렀다. 호스티가 사무실 안으로 들어가자 샨클린은 자신의 책상 오른쪽 아래 서랍으로 손을 뻗었다. 그는 서랍에서 오스왈드의 편지를 꺼내 호스티에게 건넸다. 호스티는 이 상황을 증언했다. 샨클린은 호스티에게 편지와 문서를 제거하라고 했다. 호스티는 그 편지를 받아 갈기갈기 찢기 시작했다.

그러자 샨클린이 말했다. "아니, 그 편지를 여기서 갖고 나가시오. 나는 그게 이 사무실 안에 있는 것조차도 싫소. 없애버리시오."

호스티는 1975년 의회의 조사위원회에서 당시의 상황을 증언했다. 샨클린의 말을 들은 후, 호스티는 편지를 갖고 화장실로 갔다. 그리고 화장실 변기에 찢어버린 편지를 넣고 물을 내렸다. 호스티는 또한 워런 위원회에서 자신이 오스왈드의 편지를 제거했다는 것을 진술하지 않은 부분도 인정했다. 왜 말하지 않았냐고 묻자, 호스티는 FBI에서 오직 워런 위원회에서 묻는 질문에만 대답하라고 교육을 받았기 때문이라고 했다. 그는 명령에 따랐고 중요한 증거물을 없앤 것에 대해 침묵했다.

댈러스 주요 신문에 이어 1975년 9월 17일 〈뉴욕 타임스〉지 1면에도 '편지가 그들에 의해서 제거되었다'는 기사가 게재되었다. FBI의 고위 소식통을 인용한 기사는 편지를 제거한 것은 FBI의 최고위층의 회의로 결정되었고, 이 회의에는 FBI 국장인 존 에드거 후버가 분명히 있었다는 내용을 담고 있었다. 그리고 회의는 케네디 대통령이 댈러스에서 암살당한 그 주의 주말에 있었다는 내용도 포함되어 있었다.

"편지를 제거하라는 명령은 댈러스에 전달되었고 편지는 후버 국장의 요원 중 한 명이 보관하고 있었다. 그러나 소식통은 그 요원이라는 사람이 증거물 제거를 명령 받은 적이 없다고 증언했다고 전했다."

특수 요원인 호스티는 사실 FBI 댈러스 책임자인 샨클린의 명령을 따르고 있는 것이 아니었다. 호스티가 편지를 화장실 변기 물과 함께 흘러보냈을 때, 워런 위원회에 범죄 사실을 언급하지 않았을 때, 사실 그는 FBI 최고위층의 명령을 따르고 있었다. FBI를 아는 사람이라면 에드거 후버가 냉혹함으로 FBI를 지배하는 인물이라는 것을 알았을 것이다. 호스티는 후버의 명령에 따랐다.

FBI에게 보낸 오스왈드의 편지가 제거되지 않고 증거물로 남아 있었다면 대통령 암살 음모는 보다 빨리 드러날 수 있었을 것이다. 편지를 제거하는 것은 선택 사항이 아니었다. 반드시 없애야만 했던 것이다. 그리고 에드거 후버와 FBI는 증거가 다시는 세상에 드러나지 않도록 완전히 없애 버렸다.

FBI가 편지를 제거했다는 사실은 1975년 일반에 공개되었다. 조사위원회는 고발 등 법적인 문제가 뒤따르자 이 사실을 법무부로 넘겼다. 그러나 법무부는 산하 기관인 FBI와 갈등하는 상황이 불편했고, 이 때문에 문제를 더 이상 언급하지 않았다.

교황이 보내는 평화의 메시지

케네디는 냉전 세력과 깊은 갈등을 겪고 있었다. 그러나 그는 두 명의 조금은 특이한 동료의 지지를 받고 있었다. 바로 임종이 가까운 교황과 사면초가에 몰려 있는 공산주의자였다. 케네디는 인생의 마지막 해를 보내고 있었다. 이 시점에서 그의 가장 가까운 친구는 교황 요한 23세 Pope John XXIII와 소련 서기장 흐루시초프였다. 그들 각자는 매우 달랐다. 그러나 이들이 없었다면 케네디 대통령은 완전히 고립되었을 것이다. 이들이 있었기에 케네디는 더 평화로운 세상을 만들 기반을 닦을 수 있었던 것이다.

자본주의자 대통령과 임종이 가까운 교황, 그리고 공산주의 지도자라는 너무도 다른 3인은 평화를 위한 공조를 모색했다. 당시 이들은 쿠바 미사일 위기라는 예상 밖의 사건의 중심에 서 있었다. 케네디는 미사일 위기로 충격을 받아 정신이 번쩍 들어 냉정을 찾은 상황이었다. 그리고 흐루시초프와 손을 잡았다. 여기에는 교황의 적극적인 지원과 케네디의 측근들도 있었는데, 그 중에 저널리스트 노먼 커즌스가 있었다. 조금은 이상해 보이는 3인조에 협력했던 커즌스는 훗날 그들에게 '별난 삼두정치'라는 별명을 붙였다.

1962년 10월, 소련과 미국을 이끄는 학자와 저술가, 그리고 과학자 단체는 매사추세츠 앤도버의 비밀 장소에서 모였다. 이들은 냉전이라는 냉혹한 상황에서 평화를 구현하기 위해 모였다. 일주일에 걸친 대화를 통해 이들은 갈등을 극복하기 시작했다. 비공식으로 이뤄진 대화 덕분에 더욱 솔직한 대화를 나눌 수 있었고, 진정으로 평화를 구현해 나갈 수 있었다. 〈새터데이 리뷰〉지의 편집장이자 '건전한 핵 정책을 위한 전국 위원회SANE의 창립자인 노먼 커즌스는 평화로운 대화가 진행될 수 있도록 원동력이 되었다.

첫 째날 밤, 소련인들과 미국인들은 TV 근처로 모이기 시작했다. 케네디 대통령의 1962년 10월 22일 연설을 듣기 위해서였다. 케네디는 연설에서 쿠바 미사일 위기를 정의했고, 소련의 미사일은 참을 수 없는 상황을 만들고 있다고 말했다. 그리고 미사일이 비밀리에 쿠바로 이동하고 있기 때문에 케네디는 미 해군에 소련의 선박을 봉쇄하라는 명령을 내렸다고 덧붙였다.

갈등은 세기의 종말을 불러일으킬 것 같았다. 그리고 갈등의 중심에 선 국가의 대표들은 대화를 지속해야 한다는 제안에 만장일치로 동의했다. 미국과 소련 대표들은 그 후 일주일을 강렬하지만 서로 존중하면서 논쟁을 거듭했다. 논제에는 소련이 미사일을 쿠바에 주둔시키고 있다는 점과 이에 대해 미국이 봉쇄라는 방법으로 대응한 점이 포함되어 있었다. 이 때문에 양국은 첨예하게 대립하고 있었지만, 이들 모두 위기를 벗어나고 갈등을 해결하려고 노력했다. 이런 불안한 상황 속에서 평화를 구축하기 위해 노력하던 위원회는 교황 요한 23세의 대리인인 펠릭스 모를리온 신부를 만났다. 노먼 커즌스는 이미 그 해 초에 모를리온 신부를 만난 적이 있었다. 이 성직자는 커즌스에게 교황에 대해 이렇게 말했다. "세상 모든 사람이 이 분을 칭송하고 사랑하게 될 것입니다. 그는 사람들에 대해 깊은 존경심을 갖고 있습니다. 또한 그는 평화를 위해 노력하는 당신들을 돕길 원합니다."

앤도버에서 모를리온 신부는 대표들에게 요청했다. "쿠바 위기를 극복하기 위해 교황의 중재가 도움이 될 수 있을까요? 교황이 두 국가에 선박 운송과 봉쇄를 모두 중단할 것을 제안한다면, 두 국가는 이를 받아들일 수 있을까요?"

커즈스는 백악관에 전화를 걸어 테드 소렌슨과 통화를 했다. 소렌슨은 커즈스에게 말했다. "대통령께서는 교황의 중재를 환영하고 계십니다. 그러나 대통령께서는 교황의 제안이 모든 갈등을 해소할 수 있다는 부분에 대해서는 확신하지 못하십니다. 논제의 핵심은 소련의 미사일이 쿠바에 배치되어 있다는 것입니다. 미사일은 제거되어야 합니다."

소련 대표단 중 한 사람이 모스크바에 전화를 걸었다. "흐루시초프 서기장도 이 제안을 완전히 받아들이셨습니다."

모를리온 신부는 워싱턴과 모스크바에서 이뤄진 합의 내용을 바티칸에 전했다.

다음 날, 교황은 공식적으로 도덕적인 책임감과 평화를 호소했고, 이는 미국과 소련 대사관에 전달되었다.

"모든 통치자들에게 간청하는 바입니다. 평화를 원하는 인류의 외침에 귀를 막지 말아 주십시오. 협상을 재확인하기 위해, 평화를 위한 시동을 걸기 위해, 모든 사람들은 지혜와 신중이라는 단어를 기억해야 합니다."

커즈스는 이렇게 기록했다.

"교황은 군수물자 운송 및 봉쇄에 대해 구체적으로 언급하진 않았다. 대신 그는 정치 리더들은 대학살을 일으킬 수 있는 모든 가능성은 차단할 의무가 있다고 말했다. 이는 단순히 미국과 소련을 향해서만 말하는 것이 아니었다. 모든 세계인들을 향한 언급이었다. 그리고 국가 차원을 넘어 인류를 위해 노력한 정치인은 역사를 통해 칭송을 받아 마땅하다고 덧붙였다."

훗날 흐루시초프는 이렇게 말했다. "교황의 메시지는 그야말로 희망의 한줄기 빛이 될 것입니다."

교황의 호소는 모스크바를 포함한 전 세계에 톱기사로 퍼져나갔다. 〈프라우다Pravda〉지는 '교황의 냉전 지도자들에게 보내는 메시지', "평화를 원하는 인류의 외침에 귀를 막지 말아 주십시오"라고 호소했다는 내용을 인용하며 신문 1면 헤드라인에 실었다. 10월 28일, 흐루시초프는 쿠바에 주둔한 소련 미사일을 철수한다고 발표했다. 그 때 〈프라우다〉지는 평화에 대한 교황의 역할을 칭송하면서 교황의 메시지가 미사일 위기 해소에 영향을 주었다고 보도했다.

모임에서 모를리온 신부는 평화를 위해 로마와 모스크바 간에 지속적인 소통이 필요하다는 뜻을 함께 했다. 또한 신부는 노먼 커즌스에게 바티칸을 위해 '비공식적이고 어디에도 소속되지 않은 중재인'이 되어 달라고 제안했다. 커즌스의 역할은 과연 모스크바에서도 받아들여졌을까? 모스크바는 생각해 보겠다는 답변을 남겼다.

1962년 11월 말, 뉴욕에 있던 노먼 커즌스는 워싱턴에 있는 소련 대사 아나톨리 도브리닌으로부터 한 통의 전화를 받았다. 모를리온 신부의 제안이 수락되었던 것이다. 흐루시초프는 12월 중순에 커즌스를 모스크바로 초청했다.

커즌스가 이를 백악관에 전하자, 케네디는 커즌스에게 "흐루시초프 서기장은 긴장을 완화하고 싶다는 뜻을 전할 걸세. 그러나 소련과 미국

간에 상호적인 이익에 대해서는 언급하지는 않을 거야. 이번 기회에 서기장과 확실한 관계를 맺고 돌아와야 하네. 흐루시초프 서기장이 냉전 시대에 나처럼 친밀하고 적대감을 벗어버린 관계를 맺을 정치인은 없을 걸세"라고 말했다.

노먼 커즌스가 모스크바에 도착했을 때 미국 정부 관계자들은 이렇게 말했다. "흐루시초프에게 공존의 정당성을 입증하거나 조건부 양보를 제시하지 않더라도 미국과 쿠바는 동의를 이끌어낼 수 있다는 점을 설명해야 합니다. 흐루시초프를 지지하는 사람들은 미사일 철수에 대해 정치적인 책임감을 느낄 수 있습니다. 하지만 이는 냉전시대에 있어서 중요한 전환점이 될 수 있습니다. 어떤 사람들은 소련이 구체적인 사안에 대해 미국과 동의할 필요가 없다고 주장할지도 모릅니다. 이를 해소하기 위해서는 당신이 낙관적인 전망을 구체적으로 설명할 수 있어야 합니다."

흐루시초프를 만난 커즌스는 교황이 소련 지도자에게 얼마나 큰 감동을 주었는지 알 수 있었다. 흐루시초프가 말했다. "저는 종교인이 아닙니다. 그러나 저는 교황을 굉장히 좋아합니다. 교황께서는 임종이 얼마 남지 않아서 굉장히 편찮으실 겁니다. 그런 와중에도 중대한 목표를 위해 노력하고 투쟁하는 모습은 저에게 감동을 주기에 충분합니다. 당신도 말했듯이 교황의 염원은 평화입니다. 평화는 이 세상에서 가장 중요한 목표입니다."

흐루시초프는 핵전쟁이 벌어지면 공산주의자든, 가톨릭 신자든, 자본주의자든, 중국인이든, 소련인이든, 미국인이든 구별할 수도 없을 거라고 말했다. "누가 그들을 구별할 수 있겠소? 핵전쟁 후 과연 어느 누가 살아남아 그들을 구별할 수 있겠소?"

커즌스는 문득 자신의 대화 상대의 눈을 멍하니 바라보고 있는 자신을 깨달았다. 흐루시초프는 10월, 대재앙으로 이어질 뻔했던 핵무기에 대한 두려움을 깨닫고 있었다. 흐루시초프는 또 이렇게 말했다. "당시는 쿠바의 위기였습니다. 그 위기 상황에서 교황의 호소는 한 줄기 희망의 빛이 될 수 있었습니다. 저는 그 점에 깊이 감사드리고 있습니다."

커즌스가 물었다. "각하께서는 어떻게 상황이 핵전쟁 직전까지 가고 있다는 것을 느낄 수 있었습니까?" 커즌스의 물음에 흐루시초프는 대답했다. "중국은 내가 두려워하고 있다고 말합니다. 물론 저는 그런 상황이 두려웠습니다. 두렵지 않았다면 오히려 그게 정신이 이상한 사람일 것입니다. 저는 이 나라에 어떤 일이 일어날지 두려웠습니다. 당신의 나라 그리고 세상 모든 나라에 말입니다. 핵전쟁은 모든 것을 파괴할 수 있습니다. 만약 제가 두려워하는 마음이 무모한 행동을 하지 못하게 막은 것이라면, 저는 그 두려움에 감사하는 마음을 가질 것입니다. 오늘날 세계가 가진 문제 중의 하나는 대부분의 사람들이 핵전쟁의 위험을 두려워하지 않는다는 것입니다. 그럼에도 불구하고 사람들은 전쟁은 터무니없는 일임을 인식할 만큼 충분히 똑똑합니다. 교황께서도 이를 알고 계셨습니다. 저는 쿠바 위기의 상황에서 그 분께서 하신 역할에 대해 대단히 감사하고 있습니다. 또 다른 제안이 있습니까?"

커즌스는 소련의 종교적 자유에 대한 조금 다루기 어려운 이야기를 꺼냈다. 그는 교황은 18년 동안 역류되어 있던 대주교 슬리프이Slipyi의 이야기를 조심스럽게 꺼냈다. 그러자 흐루시초프는 잠시 경직되었다. 그리고는 말을 꺼냈다. "당신도 알겠지만, 저는 우크라이나 출신이기 때문에 슬리프이 사건에 대해 잘 알고 있습니다. 당시의 사건을 저는 생생히 기억합니다."

커즌스는 자신의 요점은 이 문제를 다시 논의하는 것이 아니라고 말했다. 교황은 단지 슬리프이 대주교를 먼 곳에 있는 신학대학으로 보내, 자신의 삶을 살 수 있도록 자유를 부여하는 것이 어떨까 하는 희망만 제시했을 뿐이라고 말했다.

흐루시초프는 머리를 내저었다. "그건 좋은 생각이 아닙니다. 저도 바티칸과의 관계를 개선하고 싶습니다. 그러나 당신이 말한 것은 좋은 방법이 아닙니다. 사실 그건 우리가 할 수 있는 방법 중에서 가장 최악의 방법일지 모릅니다. 끔찍한 소동이 일어날지 몰라요."

"어떤 면에서 그렇다는 겁니까?" 커즌스가 물었다.

"만일 슬리프이가 자유를 얻게 되면, 신문 1면의 헤드라인은 거짓말로 도배가 될 겁니다. '주교가 고문을 당했다' 라고 말이죠. 기자들은 그의 석방을 이용할 것이 확실합니다. 그리고 결국 바티칸과의 관계는 더욱 악화될 겁니다."

이에 커즌스는 교황은 신앙이라는 이름 안에서 행동하는 분이라고 흐루시초프를 안심시켰다. 그는 슬리프이 대주교의 석방을 교황이 결코 선전을 목적으로 이용하지 않을 것이라고 힘주어 말했다. 그러나 흐루시초프는 여전히 회의적인 태도를 보였다. 커즌스는 몇 분 동안 소련의 반(反) 유대주의를 언급하며 흐루시초프를 밀어붙였다. 그리고 시간이 흘러 커즌스는 떠나려고 자리에서 일어서려고 했다. 그는 상대가 귀찮아 할 정도로 너무 오래 머문 것은 아닌가 하고 생각했다. 커즌스는 케네디 대통령이 관심을 갖고 있는 문제는 언급하지 않았다.

흐루시초프는 그런 커즌스의 마음을 읽고 있었다. "앉아주시오, 케네디 대통령은 좀 어떻소?"

커즌스는 케네디 대통령께서는 건장 등 모든 면에서 좋다고 말했다. 흐루시초프는 독일이 재무장을 하는 것에 대해 두려움을 갖고 있다는 언급과 함께, 핵실험 금지 조약에 대해 자신의 전망과 분석을 내놓기 시작했다. 커즌스는 케네디 대통령보다 냉전 종식을 더 염원하는 미국인은 없을 것이라고 강조했다.

이에 흐루시초프는 말했다. "만약 당신의 말이 사실이라면, 케네디 대통령은 목표를 향해 앞서가는 그의 뒤를 따르고 있는 나를 발견하지 못하고 있습니다."

교황을 만나기 위해 커즌스는 로마로 향했다. 커즌스는 케네디와 흐루시초프의 따뜻한 메시지가 적힌 메모를 교황에게 전달했다. 냉전이라는 상황에 처한 두 명의 지도자들은 교황의 임종이 다가오고 있음을 알고 있었다. 교황은 힘겹게 두 지도자 사이의 가교 역할을 이어가고 있었다. 커즌스가 교황의 건강을 묻자, 그는 미소를 띠우며 말했다.

"고통은 나의 적이 아닙니다. 멋진 기억들은 내게 즐거움을 주고 있고, 제 삶을 채워 주었습니다. 저에게 고통을 위한 방은 없습니다. … 이제 개방과 소통을 유지하고 이를 위해 모든 것을 강화해야 합니다. 당신도 알겠지만, 저는 10월에 정치인들에게 호소했습니다. 끔찍한 일을 만들 수 있는 긴장을 완화하기 위해 모든 수단과 방법을 실행해야 한다고 호소했습니다. 다행히 이는 소련 내에서 중요한 쟁점이 되었습니다. 좋은 징조이기에 저는 굉장히 기뻤습니다. 세계 평화는 인류가 가장 염원하는 것입니다. 저는 늙었지만 살아 있는 동안 할 수 있는 일을 모두 할 것입니다."

1963년 1월 초, 노먼 커즌스는 워싱턴에 있는 도브리닌 소련 대사의 초대를 받았다. 이들은 함께 점심을 하며 대화를 나누었다. 이야기를 하던 도브리닌은 커즌스에게 슬리프이 대주교가 막 풀려났음을 알렸다.

"각하께서는 당신과 대화를 나누면서 큰 감동을 받으셨습니다. 그리고 평화의 중요성을 더욱 깊이 인지하셨습니다. 때문에 그런 결정을 하신 것 같습니다. 그리고 이 결정은 교황에 대한 서기장 각하의 높은 존경심의 표현일 것입니다. 동시에 세계 평화를 상징하는 교황의 신실함은 서기장께서 그런 결정을 하도록 만들었습니다."

슬리프이 대주교가 풀려나고 이틀이 지난 시점이었다. 도브리닌은 커즌스에게 다시 전화를 걸었다. 막 발간된 뉴스를 읽어주기 위해서였는데 뉴스의 헤드라인은 "주교가 고문에 대해 입을 열다"였다.

이에 경악한 커즌스는 급히 바티칸으로 전화를 걸었다. 그는 슬리프이가 어떤 기자와도 인터뷰하지 않았다는 이야기를 들었다. 다음 날, 바티칸의 교황청 기관지 로세르바토레 로마노는 슬리프이 대주교 관련 기사를 반박하는 교황의 증언을 1면에 실었다. 커즌스는 그 후 계속해서 소련의 지도자에게 만남을 요청했다. 그러나 흐루시초프는 3개월 동안 아무런 응답을 하지 않았다.

이에 케네디는 낙담했고 1962년 늦겨울부터 이듬 해 초봄까지 케네디와 흐루시초프의 관계에는 침묵만 감지될 뿐이었다. 쿠바에서 베트남까지, CIA는 조직적으로 케네디의 평화 계획을 무력화시키고 흐루시초프에 대한 적개심을 키우고 있었다.

3월, CIA의 애틀리 필립Atlee Phillips이 지휘하는 쿠바 망명자 단체 알파 66은 반복적으로 쿠바 해역에 있는 소련의 선박을 기습 공격했다. CIA의 지원 하에 이뤄진 알파 66의 공격은 후에 알파 66의 지도자 안토니오에 의해 드러났다. 공격은 케네디를 공개적으로 당황하게 만들고, 카스트로와 대립하도록 만들기 위해 이뤄졌다. 흐루시초프는 자연스럽게 소련의 선박 공격에는 케네디의 책임도 있을 것이라 의심하고 있었다. 흐루시초프는 매우 화가 난 상태에서 케네디에게 이의를 제기했다. 이는 케네디 대통령이 망명자들을 급습하여 지도자를 체포하고, 그들을 마이애미 지역에 억류할 때까지 계속되었다.

두 정상의 결의

케네디 대통령은 베트남에서 미군을 철수하려고 했다. 이 점에서 케네디는 고 딘 디엠과 뜻을 함께 할 수 있었다. 그러나 CIA가 불교도의 시위자들에게 테러를 하고, 훼 시에 폭탄을 투하하면서 계획에 차질이 생기고 있었다. 테러는 디엠 정부 탓으로 덮어씌워졌다. 이 때문에 불교도들의 극심한 저항을 불러일으켰다. 불교도들의 봉기는 이미 약화될 대로 약화된 디엠 정부를 붕괴시키다시피 했고, 이는 가을에 있을 CIA의 케네디 암살 음모에 힘을 실어 주었다. CIA의 사이공에서의 공작은 케네디의 희망을 무력화시켰다. 케네디는 베트남이 라오스와 마찬가지로 중립국이 되길 바랐고, 이는 케네디가 보좌관 로저 힐스만에게 반복적으로 강조한 내용이었다.

케네디는 핵실험 금지 조약이 각 국의 갈등을 완화시키고 냉전을 종식시키기 위해, 그리고 평화를 향한 미국과 소련의 관계를 재정비하기 위해 반드시 필요하다고 생각했다. 흐루시초프는 케네디와 함께 이 희망을 공유하고 있었다. 하지만 핵실험을 금지한다는 의미의 핵실험 금지 조약에는 반대하는 입장이었다.

흐루시초프는 핵실험 금지 조약에 포함된 사찰은 명백한 스파이 행위를 위한 것이라고 확신하고 있었다. 미국의 협상가들은 사실 핵실험 금지 조약을 준수하는지 확인하기 위해 세 번이 아닌 여덟 번의 사찰이 필요하다고 했다. 그러나 흐루시초프는 불가능하다고 단호히 말했다. 그러나 케네디와 흐루시초프는 각각 정부 각료들에게 더 많은 핵실험을 실행해야 한다는 정치적 압력을 받고 있었다. 단계적 확대를 수반할 대기 핵실험이라는 새로운 핵 군비 경쟁이 임박한 듯 보였다. 이에 놀란 교황은 위협에 대한 응답으로 자신의 관심사인 〈지상의 평화Peace on Earth〉라는 제목의 회칙을 썼다. 4월, 커즌스는 흑해 연안에 있는 흐루시초프의 별장에서 그와 만났다. 이들은 서로가 갖고 있던 불신에 대해 이야기를 나누었다. 커즌스는 슬리프이 대주교의 석방에 대한 보도 때문에 두 국가 간의 신뢰에 금이 간 것을 매우 유감스럽게 생각한다고 반복해 말했다.

이에 흐루시초프는 다행히 회의적인 태도보다는 이해한다는 태도를 보였다. 그는 교황의 건강에 대해 물으면서 말했다. "나는 교황이 살 수 있는 시간이 얼마나 남아 있을지 모르지만 세계 평화를 위해 헌신한 교황을 생각하며 영감을 받습니다."

커즌스는 지금이 교황의 〈지상의 평화〉를 러시아로 번역한 것을 흐루시초프에게 전달할 적절한 때라고 생각했다. 흐루시초프는 아마도 평화에 대한 교황의 회칙을 접한 최초의 사람일 것이다. 바티칸 외부인으로서 말이다.

커즌스는 공산주의자인 파트너가 〈지상의 평화〉가 주는 메시지에 집중하도록 했다. 회칙에는 다음과 같은 내용이 포함되어 있었다. "만일 군축이 이뤄지면 현재의 평화를 유지하는 원리도 다른 방식으로 대체되어야 합니다. 평화를 진실하고 견고하게 하려면 군사적 대등함이 아닌 서로에 대한 신뢰가 구축되어야 합니다."

흐루시초프는 고개를 끄덕이며 다시 한 번 교황의 평화를 위한 헌신을 칭송했다. 그는 더 신중히 회칙을 검토할 것이라고 덧붙였다. 교황의 깊은 신뢰에 감동을 받은 흐루시초프와 커즌스는 화제를 돌렸다. 핵실험 사찰 문제로 인해 두 나라 간에는 불신이 싹트고 있었다.

흐루시초프가 말했다. "솔직히 지금의 상황은 뭔가 잘못되었습니다. 당신들이 세 번에서 여덟 번까지 사찰하자고 주장하지만, 우리는 세 번에서 아예 실행하지 않는 쪽으로 하자고 주장하고 있습니다." 흐루시초프는 의자 앞쪽으로 몸을 기울였다.

"당신도 알다시피 우리는 이미 100메가톤의 폭탄 실험(역사 상 가장 큰 폭발물)에 성공했습니다. 그러나 과학자들과 군 장성들은 더 다양한 실험이 필요하다고 생각합니다. 그들은 미국이 소련보다 70퍼센트나 더 많이 핵실험을 시행하고 있으며, 소련은 미국과의 격차를 줄이려고 노력하는 것이므로 다른 나라들도 이해해줄 것이라고 말합니다. 과학자들은 저에게 핵실험을 실행할 수 있도록 승인해 달라고 요청하고 있습니다. 그리고 내 생각에 이제는 허가를 해주어야 할 것 같습니다."

커즌스는 침묵했다.

"듣고 있습니까?" 흐루시초프가 물었다.

"저는 지금 매우 낙담하고 있습니다. 제가 여기에 온 목적은 케네디 대통령의 선의를 증명하기 위함입니다. 각하께서는 이에 집중하지 않는 것 같군요. 각하의 마지막 말은 핵실험을 재개할 수 있음을 의미합니다. 만약 그렇다면 미국도 핵실험을 재개할 것이라고 생각합니다. 그러면 소련도 핵실험을 강화할 것이고, 이에 미국도 실험을 강화시킬 것입니다. 그야말로 악순환이 반복될 것입니다. 그리고 무엇보다 이런 상황은 다른 국가들에게 핵실험 금지를 요구할 수 없게 될 것입니다. 대기 중의 독성은 몇 배로 높아질 것이며, 이는 미국이나 소련의 안전에 아무런 보탬도 되지 않을 것입니다."

흐루시초프는 한층 심각해진 표정으로 커즌스를 바라봤다.

"좋소, 당신은 내가 케네디 대통령의 선의를 받아들이길 원하고 있군요. 좋습니다. 케네디 대통령의 선의를 받아들이겠습니다. 당신은 내가, 미국이 순수한 의도로 핵실험 금지 조약을 원한다는 걸 믿길 바라는군요. 좋습니다. 나는 미국이 순수하다고 믿겠습니다. 오해를 저 편에 두고 새롭게 시작하길 원한다면, 좋습니다. 나는 새로운 출발에 동의합니다."

흐루시초프는 한숨을 쉬면서 의자에 다시 몸을 기대고 편하게 앉았다. 그는 말을 이어갔다.

"대통령에게 전하시오. 내가 대통령을 이해했고, 가능하면 빨리 시작하는 게 좋겠다고 전하시오. 다음 단계는 케네디 대통령에게 달렸소."

4월 22일, 〈지상의 평화〉 회칙이 공개된 지 11일이 지난 시점이었다. 커즌스는 케네디에게 흐루시초프와의 대화를 보고했다. 그리고 대화중에서 상당 부분이 사찰 횟수에 대한 오해에 집중되었다고 말했다. 커즌스는 흐루시초프는 미국 측에서 사찰 횟수를 바꿨다고 생각하며, 세 번 이상 사찰하는 것을 매우 꺼리고 있다고 전했다. 그리고 소련은 핵실험 금지 조약이 미국 상원에서 통과될 가능성이 낮다고 보고 있다는 점도 덧붙였다. 미국 의회는 두 나라가 핵실험 금지 조약에 합의하더라도 인준할 가능성은 거의 없었다. 그래서 흐루시초프는 커즌스를 통해 다음 단계를 케네디에게 넘겼다. "다음 단계는 대통령에게 달려 있소."

흔들의자에 앉아 있던 케네디는 조용히 듣기만 했다. 커즌스가 훗날 남긴 기록에 의하면, 케네디는 상당히 아쉬워했던 것 같다.

대통령이 말했다. "당신도 알겠지만, 일을 하면 할수록 나는 어떤 문제에 대해 소통하는 것이 얼마나 어려운지를 배우고 있소."

커즌스는 소련 정부가 강경책을 원하고 있기 때문에, 흐루시초프가 상당한 압박을 받고 있다고 설명했다. 케네디는 말했다. "이 상황이 정말 우스운 것은 그와 내가 매우 비슷한 상황에 놓여 있다는 점이오. 그는 핵전쟁을 막고 싶어 하지만 강경파들로부터 심각한 압력을 받고 있소. 나 역시 비슷한 문제를 갖고 있으니 말이오. 동시에 우리 두 국가의 강경파들은 서로에게 힘을 실어주고 있소. 소련과 미국의 강경파들은 서로를 먹여 살리고 있는 셈이오. 각자의 위치를 정당화하기 위해 상대를 이용하면서 말이오."

커즌스는 대통령에게 모스크바에서 논쟁을 해결하지 못한 점에 대해 유감스럽다고 말했다. 그러자 케네디가 말했다. "나는 실패라고 보지 않소. 다만 교착상태를 돌파하기 위한 방법을 찾아야 하오. … 어떤 새로운 제안이 없겠소?"

커즌스가 대답했다. "저는 각하께서 대통령이라는 직책을 맡은 이후로 지금이 바로 가장 중요하고 유일하게 연설할 때가 아닐까 생각합니다. 아마 소련인들이 놀랄 만큼의 획기적인 내용이 필요할 겁니다. 냉전의 종식을 호소하면서, 그리고 미국과 소련 간의 새로운 출발을 호소하면서 말입니다."

케네디는 담배에 불을 붙였다.

"그 부분에 대해 더 생각해 보고 싶소."

그리고 케네디는 커즌스에게 이 이야기를 기록으로 남길 수 있게 해달라고 요청했다. 1963년 4월 30일, 노먼 커즌스는 기록한 내용을 케네디 대통령에게 보냈다. 다음은 그가 케네디 대통령에게 기록으로 제안한 내용이다.

  … "가장 중요하고도 유일한 연설을 할 때가 바로 지금입니다. 진정으로 평화에 대한 획기적인 내용이 담겨 있어야 합니다. 그리고 소련에 대한 친근감이 묻어나는 어조로 이뤄져야 하며, 전쟁을 겪은 그들의 시련에 대한 이해가 담겨 있어야 합니다. 인간적인 관심을 끌 수 있는 내용이어야 하고, 미국의 리더십을 위한 세계의 지지를 이끌어내는 내용이어야 합니다."

  … "더 나아가 평화를 추구하기 위한 완전히 새로운 내용을 만들어야 합니다. 이것보다 더 미국인들과 세계 사람들에게 깊이 다가갈 수

있는 주제는 없을 것입니다. 이는 평화를 바라는 사람들에게 새로운 에너지의 원천이 될 것입니다."

… "9월에 있었던 UN에서의 연설(케네디 대통령이 소련에 '평화를 경쟁하자'고 제안했던)의 가장 큰 성과는 강경파들을 휩쓸어버릴 수 있는 거대한 파도를 만들어냈다는 점입니다. 연설은 우리와는 반대편에 서 있는 사람들에게도 영감을 불러일으켰습니다. 연설에서 평화의 목적을 재정의함으로써 외부의 적뿐 아니라 내부의 적에게도 영향을 미칠 수 있었습니다."

커즌스가 이 기록을 대통령에서 보낸 지 2주가 지난 시점이었다. 그는 백악관에 케네디의 연설문 작성자인 테드 소렌슨과 함께 초대를 받았다. 소렌슨은 커즌스에게 대통령이 자신에게 평화를 위한 제안과 커즌스의 연설 기록을 함께 주었다고 말했다. "대통령께서는 평화를 추구하길 원하십니다. 그리고 6월 10일 있을 아메리카대학에서의 연설 도입부에 당신이 아이디어를 제공해 주길 원하고 있습니다."

케네디는 평화를 주제로 한 연설에 모든 역량을 집중시켰다. 그 동안 흐루시초프 역시 자신의 동맹인 카스트로에게 케네디 대통령을 믿게 하려고 노력하고 있었다. 커즌스가 4월에 흐루시초프를 방문했고, 카스트로는 5월 내내 소련에 머물러 있었다. 카스트로는 미사일 위기에서 신의를 버린 흐루시초프에게 여전히 화가 난 상태였다. 흐루시초프가 미사일 철수에 합의하면서 큰 재앙을 피할 수 있었지만, 이로 인해 카스트로는 굉장히 화가 나 있었다. 흐루시초프는 쿠바 정부와 아무런 상의도 하지 않은 채 미사일을 철수시켰다. 그 대신에 흐루시초프는 케네디 대통령에게 쿠바를 침략하지 않겠다는 약조를 받아냈다. 흐루시초프는 카스트로를 진정시키려고 노력하고 있었다. 그에게 친분을 목적으로 소련 여행을 시켜주면서 말이다. 카스트로를 진정시켜야 하는 상황이었지만, 흐루시초프는 관계에 부담이 될 수 있는 위험을 또 한 번 감수하려고 했다. 즉 카스트로에게 케네디 대통령을 신뢰의 눈으로 바라보라고 촉구하기 시작한 것이다.

카스트로는 흐루시초프와 한 달이라는 시간 동안 사적인 시간을 보낼 수 있었다. 이 시간을 통해 카스트로는 미사일 위기를 평화적으로 해결할 수 있는 방법을 배웠다고 말했다. "몇 시간 동안 서기장은 저에게 많은 메시지를 읽어주었습니다. 케네디 대통령이 보내온 메시지도 있었고, 로버트 케네디에게 온 메시지도 있었습니다. 통역사도 있었습니다. 흐루시초프는 받은 편지들을 저에게 계속 읽어주더군요."

세르게이 흐루시초프는 아버지와 카스트로가 나눈 대화를 이렇게 설명했다. "아버지는 카스트로가 미국 대통령은 자신이 한 말을 지킬 것이라고 설득했습니다. 그리고 쿠바는 6년 동안은 평화를 보장받을 것이라고 말씀하셨습니다. 6년은 아버지께서 케네디 대통령이 백악관에 있을 것이라고 생각하는 기간이었습니다. 6년이라니! 거의 영원이나 마찬가지였습니다!"

결국 카스트로는 충고를 따르기로 결정했다. 그는 재앙을 가져올 수 있는 방법 대신 교황의(이제는 니키타 흐루시초프의) 평화적인 방법에 귀를 기울이고 있었다. 전쟁을 피하는 방법은 거대한 무기를 사용하여 서로를 위협을 하는 것이 아니라 신뢰를 구축하는 것이라는 말에 초점을 맞추게 된 것이다. CIA의 은밀한 행동을 이끌던 리처드 헬름스Richard Helms

는 이렇게 기록했다. "흐루시초프의 요청에 카스트로는 '당분간' 케네디 행정부에 대한 회유정책을 받아들이기로 하고 쿠바로 돌아갈 것이다."

케네디의 아메리카대학 연설

같은 시기, 케네디는 6월 10일에 있을 평화를 주제로 한 아메리카대학 연설을 준비하고 있었다. 케네디는 평화의 바람을 일으킬 수 있다는 노먼 커즌스의 생각을 십분 활용하여 자신의 연설에 활용했다. 교황도 케네디의 연설에 영향을 끼쳤다. 가톨릭 신자인 케네디는 좀 더 유연한 자세로 교황의 말에 귀를 기울였다. 교황은 케네디 연설의 기반이 자신이었다는 사실을 결코 알지 못했을 것이다. 1963년 봄에 〈지상의 평화〉의 회칙이 공개되자, 동서 진영 간에는 희망의 순풍이 불어왔다. 케네디에게 완전하지는 않지만 어느 정도 마음을 연 카스트로의 태도에서도 볼 수 있듯 말이다. 변화를 감지한 케네디는 세계의 평화를 위해 더 큰 위험도 감수하기로 했다. 아메리카대학 연설의 많은 부분은 〈지상의 평화〉가 차지하고 있었다. 교황이 회칙에는 공산주의자들과 함께 협력하라고 제안한 내용도 포함되어 있었다.

"인류의 목적에 대해 잘못된 가르침을 얻고, 그 가르침이 몸에 밴다면 변하는 것이 쉽지 않을 것입니다. 그러나 역사는 끊임없이 진화하고 움직이므로 여기에 영향을 받을 것입니다. 어느 누가 역사적 움직임이 긍정적인 영향을 끼친다는 사실을 부인하겠습니까? 역사적 움직임이 긍정적인 이유를 갖고 있는 한, 그리고 인간의 합리적인 열망에 바탕을 두는 한 말입니다. 목표를 달성하는 데 있어서 예전에는 모여서 회의하는 것이 생산적이지 않은 방법으로 간주되었습니다. 그러나 지금은 언제든 만나야 합니다."

교황은 노먼 커즌스로부터 '목표 달성하기 위한 모임들'이 어떻게 하면 '적시에 유용한 것'으로 만들 수 있는지 깨달았다. 커즌스가 흐루시초프에게 교황의 〈지상의 평화〉를 러시아어로 번역해준 바로 그 달에 있었던 일이다. 흐루시초프는 교황의 회칙을 더 깊이 읽어보았고 커즌스와 대화를 나누면서, 핵무기 축소 의지를 더욱 강화했다. 또한 케네디와 함께 평화를 추구하려는 의지를 확고히 할 수 있었다.

〈지상의 평화〉를 포함시킨 대통령의 연설은 그야말로 최고의 연설이었다. 평화를 위해 협력을 호소하는 연설은 이념적 반대자들에게도 반향을 불러일으켰다. 아메리카대학 연설을 이끈 케네디는 교황이 이뤄냈던 것처럼 전 세계에 큰 영향을 미칠 수 있었다.

"정부나 사회 조직을 사악하다고 인식하면, 조직의 구성원들도 미덕이 부족하다고 인식될 수 있습니다. 미국인으로서 우리는 공산주의를 자유와는 정반대되는 불쾌한 것으로 인식하고 있다는 사실을 발견할 수 있었습니다. 그러나 우리는 여전히 소련이 과학과 우주, 경제적, 산업적, 그리고 문화적 성장 등 많은 것을 이뤄낸 국가라는 것을 잘 알고 있습니다."

케네디는 교황의 주제를 그대로 적용했다. 먼저 소련인들과 미국인들은 서로에게 혐오감이 있다는 내용을 인용했다. 전쟁이 소련과 지구 전체에 끼친 영향을 상기시키면서 말이다.

"많은 특징 중, 우리 두 나라 국민들에게는 공통점이 있습니다. 어느 누구보다 서로에 대한 혐오감을 갖고 있다는 점입니다. 그러나 주요 국가 중에서 거의 유일하게, 미국과 소련은 전쟁을 한 적이 없습니다. 그리고 전쟁 역사에서 제2차 세계대전 기간 중 소련만큼 고통받은 나라도 없습니다. 최소한 2천만 명 이상이 목숨을 잃었습니다. 무수히 많은 집과 농장들이 불타거나 약탈당했습니다. 영토의 3분의 1이 폐허로 변했고, 이 중 3분의 2가 산업적 요지였습니다. 이는 미국의 시카고 동부지역이 완전히 파괴된 것과 같은 손실이었습니다.

오늘날, 어떤 전쟁의 주 표적인 된 나라가 바로 우리 두 나라입니다. 가장 강한 힘을 가진 두 국가가 처참히 파괴될 수 있는 위험에 처해 있다는 것은 아이러니하면서도 명확한 사실입니다. 우리 모두가 만들어 온, 우리 모두가 일해 일궈온 그 모든 것들은 24시간 안에 파괴될 것입니다. 쉽게 말해 미국과 미국의 동맹국들, 소련과 그의 동맹국들은 모두가 진실로 평화와 군비경쟁을 멈추자는 데 깊은 관심을 갖고 있습니다. 우리 뿐 아니라 소련도 냉전을 종식하는 데 큰 관심을 갖고 있습니다. 가장 적대적인 나라이지만 모든 관심사를 포함한 조약을 승인하고 지킨다면 서로가 공존할 수 있을 것입니다."

그는 연설의 핵심에 다가가면서 지금까지보다 더욱 열정적으로 연설을 했다.

"우리는 우리가 서로 다르다는 것 때문에 진실을 바라보지 못하는 것이 아닙니다. 우리는 공통의 관심사에 초점을 맞춰야 합니다. 그리고 그 차이를 해소할 수 있는 방법을 찾으려고 노력해야 합니다. 만약 지금 우리가 갖고 있는 차이를 해소할 수 없다면, 적어도 다양성이 세계의 안보에 도움을 될 수 있도록 해야 합니다. 우리가 갖고 있는 가장 기본적인 공통점은, 우리는 모두 이 작은 행성에서 함께 살아가고 있다는 것입니다. 우리는 똑같은 공기를 마시며, 아이들의 미래를 소중히 여깁니다. 그리고 우리는 모두 언젠가는 죽을 운명입니다."

우리 모두는 이 작은 행성을 공유하고 있기 때문에, 우리 아이들의 밝은 미래를 희망하기 때문에, 그리고 우리 모두가 영원히 살 수 없기에, 케네디는 냉전을 재조명해야 한다고 호소력 있게 말했다. 우리는 상대를 손가락으로 비난하기 위해 있는 것이 아니었다. 제네바 군축협상에 참여하고, 함께 모든 것을 공유하며 비판의 손가락을 접어야 한다. 포괄적이고 완전한 군축을 통해 평화가 정착될 것이며, 이는 정치 발전을 위한 하나의 단계로 자리매김할 수 있다. 이를 위한 첫 번째로 해야 할 행동은 '핵실험 금지 조약'이었다. 이 과정을 시작하기 위해 많은 힘을 노력을 기울인 케네디는 일방적으로 선언했다.

"우리의 선의와 신념을 명백히 하기 위해 미국은 다른 국가가 먼저 시도하지 않는 한 절대로 핵실험을 하지 않을 것임을 선언합니다. 우리는 먼저 핵실험을 재개하지 않을 것입니다."

케네디가 아메리카대학에서 온 마음을 다해 연설을 하고 있을 때, 흐루시초프도 그의 연설을 듣고 있었다. 흐루시초프는 말했다. "이 연설은 루즈벨트의 연설 이후로 가장 멋진 연설이오." 이들은 이제 같은 길 위에 서 있었고, 두 달이 지나지 않은 시점에 대기 핵실험 금지 조약에 서명했다. 이들이 세계를 공멸의 위기로 내몬지 1년도 채 안 된 시점이었다. 두 사람은 함께 평화로운 미래를 구축하기 위해 협력하기 시작했다.

1963년 6월 3일, 마침내 교황 요한 23세가 암으로 사망했다. 케네디가 아메리카대학에서 연설하기 1주일 전이었다. 〈지상의 평화〉를 발표하고 세계 평화를 위한 교황의 역할을 다했다. 그러나 임종의 순간에도 그는 아직 턱없이 부족하다고 느꼈다. 그는 가족 그리고 모든 인류가 끔찍한 전쟁으로 고통을 경험할까봐 두려웠다. 교황의 수행 비서인 예하 로리스 카포빌라Loris Capovilla는 이렇게 회고했다. "전쟁을 피해야 한다는 생각이 교황을 가장 괴롭혔습니다. 교황이 두 달만 더 살으셨더라면, 핵실험 금지 조약이 타결되는 희망의 징조를 목도하고 기뻐했을 것입니다."

교황의 '비공식적이고 소속되지 않은' 평화 중재인이던 노먼 커즌스는 자신의 역할이 실패했다고 생각하고 있었다. 그러나 실패한 것이 아니었다. 그는 두 명의 냉전 지도자에게 용감하게 〈지상의 평화〉라는 비전을 전달했고, 정직한 대화에 기초하여 신뢰를 증진시킬 수 있었다. 노먼 커즌스와 교황은 케네디와 흐루시초프가 전쟁보다는 평화를 선택하도록 독려했다. 〈지상의 평화〉라는 교황의 유산은 케네디와 흐루시초프 사이에 존재했던 긴장을 완화시켰다. 그 '별난 삼두정치'에서 살아남은 두 명의 지도자들은 핵무기에 의지하는 것이 평화를 위한 방법이 아니라는 것을 깨달은 것이다. 이들은 교황의 원리를 깨닫고 교황의 뜻을 따라 한 단계씩 밟아가는 과정, 즉 신뢰를 선택했다.

그러나 케네디와 흐루시초프가 기대하는 희망의 날들이 마냥 끝없이 이어지진 않았다. 그들은 평화에 대한 비전으로 군부와 첨예한 갈등을 겪게 되었고, 이로써 음모가 싹트기 시작했던 것이다. 이미 2월부터 흐루시초프는 소련군 재정비를 제안하고 있었다. 바르샤바 조약기구의 소련 국방부장관이었던 안드레이 그래츠코Andrei Grechko 육군 원수와 흐루시초프가 전략 핵무기를 갖춰야 한다는 문제로 논쟁하고 있을 때, 소련의 지도자는 구체적인 이유를 들어 거부했다. "소련은 그만한 돈이 없소."

소련군에 대한 흐루시초프의 비전이 베일을 벗었다. 그는 경제적으로 막대한 손실을 가져오는 국방예산을 급격히 줄여야 한다고 생각했다. 규모는 작지만 능력이 뛰어난 군대를 바라는 흐루시초프는 이렇게 말했다. "군대의 나머지 부분은 지역 의용군에 기초해 조직해야 한다. 이들은 나라가 정말 위험에 빠졌을 때 동원될 것이다."

심지어 흐루시초프는 소련의 미사일 무기는 최소화되어야 한다고 말했다. 그는 미사일을 만들던 공장들은 선박공장으로 전환하는 것이 좋겠다고 제안했다. 매우 평화적인 제안이었다.

1963년 2월, 급진적인 육군의 재조직화와 소련 미사일 제조공장의 평화적 전환이라는 흐루시초프의 제안에 소련 군부는 깜짝 놀랐다. 흐루시초프는 1964년 10월 말까지 자신의 평화로의 전환 계획을 가속화했다. 물론 이때까지 서기장의 제안은 큰 영향력을 발휘하지 못하고 있었다. 하지만 이제 그의 희망은 케네디와의 상호신뢰를 통한 평화적 통치에 있었다.

그러나 집무실에서 새롭게 펼쳐질 또 다른 6년이라는 기간을 기대하던 케네디 대통령이 사망할 것이다. 동시에 냉전종식을 위한 흐루시초프의 희망도 사라질 것이다.

교황이 세상을 떠난 후, 미 군부와 케네디의 관계는 흐루시초프의 경우보다 훨씬 더 심각했다. 아메리카대학에서 했던 평화 선언, 핵실험 금지 조약의 성공적인 협상, 피델 카스트로와의 소통과 베트남 철수에 대한 결정은 비토세력들이 용인할 수 있는 내용이 아니었다. 케네디는 냉전을 초월하기 위한 여정을 시작했고 다시는 돌아올 생각이 없었다. 평화를 위한 그의 여정은 아메리카대학에서 주장했던 바로 그 진실을 경험하기 위함이었다. 그리고 우리 모두에게는 영원히 살 수 없다는 것을 경험하기 위함이었을지 모른다.

노먼 커즌스의 케네디의 연설이 소련에 영향을 끼칠 것이라는 생각은 옳았다. 그러나 비슷한 효과를 자국 내에서도 기대한 것은 옳지 못했다. 아메리카대학 연설은 소련 언론에는 대대적으로 보도되었다. 그러나 미국에서는 무시되거나 경시되었다. 심지어 케네디 대통령이 평화를 위한 획기적인 연설을 했다는 것을 아는 미국인들이 별로 없을 정도였다. 이는 지금까지도 진실로 남아 있다. 미국의 언론은 연설에 대해 완전히 침묵으로 일관했다. 마치 대통령이 평화에 대해 막 이야기를 시작했을 때, 대통령의 마이크에서 플러그를 뽑은 것 같았다.

아메리카대학에서 시민들과 함께 한 자리에서, 케네디는 냉전 당사국들과 함께 평화를 선언했다. 그러나 우리의 적들만이 그 연설을 들을 수 있었다.

또 한 명의 희생자

케네디 대통령의 암살은 계속해서 무고한 사람들을 회오리바람에 빨려들게 했다. 그 중 한 명은 댈러스의 도로에서 차를 기다리는 히치하이커를 태워줄 만큼 친절한 남자였다. 그 날 이후 그는 남은 생애를 어둠에 사로잡혀 살았다.

랄프 레온 예이츠Ralph Leon Yates는 냉장고 정비사로 댈러스에 있는 텍사스 육류 회사에서 일하고 있었다. 1963년 11월 20일 수요일은 그가 아울렛에 나가봐야 할 차례였다. 오전 10시 30분, 랄프 예이츠는 손튼 고속도로를 달리고 있었다. 그는 베클리 거리 근처의 오크 클리프에서 한 남자가 히치하이킹을 하는 걸 발견했다. 예이츠는 차를 세워 그 남자를 태웠다. 예이츠는 후에 FBI에서 그 남자가 120~130cm 정도 되는 갈색 종이로 싸여진 짐 꾸러미를 들고 있었다고 설명했다.

예이츠는 남자에게 픽업트럭 뒤에 짐을 올려놓으라고 했지만, 그 남자는 안에 커튼 로드가 있다고 말하면서 운전석에 짐을 갖고 앉았다. 예이츠는 남자에게 사람들이 대통령의 방문에 굉장히 신이 나 있다고 말했다. 예이츠는 그 남자가 간절히 원하고 있던 주제를 꺼낸 것이다. 그 남자는 오스왈드와 쌍둥이인 것 같을 정도로 닮아 보였다. 아니면 그가 진짜 오스왈드였을까?

FBI에 따르면, 랄프 예이츠는 히치하이커가 했던 말을 기억했다.

"그 남자가 대통령 암살의 가능성에 대해 물었습니다. 나는 그런 일도 가능할 수도 있겠다고 말했습니다. 이번에 남자는 저에게 빌딩

꼭대기 또는 창문 밖, 아주 높은 곳에서 암살이 이뤄질 수 있을지 물었습니다. 저는 만일 사격 솜씨가 좋은 사람이라면 가능할지도 모르겠다고 대답했습니다. 그 남자가 이런 이야기를 나누던 중에 소총을 들고 있는 한 남자의 사진을 꺼냈습니다. 그리고 그는 사진 속의 총을 들고 있는 남자가 대통령을 암살할 수 있을 것으로 생각하느냐고 물었습니다. 나는 운전을 하고 있어서 그 사진을 정확히 볼 수 없었지만 얼핏 기억은 하고 있습니다.

그는 대통령의 자동차 퍼레이드 이동 경로를 알고 있냐고 저에게 물었는데, 저는 모르지만 신문에는 나와 있을 거라고 대답했습니다. 그리고 그 남자는 대통령이 이동 경로를 바꿀 가능성이 있냐고 물었습니다. 이에 저는 안전상의 이유가 아니라면 바꿀 일은 없을 것 같다고 대답했습니다."

히치하이커는 휴스턴 거리에서 내려달라고 요청했다. 예이츠는 그를 엘름과 휴스턴 거리 사이에 내려주었다. 예이츠의 픽업트럭은 텍사스 교과서 보관소 건물에 환한 조명을 비추고 있었다. 예이츠는 그 남자가 자신의 커튼 로드라던 그 짐 꾸러미를 들고 엘름 거리를 건너는 것까지 보았다. 아마도 교과서 보관소 건물로 들어가는 것 같았다. 랄프 예이츠는 회사로 돌아와 자신의 동료 뎀프시 존스Dempsey Jones에게 그 남자에 대해 말해 주었다. 예이츠는 남자가 짐을 들고 있었고, 엘름과 휴스턴 거리 사이에 내려주었다고 말했다. 그리고 남자와 나눈 대화가 조금은 꺼림칙하다고 말했다. 뎀프시 존스는 예이츠의 증언을 확인해 주었다. 그는 FBI와의 인터뷰에서 예이츠가 대통령 암살과 관련된 대화를 나눈 히치하이커를 태웠다고 말했을 때는 대통령이 암살되기 전의 일이라고 증언했다.

예이츠가 언론을 통해 오스왈드의 사진을 봤을 때, 그는 바로 자신이 차에 태워준 그 남자라는 것을 알 수 있었다. '오스왈드와 쌍둥이처럼 똑같은 남자'였다.

그러나 FBI는 11월 26일 증언을 위해 FBI를 찾아온 랄프 레온 예이츠가 달갑지 않았다. 그의 증언은 FBI의 요청에 따라 12월 10일에 다시 반복되었고, 차후 요청에 따라 마지막으로 거짓말 탐지기 조사가 있었던 1964년 1월 1일과 4일에도 반복되었다. 예이츠의 증언은 지금은 죽은 오스왈드의 유죄를 명백하게 보여주는 것 같았지만, 동시에 그의 증언은 너무 많은 내용을 내포하고 있었기에 정부를 위험에 빠질 수 있게 했다. 그래서 FBI는 증언의 신뢰도를 떨어뜨리기 위해 반복적으로 회상만을 요청했다. FBI가 랄프 예이츠의 증언에서 인정할 수 없던 부분은 어떤 부분이었을까?

히치하이커는 리 하비 오스왈드 또는 잘 알려진 배후 인물일 것이다. 손튼 고속도로로 나가기 위한 베클리 거리 입구는 북 베클리 1026 번지에 위치한 오스왈드의 하숙방이 있는 거리였다. 오스왈드처럼 생긴 그 남자는 오스왈드의 하숙방과 오스왈드의 직장인 텍사스 교과서 보관소 건물의 인근에서 트럭에 탑승했다.

우리가 이미 보아 왔던 자신에게 죄를 뒤집어씌우는 '오스왈드들'의 행동들처럼 그 남자가 언급했던 말들은 자신이 잠재적인 대통령 암살자라는 것에 관심을 모으려는 시도였다. 더 중요한 것은 갈색 포장지로 덮인 짐 꾸러미였다. 그 남자는 짐을 들고 운전석에 타겠다고 했다. 그리고 그 짐은 커튼 로드라고 했다. 워런 위원회는 히치하이커가 갖고 있었던 커튼 로드는 소총이었다고 밝혔다.

워런 위원회가 설명했듯이 11월 22일 목요일, 그 날 오스왈드는 자신의 동료 뷰엘 웨슬리 프레이지어에게 오후에 집에 좀 다녀오겠다고 말했다. 프레이지어는 루스 페인의 집에서 한 블록 반 정도 떨어진 어빙에서 살고 있었다. 루스 페인의 집에는 오스왈드의 아내인 마리나와 두 딸이 머물고 있었다. 프레이지어는 오스왈드에게 왜 금요일이 아닌 목요일에 가려고 하느냐고 물었다. 이에 오스왈드는 이렇게 대답했다. "집에 커튼 로드를 가지러 가야겠어요. 아파트에 좀 필요해서…." 오스왈드는 평상시에는 주말을 가족과 함께 보냈다.

프레이지어와 여동생인 린니 랜들에 따르면, 다음 날 아침 오스왈드는 60cm 정도 되는 갈색 종이로 싼 짐을 갖고 왔다. 이 짐을 들고 프레이지어의 차에 탄 오스왈드는 교과서 보관소로 돌아갔다. 워런 위원회에서 프레이지어는 자신이 오스왈드에게 무슨 짐이냐고 묻자 '커튼 로드'라고 대답했다고 증언했다.

그러나 프레이지어와 랜들은 자신들이 본 그 짐은 소총을 담기에는 너무 작아 소총이 부러졌을 것이라고 증언했다. 그리고 아무도 그날 아침에 그런 짐을 든 오스왈드를 보지 못했다. 그럼에도 워런 위원회는 오스왈드가 루스 페인의 차고에서 가져온 소총을 교과서 보관소 건물로 몰래 가져가려고 했을 거라고 결론을 내렸다. 워런 보고서에서 '커튼 로드 이야기'는 오스왈드가 대통령을 암살하기 위해, 사용할 무기를 비밀리에 갖고 갔을 것이라고 비중 있게 다뤘다. 물론 모두 거짓이었다.

전하는 바에 따르면 11월 22일 아침, 오스왈드는 프레이지어와 함께 차를 타고 교과서 보관소에 도착했다. 그러나 이틀 전, 예이츠는 오스왈드를 닮은 히치하이커를 자신의 픽업트럭에 태웠다. 이미 모든 상황이 이틀 후를 예언이라도 하듯 진행되고 있었다.

오스왈드가 교과서 보관소 건물에 커튼 로드 그러니까 소총을 가져간 것이 아니라면, 이는 당연히 예이츠가 태운 제2의 오스왈드가 가져간 것이 된다. 이는 워런 위원회의 보고서에도 잘 나와 있다. 보고서에는 오스왈드가 수요일에 건물 안으로 몰래 소총을 갖고 들어가 대통령을 향해 총을 쏘기 전까지 건물 6층에 총을 숨겼다고 설명되어 있다. 모든 상황을 종합해 보면, 예이츠는 정부쪽에 매우 가치 있는 목격자일 것이다.

그러나 또 문제가 있었다. 오스왈드가 한 명이 아니라는 것이 드러난 것이다. 한 명은 교과서 보관소 건물에서 정규업무 시간 동안 일을 하고 있었고, 다른 한 명은 예이츠의 픽업트럭에 탑승하고 있었던 것이다. 문제는 여기서 끝나지 않는다. 소총을 숨긴 커튼 로드를 건물 안으로 몰래 가져간 인물도 한 명이 아니었다. 커튼 로드 이야기의 근원을 찾아가 본 결과, 암살은 단독범의 소행이 아니었다. 희생양 오스왈드가 초과근무를 하고 있다는 것을 미처 알지 못한 CIA 요원이 시나리오를 계속 진행시킨 결과였다.

랄프 예이츠는 고집스러울 정도로 자신이 목격한 것을 반복적으로 증언했다. 1963년 12월 10일, 그는 댈러스에 있는 FBI 사무실을 방문했다. 두 번째 방문이었다. 그는 FBI에 자신이 커튼 로드를 들고 있는 한 남자를 고속도로에서 자신의 트럭에 태웠다고 또 한 번 증언했다. 예이츠가 처음 FBI를 찾았을 때, 가족을 비롯한 자신에 대한 정보가 언론에 노출되는 것에 대해 굉장히 조심스러워했다. 그러나 그는 걱정할 필요가 없었다. FBI는 커튼 로드를 들고 있던 제2의 오스왈드에 대한 예이츠의 증언을 모조리 묻어버릴 작정이었으니 말이다.

1964년 1월 2일, 예이츠 담당 특별수사관인 고든 샨클린은 텔레타이프를 통해 '긴급'이라는 메시지를 받았다. FBI 국장 후버에게 온 메시지였다. FBI는 예이츠가 고속도로에서 한 남자를 태웠다는 그 시각에 사무실에서 일을 하고 있었다는 증거를 만들고 있었다. 그러나 후버는 예이츠의 증언을 완전히 뒤집을 수 있을 만큼 철저한 증거를 제시하지 못했다는 사실을 샨클린에게 전했다. 그래서 후버는 댈러스의 FBI에 예이츠에게 거짓말 탐지기로 재 인터뷰를 시키라고 지시했다.

1월 4일, 또 다른 '긴급' 메시지가 텔레타이프를 통해 전달되었다. 샨클린은 후버에게 그 날 예이츠에게 시행한 거짓말 탐지기 조사에 대해 보고했다. "또 결정적인 증거를 만드는 데 실패했습니다. 예이츠가 질문에 마지못해 대답하거나 응하지 않았습니다." FBI는 예이츠의 증언을 뒤집지 못하고 있었다. FBI는 다른 방법이 필요하다고 생각했다.

1월 4일은 예이츠가 마지막으로 FBI 사무실을 찾은 날이었다. 아내에게 함께 가자고 요청해 이번에는 아내 도로시와 동행했다. 40년 후, 도로시와의 인터뷰에서 그녀는 그 날 자신의 남편에게 무슨 일이 일어났는지 증언했다. 그녀의 말에 따르면, 거짓말 탐지기 조사 후, FBI는 남편에게 정신분열 증상이 있어 우드론 병원에 보내야 될 것 같다고 말했다. 예이츠는 아내와 함께 차를 운전하여 병원으로 향했고, 그 날 저녁 그는 정신이상환자라는 진단을 받았다. 그 날 이후, 예이츠는 자신의 11년이라는 남은 여생을 정신병원에 다니면서 보내야 했다.

"그들은 저에게 예이츠가 (거짓말 탐지기 기계에 따르면) 진실을 말하고 있다고 했습니다. 그들은 예이츠가 스스로 진실을 말하고 있다고 확신하고 있다는 말도 덧붙였습니다. 그래서 정신이 이상하다는 것이었습니다. 그러니까 너무 확신하고 있어서, 너무 강하게 자신의 경험과 증언을 믿고 있어서, 그래서 정신이 이상하다고 말했습니다."

FBI도 도로시에게 말했듯이, 거짓말 탐지기는 예이츠가 진실을 말하고 있다고 보여주었다. 예이츠의 조사는 FBI에 공식적으로 '결정적이지 않은' 것으로 기록되었다(이는 조사관이 예이츠가 진실을 말하고 있는지 아닌지 확신하지 못했음을 의미한다). FBI가 정의하는 진실은 예이츠가 커튼 로드를 가진 제2의 오스왈드를 태우지 않은 것이었다. 고속도로에 그런 히치하이커는 존재하지도 않았던 것이다. FBI는 예이츠를 (거짓말 탐지기 차트가 보여주듯이) 존재하지도 않은 히치하이커를 태웠다고 주장하는 현실 감각을 잃은 사람으로 만들어버렸다. 다른 경우였다면 그 사람은 '진실'을 증명한 셈이 되었겠지만 예이츠의 경우는 달랐다.

'진실'을 말하면 말할수록, 예이츠는 현실에서 분리되어 혼란을 겪은 정신장애를 가졌다는 것만 증명할 뿐이었다. 그는 명백히 자신이 대통령을 암살하기 위한 무기를 교과서 보관소로 갖고 가는 한 남자를 도왔다고 생각했다. 이것이 바로 그가 FBI에 증언을 하려고 했던 첫 번째 이유였다. 그러나 지금 예이츠는 자신이 겪은 모든 경험이 환상이라는 이야기를 듣고 있었다. 그럼에도 예이츠는 자신의 경험에 확신을 갖고 있었고, 이에 FBI는 예이츠를 정신병자로 만들어 버렸다.

도로시는 우드론 병원에서 남편이 어떻게 지내고 있는지도 모르고 있었다. 그러나 1주일 후 어느 이른 아침, 도로시는 남편이 그동안 도대체 어떻게 지내고 있었는지를 알게 된다. 예이츠가 우드론 병원을 탈출하여 도로시를 찾아온 것이다. 새벽 4시, 도로시는 현관문을 열었다. 현관 앞에는 하얀 병원복을 입은 남편이 서 있었다. 그는 맨발이었다. 눈이 소용돌이를 치면서 내리고 있었다. 예이츠는 도로시에게 자신이 시트를 묶어 창문을 기어 내려와 병원을 탈출했다고 했다. 차를 훔쳐 집까지 운전해 온 것이었다.

도로시는 두려움에 고통 받는 남편의 모습을 지켜보았다. 예이츠는 누군가가 자신과 자신의 아내 그리고 아이들을 죽이려한다고 말했다. 자신이 오스왈드에 대한 진실을 알고 있기 때문이라고 했다. 도로시는 급히 아이들 방으로 들어가서 자고 있는 다섯 명의 아이들에게 따뜻하게 옷을 입혔다.

첫째 아이의 나이는 고작 여섯 살이었다. 가족은 자동차를 타고 달아나기 시작했다. 집에서 나온 지 몇 시간이 채 지나지 않아, 도로시는 살인자들을 피하려는 남편의 기이한 행동에 경악하고 말았다. 도로시는 자신과 가족의 목숨을 위협하는 보이지 않는 살인자보다 남편의 모습에 더 큰 두려움을 느꼈다. 그녀는 차를 돌려 우드론 병원에 예이츠의 행방을 보고했다.

우드론으로 다시 이송된 그는 곧 테렐 주립병원Terrell State Hospital으로 옮겨졌다. 댈러스에서 동쪽으로 30마일 정도 떨어진 곳에 위치한 정신과 병원이었다. 예이츠는 테렐 주립병원에서 8년 동안 감호되었다. 그 후 웨이코Waco에 있는 보훈병원으로 이송되었고 이곳에서 또 1년 반을 살았다. 그리고 마지막으로 러스크 주립병원Rusk State Hospital으로 이송되어 생애 마지막 1년 반을 보냈다. 총 3개의 병원에 있었던 그는 한 달에서 세 달 정도 집에서 자신의 아내와 아이들과 함께 시간을 보낼 수 있었다. 그는 다시는 일도 할 수 없게 되었다.

예이츠는 정신치료의 과정에서 일종의 진정제 쏘라진과 스텔라진을 처방받았다. 이 약들은 그를 좀비처럼 만들었다. 그래서 그는 이 과정에 저항하는 방법을 깨달았다. 에이브러햄 볼든이 스프링필드 교도소 정신병원에서 한 것과 똑같이, 예이츠도 알약을 삼키는 척 했다. 그러나 충격 치료는 피하기가 힘들었다. 그는 40번 이상의 충격 치료를 받았다. 아내가 말하길, 예이츠는 그 히치하이커와의 만남을 여전히 잊지 않기에 충격 치료의 후유증도 없었다고 했다.

예이츠는 도로시에게 이렇게 말했다. "그들은 내가 겪은 그 일을 잊게 하려고 노력하는 것인지, 아니면 다른 이유가 있는지 잘 모르겠소. 그러나 어쨌든 나는 내가 겪은 일에 대해 진실을 말할 것이오."

그의 삶의 마지막까지 진실을 외치고 있었다. 도로시는 "그는 절대 항복하지 않았습니다"고 말했다. 1975년 9월 3일, 예이츠는 러스트 주립병원에서 숨을 거두었다. 그의 나이는 39세, 울혈성 심부전이 사인이었다.

예이츠는 자신을 정신병원에 수감한, 사랑하는 가족과 떨어지게 만든, 그리고 모든 것을 피폐시킨 그 경험에 고집스러울 만큼 집착했다. 그는 진실을 부정하는 것을 원하지 않았다. 그 결과 그는 여생을 고통 속에서 살 수밖에 없었다. 예이츠의 친척들과 친구들은 그의 경험을 환상으로 치부했다.

예이츠가 처음 FBI 사무실을 찾았을 때 함께 간 삼촌 스미스는 이렇게 말했다. "저는 조카의 모든 경험이 정말 상상이었다고 생각합니다."

사촌 켄 스미스는 케네디가 암살당하기 전 예이츠는 담배를 피우면서 풋볼 게임을 보고 있었다고 기억했다. 켄은 자신의 경험에 대한 진실을 주장하던 예이츠에 대해 망상에 사로잡힌 남자라고 말했다.

"그는 그 경험을 떨쳐버리지 못했습니다. 자신의 모든 경험이 사실 이라고 믿었던 예이츠는 결국 망상에 사로잡히고 말았습니다. 그리 고 완전히 삶을 망쳐버렸어요. … 만일 입을 다물었다면, 그의 삶은 그렇게 나쁘진 않았을 겁니다. 모두들 그가 미쳤다고 생각했습니다. 그리고 그는 정말 미치게 됐어요."

심지어 예이츠의 동료이자 그의 경험을 입증해 주었던 목격자 존스도 회의적인 태도를 보였다. FBI는 이렇게 말했다. "존스는 예이츠가 부풀 려 말하는 것을 좋아하는 사람이라고 말했습니다. 예이츠는 이전부터 말도 안 되는 것에 대해 말하는 것을 좋아했다고 합니다."

오직 FBI만이 예이츠가 왜 그렇게 고통을 받아야 했는지 알고 있었다. 예이츠는 심지어 오스왈드가 두 명일 수 있다는 가능성도 이해하지 못 하고 있었다. FBI만이 예이츠의 증언이 얼마나 치명적일 수 있는지 알고 있었다. 그러나 서투른 시나리오의 진행으로 음모는 또 한 번 드러날 위 기에 처해 있었다.

너무 많은 오스왈드가 있었고, 너무 많은 밀반입 소총들이 있었다. 그 리고 너무 많은 목격자들이 비슷한 목격담을 쏟아냈다. 그 중, 명백한 피해자가 바로 랄프 예이츠였다. FBI는 자신이 겪은 경험을 고집스럽게

주장하는 예이츠를 제거해야만 했다. 랄프 예이츠는 11년 동안 지옥에
있었다. 그러나 그는 잊을 수 없었고 진실을 말하는 것을 멈추지 않았
다. 예이츠는 자신이 경험한 그 사건에 대해 완전히 이해하고 있지도 않
았다. 말할 수 없는 목격자였다.

* * *

케네디는 자신이 죽음에 직면했다는 느낌을 받고 있었다. 일요일 아
침, 그는 교회 예배당에서 예배가 시작되길 기다리고 있었다. 그는 자신
뒤에 앉아 있는 기자들에게 말했다. "누군가 내게 총을 쏠 수도 있다는
생각을 해본 적이 있습니까?" 케네디는 죽음에 대해 초연하기도 했고
삶에 대한 간절함도 있었다. 아이러니했다. 그는 친구에게 말했다.

　"나는 죽음이 두렵지는 않네. 자네도 알겠지만, 태평양 전쟁을 겪
　으면서도 나는 죽음이 두렵지 않았네. 그리고 뉴욕 병원에 입원해 있
　을 때도 마찬가지였어. 아마 나는 그렇게 종교적인 사람은 아닌 것
　같아. 죽음이 마치 지옥의 끝인 것처럼 느껴지니 말일세. 그러나 나
　는 지금 죽기에는 해야 할 일이 너무나 많아. 그래서 신께서 내게 모
　든 것을 다 마칠 수 있는 시간을 주었으면 하는 바람이 있을 뿐이네!"

1963년 10월, 케네디에게는 조금이지만 시간이 있었다. 그가 하고 싶
었던 일들 중 두 가지가 바로 젖먹이 아들의 묘지와 아버지를 방문하는
일이었다. 10월 19일 토요일, 케네디는 친구들과 보좌관들 그리고 케니
오도넬과 데이브 파워스와 함께 보스턴에서 열리는 하버드-콜롬비아 풋

볼 경기를 보러 갔다. 하프 타임이 거의 다다랐을 때, 대통령은 갑자기 조용해졌다. 그는 경기를 완전히 잊어버린 것 같았다. 케네디는 오도넬에게 말했다. "패트릭의 묘에 가고 싶소. 신문 기자들 없이 혼자 말이오."

보스턴의 경찰들은 기자들의 차량들이 주차장에서 나오지 못하게 막았다. 덕분에 케네디 대통령은 기자들을 따돌리고 오도넬 그리고 파워스와 함께 브루클린 공동묘지에 갈 수 있었다. 케네디는 짧게 '케네디'라고 새겨진 아들의 묘석 앞에 섰다. 그는 말했다. "여기 혼자 있는 것 같군."

다음 날, 케네디는 아버지와 함께 하이애니스 항에 있는 집에서 시간을 보냈다. 조지프 케네디는 1961년 6월, 뇌경색으로 오른쪽 신체가 마비되었고 말도 어눌해졌다. 케네디는 아침부터 오후까지 아버지의 침대 옆에 앉아 있었다. 조셉 케네디는 말은 거의 하지 못했지만 아들과 함께 있는 시간을 매우 좋아했다. 꽤 오랜 시간 동안, 부자는 아무 말도 없이 함께 있었다.

대통령은 보통 일요일 오후까지는 백악관에 돌아가야 했다. 그러나 그는 저녁 늦은 시간까지 꾸물거리고 있었다. 어두컴컴해져서야 침실 창문 밖으로 대통령용 헬리콥터가 착륙하는 것이 보였다. 케네디는 결국 일어나야 했다. 그는 아버지의 이마에 굿바이 키스를 하고 텍사스를 방문한 후 다시 찾아오겠다고 말했다. 몇 년이 지나, 데이브 파워스는 조지프 케네디가 자신의 아들에게 보내던 눈빛은 말은 없었지만 작별인사 같았다고 말했다.

대통령이 떠난 후, 간호사와 조수들이 바퀴가 있는 침대를 발코니 문

쪽을 옮겨준 덕분에 조지프 케네디는 아들이 헬리콥터에 타는 모습을 볼 수 있었다. 그는 아들의 모습이 나타나길 인내심 있게 기다리고 있었다.

갑자기 케네디가 방 뒤에서 나타났다. 여전히 밖을 바라보면서 아들을 기다리던 조지프 케네디는 아들이 돌아온 것을 알아채지 못하고 있었다. 케네디는 아버지의 어깨에 손을 올렸다.

"누가 왔는지 보세요, 아버지." 그가 말했다.

그는 아버지를 껴안고 한 번 더 키스했다. 그리고 다시 떠났다. 잔디밭에서 아버지에게 높고 크게 손을 흔들면서 말이다. 헬리콥터 안에서 케네디는 침대에 있는 아버지의 모습이 보이는 발코니 문을 뒤돌아 봤다. 그 때 데이브 파워스는 대통령의 눈에 눈물이 반짝이는 것을 보았다.

케네디가 피살되고 한 달이 지난 시점이었다. 파워스는 댈러스에서 워싱턴으로 가는 공군 비행기에서 당시의 상황을 재클린에게 설명했다. 파워스는 당시 대통령께서 그렇게 아버지를 다시 찾을 줄은 몰랐다고 말했다. 마치 케네디는 그때가 아버지를 볼 수 있는 마지막 기회라는 것을 알고 있는 것 같았다. 어쨌든 케네디는 사랑했던 아들과 노쇠한 아버지에게 작별 인사를 할 수 있었다.

오스왈드의 살해범 잭 루비는 누구인가?

나이트클럽 사장 잭 루비가 케네디 대통령 암살 이틀 후 리 하비 오스왈드를 살해한 과정은 어떻게 진행된 것일까?

1950년대 후반, 잭 루비가 CIA에 연루되었다는 것이 처음으로 알려졌다. 당시 그는 플로리다와 텍사스에서 총기를 밀반입하여 젊은 쿠바 혁명가인 피델 카스트로 산하의 혁명단체에게 전달했다. 루비는 독재자인 바티스타와 선동가 카스트로 양쪽을 모두 지원하고 있었다. 그리고 CIA는 이 모든 과정을 모니터하고 있었다. CIA의 에드워드 브라우더Edward Browder는 "CIA와 세관은 카스트로에게 총기를 전달하는 것을 제지하지 않았습니다. 카스트로가 공산주의자로 바뀌면서 CIA와 세관은 오히려 이를 격려했습니다"고 말했다. 그렇다고 루비가 카스트로의 다른 지지자들 보다 더 카스트로를 지지하는 것은 아니었다. 루비의 한 친구는 그가 이 상황에 연루된 이유는 단지 돈 때문이라고 했다. 잭 루비는 어느 쪽 편도 아니었다. 자신에게 가장 많은 돈을 지불하는 쪽이 자신의 편이었다.

1957년, 루비는 댈러스와 갤버스턴 만Galveston Bay에 있는 키마 교외에 위치한 휴스턴으로 통근하고 있었다. 루비와 함께 포커를 하던 친구 제임스 비어드는 잭 루비가 키마 해안가 근처에 있는 2층짜리 집에 총과 탄약을 저장하고 있었다고 말했다. 비어드는 루비와 그의 동료들이 '자동 소총과 권총이 포함된 새로운 총들이 들어 있는 상자들'을 픽업트럭에 싣는 것을 목격했다. 그 상자들은 50피트는 훌쩍 넘을 만큼 커다란 군사용 보트로 옮겨졌다. 지시에 따라 루비는 그 보트에 총들을 싣고 멕시코 만을 가로질러갔다. 쿠바에 있는 카스트로 반군에게 무기를 전달하기 위해서였다.

1959년, 카스트로가 바티스타를 전복시키자 이제 루비는 CIA의 지원을 받으면서 반(反) 카스트로 쿠바인들에게 무기를 제공하기 시작했다. CIA와 연관된 또 다른 총기밀반입자인 토머스 엘리 데이비스Thomas Eli

Davis와 함께였다. 그리고 데이비스는 후에 루비를 계속 괴롭히게 된다. 루비는 오스왈드를 살해하기 위한 준비를 하고 있었고, 그 때 데이비스라는 이름은 루비를 두려움에 사로잡히게 만들었다. 루비는 첫 번째 변호사 톰 하워드Tom Howard에게 자신은 데이비드와 함께 일해 왔으며, 그는 반(反) 카스트로 활동과 연관된 총기 밀반입자라고 말했다.

1958년 6월, 토머스 일라이 데이비스는 5년간 보호감호형을 받았다. 그리고 그는 이 기간 동안 CIA에서 일을 했다. 루비의 전기작가인 세스 켄터Seth Kantor는 데이비스가 플로리다와 또 다른 장소인 남아메리카에서 반(反) 카스트로 단체를 훈련하는 것을 도왔다는 것을 알게 되었다. 케네디가 암살당했을 때, 토머스 데이비드는 알제Algiers에 있는 교도소에 수감되어 있었다. 프랑스 대통령 샤를르 드골을 암살하려고 시도했던 비밀부대의 테러리스트를 위해 총기를 전달한 혐의였다. 데이비스는 코드명 'QJ/WIN'인 CIA의 외부 공작원의 개입으로 풀려났다. 이는 코드명은 ZRRIFLE로 알려진 공작원의 암살 프로그램에 있는 CIA 감찰관의 일급비밀 보고서를 통해 확인되었다.

잭 루비는 카스트로에 대항하여 총기를 밀반입을 하고 있었다. 루비는 자신과 데이비스와 관계를 변호사에게 말했다. 그는 살얼음판을 걷고 있었다. 만일 목격자 또는 탐사 보도에 의해 루비와 데이비스의 관계가 드러났다면 케네디와 오스왈드의 암살 시나리오는 실패했을지도 모른다. 유명 칼럼니스트 도로시 킬갈렌Dorothy Kilgallen은 친구들에게 자신이 재판에 참석하여 루비와 사적인 만남을 가졌던 그 시점부터 FBI로부터 협박을 받고 있다고 말했다. 그리고 결국 그녀는 맨해튼에 있는 자신의 집에서 죽음을 맞이했다. 이 사건의 배후에는 루비와 CIA가 있었을지도 모르겠다.

　루비와 CIA가 연관되었다는 또 다른 증거는 루비와 고든 맥렌든Gordon McLendon과의 친분 관계이다. 고든 맥렌든은 댈러스 라디오국 KLIF를 소유하고 있는 인물이다. FBI와의 인터뷰에서 잭 루비는 고든 맥렌든은 여섯 명의 가장 친한 친구들 중 한 명이라고 증언했다. 루비가 오스왈드를 살해하고 체포되었을 때, 그는 고든 맥렌든의 도움을 원한다고 소리쳤다. 왜 라디오국 소유주인 고든 맥렌든이었을까?

　1978년, 하원 암살조사위원회는 고든 맥렌든이 당시 케네디 암살 음모와 관련이 있는 데이비드 애틀리 필립스David Atlee Phillips와 가까운 관계라는 것을 알아냈다. 진주만에서 태평양합동정보센터Pacific Ocean Joint Intelligence Center의 제2차 세계대전 해군 정보 장교로 일하던 맥렌든은 전(前) 정보장교협회Association of Former Intelligence Officers의 지도자였다. CIA의 서반구 책임자에서 은퇴한 필립스는 단체를 설립했다. 그가 설립한 단체의 목표는 워터게이트 이후 의회가 케네디와 마틴 루터 킹 암살 사건을 재조사하도록 압력을 가하는 것에 맞대응하는 것이었다.

　맥렌든은 CIA의 필립스와 밀접한 관계를 맺고 있었다. 1978년 3월, 맥렌든와 필립스 그리고 할리우드 감독 프레드 웨인트라웁Fred Weintraub은 CIA 국장이던 해군 장성 스탠스필드 터너Stansfield Turner를 만났다. 'CIA와 다른 미국 정보기관의 실상을 방영하는 TV 시리즈에 대한 생각을 공유하기 위해서였다.

　1963년 11월, 고든 맥렌든은 눈에 띄는 인물은 아니었지만, 그의 자유 라디오방송국Liberty Radio Network은 강경한 반(反) 공산주의를 표방하고 있는 것으로 알려졌다. 맥렌든은 HSCA에서 자신은 라디오 국 중 한 곳에서 고용된 특별한 CIA 요원과 은밀한 일을 했다는 것에 대해 기억이 나지 않는다고 말했다. 그는 자신의 회사가 CIA 대행 역할을 했다는 것을 기쁘게 생각한다고도 덧붙였다. 그리고 케네디 대통령에 대한 그 어떤 암살 음모에 대해 아는 것이 없다고 말했다. 잭 루비가 오스왈드를 살해한 후 가장 먼저 고든 맥렌든을 찾은 것을 언급하면서 그와의 관계를 묻자, '친구인 관계'일 뿐이라며 부인했다.

우리는 루비가 케네디 암살에도 연루되었다는 것을 알아야 할 필요가 있다. 줄리아 앤 머서Julia Ann Mercer는 정부가 은폐한 것에 대해 끊임없이 증언을 했다. 덕분에 우리는 루비가 암살이 일어나기 한 시간 30분 전에 잔디 언덕에 소총을 가진 한 남자를 데리고 갔다는 것을 알게 되었다. 지방검사 짐 개리슨은 머서에게 정부가 어떻게 자신의 증언을 수정했는지 그리고 어떻게 그녀의 서명을 위조했는지에 관해 말했다. 개리슨은 그리고 케네디 암살에서의 잭 루비의 역할과 그가 차후 오스왈드를 살해한 것 사이에 있는 연관성을 알아냈다.

"당신이 50년대 후반, 60년대 초반에 CIA의 협력자였던 마피아처럼, 루비가 CIA에서 일을 하고 있었다는 것에 대한 증거는 충분했습니다. 배지와 함께 정식 요원으로서가 아니라 CIA의 부차적인 마피아의 멤버로서 말입니다.

그것이 바로 시작부터 루비가 연루되었다는 점입니다. 그리고 그가 그렇게 암살 모의에 활발하게 참여한 이유이기도 합니다. 그는 목격자도 증언했듯 소총수 중 한 명을 잔디 언덕으로 데리고 갔습니다. 정부와 FBI는 그녀의 증언을 바꾸어 버렸지만, 저는 후에 그녀에게 진실을 들을 수 있었습니다. 명확하게, 그것은 루비를 설득하기 위한 방법 중 하나였습니다. 그리고 오스왈드를 제거하는 데 있어서 그에게 용기를 더해준 방법이기도 했습니다. '이봐, 잭, 우리를 위한 이 작은 프로젝트에 함께하지 않겠나?'라고 말하는 방법은 아니었습니다. 잭은 한 남자를 잔디 언덕으로 데리고 갔습니다. 그들은 '잭, 당신이 일전에 한 일이 무엇인지 깨닫고 있나?'라고 말할 수 있었습니다. 그는 며칠 동안 울었습니다. 자신이 해야만 하는 것이 어떤 일인지 알았기 때문에 울었던 것입니다."

잭 루비는 자신이 오스왈드에게 해야 할 일이 무엇인지 알았다. 그는 이미 암살 시나리오에서 핵심적인 역할을 하고 있었다. 총을 소지한 남자를 잔디 언덕으로 데리고 간 것이다. 루비는 CIA의 반(反) 카스트로 마피아에 속한 부하였기 때문에 이 역할에 딱 알맞은 인물이었다. CIA는 댈러스 경찰들이 텍사스 극장에서 오스왈드를 살해하지 않을 경우를 대비하여, 루비를 예비로 비축해둘 수 있었다. 오스왈드는 어쨌든 죽어야만 했다. 그리고 그렇게 되었다. 루비는 마치 다음에 자신이 무엇을 해야만 하는 지 아는 것 같았다.

잭 루비는 총을 소지한 남자가 케네디 대통령을 쏠 수 있게 도왔다. 그리고 루비는 암살 후의 진술에 보조를 맞추었을 뿐 아니라 아직 전개되지 않은 이야기를 예상하는 능력까지 보여주었다. 워런 위원회는 최선을 다해서 모든 사건을 수습하기 위해 노력했지만, 루비는 늘 한 발 빨랐다. 사건이 일어나기 직전 또는 직후에 사건 장소에 항상 나타나면서 말이다. 1963년 11월 22일 오후 1시 30분 즈음, 백악관 기자 특파원으로 자동차 퍼레이드에 참여했던 세스 켄터는 파크랜드 병원에서 잭 루비를 보았다. 백악관 부대변인 맬컴 킬더프는 켄터와 다른 기자들에게 그를 즉시 따라가라고 말했다. 대통령의 죽음을 발표하는 기자회견이 이뤄지는 장소였다. 켄터는 병원 계단을 서둘러 올라가던 그는 누군가 자신의 코트를 잡아당기고 있음을 알았다. 그는 돌아보았다. 잭 루비였다.

1962년까지 댈러스에서 기자로 활동했던, 세스 켄터는 루비와 잘 아는 사이였다. 세스는 루비에게 특집 기사를 쓰게 해달라고 요청했다. 병원 계단에서, 루비는 켄터의 성을 부르면서 손을 흔들었다. 켄터는 당시 루비의 표정을 설명했다. "그는 비참해 보였습니다. 암울함. 창백함. 눈에는 눈물이 넘쳐흐르고 있었습니다. 그는 그 순간이 얼마나 끔찍한지 설명했습니다. 그리고 저는 대통령의 상태에 대해 말을 할 수가 없었습니다. 저는 그에게 말 할 것은 아무것도 없었고, 도망가길 바랐습니다. 킬더프는 계단 위로 사라졌습니다. "

잭 루비는 사건이 일어난 그 날 오후 파크랜드 병원에서 세스 켄터를 봤다는 것을 부인했고, 워런 위원회는 이를 인정했다. 이는 루비의 신뢰에 관한 주목할 만한 행동이었다. 워런 위원회는 오스왈드를 쏜 암살범의 주장을 지지하고 있었다. 이미 루비를 알고 있고, 병원에서 그를 만났으며, 그리고 루비가 오스왈드를 살해하고 이틀 후에 보도된 기사를 쓰는 훈련된 기자의 말을 비교하면서 말이다. 워런 위원회의 결정은 너무 임의적이어서 위원회는 신뢰를 잃어가고 있었다.

비평가의 선구자라고 할 수 있는 실비아 마르Sylvia Meagher는 물었다. "암살 후 파크랜드 병원에서 루비를 봤다는 사실을 왜 그렇게 무시하려는 것입니까?"

우리는 루비가 총을 소지한 남자를 총성이 시작하기 1시간 반 전에 잔디 언덕으로 데리고 갔다는 것을 알고 있다. 우리는 어떻게 잭 루비가 파크랜드 병원에서 계단을 올라가던 세스 켄터 반발자국 뒤에 그가 있을 수 있었는지도 알고 있다. 루비는 암살 음모에 연루되어 있었다. 루비는 암살 시나리오를 알고 있었기 때문에 배우들이 공연을 시작하기 전에 어디에 있을지 알고 있었다. 루비는 텍사스 극장에 경찰에 포위된 오스왈드를 만나기 위해 20분 후에 나타나야 했다. 즉, 그는 암살 시나리오를 너무나 잘 알고 있었다.

1963년 11월 22일 오후, 크레인 조종사 조지 애플린 주니어George J. Applin Jr.는 비번이었기에 텍사스 극장에 영화를 보러 갔다. 불이 켜지면서 경찰들이 복도로 내려 들어오기 시작했고, 첫 번째로 들어온 사람은 엽총을 갖고 있었다. 그 때 애플린은 자리에서 일어났다. 그는 극장 뒤쪽으로 물러났다. 그 동안 경찰들은 오스왈드를 이동시키기 위해 준비 중이었다. 뒤에서 서있던 애플린은 뒤쪽 줄 자리에 앉아 있는 남자 쪽으로 가는 것이 현명하겠다고 생각했다. 그가 바로 나중에 루비로 밝혀졌다.

독자적인 조사를 하던 기자 얼 골즈Earl Golz와 함께 인터뷰를 하던 애플린은 자신이 루비와 만났을 때를 설명했다. "루비는 그들을 바라보면서 앉아 있었습니다. 그리고 오스왈드가 총을 꺼내서 그의 한 경찰관의 머리에 총을 대고 찰칵하는 소리를 냈지만, 발사가 되지 않았습니다. 그 때 그(루비)의 어깨를 쳐서 그에게 움직이는 것이 낫겠다고 말했습니다. 총이 주변에 있었기 때문입니다. 그는 몸을 돌려 저를 바라봤습니다. 그러고는 다시 앞으로 몸을 돌려 그들을 바라봤습니다."

애플린이 그 날 이후 댈러스 경찰관에 대해 심문을 받았을 때, 그는 그 뒷줄에 있던 남자는 언급하지 않았다. 그는 그의 얼굴을 정확히 보지 못했지만 어렴풋이 기억할 수는 있었다. 이틀 후, 텔레비전 뉴스 덕분에, 그는 금요일 오후 텍사스 극장 뒷줄에 앉아 있던 그 남자가 일요일 아침에 오스왈드를 총으로 쏴 죽인 남자, 즉 잭 루비임을 알았다. 그는 또한 그 사실을 누설하는 것은 위험해질 수 있음을 깨달았다.

4개월 후, 워런 위원회에서 애플린의 증언이 있었다. 애플린은 뒷좌석에서 그 남자를 만난 것에 대해서는 언급하지 않았다. 대신 후에 그 남자를 본 적이 있냐는 물음에 대해서는 부인했다. "그 남자를 그 후 본 적이 있습니까?"라는 질문에 대해 "아니오, 없습니다"라고 대답했다. 1979년의 인터뷰에서, 조지 애플린은 마침내 잭 루비가 오스왈드가 체포될 때 봤던 그 남자였음을 증언했다. 그는 두려움 때문에 진실을 말할 수 없었다고 말했다.

금요일 오후 오스왈드가 구치소에 수감되면서 루비는 가까스로 댈러스 경찰 본부로 들어가 오스왈드에게 접근할 수 있었다. 언론과 경찰은 루비가 금요일 저녁 경찰 본부 3층에 있었던 것을 알고 있었다. 그는 프리츠의 사무실 근처에 있었고, 그 곳에서 오스왈드가 심문을 받고 있었다. 한 기자의 목격에 의하면, 오스왈드가 안에서 심문을 받는 동안 루비는 프리츠의 사무실 문 바로 앞에 있었다고 한다. "루비는 문을 열고는 안을 들여다봤습니다. 담당자가 그를 보고 문을 닫은 후에는 아마 한 발자국도 들어가지 못했던 것 같습니다."

금요일 저녁 11시 30분쯤, 루비는 경찰 본부에 다시 들어갔다. 자정에는 오스왈드의 기자회견이 방송될 예정이었다. 지방 검사 헨리 웨이드

Henry Wade는 기자회견장을 찾았다. 사실 루비가 이 날 경찰 본부를 찾은 것은 일요일 오전에 있을 오스왈드 살해를 위한 리허설이었다. 오스왈드가 들어오기 약 5분 전, UPI통신의 사진기자 피트 피셔는 루비가 방입구 근처에 서있는 것을 보았다. FBI 인터뷰에서 피셔는 루비가 오스왈드를 살해하기 전에 연습을 한 것 같다고 말했다. "댈러스 경찰은 이 문을 지나 오스왈드를 데려왔습니다. 오스왈드는 루비와 1m도 채 떨어지지 않은 복도를 지나가고 있었습니다."

피셔는 당시에 루비가 마음만 먹었다면 쉽게 오스왈드를 죽일 수 있었을 것이라고 말했다. 루비는 그와 매우 가까운 거리에 있었기 때문이었다. 또한 당시 루비의 주머니에는 총신이 짧은 리볼버가 장전된 채 들어있었다. 이는 그가 한 달 후 FBI에게 시인한 부분이다. 그렇다면 그는 왜 오스왈드를 죽일 수 있었던 기회를 지나쳐버린 것일까? 이는 알 수 없다. 루비는 금요일 밤 기회를 놓쳤다. 그러나 그는 일요일에 훨씬 더 좋은 기회를 얻게 된다.

오스왈드가 살해의 위험에 노출되는 동안, 그는 자신이 처한 현실에 대해 깊이 생각하고 있었다. 그는 이 곤경에서 탈출할 방법을 모색하고 있었다. 오스왈드는 케네디 대통령의 찬양자였다. 많은 증거들이 오스왈드가 FBI 정보원으로서 CIA의 대통령 암살 음모를 막으려고 노력했다는 사실을 증명해준다. 7월 말, 오스왈드는 예수회 연설을 위해 작성한 메모에서 미국 정부에 대항하는 군사혁명에 대해 경고했다. 그는 특히 해병대의 위험성을 경고했다. 그러나 이는 어떻게 보면 CIA를 향한 우회적인 경고였던 것이다.

8월, 뉴올리언스 FBI 요원 윌리엄 월터와 다른 목격자에 따르면, 오스왈드는 FBI의 정보원으로서 활동하고 있었다. 그는 친(親)카스트로 운동을 이유로 뉴올리언스의 구치소에 수감되어 있었고, 1시간 30분가량 FBI 요원 존 퀴글리와 만날 수 있었다. 오스왈드는 FBI 요원에게 케네디에 대한 지지, 쿠데타에 대한 경고, 그리고 대통령 암살 음모에 가담하도록 요구하는 제안 등의 정보를 제공했을 것이다. 이는 케네디를 구하기 위한 합리적인 방법으로 보일 수 있다. 그러나 그 과정에서 오스왈드는 위험에 빠지게 된다.

일단 그의 노력은 성과가 있었다. 11월 2일, 케네디를 암살하려는 시카고 음모는 시카고 경찰서 부 서장인 버클리 모이랜드와 다른 확인되지 않은 '리Lee'라는 FBI 정보원에 의해 중단되었다. 오스왈드가 '리'라는 인물일 가능성이 가장 높다. 왜냐하면 그는 계획된 시카고의 희생양인 밸리와 많은 부분에서 공통점을 가진다. 정부 소식통은 두 사람을 극단적인 정치적 관점을 가진 정신병자로 단정했다. 사실 그 둘은 굉장히 어수룩한 인물들이며 해병대 출신이었다. 그리고 두 명 모두 연합기술자문그룹Joint Technical Advisory Group(JTAG) 산하에 있는 일본 소재의 U-2 기지에서 활동했다. 이곳은 모두 CIA에 있어서 중요한 신병 훈련소였다. 두 사람 모두 최근에 반(反)카스트로 쿠바망명자들의 추방에 관련된 정보를 수집하고 있었다.

그러나 가장 충격적으로 일치하는 것은 1963년 11월에 그들이 옮겨간 장소이다. 그들은 늦여름에서 가을 사이에 재배치를 받았다. 밸리는 시카고로, 오스왈드는 댈러스로 말이다. 이 두 희생양이 일했던 건물은 아주 우연스럽게도 대통령의 차량 행렬을 볼 수 있는 곳이었다. 은밀한 저격수가 대통령을 암살하고, 이 두 사람이 희생양이 되는 것이다. 대체 누가 차량 행렬이 지나가는 동안 용의자들을 유사한 장소에 있게 할 수 있었을까? 리 하비 오스왈드와 토머스 아서 밸리는 CIA가 연출한 위험한 시나리오 속에 등장하는 1회용 단역들이었다.

만일 시카고 음모에 대해 밀고한 '리Lee'라는 이름의 FBI 정보원이 리 하비 오스왈드라면, 왜 그가 암살 전에 그러한 순종적인 희생양이 되었는지, 적어도 표면적인 부분은 설명하는 데 도움이 될 것이다. 만일 그가 시카고 음모를 멈출 수 있었다는 것을 알았다면, 그는 댈러스에서도 같은 것을 기대했을 것이다. 심지어 그가 교과서 보관소에서 11월 22일 금요일 오후 12시 15분에 캐롤린 아놀드가 설명했던 것처럼 '평소처럼 혼자' 점심을 먹고 있는 동안, 오스왈드는 FBI로 확인된 암살자의 체포가 임박했다는 것을 예상할 수도 있었을 것이다. 이런 희망은 헛된 것이지만 말이다. FBI는 음모에 참여했다. 만일 그가 시카고에서 케네디와 밸리를 구한 '리'라면, 오스왈드는 결국은 케네디와 그 자신을 구해줄 사람이 아무도 없는 댈러스에서 희생양이 될 것이라는 위험을 무릅쓴 것이 된다. 교과서 보관소 건물에서 '평소처럼 혼자' 점심을 먹던 젊은 남자는 철저히 고립되어 있었다.

댈러스 경찰 본사에서 심문을 받던 오스왈드는 마치 그가 요원으로서의 본분을 잃은 것처럼 행동했다. 전환점은 보안관 대리 로저 크레이그와 만나면서 이뤄졌다. 몇 명의 다른 목격자들과 함께, 크레이그는 오스왈드(또는 그와 굉장히 비슷한)가 잔디 언덕에서 램블러 스테이션 웨건으로 뛰어 내려가는 것을 보았다. 그는 재빨리 자동차 안으로 들어갔고, 차는 재빨리 가버렸다. 그 자동차의 운전석에는 '건장한 라틴계 남자'가 앉아 있었다. 오스왈드는 이미 윌 프리츠에게 자신은 버스를 타고 집에 갔다고 말했다.

크레이그가 오후 4시 30분 직후 수사국 사무실 밖에서 프리츠와 함께 있을 때, 크레이그 보안관 대리는 열린 문을 통해 수감자를 보았다. 크레이그는 프리츠에게 오스왈드는 잔디 언덕에서 뛰어 내려가 스테이션 웨건을 타고 출발한 자신이 본 그 남자라고 말했다. 프리츠와 크레이그는 사무실로 함께 다시 들어갔다. 프리츠가 오스왈드에게 크레이그가 봤다는 그 부분에 대해 물었다. "그 차는 어찌 되었소?" 오스왈드는 방어적으로 말했다. "그 스테이션 웨곤은 페인 부인 것입니다. 그녀까지 이 일에 끌어들이지 말아 주세요."

오스왈드는 낙심하여 말했다. "모든 사람이 이제 제가 누군지 알게 될 것입니다." 이 말은 스테이션 웨건을 타고 출발한 또 다른 오스왈드에 대한, 그리고 페인 부인과 자동차에 대한 함축성이 담긴, 그의 정체에 대한 열쇠가 되는 말이었다. 이를 알게 된 오스왈드는 자신의 정체가 탄로 났다고 생각했다.

그 후 오스왈드는 자신이 맡게 된 희생양 역할에 저항하기 시작했다. 금요일 오후 6시였다. 프리츠가 오스왈드에게 사진 한 장을 보여주었다. 사진 속의 인물은 한 손에 소총을 들고 있었다. 오스왈드는 이 사진(곧 〈라이프〉지의 표지를 장식할) 속의 인물은 자신이 아니며, 이것은 터무니없는 누명이라고 이야기했다. 프리츠가 이 사진이 페인 부인의 집 차고에서 발견되었다고 했으나, 오스왈드는 여전히 자신이 아니라고 해명했다. 그는 이 사진을 본 적도 없었다. 오스왈드는 사진 속의 얼굴이 비록 자신과 동일하지만, 다른 사람의 몸에 자신의 얼굴을 덧붙여 놓은 것이 분명하다고 말했다. 오스왈드는 자신이 사진에 대해 잘 알고 있으며, 이 사진이 왜 자신의 것이 아닌지 증명해 보이겠다고 말했다. 그러나 결국 그에게 그 기회는 오지 않았다.

오후 7시 55분, 오스왈드는 댈러스 경찰 본부 복도를 끌려 내려가고 있었다. 그는 자신의 말을 들어줄 수 있는 사람들 있다는 사실에 순수하게 내려가지 않으려고 했다. 그가 기자들을 향해 소리쳤다. "나는 희생양일 뿐입니다!" 아마도 이 저항의 외침이 루비가 오스왈드를 죽여야 할 첫 번째 자극이 되었을지 모른다. 오스왈드는 4시간 후 기자회견장에서 급히 빠져나오려 하고 있었다. 그러나 오스왈드가 출구 앞에 있는 루비를 지나치려 할 때 그는 굳어 있었다. 그래서 오스왈드는 첫 번째 죽음의 문턱에서 지나 몇 시간을 더 살 수 있게 되었다.

오스왈드는 금요일 오후에 체포되어 일요일 아침 총에 맞아 사망할 때까지 모든 신뢰할 수 있는 법률적 조언을 구하려고 애썼다. 그는 뉴욕의 변호사인 존 압트John Abt에게 계속 도움을 요청했다. 압트는 스미스법Smith Act(제2차 세계대전을 앞두고 혼란스러운 정세에 있던 미국에서 1940년에 성립한 치안입법으로 '외국인 등록법'이라고도 불린다) 사건에서 정치범들을 변호했던 사람이었다. 압트가 이 사건을 입증하지 못할 경우에는 미국 시민자유연맹American Civil Liberties Union(ACLU)과도 접촉하기를 원했다. 그의 요청대로 ACLU 대표단이 금요일 밤에 교도소를 찾았다. 하지만 이들은 오스왈드가 변호사를 필요로 하지 않는다고 다르게 말했다.

오스왈드는 상황이 점점 더 절망스러워지자 토요일 늦은 밤에 의문의 장거리 전화를 걸었다. 노스캐롤라이나의 롤리로 건 전화였다. 그날 밤 댈러스 시청에서 미세스 알비타 트레온과 미세스 루이스 스위니는 교환원으로 일하고 있었다. 그런데 갑자기 두 명의 요원들이 들이닥쳤다. 그런 다음 오스왈드가 걸려는 전화를 도청하고 싶다고 말하며, 그의 대화를 모니터할 수 있는 옆방으로 안내되었다.

오후 10시 45분, 스위니는 교도소로부터 한 통의 전화를 받았다. 옆방에 있는 남자들은 그가 오스왈드라는 것을 알아차리고, 그녀에게 오스왈드가 불러주는 전화번호를 받아 적도록 했다. 스위니의 동료인 알비타 트레온은 그 이후에 일어난 일에 대해 다음과 같이 설명했다.

"저는 이 상황이 매우 의아했습니다. 왜냐하면 스위니가 전화를 연결하려는 시도조차 하지 않았기 때문이죠. 그녀는 오스왈드에게 '죄송하지만 그 번호와 연결이 되지 않습니다' 라고 말하며, 플러그를 뽑아 전화 연결을 끊어버렸어요. 몇 분 후, 그녀는 전화번호를 받아 적었던 메모를 찢어 휴지통에 버렸습니다."

밤 11시, 스위니가 퇴근을 하자 트레온은 메모 조각을 모았다. 그는 종이에 적힌 정보를 옮겨 적었다. 스위니가 옮겨 적은 그 메모의 내용은 정보자유법Freedom of Information Act이 청원되어 계류 중이던 1790년에, 연구자 셔먼 스콜닉Sherman H. Skolnick에게 넘어갔다.

전화번호가 적힌 메모에 따르면, 오스왈드는 847-7430이나 833-1253의 번호로 노스캐롤라이나의 롤리에 있는 '존 허트'에게 전화를 걸려고 시도했다. 1963년 11월 당시 롤리에 거주하던 사람들 중, 첫 번째 번호의 주인은 존 데이비드 허트John David Hurt라는 사람이었고, 두 번째 번호의 주인은 존 윌리엄 허트John William Hurt라는 사람이었다. 두 사람의 허트 중에서 존 데이비드 허트라는 사람은 군사정보국에서 일했던 사람이다. 그는 제2차 세계대전 때, 미 육군방첩부대의 특별요원으로 활동하기도 했다. 하원 암살조사위원회의 변호사인 슈렐 브래디Surell Brady는 오스왈드가 시도했던 전화에 관한 조사를 맡았다. 그는 존 데이비드 허트가 육군 방첩부대에서 근무할 당시 상당히 '도발적인' 성격을 가진 사람이었다고 말했다. 그는 1980년의 인터뷰에서, 1963년 11월 23일, 오스왈드가 왜 자신에게 전화를 걸려고 시도했는지 알지 못한다고 했다.

오스왈드가 롤리에 전화를 건 목적은 아직까지 밝혀지지 않고 있다. 그러나 전 CIA 요원이던 빅터 마르체티는 그 이유를 알 것 같다고 말했다. 사무관의 비서였던 빅터 마르체티는 14년 동안 CIA에서 일하다가, 환멸을 느껴 1969년에 CIA를 떠났다. 그 후 그는 〈CIA와 첩보숭배*The CIA and the Cult of Intelligence*〉라는 책을 공동집필했고, 이는 그 달의 북클럽에 선정되기도 했다. 그러나 이 책에 대해 CIA는 검열을 거쳐 339페이지를 삭제하라고 요구했다.

마르체티는 오스왈드가 정보원들의 일반적인 관행을 따른 것이라고 생각했다. 그는 작전에 직접적으로 연루되지 않은 중간의 매개자를 통해 지휘부와 연락을 취하려 했던 것이다. 오스왈드가 왜 노스캐롤라이나에 전화를 걸려고 했는지에 관해서, 마르체티는 해군 정보부가 노스캐롤라이나의 낵스 헤드Nags Head에 교환 센터를 갖고 있었기 때문이라고 지적했다.

인터뷰에서 마르체티는 이렇게 말했다. "오스왈드는 아마도 자신의 지휘부와 연락이 닿을 수 있도록 해 줄 누군가에게 전화를 걸고 있었던 겁니다. 그는 중개인을 통하지 않고 직접 접촉할 수 없었던 겁니다. 다른 방법은 없습니다. 그는 단지 '알겠소. 당신의 메시지를 전해 주겠소'

라고 말하는 사람에게 연락을 취해야만 했던 거죠."

인터뷰 진행자는 마르체티에게 오스왈드처럼 곤경에 빠져 필사적으로 도움을 요청하는 비밀요원의 어려움에 대해 물었다.

진행자 : "좋습니다. 만일 누군가가 요원이고, 그가 무언가에 연루되었다면, 그리고 그가 요원이라는 것을 아무도 믿어주지 않는다면 어떻게 될까요. 그런 그가 체포되었고 누군가와 소통하려고 시도합니다. 그가 만약 당신의 부하 중의 한 명이라면 어떻게 될까요?"

마르체티 : "제가 그를 죽일 것입니다."

진행자 : "만약 제가 기관의 요원이고, 국내법이나 FBI와 관련된 어떤 일에 연루되어 있다면, 연락을 취해야 할까요?

마르체티 : "네."

진행자 : "확인하기 위한 연락입니까?"

마르체티 : "네, 그렇습니다."

진행자 : "저는 죽게 될까요?"

마르체티 : "상황에 따라 다를 겁니다. 만약 당신이 나쁜 상황에 처해 있다면, 우리는 굳이 검증하려 하지 않을 겁니다. 네, 절대로 그렇게 하지 않습니다."

진행자 : "그런데 전화가 있지 않습니까."

마르체티 : "그렇습니다."

진행자 : "그렇다면 그럴 수도 있겠군요. 오스왈드가 연락을 취하려고…."

마르체티 : "바로 그래서 오스왈드가 전화를 시도했던 겁니다. 그는 전화를

걸어 '난 괜찮다고 전해 주시오' 라고 말하려고 했던 거죠."

진행자 : "이미 사망선고가 내려진 것이나 다름없다는 걸 의미합니까?"

마르체티 : "바로 그겁니다. 그가 알든 모르든, 누군가가 그를 조종했든 안
했든, 그건 문제가 아닙니다. 그는 이미 돌아올 수 없는 강을
건넜으니까요. 그 시점에서 이미 행정조치가 내려진 것입니
다." ('행정조치'란 CIA에서의 암살을 지시하는 암호였다.)

리 하비 오스왈드는 몇 달 혹은 몇 년에 걸쳐 돌아올 수 없는 강을 건
넌 셈이다. CIA에 속해있던 제임스 지저스 앵글턴의 특수첩보부대SIG는
201파일을 보유하고 있었다. 이 파일은 케네디 암살의 서곡에 해당되는
3년 동안의 오스왈드의 행적에 관한 기록이었다. 앵글턴의 보좌관인 앤
에거터Ann Egerter가 조사위원회에서 증언했듯이, 오스왈드는 위험인물로
서 CIA의 감시를 받고 있던 CIA의 요원이거나 CIA의 정보원이었다.

앵글턴은 분명 오스왈드를 CIA 감시 대상으로 두고 있었다. CIA의 전
재무관리자인 짐 윌콧은 오스왈드가 소련과 CIA의 이중간첩이었다고
확인해 주었다. 윌콧은 오스왈드가 익명으로 첩보활동을 수행할 수 있
도록 수표를 발행해 주기도 했다. 그리고 윌콧의 CIA 도쿄지부도 오스
왈드가 이중간첩이라는 것을 알고 있었다.

윌콧은 말했다. "오스왈드를 제거해야 할 필요성은 여러 가지가 있었
죠. 그 중의 하나는 만약 그가 풀려났을 때, 그와 그의 동료와 상사들이
겪어야 할 일들은 단순한 문제가 아니었죠. 사실 소련은 처음부터 그가
이중간첩이었다는 것을 알고 있었고, 오스왈드가 이를 나중에 알게 되
었는데, 이것이 오스왈드를 매우 분노하게 만들었을 겁니다."

쉽게 말해 오스왈드는 CIA를 의심하고 저항하는 위험인물로 낙인이 찍혀 버렸다. 암살 전문가인 앵글턴이 오스왈드를 감시하기 시작한 것은 그의 종말이 시작되었음을 의미했다. 그래서 오스왈드는 대통령 암살의 이상적인 희생양이 될 수 있었다. 암살자들의 관점에서 볼 때, 대통령의 댈러스 방문은 냉전을 반대하는 케네디와 오스왈드 두 명을 제거할 절호의 기회였던 것이다. 바로 같은 주에, 두 번째 위험인물인 오스왈드에게 첫 번째 인물에 대한 살인죄를 뒤집어씌워서 말이다. 오스왈드는 CIA의 음모를 FBI에 밀고해야 한다는 착각에 빠져 들었다. 앵글턴의 관점에서 볼 때, 이는 정말로 첩보원들의 낭만적 아이러니였다. 오스왈드는 머지않아 죽임을 당할 희생양이 됨과 동시에 음모라는 이름으로 이중의 희생자가 된 것이다.

잭 루비는 금요일 밤 기자회견이 열렸던 댈러스 경찰본부에 쉽게 접근할 수 있었고, 오스왈드와 굉장히 인접해 있을 수 있었다. 그럼에도 그는 오스왈드를 죽이는 것을 망설이는 듯한 행동을 했다. 루비는 명령(강력한 권력이 자신에게 지시한)에 따라 오스왈드를 살해한 후, 자신 또한 권력의 버림을 받고, 그들의 음모에 대한 희생양이 될지 모른다는 것을 알고 있었다. 루비가 오스왈드를 죽이기 몇 시간 전, 그는 정보기관에 앞으로 일어날 일을 경고함으로써, 오스왈드 살해를 피하려고 했던 것으로 보인다.

일요일 새벽 3시였다. 빌리 그래머Billy Grammer는 댈러스 경찰서에 걸려온 전화를 받았다. 그는 나중에 그 목소리가 루비였음을 확인했다. 전화를 건 사람은 말했다. "만약 당신이 오스왈드를 계획대로 이동시킨다면, 우리는 그를 죽일 것이오."

빌리 그래머는 잭 루비를 알고 있었다. 그래머는 영국에 있는 독립중앙 TV 프로그램의 인터뷰에서 루비가 경찰에게 오스왈드를 아무도 모르게 은밀히 군 교도소를 이동시키라고 경고했다고 말했다. "그 역시 나를 알고 있었고, 나 또한 그를 알고 있었습니다. 그는 내 이름을 알고 있었습니다. 오스왈드를 죽인 것은 즉흥적인 일이 아니었습니다."

일요일 새벽 2시 15분 쯤, 댈러스 지역 보안관에게도 두 번씩이나 오스왈드를 죽일 것이라고 경고의 전화가 걸려왔다. 그리고 새벽 2시 반 경에는 댈러스 FBI 사무실에도 같은 전화가 한 번 걸려왔다. 아마도 잭 루비가 FBI, 댈러스 경찰과 보안관 사무실에 전화를 걸었을 것으로 추정된다. 이런 전화에도 불구하고 당국은 오스왈드를 은밀히 옮기지 않고 한밤중까지 기자회견을 계속했다. 군 교도소로 오스왈드를 옮기는 것은 다시 한 번 미디어의 집중보도 대상이 되었고, 그 끝에는 잠복한 살해범이 오스왈드를 기다리고 있었다. 경찰들은 언론 매체들을 뚫고 (그들이 암살에 대해 알고 있든, 모르고 있든) 다시 한 번 오스왈드를 기다리고 있던 루비 근처로 데려갔다.

만약 루비가 경찰에 전화를 건 목적이 오스왈드를 죽이라는 명령을 거부하기 위해서였다면, 댈러스 당국은 아무런 도움이 되지 않았다. 그들 역시 어떤 명령을 받은 듯해 보였기 때문이다. 왜냐하면 사실 그들은 일요일 아침, 루비에게 금요일 저녁보다 더 쉽게 오스왈드를 죽일 수 있는 기회를 제공했다. 이번에는 루비도 주저하지 않았다.

케네디 대통령은 댈러스 방문 며칠 전부터 그곳의 적대적인 정치적 상황에 대해 계속 경고를 받아왔다. 그의 친구 래리 뉴먼Larry Newman은 나중에 다음과 같이 말했다. "이미 알려져 있다시피, 사람들은 텍사스에서 저격이 이뤄지기 전 3주 동안 계속 경고를 했습니다. 그리고 그들은 마지막까지 대통령이 그 상황에서 벗어날 수 있도록 하려고 노력했습니다. 그러나 대통령은 '만약 이것이 삶이고, 이런 식으로 끝나야 한다면, 어쩔 수 없는 일입니다' 라고 했습니다."

케네디는 암살이라는 위험 속에서, 전도서에 있는 성경 구절을 즐겨 인용했다. "날 때가 있으면 죽을 때도 있는 것이니라."

그러나 케네디는 자신이 텍사스를 방문할 때 일어날 수도 있는 상황에 대해서는 두려움을 갖고 있었다. 그 날이 다가올수록, 그는 상원의원 조지 스매덜스George Smathers에게 자신의 우려를 반복적으로 드러냈다. "난 정말 텍사스로 가고 싶지 않소. 정말 가기 싫소. 나는 두렵소. 벗어날 수 있었으면 좋겠소."

11월 20일 밤, 텍사스로 출발하기 전날이었다. 존과 재클린 케네디는 백악관에서 사법부 리셉션을 열었다. 초저녁, 500명이 넘는 사법부와 백악관 직원들은 대통령 부부가 계단 아래로 내려오길 기다리고 있었다. 케네디 부부는 그 동안 위층에서 대법원 판사들 부부를 맞이하고 있었다. 백악관에서의 그 특별한 잔치는 존 케네디의 마지막 리셉션이었다. 윌리엄 맨체스터가 〈대통령의 죽음〉에서 지적했듯이, 그것은 톨스토이 〈전쟁과 평화〉에서 나오는 전쟁 전날에 열린 러시아인들의 무도회 중 하나를 떠올리게 했다. 케네디의 백악관에서의 마지막 밤의 빛은 왈츠를 추는 러시아 귀족의 화려함과 비슷했다. 이 빛은 어둠을 막을 수 없었다.

에델 케네디는 방을 가로질러 아주버님인 대통령을 보았다. 케네디가 자신의 주변을 둘러싸고 있는 사람들과 대화를 하고 있는 동안, 에델은 훗날 맨체스터에게 말했듯이 무언가를 느끼고 있었다. 그의 마음에 뭔가 매우 심상치 않은 것이 있음에 틀림없었다. 그는 흔들의자에 기대어 앉아 있었다. 그의 손은 턱을 감싸고 있었다. 그리고 그는 가려진 회색 눈으로 바라보고 있었다.

그 순간 대법원장 얼 워런은 대통령에게 말했다. "대통령 각하, 텍사스에 가는 일은 순탄치 않을 것 같습니다."

케네디는 대답하지 않았다. 에델이 봤을 때, 그는 자신의 마음 안으로 침잠하고 있는 듯 했다. 그녀는 궁금했다. "왜 잭(케네디)은 저렇게 정신이 팔려 있을까?"

에델은 걸어가서 그에게 인사를 했다. 케네디는 어떤 상황에서도 잘 웃어주고 대답도 잘해줬었다. 그런 케네디가 그녀의 인사도 받지 않고 다른 생각에 빠져 있었다.

그녀는 "그가 나를 보고 있었음에도 그러지 않았던 것은 13년 동안 그때가 처음이었습니다"라고 말했다.

텍사스 방문과 함께 당시 케네디의 정신을 빼앗은 것이 무엇이었는지 우리는 알지 못한다. 우리는 텍사스 방문이라는 그 자체에서 그 자신이 죽음이 임박했다고 계속 말했던 것은 알고 있다.

11월 22일 금요일 아침, 케네디와 재클린은 포트워스 호텔 스위트룸에 있었다. 그는 〈댈러스 모닝 뉴스〉지에 올라온 광고를 읽고 있었다. 진하게 표시된 '케네디를 환영합니다' 라는 헤드라인이 까만색으로 진하게 표시되어 있었는데, 마치 부고 소식을 전하는 것 같았다. 내용은 다음과 같았다.

"당신의 정책 때문에, 수천 명의 쿠바인들은 수감되었고, 굶주리고 있으며, 박해받고 있습니다. 수천 명은 이미 살해되었고, 수천 명은 실형을 기다리고 있으며, 게다가 거의 700만 명에 이르는 쿠바의 인구는 노예로 살아가고 있습니다."

피그스 만 침공 중단과 쿠바 미사일 위기에 대한 케네디의 결정에 그들은 저항하고 있었다. 광고 카피는 케네디에게 묻고 있었다. "왜 당신은 우리의 적에게 밀과 옥수수 판매를 승인했습니까? 공산군은 매일 베트남에 있는 미군들을 해치고 있습니다." 소련에 밀을 판매한 그의 결정은 끊임없이 이념의 문제로 다가오고 있었다.

케네디의 암살을 위해 체계적으로 조직되고 통제된 국가 안보시스템은 여전히 이해할 수 없는 부분으로 남아 있다. 우리는 어떤 조직 안에 속해 있을 때, 그 조직의 시스템을 받아들이고 그 조직의 방식으로 사고한다. 그리하여 주변의 다른 조직을 판단할 독립성이 결여된다. 우리가 지금까지 보아 온 증거들은 국가 안보시스템을 케네디 암살과 즉각적인 은폐의 진원지로 지적할 수밖에 없다.

국가의 정보기관은 정부를 통제하는 데 있어서 평범한 시민들보다 우월하다. 케네디 암살을 통해 드러났듯이 CIA, FBI, 그리고 군부 내에 존재하는 각 정보기관들은 일반인의 상상을 뛰어넘는 자원과 야심을 갖고 있다. 그들은 케네디를 암살하기 전부터, 그 다음에 암살할 대상을 이미 그리고 있었다. 가장 가능성이 큰 사람은 바로 대통령의 동생이자 차차기 대통령이 될 가능성이 높은 법무부장관 로버트 케네디였다.

11월 22일 목요일, 케네디와 재클린은 텍사스로 가기 위해 휴스턴에 있는 에어포스원 대통령 전용기에 올라탔다. 이때 웨인 제뉴어리는 댈러스에 있는 레드 버드 비행장에서 DC-3 항공기를 정비하고 있었다. 우리는 앞에서 이미 제뉴어리를 만난 적이 있다. 그는 11월 22일, 의심스러운 젊은 커플에게 비행기를 빌려주기를 거절했던 인물이다. 젊은 커플은 제뉴어리가 후에 리 하비 오스왈드라고 증언했던 그 남자와 동행했던 사람들이다.

케네디 가의 운명

제뉴어리는 목요일 내내 DC-3 항공기에서 금요일 오후에 댈러스를 출발할 예정인 파일럿과 함께 정비를 하고 있었다. 그 날은 그들이 함께 일하는 세 번째 날이었다. 두 사람은 함께 프로젝트를 진행하면서 비행을 위해 그 복잡한 기계를 정비하는 것을 즐겼으며 이내 친구가 되었다. 제뉴어리는 그의 배경에 대해서 호기심을 갖게 되었다. 그는 자신이 쿠바출신이라고 했으며, 자신이 쿠바 공군에서 고위직에 있었다고 말했다. 그러나 제뉴어리는 그에게서 쿠바의 억양을 발견할 수 없었다.

그는 제뉴어리와 함께 비행기를 정비할 때를 제외하고는 자신을 감추고 있는 듯 했고, 함께 외식을 하러 가자는 제뉴어리의 친절도 거절했다. 그는 스스로를 통제하고 있었다. 제뉴어리는 점점 더 그의 정체가 궁금해졌다. 제뉴어리는 그에게 제뉴어리가 공동으로 소유한 회사에서 비행기를 사갔던 '멋쟁이 신사'에 대해 물었다. 그 남자는 전화로 제뉴어리의 파트너와 거래를 했으며, 그 남자가 모습을 드러낸 때는 월요일에 파일럿과 함께 비행장에 왔을 때 단 한번뿐 이었다.

파일럿은 그 남자는 자신의 상사이며, '이 분야의 비행기를 다루는 공군 대령'이라고 했다. 대령은 '휴스턴 항공센터'라는 회사를 대신해 비행기를 샀다. 하지만 훗날 비행기에 보관된 문서들이 들어나면서 제뉴어리는 '휴스턴 항공센터'는 CIA의 위장회사라는 것을 알게 되었다. 그 비행기는 원래 DC-3, 또는 C-47로 알려진 군대 수송 버전으로 2차 세계 대전 당시 만들어졌으며, 전쟁 후에는 정부에 의해 일반기업에 팔렸다. 그러나 그것이 지금 다시 CIA에 의해서 은밀하게 사들여지고 있었다.

제뉴어리와 파일럿은 목요일 점심시간 동안에 계속 대화를 나눴다. 곧 이동의 순간이다. 파일럿은 샌드위치를 먹으며 비행기의 바퀴에 기대어 앉아 있었다. 그는 무언가를 곰곰이 생각하는 듯 잠시 동안 말이 없었다. 그리고 그는 제뉴어리를 올려다보며 이렇게 말했다. "제뉴어리, 그들은 대통령을 죽일 것이오."

제뉴어리는 30년 후에 영국의 저자 매튜 스미스에게 보내는 팩스에서 이 상황에 대해 설명했다. 제뉴어리는 파일럿의 말을 완벽하게 이해하지 못했다. 제뉴어리가 그에게 그의 말이 도대체 무엇을 의미하는지를 물었을 때, 그는 반복해 이렇게 말했다. "그들은 대통령을 죽일 것이오."

제뉴어리는 그를 처다봤다.

"케네디 대통령을 말하는 거요?" 그가 그렇다고 했다.

제뉴어리가 그 말의 의미를 이해하려고 애쓰는 동안, 파일럿은 자신이 CIA를 위해 일한다고 밝혔다. 그는 CIA와 함께 피그스 만 침공 때도 참여했다고 했다. 그의 많은 동료들이 피그스 만에서 죽었고, 그 작전을 계획을 한 사람과 생존자들은 케네디 대통령과 로버트 케네디를 비난했다. CIA가 요구했던 공습을 승인하지 않았기 때문이었다. 제뉴어리는 왜 그들이 대통령을 죽일 거라고 생각하는 것인지 물었다. 그는 제뉴어리를 바라보며 이렇게 말했다. "그들은 대통령을 죽일 뿐 아니라, 로버트 케네디 그리고 대통령의 자리에 서게 될 또 다른 케네디를 죽일 것이오. 당신은 곧 알게 될 것이오."

두 사람은 다시 작업을 하러 갔다. 예정시간보다 늦어졌고, 그들의 임무를 완성하기 위해서는 24시간이 채 남지 않았다.

"내 상사가 플로리다로 돌아가길 원하오." 파일럿이 말했다. 제뉴어리와 파일럿은 비행기 안에 25개의 좌석을 다시 설치했다. 다음 날인 11월 22일 금요일 오후, DC-3은 이미 댈러스에서 이륙할 준비를 하고 있었다.

그들이 작업을 하는 동안, 파일럿은 또 다른 중요한 말을 했다.

"그들은 로버트 케네디가 잘못되길 바라고 있소."

제뉴어리가 물었다. "무엇 때문이오?"

그 남자가 말했다. "신경 쓰지 마시오. 당신은 알 필요가 없소."

많은 시간이 흐른 후 그들은 이륙 준비를 성공적으로 마칠 수 있었다. 오후 12시 30분, 댈러스를 떠나려면 누구든 그들이 정비한 비행기를 탈 것이다.

그들이 일을 마쳤을 때, 갑자기 소동이 일어났다. 경찰차 한 대가 고속으로 달리고 있었다. 무슨 일이 일어났는지 궁금해진 제뉴어리는 터미널 건물을 향해 걸어갔다. 지나가던 차량의 운전자가 속도를 늦추더니 그에게 소리쳤다. "대통령이 총에 맞았습니다!" 제뉴어리는 서둘러 건물 안으로 들어가 라디오를 들었다.

제뉴어리는 연료를 주입 중인 DC-3으로 되돌아갔다. 파일럿은 비행기에 짐을 싣고 있었다. 제뉴어리는 그에게 지금 어떤 일이 일어났는지 들었냐고 물었다. 파일럿은 짐 싣는 것을 멈추지 않으며 연료 트럭에 있던 남자가 말해 주었다고 했다. 그리고 나서 그는 말했다. "내가 당신에게 말한 일들이 모두 일어날 것이오."

재뉴어리는 파일럿에게 잘 가라고 말하고는, 극심한 슬픔을 느끼면서 대통령 암살에 대한 소식을 듣기 위해 텔레비전을 찾았다.

1992년까지, 제뉴어리는 자신이 알게 된 정보 때문에 자신의 삶과 자신의 아내, 가족의 삶이 위협 당하지 않을까 두려움에 시달렸고 그 때문에 혼자 살아왔다. FBI, 기자와 작가들이 그를 찾아와 암살과 관련된 질문을 했다. 그 질문에 그는 단지 오스왈드와 한 커플이 동행했는데, 이들이 22일 금요일 비행기를 빌리려고 했고 자신이 거절했다고 했다고 말했다. 제뉴어리는 대통령이 살해될 것을 알고 있었던 CIA 파일럿에 대해서는 침묵했다. 또한 '휴스턴 항공센터'에 나타난 파일럿의 상사에 대해서도 침묵했으며 11월 22일 오후, 레드 버드 비행장에서 이륙한 CIA 비행기에 대해서도 침묵했다. 그리고 그는 11월 22일 오후에 1968년 6월 로버트 케네디의 암살과 다른 케네디의 암살에 대해 예견했던 것에 대해서도 침묵을 지켰다.

1992년, 드디어 제뉴어리는 그 파일럿에 대한 침묵을 깼다. 저자 매튜 스미스는 이미 1년 전 오스왈드와 관련이 있었던 그 커플에 대해 그를 인터뷰 했었다.

스미스가 그에게 이전 7월에 일어난 그 사건이 잘못되었다고 주장하는 FBI 보고서를 보여주었을 때, 그 두 사람은 마음을 터놓을 수가 있었다. 제뉴어리는 마침내 그가 오래 간직한 비밀을 털어놓을 수 있는 사람을 찾았다는 것을 알았다. 그는 영국 셰필드에 있는 자신의 집에서 스미스에게 CIA 파일럿이 그에게 말했던 내용을 팩스로 보냈다. 스미스는 댈러스에서 어떻게 제뉴어리가 CIA가 케네디 암살 배후에 있었다는 것을 그렇게 확신할 수 있는지 의아했었지만, 지금 이 순간 알게 되었다.

그 팩스는 30년 동안의 침묵을 깬 것이었다. 그는 영국의 저술가에게도 본인이 드러나지 않는 선에서 그 이야기를 출간해도 좋다고 허락했다. 그는 그와 아내의 삶에 대한 두려움을 여전히 갖고 있었기에 실명의 표기는 두려웠고, 스미스 역시 이에 동의했다. 그는 제뉴어리의 이름 대신 필명을 사용했다. 그리고 그를 확인할 수 있는 몇 가지 세부 사항도 바꾸었다.

'레드 버드 비행장에서 CIA 파일럿과 함께 있었던 행크 고든Hank Gordon의 경험'의 이야기는 차후에 매튜 스미스의 책, 〈복수: 케네디가 Vendetta: The Kennedys〉(1993)와 〈미국에 작별을 고하다Say Goodbye to America〉(2001)에 드러나 있다. 웨인 제뉴어리가 2002년 사망한 후, 스미스는 제뉴어리의 이름을 공개해도 되는지 제뉴어리의 미망인에게 허락을 구했다. 그는 2003년 11월 댈러스에서 열린 회의와 자신의 책, 〈음모-케네디 가를 멈추게 하기 위한 책략Conspiracy-The Plot to Stop the Kennedys〉(2005)에서 그의 실명을 공개했다.

제뉴어리에게 음모의 사실을 털어놓은 CIA의 파일럿과 웨인 제뉴어리의 우정, 위험을 감수하고 털어놓은 제뉴어리와 매튜 스미스와의 깊은 신뢰 덕분에 우리가 원하는 것 이상의 것들을 볼 수 있다. 우리는 케네디에서 로버트 케네디, 그리고 훗날 대통령이 될 수 있는 다른 케네디에게로 확장될 일련의 암살 음모의 전모를 알 수 있게 됐다.

케네디의 죽음이 우리에게 남긴 것

케네디 가문은 케네디 대통령의 죽음 이후로 더 잘 알려지게 되었다. 차 차기 대통령 후보자인 상원의원 로버트 케네디의 암살이 얼마나 대통령이 위험한 자리인지 깨닫게 해 주었다. 사람들은 그 위험을 케네디에 대한 뿌리 깊은 증오와 결합된 대통령이라는 직책 탓으로 돌렸다. 그러나 이들의 죽음에 대해 음모를 꾸며온 정부 기관들에 대한 증거를 통해서 보면 미국의 이익에 대한 위협은 케네디 가문뿐 아니라 정부를 바꿀 수도 있다고 믿는 미국 국민들에게 있었다. 케네디와 로버트 케네디는 음모의 타깃이 되었다. 피그스 만 침공부터 쿠바 미사일 위기, 그리고 베트남전까지, 냉전 세력들이 요구하는 것들을(미국의 이익) 모두 거부했기 때문이었다. 케네디의 대통령임기 2년 반 정도가 지났을 때 미사일 위기에 의해 계몽되고, 평화를 위한 희망에 부푼 케네디는 냉전 세력과 극도로 갈등하는 시점에 다다랐다. 그는 흐루시초프와 카스트로와 같은 적들과 함께 이루려는 평화의 정착에 고취되어 있었다.

케네디는 적들과 협상함으로써 평화를 이룰 수 있다고 믿었다. 하지만 비밀스럽고 은밀한 내부의 적들은 평화는 불가능하거나 심지어 달갑지 않은 것이라고 생각했다. 지구의 어둠에 직면한 케네디와 로버트 케네디는 국가의 선(善)을 위해 자신들의 목숨을 기꺼이 바치는 전쟁에 전념함으로써 평화를 이루려고 했다. 만약 그들처럼 확고한 신념으로 평화를 추구하는 것이 내부에 적을 만드는 것이었다면, 우리 모두는 적어도 한 국가의 잠재적인 적이 되는 셈이다.

케네디 대통령의 암살이 우리에게 알려주는 본질은 무엇일까? 우리의 삶을 조종하도록 허락한 국가 안보시스템이 말해 주는 의미는 무엇일까? 국가 그 자체가 우리 모두의 적이 되는 상태에까지 이르게 된 것일까? 사람들이 변화를 모색하거나 심지어 대변혁을 일으킬 때까지 이런 상태에 머물러야 하는 것일까? 우리는 우리의 삶, 미국이라는 국가를 바꿀 수 있을까? 평화를 유지하는 것이 진정한 안보라는 진실을 어떻게 깨닫게 해줘야 되는 걸까?

케네디 대통령의 죽음은 그가 다음 주에 워싱턴에서 하려고 했던 몇 가지를 결정했다. 첫 번째가 반역적인 베트남 대사 헨리 로지를 다루는 방법에 대한 것이었다. 로지는 대통령이 철수하기로 결정한 배트남 전쟁을 확대하고 전쟁에서 승리하길 원하는 사람이었다.

로버트 케네디는 대통령이 로지에 대해 인내심의 한계를 느낀 것에 대해 설명했다. 로지 대사는 케네디 대통령의 지시를 수행하지 않거나 심지어 지시에 대한 응답의 예의도 보여주지 않았다.

"베트남 전쟁에서 우리의 위치를 위협하는 인물은 헨리 로지입니다. 사실, 대통령은 저와 상세하게 어떻게 그를 해고할 것인지 논의했습니다. 그가 우리와 어떤 방법으로도 소통하려고 하지 않았기 때문입니다. 대통령은 메시지를 보낼 예정이었지만, 그는 절대로 그것들에 대답하지 않을 것이 뻔했습니다. 로지는 소통하지 않을 작정이었습니다."

로버트 케네디에 따르면, 대통령은 이미 로지를 해고하기로 결정했다. "우리는 이제 헨리 로지를 버릴 때가 왔다고 생각했습니다. 어떻게 그를 해고할 수 있을까, 어떻게 우리가 그를 제거할 수 있을까." 이것이 바로 케네디가 결정해야 할 문제였다.

케네디 대통령은 11월 24일 일요일 오후에 로지와 만나기로 예정되어 있었다. 케네디가 텍사스에서 돌아온 직후였고, 로지는 베트남에서 돌아올 때였다. 케네디 대통령은 로지와의 만남을 준비해 왔었다. 베트남전쟁의 강력한 반대자인 조지 볼George Ball도 불렀다. 케네디는 11월 20일 수요일 밤, 행정부에 포진한 대부분의 반전주의자들이 일요일 로지와의 미팅에 참여할 것이라고 밝힌 법무부를 위한 백악관 리셉션 후의 일이었다.

1961년 11월, 케네디에게 베트남전에 대해 경고를 보낸 인물이 바로 조지 볼이었다.

"5년 안에, 우리는 논과 정글에 30만 명을 보내게 될 것이며, 그들을 결코 찾지 못할 것입니다. 이는 프랑스의 경험에서 나온 것입니다. 베트남은 지리적과 물리적 그리고 정치적 관점에서 최악의 지역입니다."

이에 케네디는 대답했다. "조지, 당신은 완전히 미쳤군요. 그런 일은 없을 것이오."

그러나 조지 볼이 옳았다. 린든 존슨이 베트남의 논과 정글로 보낸 20만 명의 미군은 오히려 너무 적게 추산한 수였다. 케네디는 베트남에 전투부대를 보내지 않는다는 자신의 신념은 확고했지만, 방향을 바꾸기 이전에 자신이 암살당할 것이라는 사실은 알지 못했다.

11월 24일 일요일, 케네디 대통령의 후임자가 될 존슨은 케네디 대신에 돌아온 헨리 로지 대사와의 회의를 주재했다. 〈뉴욕 타임스〉지 기자 톰 위커Tom Wicker는 두 사람 사이의 관계를 설명했다. "로지는 상원의원

시절부터 존슨의 오랜 친구였습니다. 존슨은 한 때 국방부장관 아이젠하워에게 로지를 추천하기도 했습니다. 아이젠하워는 마음을 터놓을 정도로 존슨과 가깝게 지냈습니다."

반공주의 철학을 확고히 믿는 존슨은 자신의 오래된 친구이자 냉전 엘리트인 로지의 조언을 믿었다. 로지는 존슨에게 말했다. "만일 베트남을 구하려 한다면, 어려운 결정을 해야 할 것입니다. 불행히도, 대통령, 당신이 그 결정을 해야 합니다."

케네디와는 달리, 존슨은 수치스러운 줄 모르는 냉전시대의 정치가였다. 로지의 더 큰 전쟁을 향하여 비밀 지침을 받은 신임 대통령은 자신이 해야 할 일이 무엇인지 안다고 생각했다. 회동에 참석한 사람에 따르면 존슨은 결코 주저하지 않았다고 말했다. 그는 말했다.

"나는 베트남을 잃지 않을 겁니다. 나는 동남아시아가 중국과 똑같은 길을 걷는 것을 그저 지켜만 보고 있는 대통령이 되지 않을 겁니다."

로지가 추천한 전쟁에 대한 어려운 결정을 위해, 존슨은 1년도 채 남지 않은 대통령 선거에서 반드시 당선되어야 했다. 그리고 그는 공화당 상원 의원 골드워터에 맞서 '평화주의자 후보'로서 빈틈없이 성공적으로 달려 나가야했다. 그러나 그는 평화를 위한 선거공약에서 냉전 세력들이 평화의 방향으로 달려 끔찍한 결과를 맞은 그의 선임자인 케네디와 자신을 혼동하는 것을 원치 않았다. 그는 자신과 그들이 같은 생각을 공유하고 있다는 사실을 분명히 해두었다.

로지와 회동한 지 한 달 후, 1963년 크리스마스 이브에 열린 백악관 리셉션에서, 존슨은 합참의장에게 이렇게 말했다. "그냥 내가 당선되게 놔두시오. 그러면 당신들은 전쟁을 할 수 있을 것이오."

케네디 암살 세력들은 베트남뿐만 아니라 인도네시아의 운명까지 결정할 수 있는 기회를 차단했다. 우리가 보았듯이, 케네디는 텍사스로 떠날 때 자신은 1964년에 인도네시아의 수카르노 대통령의 초대에 기꺼이 응할 것이라고 말했다. 이는 케네디가 독립한 제3세계 국가를 지원하는 데 있어서의 극적인 방향 전환의 시작이었다. 어느 분석가는 수카르노는 '제3세계 중립국 중에서 가장 노골적인 냉전 지지자'라고 지적했다. 1995년 인도네시아 반둥에서 자신이 주재한 첫 번째 비동맹국회의에서 수카르노는 '제3세계'라는 용어를 만들었다.

케네디 대통령이 수카르노를 지원하는 것은 미국의 국가안보와는 맞지 않는 부분이 있었다. 수카르노는 가나의 대통령 크와메 은크루마 Kwame Nkrumah와 동맹 관계를 맺었었다. 은크루마는 케네디가 지원하는 아프리카 독립주의를 이끄는 인물이었다. 케네디의 결정은 로버트 케네디를 포함하여 은크루마에 반대하는 세력들에게 실망을 안겨주었다. 1961년 11월, 케네디는 가나에서 이뤄진 볼타 댐Volta Dam 프로젝트를 위해 은크루마에게 차관을 지원하기로 결정했다고 발표했다. 이는 국가안전보장회의에 대한 중대한 도전이었다. 케네디는 이렇게 덧붙였다. "법무부장관은 아직 말하지 않았지만, 나의 목덜미 뒤에서 승인하지 않도록 입김을 불고 있음을 느낄 수 있습니다."

그러나 케네디 대통령은 은크루마 지원을 반대하는 목소리를 무시했다. 대통령은 아프리카 전체에 걸쳐 있는 비동맹국들을 향해 미국의 새로운 태도를 극적으로 보여줄 필요가 있다고 생각했다. 그리고 수카르노의 초대는 케네디가 아시아 비동맹국의 지도자를 지원할 시기가 무르익었음을 말해 주는 것이었다.

수카르노의 방미는 제3세계의 자원 문제, 특히 석유와 광물이 풍부한 인도네시아에 있어서 이해관계에 얽히게 만드는 요인이 될 수 있었다. 인도네시아는 자신들이 갖고 있던 것을 모두 약탈해간 공산주의자들을 비난하고 있었다. 그러나 수카르노는 백악관에서 케네디의 따뜻한 환영을 받았다. 이에 대한 보답으로 수카르노는 케네디에게 '어느 누구도 받아보지 못한 최고의 환대'를 약속했다. 인도네시아를 방문하게 될 케네디는 제2, 제3세계의 국가들에 대한 장기적 지원을 공개적으로 발표했다. 케네디 대통령은 점점 더 냉전의 반대론자로 비쳐져 가고 있었다.

이제 존슨이 대통령 집무실에 있었다. 그는 케네디의 책상에 앉아서 차후 미국과 인도네시아와의 관계에 대한 중요한 문서를 보고 있었다. 국회제정법이 제시한 이 문서는 대통령의 결정이 필요한 사안으로, 인도네시아에 대한 지속적인 원조는 국제적 이익이라는 관점에서도 반드시 필요한 부분이었다. 케네디의 보좌관 로저 힐스만은 말했다. "케네디 대통령이었다면 당연히 그 서류에 서명을 했을 것입니다. 이는 모든 사람들이 예상할 수 있는 것이기도 합니다. 그래서 존슨 대통령이 사안에 서명을 하지 않았을 때, 모두 놀랄 수밖에 없었습니다."

1964년 1월 7일, 존슨은 국가안전보장회의에서 인도네시아를 원조하는데 필요한 대통령의 지원 승인서에 대한 서명을 거부했다. 이는 수카르노가 더 이상 백악관의 친구가 아니라는 것을 의미했다. 사실 존슨은 케네디가 옹호했던 수카르노의 독립적이고 국수주의적인 정책을 반대하고 있었다. 다음 달 존슨은 대통령이 되었고 미국은 인도네시아에 대한 경제적 지원을 중단했다. 그러나 미국의 자금 지원 중단의 말미에는 예외가 있었다. 바로 하지 무하마드 수하르트Haji Mohammad Suharto가 장악하고 있는 인도네시아 육군에 대한 군사적 지원이었다. 미국의 은밀한 군사 지원을 받는 수하르트는 수카르노를 전복하기 위해 은밀히 움직이고 있었다.

1964년은 케네디 대통령이 인도네시아를 방문할 계획을 세운 해였다. 그러나 존슨이 대통령이 되면서 '미국과 인도네시아 간의 적대감과 상호 비방의 수준이 높아져갔다' 이듬 해, 수카르노의 프로젝트에 대해 미국이 경제적 지원을 중단했을 때, 미 국방부는 새로운 군사적 지원을 별도로 시작했다. 수카르노의 반대세력이 대부분을 차지하는 인도네시아 육군에서 CIA의 수카르노 정권 전복 공작이 시작되었음을 의미했다. CIA와 미 국무부가 수카르노의 반대세력들을 인도네시아 육군에 배치하고 있을 무렵, 미국기업의 경영자들은 인도네시아의 비즈니스에 새로운 바람이 불어 닥칠 것을 감지했다.

1965년 10월, CIA는 마침내 수카르노 정부를 무너뜨렸다. 25년 동안 CIA의 요원이었던 랄프 맥기히Ralph W. McGehee는 자신의 저서 〈치명적인 속임수Deadly Deceits〉에서 1965년부터 66년까지 CIA가 제거한 수카르노 정부와 인도네시아의 공산당에 대한 내용을 요약했다.

"CIA는 수카르노를 전복하고 300만 명을 보유한 인도네시아 공산당Communist Party of Indonesia(PKI)을 전복시킬 수 있는 기회(1965년 10월, 인도네시아 군 하급 장교들에 의해 시도된 쿠데타의 실패)를 잡았다.

내가 〈네이션〉지에 기고했듯이, 'CIA의 작전으로 50~100만 명 정
도의 사망자가 발생했을 것으로 추정된다(맥기히의 기사 중 한 단어는
CIA의 검열로 삭제되었다).'"

1965년 11월, 미국은 인도네시아의 육군에 재빠르게 대응하여 무기를
제공했다. 이는 센트럴 자바에서 PKI(인도네시아 공산당)에 반대하는 민족
주의자와 무슬림을 무장시키기 위한 것이었다. 미국의 문서와 인도네시
아의 육군 정보국 최고위층인 수켄드로Sukendro 장군과의 인터뷰에는 군
대의 목적이 드러나 있다. 바로 PKI를 제거하는 것이었다.

훗날 CIA 인도네시아 지부의 총 책임자는 자카르타에 있는 미 대사관
직원들에게 수천 명에 이르는 인도네시아 공산당원 명단을 작성하게 했
다. 명단은 인도네시아의 육군 사령부로 넘어갔고, 이는 조직적인 대학
살을 위해 이용되었다. 인도네시아에 있는 미 대사관을 통해 일하던
CIA는 살해되거나 붙잡힌 사람들을 놓치지 않고 한 명 한 명 이름을 확
인했다.

이 과정에 참여했던 자카르타에 있는 미 대사관의 정치담당관 로버트
마틴Robert Martens은 25년 후에 이렇게 증언했다. "그들은 아마 많은 사람
들을 죽였을 겁니다. 그리고 저 역시 제 손에 많은 피를 묻혔습니다. 그
러나 그 모든 것들이 다 나쁜 것만은 아니었습니다. 결정적인 순간에 몰
아 부쳐야만했고 그 때가 바로 그 시기였습니다."

실각한 수카르노는 새로운 정부에서 처음에는 명목상 최고통치자가
되어 있었지만 1970년부터 그가 사망할 때까지 가택 연금 상태에 놓여
졌다.

케네디의 암살과 CIA가 선동한 인도네시아 정부의 전복, 그리고 공산주의자들에 대한 대대적인 숙청이 일어난 동안에 법무부장관 로버트 케네디는 수카르노 대통령을 2번 만났다. 수카르노는 인도네시아와 말레이시아와의 분쟁은 휴전하기 어려운 부분이 있다고 말했고 서로 정치적으로 동의했다. 로버트가 떠난 뒤 미국인 전기 작가인 신디 아담스는 수카르노에게 로버트 케네디에 대해 어떻게 생각하느냐고 물었다. 그리고 그녀는 이렇게 말했다. 여기에는 케네디에 대한 그의 의견도 포함되어 있었다.

"수카르노의 얼굴은 반짝 빛났습니다. '로버트는 정말 따뜻하오. 그는 자신의 형을 좋아합니다. 저 역시 그의 형을 정말 좋아합니다. 그는 저를 이해하고 있습니다. 저는 케네디 대통령을 위해 특별한 게스트 하우스를 짓도록 지시했습니다. 대통령은 저에게 그곳을 방문하겠다고 약속했습니다. 그랬다면 그는 이 나라를 공식적으로 방문한 첫 번째 미국의 대통령이 되었을 겁니다. 이제 그는 결코 오지 못하겠지요.' 그리곤 수카르노는 침묵에 빠졌습니다. 수카르노는 땀을 흘리고 있었습니다. 그는 자신의 이마와 가슴을 반복적으로 닦으며 말했습니다. '말해보시오. 당신들은 왜 케네디를 죽였소?'"

다음 해, 그는 자신의 정부가 몰락하는 것을 지켜볼 수밖에 없었다. 그리고 자신의 측근들이 대량 학살되는 것을 지켜보았다. 이에 자신의 의문에 대해 더 깊이 생각해 봤을 것이다. 왜 미국은 케네디를 죽였을까? 왜 미국은 내 사람들을 죽였을까? 그 죽음에는 왜 그렇게 많은 세력들이 공모했을까? 이는 우리 모두를 위한 질문이기도 하다.

* * *

케네디는 세상을 떠났다. 흐루시초프는 이제 파트너를 잃었고, 냉전 종식이라는 희망을 버려야 했다. 케네디와 흐루시초프는 공식적이나 비공식적인 대화에서 많은 논쟁을 하기도 했다. 그러나 이들은 논쟁을 대화로 바꿔가면서 소통하고 있었다. 소련의 지도자는 희망이 사라졌음을 느꼈다. 미사일 위기 이후, 흐루시초프는 케네디에 대해 '재선에 성공할 것'이라고 했었다. 케네디가 암살당하지 않았더라면, 그들에게는 평화를 위해 노력하고 투쟁할 수 있는 6년이라는 시간이 주어졌을지 모른다. 흐루시초프는 희망적인 말투로 케네디에게 말했다.

"우리에게 주어진 6년이라는 시간은, 세계 정치의 관점에서 볼 때 굉장히 긴 시간일 겁니다." 그러나 그들에게 주어진 시간은 6년이 아닌 고작 1년이었다. 그리고 그 1년이라는 시간을 모두 효율적으로 사용한 것도 아니었다. 너무 많은 시간을 허비할 수밖에 없었다. 사실 그들은 미사일 위기를 해결한 후 핵 금지 조약에 대해 논쟁을 벌이느라 시간을 허비하기도 했다. 비록 교황과 노먼 커즌스의 도움으로 해결할 수 있었지만, 그들은 또 논쟁을 벌였다. 그럼에도 불구하고 둘의 시선은 늘 미래를 향하고 있었다. 케네디가 갑작스럽게 세상을 떠난 후, 더 이상의 미래는 존재하지 않게 되었다. 흐루시초프는 이제 깨달을 수 있었다. 위험한 순간에 함께 했던 자신의 가장 큰 적이 사라지면서 희망도 함께 사라졌음을….

케네디의 소련 여행도 그들이 꿈꾸던 희망에 포함되어 있었다. 케네디가 방문을 결심한 국가 중에서 인도네시아만이 논쟁을 불러일으킨 것은 아니었다. 케네디는 자신의 오랜 친구인 영국 대사 데이비드 옴스비 고어David Ormsby-Gore와의 마지막 대화에서 이렇게 말했다. "처음으로 적절한 시기에 소련을 방문하기로 결정했습니다." 그리고 11월 19일, 케네디는 자신의 가까운 지인 예술가 윌리엄 월튼William Walton과의 마지막 대화에서 이렇게 말했다. "저는 흐루시초프와 첨예한 사안에 동의한 후 크렘린을 방문하는 최초의 미국 대통령이 되려고 합니다."

케네디 대통령은 자신의 소련 방문이 정치적 영향력이 크다는 것을 이미 알고 있었다. 냉전은 종식될 것이다. 재클린은 남편이 그리는 화해의 여행에 동참할 작정이었다. 부부는 흐루시초프 그리고 소련 국민들의 환대를 받았을 것이다. 케네디와 흐루시초프가 냉전을 종식시켰음을 기뻐하면서 말이다. 두 국가의 국민들은 미사일 위기 해결에 고무되어 있었고, 그 후 이어진 핵 금지 조약으로 더욱 고취되고 있었다. 그들은 점점 더 희망을 갈망하고 있었다. 그러나 1963년 11월 말, 흐루시초프는 희망의 관문에 홀로 서 있었다. 더 이상 케네디와 함께 있는 것이 아니었다.

시간이 조금 흐른 뒤, '워싱턴에 있는 소련 대사관 고문'이라고 소개한 남자는 백악관 대변인 샐린저와의 사적인 점심식사 자리에서, 흐루시초프가 케네디의 비보를 듣고 어떤 반응을 보였는지 말해주었다. 그의 말에 따르면 흐루시초프는 눈물을 흘리다 한동안 모습을 보이지 않았다. 소련 고문은 이어 말했다. "흐루시초프는 며칠 내내 사무실 주변만 빙빙 돌아다녔습니다. 그는 정말로 혼란스러워 했습니다."

케네디가 암살된 후, 케네디 가문에 의아한 분위기가 형성되기 시작했다. 케네디 가문은 미국 정부보다 적으로 간주하던 소련을 더 믿고 있었다. 그들은 진정한 친구는 소련이라고 생각했던 케네디의 생각을 따르고 있었다. 그야말로 운명적인 아이러니였다. 케네디는 생전에 CIA나 국방부보다 흐루시초프라는 적과 굉장히 오랜 시간을 함께 했다. 케네디와 흐루시초프는 자신들의 힘으로 미사일 위기를 극복할 수 있다는 것을 알고 있었다. 겉으로는 호전적으로 보이면서도 자신들만의 동맹을 은밀히 지켜나가고 있었다. 많은 측면에서 여전히 논쟁이 계속되고 있었지만, 그들은 새로운 사명을 공유하고 있었다. 어느 누구도 원하지 않는 냉전을 종식시키는 것이었다. 그들은 파멸을 일으킬 수 있는 대량학살의 징후가 임박했을 때, 이를 위해 힘을 합쳐야 한다는 것을 깨달았다. 협력하는 과정에서 친구들은 적이 되었고 적은 친구가 되었다. 케네디 가문은 케네디의 암살 직후 케네디와 같은 방향으로 움직이고 있었다. 아주 조용히 말이다. 케네디 암살 직후부터 케네디 가문이 모스크바에 비밀 메신저를 보냈다는 사실이 밝혀졌다. 그들의 비밀 메신저는 바로 케네디의 측근인 화가 윌리엄 월튼이었다. 그는 소련 방문을 결정했던 것에 대해 입을 열었다.

윌리엄 월튼은 화가이자 저널리스트였다. 그는 케네디 부부와 절친한 친구 사이였고 또한 로버트 케네디와도 친분이 있었다. 월튼은 로버트와 함께 정치적으로 케네디의 핵심 조언자였다. 1960년은 대통령 선거 운동이 있던 해였다. 당시 월튼은 로버트와 케네디를 위해 자신의 시간을 다 바쳤다. 케네디는 월튼을 굉장히 신뢰했다. 선거 전 엘리노어 루즈벨트와의 아주 중요한 회동에도 유일하게 월튼이 동행할 정도였다. 재클린도 월튼을 굉장히 신뢰하고 있었기에, 월튼은 종종 케네디 부부의 집에서 함께 시간을 보내곤 했다. 이들 세 명은 1960년 대통령 선거 개표를 함께 보았다. 케네디의 취임 하루 전 날, 케네디 당선자는 워싱턴에 있는 월튼의 집을 자신의 사무실로 사용하기도 했다. 백악관으로 들어가기 전 마지막 약속과 만남을 위해서였다.

1963년 12월 초, 윌리엄 월튼은 로버트와 재클린 케네디를 대신하여 모스크바를 찾았다. 케네디 대통령 암살에 대한 비밀 메시지를 소련의 지도자에게 전달하기 위해서였다. 월튼은 모스크바 방문 목적으로 소련의 예술가를 만나기 위해서라고 위장했다. 이는 진짜 방문 목적의 덮개 역할을 했다. 케네디 가의 메시지는 소련 정보 보관소 중 일급비밀로 분류되어 보관되어 있다. 이는 1990년대에 연구자이자 작가인 알렉산드르 프르셴코Aleksandr Fursenko와 키모시 내프탤리Timothy Naftali에 의해 발견되었다. 후에 그들은 1997년, 쿠바 미사일 위기에 대한 자신들의 저서 〈지옥의 도박One Hell of a Gamble〉에 이 내용을 포함했다.

월튼은 케네디 암살에 대한 비밀 정보를 조지 볼샤코프Georgi Bolshakov에 전달했다. 볼샤코프는 저널리스트이자 KGB 요원으로 미사일 위기의 시기에 케네디의 신뢰를 받던 인물이었다. 워싱턴에 있는 소련 대사관에서 일을 하던 조지 볼샤코프는 법무부장관 로버트 케네디와 주기적으로 만나고 있었다. 흐루시초프와 케네디 사이에 있던 의문과 걱정을 비밀리에 전하기 위해서였다. 케네디가 암살된 후, 볼샤코프는 월튼이 조심스럽게 제공하는 정보를 흐루시초프에게 전달하는 역할을 하고 있었다.

케네디 가는 월튼을 통해 볼샤코프에게 '오스왈드가 공산주의와 연관되었지만 우리는 오스왈드의 배후에는 뭔가 커다란 정치적 음모가 있었다고 믿는다'는 내용을 전했다. 그들의 관점에서 대통령은 내부의 적에게 살해당한 것이었다. 케네디 가는 케네디가 우파 음모의 희생자였다고 생각했다.

월튼은 린든 존슨이 케네디와 똑같이 평화를 위한 노력을 계속 이어갈 것이라는 환상을 버려야 한다고 소련의 지도자에게 전했다. 월튼은 말했다. "존슨은 케네디의 끝나지 않은 계획을 깨닫지 못할 것입니다. 신임 대통령은 거대한 사업과 밀접하게 연관된 인물입니다. 그리고 훨씬 더 많은 관련자들이 행정부로 들어오게 될 것입니다." 이는 흐루시초프의 평화에 대한 염원에 좋지 않은 영향을 끼칠 요소가 될 것이었다.

월튼은 또한 볼샤코프를 통해서 크렘린에도 정보를 전달했다. 로버트 케네디는 1964년에만 법무부장관으로 남아 있을 것이고, 그 후 선출 각료직을 찾을 것이라는 내용이었다. 월튼은 매사추세츠 주의 지사 직을 언급했지만 다음 해, 로버트는 실제로 뉴욕 상원의원으로 당선되었다. 월튼은 어떤 경우든 상원의원 당선은 대통령 출마를 위한 하나의 단계라고 말했다. 소련의 문서 보관소에 있는 한 문서에는 대통령 출마에 대한 대화가 기록되어 있었다.

"월튼, 짐작컨대 케네디 대통령은 로버트만이 자신의 비전을 실행에 옮길 수 있다는 사실을 흐루시초프가 알길 원하고 있었네. 존슨은 영원하지 않을 것이기에 미국과 소련의 관계는 로버트만이 이어갈 수 있는 것이라네."

1963년 11월 25일 월요일, 워싱턴에서 케네디의 장례식이 진행되고 있었다. 소련의 부수상 아나스타스 미코얀Anastas Mikoyan은 흐루시초프의 개인적 특사였다. 재클린 케네디는 백악관의 리셉션 라인에서 자신 쪽으로 다가오는 미코얀을 알아챘다. 그리고 재클린은 훗날 미코얀이 몹시 전율을 느끼고 있었으며, 겁을 먹은 것 같았다고 말했다.

재클린은 미코얀의 손을 향해 자신의 손을 뻗으면서 그를 따뜻하게 맞이했다. 그녀가 당시 미코얀에게 두 가지를 말해 주었다. "흐루시초프 서기장에게 남편과 그가 평화로운 세상을 위해 함께 협력했다는 것을 기억하고 있다는 걸 전해 주세요. 그리고 이제 그와 당신이 남편의 일을 수행해야 할 거에요."

미 국무부장관 딘 러스크는 재클린이 미코얀에게 했던 말을 기억했다. 그 말은 훨씬 더 간단명료했다. "제 남편은 죽었습니다. 이제 평화는 당신에게 달렸습니다."

그녀가 한 말의 본질은 우리 모두에게 적용할 수 있을 것이다. 케네디는 죽었다. 이제 평화는 우리에게 달려 있다.

【 케네디의
아메리카대학
연설문 】

앤더슨 회장님, 교수진 여러분, 이사회, 귀빈, 저의 오래된 동료 여러분, 제가 30분 후에 받게 될 학위를, 수 년 동안 야간 로스쿨을 다니면서 취득하신 밥 버드 상원 의원님, 그리고 많은 귀빈들과 신사 숙녀 여러분.

감리교회의 후원을 받아 존 플레처 허스트John Fletcher Hurst 감독이 설립하고, 1914년에 대통령 우드로 윌슨Woodrow Wilson이 문을 연 이 아메리카대학의 졸업식에 참석하게 된 것을 무한한 영광으로 생각합니다. 아메리카대학은 역사가 짧지만 계속 발전하고 있습니다. 공공사업을 완수하기 위해, 또 새로운 역사를 만들기 위해 도시의 공익사업에 전념했던 허스트 주교의 시대를 앞서간 희망은 이미 실현되었습니다. 아메리카대학은 인종과 관계없이 신념이 무엇이든 배우기를 원하는 모든 사람들을 위해 수준 높은 교육을 제공해 왔습니다. 그래서 모든 감리교 신자들뿐 아니라 국가로부터 찬사를 받을 자격이 있습니다. 그리고 저는 오늘 이 자리에서 졸업하는 모든 이들을 칭송하고 싶습니다.

우드로 윌슨 대통령은 교수시절 대학을 졸업한 모든 사람은 그 시대의 인물일 뿐 아니라 국가의 인물이 되어야 한다고 강조했습니다. 따라서 저 또한 아메리카대학을 졸업하는 영예를 얻은 모든 학생들은 자신들의 재능으로 사람들을 위해 기여하고 차원 높은 역할을 수행할 것이라고 확신합니다.

잉글리쉬 대학English University에 보내는 존 메이스필드John Masefield의 헌사에는 '세상에서 대학보다 더 아름다운 것은 없습니다'라고 기록되어 있습니다. 그리고 그의 말은 오늘날에도 여전히 진실이라고 할 수 있습니다. 그는 대학의 첨탑이나 타워, 또는 캠퍼스의 잔디나 담쟁이덩굴에 덮인 담벼락의 아름다움을 말한 것이 아니었습니다. '대학은 무지를 경멸하는 사람들이 배우려고 분투하는 곳이며, 진실을 발견한 사람들이 다른 사람들에게 그 진실을 알 수 있도록 하는 곳'이기에, 그는 대학의 이런 눈부신 아름다움을 찬미한 것입니다.

저는 무지할 뿐 아니라 진실하지도 못하지만, 이 세상에서 가장 중요한 주제인 세계의 평화를 위한 견해를 밝히려고 이 장소와 이 시간을 선택했습니다.

제가 말하고자 하는 종류의 평화란 어떤 것일까요? 우리가 찾고자 하는 평화란 무엇일까요? 이는 팍스아메리카나Pax Americana라는 용어가 의미하는 것처럼, 미국의 무력에 의한 강요된 평화를 말하지 않습니다. 저는 진정한 평화를 말하려고 합니다. 이 세상을 살만한 가치가 있게 만드는 평화, 국민과 국가를 성장하게 만들고 희망적이며, 아이들이 더 나은 삶을 살 수 있게 하는 평화를 말하는 것입니다. 이는 단순하게 미국인들만을 위한 평화를 말하지 않으며, 세계의 모든 사람들을 위한 평화, 그리고 우리의 시대만을 위한 것이 아니라 항상 존재하는 평화를 말합니다. 지금 새로운 전쟁에 직면해 있기 때문에 평화에 대해 말하려고 합니다. 상상할 수 없을 정도의 파괴력을 갖고 있고 비교적 관리하기 쉬운 핵 억지력(또는 핵무기)을 보유할 때, 이런 무기에 의존하지 않고서는 굴복시키기 어려운 이 시대에 총력전은 일어날 수 없습니다. 한 개의 핵무기는 제2차 세계대전에 동원된 모든 폭발 무기보다 10배 이상의 파괴력을 갖고 있습니다. 이런 시대에서 총력전 일어날 수 없습니다. 서로 핵무기를 발사하면 치명적인 독성물질이 발생할 것이며, 이는 바람, 물, 토양, 그리고 씨앗으로 이동하여 전 세계로, 그리고 아직 태어나지도 않은 세대에까지 영향을 미칠 것입니다.

현재, 매년 생산되는 무기를 사용하지 못하도록 하기 위한 무기 생산에만 매년 수십억 달러를 사용하고 있는데, 이는 평화를 지키기 위해 반드시 필요한 것입니다. 그러나 파괴만 할 수 있을 뿐 아무 것도 재생산하지 못하는 이 어리석은 무기들을 저장해 두는 것이 평화를 수호하는 유일하고 가장 효율적인 수단은 아닙니다.

따라서 저는 평화란 합리적인 사람들에게 필요한 합리적인 죽음이라고 생각합니다. 저는 평화를 추구하는 사람이 전쟁을 추구하는 사람만큼 그렇게 극적이지 않다는 것을 깨달았습니다. 그리고 종종 평화를 추구하는 사람들의 이야기는 무시된다는 것도 깨달았습니다. 우리에게는 긴박하고 중요한 임무가 있습니다.

어떤 이들은 소련과 국제 평화, 국제법과 국제정세를 논하는 것이 쓸데 없는 짓이며, 앞으로도 그들이 더 진보된 자세를 갖게 될 때까지는 모두 다 부질없는 짓이라고 말합니다. 그러나 나는 그들이 곧 진보된 자세를 갖게 되리라고 희망합니다. 저는 우리가 그것을 도울 수 있다고 생각합니다. 그러나 저는 또한 우리 스스로의 자세도 개인 또는 국가의 입장에서 살펴봐야 한다고 믿습니다. 왜냐하면 우리의 자세도 그들의 자세만큼 매우 중요하기 때문입니다. 이 학교의 모든 졸업생, 전쟁에 절망하고. 평화의 실현을 갈망하는 모든 지각 있는 국민들은 내면의 성찰에 대한 스스로의 자세를 점검하기 시작해야 합니다.

첫번째로 평화 그 자체에 대한 우리의 자세를 검토해 봅시다. 우리들 중 너무나 많은 사람들이 평화는 불가능하다고 생각합니다. 너무나 많은 사람들이 평화는 비현실적이라고 생각합니다. 그러나 이는 위험하면서도 패배주의적인 믿음입니다. 이런 생각들이 우리를 전쟁불가피론으로 이끌어가고 있습니다. '인류는 어차피 멸망할 운명이다'라는 우리가 통제할 수 없는 어떤 힘이 우리를 꽉 붙들고 있는 것입니다.

우리는 이런 관점을 받아들이지 않아도 됩니다. 우리의 문제들은 바로 우리 인간이 만든 것입니다. 그러므로 그 문제들은 우리 인간이 해결할 수 있습니다. 그리고 사람은 자신이 원하는 만큼 큰 것을 얻을 수 있습니다. 인간의 운명에 대한 문제를 결코 인간이 풀 수 없는 것이 아닙니다. 인간의 이성과 정신은 종종 해결할 수 없어 보이는 문제도 해결해내곤 합니다. 그리고 우리는 인간이 그것을 다시 한 번 해낼 수 있다고 믿습니다.

저는 환상적인 꿈처럼 보이는 보편적인 평화와 선(善)에 대한 절대적이고 무한한 개념을 말하는 것이 아닙니다. 희망과 꿈의 가치를 부정하는 것도 아닙니다. 그러나 우리는 유일하고 즉각적인 목표를 만들어냄으로써 불신과 낙담을 초래했습니다. 그 대신에 더 실용적이고 더 이룰 수 있는 평화에 초점을 맞춰봅시다. 인간 본성에 있는 갑작스런 혁명적 모습에 기초한 것이 아닌, 구체적인 행동과 효과적인 동의 속에서 만들어진 인간 조직 내에서의 점진적인 발전에 기초해야 합니다. 평화에는 유일하고, 간단한 비결은 없습니다.

하나 혹은 두 개의 힘으로 만들어진 크고 마법 같은 공식도 없습니다. 진정한 평화는 틀림없이 많은 국가들, 많은 행동들의 산물입니다. 분명

정적이기보다는 동적일 것입니다. 각각 새로운 세대의 도전을 충족시키기 위해서는 변화해야 하기 때문입니다. 평화는 문제를 해결하는 방법입니다. 이런 평화와 함께, 가족과 국가 사이의 이해관계처럼, 여전히 이해관계에 대한 다툼과 갈등이 존재할 것입니다. 공동체의 평화처럼 세계평화는 한 개인이 자신의 이웃을 사랑하는 것을 요구하지 않습니다. 단지 서로에게 아량을 갖고 평화적인 정착에 대한 분쟁을 수용하는 것입니다. 그리고 역사는 우리에게 개인 간의 적의와 마찬가지로 국가 간의 적의가 영원히 지속되지 않는다는 것을 알려주었습니다. 우리가 좋아하고 싫어하는 것은 고정된 것 같지만 시간이 지나면서 놀라울 만큼 관계를 변화시킵니다. 그래서 우리는 인내하며 계속 평화를 위해 나아가야 합니다. 평화는 실행 불가능한 것이 아니며, 전쟁은 피할 수 없는 것이 아닙니다. 우리의 목표를 좀 더 명확히 정의하고, 더욱 감당할 수 있고 손에 잡힐 수 있는 것으로 만듦으로써, 우리는 모든 사람들이 평화를 보고, 평화로부터 희망을 찾아내고, 그리고 평화를 향해 아무런 저항 없이 다가가도록 도울 수 있습니다.

두 번째로 소련을 대하는 우리의 자세를 다시 점검해 보아야 합니다. 우리는 우리가 느끼던 절망의 근원을 살펴볼 필요가 있습니다. 소련의 선동가들이 쓴 글을 소련의 지도자들이 실제로 믿는다고 생각하면 낙담할 수밖에 없을 것입니다. 최근 군사전략에 대한 권위 있는 소련의 문서와 페이지를 넘기면 넘길수록 완전히 근거도 없고 믿을 수도 없는 주장들이 있었습니다. '미국의 제국주의자들이 다른 종류의 전쟁을 촉발시키려 준비하고 있다. … 미국의 제국주의자들은 소련에 대항하여 예방

차원의 매우 위협적인 전쟁을 촉발시키려 하고 있다. … 미국 제국주의자들의 정치적 목표는 유럽과 다른 자본주의 국가들을 경제적, 정치적으로 노예를 만드는 데 있다. … 세계 정복을 달성하기 위해서… 공격적인 전쟁 수단으로써….' 등의 내용입니다.

"악인은 쫓아오는 사람이 없어도 도망간다"는 말이 있습니다. 소련이 그런 글을 읽는 것은 정말 슬픈 일입니다. 소련과 미국 사이의 격차의 규모를 깨닫는 것도 슬픈 일입니다. 그러나 이는 또한 미국인들을 향한 경고가 될 수 있습니다. 소련과 같은 함정에 빠지지 말라는 경고, 다른 쪽의 왜곡되고 극단적인 관점만을 보지 말라는 경고, 갈등은 피할 수 없는 것이 아니라는 경고, 협상은 불가능하며 협박의 교환 이상의 소통은 없는 것이 아니라는 경고 말입니다.

정부나 사회 조직이 사악하면 그 조직의 사람들도 미덕이 부족하다고 생각할 수 있습니다. 미국인으로서, 우리는 공산주의를 개인의 자유와 존엄과는 정반대되는 불쾌한 것으로 생각하고 있다는 것을 깨달아야 합니다. 그러나 우리는 여전히 소련인들을 과학과 우주, 경제적 산업적인 성장, 그리고 문화적인 부분과 용기 있는 행동 등, 많은 것들을 이뤄낸 사람들로 기억하고 있습니다.

많은 특징들 중에서도, 우리 두 나라 국민들에게는 공통점이 많이 있습니다. 어느 누구보다 서로에 대해 혐오감을 갖고 있다는 점입니다. 그러나 주요 국가들 중에서 거의 유일하게, 미국과 소련은 전쟁을 한 적이 없습니다. 그리고 전쟁 역사에서 제2차 세계대전 기간 중 소련만큼 고통을 받은 나라도 없습니다. 최소한 2천만 명 이상이 목숨을 잃었습니다. 무수한 주택과 농장들이 불타거나 약탈당했습니다. 영토의 3분의 1이

폐허로 변했고, 이 중 3분의 2가 산업적 요지였습니다. 이는 미국의 시카고 동부지역이 완전히 파괴된 것과 같은 손실이었습니다.

오늘날, 어떤 전쟁의 표적이 된 나라가 바로 우리 두 나라입니다. 가장 강한 힘을 가진 두 국가가 처참하게 파괴될 수 있는 위험에 처해 있다는 것은 아이러니하면서도 명확한 사실입니다. 우리 모두가 만들어온, 우리 모두가 일해 일궈온 그 모든 것들은 24시간 안에 파괴될 것입니다. 그리고 매우 많은 국가들에게 위험으로 다가온 냉전은 우리 두 국가가 견디기 힘든 가장 큰 짐입니다. 우리 두 국가는 막대한 예산을 무기에 투자하고 있습니다. 사실 이 예산은 무지와 가난, 질병을 예방하기 위해 사용하는 것이 더 나을 것입니다. 우리 두 나라는 모두 사악하고 위험한 순환 속에 있습니다. 상대에 대한 의심은 또 다른 의심을 낳고, 새로운 무기는 그에 맞서는 무기 생산을 하게 만들 것입니다.

쉽게 말해, 미국과 미국의 동맹국들, 소련과 소련의 동맹국들은 모두가 진실로 평화와 군비 경쟁을 멈추자는 데 깊은 관심을 갖고 있습니다. 우리 뿐 아니라 소련도 냉전을 종식하는 데 큰 관심을 갖고 있습니다. 가장 적대적인 나라이지만 모든 관심사를 포함한 조약을 승인하고 인정하고 지킨다면 서로가 공존할 수 있을 것입니다.

우리는 우리가 서로 다르다는 것 때문에 진실을 바라보지 못하는 것이 아닙니다. 우리는 공통의 관심사에 초점을 맞춰야 합니다. 그리고 그 차이를 해소할 수 있는 방법을 찾으려고 노력해야 합니다. 만약 지금 우리가 갖고 있는 차이를 해소할 수 없다면, 적어도 다양성이 세계의 안보에 도움을 될 수 있도록 해야 합니다. 우리가 갖고 있는 가장 기본적인 공통점은, 우리는 모두 이 작은 행성에서 함께 살아가고 있다는 것입니다.

우리는 똑같은 공기를 마시며, 아이들의 미래를 소중히 여깁니다. 그리고 우리는 모두 언젠가는 죽을 운명입니다.

세 번째로 토론의 논점을 과장하려는 논쟁에 연연하지 말아야 하며, 냉전에 대한 우리의 자세를 점검해 봅시다. 우리는 상대를 손가락질하며 비판하려고 여기에 있는 것이 아닙니다. 우리는 세상을 그 차체로 다뤄야 하며, 제2차 대전 후의 지난 18년 동안의 역사를 보면 그렇지 못했을 수도 있습니다.

그러므로 우리는 공산권 국가에 건설적인 변화가 일어날 수 있다는 희망을 갖고 계속 평화를 모색해야 할 것입니다. 진정한 평화에 동의하는 것에 공산주의자들도 관심을 갖도록 하는 방식으로 이 문제를 다뤄나가야 합니다. 이렇게 함으로서 우리들의 불가피한 관심사를 옹호하면서, 적국에게 굴욕적인 패배나 핵전쟁의 선택을 강요하는 대립을 피해야 합니다. 핵무기 시대에서 이런 과정을 선택하도록 하는 것은 정치의 파멸, 아니면 전 세계의 공멸을 가져올 뿐입니다.

이런 결론을 확고하게 하기 위해 미국의 무기는 도발하지 않을 것이며, 신중히 조종될 것이며, 사용을 절제하기 위해 만들어지며, 선택적 사용을 가능하게 할 것입니다. 우리의 군사력은 평화를 약속할 것이며 자제력을 기를 것입니다. 또한 우리의 외교관들도 불필요한 자극을 피하고 수사적인 단순한 적대행위조차도 피하도록 교육받습니다.

우리는 우리의 방어 자세를 완화시키지 않고 긴장의 완화를 구할 수 있습니다. 그리고 우리는 우리의 단호한 태도를 증명하기 위해 위협하지 않아도 됩니다. 우리는 해외 언론을 우리의 신의가 약해졌다는 두려움에 몰아넣지 않아도 됩니다. 우리는 우리의 체제를 원하지 않는 사람에게 적용하고 싶지 않습니다. 그러나 우리는 지구상의 어떤 사람과도 평화를 위한 경쟁에 기꺼이 참여할 것입니다.

동시에 우리는 UN을 강화하고 재정적 문제를 해결하며, 평화를 위한 더 효율적인 기구를 만들기 위해, 그것을 법에 기초하여 논쟁을 해결하며, 크고 작은 보안을 확실히 하여 군대가 필요하지 않도록 진정한 세계 안보체제로 진전시키기 위해 노력할 것입니다.

우리는 비공산주의자 국가 안에서 평화를 지키는 방법을 찾고 있습니다. (비판은 있지만) 서 뉴기니나 콩고, 중동, 인도 등의 아시아대륙에서의 노력이 꾸준히 지속되고 있습니다. 우리는 가장 가까운 이웃, 멕시코와 캐나다와 작지만 큰 차이점에 적응하는 방법을 찾기 위해 노력해야 합니다.

다른 국가들에 대해 언급할 때, 저는 분명히 말합니다. 우리는 동맹으로 많은 나라와 관계를 맺고 있습니다. 그 동맹은 우리의 관심과 그들의 관심사가 상당히 일치하는 부분이 많기 때문에 존재합니다. 예를 들어 서유럽과 서베를린에 대해 우리가 갖고 있는 관심은 결코 약화되지 않을 것입니다. 우리의 중요한 이익과 일치하기 때문입니다. 미국은 소련과는 다른 국가와 사람들을 희생시키는 거래를 하지 않을 것입니다. 단지 그들이 우리의 파트너이기 때문이 아니라, 그들의 이익과 우리의 이익이 일치하기 때문입니다.

그러나 우리의 이익은 자유의 경계를 보호하는 것뿐만 아니라 평화의 길을 추구하는 것과 일치합니다. 소련을 확신시키기 위해 동맹한 정책의 목적과 우리의 희망은 각 국가가 국가의 미래를 스스로 선택할 수 있게 두는 것입니다. 그 선택이 다른 국가의 선택을 방해하지 않는 한 말입니다. 공산주의자들은 자신들의 정치적, 경제적 체제를 다른 국가에 적용시키려고 합니다. 이것이 바로 전 세계가 긴장상태에 있게 된 주요 원인입니다. 만일 모든 국가들이 자국의 결정이 타국을 침해하지 않는 선에서 내려진다면, 평화는 더욱 확고해질 것입니다.

이런 세계의 법칙을 성취하기 위해서는 새로운 노력이 필요합니다. 이는 세계가 함께 풀어야 할 새로운 과제이기도 합니다. 소련과 우리는 서로에 대해 더욱 더 이해를 깊이 해야 합니다. 이해를 하면 할수록 접촉이나 소통은 자연스럽게 강화될 것입니다. 이런 방향으로 가기 위한 단계는 모스크바와 워싱턴 사이에 직접적으로 접촉할 수 있는 선을 구축하는 것입니다. 지금처럼 위기의 시기에 나타날 수 있는 오해나 잘못 해석하는 일을 없애기 위해서입니다.

우리는 또한 제네바에서 군비 경쟁의 강도를 제한하고 우발적인 전쟁의 위험을 통제하기 위해 고안된 군비조정에 대한 첫 번째 단계에 대해 토론을 해왔습니다. 그러나 제네바에서 우리가 장기적으로 추구하는 것은 포괄적이고 완전한 군축입니다. 이는 무기를 대신하여 평화를 다룰 새로운 국제기구를 설립하기 위한 것으로, 단계적으로 병행하여 정치 발전이 이뤄질 수 있도록 고안되어야 합니다.

군축의 추구는 1920년대 이후부터 이 정부에서 노력해온 부분입니다. 그러나 오늘날의 전망은 그리 밝지만은 않습니다. 우리는 이런 노력을 계속 강화해 나가야 합니다. 우리를 포함한 모든 나라가 군축의 문제와 가능성을 더욱 잘 이해하게 만들어야 합니다. 이 협상에서 중요한 부분은, 끝이 보이지만 새로운 출발이 절실히 필요한, 바로 핵실험 금지조약에 있습니다. 너무 가깝지만 멀기도 한 조약의 결론은 가장 위험한 부분인 군비 경쟁으로 마구 흘러가는 것을 점검하는 것입니다. 이는 1963년, 인간이 직면한 가장 위험한 것들 중 하나인 핵무기가 차후에 핵무기 경쟁으로 발전하는 것을 더욱 효율적으로 다룰 수 있게 할 것입니다. 우리의 안전도 더욱 보장될 것입니다. 전쟁의 가능성을 줄이기 때문입니다. 이 목표는 완전한 노력을 포기하고 싶은 유혹과 안전에 대한 중요하고 책임감 있는 우리의 결집을 포기하려는 유혹에 굴복하지 않으면서 우리가 지속적으로 추구해야 할 부분입니다.

그러므로 저는 이것과 관련한 두 가지 결정을 말씀드리려고 합니다.

첫 번째 결정은, 저는 흐루시초프 서기장, 맥밀란Macmillan 수상과 함께 조만간 모스크바에서 이미 동의한 대기 핵실험 금지 조약에 대한 심층 토론을 시작할 것입니다. 우리의 희망은 역사의 경고를 겸허히 받아들여, 모든 인류의 미래를 향할 것입니다.

두 번째 결정은, 핵실험 금지 조약에 대한 선의와 엄숙한 신념을 명백히 하기 위해 다른 국가가 먼저 시도하지 않는 한 핵실험을 하지 않을 것을 선언합니다. 우리는 먼저 핵실험을 재개하지 않을 것입니다. 이 선언이 이전에 이미 결속된 조약을 대신하지는 않을 것입니다. 그러나 저는 이것이 목표를 이루는 데 도움이 되길 바랍니다. 그런 조약이 군축을 대신할 수 없겠지만, 저는 그 조약이 목표를 이루는 데 도움을 주길 원합니다.

마지막으로 저의 동료인 미국의 국민들은 우리의 평화와 자유를 향한 자세를 점검해주길 바랍니다. 우리 사회의 정신과 특성은 우리의 노력을 해외로 정당화하며 지원해야 합니다. 우리는 우리 자신의 삶에 헌신하면서 그 노력을 보여줘야 합니다. 오늘 졸업하는 여러분들은 해외의 평화 봉사단, 또는 국가 봉사단체National Service Corps에 지원하여 자원봉사를 함으로써 그러한 노력을 보여줄 기회를 가진 사람들입니다. 이곳, 우리나라에서의 평화와 자유에 대한 우리의 자세를 생각해 봅시다. 오늘날 너무나 많은 도시들은 평화가 보장되어 있지 않습니다. 이는 자유가 완전하지 않기 때문입니다.

지역, 주, 국가적 차원의 모든 행정부가 가진 책임은 모든 국민들을 위해 자유를 제공하고, 그 자유를 보호해 주는 것입니다. 그들의 권한 안에서 모든 수단을 사용해서 말입니다. 모든 입법부는 충분한 권위가 없는 곳에 충분한 권위를 만들어 주어야 합니다. 그리고 모든 국민들의 책임은 이 나라에 살고 있는 다른 사람들의 권리를 존중하고, 이 땅의 법을 존중하는 것입니다.

이 모두는 세계 평화와 관련이 없는 것이 아닙니다. 성경은 우리에게 말합니다. '사람의 행위가 여호와를 기쁘시게 하면 그 사람의 원수라도 그와 더불어 화목하게 하시느니라.' 그리고 황폐에 대한 두려움 없이 살 권리, 자연이 제공하는 공기로 숨을 쉴 권리, 다음 세대에게 건강한 세상을 물려줄 권리 등의 인간의 기본적 권리가 평화일까요? 우리는 우리의 국가적 차원의 이익을 지키면서 동시에, 우리는 인간의 이익을 또한 보호해야 합니다. 전쟁과 군대의 제거는 국가적 차원에서도, 개인적 차원에서도 명백합니다. 조약이 아무리 모든 이익을 대변하고 있다고 할지라도, 조약이 아무리 자세하게 말하고 있더라도, 조약은 그 자체로 속임수와 회피 및 위험에 대해 완전한 안전을 제공할 수 없습니다. 그러나 만일 조약이 집행되어 충분한 효력이 있다면, 그리고 만일 서명을 한 국가의 이익을 충족시킨다면, 조약은 수그러들지 않은, 통제할 수 없는, 예측할 수 없는 군비 경쟁보다 훨씬 더 안전을 지킬 수 있고, 훨씬 더 위험을 덜 유발할 수 있을 것입니다.

모든 나라가 알고 있는 것처럼, 미국은 결코 전쟁을 시작하지 않을 것입니다. 우리는 전쟁을 원하지 않습니다. 우리는 이제 전쟁을 기대하지도 않습니다. 지금 미국에서 살고 있는 세대는 이미 충분히, 훨씬 더 충분히, 전쟁과 증오와 억압에 대해 잘 알고 있습니다. 우리는 준비해야 합니다. 우리는 막을 수 있어야 합니다. 그러나 우리는 또한 약한 것이 안전하고 강한 것이 정당한 세계 평화를 이루기 위해 우리의 역할을 해야 할 것입니다. 우리는 무기력하지 않습니다. 자신감을 갖고 있고 두려워하지 않는 우리는, 공멸의 전략으로 향할 것이 아니라, 평화의 전략을 향해 나아가야 할 것입니다.

케네디 대통령

1963년 6월 10일

찾 아 보 기

케네디와 말할 수 없는 진실

1쇄 인쇄 2010년 12월 3일
1쇄 발행 2011년 1월 3일

지은이 제임스 더글러스 **옮긴이** 송설희 · 엄자현
펴낸곳 도서출판 **말글빛냄** · **인쇄** 삼화인쇄(주)
펴낸이 박승규 · **마케팅** 최윤석 · **디자인** 진미나
주소 서울시 마포구 서교동 463-3 성화빌딩 5층
전화 325-5051 · **팩스** 325-5771 · **홈페이지** www.wordsbook.co.kr
등록 2004년 3월 12일 제313-2004-000062호
ISBN 978-89-92114-63-9 03900
가격 35,000원